人类文明的演进

突破与融合

刘绍坚 著

北 京 出 版 集 团
北京人民出版社

图书在版编目（CIP）数据

人类文明的演进.突破与融合 / 刘绍坚著. — 北京：
北京人民出版社，2024.6（2024.12重印）
ISBN 978-7-5300-0622-1

Ⅰ.①人… Ⅱ.①刘… Ⅲ.①世界史—研究 Ⅳ.
①K107

中国国家版本馆CIP数据核字（2024）第075828号

人类文明的演进
突破与融合
RENLEI WENMING DE YANJIN

刘绍坚 著

*

北 京 出 版 集 团
北 京 人 民 出 版 社 出版

（北京北三环中路6号）
邮政编码：100120
网　　址：www.bph.com.cn
北 京 出 版 集 团 总 发 行
新 华 书 店 经 销
北京建宏印刷有限公司印刷

*

787毫米×1092毫米　16开本　44.5印张　632千字
2024年6月第1版　2024年12月第2次印刷
ISBN 978-7-5300-0622-1
定价：98.00元（全2册）
如有印装质量问题，由本社负责调换
质量监督电话：010-58572393
编辑部电话：010-58572414；发行部电话：010-58572371

导　语

大约138亿年前，宇宙大爆炸。

大约46亿年前，太阳形成。

大约38亿年前，有机生物形成，单细胞生物出现。

大约6亿年前，动物出现。

大约700万到500万年前，人猿分离。

大约280万年前，会制作石器的能人（Homo habilis）在非洲出现，并进化为后来的直立人（Homo erectus）。

大约20万年前，现代智人在东非出现。

大约10万年前，东非智人陆续迁徙到五大洲。

大约1.1万年前，在伊拉克一带的幼发拉底河与底格里斯河流域、埃及的尼罗河流域、巴基斯坦境内的印度河流域、中国的黄河流域和长江流域，人类开始种植农作物、驯养动物，进入文明时代。

从此，人类在时间和空间上勾画出一幅色彩斑斓、蜿蜒曲折的文明画卷。

从时间上看，人类发展史见证了一些古老文明在发出耀眼光芒后，湮没在历史的尘烟之中，比如古巴比伦文明、古埃及文明、古印度文明，只有中华文明绵延数千年而未曾中断；还有一些文明形态在吸收已经消失的古老文明基础之上，焕发出新的光彩，比如现在的西方文明就是在古希腊、古罗马文明的基础之上，结合基督教文明发展形成的。

从空间上看，在地球这个特殊的星球上，不同民族基于不同的自然地理环境，在不同地区创造出形态各异、多姿多彩的文明形态，比如中华文明、西方文明、阿拉伯文明、美洲文明，这既体现出人类作为一个物种的统一性，也体现出不同地区文明元素的多样性。

一

"文明"一词在中国古典文献中很早就有，先秦时代的《周易》《尚书》就已经有了关于"文明"的字句。然而，现在世界范围内广为人知的"文明"一词，却是西方世界近现代思想启蒙运动之后的产物，其含义逐步演变，不断丰富拓展。

自诞生以来，人类就表现出与其他动物在本质上的区别。人类凭借思维能力和发明创造能力，不断去探寻自然界、人类自身、人类社会发展的无穷奥秘，使用语言文字、生产工具、火等，在恶劣的自然环境条件下生存下来，并逐渐掌握了发展的主动权。时至今日，尽管相对于未知世界而言，人类的认知水平仍然微乎其微，但是其前进的步伐始终未曾停顿。随着时光的流逝，在思想认识不断进步的引领之下，人类逐渐从野蛮走向文明，持续地自我觉醒，向着自由王国的方向不断发展、前进。

从发展的阶段性特征来看，简单而言，人类文明可以划分为三个时代：蒙昧时代、科学时代、网络数字时代。在蒙昧时代，人类的思维方式主要是感性的，依靠语言文字，通过口口相传，持续积累文明成果，祭司或王室成为掌握权力的主体。在科学时代，人类更多地依赖理性，进行科学探索。随着印刷术的普及，知识不再只是掌握在少数僧侣和贵族手中，而是广泛地普及到更多的人群中，权力主体也由王室、教会，通过民主的政治体制，转移到社会大众手中。在当今的网络数字时代，人类的思维方式逐渐由科学时代的精确、理性转向模糊、非精确性。随着人工智能技术的介入，传统政府所拥有的很大一部分政治权力，将逐步由巨型的网络数字平台分享。它们通过自己掌握的海量数据，在某些领域实现对社会的有效治理。

在人类文明的演进过程中，有三个不同的维度。第一个维度，关注人类自身的思想探索，表现为艺术、宗教、哲学等；第二个维度，关注人与人之间关系的社会制度，包括社会伦理、风俗习惯、政治法律等；第三个维度，关注人与自然之间关系的开发利用，包括科学、工程、技术应用。

人类正是从这三个不同的维度着手，不断拓展对未知世界的认知边界，丰富人类的已知世界，引领人类从蒙昧状态持续走向文明的未来。在演进过程中，这三个维度相互作用、相互促进。在这三个维度当中，第一个维度尤为重要。在很多时候，它是引领另外两个维度前进的力量源泉。比如，中世纪长期处于黑暗状态的欧洲，正是在意大利文艺复兴的引领之下，出现了英国工业革命、法国思想启蒙运动，从而极大地提高了社会生产力，改进了人类政治制度。当然，后两个维度有时也会发挥出巨大的反作用力，推动人类思想探索的进步。比如，近现代在理性思维的引领之下，科学技术实现了巨大发展，人类在多个角度加深了对宇宙、对自然界、对人类自身的认知，不仅推动了社会生产力的发展，促进了经济繁荣，而且反过来促使人类更加客观全面地去看待宗教，并产生新的哲学思想，引领新的艺术创作潮流。

文明，标志着人类告别原始野蛮状态，兽性受到约束，人性得到激发。任何一种文明在前进的过程中，都需要有相应的载体进行阐释说明、传播推广，比如文字、图像、音乐、雕塑、建筑等。判断一个古代文明是否成立的标准主要有三个。一是有没有系统的文字。文字的发明，标志着史前和历史的分野。在文字发明之前，人类只能通过语言口口相传，无法将发现的自然规律和科学知识完整准确地保留传承下来。二是有没有城市建筑群。与乡村生活变化缓慢、保持长期连续性形成鲜明对比的是，城市是文明创新发展和变化集中的地方。任何一种文明形态的发展，都会有一些重要的城市作为支撑和见证。三是有没有青铜器等器物。金属冶炼技术的不断提升，标志着人类文明的不断前进。金属不仅可用于制造生产工具，提升生产力，还可用于制造武器，提升战斗力。

文明类型的形成，与区域地理气候环境和在当地生存的民族有着密不可分的关系。由于不同地区出现不同的民族，产生了不同的语言，诞生了不同的神话，形成了不同的民族精神，从而奠定了不同的民族文化特质，最终确立了不同的文明形态。

世界文明形态主要有两种分类方式。一种是按照产生的区域进行划分，如在世界范围内产生过重大影响的四大古老文明——古巴比伦文明、古埃及文明、古印度文明和中华文明，以及其他有过重要影响的文明，如古希腊文明、古罗马文明、阿拉伯文明等。这些人类的古老文明有一个共同特征，就是基本上沿着重要的江河流域发祥。除了这些对世界产生重大影响的文明形态之外，在美洲地区还独立发展出了印第安文明。另一种则是按照产生的地理环境进行划分，可以分为大陆文明、草原文明、海洋文明，以及最近日益受到关注的空天文明等。这些文明类型的产生，基本上与相应的生产生活技术条件相对应，如大陆文明基本上与农耕文明相对应，草原文明基本上与游牧文明相对应，1500年兴起的海洋文明基本上与工业文明相对应，而当今时代快速拓展的空天文明和网络文明则基本上与数字文明相对应。

从人类文明发展史的总体情况来看，改变文明的力量主要有两大类六个方面。第一大类是指探索创新，即坚持不懈地拓展对未知世界的认识水平，不断丰富人类的理性认识内涵，其特点是具有显著的探索性、突破性和原创性。具体包括三个方面，即对自然界运行的科学探索，对人类自身机体的生理心理探索，对人类社会运行规律的民主政治探索。

第二大类是指交流融合，即推动不同文明形态之间加强沟通交流，在此基础上吸收、整合、创新，形成影响范围更大更深远、水平更高的新文明，其特点是具有显著的借鉴性、融合性和包容性。具体包括三个方面，即以和平方式推进的商业贸易，以暴力方式推进的战争，在多种因素综合作用下推进的人口迁徙。

尽管各种文明形态有着不同的起源，走过不同的发展道路，经历过不同的波折，取得过不同的成就，但总体而言，还是有一定的规律性。一是渐进性，即所有文明形态所取得的丰硕成果，都不是一蹴而就、信手拈来的，而是久久为功、持之以恒努力探寻的结果；二是交融性，即所有文明形态在发展过程中，都不可能一帆风顺，而是在不断的矛盾冲突中寻求和解、融合创新的结果；三是交替性，即没有哪一种文明形态能够始终占据支配地位，而是此起彼伏、你追我赶、交替领先。

据美国人口学者卡尔赫伯推算，从5万年前一直到2011年，整个地球上曾经生活过1168亿人。其中，有许多是流芳千古的伟大人物，如中国的周公、老子、孔子，希腊的苏格拉底、柏拉图、亚里士多德，近现代的哥伦布、牛顿、爱因斯坦，他们就像璀璨的恒星，照耀着人类前行的道路，至今依然散发出耀眼的光芒；有一些人像闪耀的群星，如古罗马历史学家西塞罗、德国音乐家亨德尔、横越巴拿马地峡发现太平洋的西班牙探险家巴尔沃亚、俄罗斯文学家托尔斯泰等，散发着人性的光辉[①]；还有一些没有留下名字的人物，他们培育稻粟、驯化牛马，发明车轮、文字，冶炼青铜、铁器等，尽管他们的具体信息不为人所知，但他们就像流星划过天际一样，在文明史上留下了不可磨灭的印迹，人类至今依然享受着他们带来的福祉；最多的还是普通人，他们虽然来过，但如同云消雾散，了无痕迹，令人心绪茫然。

二

人类在探索未知世界的进程中，在地球上不同的区域，先后播撒出文明的种子，结出了古巴比伦、古埃及、古印度、中国四大古老文明的硕果。但是，随着历史的进程，前三者都已经分崩离析，只留下《汉谟拉比法典》、罗塞塔石碑等文物和金字塔等一些令世人惊叹的遗迹，只有中华文明"其命维新"，几千年来未曾中断。

在中国的夏商周时期，中华文明开始诞生，由神话时代进入信史时代。经过周公、老子、孔子等先哲的努力，中华文明切断了人与神的联系，完成了

[①] 斯蒂芬·茨威格对一些在人类发展史上留下重要痕迹的人物，以优美的文笔进行了尊重史实、活灵活现的描述。具体见斯蒂芬·茨威格著，舒昌善译：《人类的群星闪耀时》，生活·读书·新知三联书店，2021年。

中华文明核心基因的建构，后续2000多年的中华文明发展轨迹始终处于社会伦理这个基本框架体系之内。这时，中东大地上诞生了犹太教、基督教，北印度地区诞生了佛教，更为重要的是苏格拉底、柏拉图、亚里士多德在古希腊奠定了对西方世界产生深远影响的哲学思想体系和理性思维逻辑。

战国末期，秦始皇开始建立起统一的中央集权帝国，在很短的时间内统一了汉字、度量衡，对中华民族在思想上的认同奠定了坚实基础。汉朝经历过400多年开疆拓土的辉煌，"汉武盛世"凿空西域，打开了中西方文明交流的陆上通道。东汉灭亡后，我国进入长达360多年的魏晋南北朝乱世，客观上推动中国开始了一次民族大融合，玄学等各种思潮泛起，佛教在中国加快传播，道教作为一种本土宗教最终成型。这时，罗马帝国也创造了伟大奇迹，奠定了西方世界的法律契约文明。随着罗马帝国的衰落分解，欧洲从此进入长达1000年的中世纪"黑暗时期"。从世界范围整体而言，人类文明出现"第一次大分流"——中华文明创造的成果优于西方世界。那时的非洲、美洲、澳洲基本上还处于文明的野蛮阶段。

隋朝统一中国之后，尽管统治时间很短，但是留下了科举制、大运河两项彪炳史册的功绩。唐朝更是实现大发展，畅通丝绸之路①，创造出唐诗这一伟大文明成果。唐朝也是开放包容的典范，儒、道、佛彼此借鉴，共同发展。日本、朝鲜所处的东亚地区加速向中华文明学习，奠定了"中华文明圈"的基本格局。宋朝时期尽管国土分裂，但商业经济繁荣，宋明理学吸收佛道思想，在社会伦理体系基础之上，发展形成了自己的宇宙观，宋词、绘画、书法等艺术领域以及印刷术、造纸术等科学发明取得长足进步。元朝时期，蒙古人建立起横跨欧亚大陆的大帝国，对东西方世界都产生了深远的影响。元朝重新打通了陆上丝绸之路和海上丝绸之路，马可·波罗的游记对西方世界带

---

① 1877年，德国地理学家费迪南德·冯·李希霍芬（1833—1905）创造了"丝绸之路"这个名词，是为了强调这条路的开辟主要是运输中国的丝绸到罗马帝国去。丝绸之路源于欧亚大陆很早就开始存在的长途贸易，从东方到西方，从中国到罗马，从陆地到海洋。中亚是丝绸之路的腹地。

来巨大的诱惑。蒙古大军对欧亚大陆的征战，统治了中东、东欧和中国这三大世界农业区，分别建立起强大的汗国，但是彼此之间分歧日益明显，逐渐分化。这时，西方世界还处于大分裂时期，基督教加速传播，意大利威尼斯等地的沿海经济开始发展。中东地区在穆罕默德创建的伊斯兰教号召下，形成了横跨亚非大陆的阿拉伯帝国，兴起了伟大的阿拉伯文明。伊斯兰教世界与基督教世界矛盾日益凸显，从而引发了长时间、大规模的相互征伐。

在中国的明清时期，尽管中华文明还在向前继续发展，"康乾盛世"时达到巅峰，但随即快速衰退，陷入西方列强的强大威胁之中，中华文明开始进入裹足不前、相对停滞的阶段。与此同时，在意大利文艺复兴的刺激下，欧洲人的思想开始解放。1500年左右，随着大航海的推动，欧洲人发现了美洲新大陆，极大地拓展了人类生存空间。此后，在新教革命、英国工业革命、法国启蒙运动、德国哲学革命的持续演进下，"欧洲文明中心论"开始甚嚣尘上。这是人类文明出现的"第二次大分流"——西方文明蓬勃发展，日新月异，影响范围越来越广，快速超越中华文明。此时，在西方殖民进程的影响下，美洲、非洲、澳洲开始进入人类文明版图，世界各地区的交流交往日益深化，许多土著文明彻底消失，阿拉伯文明也开始显现颓势。

新中国成立后，中国这头睡狮开始苏醒，改革开放使得中国经济社会发展取得举世瞩目的伟大成就，国民重拾文化自信，世界经济政治重心逐渐从西方转向东方。这时的西方世界，超级大国地位已由英国转移到美国。随着美苏之间的冷战结束，苏联解体，美国成为世界唯一超级大国，但是其内、外部也日益面临诸多尖锐问题。尤其是随着全球化进程的持续推进，新技术日新月异，空天文明、网络文明在数字技术快速发展的背景之下快速拓展。人类必须加快构建新的文明形态，更为有效地解决不同文明之间的冲突，以求同存异，实现共同发展。

三

任何一种伟大文明，都有着其固有的普遍而坚不可摧的内核基因。中华文明作为全世界唯一五千年不断裂的文明，其世界观、方法论更是值得深入研究分析。从目前的考古发现来看，中国到商朝就已经形成了稳定的文明基因图谱，到周朝时基本定型，并影响至今。尽管在发展历程中，中华文明也经历过跌宕起伏，但以黄河流域和长江流域为中心，坚持通过相互吸收、相互融合，最终整合形成了多元一体的文明格局。

中华文明对待自然界：强调天人合一，自觉做到"敬"与"顺"。中国哲学中一直强调天道。天道维持宇宙的自然秩序，确保人间诸事顺遂。天与地互补，二者神圣而平等，是一个统一的整体。君王只是在人间替天帝执掌一切，要顺应天道，不能为所欲为，否则统治权力就可能会被天帝收回，重新授予其他人。

中华文明对待宗教与鬼神：强调人的自主性，对鬼神敬而远之。中华文明十分强调人的主观能动性。儒家学说的世俗性，并不是站在无神论立场上反对所有的鬼神信仰，而是以一种宽容态度对其敬而远之，既不排斥内部不同地区、不同人群的民间信仰，也不排斥源自其他文明体系的外来宗教流派。

中华文明对待个人自身：强调以人为本，身心和洽。中华文明从起源时，就突出以人为中心，以人为主体。以人为本，是与神灵相对的，是突出体现人的自然属性。中国虽然也有宗教，也有神学，但宗教和神学从来都没有像欧洲那样占据至高无上的地位。中国没有国教，没有教皇，更没有宗教裁判所。

中华文明对待人与人之间的关系：强调社会责任，家国一体。中华文明的一大特点是"义务先于权利"。儒家思想强调义务的优先性，体现伦理本位，尊重对方。这种伦理上的义务是开放的，可以从家庭放大到宗族、社区，再到郡县、国家、天下、宇宙。在家庭里，讲求温情孝顺；在宗族里，讲求凝心聚力；在国家层面，讲求匹夫有责。

中华文明对待国家之间的关系：强调以和为贵，共同发展。中华文明历来崇尚"以和邦国""以和为贵"，注重追求多样性的和谐，形成"和而不同"的思想，树立起"宣德化以柔远人"的对外交往观念。中华文明从来不崇尚武力，但也从来不屈从于武力；从来不主张发起战争，但也从来不害怕战争。

在长期发展进程中，中国人形成了独特的思维方式：系统思维、辩证思维、中庸思维和实用理性思维。中华文明的哲学基础是宇宙观，强调连续、动态、关联、关系、整体，从有机整体出发，宇宙的一切都是相互依存、相互联系的，每一事物都是在与他者的关系中，显现自己的存在和价值。中国古代思想家看待一切事物都有正反两方面，彼此相互对立，相互统一，又互相消长。中庸思维强调凡事走正道，凡事不偏不倚，不追求片面，要在平实、正大、宽容中实现自己的人生；处理事情要执中，把握住平衡点，不走极端，平正通达，无往而不利。实用理性思维，更多的是为了适应发展，体现在实用价值上；在具体事情处理上，中国人更多重视直观、感性、模糊，"差不多就行"。

从中华文明史发展的历程来看，国人对中华文明的认同感与实践发展成就同步，经历过自信—迷失—重拾自信的循环往复过程。中国人曾长期对自己的文明高度自信，但在鸦片战争失败之后，遭受到西方现代工业文明的强有力冲击，许多中国人丧失了这种自信，有的人甚至全盘否定中华文明的内在基因。新中国成立后，中国人的文化自信才开始真正地回归，对中国优秀传统文化的认同感不断增强。

从世界范围来看，中华文明五千年来长期处于领先地位。日本、朝鲜等近邻以及位于欧洲的远邦都对中华文明持仰视态度，呈现"东学西渐"的态势，中华文明对欧洲思想启蒙运动产生了深远影响。只是到了近现代，我们没有跟上工业文明的步伐，在现实经济社会发展过程中处于落后地位，其他国家对中华文明的态度由仰视转向蔑视，文明交流上呈现显著的"西学东渐"态势。近年来，随着我国经济社会取得举世瞩目的伟大成就，世界各国对中华文明开始有了新的审视和认识。

四

人类发展至今，种族之间、民族之间、国家之间已经没有太多的秘密可言。对人类而言，曾经似乎浩瀚无边的地球，现在已经成为一个"地球村"。在交通、通信技术快速发展的背景下，地球已经变得如此之小，尽管相隔大洋两岸，也能朝发夕至。

当今时代，世界呈现出许多新的特点。

一是物质短缺将成往事。随着工业革命的发展，人类在科学技术方面取得巨大进步，从总量上已经基本解决了衣、食、住、行等物质方面的短缺问题，刨去政治因素带来的分配不公导致的结构性短缺，人类在物质供应层面，已经极度丰富，精神需求上升到一个新高度。

二是语言不再是人类沟通的障碍。自动化语言翻译技术的巨大进步，有望令外交、商业、科研、教育、媒体、学术界和其他领域都为之一变，人们可以比以往任何时候都更容易、更快捷、更廉价地接触到非母语国家的知识，从而可以让更大范围的人群更为便捷地参与到新的文明探索创新当中。

三是全球化趋势不可逆转。尽管当前阶段全球化进程受阻，出现美国退群、英国脱欧等重大事件，但国家与国家之间的交往已经十分紧密。任何一个国家想要倒退到闭关锁国、"老死不相往来"的传统阶段，几乎没有可能。

四是民族国家有可能最终消亡。尽管近年来俄乌冲突、巴以冲突以及非洲一些部族冲突时有发生，但从人类发展的整体利益来看，求同存异、和平发展依然是人心所向、大势所趋。各民族、各文明形态之间的差异没有什么是不可弥合的，关键是要调整自己的立场。在数字技术发展和人类共同利益的推动下，民族国家这一组织形式有可能最终消亡，形成真正的人类文明共同体。

五是人工智能可能成为人类的共同挑战。作为人类的创造物，人工智能正日益被赋予以前只有人类才可能完成或尝试的任务。随着人工智能不断执行这些任务，产生接近乃至超越人类智能所能完成的结果，有可能直接挑战"人何以为人"的决定性属性。

在这样的背景条件下，一方面，不同文明形态之间似乎仍然存在许多无法克服的矛盾、无法跨越的障碍，彼此间的冲突似乎无法避免，危机似乎难以永久消除；另一方面，我们又必须去打破分歧，求同存异，共同去面对一些无法回避的难题，共同去开拓人类文明发展的新空间，构建人类文明的新形态。

从人与自然的角度看，要敬畏自然、尊重自然，在探索创新中实现和谐发展。必须反思和扬弃西方主导下已经走过的五百年传统工业化道路，摒弃损害甚至破坏生态环境的发展模式，摒弃以牺牲环境换取一时发展的短视做法，以一种更加积极的心态，采取更为理性的行动，毫不动摇地向未知领域迈进，加大科技研发投入力度，以科技创新为驱动，致力于开发更好的科技，实现人与自然的和谐共生。

从人自身的角度看，要以人为本、身心调和，在中庸均衡中实现健康发展。要强化哲学思考，引领人加强内心道德修养，强化社会法制的外部约束，跨越物质功利主义的羁绊，使人的理性回归到"人"的精神本身，实现身心和洽，使越来越多的人以精神生活的满意度而不是物质利益的获取来衡量自身生活的质量。倡导大家自觉地放慢工作、生活节奏，从哲学层面开展深层次的思想反思，从艺术层面加强内心的价值追求，在自然山水的美景中找回迷失的自我。直面网络数字技术对社会运行带来的现实挑战，从哲学高度思考人工智能对人类身份认同带来的严重冲击，准确定位"碳基人"与"硅基人"、"现实社会"与"虚拟社会"之间的关系，推动广大年轻人在充分利用网络技术为人类谋福利的同时，走出网络沉迷，建立约束网络暴力的有效机制，构建起适合人类发展的网络文明形态。重视个体的合法权益和利益诉求，重视个体的自由、独立、平等，重视发挥个体的主动性、创造性，彻底消解传统文化的强大惰性。

从国家与国家的关系角度看，要相互尊重，在求同存异中实现包容发展。要开放，不要封闭；要和平，不要战争；要合作，不要对抗。如果说科学时代的理性为人类思想探索打破了宗教的枷锁，那么网络数字时代使得国家行政边界日益模糊，民族国家这一人类组织形式也有可能消亡，城市作为人类链接枢纽的重要性将会再次凸显。为此，我们需要思考民族国家这一重要政治体消亡的可能性，以及随之而来的人类社会的新的组织形态。

在创建世界新型文明过程中，中华文明要积极借鉴学习其他文明形态的优秀成果，贡献自己的积极力量。

五

本书试图回归人类这个独特生命体的立场，从它的诞生到现在，在自我探索突破与借鉴创新融合的不同角度，推动人类文明持续向前发展。与此同时，全面梳理东西方文明的发展脉络，试图打破多年来由西方主导、以"欧洲文明中心论"俯视东方及世界其他地区的角度，努力平等地去看待不同种族、不同地区的不同文明形态，以求更为全面、科学地把握人类文明的发展变化脉络，寻找到未来的前进之路。

目　录

突破与融合

从东方看西方

第一部分　文明的概念与内涵

地球的年龄大约为46亿岁。相对于地球的年龄，人类出现的时间以及人类个体的寿命几乎可以忽略不计。

从诞生以来，人类就与其他动物之间存在着本质上的区别。人类凭借思维能力和发明创造能力，不断去探寻自然界、人类自身和人类社会发展的无穷奥秘及其规律，使用语言文字、生产工具、火等，得以在恶劣的自然环境条件中生存下来，并逐渐掌握了发展的主动权。尽管时至今日，相对于未知世界而言，人类已知世界的认识范畴仍然微乎其微，但是这一前进步伐始终未曾停顿。正是在思想认识不断前进的引领之下，人类从野蛮走向文明，不断地自我觉醒，向着自由的方向坚定前行。《礼记》中说："是故圣人作，为礼以教人，使人以有礼，知自别于禽兽。"[①]

整个人类的生存发展史，就是一部辽阔激荡、循序渐进的文明创造史。从人类诞生的那一天开始，就始终面临着人性、兽性、神性等方面的观念冲突，引发出深刻思考，萌发出人类文明的嫩芽。伴随着人类由村落到部落再到国家的组织体系发展，人类文明的组织力、创造力不断增强，艺术、哲学、宗教、科学、政治等方面都向未知世界进行着主动的探索突破。

在地球上的不同地方产生了不同族群，在同一地域谋生的人们逐渐汇聚形

---

① 张文修编著：《礼记》，北京燕山出版社，1995年，第14页。

成了群居部落，探索出了千姿百态而又相对稳定的原始生存方式。大约从公元前3500年开始，世界各地先后进入了国家时代。由于世界各地的自然条件千差万别，人们的生产生活方式有着很大的不同。从这个角度上看，人类文明的历史发展不可能是单线条，而是呈现出丰富多彩的形态。有多少个国家、多少个民族，就可能有多少种文明形态。这些不同的文明形态，构成了人类历史的灿烂华章。

古巴比伦文明、古埃及文明、古印度文明、中华文明以及古希腊文明、古罗马文明、阿拉伯文明、南美洲文明等不同文明形态在不同的地域给人类留下了耀眼的光芒。农耕文明（大陆文明）、游牧文明（草原文明）、海洋文明（工业文明）、空天文明（数字文明）从不同的角度诠释了人类探索自然、探索宇宙、探索人类社会作出的不懈努力。

从不同文明体系的角度看，每一种文明都有其相对固定、难以改变的基本特质，彼此之间存在着根本性的差异。尽管我们不能确定地说，人类的每次大规模冲突，都是基于文明的差异而发生，但是至少可以确定地说，每次大规模冲突的背后，都隐藏着文明基因的差异。越是处于闭塞状态，不同族群之间的文明差异越大，彼此之间的了解越不充分，爆发冲突的可能性就越大，冲突的程度就可能越激烈。[1]这一点在人类不同文明类型产生的许多冲突就可以看到。正是在积年累月的思想观念交流交融交锋中，人类文明时而大踏步向前，时而曲折回转，最终形成了今天的人类文明多样性。

时代发展到今天，人类文明冲突的回旋空间越来越小。在此背景下，不同文明形态更加需要重视求同存异，扩大利益共同点，妥善处理观念上的分歧差异，以便实现人类文明的进一步前行。

---

[1]　孙皓晖：《中国原生文明启示录》，中信出版集团，2020年，第4—11页。

第一章　文明的概念

中国①提出"文明"概念的时间要比西方早得多。作为古典中文语汇的"文明"，其内涵也与当代理念非常接近。"文明"一词在中国古典文献中很早就有，先秦时代的《周易》和《尚书》中，都已经有了关于"文明"的字句。②《周易·乾·文言》云："见龙在田，天下文明。"意思就是真龙开始登上陆地，天下一片光明。比喻人类开始登上历史舞台，展现出智慧的光辉。《周易·大有》云："其德刚健而文明，应乎天而时行，是以元亨。"《尚书·舜典》中有"浚哲文明，温恭允塞"的概括，唐代经学家孔颖达注疏，意为"经纬天地曰文，照临四方曰明。"

其实，早在那个时候，中国还习惯用单字。因此，"文明"一词，是由"文"和"明"两个字组成。所谓"文"，《说文解字》这样解释："文，错画也，象交文。"也就是说"文"是一种纹理、一种图像，引申为美丽、优雅、延续、内在。所谓"明"，孔子这样说道："夫大人者，与天地合其德，与日月合其明。"意思是指汇聚日月的光明。"文"与"明"二字合在一起，称"文明"，是指宇宙的光明带来人性的优雅、修养，与"野蛮"相对应。《易经·贲》云："文明以止，人文也。观乎天文，以察时变。观乎人文，以化成

---

① 据考古发现，"中国"二字最早出现在西周早期青铜器"何尊"，上有铭文"宅兹中或"，现在一般把"或"写成"国"，因为为繁体字的"国"字就是在"或"的外面加上一个方框"□"，这个"□"就是四周围筑的城墙。"宅兹中国"就是指国家都城要选址于"中"——洛阳所在地为中心的中原地区，都城就是"国"，选址在"中"的都城就是"中国"。详见刘庆柱：《不断裂的文明史》，四川人民出版社，2020年，第181页。

② 刘庆柱：《不断裂的文明史》，四川人民出版社，2020年，第3页。

天下。"这表明中华文明的逻辑是顺应天道，人类文明来源于宇宙文明，要利用感化的力量而不是暴力的手段，来实现社会的美好愿景。

然而，现在世界范围内广为人知的"文明"（civilization），是西方世界近现代思想启蒙运动的产物，其含义逐步演变、不断丰富。文明作为一个概念，可以从许多不同的维度进行阐释。这些维度有时相互支持、相互重叠，有时也相互对立、相互冲突。它们关系紧密，有时又分裂成矛盾对立的两面。

18世纪以来，欧洲人类学家在探索人类社会的发展状态时，开始使用"文明"一词。该词首先出现在法语词汇中。1743年的《通用法语和拉丁语词典》中，"文明"被定义为一个"法学术语"。此后，"文明"开始风靡欧洲，成为思想启蒙运动中的常用词。1756年，维克托·德·里克蒂·米拉波在其《人类之友》一书中作为非法学术语应用了该词，与"野蛮"一词相对应[1]，是出于政治考虑、衡量新旧制度而确立的人文科学概念，用来指社会的一种进步的过程、一种进化所达到的状态、一种发展趋向，此后成为人类进步观念的组成部分。[2]18世纪德国人类学家约翰·戈特弗里德·冯·赫德尔提出，人类经历了原始社会、野蛮社会与文明社会三个阶段。马兹利什认为，"文明"的概念起源于城市，尤其是希腊的城市，城市中的人自视比城墙之外的人优越、开化，这样"文明"作为与"野蛮"的相对概念就产生了。[3]威尔·杜兰特认为，文明是增进文化创造的社会秩序，它包含四大因素：经济的供应、政治的组织、伦理的传统以及知识与艺术的追求。[4]塞缪尔·亨廷顿在其《文明的冲突与世界秩序的重建》中说，文明除了将人与其他物种区分开来之外，一个文明也是一个范围最大的文化实体，因此既要用一些客观共有的因素来界定它，如语言、历史、宗教、风俗和体制等，还要以人的主观认同来界定

---

[1] 当然，也有学者认为，要脱离社会，抵制文明，回到过去原始纯真的状态中去，比如卢梭。
[2] 布鲁斯·马兹利什著，汪辉译：《文明及其内涵》，商务印书馆，2020年，第13—15页。
[3] 布鲁斯·马兹利什著，汪辉译：《文明及其内涵》，商务印书馆，2020年，导语第12页。
[4] 威尔·杜兰特著，台湾幼狮文化译：《世界文明史·东方的遗产》，华夏出版社，2010年，第3页。

它。文明是涵盖范围最大的"我们",它让"我们"不同于外部所有的"他们",在其中"我们"感受到文化上的自在。《美国传统词典》认为,文明是指与"野蛮"状态相对应的一种人类自觉生存的高级状态,大体有六层含义:其一,文明是人类社会知识、文化和物质发展的一个高级阶段,标志为艺术和科学的发展、文字的广泛使用,以及复杂的政治及社会机构的出现;其二,文明是一个特定国家或地区,在一个特定时期中发展出的文化和社会类型;其三,文明是对一种历史文化的概括,譬如玛雅文化、古罗马文化就是一种文明;其四,文明是一种过程与状态,譬如人群的开化、教化,就是这样的文明过程;其五,文明是一种蕴含着文化与智慧的优雅品位,是人的教养与修养;其六,文明是一种社会状态,譬如人们常说的文明社会。这六个方面是文明理念的综合内涵。[1]

今天,毫无疑问,我们已经进入了一个全球化的阶段,世界已经变得越来越小。世界不同地区从原始状态发展过来,拥有不同的文明基因。过去,中国认为自己是世界的中心,将自己命名为"中国"。近现代以来,欧洲基于工业革命之后取得的巨大成就,也发自内心地举起"欧洲文明中心论"的旗帜。尤其是随着19世纪帝国主义殖民运动的快速扩张,西方学者将文明与国家和民族的发展紧密联系起来。西方国家认为自己的文明高人一等,是文明的提供者,是向其他国家传递文明的旗手。它们用自己在科学技术方面取得的非凡成就,来炫耀自己文明的优越性。而发展中国家则认为,尽管人类文明存在统一性、普遍性,但不同国家、不同民族有着不同的文明起源,存在着文明的差异性,需要保持多样性,在开放包容中实现共同发展。

关于"文明"与"文化"两个词语的关系,由于涵盖的范畴比较类似,经常被人们混用。不同的学者从不同的角度,有着不同的看法。[2]比如,何怀宏认为,文明与野蛮相对,文化却可以指原始社会的文化;文明更强调共性、

---

① 孙皓晖:《中国原生文明启示录》,中信出版集团,2020年,序言。
② 何怀宏:《文明的两端》,广西师范大学出版社,2022年,引言。

普遍性、普世性，文化则更强调特殊性、差异性、民族性；文明一定包含物质文明，文化却更多表示为精神文明；文明更容易传播，文化更强调潜移默化；文明有一个确定的历史，文化却没有统一的、确定的历史。因此，文明的概念比文化更广大，也更固定。在本书中，文明是一个更为宏大的概念，所有与人类思想进步相关的内容，都可以算作文明的组成部分，包含的范围要广泛得多，囊括科学技术、政治制度、思想观念、宗教艺术等方方面面的进步，既有物质的也有精神的，既有政治的也有经济的、文化的，而文化的概念内涵相对较窄，侧重于精神层面，局限在文学艺术领域，是一个涉及价值观的比较小的范畴，表现为诗歌、文学、舞蹈、绘画、音乐、戏剧、影视、雕塑等方面。

第二章　文明的内涵

文明，是站在人类的角度，去观察世界的万事万物，最终成果体现在人类的物质层面与精神层面，即人类如何去看待这个世界，看待这个社会，看待人类本身。

随着时光的前进，人类文明在不断发展。从人类发展史的阶段性特征来看，简单而言，可以划分为三个阶段：从最初的蒙昧时代进入科学时代，再进入当今的网络数字时代。在蒙昧时代，人类的思维方式主要是感性的，依靠语言文字，通过口口相传，持续积累文明成果，权力的主体是祭司或王室。在科学时代，人类更多的是依赖理性，进行科学探索。随着印刷术的发展，知识日益普及，权力主体也由王室、教会通过民主的政治体制，转移到社会大众手中。在当今的网络数字时代，人类的思维方式逐渐由科学时代的精确、理性转向模糊、非精确性。随着人工智能技术的介入，一大部分传统的政府权力将逐步由巨型的网络数字平台分享，它们通过自己掌握的海量数据，在部分领域实现对社会的有效治理。

人类文明三个阶段及其特点

时代分期 区分项	蒙昧时代	科学时代	网络数字时代
思维方式	感性	理性	模糊性、非精确性（感性+理性）
技术路径	语言文字传播	印刷术普及	人工智能介入
权力主体	宗教、王权	科学、民主	网络数字平台

文明进步的终极驱动力是基于人类对未知世界感到无限恐惧的巨大压力。正是由于对未知世界的恐惧，人类不断突破自身思想的局限，开创了宗教，产生了艺术和哲学，找到了思想信仰的依托；正是由于对饥饿、寒冷的恐惧，人类才不断进行理性的科学探索，提升生产生活能力；正是由于对战争冲突的恐惧，人类才不断创新民主的政治制度，以此约束统治阶级的权力，平衡国家与国家之间的关系。

　　因此，在人类文明的演进过程中，有三个不同的维度：第一个维度，关注人类自身的思想探索，表现为艺术、宗教和哲学等①；第二个维度，关注人与人之间关系的社会制度，包括社会伦理、风俗习惯和政治法律等；第三个维度，关注人与自然之间关系的开发利用，包括科学、工程和技术应用。②

　　人类正是从这三个不同维度着手，不断拓展人类对未知世界的认知边界，丰富人类的已知世界，引领人类从蒙昧状态持续走向文明的未来。在演进过程中，这三个维度会相互作用，共同促进。在这三个维度当中，第一个维度尤为重要，在很多时候，是引领另外两个维度前进的力量源泉。比如，中世纪长期处于思想黑暗状态的欧洲，正是在意大利文艺复兴的引领之下，引发了欧洲的思想启蒙运动，进而引领英国工业革命、法国大革命，极大地提高了社会生产力，改进了人类政治制度。当然，后两个维度有时也会发挥出巨大的反作用力，推动人类思想探索的进步。比如，近现代在理性思维的引领之下，科学技术实现了巨大发展，人类在多个角度加深了对宇宙、对自然界、对人类自身的认知，不仅推动了社会生产力的发展，促进了经济繁荣，还反过来促使人类更加客观全面地去看待宗教，产生新的哲学思想，引领新的艺术创作潮流。

---

① 每个时代都有自己的时代精神，表现为一种代表性的意识形态，与当时整个社会历史密切关联。比如，在西方世界，古希腊时期重点是艺术，中世纪时期重点是宗教，而近现代重点则是哲学和科学。

② 何怀宏认为，文明一般包括三个要素：物质文明、政治文明和精神文明。具体见何怀宏：《文明的两端》，广西师范大学出版社，2022年，引言。

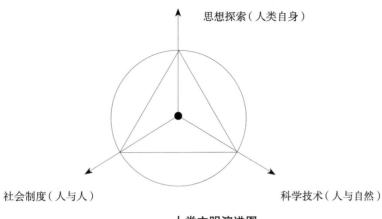

人类文明演进图

一、关于思想维度——艺术、宗教和哲学

野蛮时期，大地混沌黑暗。我是谁？存在于哪里？归宿在哪里？人生是为了什么？灵魂能否永生？

上帝说要有光，引领人类走向光明。从这个角度看，艺术、宗教、哲学就是点燃人类思想的"光"，代表着人类对自身、对世界的思想探索，引领着人类不断突破现有思维框架的约束，带领人类去寻找光，照亮黑暗的世界，从未知世界走向已知世界。

克尔恺郭尔把精神境界分为三个阶段——审美境界、道德境界、宗教境界，并认为三者之间依次递进。审美境界是感性境界，以感性需求为中心，表现为艺术，教人审美；道德境界是理性境界，承担义务与责任，表现为哲学，教人理性；宗教境界是信仰境界，是以痛苦、献身为特征的最高的人生追求，表现为教义，教人信仰。[1]艺术、宗教和哲学彼此相互独立，但也相互影响，某一方向获得突破，会带动其他方向实现突破。

从某种意义上讲，思维探索维度的突破，决定着文明的前进方向。

① 陈来：《有无之境：王阳明哲学的精神》，北京大学出版社，2006年，第5页。

1. 关于艺术

艺术是人创作的成果，其目的是给人类带来"美"的感官感触和内心感受。

尽管大自然中也有许多能给人带来"美"的感受的事物，如东升的旭日、绚丽的彩霞、静谧的星空、雄伟的山川、壮观的河流、多彩的宝石，但这些都只是人的感官被动感受到的自然美，而不是人主动创造出来的艺术美，因而其本身并不是艺术。

"美"在汉字当中，是一个独体象形字，是一个头戴羽毛饰品、作舞蹈状的人形。人作为大自然孕育的产物，存在于宇宙当中，本身受到许多羁绊，是不自由的，但人类在艺术的世界中，却可以以无形创造有形，以静止创造运动，以有限概括无限，以死的线条创造活的形象，通过不断的创新突破和思想解放，最终超越种种局限，找到属于自己思想上的真正的自由，这就是艺术的伟大力量。

考古表明，原始艺术最初出现于新、旧石器的交替时代。随着人类从旧石器时代向新石器时代演进，简单粗糙的石头工具被工艺精美、性能卓越的石头工具替代，反映着人类由实用、非审美的状态向非实用、审美的状态演进。这种演进标志着人类精神形态的一个重大变革。[1]在使用工具进化的支持下，史前人类逐渐探索在岩石上绘画、利用土石等材料进行雕塑，之后逐渐学会利用金属、陶土制作具有艺术水准的陶器、玉石器、青铜器等。伟大的艺术作品可以在原始社会诞生，那时人们对社会的理解的狭隘性，有时反而使其具有一种特有的凝练和生动，充满着力量感。[2]

席勒（1759—1805）提出，艺术起源于游戏。"只有当人充分是人的时候，他才游戏。只有当人游戏的时候，他才是完全的人。"人的游戏不是为了物质性的生存目的，而是一种精神力量的宣泄，是撇开物质对象本身而对其外观、

---

① 何新：《何新论美》，华东师范大学出版社，2020年，第12页。
② 肯尼斯·克拉克著，易英译：《文明》，中国美术学院出版社，2019年，第11页。

形象的一种超功利的静观。从某种意义上讲，艺术本身是超实用的、抽象的。真正的艺术品，是不以满足人的功利性需要为主要目的的。只有当艺术品失去其实用意义而只保留其审美意义的时候，才能成为纯粹的艺术品，才能使人类不至于沦为物质的奴隶，从而在精神上获得真正的解放。

马克思（1818—1883）认为，艺术起源于生产劳动。他把人的精神上的审美能力，包括将人自己的情感对象化和在对象上感受到自己的感情的能力，亦即艺术创造能力和审美欣赏能力，都建立在人的感性的物质活动即生产劳动的实践基础之上。[1]劳动最开始是人类在恶劣的自然条件下的求生活动，除了实用的考虑外，不可能有其他的考虑。然而，也正是在这种求生活动当中，已经包含着审美和艺术的因素，隐藏着艺术活动得以产生的心理根基。生产劳动的艺术性因素，在于通过生产劳动，人与人在情感上相互传达、相互影响，最终形成思想上的共鸣。从严格意义上讲，原始人的艺术，例如巫术、舞蹈等，都不能算作真正的艺术，而只能说是艺术的萌芽。在这些活动中，艺术传达情感的作用只是附属的而不是主要目的。随着劳动分工的深化，艺术生产开始与物质劳动相脱离，最终成为上层建筑的一个独立部门。[2]

艺术家是一个非常特殊的群体。

人类在部落生活的早期，并没有今天人们所说的专门的艺术家，而是一些画岩画、制作陶器的手艺人。那时，艺术是日常生活中很自然的一部分，人人都是艺术家，只是程度不同而已。

随着社会的进步、财富的积累、分工的细化，艺术家开始从手艺人群体中独立出来，他们以比手艺人更为高超的技巧以及更加富有思想的创作，得到王室贵族的欣赏和供养，进而演化为一个独立的专门创作群体。康德说过，艺术有别于手艺，艺术是自由的，手艺却是被雇佣的。

艺术的创作，不仅需要勤奋，还需要有天赋。天才＝技术精湛＋思维独特。

---

[1]　邓晓芒：《西方美学史纲》，商务印书馆，2018年，第180页。

[2]　邓晓芒：《西方美学史纲》，商务印书馆，2018年，第160—167页。

艺术家选择自己的职业，绝不能仅仅是为了赚钱，更要出于自己的爱好。只有不过度受商业化的影响，才能全身心地投入，创作出流芳千古的佳作。

艺术是主客体之间的相互作用。艺术不仅表现人自身，还表现社会行为；不仅表现为艺术家的创作，还表现在观众的欣赏当中。从这个角度来看，艺术家只有在观众感受到他要表现的深层次情感时，才能称得上是真正的艺术家。艺术不仅表现客体本身，更有艺术家个人的主观感受体现在其中。黑格尔（1770—1831）认为，艺术本身是人的一种主体性的创造活动，是艺术家个人的想象力、天才和灵感的产物，艺术品的客观性正在于它表达了普遍的精神内容，而不单纯是主观意欲的发泄，因此它的独创性也不是偶然的、任意的幻想。艺术家只有在受到创作对象本身真实内容的理性基础上，灌注自身思想的生气时，才能体现出作品的真正独创性。正如徐悲鸿的《奔马图》，不仅在于体现出马这一自然生物栩栩如生的客观的具体形象，更在于体现出马在徐悲鸿的眼中、思想中、精神中的主观的独特形象。

几乎每一个真正的艺术家在当时的时代当中都是孤独的。和一切孤独的人一样，他永远会坚持自己的独特个性。① 从某种意义上讲，许多艺术家都走在时代的前列，以一种特立独行的思想引领着人类前行。自古以来，一切伟大的艺术家无一不是以这样或那样的方式叛离和打破既成传统，从而开创和建树新传统。艺术家没有这种叛离和标新立异的精神，在艺术上就不可能成就为伟大。可悲可叹的是，与伟大的哲学家一样，这些伟大的艺术家往往由于领先同时代人的思想太多，而无法在其生存的时代得到人们的广泛认可，甚至由于其标新立异而被世人视为"异类""疯子"，有的甚至会被当政者视为反动的意识形态，导致有些人潦倒终生，有些人无法承受世俗的巨大压力而最终成为真正的疯子。往往要等到这些艺术家去世之后，人们才能真正感受到他们作品中寓意的伟大。

艺术有不同的门类表现形式。

---

① 房龙著，周亚群译：《人类的艺术》，中国友谊出版公司，2013年，第6页。

人类在追求理性的科学知识的同时，也致力于对感性的美的追求，由此产生了音乐、舞蹈、服饰、色彩、绘画、雕刻、陶瓷、建筑、戏剧、诗歌、文学等多种多样的艺术形式，给人以精神的寄托，推动思想不断创新进步。

从艺术门类所处的领域看，大体可以划分为五个部类：造型艺术（绘画、雕塑等）、声乐艺术（音乐、朗诵、歌唱等）、表演艺术（舞蹈、戏剧、电影等）、文学艺术（小说、诗歌等）、建筑艺术（园林、建筑等）。①

黑格尔认为，艺术的发展经历过三个阶段，产生了三种不同类型的艺术。一是象征艺术，这是人类艺术的起源，产生于史前的原始自然宗教中，我们看不清其中所包含的精神意蕴，主要代表是建筑、音乐等；二是古典艺术，内容和形式达到高度的和谐一致，主要代表是戏剧、雕刻等，在古希腊时期发展到顶峰；三是浪漫艺术，特点是内容和形式的再次分裂，形式脱离内容，陷入所谓的"形式主义"，表现为中世纪的宗教艺术，主要代表包括绘画、音乐和诗歌。②不同种类的艺术对于人类的思想和感情具有不同质的表现方式，人们可以按照由简单向复杂、由低级向高级发展的辩证规律，找到它们的内在联系。③

不同艺术门类表现的特点有很大差别。比如，诗歌与绘画的区别。尽管中外许多学者都强调"诗画同源"，比如希腊诗人西蒙尼德斯曾说："画是无声的诗，诗是有声的画。"宋朝诗人苏东坡曾称赞王维："味摩诘之诗，诗中有画；观摩诘之画，画中有诗。"达·芬奇说："诗是说话的画，画是沉默的诗。"但是，诗歌以文字作为媒介，间接表现事物，不像雕刻、绘画之类的造型艺术那样，用形体、色彩、线条作为媒介，直接描绘事物。诗歌在用文字描绘事物的时候，不会那么直接，但却能达到那种"只可意会，不可言传"的特殊效果。德国启蒙运动者莱辛（1729—1781）在名著《拉奥孔》中对诗与画的差异进行了详细分析。他认为，诗不适宜于表现物体美。首先，从媒介来

①　何新：《何新论美》，华东师范大学出版社，2020年，第5页。
②　邓晓芒：《西方美学史纲》，商务印书馆，2018年，第152—157页。
③　何新：《何新论美》，华东师范大学出版社，2020年，第32页。

看，画用颜色和线条为媒介，颜色和线条的各部分在空间上是并列的，铺陈在一个平面上，而诗用语言文字为媒介，一段话的各部分在时间中先后承继，沿着一条线发展，因此画的媒介比较适宜描绘空间上静止的物体，诗的媒介比较适宜描绘时间上的动作。其次，从观众的感官来看，画通过眼睛来感受，可以把很大范围以内的并列事物同时摄入眼帘，所以适宜于感受静止的物体；诗通过耳朵接受，在时间的一点上只能听到一个声音，不适宜于听并列的事物，适合对动作进行连续性的描述。[①]总结起来，就是诗适合表达"时间艺术"，画适合表达"空间艺术"。诗的美不存在于理智的逻辑分析之中，而存在于形象的想象与感情的共鸣之中。诗歌的任务纯粹是描写，是表现，是叙述与倾诉，不必推理，不必解释，不必议论。

再比如，音乐是一种古老而又现代的艺术形式，能够解决文字不能解决的东西。当我们以文字的方式去描述一幅画、一支曲子或一尊雕塑时，常常会感到力不从心。西方早期的音乐只是教堂唱诗班吟唱的圣诗，流行的是基督教的格里高利圣咏。在中世纪末期，音乐得到蓬勃发展，不再是在教堂里由教徒们独自享受的艺术门类。15世纪后，音乐完全摆脱了基督教会的束缚，重新回到老百姓中间，并因此焕发出强大的生机活力，在艺术上呈现出无与伦比的魅力。巴赫（1685—1750）是当时最为杰出的管风琴师、最出色的小提琴及中提琴手、最优秀的钢琴演奏者，创作出许多不符合教堂风格，而适合在音乐厅演奏的乐曲。路易十四的年代，在"法国歌剧之父"吕利（1632—1687）的努力下，来自意大利的新兴文艺——"歌剧"迅速风靡法国，修建了第一座歌剧院。18世纪，开始出现和声。19世纪40年代，音乐界更是出现两个天才式人物：小提琴家帕格尼尼（1782—1840）和钢琴家李斯特（1811—1886）。

音乐也是唯一可以完全逾越国界的艺术形式。相对于绘画艺术来说，音乐是更加民主的艺术，时间、地域对音乐具有更大的影响。尤其是随着无线电

---

① 朱光潜：《西方美学史》，人民文学出版社，1979年，第303页。

技术、广播电视技术以及网络数字技术的发展，音乐可以随时随地进入世界各个角落，被所有人传唱，而绘画则最终只能被少数富豪或博物馆收藏。

艺术具有普遍性。

真正的艺术不受国界的限制。[①]所谓"艺术无国界"，就是说人类在很多方面的价值认同和追求是共同的、一致的。无论哪一种艺术，只要它传达着人类的某种真实的情感，它就属于人类艺术的宝贵财富，不同时代、不同民族和不同阶级的人都可以从不同的角度甚至同一角度对之进行欣赏。例如，古希腊的艺术，虽然出自奴隶主阶级的欣赏趣味，但它一旦产生，就成了后来不论哪个阶级的艺术家都可加以借鉴的"一种规范和高不可及的范本"。就是说，当艺术取得了自己独立的纯粹形式之后，在进一步的发展中，必然会对社会民族的文化心理产生极为重要的同化作用。[②]

当然，关于审美标准，不同学派有着不同认识。美是一种普遍永恒的绝对价值，还是相对的，随着历史情况和鉴赏人的立场和性格有所改变？经验派认为，鉴赏不基于任何概念，只依据人的审美快感，所以根本不存在一个普遍使用的审美标准；理性派认为，鉴赏肯定要基于一个美的概念，必定有一个客观的审美评价标准，否则一切文艺批评和艺术评论就毫无价值。[③]新古典主义者认为，人性是符合理性的。符合理性的东西，就必然带有普遍性和永恒性，所以文艺作品必须把这普遍、永恒的东西表现出来，才能得到古往今来的一致赞赏。反过来说，凡是得到古往今来一致赞赏的作品，就必然是抓住了普遍、永恒人性的作品。因此新古典主义者把时间考验作为衡量文艺作品价值的重要标准。[④]休谟（1711—1776）认为，人的审美判断力最终取决于个人的情感气质。由于人的想象力和敏感性天生不同，也由于人的教育背景、习俗、偏见和心境的差别，人的美感或对美的价值判断都是相对的，因人而

① 房龙著，周亚群译：《人类的艺术》，中国友谊出版公司，2013年，第1页。

② 邓晓芒：《西方美学史纲》，商务印书馆，2018年，第168页。

③ 邓晓芒：《西方美学史纲》，商务印书馆，2018年，第126页。

④ 朱光潜：《西方美学史》，人民文学出版社，1979年，第186页。

异，但审美趣味的普遍性标准却仍然可以找到，这就是人们的自然的心灵本性在大体上仍然是趋于一致的判断。同时，因为每个人在欣赏的充分性、感受作品的细致度和深度上的千差万别，所以趣味标准的裁判员只能由少数最敏感又最无偏见的专业人士来担任。[1]

艺术具有时代性。

时代对艺术的创作和欣赏都有着不同凡响的影响。每个时代都有每个时代的特色。每个时代的音乐、美术以及建筑的风格都各不相同。当生活需要什么样的艺术时，艺术家们就会根据时代需求的变化，提供这种类型的艺术，以满足人们的精神需求。古希腊时期是一个充满光明与信心的时期，希腊人通过神话、舞蹈、音乐、神庙建筑等，把理性、和谐、凝重体现得淋漓尽致。[2]中世纪的欧洲在经历长期残酷的宗教战争之后，人们希望听到那种能缓解悲伤愁苦情绪的音乐。在这一背景下，轻松愉快的意大利歌剧应运而生。艺术会再现生活的过去，保留生活的现在，也必然会憧憬生活的未来。如若某人想在自己所处的时代生活中留下自己的痕迹，就必须在时代的艺术上留下同等重要的标记。

艺术在各个时代并不存在具体的分期。所谓的阶段划分，只不过是后人为了区分而作出的人为断代而已，现实生活中的建筑师和艺术家是不受此限制的。从建筑的角度来看，西方世界的建筑先后有罗马式[3]、哥特式[4]、巴洛克式[5]、洛可可式[6]。

---

[1] 邓晓芒：《西方美学史纲》，商务印书馆，2018年，第101页。

[2] 肯尼斯·克拉克著，易英译：《文明》，中国美术学院出版社，2019年，第12页。

[3] 以用石头垒砌教堂的圆穹形屋顶为特征，画家可以在石壁上绘画，强调整齐壮观、粗犷有力、朴实无华、庄重肃穆，盛行于11世纪至12世纪初期。

[4] 以纤柔华丽的尖拱风格为特征，通过彩色玻璃引入五彩斑斓的光束，增强教堂的神秘感和浪漫激情，出现在12世纪下半叶。

[5] 开始于宗教改革的爆发之年，终止于路易十四离世后的1700年左右，大致处于文艺复兴时期的150年间。

[6] 意味着华美绮丽而不对称，有各种各样的装饰物，追求欢乐，大概开始于路易十四驾崩的1715年，结束于路易十六被送上绞刑架的1793年。

中国的绘画艺术历史悠久，但不同时期呈现出鲜明的时代特征。秦汉时期，绘画古朴粗放。魏晋南北朝时期，绘画五彩缤纷，重视传神写照，创作对象开始从人物向山水过渡，形成诗书画相统一的艺术风格。东晋顾恺之提出"以形写神"论，善于表现人物性格。[①] 由于这时佛教大兴，佛教绘画迅猛发展。盛唐时期，名家辈出，西域造像艺术技巧传入，使佛教绘画呈现典型的唐风特色。宋朝时期，一改唐朝宗教画的主流，以山水画和花鸟画为主要题材。由于城市繁荣导致社会对绘画作品需求加大，职业画家数量大增，出现绘画商业化的特征。宋朝承袭后蜀、南唐，设翰林图画院，形成崇尚工笔写实、描绘真实细腻的"院体"风格，创作出大量艺术珍品，至今仍令后世叹为观止。这一时期，文人画大量涌现，他们有自己独特的审美心理和美学见解，着重主观意趣的表现，不作雕琢，不假繁饰，注重笔墨，画面上题写诗文，使书法、文学、绘画融为一体，思想内容超然物外，题材多为山水自然、梅兰竹菊。[②]

艺术具有区域性。

区域环境会对艺术的创作产生至关重要的影响。每个地方都有每个地方的特产。不仅是自然生态环境会对当地的艺术产生影响，一个国家的政治环境、一个民族的价值观念都会对当地的艺术创作产生根本的影响。此外，艺术家自身的经济条件和他们所居住的自然地理环境也会造就不同的艺术风格，如阿拉伯世界的细密画、日本的浮世绘等。

一国的艺术，反映了这个国家的灵魂。每个民族都在使用自己独特的艺术手法和手边现成的材料进行艺术创作。在西方艺术中，透视法是不可或缺的重要方法，但在埃及艺术和中国艺术中却无足轻重。2006年诺贝尔文学奖获得者、土耳其作家奥尔罕·帕慕克在《我的名字叫红》一书中描述，1590年末的奥斯曼帝国的波斯细密画画家开始试图采用西方世界的透视法时，甚至

---

① 中国画的"神"，反映的并不是画中物象的"神"，而是画家借助物象，表达自我主观精神中的"神"。西方油画更多体现的是画中人物的"神"，如蒙娜丽莎的微笑。

② 武斌：《文明的力量：中华文明的世界影响力》，广东人民出版社，2019年，第187—192页。

要面对被谋杀的风险，因为有许多教徒认为他们改变了上帝的视角。在绘画材料方面，埃及人用水粉作画，中国人用墨水作画，欧洲的凡·戴克兄弟则用油性颜料作画，发明了现代油画。①

总体来看，世界绘画可以分为两大基本系统：以中国的水墨画②为代表的东方绘画和以欧洲油画为代表的西方绘画。东西方在绘画艺术上有着巨大的区别。欧洲人重视写实，主张运用透视法详细地再现事物的真实原貌；中国人则注重写意，强调精神意境，主张用少许笔法、大量留白来反映事物的基本事实，而不太重视采用透视法，不理睬欧洲人所关注的细节问题。③当然，随着近现代东西方文化交流的日益深入，艺术家彼此之间也相互借鉴学习。中国近现代的著名艺术家张大千、徐悲鸿等人就曾到欧洲与毕加索等艺术家进行创作交流。

中国人以自己独特的审美体验和艺术创造才能，以毛笔、墨汁以及天然矿物质颜料为基本工具，创作出数量极大的绘画作品，形成了鲜明的民族风格和民族气派，构成了自己独立的绘画美学体系。书法是中国汉字独有的艺术。尽管西方文字也有美术体、艺术体，但都不能成为一种独立的艺术门类。中国汉字由于兼具象形、标音及表意三种功能，书写者借助毛笔、墨汁、宣纸的特殊生发效果，以汉字的布局而幻化抽象出无限的艺术神奇。因此，中国有"书画同源"之说。从秦朝"书同文"开始，演化出草书、行书、楷书等多种书法艺术门类。汉末政治动荡，却书法家辈出，成为中国书法史上的黄金时代之一，不仅有章草的发明，而且今草、楷书、行书等后世所有书体，也都孕育于这一时期。④

中国的文学艺术缤纷多彩、形式多样，诗词歌赋、传奇小说，流派多变，

---

① 过去人们在墙壁上作画，开始用蛋白和醋调配颜料，后来用亚麻油代替，使用这种颜料画出来的作品能够在较长时间内保持原貌。

② 中国绘画从作者类群角度可以划分为三大类型：注重写实的皇家院体，注重主观写意、表现主义的文人士大夫体，注重装饰美感的民间俗体。

③ 房龙著，周亚群译：《人类的艺术》，中国友谊出版公司，2013年，第267页。

④ 何新：《何新论美》，华东师范大学出版社，2020年，第118—127页。

出现了一个又一个高峰。《诗经》是中国第一部诗歌总集，汇集了从西周初年到春秋中期500多年的诗歌305篇，代表了当时文学的最高成就。屈原是我国文学史上第一位伟大的诗人，创造了"楚辞"的新诗体，大大增强了诗歌的表现力。汉代文学创作繁荣，汉赋是这一时代文学的代表，名篇佳作迭出。魏晋南北朝是中国文学史上第一个具有文学的自觉意识、在各方面富有创新精神的时代，诗歌创作空前繁荣，散文、骈文、辞赋名家辈出，志怪小说初具规模。唐朝是中国文学艺术史上一个光辉灿烂的时代，唐诗独步一时、绚丽多彩、气度非凡，令后人神往、敬仰、追寻和陶醉。宋朝文学的最高成就宋词，在中国文学史上占有特殊地位。由于词是合乐诗体，既可传颂于文人案头，又能流播于乐人歌喉，流传广远。话本小说在宋朝也开始更加走向成熟，为明清两代古典小说的繁荣打下了很重要的基础。元朝戏曲文学兴盛，而明清文学最突出的成就是小说。中国古典小说经过唐、宋、元三代的酝酿、准备和发展，无论在艺术表现方法或是情节铺陈、人物塑造、章节结构、语言描述等方面都积累了相当丰富的艺术经验，取得空前的成就，出现了《红楼梦》这样具有世界影响力的巨著。[1]

由于诗歌本质上是一种民族性极强的语言艺术，从某种程度上而言，诗歌的内在语境和精神意蕴都是不可译的。翻译所能转述的只是其浅层的内容，而无法再现语言形式的韵味与格律[2]——在翻译中很难不丢弃原诗所具有的声律美[3]，更难表达出语言背后丰富而又模糊的精神力量。

在建筑等造型艺术上，东西方也有很大的审美差异。中国建筑的原则是空间序列的内在深化，往往是一组建筑群在平面上徐徐展开，不管是紫禁城、颐和园、天坛等皇家建筑，还是北京四合院、江南园林等民间建筑，都是如

---

① 武斌：《文明的力量：中华文明的世界影响力》，广东人民出版社，2019年，第211—215页。

② 中国诗歌的语言形式发展历程：周代的四言，汉魏的六言，南北朝的骈体，这些都是偶数诗体，寻求语言对称美的形式；自隋唐起，逐渐形成了五言、七言、长短句、散曲，突破了传统的对称形式，更有利于思想内容的完整表达。

③ 何新：《何新论美》，华东师范大学出版社，2020年，第57—68页。

此。西方建筑的原则是空间序列在体势上的伸展扩张，寻求独体建筑在立体空间上的雄伟壮观，如古希腊神庙、法国埃菲尔铁塔、巴黎圣母院以及现代的摩天大楼等。在建筑材料和建筑风格方面，东西方也体现出显著的地区性差异。古希腊人用石料，中国人则主要是用木头。在欧洲开始采用哥特式建筑艺术风格的同时，在遥远东方的柬埔寨，一个与世隔绝的民族正在修筑一座神秘的宗教建筑——吴哥窟，这座建筑在艺术水平上远远超过了同时期欧洲人建造的建筑。

在乐舞艺术方面，早在新石器时代，中国人就创造了原始的乐舞艺术，并初步表现出独特的东方神韵。到了夏商周三代，已经突破了原始艺术的水平，取得很大进步。在中国古代石刻壁画中，生动地刻画了大量几千年前的歌舞形象。《诗经》记载了当时中原地区青年男女"无冬无夏，值其鹭羽"的载歌载舞盛况。商代青铜乐器已经出现了鼓、磬等多种不同种类，存在巫乐和雅乐的分类。周代的乐舞艺术本身就是礼乐制度的重要内容之一。西周是中国上古音乐的集大成时期，也是音乐的高度繁荣时期，形式上更加规范，内容上要求更加严格，使用上也有严格的等级分别。宫廷里设置了庞大的专业乐舞机构，统一由大司乐掌管，还有专门的教育机构传授乐舞知识。汉唐乐舞之风盛行，通过丝绸之路吸收西域各民族的音乐舞蹈艺术，促进了中国乐舞艺术的繁荣发展，体现出万国来朝、民族交融、国泰民安的盛世景象。[1]

东西方对艺术的认识差别主要来自对宇宙的不同认识。古希腊人认为形式和谐、自然模仿最重要，中国人则认为情感表达最重要。在美的表现形式上，西方人注重雕塑和建筑，中国人注重音乐舞蹈。西方表现出来的美，重科学、重理性、重观察、重再现、重模仿、重形式；中国表现出来的美，则重伦理、重感情、重体验、重表现、重意境、重神似。中国的美，更多着眼于关系、功能、韵律，而不是实体、对象；更加强调的是相互渗透和协调，而不是矛盾和冲突；是人的情感表达，而不是对物的模拟；是人生的和谐和满足，情

---

[1]　武斌:《文明的力量：中华文明的世界影响力》，广东人民出版社，2019年，第174—178页。

感性的欲望得到满足，而西方受基督教"罪感文化"的影响，艺术往往表现出对宗教的恐惧，呈现出"冷、快、悲"。①

宗教对艺术创作具有重大影响。

宗教会对不适合教义的艺术形态和内容进行管制。比如，325—337年，君士坦丁堡取代罗马成为罗马帝国首都。392年，基督教成为罗马帝国的国教。围绕新信仰开展的大清理工作迅速执行，凡是旧文化传统遗留的残余，都遭到无情的镇压和清除。教会下令关闭一切剧场，尽管此前看戏是人们最为喜爱的一种娱乐方式。一直到10世纪初期，戏剧艺术才再次回到欧洲人民的生活中，但也都是修女、修士们根据教义撰写的"警世剧"。此外，艺术家创作的主题也受到严格限制，宗教裁判所对艺术作品进行随时的内容审查。比如，从814年开始，意大利城市威尼斯就在作为以传统威尼斯道德守护人自居的历代总督颁布的严格法律规范之下，过着几乎波澜不惊的生活。在总督秘密警察的监督之下，艺术家们只能严格遵守拜占庭的艺术风格进行创作。即便是在君士坦丁堡丧失了基督教都城的地位之后，威尼斯仍然流行了很长时间的拜占庭风格。②

宗教也会主动利用艺术创作进行教义传播。与宗教教义伴随的，是宗教艺术。这时的艺术是特定时代、特定阶级的宗教宣传品，是信仰、崇拜的载体，而不是单纯观赏的对象，它的美的思想和审美形式都是为宗教内容服务的。③因为艺术可以实现那些不能用宗教来实现的事情，它在一种美的艺术熏陶中，潜移默化地改变人的思想和思维方式，使后者具有一种新的视野。④比如，意大利文艺复兴时期，达·芬奇、米开朗基罗、拉斐尔等艺术家在基督教会的资助下，创作出许多以宗教教义为题材的绘画和雕塑作品。中国在魏晋南北朝时期，也在敦煌莫高窟、大同云冈、洛阳龙门等地雕刻了许多传世的佛教教

① 周清毅：《美的常识》，人民美术出版社，2021年，第230、237、243页。
② 房龙著，周亚群译：《人类的艺术》，中国友谊出版公司，2013年，第111页。
③ 李泽厚：《美的历程》，生活·读书·新知三联书店，2009年，第110页。
④ 房龙著，周亚群译：《人类的艺术》，中国友谊出版公司，2013年，第75页。

义造像。

艺术也在不断吸收新的宗教、哲学思想，进行艺术创作的探索，表达对美的追求。在人类文明发展进程中，宗教和哲学一直是艺术发展的两大基石。艺术审美观点的改变，总是反映着宗教、哲学思潮的改变。当古希腊人以奥林匹斯诸神为中心的宗教信仰在公元前5世纪伯里克利时代被苏格拉底的理性哲学所动摇的时候，古希腊人的艺术风格随之产生巨大改变，从而产生了辉煌灿烂的希腊古典建筑和雕刻艺术。在著名的文艺复兴时代，由于欧洲传统基督教信仰的瓦解和新哲学思潮的兴起，产生了但丁、莎士比亚、薄伽丘、塞万提斯等垂范千古的人文主义艺术巨匠，信仰、依赖与宿命的人生观被自由、理性和创造的人生观所取代，神的艺术也就逐渐转变为人的艺术。西方现代派艺术的兴起，也是直接起源于19世纪与20世纪之交。在工业革命和科技革命的推动下，欧美宗教、哲学观点的深刻变革，存在主义成为西方哲学中影响最大的流派，其基本命题充满了人生的荒谬感、死亡的逼近意识、价值的虚无论、文化的悲观主义以及非理性主义，这些使得西方人丧失了传统的信念和精神的立足点，表现到现代派艺术中，形式吞噬了内容，客观主义、写实主义开始转向主观主义和抽象主义，使得现代派西方艺术呈现出形式性、神秘性、象征性、荒谬性等四大特点。[①]

科学与艺术有着密不可分的关系。

法国文学家居斯塔夫·福楼拜（1821—1880）曾说过："科学与艺术，从山麓分手，又在山顶会合。"

科学以其理性思维、创造能力为艺术的跨越创造条件。意大利绘画在文艺复兴时期之所以能达到欧洲第一次高峰，在很大程度上是科学技术发展的结果。当时，一些重要的艺术家同时也是科学家，达·芬奇就是其中的典型代表。他们不仅对自然事物进行精细的观察，还孜孜不倦地研究艺术表达方面的科学技巧，比如与造型艺术密切相关的一些科学，如解剖学、透视学、色

---

① 何新：《何新论美》，华东师范大学出版社，2020年，第44—46、201页。

彩学等。①早期在教堂创作壁画还是用蛋清和醋调配的颜料，只能在半干半湿的墙壁上抓紧时间创作，等到现代新型油画颜料发明之后，画家就不用那么仓促作画，可以有充分的时间进行创作设计和修改。15世纪，铜版蚀刻技术和近代铅活字印刷术发明之后，人们就能看到很多铜版画的拓片。数字技术发展之后，艺术的表达方式有了质的飞跃。比如，中国艺术家张艺谋在北京冬奥会上运用大量数字视频，为全世界观众呈现出一场美轮美奂的开幕式。

当然，科学技术发展也可能对艺术创作带来许多负面影响。比如，工业革命之后，现代大工厂把传统手工艺完全摧毁了。一些艺术家发出警告：这种做法等于慢性自杀，但世界仍然无所顾忌地向前疯狂地奔跑，谁也拦不住。②1839年，法国人达盖尔发明了摄影技术，将传统的写实画家吓得魂飞魄散，引发人们对摄影到底是不是艺术的争议。现在，人工智能技术在摄影、绘画、设计、展览等领域艺术创作的兴起，更是使得艺术创作进入一种如梦如幻的全新状态。

艺术也以其感性的敏锐、丰富的想象，为科技创新突破插上腾飞的翅膀。比如，早在古希腊时期，毕达哥拉斯就认为，音乐的和谐实际上是数学的和谐。相同的弦，在不同的负重或者压力下，会发出不同的音高。开普勒正是由于苦苦谱写天体的音乐，发现了行星运动三定律。他的著作《宇宙的和谐》一书中满是五线谱，从这个角度看，他的三定律是被谱出来的。③

艺术会对政治产生影响，政治也会对艺术创作产生很大影响。

柏拉图是西方第一个明确把政治教育效果确定为评价文艺标准的人，他对荷马和古希腊戏剧家们进行攻击，认为荷马史诗以及悲剧、喜剧的影响都是坏的，因为他们既破坏希腊宗教的敬神和崇拜英雄的中心信仰，又使人性格中的理智失去控制，让情欲那些"低劣部分"得到不应有的放纵和滋养，进而破坏"正义"。因此，他在《理想国》中完全排斥了戏剧，要求剧本必须经

① 朱光潜：《西方美学史》，人民文学出版社，1979年，第159页。
② 房龙著，周亚群译：《人类的艺术》，中国友谊出版公司，2013年，第337页。
③ 吴国盛：《什么是科学》，广东人民出版社，2016年，第72页。

过官方审查，不能有伤风败俗的内容。他强调文艺必须对人类社会有用，必须服务于政治。文艺的好坏，必须首先从政治标准来衡量。如果从政治标准看，一件文艺作品的影响是坏的，那么即便它的艺术性再高，对人的感染力再大，都应该毫不留情地把它清洗掉。[①]

从人类发展史来看，许多艺术家包括画家、诗人、作家、戏剧家都会采用作品表达的思想对当时的政治环境进行回应。比如，西班牙宫廷画家戈雅（1746—1828）为王室创作的肖像画《裸体的玛哈》，大胆地向禁欲主义挑战，试图打破西班牙的封建专制和基督教宗教裁判所的严格限制，可以说是艺术史上让人最为惊骇的作品。他还创作了讴歌西班牙人民爱国热情的历史画——《1808年5月3日夜枪杀起义者》，揭露拿破仑雇佣军入侵西班牙的暴行，反映腐败无能的卡洛斯王朝不战而降，不甘心做亡国奴的西班牙人民奋起反抗。正如画家本人说的那样："我要用自己的画笔，使反抗欧洲暴君的这次伟大而英勇的光荣起义永垂不朽。"

比如，年轻时候的贝多芬（1770—1827）向往自由，热爱和平，对拿破仑推崇的"自由""平等"理念充满憧憬。为了表达自己对拿破仑的崇高敬意，他特地谱写了著名的《英雄交响曲》。但是，后来拿破仑自立为皇帝，贝多芬把自己的《英雄交响曲》原稿找出来，在其封面上写道"此曲只为即将推翻拿破仑的英雄而作"[②]。

再比如，理查德·瓦格纳（1813—1883）被音乐界人视为德国纳粹的根源。尽管瓦格纳并不是纯粹的雅利安人，在他的血管里流淌着犹太人的血液，但他对自己的犹太血统深恶痛绝，并用非常粗暴的音乐来表达自己的这种情绪，使他成为纳粹时期德国最受爱戴的英雄。房龙（1882—1944）认为，卢梭（1712—1778）用语言文字给法国带来巨大的动乱，催生了法国大革命，瓦格纳则以人类最为辉煌壮丽的音乐语言给德国注入民粹主义动力，比150年前的

---

① 朱光潜：《西方美学史》，人民文学出版社，1979年，第53—56页。
② 房龙著，周亚群译：《人类的艺术》，中国友谊出版公司，2013年，第314页。

卢梭更为危险。①

政治对艺术的影响无处不在。别林斯基（1811—1848）认为，艺术的主要对象是人的社会生活，要体现艺术的"人民性"，反映人民大众的生活、愿望和思想情感，强调要实现思想内容与艺术形式的统一，使艺术直接服从于社会政治伦理。毛泽东《在延安文艺座谈会上的讲话》中强调，文艺要政治标准第一，提出革命文艺是"团结自己、战胜敌人"的"文化的军队"，有着与"拿枪的军队"同样的目的和功能，提出文艺工作者的立场、态度、工作对象和学习问题，根本上是"为什么人"的问题。②

在人类历史上，也有许多君王着力推动艺术的发展。比如，路易十四（1638—1715）在把法国王廷建造成世界文明中心的过程中，艺术是让他赢取世人支持的最有用的手段。他在戏剧、音乐、歌剧、芭蕾舞③等方面都作出了巨大贡献，修建了影响深远的枫丹白露宫、卢浮宫、凡尔赛宫，建立了王室绘画及雕刻学院、科学院、音乐学院。宋徽宗赵佶（1082—1135）是中国古代少有的艺术天才，是艺术造诣很高的画家、书法家，他不但自创被后世称为"瘦金体"的书法字体，发展宫廷绘画，广集画家，创设宣和画院，还培养了王希孟等一批杰出画家。他组织编撰的《宣和书谱》《宣和画谱》《宣和博古图》，更是美术史研究中的珍贵史籍，具有极其重要的参考价值。

19世纪，欧洲各国政治管控严格，在学院派的控制下，艺术家的自由创作空间受到极大限制。在居斯塔夫·库尔贝（1819—1877）的领导下，"艺术造反"运动如火如荼地开展起来。许多风景画家前往阳光普照的乡村去写生，莫奈创作了《草地上的野餐》《印象》《奥林比亚》等，而凡·高、高更等人也创作出许多光彩夺目、色彩斑斓的新作。为被学院派拒之门外的作品开办"落选作品沙龙"，推动欧洲油画艺术向前取得新的进步。

① 房龙著，周亚群译：《人类的艺术》，中国友谊出版公司，2013年，第371页。
② 李泽厚：《中国现代思想史论》，生活·读书·新知三联书店，2008年，第85页。
③ 芭蕾舞是一种戏剧，也是一种娱乐方式，其剧情并非通过演员之间的对白，而是通过舞蹈动作表现出来，最初可能是哑剧的一个分支。1581年，芭蕾舞剧在巴黎卢浮宫正式上演。

19世纪之后，民族主义在各国流行。1810年出生于波兰华沙的肖邦（1810—1849）看到俄国吞并了波兰东部，创作了许多充满民族主义激情的音乐，唤起人们重新推动波兰独立的意识。我国在抗日战争期间，田汉、聂耳等人也创作出《义勇军进行曲》《黄河大合唱》等脍炙人口的歌曲，极大地激发起广大人民的抗日热情。

经济发展对艺术创作的影响深远。

从经济角度看，艺术家作为一个拓荒者，需要有相对稳定的社会环境。艺术的创作需要有闲情逸致和生活保障去追求。许多艺术门类只有在和平稳定的社会环境之中，才能得到长足发展。就像院子里的树木，只有在不受外界干扰的情况下，才能得到良好的生长一样。从这个角度看，生活在一个充满战争、崇尚竞争的国度和阶段，对艺术家来说，是一件很不幸的事情。

比如，戏剧创作演出，早在古希腊时期就是人们喜闻乐见的盛事，至今希腊境内仍保存着许多巨大的露天剧场遗址。但是进入中世纪，受基督教教义的约束，戏剧创作演出受到很大的约束和冲击。直到近现代经济取得快速发展，新兴商业中产阶级的兴起，才逐渐摆脱了教廷的控制。在莎士比亚等人的带领下，宗教戏剧转向世俗戏剧，并催生了专业化的现代剧场。此外，西班牙人对美洲大陆的新发现，虽然没有对欧洲大陆的艺术创作直接作出贡献，但它带来的财富增加，尤其是精明的意大利人发明了复式记账法，传遍欧洲各地，进一步促进了欧洲大陆的商业经济发展，最终在欧洲造就了像意大利美第奇家族这样一个新的有能力赞助艺术创作的富裕阶级。他们资助了一代艺术家的创作，影响了一代人的艺术趣味，并最终敲响了中世纪的丧钟。[①]

长期以来，艺术家需要依靠教会、皇室、贵族的资助才能生存，开展创作。随着经济的发展，社会对艺术的需要日益增长，使得市场足以支持艺术家开展独立创作。比如，18世纪末期，莫扎特（1756—1791）尽管有着世人广泛认可的艺术天赋，创作出626件音乐精品，但也没能依靠印行作品的方式

---

① 房龙著，周亚群译：《人类的艺术》，中国友谊出版公司，2013年，第133页。

养活自己，最终年仅35岁就穷困潦倒地饿死在维也纳的街头。一直到30年之后，贝多芬才成为第一个依靠印行、出售自己的乐谱，成功地维持自己的生活，而不用看别人的脸色吃饭，真正把自己从某个特定的主人羁绊之中解放出来的艺术家。[①]

令人十分不安的是，由于近年来人类受物质欲望的主导支配，在艺术、体育领域的收入乃至名望，一直在向直接面对观众、听众呈现的实际操作者倾斜，一个知名演员的收入和社会影响要远比一个作家、一个编剧高得多，一个知名演奏家要远比一个作曲家高，一个知名运动员要远比他的教练高，而后者往往产出更多的精神价值和哲学思考。[②]

2. 关于宗教

宗教是人类文明的重要组成部分。宗教的真正本质，在于对现实生活的否定和超越，而不是对现实生活的讴歌和赞美。[③]从某种意义上说，宗教是人类为了解决自身的有限性与世界的无限性之间的永恒矛盾而诞生的必然产物，是人类在深不可测的外部世界与自身短暂的生命之间努力搭建的一座虚拟的精神桥梁。宗教是人的本质的异化，是一种异常复杂的现象。一方面，它是现实的麻药，将人们蒙蔽麻痹于虚幻的幸福以及来世的期待之中；另一方面，人们之所以在一定的历史时期如痴如狂地吸食它，是因为只有依托它，才能实现对现实苦难的抗议或逃避。

早期人类在采集狩猎之余，族群就会围着篝火载歌载舞，以充满节奏感的舞蹈动作和歌声表达喜悦之情，以巩固群体的团结之心。此时的人类，由于对风雨雷电等自然现象的恐惧、对死亡的恐惧、对梦境的不可知，以及面对地震、洪水等重大突发事件的力所不及，只能将希望寄托于上天或者是神灵的救助，开始将太阳、月亮等宇宙天体以及水、火等自然现象神化，于是就产生了自然崇拜的宗教信仰。

---

① 房龙著，周亚群译：《人类的艺术》，中国友谊出版公司，2013年，第297页。
② 何怀宏：《文明的两端》，广西师范大学出版社，2022年，第224页。
③ 赵林：《中西文化的精神分野：传统与更新》，九州出版社，2023年，第61页。

任何有影响力的宗教都有一个变迁进程。随着社会的发展，宗教会越来越突出它核心价值的部分，而那些跟核心价值没有直接关系的部分，则会在其经典体系的进化过程中慢慢淡化，直至最后消失。①

世界各地的原始宗教几乎都是多神教，天空、太阳、地球、月亮、风暴、雷电都可能是神，呈现出一个形象多元、千变万化的众神体系，是诸多伟大自然力量的人格化。像人类和所有自然界物种一样，早期宗教的神灵必须服从将天地万物结合在一起的神圣秩序，这种神圣秩序使生命成为可能，使万物各得其所，并界定其中的是非对错。②

比如，苏美尔人早期的宗教信仰就是自然崇拜和多神崇拜。通常每一个城市都有自己的主神及供奉它的大神庙，但同时也可以崇拜其他的神祇。他们认为，每一种自然界的力量背后，都有一个神明在主宰。比如，天神安努就是乌尔城的主神。在安努之下，还有无数个各司其职的精灵。③每个神都神力无边且喜怒无常，时而送福，时而降祸。

为了博得神的青睐和庇护，从而免遭灾难，就需要给神修建富丽堂皇的神庙，塑造威猛高大的神像。神还与人一样，需要吃饭穿衣、娱乐消遣，因此就有必要精心设计祈祷和公共仪式。④动物献祭是一种普遍的宗教实践活动，是一种能量再生以维持世界正常运转的方式。在中国商周时期，为了体现对神灵和祖先的忠诚，甚至会猎获周边的少数民族进行人牲献祭，以人类的自我牺牲为宇宙运转提供能量，实现宇宙的永恒。

由于献祭过程中，需要举行神秘的宗教仪式，通过祭司施展咒语和法术，以此与诸神进行沟通汇报，因此，主持宗教仪式的祭司就显得十分重要。祭司作为神的仆人，一般具备相对较高的知识、较丰富的经验。只有他才可以

① 陈来：《中华文明的核心价值》，生活·读书·新知三联书店，2015年，第164页。
② 凯伦·阿姆斯特朗著，孙艳燕、白彦兵译：《轴心时代：人类伟大思想传统的开端》，上海三联书店，2019年，第17页。
③ 马克垚主编：《世界文明史》（第二版），北京大学出版社，2016年，第31页。
④ 威廉·H.麦克尼尔著，田瑞雪译：《5000年文明启示录》，湖北教育出版社，2020年，第27页。

直接与神交流，揣摩神的用意。因此，在古埃及、古巴比伦，祭司都位高权重，可以以神的名义要求人们把宝物和部分收成上交给神庙，以敬献给神祈福，否则就容易遭受神的处罚。祭司在传递神灵旨意的同时，也享受着人们敬献的供品，进而演化出全职的祭司阶层。全职祭司群体的发展，通过传授和学徒两种正式形式，将积累下来的智慧、知识传授于人。

公元前1200年至公元前500年，新的信仰模式——一神教（Monotheism）开始出现。人们认识到不同宗教神话之间自相矛盾，难以自圆其说，因而不再认为世界是由数不清的神祇掌控，诸神互相争斗，而是只有一位上帝统治全宇宙且公正无私，从而诞生出一神教。

房龙曾经说，亚洲给我们以宗教。的确，目前所有具备世界影响力的宗教如印度教、佛教、犹太教、基督教、伊斯兰教、拜火教和光明教等，都是亚洲人的发明。[1]最开始的宗教，都是一些部落的地区性教派。随着交通的发达，商业贸易推进人们之间的交流，地方宗教和信仰体系开始与一些具有影响力的宇宙观相碰撞，逐渐形成了一个各种宗教思想得以相互借鉴、相互改善并最终焕然一新的大熔炉。目前，具有世界影响力的宗教有佛教、基督教、伊斯兰教。与此同时，世界各地还有一些地方性宗教，如中国的道教、日本的神道教等。

公元前483年，乔达摩·悉达多诞生于尼泊尔某个地方的释迦族，后来悟道成佛，成为宗教史上第一个有着世界影响力的人物。在他死后，他的弟子编纂他的教示全集，在摩揭陀王国都城王舍城召开结集大会，使他的教导能够保存下来。佛教在吠舍离召开的另一次结集大会出现了分裂：上座部坚持正统佛僧修炼的小乘佛教，而大众部要求包容俗家信徒修炼的大乘佛教。公元前268年至公元前233年，是孔雀王朝阿育王长达30多年的统治时期。阿育王在经历长时间的征战之后，决心摒弃战争，彻底皈依佛教，并派遣使团将佛教传播到东南亚、中亚，后来又经丝绸之路在1世纪传入中国，佛教从此进

---

① 何新：《何新世界史新论》，现代出版社，2020年，第145页。

入快速发展阶段，并成为一个具有世界影响力的宗教。

十分遗憾的是，佛教此后在印度本土日渐衰落，逐渐被印度教所替代。与之相对应，进入中国之后的佛教，在经历过一些波折之后，成功与本土儒学、道教融合，发展出禅宗等本土宗派，并进一步向日本、朝鲜等地传播。大量佛学经典在中国翻译后，传到世界各地。中国取代印度，成为佛教传承发展的重要地区。

古希腊社会最开始是典型的多神教，随着普罗提诺（205—270）的"太一"学说提出，"众神即一神，一神即众神"的思想，显示出从古代的多神论和泛神论向一神论的过渡。[1]在古希腊理性主义和唯智主义倡导的"真"的科学理念基础上，开始引入"善"的社会伦理。琐罗亚斯德教和犹太教引领宗教改革迈出了根本性的一步，信奉逻辑严密的一神论。[2]

琐罗亚斯德教是公元前6世纪早期由琐罗亚斯德创建的古代波斯人的宗教，对后世影响深远。该教主张二元论，宣扬惩恶扬善的思想，认为善与恶在人心之中不断冲突，善神与恶神势均力敌，不断争斗，最终善神取胜；世界末日到来时，救世主降临，行善之人升入天堂，行恶之人堕入地域。公元前539年以后，琐罗亚斯德教对犹太教产生了重要影响，包括其中的来世说、死者复活、末日审判等思想，使人从注重今生转向关注来世。[3]

古代以色列人宗教思想的最特别之处[4]，在于其在古代近东地区多神论的基础上，开始发生重大转变，发展出犹太教，信仰唯一的神——耶和华。公元前8世纪到公元前5世纪，社会极度动荡，以色列人经历了第一圣殿被毁、巴比伦之囚、重返耶路撒冷、兴建第二圣殿等一系列重大事件，先后有15位

---

[1]　邓晓芒：《西方美学史纲》，商务印书馆，2018年，第71页。

[2]　威廉·H.麦克尼尔著，田瑞雪译：《5000年文明启示录》，湖北教育出版社，2020年，第78页。

[3]　马克垚主编：《世界文明史》（第二版），北京大学出版社，2016年，第65页。

[4]　公元前1000年，以色列国家形成。这一地区是古巴比伦文明和古埃及文明之间的纽带和交汇点，在西亚古代史上成为一个文化和政治上的缓冲区，是贸易和交通的枢纽，是各主要帝国争相控制之地。

先知针砭时弊、抨击腐败、痛斥暴政、鼓舞民众，以神的名义阐述政治见解、宗教伦理，被后人收集在圣经中，极大地丰富了犹太民族的思想宝库。由于犹太民族长期处于异族统治之下，所以他们就产生了一种强烈的不幸意识，而且把这种不幸的根源归结于自己的不洁净和不虔诚，因此要求自己严守各种外在的律法。①90年前后，圣经结集成为《旧约全书》，标志着犹太教正式形成。《旧约全书》以生动而富有感染力的戏剧化手法叙述了以色列人国家的形成，以古代以色列人与上帝之间的约定和互动关系来解释一系列的历史事件，集中反映了古代以色列人对自己早期历史的看法，以及这种看法与其信仰之间的密切关系。②尤其是《出埃及记》中记载，摩西带领以色列人逃出埃及后，走到了西奈半岛中南部的西奈山上，上帝耶和华在这里召见摩西，并通过摩西与以色列人订立契约，要求以色列人必须遵守上帝亲手书写的"十诫"。上帝答应把以色列人作为自己的选民，并把迦南作为"应许之地"赐给以色列人。然而，订约过后的1000多年时间里，以色列人屡次背约，从而受到上帝的惩罚，失去了自己的家园，受尽了人间的苦难。犹太人正是基于对神的敬畏，建立了一套巨细无遗的法典，被称为"法的民族"，把神的诫命法律化。仁慈的上帝为了拯救世人，派自己的独生子耶稣来到人世救赎。耶稣用自己的宝血作为赎金，使上帝与人类重归于好，并重新订立了一个契约——《新约全书》，上帝的选民也由以色列人扩展到了全人类③，从而建立起以爱为本的基督教。

正是基于对上帝的认识，犹太人认为自己是与上帝订立契约的特殊民族，始终保持着自己的独特民族个性，每周聚集到当地的犹太会堂虔诚诵读圣经，听取经过专门训练的拉比阐述经文难点，既不向外传教，也不接纳外人入教，更不与外族通婚④，强化了犹太民族的同一性、认同感和凝聚力。圣经中昭示

①　赵林：《中西文化的精神分野：传统与更新》，九州出版社，2023年，第10页。
②　马克垚主编：《世界文明史》（第二版），北京大学出版社，2016年，第54页。
③　刘哲昕：《文明与法治》，法律出版社，2014年，第283页。
④　梁鹤年：《西方文明的文化基因》，生活·读书·新知三联书店，2014年，第20页。

的美好未来，为身处艰难境地的信徒提供了精神慰藉①，推动人"从被奴役走向自由"，千百年来激励着以色列人奋斗不息，形成以色列民族意识的重要核心。大卫将都城设在耶路撒冷，使此地成为世界最为重要的宗教圣地。流亡世界各地的犹太人正是有这种坚强的精神依托，推动犹太教在世界范围内传播，使得犹太民族历经千百年的艰难遭遇却延续不绝，也使以色列成为世界上唯一能够在亡国2000多年之后又重新建国的民族。

圣经不仅深刻影响了犹太教，也深刻影响了世界上最主要的两大宗教——基督教和伊斯兰教。基督教和伊斯兰教的很多教义都是从犹太教蜕变而来，对人类文明的发展具有重大影响。上帝统管世界，将仁爱施与每一个灵魂的核心思想，也成为西方宗教文明的基本要素。上帝的意志，潜藏在圣经的字里行间，影响着千千万万的信徒。

基督教发源于住在巴勒斯坦的希伯来民族，是对希伯来旧教（犹太教）的一种改革。从宗教形式方面来看，基督教脱胎于犹太教，然而从宗教内容方面来看，基督教与犹太教有着本质的差异。首先，基督教已经具备了真正的彼岸意识和唯灵主义精神，克服了犹太教的此岸性和直观性；其次，基督教以内在的信仰代替了犹太教外在的律法和祭祀，以灵魂得救的"救赎论"精神自由代替了犹太教的肉体得救和"末世论"思想。正是由于这些本质性的精神差异以及其他一些历史方面的原因，"以爱为本"的基督教逐渐与"以畏为本"的犹太教分道扬镳，后来竟然发展成一个敌视犹太教的宗教。②

巴勒斯坦是罗马帝国统治下的一个地瘠民贫的地区，受剥削特别沉重。基督教宣扬在终究会到来的天国里，人们一律平等、相互友爱，反对家庭制度、私产制度和世俗政权，是一种代表当时被压迫、被奴役的穷苦人的宗教。由于在广大人民群众中有深厚的社会心理基础，经历过一段时间的波折之后，基督教在罗马帝国得到迅速而广泛的传播。③至此，西方社会从明朗欢快的自

①　威廉·H.麦克尼尔著，田瑞雪译：《5000年文明启示录》，湖北教育出版社，2020年，第93页。
②　赵林：《中西文化的精神分野：传统与更新》，九州出版社，2023年，第58页。
③　朱光潜：《西方美学史》，人民文学出版社，1979年，第120页。

然崇拜的希腊多神教和外在刻板的律法主义的犹太教，逐渐转向鄙视现实生活、崇尚天国理想和灵魂超越的基督教。人们不再关注苦难的现世，不再关心肉体的欢愉，不再关心糜烂的物质生活，而把救赎的信仰和来世的幸福交付天国和上帝。[①]

1054年发生的基督教大分裂震动了整个欧洲，东部的希腊东正教与西部的拉丁天主教之间的界限被确定下来。欧洲大陆东北部的斯拉夫部落，居住在东欧平原的原始森林中，社会发展程度比日耳曼人还要落后，他们后来的一部分与东罗马帝国关系密切，逐渐信奉基督教的一个分支——东正教。

610年，穆罕默德（约570—632）正式成为先知，开启了伊斯兰教的历史。622年，被视为伊斯兰教历纪元的开始，伊斯兰教信仰逐渐在阿拉伯沙漠地区异军突起。穆罕默德显示出杰出的政治家素质，有效维持了信徒间的团结，将长期处于松散的游牧部落状态的阿拉伯人聚合到一起，诞生出具有强大文化凝聚力的、政教合一的、以真主意志为法律基础的阿拉伯国家。他制定了一系列后来被载入《古兰经》的规章制度，成为阿拉伯人的生活准则。630年，穆罕默德率军进入麦加，并成功地使当地居民改宗了伊斯兰教。在632年穆罕默德逝世时，阿拉伯半岛在伊斯兰教的旗帜下，已经大体统一起来。

此后，选举出来的哈里发成为伊斯兰世界的宗教领袖和政治领袖，他们按照《古兰经》的教义，以政教合一的方式治理国家，疆域不断扩大，先后经历过倭马亚王朝、阿拔斯王朝等兴盛时期，建立起一个影响范围非常广阔的阿拉伯文明区。埃及、叙利亚、美索不达米亚、波斯、希腊等地的文化，都在阿拉伯帝国时代得到广泛的接触和交流，在保留各自特点的基础上，又带有浓厚的伊斯兰教色彩。阿拉伯文明在沟通东西方文明方面，为人类进步作出了无与伦比的贡献，不同时期、不同国度、不同语言的文献书籍在这里得到系统的整理和研究。阿拉伯文明在吸收东西方文明成果的基础上，进行了大量综合和创新。东方文化对于阿拉伯人的影响非常大，中国的造纸术、指

---

① 赵林：《中西文化的精神分野：传统与更新》，九州出版社，2023年，第10页。

南针、火药，印度的数学、十进位制，都是通过阿拉伯人传播到西方世界的。

十分遗憾的是，在经历过上千年的辉煌之后，由于自己内部的僵化，加上外部来自西方工业文明的冲击，阿拉伯世界开始衰落，埃及帝国、奥斯曼帝国先后崩塌。但是，伊斯兰教依然是具有全球影响力的宗教，信徒数量高达18亿，仅次于基督教。

宗教与科学的关系十分矛盾，既相互冲突，又彼此相依。

人，从哪里来？这是宗教诞生的一个根本问题。人类早期阶段，几乎所有宗教都主张人类是由上帝创造的。但是，查尔斯·罗伯特·达尔文（1809—1882）通过搭乘英国海军部"贝格尔"号舰做了历时5年的环球航行，对动植物和地质结构等进行了大量的观察和采集，提出人是由自然界进化而来的思想。1859年，他发表《物种起源》一书，明确提出生物进化论。1871年，他又发表《人类的由来》，认为人类是由其他生命形式进化而来的。进化论把时间观念、历史观念引入自然界，这是西方思想史上一个划时代的成就。随着越来越多的科学证据支持达尔文的进化论，基督教受到极大的打击。人们开始更加相信科学的力量，而不是一味地依赖寻求上帝的帮助。比如，西格蒙得·弗洛伊德（1856—1939）终其一生都在竭力谋求以科学代替宗教，希望科学及其思维方式成为文明的基础，以此削弱宗教在文明中的力量。[1]

在某种角度来看，宗教行为客观上推动了科学发展。正是人类在宗教实践中不断积累下来的技艺和科学知识，为人类历史打开了一扇智慧之门，引领人类进入文明时代。在原始社会早期，人类由于对自然界的无知，催生了巫术和魔法。十分有趣的是，正是巫术和魔法的诞生，推动了建筑学、物理学、化学、冶金学以及天文学的发展。[2]这些科学的发展进步，又在某种程度上使人了解到巫术和魔法的幼稚无知，从而不断降低人们对宗教的依赖，进而逐

---

[1] 布鲁斯·马兹利什著，汪辉译：《文明及其内涵》，商务印书馆，2020年，第88页。

[2] 祭司们首先学会了更加精确地计算时间和空间，以建成宏伟的神庙，设计精妙复杂的沟渠灌溉系统，计算四季更迭，阐释天体运动。一些宗教术士为了获得长生不老的神药，通过炼丹等方式推进了金属冶炼技术的发展。

渐远离它们。

许多人认为，宗教是科学的死敌。科学在发展进步的历程中，遭到过宗教势力的严重阻碍和打压。欧洲黑暗的中世纪时期，天主教的宗教裁判所用火刑烧死了坚持日心说的布鲁诺，也差点处死了伟大的伽利略，以此来维持宗教的权威。但是，历史告诉人们，宗教从来就没有办法消灭科学。即便它将布鲁诺送上火刑架，依然不可能吓倒人类探索未知领域的勇气。

实际上，现代科学是在基督教的汪洋大海中成长起来的，教会对待科学的态度也在不断改变。由于基督教在欧洲传播时经历过长期的艰苦卓绝的努力，在此过程中与科学发展不断进行调适，最终形成了科学与基督教共存的局面。早期，教会对希腊理性科学持明确的贬低态度，之后逐步接受所谓"婢女论"，像承认教权与王权的关系"上帝的归上帝，恺撒的归恺撒"一样，继承了希腊的自由学术以及罗马的法律精神。11世纪之后，随着城市自治权的扩大，大翻译运动以及随之而来的学术复兴，使得博洛尼亚、巴黎等许多城市纷纷设立大学。[1]

人们在追求思想解放和寻求知识突破的过程中，不断推进科学、艺术的发展，也促使更多的人越来越远离宗教。有关数据显示，现在欧洲信仰宗教的人数越来越少。2005—2008年的《世界价值调查》显示，只有4%的挪威人和瑞典人、8%的法国人和德国人、17%的英国人每周至少去做一次礼拜；对于德国人、荷兰人来说，十个人中才有一个认为上帝是"非常重要的"。现在许多欧洲人认为，宗教信仰只是一种时代的错误，是中世纪迷信遗留的残骸。[2]据《世界基督教百科全书》的统计，1900年非信徒和无神论者只占世界人口的0.2%，到1980年这个比例却剧增到20.9%。

应该说，人类对自然界的认识进步从未停止，掌握了越来越多的自然发展规律。但是时至今日，与未知世界相比，这些认识依然微不足道。有人认

---

① 吴国盛：《什么是科学》，广东人民出版社，2016年，第118—121页。
② 尼尔·弗格森著，曾贤明、唐颖华译：《文明》，中信出版社，2012年，第250—254页。

为，科学进一步，宗教就退一步，二者似乎是一种非此即彼、相互矛盾的关系。这种认识的前提是，世界的范畴是有限的，处在一个固定的阈值内。科学进步了，人类对自然界、对社会的发展规律有了进一步的了解，似乎宗教的信仰范畴就要随之缩小。然而，现实世界是一个非恒定的、无边无际的无限范畴。在这样的前提条件下，科学与宗教的关系就不再是简单的此消彼长的关系，而可能是相伴相随的关系。随着科学的不断发展，宗教也会随之发展。因此，尽管人类科学知识的边界不断拓展，但未知的领域依然是如此广阔，就像我们现在认为，宇宙的边界依然在向外无限膨胀一样。而未知的程度越深，人类对宗教的依赖就越牢固。正如苏格拉底所说："我知道的越多，才知知道的越少。"

现代西方社会在经历过意大利文艺复兴、英国工业革命、法国思想启蒙运动、德国哲学革命之后，基督教信仰与科学理性之间形成了一种并立互补的态势。基督教信仰不再是泛科学理性的，而是成为对科学理性的一种重要补充。因为人类的理性毕竟是有限的，浩渺宇宙和复杂人生中的无限奥秘，是人类理性能力无法完全洞悉的。科学技术的高度发展，并不足以从根本上颠覆对上帝的信仰。[1]

因此，尽管时至今日，科学与理性日益主宰着人类的意识形态、思维方式，可是由于许多问题在科学方面还无法作出令人信服的解释，宗教依然有其存在的价值合理性，仍然是人类文明中不可忽视的重要内容和标志。[2]当我们遇到印尼海啸、汶川大地震、加州山火、新冠疫情等重大灾难时，我们依然会感觉到，人类的力量是那么薄弱，在强大的宇宙自然界面前是那么渺小。这些导致古老的"天命观""神义论"至今依然深刻地影响着人类，为人们提供一种超越历史的永恒观念，使人类在遭受巨大灾难面前，得以寻求心灵的慰藉，找到重新出发的动力。

---

① 赵林：《中西文化的精神分野：传统与更新》，九州出版社，2023年，第257页。
② 马克垚主编：《世界文明史》（第二版），北京大学出版社，2016年，第10页。

比如，人会不会肉体和精神都死亡？人的肉体死亡，是毫无疑问的，但人的精神是否不灭，一直是有争议的。早期人们看到种子播种后，焕发生机，随后成熟、死亡，再次播种后，重现生命，因此呈现生生不息的景象。人，是否会死后复生，是否会永世不亡？这至今依然是个未知数。许多民族都认为，人死后，生命应该像是影子，还活在阴暗漆黑的地下世界。[①]因此，要事死如事生。埃及人、中国人、印度人都会为死者仿照生前的生活习俗营建陵墓，以求让去世的先人可以在另外一个世界仍然享受着舒适的生活。

就连为"太阳中心说"提供强有力理论支持并推动科学革命的世界科学权威艾萨克·牛顿（1643—1727），在自身取得突出的科学成果之后，到晚年却选择回到神学的怀抱。他40年用于科学研究，另外40年沉迷于神学。他用许多"科学现象"来证明上帝的存在，甚至在研究地球有多少岁时，居然用圣经推算出是6000年。从这个角度看，科学认识的地盘扩大一分，宗教的地盘也会扩大一分，世界的边界也随之扩大一分。与此相对应，科学的发展，可能永远也无法彻底消灭宗教。只要承认人的有限性与世界的无限性，宗教就会拥有它的存在价值和发展空间。[②]

归根结底，科学解决人类的知识问题，让人类通过理性去认识并掌握世界发展规律；宗教解决人类的信仰问题，通过神性让人们无条件地去服从尚未了解的秘密的世界。在科学高度发达的今天，宗教的意义已经不在于解释自然界，而在于支撑人们的道德信念和抚慰人们的内心情感。科学技术和民主政治关系到人们的外在生活状况，宗教信仰却关系到人们的内在灵魂寄托，是内在世界的终极关怀。

宗教与政治有着密不可分的关系。

宗教不是简单的只关乎个人的信仰，在许多国家、许多朝代，宗教都关乎政治。随着人类社会的形成，阶级的划分，君王基于政治统治的需要，都需

---

① 威廉·H.麦克尼尔著，田瑞雪译：《5000年文明启示录》，湖北教育出版社，2020年，第17页。

② 刘哲昕：《文明与法治》，法律出版社，2014年，第285—288页。

要让自己的权力有合法来源。他们往往会借助宗教的势力，通过"君权神授"的方式，强化自身政权与上帝等超自然力量的天然关系，赋予自身统治的正当合法性。早期社会，宗教是王权的合法性来源。神权与王权的结合，可以更好地掌控政权内部的各种势力，是早期人类文明的基本内容。国王被赋予神性，神权是王权合法性不可或缺的工具。

在人类早期部落阶段，祭司阶层掌握着与神灵直接沟通的特权。君王只有通过祭司，才能获得自己在世俗社会统治权力的合法性，神权与王权的矛盾经常会演化为冲突。随着君王势力的不断扩大，强势的君王经常会根据自己的思想认识，选择对宗教祭司阶层进行扶持或者打压，以有效维护自己的统治。有的君王甚至直接宣称自己就是神灵的代表，可以直接与诸神沟通，为部落提供庇护，以此来获得公众支持，进而替代传统的祭司。在此过程中，他们通过征收大量财物，专门建造标志性的寺庙及其他公共工程，以此作为神权的象征和王权的标志。

在西欧中世纪基督教占据意识形态主流的封建时代，有很长时间教权高于王权。各国的世俗君主都希望得到天主教教皇的加冕，以此来宣示"君权神授"，增强自身统治的合法性。随着宗教革命的盛行，一些国家的君王在与基督教传统势力发生根本分歧时，通过支持新教革命，来强化自己的统治权威和地位。[①]这也使得欧洲地区出现了传统天主教与新教在世俗世界中的分野，一些国家选择天主教为国教，一些国家则选择新教为国教。从这个意义上讲，宗教就是统治者为了巩固自己的统治，而自觉主动选择的符合自身利益的主流意识形态。

宗教在给人精神慰藉的同时，也会给人们灌输仇恨和偏狭，由宗教冲突引发的战争狂热以及恐怖活动至今依然可以看到清晰的脉络。塞缪尔·亨廷顿在他著名的《文明的冲突》一书中，甚至将宗教直接等同于文明。从宗教的发

---

① 彼得·弗兰科潘著，邵旭东、孙芳译：《丝绸之路：一部全新的世界史》，浙江大学出版社，2016年，第25页。

展史可以看出，主要宗教之间的教义存在本质上的差异，难以融合，这也决定了文明融合的难度。具有严密教义的高级宗教一旦诞生，就基本上不可能为其他宗教所同化。如果其中任何一方不幸地决定将自己的价值观和行为方式强加于另外一方的话，不同宗教群体之间的冲突就不可避免。①从中世纪一次又一次的十字军东征到今天的伊拉克战争、中东阿以冲突泥沼，西方基督教世界与阿拉伯伊斯兰世界之间长达1000多年的痛苦冲撞，已经充分证明了这一点。

甚至是同一宗教内部，不同教派之间的纷争也极为残酷。比如，基督教内部，教徒读的是同一本圣经，只是由于教义理解上的不同，曾发生过长期的血腥厮杀。基督教统治着中世纪的欧洲，随着路德（1483—1546）和加尔文（1509—1564）两个人的出现，打破了统一的严格的天主教宗教生活秩序，此后传统天主教滋生出20多种相互敌对的教派。这些宗教派别为了争取控制人们灵魂的权力，持续不断地进行明争暗斗。这些宗教教派包括天主教、基督教新教信义会、加尔文教派、浸礼宗派、再洗礼派、裸体生活派、第五日基督复临派、无主见又有限派、圣三一赎奴会、基督无处不在派及其他教派。教派之间的争吵辩论逐渐发展激化，最终引发长达30年的极具破坏性的宗教战争。战争打到最后，始终没有分出胜负，使得欧洲分裂成若干个小国，各个国家都拥有自己的宗教信仰，并且和具有不同信仰的邻国成为不共戴天的仇敌。②同为基督教的内部，东正教与天主教之间的宗教分歧——争夺宗教权威和教义的阐释权，就是罗马教廷发动十字军对君士坦丁堡进行东征的重要原因之一。此外，伊斯兰教内部的什叶派与逊尼派之间的纷争，也是一直持续至今。宗教的狂热与狭隘可见一斑。③

---

① 与西方宗教思想根本不同的是，中国人信奉的儒家思想，将全部的注意力围绕"人"本身展开，使得中华文明以"家国情怀"为核心，是典型的无神论者。这也充分体现出儒家思想的包容性、开放性，不断主动吸收融合其他民族的先进文化而不发生剧烈的排外行为。

② 房龙著，周亚群译：《人类的艺术》，中国友谊出版公司，2013年，第168页。

③ 刘哲昕：《文明与法治》，法律出版社，2014年，第76页。

此外，宗教不仅仅是一种思想信仰，只关注人与神的关系，它也关注如何处理人与人之间的关系，制定出许多社会伦理规范。比如犹太教提倡己所不欲，勿施于人；爱己如人；正直、善良、怜悯、谦卑、勤学、勇敢、守信；等等。

3. 关于哲学

中文的"哲学"一词，语源来自日语的汉字译文。哲学，即智学，思维与智慧之学。哲学是时代的精华，是把握时代精神的最高思想理论形态。哲学作为一种以世界观和方法论为研究对象的学科，其演进突破对人类探索未知世界有着十分重要的引领价值。

从某种意义上而言，哲学与宗教都有一个共同的根本性问题，即人类必须面对的终极问题——人生究竟是什么？只不过宗教要求的是从信仰角度，不强调科学推理，而要求必须无条件地崇拜和服从；哲学则是一门严谨的科学，有科学的推理方法和严密的逻辑推理过程，更容易使人理性地信服，而不是盲目地崇拜。

在每一种哲学体系上，都会深深打下时代的印记。一个民族走向伟大振兴的历史进程，常常首先是通过思辨理性，即哲学思想的觉醒和文学艺术的繁荣开始。黑格尔指出："每个人都是时代的产儿，哲学也是这样。哲学是被把握在思想中的它的时代。"哲学作品与艺术作品一样，都有其时代性，但并非后代一定可以超越前代。有些哲学经典永不过时。那些经典的高峰是永恒的高峰，是代表人类思维抽象能力达到巅峰的永恒杰作。[1]就如《道德经》《易经》《理想国》等经典哲学著作，历经千百年而不衰，至今依然是指导人类发展前行的重要思想坐标。

西方哲学从泰勒斯、毕达哥拉斯、苏格拉底、柏拉图、亚里士多德等希腊哲人开始起源，经过中世纪的经院哲学过渡，再到意大利文艺复兴、法国思想启蒙运动、德国哲学革命，进入到近现代哲学。

---

[1] 何新：《哲学沉思录》，现代出版社，2019年，第169页。

希腊哲学早期，关注的焦点是宇宙万物的本原、存在的性质，即世界观、本体论问题。恩格斯在总结西方哲学史时曾说过，哲学的基本问题是存在与思维的关系问题。比如，关于本体论上，世界是物质的还是精神的，是"有"还是"无"；宇宙是如何诞生的；世间是否有上帝存在；灵魂是否永生；等等。苏格拉底之后，哲学讨论的中心转移到伦理学问题，关注真善美的本质。

诡辩学派兴起后，对思辨方法论的讨论逐渐增加，晚期希腊哲学中产生了关于逻辑学、辩证法等思维规范以及演说术、修辞学等语言规范。比如，关于工具论，语言哲学及逻辑问题，如何确定概念[①]，如何对事物进行分类，如何进行逻辑推导，如何认知发展中的因果关系、偶然与必然的辩证关系。

在逻辑科学的发展历史上，有四次具有重大意义的科学突破。亚里士多德的《工具论》开创了古典形式逻辑；培根的《新工具论》发展了归纳逻辑，从而为近代自然科学的建立提供了一种全新的方法论；布尔、罗素发明了概念的符号演算系统，创造了数理逻辑；黑格尔则创立了动态逻辑，即关于时间与历史的形式语言、周期结构，历史演化进程中的有机逻辑；等等。[②]

中世纪经院哲学并不是西方哲学史上的一个空白，而是一个极其重要的过渡阶段。源自希腊哲学的神学、逻辑学、伦理学仍在被研究，而且有所发展。基督教兴起以后，主要围绕基督教本体论和神学定位问题进行神学研究。尤其是托马斯·阿奎那将基督教义与亚里士多德的宇宙观进行调和，适应了当时社会思想的发展需要。

文艺复兴时期，西方哲学重新提出"人"的问题，从而使哲学的关注点由"神"回归到"人"，最终导致人文主义的出现。卢梭在《社会契约论》里讲到，人是一种"高贵的野蛮人"，不愿意屈服于权威，他能屈从的唯一合法

---

① 其实，在设定一个概念，以及对这一概念的内涵和外延进行界定的同时，就已经出现"我与非我"的矛盾，事物的两面性开始显现，并在矛盾冲突中不断发展演化，所以才会有老子在《道德经》中所提出的"道可道，非常道；名可名，非常名"。斯宾诺莎也曾经提出一个著名的命题："规定就是否定。"

② 何新：《哲学沉思录》，现代出版社，2019年，第50页。

的权威是"人民"和"大众意志"。大众的意志必须是至高无上的,执法官和立法者在其面前必须低头。①在此背景下,西方世界开始推动民主政治的大发展,极大地改变了欧洲的面貌。

弗兰西斯·培根和勒奈·笛卡儿是处在中世纪经院哲学向近代哲学转变的两个关键性人物。他们都以对哲学方法论的革新作为哲学探讨的根本目标,走上了两条对立而又都具有真理性的思想道路。培根通过《新工具论》,创立了以归纳逻辑为认识工具的实验主义哲学,把实验和归纳看作相辅相成的科学发现、揭示自然奥秘的工具,认为科学研究应该使用以观察和实验为基础的归纳法,思想的内容和客观性来自感性可观察的实在客体。在培根实验主义哲学方法的指导下,力学、天文学、生物学、化学等一系列自然科学相继诞生,自然科学与形而上学相分离,并从哲学中独立出来。笛卡儿通过《方法谈》,创立了以演绎逻辑为认识工具的理性主义哲学,提出了"普遍怀疑"的主张,为欧洲理性主义哲学的发展奠定了基础,力图从理性的先验公理和思想过程的独立性、不矛盾性出发,去发现和确认真理,重建了思辨哲学的逻辑基础。笛卡儿的理性主义哲学方法启示了后来的莱布尼茨、斯宾诺莎,使近代数学通过逻辑上的严密化、公理化、形式化演化出数理逻辑,并最终演化为黑格尔的动态逻辑。②

18世纪欧洲思想启蒙运动③,在自然科学取得快速进步、人类对自然界运行规律加深理解的同时,哲学思想家们更加关注社会科学,关注人类社会自身的发展规律,也就是大卫·休谟所称的"人类科学",推动人们理性思考,追求民主自由,以对抗宗教信仰或形而上学的迷信。在孟德斯鸠、伏尔泰、卢梭、洛克、狄德罗等启蒙思想家的带领下,欧洲的政治学、经济学、伦理学、心理学快速发展。

20世纪,西方哲学的研究方向开始大转型,人道主义归结于存在主义。

---

① 尼尔·弗格森著,曾贤明、唐颖华译:《文明》,中信出版社,2012年,第134页。
② 何新:《哲学沉思录》,现代出版社,2019年,第51—53页。
③ 欧洲的启蒙运动,在很大程度上是幻想中国、对标中国的思想运动。

在方法论上有一个突出转变，就是工具问题转变为语言问题，由本体哲学、逻辑哲学向语言哲学转变。他们认为，认知问题最终会归结到语言问题，因为思维是意识的间接活动，它必须借助符号系统（语言）。[1]路德维希·约瑟夫·约翰·维特根斯坦（1889—1951）早年曾受罗素的影响，成为逻辑经验主义的先驱之一，但是后来他脱离了该哲学流派而成为日常语言哲学的主要代表，主张哲学的本质就是语言，语言是人类思想的表达，是整个文明的基础，哲学的本质只能在语言中寻找。[2]他提出："对可以言说者言说，对不可言说者沉默。"马丁·海德格尔（1889—1976）认为，语言是存在的家。绝不可能有两种不同的语言在表现同一种现实时，思想见解和文字叙述是完全相同的。一种社会文化，只有通过特定的语言符号手段，才能对现实客体发生关系。

与西方哲学相比，中国哲学的发展历程完全不同。中国现行哲学理论基本上在春秋战国时期就已定型，至今虽有所调整发展，但总体框架没有太大的突破改变。早期中国哲学关注宇宙起源及天文学，《易经》、道家的哲学起源都是对天文历法的哲学思考，商周及春秋时期关注的中心问题是天道与社会秩序的问题，战国诸子百家关注的核心问题则是人伦秩序等伦理学问题。

总体而言，中国人的哲学思维具有朴素和实用的特征，侧重于人伦和政治问题，没有形成希腊的形式主义数学和形式化的数理逻辑，发展的路径与苏格拉底、柏拉图、亚里士多德所代表的西方希腊哲学存在本质上的差别。

---

[1] 何新：《哲学沉思录》，现代出版社，2019年，第159—167页。

[2] 以近代中国为例，一大批西方学术术语都是从日本转道而来。有人甚至认为，现代汉语中的人文社会科学术语有70%来自日本，如哲学、科学、民主、自由、形而上学、技术、自然等。这些词语充斥在我们的日常语言之中，深刻地影响了我们的思维方式，值得各行各业的有识之士一再反思。严复当年就对大量采用日译词汇提出了严厉的批评，认为许多翻译偏离了汉语本来的意思。此外，由于新文化运动，白话文取代文言文，以致多数现代中国人不再具有阅读古代文学的能力，造成文化的断裂。具体见吴国盛：《什么是科学》，广东人民出版社，2016年，第9—10、92页。

比如，老子的《道德经》认为，事物都是从无到有，然后积小成大，积弱变强，至于全盛，最终达到顶点，发生质变后走向反面，终至灭亡而消失。如此生生不已，这就是宇宙中一切事物生生灭灭、存在发展所普遍遵循的永恒之"道"。[①]这种以反求正之术，通过以退为进、以少为多、以弱为强、以予为夺，最终达到"无为无不为"。

春秋战国时期，诸子百家各哲学流派之间存在很大的观点争议，彼此难以统一到一个学术体系当中。比如，儒家主张入世，道家主张避世；儒家主张进取、有为，道家主张退让、无为；儒家主张行仁政，道家主张绝圣弃智；儒家主张重人事，道家主张尊天道；儒家崇奉西周礼治，克己复礼，实际上是以古非今，抨击时政，推行改革，道家根本摒弃礼治，主张社会彻底退回原始氏族时代。这两大流派至今依然并行不悖，对中国人的思维形成产生着深远影响，调和着中国人在不同时期、不同状态下的处世方式。

由于中国传统思维方式过于意象化，导致思维推断能力的缺乏，更缺乏系统性的逻辑能力，使得中国哲学发展不出系统性的抽象理论科学。因此，时至今日，实践当中往往证明，《易经》、中医是有效的，但由于缺乏严密的逻辑推理科学体系，无法证明它本身是普遍的、真确的。

汉代哲学关注的焦点是方法问题，今、古文经学就是以语言文字为核心，进行经学解释的方法问题。魏晋南北朝和隋唐时期，随着印度佛教哲学的传入和兴起，更多关注宇宙的实相问题。佛学的理性主义与中国儒家的传统哲学理念相结合，衍生出宋明理学，开始形成自己的宇宙观，本体范畴是"天理"，核心价值却是人伦及社会伦理。清朝方法问题随着新古典学派而兴起，语义、语言和语源问题（训诂学）成为哲学焦点问题。[②]

19世纪末20世纪初，随着西方殖民主义的入侵，西方哲学思潮和研究方法大量传入中国，导致西方自然科学、哲学和文化思潮与中国传统思想发生

---

① 何新：《哲学沉思录》，现代出版社，2019年，第139页。

② 何新：《哲学沉思录》，现代出版社，2019年，第175—176页。

激烈的冲突、竞争和交融。胡适的《中国哲学史大纲》第一次突破了千百年来中国传统的历史观念、标准、规范和通则，打破了封建时代哲学史学为圣贤立言、为经书作注解的惯例，开始了一次范式性的变革。他倡导"大胆假设，小心求证"的方法论，直接影响到以顾颉刚为代表的"疑古派"的历史研究工作，通过学术上的"疑古"，引入西方近代学院式的考证科学精神、实证态度和微观方法，促进了思想和方法上的解放。[①]

二、关于科学维度

在人类文明发展进程中，需要处理好人与自然的关系。通过科学技术的发展，提高人类对自然界发展规律的认知，增强人类改造自然、征服自然的能力，在发展生产力的过程中形成人类共有的物质文明，在确保生存的基础上促进人类文明发展。从这个角度看，科学技术的进步，为人类生存发展创造了基本的物质条件，对人类文明发展产生了至关重要的推动作用，也在更大程度上丰富了人类文明的发展成果。

回顾人类从诞生至今，大多数时间里都生活在饥饿、寒冷的恐惧之中，都在为了解决温饱问题而不懈努力，首要问题就是要解决好人的食物问题。最早的人类靠采集可食用果实、猎捕野兽为生，只能以20～60人的小群落集聚方式生活在一起。当一个地方的食物难以为继时，就不得不进行迁移。

人类通过不断的科学创新，利用石器、金属制造武器和生产工具，发展驯化、养殖、种子、化肥等农业生产技术，取得了突飞猛进的发展。于是，在世界各地，农耕者和狩猎者使用的工具越来越多，工艺越来越复杂，性能越来越强大，可支配食物的来源大大增加。[②]一个比较权威的估算是，世界平均人均国民收入年均增长率在1760—1800年低于0.2%，1800—1830年提高到

---

① 李泽厚：《中国现代思想史论》，生活·读书·新知三联书店，2008年，第94—98页。

② 威廉·H.麦克尼尔著，田瑞雪译：《5000年文明启示录》，湖北教育出版社，2020年，第10页。

0.52%，1830—1870年上升到1.98%。①西方国家工业革命之后，总体上进入物质富裕状态。中国经过40多年来的改革开放，也已经全面进入小康社会。但是时至今日，非洲、亚洲、拉丁美洲等地仍有许多国家处于欠发达阶段，数以亿计的人口还处于物质极其缺乏的贫困状态。

在人类获得食物的同时，还需要应对风暴雨雪等气候带来的伤害。为此，原始狩猎阶段人们就开始学习缝制兽皮，制作衣服，御寒取暖。为了抵御寒冷和野兽攻击，人们还开始建造精巧的栖息场所，搭建帐篷或房屋。由于有了更加精良的生产工具，具备建造房屋、缝制衣服御寒保暖的技巧和知识，人类就能开拓更为广阔的区域，寻求更大的生存空间。②从河流流域进入山地，从平原进入荒野，从陆地进入海洋，现在更是从地球进入太空，从现实空间进入虚拟空间。

在努力解决温饱问题之余，人类还需要想方设法克服病魔的侵害，保障人的生命健康。如何实现健康的身体，延长人的寿命，始终是人类文明的应有之义。各国为此不断努力，推动医学快速发展。通过生活环境改善、公共卫生管理、接种疫苗等手段，人类的平均寿命得到快速提升。1800年，全球人口平均寿命只有28.5岁。两个世纪以后，到2001年，已经达到66.6岁，延长了一倍有余。人类寿命持续增长的时间十分明显。在西欧出现于1770—1890年，最早开始于丹麦，最晚出现在西班牙。亚洲国家健康转变主要出现在1890—1950年。③

科学技术的发展是人类探索突破不断累积的过程。从早期的语言交流到文字、纸张发明引发的传播工具革命，从早期主动利用火到利用蓄力、风力、水力、煤炭、石油以及核能的能源革命，从早期发明车轮到汽车、轮船、火车、飞机的交通工具革命，再到纺织品、金属品发明引发的生产工具革命，

① 尼尔·弗格森著，曾贤明、唐颖华译：《文明》，中信出版社，2012年，第183页。
② 威廉·H.麦克尼尔著，田瑞雪译：《5000年文明启示录》，湖北教育出版社，2020年，第11页。
③ 尼尔·弗格森著，曾贤明、唐颖华译：《文明》，中信出版社，2012年，第131页。

再到蒸汽机、内燃机发明引发的工业革命，再到计算机发明引发的信息革命，再到互联网发明引发的数字革命，这些科学技术创新都在从不同角度推动人类文明稳步前行。

世界各个地区的人们对科学的发展都作出了突出的贡献。比如，西亚地区的苏美尔人数学非常发达，他们除了演算加减乘除外，还能求出平方根和立方根，同时使用十进位制和六十进位制。重要的是，他们的数学没有停留在使用阶段，而是懂得了基本原理和抽象概念。考古发现的泥板上的数学问题，有许多是脱离实际、追求抽象推理的。[①]比如，古代中国在天文学、数学、医学、生物学、化学、建筑学等方面，许多领域都走在世界前列，最引人注目的是"四大发明"——造纸术、印刷术、火药和指南针，其意义远远超过其自身的技术领域，对人类文明的传承发展和世界历史的演变产生了重大而深远的影响。[②]指南针的发明，更是推动了15世纪前后欧洲大航海的发展，帮助哥伦布、达·伽马等发现了美洲新大陆，开辟了通往亚洲的太平洋航线，促进了世界商业贸易和资本主义的发展繁荣。

阿拉伯伊斯兰世界的科学文明虽然起步晚，但是发展极快。中世纪的伊斯兰世界，由于位居欧亚大陆的中央，既从东方得到了印度和中国的发明，又从西方承袭了希腊、罗马的学术。[③]阿拉伯人本来就善于经商，伊斯兰教又特别鼓励信徒求学，二者结合之后，在阿拉伯半岛完成了挽救、保存和发展在中世纪初期濒临灭绝的古典科学成果的壮举。在阿拉伯帝国早期的倭马亚王朝时代（661—750），阿拉伯人就十分重视对包括希腊在内的古代学术的研究，将许多希腊学术典籍翻译成阿拉伯文。

中世纪阿拉伯人对世界科学的贡献，不仅表现在他们翻译保存了大量希腊古典学术文献，传承了人类科学的理性思维方式，而且在消化吸收古代科学

① 马克垚主编：《世界文明史》（第二版），北京大学出版社，2016年，第33页。
② 武斌：《文明的力量：中华文明的世界影响力》，广东人民出版社，2019年，序言第2页。
③ 贾雷德·戴蒙德著，谢延光译：《枪炮、病菌与钢铁——人类社会的命运》，上海译文出版社，2016年，第260页。

文明的基础上，作出大量创新，为人类知识宝库增添了许多财富。首先表现在774年开始介绍推广印度的数字[1]（甚至被人误解为"阿拉伯数字"），在算术方面利用古代数学方法解决了一系列天文计算问题，在三角学方面发现了正弦、余弦、正切、余切之间的函数关系，在几何学方面把多边形与代数方程式联系起来，计算出 π 的17位值，打破了中国数学家祖冲之保持了1000多年的纪录。其次，他们在天文学方面的贡献也引人注目，如测定了地球的体积和圆周长。[2]进入阿拔斯时代（750—1258）后，随着国力的强盛，翻译工作由个人自发的零星行为变为国家组织的系统行为。第七代哈里发麦蒙发起著名的"百年翻译运动"，在原巴格达图书馆的基础上，兴建了一个大型综合性学术机构——智慧宫。

在人类文明发展史上，科学和技术在很长时间里都没有太大的直接关联。在19世纪后半期之前，科学对技术创新没有直接的影响，技术的发展主要以手工业为主，往往是基于现实应用的需要对实践过程的观察总结。18世纪英国创造新技术的人当中，70%以上的人没有接受过大学教育。相比而言，那时技术对科学进步起的推动作用，要大于科学对技术的推动作用。[3]即便是现在，中国人口头上经常使用的"科技"一词，其主要指向也只是"技术"，更多考虑的是它的实用性，即能够带来什么样的经济价值和军事价值。

进入工业革命时期，遍及欧洲的世俗统治者不顾基督教教权的约束，都在积极主动地推动科技的大发展。17世纪，先后成立了英国皇家科学院、法兰西科学院，设立格林尼治皇家天文台，人类科学技术创新的步伐明显加快，进入约瑟夫·熊彼特（1883—1950）所说的"创造性毁灭"阶段。

以下简要列出1530—1789年所产出的重大科学成就，这些已经是数百年

---

[1] 中国常用的是方块数字，欧洲人使用罗马数字，这些数字认读和运算都很不方便，妨碍了数学科学的发展。由于元朝的疆域扩大到中东，受其影响，中国大约自13世纪40年代起，开始使用阿拉伯数字和"0"。

[2] 马克垚主编：《世界文明史》（第二版），北京大学出版社，2016年，第501—504页。

[3] 丁一凡：《跌宕起伏的中欧关系——从文明对话到战略伙伴》，中国社会科学出版社，2020年，第38页。

前的科技创新，但至今依然感觉就在我们身边，影响着人类的生产生活。

1530年，帕拉塞尔苏斯首次将化学知识运用到生理学和病理学。

1543年，哥白尼在《天体运行论》中提出太阳中心说。

1546年，阿格里科拉对矿物质进行分类，首次使用"化石"的说法。

1572年，第谷·布拉赫首次记录了欧洲人进行的超行星观测结果。

1589年，伽利略开展自由落体实验。

1600年，威廉·吉尔伯特在《磁石论》中描述了地球和电的磁性。

1608年，汉斯·利珀希和查卡里亚斯·詹森分别独立地发明了望远镜。

1609年，伽利略首次利用望远镜观测夜空。

1610年，伽利略发现了木星的4个卫星，并据此推测出地球并非宇宙的中心。

1614年，约翰·奈皮尔在《奇妙的对数表描述》中，首次提出了对数概念。

1628年，威廉·哈维在《动物心血运动解剖论》中准确描述了血液流动。

1637年，勒奈·笛卡儿建立了解析几何学，伽利略开创了现代机械学。

1640年，皮耶·德·费马创建了数论。

1654年，费马和布莱士·帕斯卡创立了概率论。

1661年，罗伯特·波义耳介绍了元素和化学分析。

1669年，艾萨克·牛顿与莱布尼茨分别创立了微积分学。

1687年，安东尼·范·列文虎克发现了微生物，牛顿提出万有引力和运动定律。

1735年，林奈在《自然系统》中首次对生物的种属进行分类。

1738年，丹尼尔·伯努利创立了气体动力学理论。

1746年，盖塔尔绘制了第一张真正意义上的全球地图。

1761年，约翰·哈里森发明可定位经线的计时器。

1764年，詹姆斯·瓦特改进蒸汽机。[1]

① 尼尔·弗格森著，曾贤明、唐颖华译：《文明》，中信出版社，2012年，第52—54页。

1766年，詹姆斯·哈格里夫斯发明珍妮纺织机。

1769年，理查德·阿克莱特发明水力纺纱机。

1775年，约瑟夫·布莱克发现了二氧化碳，拉瓦锡精确地描述了燃烧现象。

1787年，埃德蒙·卡特莱特发明蒸汽动力纺织机。

1789年，拉瓦锡提出了质量守恒定律。[①]

…………

需要清醒认识的是，时至今日，尽管人类已经在科学探索上取得了巨大成就，但是人类未知的世界仍然比已知的世界要多得多。相比于浩瀚无边的宇宙自然界来说，人类即使在最了不起的时候，也只不过是沧海一粟，在强大的自然伟力面前显得弱小无助。我们对此要始终保持一颗谦卑之心。

同时，由于人类科学的探索实践，也给自然生态环境带来了显著的变化。因为人类挑选驯化动物，种植谷物取代野生物种，砍伐森林破坏自然植被，大规模工业生产导致水污染、土壤污染、大气污染等，加剧了对环境的破坏，造成许多物种灭绝，极大地改变了地球的生态平衡，人与自然之间的矛盾日益凸显，也给人类自身的生命健康带来新的威胁。而地球生态系统的恶化处于一个缓慢变化的过程，自然环境的恢复需要很长时间，如今全球气候变暖等问题已经引起人类的高度重视。人类在自然面前也要始终保持一颗敬畏之心。

在看到科学技术探索给人类带来诸多发展机遇的同时，也要看到科学技术是一把"双刃剑"，可能给人类文明进步带来巨大的风险。比如，火药的发明，不仅可以被用于各类采矿工业，创造大量财富，也可用于战争，其强大的杀伤力会对人类文明进步带来很大灾难。人工智能技术的创新应用，可以为人类探索未知世界提供强有力的支撑，但也可能会带来人工智能控制人类

---

① 尼尔·弗格森著，曾贤明、唐颖华译：《文明》，中信出版社，2012年，第48—50、184页。

智能的悲惨结局。

科学与政治之间存在紧密的正相关关系。

1500年左右，正是在西班牙、葡萄牙等国王室的直接资助下，哥伦布、达·伽马等人才有可能进行大规模的航海探险行动，发现美洲新大陆以及欧亚新航线。此后，英国、法国、德国的王室贵族看到其中潜在的商业经济利益，也纷纷加大对科学研究的资助力度，相继成立英国皇家科学院、法兰西科学院等机构，推动全球科学家开展广泛的协作研究。有的政治家甚至直接领导科学研究工作。比如，1798年拿破仑远征埃及时，除了军队，还以"法兰西科学院院士"的名义，带上了包括150多位科学家在内的庞大科学考察团，对古埃及文明的发掘起到很大的推动作用。在科学技术快速发展的今天，世界各国政府更是将科技发展上升到国家战略，成立专门的科技管理部门，加大政府研发投入的同时，推动更多民间资本以风险投资（VC）、私募股权（PE）的形式参与到科学研究当中，促使科技进步大大加速。

欧洲进入思想启蒙时代之后，随着科学技术研究取得成果，人类对自然、宇宙等的了解日益深入，打破了宗教设定的"人由上帝创设""君权神授"等传统观念的约束，民主、自由、平等、博爱等政治理念深入人心。在此背景下，传统的政教合一、君主专制制度受到直接的冲击。在法国大革命的引导下，世界各国政治体制发生了翻天覆地的变化，越来越多的国家建立起民主共和国。

三、关于政治维度[①]

从政治角度看，文明是个人与社会共同作用的结果，是民族国家发展中十分关注的重要内容，与地缘政治有着千丝万缕的关系。

总体来看，人类早期原始部落社会基本上都是采取共有制方式，对彼此之

---

① 这里所提到的政治维度，主要涉及民族构成、国家设立、经济利益分配、意识形态引导等宏观角度的国内政治，以及国家与国家之间的矛盾冲突，而不太涉及马基雅维利在《君主论》等著作中阐述的君主如何运用权术，维护自身统治等微观角度的分析。

间存在的矛盾冲突采取集体磋商的方式进行解决。进入国家这一组织形式后，经济利益分配上更多强调私有制，国家作为政治机器的作用日益显现，阶层等级的区分越来越明显，出现君主制、共和制等多种政治制度。未来，在社会生产力高度发达的时候，民族国家这一主要组织形式可能会面临消亡的命运，经济利益分配上将会采取公有制，公民自觉参与劳动，各取所需，网络社会平台可能会取代政府成为社会自治的重要组织者。

人类是一种社会性动物，对社交网络有着本能的追求。跟黑猩猩不同，人类通过学习和分享进行社交。人类学家罗宾·邓巴认为，人类有更高级的大脑皮质，在进化过程中，能在规模150人左右的社交团体中正常运转，而对于黑猩猩来说，这个数字只有50。[①] 只是，这种社交网络应该建立在严格垂直的等级制度，还是应该建立在一个广泛链接的平等网络？对于大部分人类发展历史来说，等级制度主导了人类社会交往的规模和界限。不过，互联网络技术的出现，使得社会交往更容易被实现。1990年，约翰·瓜尔创造出"六度分隔"一词，认为世界上素不相识的两个人，通过中间相互认识的人介绍，不超过6个人就一定可以联系上。这个数量随着技术的不断进步还在下降，到脸书广泛应用的2016年已经下降到3.57人。[②]

人类社会是典型的群居社会。从群体的角度来看，人类必须要群居，才能形成合力，以有效对抗各方面的挑战；但从个体的角度来看，人又是有私利的。族群集聚到一起之后，人与人之间肯定会存在不同的见解，产生利益冲突。在原始社会中，随着集聚规模由100人左右的村落到1万人左右的部落，再到数以亿计人口的国家的演进，必须要有相应的政治体制出现，去调和处理人与人之间的社会关系，以实现不同社会阶层之间、不同民族种族之间、不同国家之间的和平共处，而不至于使人陷入流血冲突乃至战争的无穷恐惧当中。

---

① 尼尔·弗格森著，周逶、颜冰璇译：《广场与高塔——网络、阶层与全球权力竞争》，中信出版集团，2020年，第18页。

② 尼尔·弗格森著，周逶、颜冰璇译：《广场与高塔——网络、阶层与全球权力竞争》，中信出版集团，2020年，第32页。

现在的中国也是由禹贡时期"小国寡民"式的"邦国时代"进入夏商周时期的"王国时代",再进入后来秦汉以至明清时期的"帝国时代"。在这个过程中,人口规模日益增加,国家实体因兼并而从多到少乃至归一,中心王朝的权力中心——都邑也由小变大,影响范围也日益扩大,由中心聚落到小国之都、王国之都直至帝国之都。①

正是由于人是社会的、政治的动物,为了使人和平共处,国家孕育而生,成为到目前为止人类共处的最高表现形式。②构成一个国家的人群或是单一民族,或是多民族;少则数万人,多则十几亿人。

在文明进程中,个人与社会相互构成对方,任何人都不可享有绝对的自由。为此,需要有一种能够适度约束人的自由的力量,这种力量必须由国家来提供。因为,只有作为统治机器的国家,才有这种强制力,通过道德的内在教化和法律制度的外在强力,维护社会秩序的良性运转。从文明进步角度看,文明加强了对个人暴力冲动的抑制,使得理性取代原始的本能,并且能够抑制本能无节制地爆发。当然,不管这种抑制暴力的力量和抑制本能的形式是什么,它都会使人失去某些自由,从而不能为所欲为。③

当然,也有学者认为,这种约束会给人的自由发展带来很多阻碍。比如,弗洛伊德1930年出版的《文明及其缺憾》一书中认为,文明是压抑人的重担,它使人不快乐,沉重地压在人类的精神上。文明的基础,必定是对人性的压制和弃绝,可以将"对本性的压抑程度作为准绳,来衡量文明已达到的水平"。其结果之一就是现代文明成为这种压制的代表,对人潜意识的犯罪加大了压抑程度。④

从人类发展的历史来看,不存在所谓唯一的、科学的政治制度。集权还是

① 许宏:《最早的中国:二里头文明的崛起》,生活·读书·新知三联书店,2021年,第14—15页。
② 托马斯·阿奎那著,马清槐译:《阿奎那政治著作选》,商务印书馆,1963年,第13页。
③ 布鲁斯·马兹利什著,汪辉译:《文明及其内涵》,商务印书馆,2020年,第92—93页。
④ 布鲁斯·马兹利什著,汪辉译:《文明及其内涵》,商务印书馆,2020年,第85页。

分权，民主还是威权，只不过是不同国家、不同传统文化体系下的不同博弈结果。每一个国家，每一个民族，需要根据自身的国情和历史文化根基、现实发展阶段进行合理的选择，或者选择君主制，或者选择共和制，通过民主或威权的形式，采取道德、习俗、法律等手段，促进国家的经济社会发展，努力实现不同阶层的利益分配平衡，尽可能地维护社会的稳定。

国家出现后，首先要解决国内矛盾。

在原始社会，由于生产力不够发达，部落内的人群需要彼此相互支持，因而盛行"共产主义"。随着生产技术的发展，人们开始有剩余产品的时候，个人主义逐渐抬头，"共产主义"消亡，形成金字塔形的分配结构。尤其是随着社会分工的细化，在原有的农民、牧民的基础之上，还出现商人、匠人、武士、祭司、官员等不同的社会阶层，产生阶层与阶层之间的利益冲突。

这种社会结构导致出现分配不均是必然的，但在一定范围内依然是稳定的。当有能力的人强取豪夺造成的贫富悬殊越来越剧烈的时候，金字塔的社会基础就会塌陷，进而爆发革命，开始新一轮的社会财富分配。[1]为了调和化解这些利益冲突，不同阶层需要选出自己的代言人，以维护自身利益。由于不同阶层所处的社会地位不同，就出现统治阶级和被统治阶级的分野，最终自然就导致国家作为内部统治工具开始出现。阶层、阶级以及国家的出现，是人类文明进入更高的有组织形态的一个显著标志。

国家是文明进步的必然产物。国家作为人类文明的一个基本政治框架，早在公元前3700年左右就出现在美索不达米亚、埃及、中国、印度等地，公元前300年左右出现于中美洲，2000多年前出现于安第斯山脉地区和东南亚，1000多年前出现于西非。[2]从对内而言，由于国家的出现，建立起政府管理体制，在官员体系的治理下，维系社会的正常有序运转。

---

① 威尔·杜兰特著，台湾幼狮文化译：《世界文明史·东方的遗产》，华夏出版社，2010年，第15页。

② 贾雷德·戴蒙德著，谢延光译：《枪炮、病菌与钢铁——人类社会的命运》，上海译文出版社，2016年，第284页。

在人类文明早期，由于交通、通信技术都不太发达，一个国家的疆域十分有限，可能就只有一个部落、一个城邦。随着部落之间、城邦之间的战争冲突，国力强盛的国家通过武力征服、相互联盟，慢慢整合形成地域范围更为广阔的帝国。但一旦领土扩张的成本高于维持强大军队和官僚体系的成本，帝国就面临分崩离析的危险。罗马帝国、汉王朝都曾经面临这一困境。

在国家的治理体系中，处于权力顶端的领导阶层至关重要。早期的国王都是从部落首领中产生，需要应对外族入侵、灾害救治等紧急状况，因此选择的都是孔武有力、精明强干的男性，能够临危受命，化解困境。早期的国王本人可能就是国家宗教的领袖，后来从兼职状态过渡到专职状态，与祭司们分享权力，协作共事的祭司们负责与神灵沟通，国王负责与人类沟通。但在可调配的集体资源总体有限，需要决定国家资源是用于战事还是祭献神庙时，国王和祭司可能会发生冲突。[①]比如，欧洲地区从9世纪起直到13世纪，虽然天主教权与世俗王权在不同时间、不同地区有过互争长短的局面，但大致说来，是一个天主教权逐渐上升，最终达到高峰的过程。[②]此后，在文艺复兴和启蒙思想的推动下，世俗王权和民主政权才重新占据上风。

法律和风俗是维持国家运转的重要工具，也是人类文明的重要组成部分。法律是确保社会有序运行的基本制度，代表统治者的意志，确定社会运行的刚性规则，更具有强制力。洛克明确提出，没有法律，就没有自由。立法机构通过颁布法律，任命法官，从而肩负起伸张正义的使命。法律保障人们的私有财产权利，保障人们的人身自由。国家建立之后，国王就会制定一整套统治规则付诸实施，比如著名的《汉谟拉比法典》。与此同时，形成基本的官僚统治制度，向自己征服的地区派遣委任官员，使得一个庞大的、非人格社会中的复杂关系得以常规化，国家的安定秩序得到维护。[③]风俗则是隐匿在法

---

① 威廉·H.麦克尼尔著，田瑞雪译：《5000年文明启示录》，湖北教育出版社，2020年，第40页。

② 托马斯·阿奎那著，马清槐译：《阿奎那政治著作选》，商务印书馆，1963年，前言第V页。

③ 威廉·H.麦克尼尔著，田瑞雪译：《5000年文明启示录》，湖北教育出版社，2020年，第42页。

律之后的更深层次、更富韧性、更为终极的强大力量。①

人类文明不仅要提高财富生产的能力，还要提高财富分配的能力。令人遗憾的是，随着工业革命带来的巨大生产力，人类财富的总量有了很大提升，但在结构上的不公平却明显加剧。由于社会收入两极分化，许多民众并没有享受到生产力发展带来的成果。1780—1830年，英国每位工人产值增长超过25%，但工资却只上涨了5%，上层人口国民收入分配的比重由1801年的25%提高到了1848年的35%。1820年的巴黎，以投资为生的食利者约占人口总数的9%，却拥有41%的已登记财富，1911年这一比例上升至52%。②这也使得工人阶级与资产阶级的矛盾不断激化，促使一些国家通过革命斗争进入社会主义制度。

国内政治矛盾的调和，不仅要关注直接的经济利益分配，还要关注背后的意识形态斗争。

早在春秋战国时期，孔子在鲁国摄行相事时，就曾诛杀乱政的官员，理由是"其居处足以撮徒成党，其谈说足以饰邪莹众，其强御足以反是独立"③。随着国家的统一，皇权政治的强化，对思想文化的控制也更加严密。隋文帝时就规定，国史只准皇家指派专人掌修，任何私人都不得擅自撰写，禁绝民间著写国史、臧否人物。唐朝确立由宰相监修正史、成立专门修史机构的制度，使国家牢牢掌握了正史的编撰权。这一制度从唐朝一直延续到清朝，对后世史学的发展产生了深刻影响。

在中国的历史发展进程中，还发生过许多文字狱事件。在文学作品中，作者有可能因为一个词语用得不对（或者是官员认为你用得不对），就可能降职处分，有的甚至可能性命难保、株连九族。比如，苏东坡就遭遇过"乌台诗

① 威尔·杜兰特著，台湾幼狮文化译：《世界文明史·东方的遗产》，华夏出版社，2010年，第22页。

② 尼尔·弗格森著，曾贤明、唐颖华译：《文明》，中信出版社，2012年，第192页。

③ 威尔·杜兰特著，台湾幼狮文化译：《世界文明史·东方的遗产》，华夏出版社，2010年，第486页。

案"，被以"谤讪新政"的罪名，关押四个月之久，是北宋时期一场典型的文字冤狱。再比如，朱元璋过生日时，不允许别人说生日的"生"，由于他之前做过和尚，认为"生"是"僧"的谐音，觉得别人是在讽刺他。①

当然，意识形态斗争古今中外都有。在欧洲，意大利著名的天文学家布鲁诺就是因为捍卫真理、坚持"日心说"的独立思考而被天主教廷以异端治罪，死在火刑柱上。闻名世界的十字军东征，也是因为基督教和伊斯兰教之间的教派冲突导致。

在国内政治关系中，需要妥善处理资本与政治之间的复杂关系。

在世界范围内产生广泛影响力的文明，往往背后都是以经济高度发达为支撑。因为资本力量的发挥，带来经济的繁荣发展，进而促进文明的发展进步。比如，明朝以前的中国，经济总量占据世界的1/3，文明成果享誉全球；工业革命后的英国，凭借科技带来的巨大生产力，使英式文明进入世界各大洲，号称"日不落帝国"；第二次世界大战之后的美国，依托世界超级大国的地位，使得美国生活方式、美国文化影响全世界。

从另外一个角度看，政治作为上层建筑的组成部分，也会对资本、对经济发展产生重要的反作用力。先进的政治制度会引领生产力的发展。但是，当政治制度的创新跟不上现实经济社会的发展步伐，就可能使过去先进的制度演变成现在落后的制度，从而制约经济社会的进一步发展。一般来说，统治阶级会根据经济社会的发展现状，主动对政治制度进行一定程度的改良或创新。但是，创新是有代价的。当这种政治制度的滞后发展到极度制约现行经济社会发展的时候，就可能引发暴力革命，到了改朝换代的临界点。

从政治学的角度看，一旦资本的逻辑完成对整个社会的控制和异化，一个民族还可能会面临灵魂被扭曲的危险。因此，政治家既要和资本相敬如宾，充分发挥资本的增值本领，承认市场在资源配置中的决定性作用，承认个人追求利益的本性，但同时又要时刻注意控制资本的异化危险，不能和资本勾

① 唐加文：《梳理中华文明的基本脉络》，《科学大观园》，2012年第21期，第70—72页。

肩搭背，以至于让资本控制政治。

在中国传统儒家思想中，"士农工商"的社会地位排序和"官本位"的思想十分牢固。长期以来，受农耕文明的影响，商业始终处于社会地位的末端，资本一直受到政治势力的警惕和打压，无法占据统治地位。尽管有时政治精英也会利用资本精英的通商生财本领来为自己服务，但绝对不会允许资本精英存在政治野心，诱发政治风险。一旦发现这种苗头，政治精英会毫不留情地进行坚决的打压，明朝的沈万三、清朝的胡雪岩无不是如此下场。

然而，在西方资本主义国家，政治却一直在资本的绝对控制之下，资本才是社会运转的最终决定力量，正所谓"铁打的资本，流水的政治"。表面上看，西方的政治家在前台十分风光，社会影响力很大，但是不时轮换，"旋转门"从来就不曾停下；背后的实质，却始终是资本家在操控。从这个角度看，资本异化了政治。由于欧洲小国林立，各个政治主体为了兼并土地进行数不尽的战争，而战争需要金钱为基础。为此，国王们不得不向罗斯柴尔德等资本家族举债，从而受到资本的控制。正是为了偿还因战争而借的债务，国王们不得不同意资本家发起设立中央银行。如今，英国的中央银行英格兰银行、美国的中央银行美联储，都是私人银行。私人资本借此控制国家法定货币的发行权，从而进一步实现对公共政治的渗透和控制。[1]

在国家政治社会的发展进步中，到处充斥着政治操控。陌生的事物在人们的眼里，就是一团移动的、散乱的、无法辨识的虚像。人们都会因关于事实的某些"意见"的影响而得出自己的结论，他会自以为地认为，自己是在掌握全部真相的基础上作出的科学决策，而事实上，人们掌握的真相往往不过是冰山一角。[2]正在发生的事情被越少人知道，政治家操控人们的行动就越

---

① 刘哲昕：《精英与平民》，法律出版社，2014年，第225—240页。

② 沃尔特·李普曼著，常江、肖寒译：《舆论》，北京大学出版社，2018年，第19页。

容易。因此，政治家通过加强对新闻宣传的操控①，向人们灌输"民意""集体思想""国家意志""民族灵魂""种族心理"等群体概念，通过不断强化象征符号去树立权威②，通过阻止人们根据自己的深入思考对事件形成独立的见解，以统一思想、统一意志，达到服务于自己的政治目的。这就会导致人们对于自己信以为真的东西，几乎都能找到似乎能够证明其为"真"的论据，或能找到其他如"我们"一般对其信以为真的人；而对于自己不愿意相信的东西，则会受自己的固化思维影响而视而不见，对其不感兴趣。这就是为什么同一个故事在不同人的眼里，会演绎成完全不同的版本，因为人们总是相信那些自己愿意去相信的东西。

沃尔特·李普曼认为，从目前强权国家的发展情况看，"体制"这个东西本身短期内不会消亡，理想化的民主理论难以成为现实。体制如同一个同心圆，少数人居于中心，权力则随着圆周的不断扩大而渐趋弱化，处于最外端的便只有那些麻木不仁或事不关己的普罗大众。这个世界其实是由数量极少的一小撮人所控制，他们往往借助所谓"民意"，通过所谓合法的手段，代表大多数人作出最终的选择。领袖们总是作出一副"想百姓之所想、忧百姓之所忧"的姿态，通过新闻宣传、强化象征符号推动民众维护团结、实现共同目标，将自己的个人决策成功转化为公众的公共行动；而公民前往投票站，拿到一张选票，上面印着一些形式简化的图标，而他的权利仅限于对此说"是"或"否"。③

---

① 新闻媒体并不是社会机构的替代品，而更像是探照灯射出的一道躁动不安的光柱，一个接一个地照亮原本藏匿在暗夜中的事物。读者们能从报纸上看到的一切新闻，都是一系列精心选择的结果。报纸必须决定哪些内容可以被报道、在报道这些内容的时候应采取什么立场、每篇报道应当占据多大的版面空间，以及报道应该有哪些侧重点。因此，并不存在什么客观的标准，存在的只有惯例。

② 在等级制度下，每一个人都依附于比自己高的阶层，同时掌控着依附于自己的更低的阶层。要想打破某一特定的体制，就必须首先废止该体制下的特权。而在任何持续发展的社会形态下，个体在等级系统内的地位变化都是极为缓慢的，这确保了某些根深蒂固的刻板印象和行为方式能够得以传承。

③ 沃尔特·李普曼著，常江、肖寒译：《舆论》，北京大学出版社，2018年，第174—179页。

国家的出现，还需要妥善应对国家与国家之间的矛盾冲突。

国家是文明的产物，也推动着文明的进步。从这个意义上讲，文明的建构实践与民族国家确立为社会联系的主要形式一样，具有很鲜明的政治意义和意识形态属性。从微观个体而言，文明进步指的是个人的修养[①]；从宏观群体而言，则指的是国家的价值观。

价值观为族群提供强大的融合力和凝聚力。只有这样，才能有效团结一个部落、一个氏族、一个民族；但也正因为彼此之间的价值观存在很大差异，才容易引发部落之间、氏族之间、民族之间、国家之间的矛盾和冲突。

在人类文明发展的早期，地球各个大陆之间的交往不太频繁，许多文明都以自己为中心，彼此之间没有太多的矛盾和冲突。就像中世纪的阿拉伯文明、18世纪之前的中华文明，都是以自己为中心，按照自己的思考，完善自己的文明体系。这个阶段，尽管文明发展的进程比较缓慢，但依然还是以向前的姿态进行。

工业革命之后，随着通信技术和交通技术的迅猛发展，世界各大陆之间的联系开始密切起来，欧洲在全球经济发展中独树一帜，传统的各个独立的文明体系或自觉或被迫地交流起来，以欧洲为中心的文明体系呈现横扫全球的态势。近代欧洲，由于工业革命带来的物质创造能力的快速提升而自诩为文明的中心，自认为欧洲的价值观具备普适性，可以在全球范围内通行。他们将文明与欧洲等同起来，认为唯有欧洲才是文明地区，高人一等，其他国家和民族都是劣等国家、劣等民族，只能羡慕、模仿欧洲。[②]其实，他们的视角只是欧洲人自己的视角而已，是一种以欧洲为中心的视角而已，并不能代表全人类。发展到今天，包括欧洲在内的所有国家都在反思，自诩为先进文明

---

① 因此，即便是在当今的文明社会中，也会有些人（比如古斯塔夫·勒庞）将工人、农民等劳动者和罪犯、妓女等特殊人群称为"野蛮人"，认为文明受到这些内部野蛮人的威胁。这种说法带有明显的阶级意识形态。具体见布鲁斯·马兹利什著，汪辉译：《文明及其内涵》，商务印书馆，2020年，第70—71页。

② 布鲁斯·马兹利什著，汪辉译：《文明及其内涵》，商务印书馆，2020年，第28页。

的欧洲也存在许多不文明的地方。曾经一度标榜为全球民主制度标杆的美国，在特朗普和拜登竞选之后，社会出现极度的分裂。2021年1月6日，在时任总统特朗普的演说煽动下，美国发生了民众暴力占领美国国会的事件，成为全世界人民的笑料。

近现代国家的形态已经与早期氏族国家的形态有着根本的差异，更多的是以民族国家的形式出现。民族与种族不是同一个概念。种族主要依据人类体质特征来划分，世界上主要有蒙古人种、欧罗巴人种和尼格鲁人种这三大人种。民族则是一个社会建构的产物，主要依据语言和文化特征来划分。[①]民族国家曾经是，现在仍是一个想象的"共同体"，只是在政治家的宣传灌输下，现在的人们似乎认为民族国家一直是天然存在的。事实上，这一概念直到17世纪前后才出现，几乎与"文明"一词的诞生时间相同，随着法国思想启蒙运动开始风靡全球，开启了现代民族国家的政治潮流。

民族主义思想在19世纪开始不断高涨，推动西方帝国主义解体，许多民族实现政治自治，催生出许多民族国家。伴随着西方去殖民化运动的加强，亚非拉地区发生风起云涌的民族独立战争。1830—1905年，希腊、比利时、罗马尼亚、意大利、德国、保加利亚、塞尔维亚、挪威等8个国家实现了独立或统一。苏联解体后，又出现10多个独立国家。联合国成员国数量从1945年代的50个左右，增加到现在的193个。

早期，文明是以城市的出现为标志的，人类从社会共同体的聚居点开始建立城墙，将"文明人"与城墙之外的"野蛮人"进行分隔，"文明人"要尽自己的社会责任，去教化、开导"野蛮人"。在这样的状态下，文明几乎是封闭的，不向外开放，不与其他文明相互借鉴或者产生联系。在西方工业革命发展之后，西方国家打着"文明"的幌子，开启其征服全球其他国家的进程，使"文明"沦为殖民主义的工具，妄图将全世界纳入其"文明化进程"。

---

① 袁行霈、严文明、张传玺、楼宇烈主编：《中华文明史》第1卷，北京大学出版社，2006年，第9页。

而现在民族国家的兴起，更加强调所谓的"民族利益"，带来剧烈的国家利益冲突和意识形态冲突，更多强调的是冲突、对立，而不是包容、合作、互动。这也是塞缪尔·亨廷顿提出的"文明冲突论"的立足点所在。[①]

以欧洲帝国主义解体后诞生的非洲国家为例，许多非洲国家的边境线都是欧洲殖民者在地图上按照经纬线笔直画出来的，这些笔直的国境线完全不顾实际的文化差异和族群差异。例如非洲的马赛族，有2/3生活在肯尼亚，另外1/3在坦桑尼亚；阿尼族有60%生活在加纳，另外40%在象牙海岸。这种随意划分国界导致族群分割的做法，引发了长期的灾难性后果。这些国家始终忙于应付部落内斗，以及因此引发的国家间的战争，而无暇顾及发展。[②]正是由于欧洲殖民者采取这种分化统治的方法，使得非洲850个不同的部落群体所遭受的内战和冲突，远远超过同等规模的统一民族国家。

在这种情况下，不仅国家内部之间的利益需要调和，国家之间的竞争除了通过经济发展、贸易往来等和平竞争手段之外，还有冲突、战争的武装竞争。国家需要通过战争维护自己的权益，甚至通过侵略为本国掠取本属于其他国家的利益。

一个国家尽管平时内部之间也存在利益冲突，但一旦遇到外部入侵，侵害到整个族群的利益时，内部矛盾往往会让位于外部矛盾，很容易搁置彼此间的争议，联合形成新的利益共同体，一致团结对外。这个时候，就呈现出民族国家的显著特征。

正是由于民族国家这一强大的政治组织的存在，战争就变得不可避免，不仅有国内战争，还会爆发国际战争。从杀伤力和破坏力的角度来看，战争毫无疑问是一种破坏。任何人都不会愿意生活在一个战争频仍的国度。但从另外一个角度来看，战争也是一种必要的祸害。为了维护国家利益和公共幸福，

---

① 布鲁斯·马兹利什著，汪辉译：《文明及其内涵》，商务印书馆，2020年，第6页。

② 帕拉格·康纳著，崔传刚、周大昕译：《超级版图：全球供应链、超级城市与新商业文明的崛起》，中信出版集团，2016年，第83页。

有时必须借用武力。①但这只能限定在极为严格的范围内，只有"正义的战争"，才能得到民众的支持。

在这种情况下，一个国家的战斗能力和军事组织能力就显得特别重要。从最开始的步兵到后来的两轮战车、四轮战车，再到后来的骑兵、炮兵、火箭兵，军队的单兵机动能力和作战能力不断提升。但是，要形成真正的大规模战斗能力，还需要依靠组织力量。公元前750年左右，亚述帝国之所以能征服以色列、埃及、伊朗等大部分地区，就是有赖于其军事组织能力。亚述人首先将整军统编成队，规模统一，标准武装，士从将令，勇猛有功者擢升，无能无功者贬黜，还设有工兵、骑兵、战车兵等专门部队，在职业军官团的统率之下，屡战屡胜，无人能敌。现代所有军队几乎都建立在这样的制度原则上。因为它有力有效，可以将三教九流整编为标准队伍，把市井百姓转变成听从指令、行动迅捷的战士；可以培养出专业化的军官，全面筹划指挥包围、伏击、越野行军、突袭等战术；可以修建道路，建立信使系统，提高响应速度。

人类文明发展史上，有一个很有意思的悖论：进化论并不意味着越高级的东西就越能长存。文化水平比较高的民族，往往会被低等的民族所消灭。因为文化先进的民族可能没有文化落后的民族那么善于打仗②，比如农耕民族在与游牧民族的战争冲突中就显得特别被动，长期处于落后挨打的局面。尼尔·弗格森认为，比较落后野蛮的民族在征服比较先进的文明民族之后，通常不会容许他们继续采取民主共和体制，而必须建立独裁统治。因为几乎没有人能够经得住绝对权力带来的诱惑，就算是天才也不行。③

在人类文明的三个维度当中，最为复杂、最难把握的就是政治维度。因为这个维度涉及人与人之间关系的调整，而人是最复杂、最多变的物种，很多

① 托马斯·阿奎那著，马清槐译：《阿奎那政治著作选》，商务印书馆，1963年，第31页。

② 房龙著，周亚群译：《人类的艺术》，中国友谊出版公司，2013年，第15页。

③ 尼尔·弗格森著，周逵、颜冰璇译：《广场与高塔——网络、阶层与全球权力竞争》，中信出版集团，2020年，第24—25页。

时候难以用对错来进行判断，也难以用前进还是后退来评判。在政治维度的发展中，更为重要的是在处理统治阶层与被统治阶层之间把握合理的"度"。很多时候，过犹不及。比如，在处理内部矛盾的时候，德治、法治都很重要，但在不同的时期、面对不同的形势，哪一个为主、哪一个为辅？在树立主流意识形态的时候，需要思想、宗教、艺术、科学等领域不断往前突破，但是如果突破的幅度过大，就有可能会危及统治阶级的现有利益，如何把握这个保守和创新的度？在发展国内经济的时候，需要依托资本的力量，但是如果资本的力量过于强大，甚至有时会干预政治，掌握政治权力的统治阶层如何进行调控？在确立国家政体的时候，民主制度与专制制度各有利弊，二者如何在效率和公平之间实现合理平衡？在处理国家之间的矛盾冲突时，开放包容是主线，但是开放的领域、开放的节奏以及开放的力度如何把握，才能在确保国内安全的前提下，实现世界大同？即便是在国与国之间冲突加剧，不得不进行战争的时候，依然有一个度的问题：是以确保自身安全为主要目标，还是以消灭对方为主要目标？

第三章　文明的载体

文明，标志着人类告别原始野蛮状态，兽性受到约束，人性得到发扬。在任何一种文明前进的进程中，都需要有相应的载体进行阐释说明，进行传播、推广、交流。比如，文字、图形、音乐、雕塑、建筑等。从目前梳理的文明载体情况看，判断一个古代文明是否成立的标准主要有三个：一是有没有系统的文字；二是有没有成型的城市建筑群；三是有没有青铜器等金属器物。[①]

一、文字是人类文明最为重要的载体

文字的发明，标志着史前和历史的分野。在文字发明之前，人类只能通过语言口口相传，无法将发现的自然规律知识完整准确地保留传承下来。与蛮夷之族的模糊语言相比，文字才从根本上区分出野蛮与文明。有了文字，就有了异地的文化传播和隔代的文化传承，也就有了成文的历史。从这个角度看，文明发展进程中最为重要的特征，就是文字的创造。所以恩格斯说，人类正是由于发明了文字，将其应用于文献记录，才过渡到文明时代。摩尔根的《古代社会》认为，文明"始于标音字母的发明和文字的使用"。

文字给人类发展带来力量。用文字来传播知识，可以做到更准确、更大量、更详尽，在地域上可以传播得更远，在时间上可以传播得更久。历史上只有比较少的族群能够完全依靠自己的力量，独立发明文字。公元前3000年，美索不达米亚的苏美尔人发明楔形文字，埃及人发明象形文字；公元前1300

---

① 周清毅：《美的常识》，人民美术出版社，2021年，第9页。

年，商朝的甲骨文已经极为成熟；公元前600年，墨西哥印第安人发明玛雅文字。[①]但是时至今日，世界上为数不多的这几种独立形成的古老文字的起源过程，仍然是人类的未解之谜。

文字是复杂社会与国家活动不可或缺的必要条件。文字产生的时间、文字使用的延续性，都能在某种程度上反映出这种文明的悠久历史和文化积淀。从人类历史发展来看，世界各地文明的形成都与文字的出现相伴而行、息息相关，四大文明古国就是奠基在世界上最古老的文字系统之上。早期的文字基本上是从记账、记事等实际用途出发，只有国王或寺庙的专职文字记录者才掌握关于文字的知识。只是到了后来，文字才开始日益普及，并逐渐被越来越多的人掌握。

文字的出现，要求有完善的教育体系，以便培养专门书吏，使文字得以继续存在，发挥作用。这也推进了文字的演进，使得复杂的文字越来越简单化、抽象化。公元前1300年，字母系统成为新文字，简化了文字书写。今天所用的字母就是从这一古老发明中延续而来。[②]到公元元年，复杂的楔形文字和象形文字寿终正寝。文字的简单化，使得新思想、新知识越来越容易出现，民众掌握起来也相对简单。

汉字是中华文明的重要载体，是中华民族最重要的发明之一。

汉字大概起源于五千年前，有一个很长的演进过程。《荀子》《吕氏春秋》认为，汉字是黄帝时期的仓颉所创造。早期的一些原始文字，都是呈现在陶器、壁画上的文化符号。如陕西西安半坡遗址发现的仰韶文化陶器刻画符号，山东考古发现的丁公陶文，稍晚一些的山西襄汾陶寺城址中的陶文，河南舞阳贾湖新石器时代中期遗址出土的龟甲文字，等等。[③]

---

① 贾雷德·戴蒙德著，谢延光译：《枪炮、病菌与钢铁——人类社会的命运》，上海译文出版社，2016年，第216页。

② 威廉·H.麦克尼尔著，田瑞雪译：《5000年文明启示录》，湖北教育出版社，2020年，第75页。

③ 在中国古代广大的地域范围内，原始文字很可能不止一种。有的原始文字，比如云南的纳西文字，虽然使用了很长时间，但始终没有形成完整的文字体系。

大约两千年之后，在公元前17世纪，在政治、经济、社会等多方面因素的综合影响下，最终形成了影响区域广阔的商朝殷墟甲骨文、西周青铜器铭文、东周陶文，实现了从原始文字到完整文字体系的质的飞跃。

甲骨文是商代后期的文字[1]，是现在可以看到的最早的文字体系，已经相当发达成熟，字的个数超过4000个，而且字的结构已经具备东汉许慎《说文解字》提出的象形、指事、形声、会意、转注、假借的"六书"。在甲骨文基础之上，进一步发展而成大篆、小篆及"六国文字"，以及后来的隶书、楷书。至少在1世纪以前，汉字就已经发展成为一个成熟、富有逻辑性的文字系统，具有强大的新字生成能力和巨大的意思表达潜能，完全可以游刃有余地胜任记录思想的任务。[2]

汉字对中华民族强化凝聚力产生了不可估量的作用。秦始皇建立多民族统一的中央集权国家之后，有意识地推行"书同文"，采取统一文字的国策，废除了大量区域性的异体字，使文字进一步整齐简易，为维护中国的统一作出了永载史册的巨大贡献。汉字具有超越方言和古今语言差别的功能，虽然中国地域广阔，人口众多，各地方言千差万别，但是秦始皇统一文字于小篆，经汉唐时代由小篆至汉隶、楷书，使汉字可以通行于不同的方言区，南到海南，北到黑龙江，中国区域范围内都通行汉字。[3]正是因为有了汉字这个五千

---

[1] 甲骨文自1899年发现以来，引起国内外的广泛关注。不仅因为它是中华文明中的古老文字，更在于它记述了传世史书中几乎没有记载的商代历史，证明了中华史书系统记载的可信性，使中华文明向前延伸了数百年。

[2] 从文字构造来看，甲骨文中既有大量象形字和会意字，也有大量假借字和大约20%的形声字，为生成新的汉字创造了良好条件和无限空间。到东汉时期《说文解字》时，总计梳理分析9353个汉字。其中，象形字只有364个，占3.89%；指事字125个，占1.33%；会意字1167个，占12.48%；形声字7697个，占82.3%。现在一般情况下使用的汉字大约7000个，《汉语大字典》收录汉字5万多个。

[3] 中华文明地域辽阔，各地方言差异很大，俗话说"十里不同音"。而汉字体系可以通行不同的方言区域，极大地促进了不同地区的文化交流，对中国的政治、文化的统一起到十分重要的作用。具体见陈来：《中华文明的核心价值》，生活·读书·新知三联书店，2015年，第78页。

年延续的语言载体，中国才拥有了世界上最为丰富、系统、完整的历史文献。汉字不仅在相当大的程度上影响着中华民族的思维方式和文学表现方式，还在维护中华文明延续性和国家统一方面发挥着特殊的重要作用，成为中华文明五千年不断裂的突出代表。[①]现在，世界上除了中国之外，几乎没有其他任何一个国家的中学生可以读写自己国家两千年前的历史文献、文学作品，有许多汉字还被周边受中华文明影响的日本、越南、韩国、朝鲜的文字体系所采用。

尤其是书法，更是中国独有的艺术门类和审美对象。它以其净化了的线条美，比彩陶纹饰的抽象几何纹还要更为自由、更为多样的线的曲直运动和空间构造，表达出种种形体姿态、情感意兴和气势力量，形成中国独有的线的艺术。它不是一般的图案花纹的形式美、装饰美，而是真正意义上的"有意味的形式"；不是线条的整齐一律、均衡对称的形式美，而是远为多样流动的自由美。从篆书开始，书法家必须注意对客观世界各种对象、形体、姿态的模拟、吸收，进行灵活性、概括性和抽象化的自由表达。书法由接近于绘画雕刻，变而为等同于音乐和舞蹈，更为活泼、灵动。比如，著名的《毛公鼎》和《散氏盘》，一圆一方，或结体严正、章法严劲而刚健，一派崇高肃毅之气；或结体沉圆，似疏而密，外柔而内刚，一派开阔宽厚之容。[②]

中国的语言文字发展到近代，出现了一次革命性的危机。文字的变革不仅是文学形式的问题，还是思维方式的问题。新文化运动把提倡白话文上升到反对旧文化传统的政治高度，对自己传统的民族文化进行了毫不客气的鞭挞，希望以此来唤醒国人。新中国成立后，开展了一轮全面的汉字简化工作，使得现在汉字在世界不同地区出现简体、繁体两种文字形态，也给当今中国人阅读古文、理解汉字带来了障碍。

与中华文明相对应，其他古老文明也产生了相应的文字。只是十分遗憾

---

①　刘庆柱：《不断裂的文明史》，四川人民出版社，2020年，第16页。

②　李泽厚：《美的历程》，生活·读书·新知三联书店，2009年，第41—45页。

的是，汉字至今仍在正常使用，而古巴比伦的楔形文字、古埃及的象形文字、古印度的哈拉帕文字都已经烟消云散，进入了"历史博物馆"，如今人们只能从博物馆和考古遗址中去欣赏这些古老文字的残片遗迹。

苏美尔人发明的楔形文字，是世界上最早的文字。两河流域也因此成为世界上最早的人类文明诞生地。苏美尔地区的文字也是由最开始的直接象形文字，发展为一种抽象的记号、线形和图画，后来进化到楔形文字阶段。考古学家在对美索不达米亚的城镇和居民点进行发掘时，发现了大量楔形文字文献，包括书信、契约、诉讼文书、学校文献和文学作品，为人们了解当时人的生活习俗、法律文书等提供了连续、统一的证据。目前，在伊拉克南部乌鲁克的建筑遗址中，也出土了大量原始楔形文字泥板，说明文字已经在当时的政府管理和经济活动中起着非常重要的作用。[1]

埃及象形文字是世界上最古老的文字之一。埃及人除了把文字刻在石头上，还制造莎草纸和芦苇笔，用墨水书写。许多个世纪以后，羊皮纸取代了莎草纸。古埃及人一定没有想到，他们写在莎草纸和刻在石板上的文字，使他们永垂不朽。有外国学者研究，古埃及文字的起源可追溯到公元前3000年在陶器上绘写、浮雕或刻画的符号，一直使用到4世纪，存在时间长达3400多年。公元前1900—前1800年，埃及法老那默尔的铠甲关节板上的最早期象形刻记，开启了古埃及文明。后来埃及在托勒密王朝和罗马帝国的统治下，埃及本土文化逐渐丧失，古埃及语也逐渐被受希腊文影响的科普特语代替[2]，7世纪后完全被阿拉伯语替代，从而渐渐被世人遗忘。[3]

随着罗塞塔石碑（the Rosetta Stone）的发现，今天的人们得以理解埃及建筑上的象形文字和图像文字。1798年，拿破仑·波拿巴率领法国军队侵占埃

---

[1] 马克垚主编：《世界文明史》（第二版），北京大学出版社，2016年，第28页。

[2] 科普特语是希腊人统治时期的产物，由24个希腊字母为主要组成部分，以7个世俗体符号为补充，是古埃及语言史上第一次出现的字母文字。1822年9月29日，法国语言学家商博良正是在科普特语的基础上，成功破译了埃及罗塞塔石碑上的象形文字。这一天也成为埃及学这门学科的创立之日。

[3] 马克垚主编：《世界文明史》（第二版），北京大学出版社，2016年，第100页。

及，让欧洲重新发现了已经湮没两千多年的著名珍宝——罗塞塔石碑。石碑上的文字后来被尚博良破译和解读，从而出人意料地发现了一把打开沉睡已久的古埃及文明的钥匙。从此，尼罗河沿岸冲积平原之上的物质器具、生活习惯、宗教态度和艺术风格日益受到世人的广泛关注。

古印度虽然很早就有自己的文字，特别是古印度哈拉帕文字的出现，昭示着南亚次大陆文明的形成。[1]如今在印度河谷出土的哈拉帕印章文字属于从缀音文字向字母文字过渡的表音文字，是前雅利安语，对吠陀梵文有较大影响。[2]但是，由于这些文字是书写在棕榈树叶或其他容易腐烂的材料之上，因此现今能发现的古印度文明的书面记录非常少，也没能发现类似苏美尔人和古埃及人那样刻在石头上、泥板上的铭文，加上印度文学主要以口头形式传播，给如何破译古印度文明带来了极大困难。

梵文可以说是全球唯一一种没有经过任何变形甚至演进的远古文字。梵文的影响不只限于印度，实际上印欧语系的母体可能就是梵文。现今世界上的印度语、伊朗语、波斯语、希腊语、拉丁语、斯拉夫语、意大利语、日耳曼语、法语、英语等，都被认为是印欧语系的分支或方言。

美洲地区唯一的古文字——玛雅文字，盛行于5世纪中叶。由于在16世纪大航海时代受欧洲殖民者的入侵，导致玛雅文字的彻底覆灭，玛雅文字也成为少数迄今为止尚未被全部破译的古代文字之一。

西方世界的文字传播过程中，出现了许多演变。一条演变路线是对这些最早的闪语字母逐步修改，从而发展成为早期的阿拉伯字母，进而发展成现代的埃塞俄比亚语的字母；另一条演变路线是经由波斯帝国官方文件的阿拉姆语字母，演变为现代的阿拉伯语、希伯来语、印度语和东南亚语言的字母；还有一条演变路线是现在欧洲人和美国人最为熟悉的，公元前8世纪初由腓尼基人发明22个字母，后来到达希腊，在同一世纪内又从希腊到达意大利，再

---

① 刘庆柱：《不断裂的文明史》，四川人民出版社，2020年，第405页。
② 徐达斯：《世界文明孤独史》，作家出版社，2019年，第107—110页。

经历一个世纪到达罗马，罗马人的字母稍微经过修改，经东罗马帝国发展为拉丁语，再由西罗马帝国发展为希腊语，后经过漫长的中世纪到文艺复兴，进而在欧洲各国遍地开花，成了如今欧洲各国所用的不同文字。[①]

1453年东罗马帝国灭亡后，奥斯曼土耳其人牢牢封锁了欧洲向东的贸易拓展通道，卡死了经北非、阿拉伯通往东方的海运商路。欧洲人被迫向西进入大西洋，从此掀开了地理大发现和大航海时代的序幕。从这个角度上看，君士坦丁堡陷落于伊斯兰突厥民族，成为欧洲走向近代世界文明的一个重要历史分水岭。

地理大发现带动近代文明的大规模发展，对语言精确性的要求日益提高。欧洲文艺复兴时期，但丁用意大利文而不是当时流行的拉丁文创作《神曲》。宗教改革时期，马丁·路德用德文而不是用传统的拉丁文诠释《圣经》，都是由于语言文字的运用变化，使更多的普通民众接触到文明成果，从而对世界文明进程带来巨大的影响。

为了结束大不列颠诸岛各地不同文字带来的混乱，英国于15世纪颁布了正名法，提倡"书同文"，推动近代英语逐渐走向统一，最终在莎士比亚和培根时代，形成了今天26对大、小写英文字母组成的近现代英语[②]，并在第二次世界大战之后成为通行世界的语言。

文字创造出来之后，需要有物质载体进行书写。各民族的先人们为此作出过许许多多的尝试，先后采用过多种多样的书写材料。比如，在中国就先后使用过甲骨、石头、竹简、锦帛等。其他民族也陆续发明了他们的书写材料，比如美索不达米亚的泥板、古埃及的莎草纸和石板、欧洲和西亚的羊皮纸、印度的贝叶等。这些书写材料在各民族文明发展进程中发挥了十分重要的作用。但是，这些书写材料都有一些先天性缺陷，比如原材料不容易获取，难以保存或流传，书写的容量小，价格昂贵不易普及，笨重而不便于阅读，不

---

① 贾雷德·戴蒙德著，谢延光译：《枪炮、病菌与钢铁——人类社会的命运》，上海译文出版社，2016年，第227页。

② 何新：《何新世界史新论》，现代出版社，2020年，第191—193页。

便于大规模复制，等等。由于这些原因，使得读书写字长期以来仅限于王室贵族、教会僧侣等极少数人，限制了文明发展的步伐。①

造纸术的发明与普及，是人类文明史上的一件大事，极大地加速了人类文明的进程。法国学者布尔努瓦在其《丝绸之路》一书中指出，纸张是中国的一项重大发明，其文化意义无法估量。纸张的出现，进一步推动了拓印术和印刷术的发明，由此开始了书籍的传播。佛教经典、儒教经典、史书、科学书、医学书，所有人类知识都得以复制传播。可以说，没有造纸术的发明，印刷术就无从谈起，也就不会有推动人类文明广泛传播的现代书籍出现。

人类文明早期，知识传授主要是通过口耳相传和辗转抄写，非常容易出现失传或者讹误。印刷术的发明彻底改变了这种状况，使得人类文明成果得以完好保存并广泛传播。因此，印刷术享有"文明之母"的美誉。

印刷术最早出现于中国。东汉时期就通过雕刻石经然后拓印的方法，将经书复制，这应该是印刷术的一种早期雏形。印刷术经历了雕版印刷和活字印刷两个阶段。雕版印刷是从早期的"印章"转变而来，先在木板等载体上刻印反字，再经过转印成为正字。唐朝时，雕版印刷技术应该就已经在印章、拓印石经等技术启发下，初步成型，随着造纸、制墨技术的发展，逐渐被人们所认识并加以广泛应用，印制出大量史书、佛经、文学作品等。宋朝时，除了官方组织的官刻和士大夫私家组织的家刻外，还出现了专门以刻书销售牟利的私营书坊，他们拥有自己的写工、刻工和印工，或自行编纂，或接受委托，进行专业化生产，对推动社会文化的繁荣发展作出了极大贡献。宋朝时，还出现了彩色套印，可以印制多种颜色的印刷品。

11世纪的宋仁宗庆历年间，毕昇发明了更为先进的活字印刷术，包括制造活字、排版、印刷三道工序。但是，由于汉字字数繁多，印刷所用的活字数量庞大，制字、拣字、排字比较费事，在雕版印刷已成规模利用的情况下，活字印刷在当时的中国并没能取代雕版印刷的主流地位，只是偶尔见诸记载。

---

① 武斌：《文明的力量：中华文明的世界影响力》，广东人民出版社，2019年，第94页。

15世纪初，朝鲜在学习中国活字印刷术的基础上，开始用浇铸法研制铜活字。15世纪中叶，德国人约翰·谷登堡（1400—1468）在吸收元朝传播到中东阿拉伯地区的活字印刷术之后，用合金制造西文字母活字，从而开创了欧洲文明史的新纪元。[1]

二、城市尤其是都城是人类文明的重要载体

文明，是存在中心的。这个"中心"，既有可能是一个地区、一个国家，也有可能是一个城市。从国家和地区的角度看，有所谓古埃及、古巴比伦、古印度、中国四大文明古国；从城市角度看，有所谓雅典、罗马、巴黎、伦敦、京都、西安、北京等重要文明城市。

城市是人类文明进步的重要标志。与乡村生活变化缓慢、保持长期连续性形成鲜明对比的是，城市是文明变化集中的地方。大量人群在城市里聚集生活，形成相对复杂的职业分工和社会分层，建设密集高效的基础设施，不同地区的文化元素在此集聚，发生化学反应，形成新的文化形态，刺激新的文明成果出现。这种组织体系、协作能力和交流交融是人类文明得以持续发展的重要基础。[2]

城市是人类最长久和最稳定的社会组织节点。可以说，帝国和民族有兴衰，但许多城市却始终存在。从这个角度看，城市是超越时光的全球化存在。[3]城市既可能成为促进人类文明的最重要力量，凝聚人心，寻求和平发展机会，也可能会因为技术变化、地缘政治格局调整、战争冲突等因素，成为历史兴衰的具体见证。

早在人类原始狩猎阶段，就出现了城市的雏形。早期的城市以政治、军事

① 袁行霈、严文明、张传玺、楼宇烈主编：《中华文明史》第1卷，北京大学出版社，2006年，第251—262页。

② 李硕：《翦商——殷周之变与华夏新生》，广西师范大学出版社，2022年，第67页。

③ 帕拉格·康纳著，崔传刚、周大昕译：《超级版图：全球供应链、超级城市与新商业文明的崛起》，中信出版集团，2016年，第42—43页。

为主要目的，数量很少，居住在城市里的人口规模也较小。大部分人口还是农民，散居在城市之外的荒野，种植、狩猎等农业经济处于主流地位。随着政治经济的发展，越来越多的人涌入城市，城市人口规模急剧增长，出现了专业化的劳动分工，孕育出祭司、贵族、军士、手工艺人和商人等专业阶层。尤其是文字的出现，使人类由口头交流进入文字传播时代，进一步促使人从乡村的"野蛮"状态进入城市的"文明"时代，城市日益成为国家的政治、经济、文化、教育中心，在文明的发展中起着"火车头"作用。[①]

在公元前4000年左右，西亚地区由于农业持续发展，聚落人口规模不断扩大，就出现了城市。城市人口分工逐渐细化，出现了许多社会组织，形成了许多社会阶层，推动城邦国家、宗教神庙等政治生态繁衍发展。从目前考古发现来看，最初城邦中的宗教势力非常强大，神庙是当时城市中的主要建筑。后来，世俗王权逐渐扩张，将神庙置于王权的控制之下。城市中最大的建筑，已经不再是神庙，而是王宫和王陵。

希腊城邦时代的文明意识就已经比较强烈。早在公元前480年至公元前479年的希波战争中，希腊人就认为，一个人只有在城市里，才能以一种文明的方式"公开地"演讲，据此他们认为自己是"文明的"群体。为此，时至今日，绝大多数西方人都自觉地认为，古希腊是西方现代文明的摇篮。[②]

中国在三千年前的商代早期就已经出现了城市的雏形，人们用封闭的夯土墙与壕沟围合，内部的建筑有功能与空间上的差别。随着中华文明历史进程的展开，国家控制地域的扩大，行政管辖能力的提高，城市兴建的数量和规模不断加速。同时，城市形态开始分化，功能更加扩展，层级划分也日益明显。[③]由于中国是传统的大陆型国家，有影响力的大城市几乎都在内陆的沿河沿江地区，如西安、洛阳、北京、杭州、武汉、南昌、长沙等。宋朝和

---

① 马克垚主编：《世界文明史》（第二版），北京大学出版社，2016年，第9页。

② 布鲁斯·马兹利什著，汪辉译：《文明及其内涵》，商务印书馆，2020年，第10—11页。

③ 袁行霈、严文明、张传玺、楼宇烈主编：《中华文明史》第4卷），北京大学出版社，2006年，第370页。

元朝发展海上丝绸之路的进程中，沿海地区兴起泉州、广州、宁波等港口城市。19世纪中叶鸦片战争之后，中国被迫开放海港，建设起厦门、上海、青岛、大连等一大批沿海城市。上海更是后来居上，由明清时期的一个普通小县，在1842年开埠之后，很快就集经济中心、金融中心、贸易中心、航运中心于一体，跃居为中国一流的经济城市，成为太平洋地区最为重要的门户之一。在这些海港城市规划建设过程中，西方列强出于自身利益考虑，在这些城市中建立相对独立的租借区，并在其中植入西方城市建设理念和市政管理模式，使这些海港城市摆脱中国城市的传统发展模式，呈现出西方现代化的一些形态。这些城市发展起来之后，影响力不断向内陆腹地辐射，带动更多城市发展。

约翰·朱利叶斯·诺里奇在其《伟大的城市：70座闪耀世界文明史的光辉之城》一书中，系统梳理了世界上的知名城市的发展脉络，从中可以清晰地看到城市在人类文明发展进程中的重要地位，而且这种举足轻重的地位在网络数字时代还将进一步强化，在某些方面甚至超越了民族国家的地位和作用。

从世界各大城市的发展历史看，有的城市兴旺之后快速衰落，甚至湮灭在历史的尘烟当中，只留下一些至今让人赞叹不已而又不得不扼腕叹息的历史遗址，如美索不达米亚地区的乌鲁克[①]、印度河流域的摩亨佐·达罗、南美洲地区的印加帝国王城库斯科和阿兹特克城市特诺奇提特兰等。有的城市在历史上曾经灿烂辉煌，影响力波及海外，如今却只能退缩为偏安一隅的区域性城市，影响力大为衰退，如古埃及时期的孟斐斯、古希腊时期的雅典、中国唐代时期的长安、叙利亚的大马士革、乌兹别克斯坦的撒马尔罕、日本的京都、葡萄牙的里斯本、荷兰的阿姆斯特丹、土耳其的伊斯坦布尔、意大利的威尼斯和佛罗伦萨、奥地利的维也纳等。有的城市在近现代时期快速崛起，

---

① 始建于公元前3000年的乌鲁克，位于今天的巴格达以南约300公里处，有可能是人类历史上出现的第一个城市，当时居民人数已经达到3万～5万人。

后来居上，成为具有广泛影响力的国际化大都市，如中国的上海、美国的纽约和洛杉矶、东南亚地区的新加坡。当然，也有一些城市保持了比较长时期的良好发展态势，至今依然是世界城市网络体系中的重要节点，如中国的北京、英国的伦敦、法国的巴黎、中东地区的耶路撒冷等。

在这些城市发展过程当中，有一些共同的特性。一是选址科学。大多数城市选择在临近河流的平原地区，这样既可以充分保障城市大量人口的生产生活用水，也有相对充裕的建设发展空间。二是规划科学。尽管有的城市在起源时，是一种自然生发的状态，但往往到一定阶段，或者由于城市遭遇到重大的火灾，或者遇到强有力的君王推动，都会进行系统、全面、科学的规划，从而为城市的可持续发展奠定良好的基础。三是有许多重要的标志性建筑。在一些重要时期，或者是教会，或者是王室，或者是自治政府，都会建设一些在城市发展中具有重要影响的标志性建筑，如北京的紫禁城、巴黎的卢浮宫、莫斯科的红场、罗马的圣彼得大教堂、雅典的帕特农神庙等。四是人口规模大。城市作为文明的载体，其规模大小在一定程度上，反映出文明的发达程度。中国战国时期的齐国都城临淄的人口就达到10万[1]，其中包括许多来稷下学宫讲学和求学的诸子百家人物。1500年，全球最大的城市是北京，人口规模60万～70万。当时全球最大的10个城市中，只有一个欧洲城市——巴黎，人口规模少于20万，伦敦或许只有5万居民。17世纪末，伦敦超过巴黎，成为欧洲最大的城市，居民人口由1600年的20万人增加到1800年的90万人，逐渐成为具有全球影响力的世界金融中心。但是，到了1900年，情形发生了惊人的大逆转。全球最大的10个城市中，只有一个亚洲城市——东京。当时伦敦人口规模达到650万。[2]五是国际化程度很高。大多数有世界影响力的城市人口中，往往有来自不同国家、不同民族、不同宗教的人群，这些人在同一座城市中共同生产生活，相互发生影响，共同促进城市的发展，使这些城市

---

① 约翰·朱利叶斯·诺里奇编著，孙力译：《伟大的城市：70座闪耀世界文明史的光辉之城》，中国致公出版社，2022年，第50页。

② 尼尔·弗格森著，曾贤明、唐颖华译：《文明》，中信出版社，2012年，序言第39页。

呈现出鲜明的多元化色彩。有许多城市也因为来自世界各地的商人集聚而成为重要的贸易网络中心，推动各地的商品贸易快速发展。有许多城市还集聚了来自世界各地的知名学者，推动本地的大学等教育科研机构发展，从而成为世界知识网络的关键枢纽。

进入21世纪后，城市作为人类生存发展的重要基础设施，规模不断扩大，有许多世界级城市已经慢慢变成了超级城市。随着越来越多的人口、财富和信息等资源向全球最重要的城市集聚，有些城市的影响力已经开始超越国家。萨斯基娅·扎森指出，居于链接枢纽的伟大城市，不仅属于本国，更属于全球。城市是人类文明体系集合中的突出成分，城市越是归属于世界，就越是可按全球模式重新配置基础设施和分配资源。[1]1950年，全世界超过1000万人口的超级城市只有两个——东京和纽约。到2025年，至少有40个城市人口超过千万。许多地区形成了绵延数百公里的城市带、城市群。如日本的东京—名古屋—大阪超级城市带，集聚了日本2/3的人口。中国的珠三角、长三角，美国东部的波士顿—纽约—华盛顿、西部的旧金山—洛杉矶—圣迭戈、南部的达拉斯—沃斯堡大都会区，巴西的大圣保罗以及印度的孟买—浦那地区，都是这样的超级城市群。如今，大城市的经济产出占到美国GDP的85%，仅纽约市占比就达到8%。在一线城市之间差距拉大的同时，城市内部不同区域的差距也在拉大，一些超大城市还出现了大规模的贫民区。

伴随国家的出现，都城作为国家的政治中心、经济中心、军事中心、文化中心，自然而然就成为文明的重要物化载体。在所有城市中，最高统治者居住的都城，必定地位最重要、作用最显著。都城与君王的日常起居生活、国家礼制和中央机构配置运转密切相关，所以建筑面积的规模比较庞大，不仅拥有大片供君王生活娱乐的宫殿和园林，还集中了与国家运转密切相关的全部官署，拥有一整套国家祭祀场所等重要公共建筑，这都使得都城与其他地

---

①　帕拉格·康纳著，崔传刚、周大昕译：《超级版图：全球供应链、超级城市与新商业文明的崛起》，中信出版集团，2016年，第43—44页。

方建制的城市在规划设计、运转模式、管理体制等方面存在非常显著的差异。其中，宫室和宗庙占据主体位置，象征着统治者行使国家权力的所在，是文明形成和传播的重要场所。从某种意义上讲，随着人类社会从"野蛮状态"跨入"文明状态"，从"史前阶段"进入"国家阶段"，宫殿的作用和影响越来越大。

国都的建设还标志着一个国家资源集中、人力控制和行政组织的复杂化程度。有学者推测，中国夏朝二里头遗址面积达1万平方米的1号宫殿基址，其夯土的土方总量达2万立方米以上。仅就夯筑这一项工程计算，每天安排1000个劳动力，也需要200天才能完成。整个建筑工程包括从设计、测量到下挖基槽、取土、运土、夯筑、垫石、筑墙到盖房等多种工序，再加上管理和后勤保障等多个环节，其所需劳动力当以数十万乃至百万计。[1]

历史上世界任何国家最为辉煌的文明成就，几乎毫不例外地通过其都城呈现在世人面前。都城往往成为统治者向国民传达其至高无上权威的信号。[2] 当然，由于建筑材料的不同，西方国家许多都城的遗址选用的是石材，至今依然比较清晰，甚至建筑本体也得以较好地保存；而中国许多都城遗址由于使用夯土、木材，许多遗址保留不完整，建筑本体更是由于时间久远、战乱毁坏等多方面的原因，难觅踪迹。

从都城宫殿的建筑风格来看，东西方文明存在很大的差异。中国宫殿建筑的主要功能是供活着的君主居住，祭拜的神灵与现实生活紧密联系，体现"神人同在"的理念。作为中国建筑的代表，宫殿宗庙建筑是入世的、与世间生活环境连在一起的，而不是孤立的、摆脱世俗生活的、象征超越人间的出世的宗教寺庙；是平面铺开、引向现实的人间联想，而不是高耸入云、指向神秘的上苍观念；是平易的、非常接近日常生活的内部空间组合，而不是以

---

① 许宏：《最早的中国：二里头文明的崛起》，生活·读书·新知三联书店，2021年，第97页。

② 现代各国大多将保存完好的古代都城遗址申报为世界文化遗产，比如古希腊的雅典卫城，意大利的古罗马城，日本平安时代的古京都遗址，中国的安阳殷墟、西安唐朝大明宫、北京故宫和城市中轴线，等等。

使人产生某种恐惧感的异常空旷的内部空间叠升；是暖和的木质，而不是阴冷的石头；是提供某种明确、实用的观念情调，而不是去获得某种神秘、紧张的灵感、悔悟或激情；重在生活情调的感染熏陶，而不是强烈的刺激或认识；是能够经常瞻仰或居住的生活场所，而不是一个礼拜才去一次的灵魂洗涤之处；是使人在平面纵深空间中慢慢游历，感受生活的安适和环境的优美，而不是像哥特式教堂那样，人们突然一下被扔进一个巨大幽闭的空间中，感受到渺小恐惧而祈求上帝的保护。这就是中国独有的建筑风格：在空间上的连续，展示了时间中的蔓延；非常简单的基本单位，却组成了复杂的群体结构，形成在严格对称中仍有变化，在多样变化中又保持统一的风貌，成了中华民族伟大活力的象征。[1]中国建筑一开始就不是以独立、个别的建筑物为目标，而是以空间规模巨大、平面铺开、相互连接和配合的群体建筑为特征，重视各个建筑物之间的平面整体的有机安排。它是平面展开的整体复杂结构，不像西方教堂那样是一座座独立自主的、向上堆起的、比较单纯的尖顶。

其中礼制建筑是中华文明极具特色的物化载体。建筑是一本石头砌成的书，它能反映建设时期人们的思想意识。礼制建筑是基于中华文明的祖先崇拜，以及"天地人"的宇宙哲学观。比如在中华文明中，社稷就是江山、国家、政权，要使统治长久，就需要重视祭祀国家的社稷和祭祀祖宗的宗庙，体现在现实中就是《周礼·考工记》所说的都城之中的"左祖右社"。比如，有着八百多年建都史的北京就有"九坛八庙"之说。其中，"九坛"指的是天坛、地坛、祈谷坛、朝日坛、夕月坛、太岁坛、先农坛、先蚕坛和社稷坛；"八庙"指的是太庙、奉先殿、传心殿、寿皇殿、雍和宫、堂子、文庙和历代帝王庙。

中华文明五千年来，从夏商周时期的都城到秦汉、魏晋南北朝、隋唐、宋辽金、元明清的都城，其选址、布局、形制等规划理念都一脉相承。沿着中

---

① 李泽厚：《美的历程》，生活·读书·新知三联书店，2009年，第65—66页。

轴线规划有大型的宫室建筑群①，"一门三道"的宫城宫门制度自夏朝以来就一直延续。②上述内容自有记载以来从未改变，凸显出中华文明五千年不断裂的特点，在世界各地区文明史中实属罕见。③

中国夏朝的二里头遗址就是一处经过缜密规划、布局严整的大型都邑，距今约3600年，也是迄今为止可以确认的最早的具有明确规划的都邑。商周时期，都邑就是中华文明发达程度的集中表现。郑州商城总面积已经达到25平方公里，需要大规模的集体劳作和专门的管理机构、强有力的政权支撑，才有可能营建完成。内、外城之间，主要分布有手工业作坊、青铜器窖藏等。殷墟遗址面积约有30平方公里，这里不仅有王室宫殿区和商王陵墓区，还有各种手工业作坊，发掘出多处族墓坟以及大量甲骨文。这是现在知道的最早的成熟文字，内容涉及职官、刑法、军队、战争、田猎、农业、疾病、天文、历法、方国、地理与宗教信仰等，是研究商代社会方方面面的直接而可信的材料。

周代都城继承了夏商都城的传统，但更加强调礼制的作用。作为帝王所居的都城，规划布局也必须遵循一定的礼制。王宫"建中立极"，表现周天子至高无上的权力，"朝""祖""社"三位一体，集中反映当时政权、族权和神权相结合的意识形态。到了春秋战国时期，社会全面转型，各诸侯国都城迅速扩张。各国之间交流频繁，商业兴旺发达，出现了多种金属货币和标准的度量衡器。④当时，齐都临淄、赵都邯郸、秦都咸阳等城市已经具备相当大的空间规模和人口规模，有宫殿宗庙、商业区、手工作坊区等，在中华大地上产生了深远影响。

---

① 《吕氏春秋·慎势》提出，"择天下之中而立国，择国之中而立宫，择宫之中而立庙"。

② 河南偃师二里头遗址是目前发现最早应用"一门三道"的夏朝宫城，对后世的宫城营建产生了十分深远的影响。

③ 中国进入秦朝之后，开始由王国走向帝国。与之相对应，宗庙由宫城中开始外迁，被列入"左祖右社"，显示帝国时代地缘政治逐渐高于血缘政治，强调国家至上。

④ 袁行霈、严文明、张传玺、楼宇烈主编：《中华文明史》第3卷，北京大学出版社，2006年，第297页。

宋朝时，政府鼓励发展商业和交通，城市快速发展，北宋都城开封人口超过100万，是当时中国人口最多的城市，有繁华的外国人聚居区。当时全国估计有600万人生活在城市当中，大约占当时全世界城市人口的一半。[1]据14世纪一位到中国游历的欧洲游客统计，中国当时有200个城市比威尼斯大。[2]

北京有着三千多年建城史、八百多年建都史，也是新中国的首都，其建城史可以追溯到西周分封时期的燕国蓟城，而作为国家都城则始于金中都，此后，在元明清等多个朝代的变迁发展中，才形成了今天北京城的基本格局。元朝建设元大都时，郭守敬将昌平白浮泉及西北山前等多处泉水引入京城，开凿通惠河，从此北京城不仅有了充沛的生产生活水源，还使南方漕运物资得以源源不断地从水路运到北京，满足京城发展的需要，推动北京人口规模首次超过100万。

北京城的营造，是中国"天人合一"理念的物化代表。居中的宫殿皇城，排列紧凑的中央官署，占有相当大空间的"六海"湖泊园林，不仅体现出中华传统文化的都城礼制观念，而且从视觉空间上也表达出中国人独有的审美情调。北京四合院民居的设计，蕴含着丰厚的文化内涵，反映了强烈的封建家族宗法礼教的思想，长幼有序，主次有别。家庭成员每天都可以在庭院相见，又保持一定的私密性，既充分照顾到北方的气候环境影响，又衬托出皇宫红墙黄瓦的雄伟高贵。

即便是在都城郊外的帝王所葬之地的陵墓，也秉承着中华文明"事死如事生"的理念，几乎都是仿造都城的形制进行修建，成为都城的另一个缩影。《吕氏春秋》称，陵墓若都邑。明成祖朱棣修建故宫紫禁城的同时，就在北京北部昌平天寿山修建自己殡天之后所葬的长陵，与明朝后期陆续营建的王陵一起形成了如今的世界文化遗产——明十三陵。陵墓的出现，无疑是与人类文明伴行的产物，印度的泰姬陵、埃及的金字塔都是君王亲族的陵墓，墓

---

① 林肯·佩恩著，陈建军、罗燚英译：《海洋与文明》，天津人民出版社，2017年，第308页。

② 威尔·杜兰特著，台湾幼狮文化译：《世界文明史·东方的遗产》，华夏出版社，2010年，第562页。

葬随葬品的数量和等级还反映出墓主生活时期的政治地位、经济状况和风俗习惯。

三、金属冶炼技术是人类文明进步的重要助力

19世纪，丹麦学者根据历史上各阶段以生产工具为主的遗物材质，将古代史分为三个大的时代：石器时代、青铜时代和铁器时代。其后，英国学者约翰·卢伯克将石器时代细分为旧石器时代和新石器时代。也有学者认为，在某些地区，从石器时代向青铜时代转化的过程中，还存在着"铜石并用"的过渡阶段。[①]

金属的发现和使用，是人类文明进步的重要特征。人类诞生之后，很早就发现自然界存在原始状态的金属。比如，公元前6000年的瑞士，公元前4500年的美索不达米亚，公元前4000年的埃及，公元前3100年的伊拉克，都曾使用过这种金属，但这还不属于人类文明的范畴。人类只有到了拥有金属冶炼技术的时候，才能说金属已成为人类文明的载体。

金属不仅可用于制造生产工具，提升生产力，还可以用于制造武器，提升战斗力。人类拥有的金属冶炼技术不断提升，也标志着人类文明的不断前进。

最早被人类所知并被采用的金属是铜。青铜在不同民族出现于不同的时代，芬兰、北部俄罗斯、中非洲、北美洲、日本、澳洲等地就没有经历过青铜器时代，而是由石器时代直接进入到铁器时代。[②]

青铜产业需要庞大的人口基础和复杂的分工协作体系，从采矿、运输、冶炼到配比合金、制范铸造，需要一系列专门技术以及众多人员和组织的协作，而这是复杂社会才能供养、维系和发展的。[③]

中国古代青铜器，是中华先民对人类物质文明的巨大贡献，其出现时间

---

① 许宏：《最早的中国：二里头文明的崛起》，生活·读书·新知三联书店，2021年，第113页。

② 威尔·杜兰特著，台湾幼狮文化译：《世界文明史·东方的遗产》，华夏出版社，2010年，第76页。

③ 李硕：《翦商——殷周之变与华夏新生》，广西师范大学出版社，2022年，第68页。

晚于世界上一些地方，但在使用规模、铸造工艺、造型艺术以及品种等方面，世界上任何一个地方都难以比拟。现代考古学证明，不少文明古国文明时代的开始，与他们掌握青铜冶炼技术的时间基本一致。中国最早的铜制品发现于公元前5000年至公元前4000年间的仰韶文化早期，到了公元前3000年以后，铜器在各地普遍都有发现。从中国目前的考古发现来看，1975年在甘肃东乡林家遗址发现的一柄铜刀，经科学鉴定，应在公元前3000年左右，是我国已知最早的一件青铜器。[①]中国青铜器开始出现于马家窑文化时期，以商周时期的器物最为精美，这是中国青铜器文明的核心时代，大体包括食器、酒器[②]、水器、乐器和兵器五大类。商代中国的青铜器上，不仅有大量的纹饰和镶嵌，反映铸造当期人们的审美观念、风俗习惯和工艺技术，还有大量的铭文，记载着当时发生的重大事件，为现在研究古代文明提供了很好的历史资料素材。东周晚期，中国的青铜工业逐渐被铁器工业取代，作为礼器的青铜器的重要性逐渐让位于漆木器和金银器。

青铜器中的鼎有着悠久的历史。作为中华文明中重要的礼器，鼎在中国人的心目中十分神圣，有着唯我独尊的至高形象，不仅是政治地位的象征，也是中华民族精神文化的象征，是国民对中国悠久历史文化认同的物化载体。当今的中国，在国际交往与国家重大政治活动中，依然将鼎作为国家文化象征国礼，赠送给国际贵宾。1995年，为庆祝联合国50华诞，中国向联合国赠送一尊巨大的青铜器——"世纪宝鼎"。[③]在普通人生活中，鼎由重要礼器华丽转身为香炉，至今在国人的日常生活中发挥着重要作用，有着特殊的地位。

由于铜矿的地域分布十分不均衡，致使人类在战争急需时，并不容易供应，加上青铜器锋利度不高、容易脆裂等特点，人们开始探索冶炼其他金属

---

① 李学勤：《中华古代文明的起源》，生活·读书·新知三联书店，2019年，第23页。

② 酒有麻醉致幻作用，使得世界上不少古代地区将它作为通神的手段。在号称"礼仪之邦"的古代中国，酒文化源远流长。"礼"字的本意就是以"醴（酒）"举行的仪式。有酒就必有酒器。酒器是酒文化乃至它背后的礼仪制度的重要载体，在王朝礼制中具有崇高地位。

③ 刘庆柱：《不断裂的文明史》，四川人民出版社，2020年，第396页。

进行代替。在使用陨铁制造武器的过程中，发明了铁的冶炼和锻造技术，开始大范围制造和使用铁器。考古发现，世界上最早的人工冶炼铁器出现于公元前2500年至公元前2300年的西亚一带。

铁在自然界中广泛存在，储量丰富，价格便宜，但在很长一段时间内，人们不知道到底如何利用，因为生铁器又硬又脆，经不起猛击，且容易生锈。公元前1400年左右，在安纳托利亚地区东部，人们发明了将少量的碳加入铁的全新制铁工艺，从而可以显著改变铁的性质，使铁器变得有弹性，可延展，坚硬结实耐用，由此一个全新的时代——铁器时代出现，青铜冶炼逐渐退出历史。[1] 大约在公元前1000年，埃及、印度、古巴比伦等国家都相继进入了铁器时代。欧洲直到14世纪才出现冶制铸铁。[2]

在人类文明史上，冶铁技术的发明和铁器的推广，具有划时代的意义，因为铁器具有石器、铜器所不具备的优良性能。铁器的普遍使用，极大地改变了人们的生产生活方式，提高了劳动生产率，成为推动社会进步的重要力量。[3] 铁的冶炼技术发展，不仅使农业工具迈上新台阶，粮食产量增加，还对国家发展军事力量起到了关键作用。亚述王国的军队是古代历史上第一支用铁制武器武装起来的军队，仅在萨尔贡二世王宫就发现了200吨的铁制武器。亚述人还发明了攻城和围城的各种铁制器械。在这些铁制器械面前，泥砖建筑的城墙和建筑变得不堪一击。[4]

中国不是冶铁术出现与铁器应用最早的国家。中国进入铁器时代，晚于西亚、北非等古老国家三四百年，比欧洲早两千多年。中国目前所见最早的人工铁器发现于河南省三门峡市，时间大约在公元前8世纪前半叶的周朝。从分析来看，中国的冶铁技术，很有可能是从西亚地区经古丝绸之路传入。此后，

① 威廉·H.麦克尼尔著，田瑞雪译：《5000年文明启示录》，湖北教育出版社，2020年，第79页。
② 孙皓晖：《中国原生文明启示录》，中信出版集团，2020年，第191页。
③ 袁行霈、严文明、张传玺、楼宇烈主编：《中华文明史》第1卷，北京大学出版社，2006年，第224页。
④ 马克垚主编：《世界文明史》（第二版），北京大学出版社，2016年，第42页。

传入的冶铁技术与中国自身的青铜冶炼技术结合，不断进步，在相当长的时期内处于世界领先水平。

从目前的考古发现看，中国在春秋时代，已经进入了铁器普遍应用的时代，生产力的发展达到了一个新的历史水平。正是基于这种新的生产工具，社会经济活动和新兴社会阶层才得以出现，社会松动与变化才成为可能，种种呼吁变革的思潮才有了实际生发的土壤。到战国中期，铁器已经广泛使用，并出现了块炼铁渗碳钢技术，中国进入成熟的铁器时代，各诸侯国出现难以计数的大规模冶铁作坊。一是冶铁技术高水准化。鼓风手段快速发展，通过皮囊鼓风，送风力度大增，炉膛温度大大升高；铸铁冶炼技术快速发展，块炼技术使铁器可以一次成型；铸造工艺大幅度提高，铁制的全立体"复合范"出现，铸铁柔化技术和固体渗碳制钢技术发明。二是铁器应用普遍化。铁制农具的普遍使用，大大提高了农耕、纺织等行业的生产水平；铁制兵器的普遍使用，提高了战场的杀伤力和防御水平。[①]

总体来看，虽然中国很早就掌握了铜、铁等金属的冶炼技术，但是矿藏不够丰富。相比而言，欧洲采矿技术高度发达，欧洲人从来没有遭遇过任何金属的严重短缺，一直都有丰富和相对廉价的铁器供应。这也为后来工业革命的发展奠定了很好的基础。

在中国早期文明发展的载体中，玉器和姓氏是两个比较具有地区特殊性的载体。

玉文化在中国有着八千多年历史。据考古学研究，玉器诞生于原始社会新石器时代早期，中国是世界上最早用玉且绵延时间最长的国家，素有"玉石之国"的美誉。玉器在中国人的心目中具有崇高的地位，与社会政治、礼仪、宗教、审美等广泛联系，是中华文明的载体和基石。孔子把玉的自然品质人格化，赋予玉丰富的人文精神。玉器作为礼器，主要用于祭祀活动，专指玉璜、玉琮、玉璧（著名的和氏璧）、玉圭、玉璋、玉琥六种，即《周礼》所称

① 孙皓晖：《中国原生文明启示录》，中信出版集团，2020年，第337—343页。

"六器礼天地四方"，是当时最重要的祭祀用礼器，也是象征地位身份的礼器。时至今日，中国人仍然对玉器情有独钟，玉雕、玉镯、玉吊坠、玉项链等装饰用品依然活跃在人们的日常生活之中。

姓氏也是中华文明的重要载体。姓氏反映出人类种群谱系的变化，以及人群、族群、国民之间的紧密关系，是文明发展进步的重要象征。中国是世界上最早出现姓氏的国家，大约在新石器时代晚期，"姓"就已经产生。《国语》记载，黄帝之子有25人，其中得姓者有14人，共12姓，如姬、酉、祁、滕、荀等。《大戴礼记·帝系》[1]详细记载了黄帝二子的后裔谱系，可以看出古代一些重要的王朝和方国都出于这二子。[2]据刘文学在《建设华人寻根圣地，传承华夏历史文明》一文中统计，当今中国流行的前200个姓氏中，出自炎帝姜姓系统的姓氏约占10%，出自黄帝姬姓系统的姓氏约占89%。也就是说，当今99%的中国人都是所谓的炎黄子孙。

日本在5世纪才开始产生"姓"，但是直到明治维新时期的1875年，日本政府才颁布法令，要求每人必须有"姓"。欧洲大陆普遍使用"姓"的历史只有400年，位于欧亚大陆交界处的土耳其直到1935年才以法律的形式规定使用"姓"。[3]

① 秦始皇焚书坑儒，使儒家学术经典几乎荡然无存。汉朝初期，开始重新收集整理。有戴氏叔侄戴德编撰《礼记》85篇，称为《大戴礼记》；戴胜编撰《礼记》49篇，称为《小戴礼记》。今天我们常说的《礼记》，一般指《小戴礼记》。

② 李学勤：《中华古代文明的起源》，生活·读书·新知三联书店，2019年，第82页。

③ 刘庆柱：《不断裂的文明史》，四川人民出版社，2020年，第11—12页。

第四章　文明的主要类型（一）

文明类型的形成，与区域地理气候环境和在当地生存的民族特性有着密不可分的关系。由于不同地区出现不同的民族，产生了不同的语言，诞生了不同的神话，形成了不同的民族精神，奠定了不同的民族文化特质，最终确立了不同的文明形态。

世界主要文明有两种分类。一种是按照产生的区域进行划分，如世界范围内大致出现过产生重大影响的四大文明，分别是古巴比伦文明、古埃及文明、古印度文明和中华文明，其他比较重要的有古希腊文明、古罗马文明、阿拉伯文明、美洲文明等。[①]这些古老文明有一个共同特征，就是基本上都是沿着重要的江河流域发祥，两岸都有肥沃的冲积平原，有利于孕育出发达的农耕社会。发达的农业使人们得以积蓄丰富的剩余农产品，促进人口的增长和聚落的扩大、贸易的增加和分工的细化，进而产生强有力的权力中心。[②]

另一种是按照产生的地理环境进行划分，如大陆文明（农耕文明）、草原文明（游牧文明）、海洋文明（工业文明）、空天文明与网络文明（数字文明）等。

---

① 学术界对文明的类型还有一些不太一致的划分。比如，阿达·博兹曼列举有5种文明：西方文明、印度文明、中国文明、拜占庭文明和伊斯兰文明。马图·梅尔克列举有12种文明：其中有7种文明已消失（美索不达米亚文明、埃及文明、克里特文明、古希腊罗马文明、拜占庭文明、中美洲文明和安第斯文明），其余5种文明延续至今（中国文明、日本文明、印度文明、伊斯兰文明和西方文明）。

② 许宏：《最早的中国：二里头文明的崛起》，生活·读书·新知三联书店，2021年，第24—25页。

一、古巴比伦文明

古巴比伦文明，发祥于幼发拉底河和底格里斯河流域，也被称为两河文明。[①]其地理位置大概距离波斯湾伊拉克现辖海岸线仅有几公里远，西方学术界一般称其为美索不达米亚文明。这应该是当今学术界公认的人类最早进入文明时代的地区，起源于公元前4000年左右。在这一个大的文明类型之下，又可以根据时间段细分为许多小型文明，如苏美尔文明、阿卡德文明、巴比伦文明、亚述文明等。

公元前3500年左右，苏美尔人在那里开启了人类最早的文明社会。在两河流域的冲积平原上，城邦林立，楔形文字、灌溉技术和金属冶炼技术也开始出现。[②]公元前3000年时，苏美尔古城出现社会分工，使得一些基本技艺的发明层出不穷，从而开启文明进程。他们发明了陶轮、帆船、耕犁。比如，四轮车发明后，使得人们可以在陆路上运输重物；风帆发明后，使得船可以顺风快航；冶炼出青铜后，可以制作武器和农具；耕犁发明后，可以更加充分利用土地肥力，农民收获的谷物不仅可供全家人食用，还略有剩余。这些技术的改进，使得人们可以开展远途贸易，从遥远的地方运来木材和金属，因此可以建造更加高大的神庙建筑，制作更加精良的工具和武器。[③]

随着苏美尔神庙的规模和财富的增长，祭司必须记录仓库物品的往来情况。为了系统性地做好这项工作，他们发明了世界上最早的文字——楔形文字。在公元前3600年左右，石刻上开始有文字印记。公元前3200年，泥简出现了。[④]这些文字最开始都很具象，后来慢慢开始抽象、简化。公元前3000年

---

① 这一地区没有天然屏障，洪水泛滥，土地盐碱化严重，地理环境随着河道的改道而不断变化，加上位于农耕地区和游牧地区的交界处，历史上频频发生民族大迁徙，成为文化交流融合的重要区域。

② 刘庆柱：《不断裂的文明史》，四川人民出版社，2020年，第5页。

③ 威廉·H.麦克尼尔著，田瑞雪译：《5000年文明启示录》，湖北教育出版社，2020年，第38页。

④ 法国考古学家德·萨泽克曾在特洛（Tello）地区发掘到3万多块泥简。这些泥简是古迪亚时期产品，每块泥简都有仔细整理分类的痕迹，这说明公元前2700年左右，苏美尔人就有规模宏大的图书馆了。

左右，这些文字得以完善发展，需要专门花功夫来学习读写，原始的教育就这样开始出现。[1]刻写在这些泥简上的楔形文字，记载有官方文书、私人文书、宗教记录、文学作品[2]、法庭判决、流水账簿等种类浩繁的内容，让当今的人们得以对当时的文明有一个较为清晰的了解。[3]

巴比伦祭司还在数学和天文学方面取得重要进展。他们学会了使用度分秒球面网格法测量行星、太阳和月亮的位置，今天用来依然十分精确，据此还可以相当准确地预测月食。古巴比伦文明中的许多神祇都具有天文上的性格，因此占星术在社会运行中占据极高的地位。他们为此建造了最初的高达七级的神庙观测台，以研究星宿的运行。[4]

大约在5000多年前出现的苏美尔城邦可能是人类史上最早创建的政治秩序。它并不是民主制的，而是政教合一、神授王权。它也有官僚机构，由一个掌握文字和算数的少数群体协助王权。[5]公元前2300年，闪米特人萨尔贡建立阿卡德王国，成为第一个统一王朝，持续了将近200年。[6]自公元前2113年开始，乌尔第三王朝有过100多年的短暂统治。公元前1894年，古巴比伦王国统一了整个两河地区。在第六位国王汉谟拉比统治时期，创建了一个从波斯湾到地中海的大帝国，并使巴比伦成为两河流域的政治、文化和商业中心。公元前1595年，古巴比伦王国被来自安纳托利亚中部的赫梯人所灭，来自东部山区的加喜特人建立了一个延续400年的王朝，控制了通往叙利亚和埃及的贸易往来。之后，在一系列征服战争之后，公元前8世纪亚述王国建立，称雄这一地区，直到公元前612年灭亡，势力扩大到地中海，占领埃及。与埃及的

---

① 威廉·H.麦克尼尔著，田瑞雪译：《5000年文明启示录》，湖北教育出版社，2020年，第37页。

② 例如，公元前2000年前后，苏美尔人就写下了世界上最古老的故事《吉尔伽美什史诗》。

③ 威尔·杜兰特著，台湾幼狮文化译：《世界文明史·东方的遗产》，华夏出版社，2010年，第93—94页。

④ 勒内·格鲁塞著，常任侠、袁音译：《东方的文明》，商务印书馆，2019年，第37页。

⑤ 何怀宏：《文明的两端》，广西师范大学出版社，2022年，第143页。

⑥ 苏美尔和阿卡德两地最初在政治上是界限分明的，后来逐渐融为一体。

法老国家具有明显的宗教性格不同，亚述王国是典型的军事国家，尚武好战。之后，巴比伦恢复独立，建立新巴比伦帝国。国王尼布甲尼撒二世在公元前587年将重新修建的巴比伦城发展成为古代西亚地区最大的城市，还修建了著名的空中花园。①公元前539年，波斯帝国取而代之②，统治整个两河地区和西亚其他地区。③公元前331年，马其顿的亚历山大大帝占领巴比伦，从此纳入古希腊文明的轨道之中。④

这一文明模式的影响范围不断向外扩展，其商品贸易、艺术风格、宗教思想观念传播到叙利亚、巴勒斯坦、塞浦路斯、土耳其等地，希腊人、罗马人、凯尔特人、日耳曼人供奉的绝大多数非基督教神祇都与苏美尔诸神遥相呼应，如斯堪的纳维亚半岛的雷神托尔、希腊主神宙斯、罗马主神朱庇特、印度主神因陀罗等都是古苏美尔人风暴雷电神——恩利尔的化身，甚至公元前2500年左右生活在现今俄罗斯南部的武士所用的石斧也是仿照苏美尔青铜斧的样式制成。⑤

令人遗憾的是，巴比伦文明虽然很古老，但现在在它的发源地（今伊拉克）很难看到任何文明遗存。两河流域的巴比伦人、赫梯人、亚述人以及美索不达米亚平原上其他统治者的艺术可以上溯到公元前40世纪，一直到公元前323年

---

① 空中花园，又称"悬苑"，是古代世界七大奇迹之一。传说是公元前6世纪由尼布甲尼撒二世在巴比伦城附近为其患思乡病的王妃安美依迪丝修建。空中花园采用立体造园手法，放在四层平台之上，由沥青及砖块建成，平台由25米高的柱子支撑，并且有灌溉系统，奴隶不停地推动连接着齿轮的把手。园中种植各种花草树木，远看犹如花园悬在半空中，由此得名"空中花园"。

② 波斯帝国是古代第一个地跨欧亚非的大帝国，范围东起印度，西至埃及，北达小亚细亚甚至进入今日东欧一带。波斯帝国在政治上采取怀柔策略，尊重被征服地区原有的宗教和文化习俗，必要时还把自己当作当地的神指定的继承者，并为这些神重建神庙，以体现自己统治的合法性。

③ 马克垚主编：《世界文明史》（第二版），北京大学出版社，2016年，第21—40页。

④ 袁行霈、严文明、张传玺、楼宇烈主编：《中华文明史》第1卷，北京大学出版社，2006年，第3页。

⑤ 威廉·H.麦克尼尔著，田瑞雪译：《5000年文明启示录》，湖北教育出版社，2020年，第59—61页。

亚历山大大帝在巴比伦皇宫驾崩之时结束。[①]由于多年来的战乱，苏美尔人的艺术杰作已经遭到无可修复的损毁。那是人类最早出现文明的地方，也是文明最早成熟的地方。

1820—1821年，人们开始对苏美尔地区的尼尼微进行科学勘探。1840年，英国考古学家奥斯丁·亨利·莱亚德开始发掘这个城市，发现了大量亚述王国时期的精美墙雕。[②]考古还发现，苏美尔一带很早就使用商业印章，他们与埃及和印度很早就有贸易往来。据说这些印章是他们的手工艺人在为神庙雕刻圆筒图案时，发现圆筒滚动，就可以复制图案，因此就开始刻制印章，以独特的印章来证明自己对物品的权利。他们很早就知道使用铜和锡，并且知道将二者混合形成合金——青铜，之后又开始采用铁制造器械，还会用金银制作首饰、餐具和各种装饰品。

苏美尔人虽然在历史舞台上不复再现，但是他们所创造的文明基因却一直流传至今。这些文明的种子，散播在肥沃的幼发拉底与底格里斯两河流域。今天的西方文明，也就是说欧美文明，与其说起源于克里特、希腊、罗马，还不如说起源于近东地区[③]的巴比伦和埃及。[④]巴比伦文明创立了天文学，丰富了医学，建立了语言学，与中国二里头文化同时期的古巴比伦就制定了人类第一部伟大法典——《汉谟拉比法典》，授权官员依法进行管理。[⑤]希腊人从它那里学到了数学、物理学和哲学，犹太人从它那里学到了神学，阿拉伯人从它那里学到了建筑学。

---

① 房龙著，周亚群译：《人类的艺术》，中国友谊出版公司，2013年，第36页。

② 布鲁斯·马兹利什著，汪辉译：《文明及其内涵》，商务印书馆，2020年，第100页。

③ 近东地区一般泛指俄罗斯及黑海之南、印度及阿富汗以西的亚洲西南部地区，还包括一贯与东方文明脉络相连的埃及。

④ 威尔·杜兰特著，台湾幼狮文化译：《世界文明史·东方的遗产》，华夏出版社，2010年，第83、89页。

⑤ 汉谟拉比统治巴比伦40多年，是法律秩序的创造者。他以铁腕手段制服两河流域各邦国，制定史无前例的《汉谟拉比法典》。法典条文刻在绿玉的圆柱上，曾于公元前1100年作为战利品流入埃兰，于1902年在苏萨出土，现存放于法国巴黎卢浮宫博物馆。

二、古埃及文明

古埃及文明，起源于尼罗河流域的埃及。埃及虽然地处欧亚非三大洲的连接点，但是由于北边的地中海和东西两边的沙漠构成了河谷流域的天然屏障，使得其对外联系相对困难。这种地理上的相对孤立，对古埃及文明的形成与发展产生了重要影响。由于沙漠屏障对大规模的民族迁徙和北方蛮族的入侵起到阻隔作用，使得埃及大部分时间能够保持独立，政局相对稳定，对外来因素进行缓冲处理之后，再逐渐消化吸收，对自身经济繁荣、文化发展延续有着积极的促进作用。但这并不意味着古埃及是闭塞的，其文化是千古不变的。

埃及虽然地处非洲，但由于河谷与沙漠的独特地理环境影响，埃及与西亚地区的文化交流更为密切，与非洲其他地区的交流反而不那么便利。[①]由于尼罗河第一瀑布水深流急，无法通航，导致高度发达的埃及文明难以穿过第一瀑布向外拓展，而是向南与努比亚，向东北通过西奈半岛与叙利亚、巴勒斯坦和两河流域发生联系。一方面，古埃及不断吸收外来文明的新鲜血液，为其自身文明的发展注入长时间的发展活力；另一方面，古埃及文明也对其他地区的文明发展产生重要影响，如地中海地区的希腊爱琴文明就是在吸收埃及和西亚等地文明成果的基础上发展起来的。[②]现在考古发现，古埃及的遗物不断出现在塞浦路斯、提洛、铁拉等地。

历史上的埃及，凭借其横跨尼罗河且处于非洲和亚洲、地中海、红海及印度洋的交汇点这一优越的地理位置，一直是商业和文化中心。[③]古埃及文明对现代西方文明的形成和非洲文明的发展都产生过很大的影响。十分遗憾的是，古埃及文明后来完全中断，现在我们了解到的，只能是通过考古发掘而重建

---

① 威尔·杜兰特著，台湾幼狮文化译：《世界文明史·东方的遗产》，华夏出版社，2010年，第97页。

② 马克垚主编：《世界文明史》（第二版），北京大学出版社，2016年，第70—71页。

③ 林肯·佩恩著，陈建军、罗燚英译：《海洋与文明》，天津人民出版社，2017年，第37页。

复活的文明。

　　根据生活在公元前4世纪至公元前3世纪（相当于中国战国末年）的埃及祭司曼涅托利用亚历山大图书馆的材料写作的古埃及历史，把整个埃及历史划分为古王国时期（前3100—前2010，共10个王朝）、中王国时期（前2010—前1550，共7个王朝）[①]、新王国时期（前1550—前332，共14个王朝），总计31个王朝。[②]

　　孟斐斯帝国时期的第一王朝建立后，埃及文明趋于成熟，象形文字广泛使用，都城孟斐斯建立，政府管理职能逐渐完善，专制王权发展到了顶峰。大约公元前2686年，第三王朝建立，建造了层级金字塔。公元前2650年左右，埃及第四王朝国王建造了气势恢宏的吉萨大金字塔和斯芬克司狮身人面像，第五王朝建造了太阳神庙。古埃及象征由此完成，成为后世楷模。[③]

　　经过150年的国家分裂、社会动荡之后，底比斯王朝最终于公元前2010年完成了埃及的统一大业，使埃及进入中王国时期。这一时期与古王国时期有着很大不同，是埃及经济发达、文化繁荣的古典时期，建立了父子共治制，以有效化解地方势力与中央政权的矛盾，维护政权稳定。这一时期，埃及文明影响扩大到大西洋沿岸的欧洲，与美索不达米亚文明相互交融。埃及很早就与美索不达米亚有商业上的往来，但是古埃及文明在古巴比伦文明的基础上，发展迅猛，形成独特的生活方式和艺术风格，使得草创的苏美尔文化再也无法与它媲美。公元前1900年左右，古埃及建造起类似现在英格兰巨石阵这种形式的纪念碑，石头所在的位置就是太阳升降的方位，基于每对石头的

[①] 中王国时期，埃及虽然再次统一，但是地方诸侯势力上升，中央政府权力下降，再也没有出现过中央权威控制的局面，不能役使埃及全部劳动力。因此，这一时期没有能力新建金字塔。

[②] 中华文明的历史长度与古埃及差不多，他们的古王国时差不多就是中国的"五帝时代"（前3000—前2070），他们的中王国时期相当于中国的夏朝，他们的新王国时期相当于中国的商朝（前1600），二者之间开始和结束的时间相差不超过100年。具体见李学勤：《中华古代文明的起源》，生活·读书·新知三联书店，2019年，第89页。

[③] 威廉·H.麦克尼尔著，田瑞雪译：《5000年文明启示录》，湖北教育出版社，2020年，第46页。

照准线，祭司可以在每年太阳和校钟星到达关键点时，计算出准确的天数，制作精确的历法。[①]

公元前1550年，新王国时期的法老以军人的角色登上历史舞台，此后1000年间埃及作为一个强大的帝国卷入近东世界的争霸斗争，先后将叙利亚、巴勒斯坦和努比亚置于自己的势力范围之内，与克里特岛上的米诺斯文明建立了友好关系。公元前1259年，埃及与赫梯王国经过长达百年的争霸战争，最终缔结了和平条约，规定两国永久友好、互不侵犯、攻守同盟、相互引渡逃亡者等。这是人类历史上第一个真正体现平等原则的和约。[②]受利比亚人和海上民族入侵的影响，加上由于地理环境相对封闭，王室内部纷争不断，国内贫富分化严重，埃及是近东地区最晚进入铁器时代的国家，从此结束了辉煌的帝国时代，退回到尼罗河谷内。此后，经过亚述等外族连续不断的入侵、政权频繁更迭，古埃及最后一个本土王朝被波斯帝国覆灭。

公元前332年，亚历山大大帝征服埃及，法老时代结束，埃及进入托勒密时代，开启了希腊罗马文明与埃及文明深度交融的时期。大批希腊人和其他各民族的人定居埃及，与埃及当地人融为一体。这一时期，商品经济快速发展，大量商业契约产生，货币第一次大规模通行全国。与此同时，神庙祭司阶层仍是一个具有强大经济实力和政治影响力的集团，他们在社会生活的许多领域仍然起着举足轻重的作用。

4世纪中叶，埃及成为主要的基督教国家。639年，伊斯兰教兴起。阿拉伯人占领埃及之后，罗马帝国对埃及的统治就此结束，埃及逐渐阿拉伯化。[③]古埃及文明由此从尼罗河流域汇入地中海地区这个更为广阔的世界，在与其他文明的融合中得到永存。

---

① 威廉·H.麦克尼尔著，田瑞雪译：《5000年文明启示录》，湖北教育出版社，2020年，第61—62页。

② 马克垚主编：《世界文明史》（第二版），北京大学出版社，2016年，第91页。

③ 袁行霈、严文明、张传玺、楼宇烈主编：《中华文明史》第1卷，北京大学出版社，2006年，第3页。

埃及人确信法老是神在地上的代表，永生不灭。埃及法老认为自己是太阳神的化身，人神一体，死后灵魂居于极乐世界，因此都热衷于修建雄浑壮美的金字塔用于保存遗体。古埃及人对死亡的关注程度，堪比对生命的关注。在他们看来，社会是循环往复的，死亡与生命、死后世界与生前世界、来世与今世紧紧联系在一起，无法割断，人的一生都是为了准备来世的命运。他们相信有灵魂或者"代身"，后者居住在人体内，在死后还能在坟墓里继续过着尘世的生活。因此，每一任法老继位时，都要为自己修建宏伟的陵墓——金字塔，用经久耐用的石材修筑一个永恒的来世。金字塔内的环境布置得与尘世宫殿一样，并且储存今世的物品，以供来世所用。金字塔附近还允许一些国王亲近的仆臣修建陵墓，以方便这些仆臣与法老在另外一个世界相见。[1]金字塔内的许多雕像和壁画，展示出古埃及艺术家令人赞叹的精湛技艺。墓的墙壁上画着许多人像，画中的仆人向墓主人呈递食物和衣服，在冥界中继续服侍墓主人。墓中还有真实的食物和各种器具，墓主人的身边摆着权杖、兵器和他在世统治时所佩戴的装备。[2]令人困惑的是，人们现在可以从金字塔中发现法老的遗体——木乃伊，在现实世界中却再也无法寻觅到任何法老的后裔。在亚历山大城现在所能遇到的几乎都是白种人，这是欧洲侵略的混血结果。

古埃及极为富庶，他们不仅有巨大的人力、物力和充裕的时间去修建那些别无他用而只能祭拜死亡的金字塔等纪念性建筑，剩下的资本仍足以维持王室贵族富足的生活，并且有能力给穷人提供相对稳定的生活保障，甚至还有资本去发动远征，开疆拓土。由于尼罗河流域土地肥沃，在尼罗河处于低水位、农民没有农活可做时，国王就集中大量人力修建金字塔；农忙时节，金字塔停工

---

[1] 在中国，直到唐朝之前，君王也有恩准自己信任的将军和文臣死后埋葬在自己陵墓周边的做法。后来，则演变为在君王陵墓前设置文武官员石像生的做法。

[2] 布鲁斯·马兹利什著，汪辉译：《文明及其内涵》，商务印书馆，2020年，第103—104页。

或者慢工；待农作物收获之后，重新召集劳工，继续进行这一庞大工程。[①]

埃及艺术开始于公元前40世纪，一直延续到公元前5世纪初基督教徒把最后一所象形文字学校关闭为止。[②]埃及人利用石头的天赋极高，在绘画和雕刻方面无与伦比，他们用石头建造的大型纪念建筑一直存留至今。卢克索宫殿、凯尔奈克神庙、图坦卡蒙墓、狮身人面像等巨型石材建筑的高超工艺和艺术水准至今让人叹为观止。[③]古埃及人民为了防止金字塔表面遭受沙漠地区酷热的破坏，从石场采集了很多小巧而坚硬的石块铺在金字塔表面。令人遗憾的是，在阿拉伯人征服埃及后，为了能在开罗修筑清真寺，他们悄悄地剥掉了在金字塔表面那些起保护作用的石块。[④]

对古埃及文明产生深远影响的，还有非洲沙漠中丰富的金矿。据统计，新王国时期埃及黄金的年产量为1000磅。黄金是这一时期主导埃及商贸的重要资源，正如中世纪末期羊毛之于英国。埃及法老用黄金与当时的近东强国结好，其他小国则希望埃及提供黄金作为重要装饰，学者们称之为"黄金外交"。[⑤]

三、古印度文明

印度地区位于喜马拉雅山脉以南，发源于青藏高原的印度河孕育出丰富多彩的古印度文明。现在所说的古印度文明，地域并不在当今的印度国境内，而是在巴基斯坦国境内。[⑥]由于印度河的主流经常改道，导致印度虽然有着和欧洲大陆一样的人口规模，但却是一个文化多样性十分丰富的国家，有着多种不同的语言、众多的种族和差异巨大的气候。历史上的印度，大多数时间并不是一个统一的国家，这个地区的政治状态一直是小邦和部族林立，很难

① 威廉·H.麦克尼尔著，田瑞雪译：《5000年文明启示录》，湖北教育出版社，2020年，第47页。
② 房龙著，周亚群译：《人类的艺术》，中国友谊出版公司，2013年，第36页。
③ 布鲁斯·马兹利什著，汪辉译：《文明及其内涵》，商务印书馆，2020年，第102—103页。
④ 房龙著，周亚群译：《人类的艺术》，中国友谊出版公司，2013年，第19—20页。
⑤ 马克垚主编：《世界文明史》（第二版），北京大学出版社，2016年，第74—75页。
⑥ 何新：《何新世界史新论》，现代出版社，2020年，第116—117页。

被彻底统一成为一个国家，也没有统一的文字、语言和文化，这一点与古埃及、古巴比伦有着本质的不同。

总体而言，我们至今对古印度文明仍然知之不多。1924年，英国古典学者兼考古学家约翰·马歇尔爵士发现的摩亨佐·达罗古城遗址坐落于荒漠之中，离现在的印度河主河道有数公里之遥。与其相类似的哈拉帕古城建在印度河上游约960公里的地方，毗邻主支流河岸。[①]

这两座古城的起止时间为公元前2500年至公元前1750年[②]，是印度次大陆青铜时代的城市文明。这两个古城的规划体系十分完备，按照相同的网格形式建造，有精准的几何布局和巧妙组织的给排水卫生系统，表明当时存在着强有力的中央政权。但是，在这两个古城的发掘中，没有发现十分精美的艺术品，也没有古代手工艺痕迹，只有一些各不相同但风雅别致的小雕像。因此，对当时的古印度文明信奉什么样的神祇，是否存在祭司阶层等，人们都不太清楚。有学者认为，它们可能是印度土著居民创造的文明，也有学者认为它们是雅利安人迁徙至此发展起来的文明。[③]

---

① 从目前的科学发现看，哈拉帕文明也是发源于河流流域，这就是吠陀经中提到的传说中的莎拉斯瓦提河。2002年印度高空卫星发现这条巨河的河床遗迹，沿河流域陆续发掘出1000多个约公元前3500年前的遗址。可能是大约发生于公元前3500年的一次巨大地震，改变了喜马拉雅山的构造，造成了莎拉斯瓦提河逐渐干涸，并最终从地表消失。在这条河流的阿拉伯海入海口，20世纪80年代，发掘出《摩诃婆罗多》中记载的克里希那建造的"圣城"杜瓦拉卡。具体见徐达斯：《世界文明孤独史》，作家出版社，2019年，第63—69页。

② 有学者认为，哈拉帕的文明根基可以追溯到公元前7000年至公元前6000年，鼎盛于公元前2600年。印度学者拉尔把哈拉帕文明的上限推到公元前4500年，下限推到公元前1600年。这一时期印度河文明的高度、深度、广度和悠久度远远超过我们的想象，城市经过严密规划布局，有高度发达的供排水系统和大型宗教建筑，出现了砖砌房屋，城市人口达4万～5万。目前已经发现1500多个聚落，分布于68万平方公里的范围内，文明覆盖范围可能达到130万平方公里，相当于统一时期埃及古王国的两倍、苏美尔和阿卡德的四倍。

③ 关于雅利安人，1853年欧洲的东方学大师马克斯·缪勒将其指称为一个特定的种族和语言，为欧洲的种族主义者提供了理论支撑，认为白种的欧洲人才是真正的雅利安人，他们的优越性不断被夸大，其他民族如犹太人、斯拉夫人则是所谓"劣等民族"。徐达斯认为，雅利安本身是一个梵文词，是指"高贵、正义、优秀、令人尊敬的"，只要持有并按照这种文化价值观生活的人，都是雅利安人，与人的地域分布和肤色、语言没有任何关系。

印度河流域考古还发现当时使用大量的度量衡器具，出土的砝码有二进制、十进制，表明这两个城市共用一套统一的以二进制、十进制和小数系统为基础的度量衡制，有学者认为印度先进的数学就源于印度河文明。[①]从目前在印度发现的苏美尔印章以及在美索不达米亚发现的印度印章可以发现，当时在印度河流域和美索不达米亚地区存在着发达的国际贸易。[②]这两个文明区域很早就通过海上交通开展商业贸易往来，印度河谷地区向美索不达米亚出口金、铜、木材、象牙和棉花，进口青铜、锡、银、天青石和皂石。

哈拉帕文明最终不知出于什么原因急剧衰落乃至消失，学者们提出了"雅利安毁灭说""河流改道说""地力枯竭说""洪水泛滥说""地壳运动说""瘟疫污染说"等多种主张，但都没有充分的证据予以证明。哈拉帕文明衰落后，印度历史进入"黑暗时代"。文字消失，城市颓废，生产倒退，曾经辉煌一时的印度河文明从此默默无闻，消失在远古的历史当中。[③]

公元前2000年左右，讲印欧语系的雅利安人经由阿富汗山口进入印度的西北平原，在印度河上游停留较长时间后，开始大规模地向东、向南移动，逐步占据了整个恒河的中上游地区。在迁移扩张过程中，他们与当地土著居民部落不断融合，种姓制度进一步推广，原始部落体系土崩瓦解，新型国家制度开始诞生。

这一时期，他们创作了《罗摩衍那》和《摩诃婆罗多》两部印度历史上最为宏大的史诗，成为印度教的经典。从《摩诃婆罗多》发展而来的插话《薄伽梵歌》更是成为印度教的首要经典之一[④]，它阐述了支撑吠陀哲学体系的最基本概念，并对吠陀各派哲学加以定位和评价，得出吠陀哲学的终极性结论，是所有吠陀要义的总纲。[⑤]

---

① 徐达斯：《世界文明孤独史》，作家出版社，2019年，第50页。

② 赫尔曼·库尔克、迪特玛尔·罗特蒙特著，王立新、周红江译：《印度史》，中国青年出版社，2008年，第23页。

③ 马克垚主编：《世界文明史》（第二版），北京大学出版社，2016年，第141页。

④ 马克垚主编：《世界文明史》（第二版），北京大学出版社，2016年，第151页。

⑤ 徐达斯：《世界文明孤独史》，作家出版社，2019年，第92页。

目前掌握的唯一原始资料，是用梵文撰写的宗教仪式的经文，被收集到一起合称为吠陀。[①]吠陀的梵文本义是"知识之源"，吠陀经是印度文明的经典，卷帙浩繁，汗牛充栋，内容丰富，体系完备，反映了雅利安人对印度河流域征服的历程和定居后勤劳的生活。吠陀传说是由一位传奇式的隐修者毗耶娑编撰，主要包括《梨俱吠陀》《娑摩吠陀》《夜柔吠陀》《阿达婆吠陀》四部，以及其他相关的学科论著和实用知识。《梨俱吠陀》是颂扬天帝因陀罗、火神阿耆尼等神灵的诗篇，被认为是印度教最古老、最神圣的经文，也是关于吠陀时代雅利安人的日常生活、斗争历程、宗教哲学观念的最佳信息来源，类似于中国的《诗经》，是不同时期民间诗歌的汇集，有1028篇。[②]《娑摩吠陀》从《梨俱吠陀》中摘录出来用于颂唱，《夜柔吠陀》是用于祭祀的经文，《阿达婆吠陀》由祝福与咒语组成。关于它们的形成年代，历代学者分歧较大。一般认为，最古老的《梨俱吠陀》成型于公元前1200年至公元前800年[③]，它探究了从怀疑主义、唯物主义到诡辩派、虚无主义的全部范围的哲学可能性[④]，对印度文明影响巨大。四部吠陀之外，还有大量的副吠陀，比如探讨医药学的《生命吠陀》等。印度许多地方有吠陀学校，专门教育婆罗门祭司各种仪式和祭语。由于吠陀传承主要是以师徒授受、口口相传的方式接续，经过数千年的演化，已变得更加错综复杂。

在印度文明中，种姓制度是其非常有特色的制度。种姓是因不同种族、语言、宗教等而形成的内婚制的职业集团，是印度主要的社会制度。像官僚制塑造中东社会、城邦制塑造希腊社会、宗族制塑造中国社会一样，种姓制度塑造了印度社会。印度社会一直由种姓组织组成，种姓制度早在公元前300

① 凯伦·阿姆斯特朗著，孙艳燕、白彦兵译：《轴心时代：人类伟大思想传统的开端》，上海三联书店，2019年，第26页。

② 赫尔曼·库尔克、迪特玛尔·罗特蒙特著，王立新、周红江译：《印度史》，中国青年出版社，2008年，第42页。

③ 马克垚主编：《世界文明史》（第二版），北京大学出版社，2016年，第143页。

④ 陈来：《古代宗教与伦理：儒家思想的根源》，生活·读书·新知三联书店，2017年，第2页。

年就已经形成，每一种姓都有特殊的风俗习惯、制度规则。①种姓身份靠世袭而得，一些现代种姓与职业有着密切关系。在政治生活中，婆罗门、刹帝利、吠舍和首陀罗四种种姓之间的区别不是那么严密，社团的色彩更重一些，但是在婚姻等社会伦理身份上，种姓之间的差异被严格保持②，规则严明，内部通婚，不与其他种姓混血。众多族群在一地相安无事且各自保留独特的生活方式。这也导致印度社会至今语言种类众多，有超过200种语言，各种生活方式并存不悖，彼此之间互不干扰，为所有不同的亚群体和亚宗教的生存发展创造了最大限度的自由和多样性。③

种姓对印度每一个人的过去和现在都至关重要，比一个人所属的民族国家更为重要。由于种姓制度的存在，大家只忠于自己的种姓，对政府反而不像其他国家的民众那样关心，对朝代的更迭几乎都不关注。虽然印度国内政治和战争错综复杂，风云变幻，云谲波诡，但对绝大多数印度人来说，都没有什么实际意义，这也导致一波又一波的外来侵略者能够轻而易举地征服印度。但是特别有意思的是，许多蛮族入侵印度之后，都会很快接受印度文明，主动融入印度社会结构，变成印度的另外一个种姓。

由于种姓制度的存在，为了使社会相安无事，平稳运行，阐发祭司思想的《梵书》提出了轮回转世的信条，认为穷人和低等种姓人群之所以身处困境，是因为前世积累下的孽缘，今生只要心平气和，安分守己，耐心忍受人生的苦痛悲伤，来世就可能获得重生，上升到更高的种姓等级，以此来缓解现实

---

① 《梵书》最早提出了种姓理论，认为每个人都受前世因果报应影响，出生时身份就已确定，或者是最高的专司祷告的祭司，或是征伐应敌的武士，或是做工的农民和手工艺人，或是最低等的首陀罗，前三等种姓为雅利安人所有，第四等种姓专属于非雅利安人。此外，还有最低的一类"贱民""被放逐者"，不属于任何种姓。虽然1947年印度独立时宣布正式废除贱民这一身份地位，但是在广大的农村地区，这种种姓结构至今依然会对人们的婚姻和日常行为产生严重影响。

② 马克垚主编：《世界文明史》（第二版），北京大学出版社，2016年，第148页。

③ 威廉·H.麦克尼尔著，田瑞雪译：《5000年文明启示录》，湖北教育出版社，2020年，第131—134页。

生活中族群不平等、待遇不公平带来的社会不稳定。从这个角度看，种姓制度也强化了印度人墨守成规的行为习惯，人们不愿意去改变现状，导致社会缺乏活力，陷入停滞乃至僵化状态。

公元前8世纪，随着思辨性的静修日益发展，修士们写作了形形色色的奥义书。现存的奥义书有100多部，其核心问题是思考世界的本原、人的起源，以及凡人如何能够皈依，进而超越有限、归于永恒。它的出现，意味着吠陀经典的终结，标志着"吠陀时代"的结束。

此后，人们开始相信生死轮回，进入以苦行静修为特色的新时代。[1]认识到自我意识的深层价值，不关注祭司、仪式和典礼，外在的宗教仪式被严格的个人内省所代替[2]，认为通过记录圣人的话语和经验，模仿圣人苦行，一旦触及生命的至深内核时，他就将归于安静、柔和、敛退、坚忍、定一，摆脱对现实世界的畏惧和焦虑，实现永世极乐。[3]这一思想观念认为人是有灵魂的，最后衍生创造出印度教、佛教等印度宗教。[4]

这种观念体现到印度宗教上就是典型的"超验论"，强调存在着一个超越我们感官世界的真实领域，超越于人类的经验之上，认为现实世界只是一种幻觉而已，十分注重精神和灵魂，因而产生瑜伽、苦行僧等事物，被世人称为"神秘主义"。从某种意义上讲，正是在种姓制度这种社会现实基础上，产生了"超验论"的印度宗教，二者相辅相成、互为支撑。"超验论"宗教阐明，世间万事万物不过是幻象，追逐财富、权力、声名、荣耀的事情都显得

---

[1] 马克垚主编：《世界文明史》（第二版），北京大学出版社，2016年，第144页。

[2] 凯伦·阿姆斯特朗著，孙艳燕、白彦兵译：《轴心时代：人类伟大思想传统的开端》，上海三联书店，2019年，第161页。

[3] 与婆罗门祭司宣称的苦行形成鲜明对比的是，印度宫廷中不乏奢侈无度的享乐主义，为满足感官享受无所不用其极。

[4] 印度宗教认为，人的灵魂，可以从人的睡眠中做梦得到印证。人人都会做梦，梦到一些稀奇古怪、非同寻常的事情。这说明，睡梦中，人的灵魂会暂时离开肉体，灵魂回来，人才会醒来。人去世，就是灵魂彻底离开肉体，开始寻找转世投胎的新躯体去了。

愚蠢可笑，终将徒劳无功①，因此不同种族的人都要安于现状，不要过于在意物质利益上的得失，而要更高度关注思想精神上的得失。这些方面与中国受老庄思想观点影响而产生的道教十分相似。

由于印度宗教将世界看作一场循环不止的戏剧，认为每个人都有来世今生，同一经历会重复出现，因此特定的时刻显得无关紧要。印度人相信生死轮回，世界会周期性地重演。基本的轮回周期叫作"劫"，它等同于尘世的43.2亿年，是梵天神的一日。每一劫标志着世界的一次重新创造，而在这期间还有更小的周期循环相互嵌套。正因为有这么多的周期循环，尘世的一切事物的时间性都不重要②，重要的是支配着永恒循环的神的力量。这使得在所有世界古代文明中，印度文明最没有历史感。在流传下来的众多古印度文献中，几乎没有历史著作，以致后人想编写一部印度历史都很困难。③这一点也使得印度农民与中国、中东地区的农民在时间观念上有很大差别。在中国、中东地区，农民需要依靠观察自然演进规律，制定精确的历法，以使农业按时有序耕作，但在印度，种植时间只要跟上自然界季风气候变化的影响就行，无须自己操心，耕作时间的随意性很大。

奥义书的哲理十分神秘，一直支配了从佛陀到甘地、泰戈尔的思想。时至今日，它在印度的影响，依然如同圣经在基督教世界的影响一样，被奉行和尊敬，并视为永恒不朽。甚至在欧洲与美洲，这一神异的通神论也有千万众多的信众——从叔本华到爱默生。德国哲学家叔本华说："在全世界没有一门学问能如奥义书经典那样有益与高尚。它曾慰藉了我的一生，使我死也瞑目。"在这种思想的影响下，戒杀的理念深入人心，战争在印度被视为一种不洁、悲催

---

① 威廉·H.麦克尼尔著，田瑞雪译：《5000年文明启示录》，湖北教育出版社，2020年，第137页。

② 与之相反，基督教的时间概念十分突出。他们将耶稣基督的诞生作为公元元年，创造了普遍而统一的历法和编年体系。基督徒的时间是单向、线性的，对他们来说，未来是开放的、有希望的。机械钟发明出来之后，首先被安装在教堂的尖顶上。这点与中国将水运天文钟作为皇家礼器藏在深宫形成了鲜明的对照。

③ 吴国盛：《什么是科学》，广东人民出版社，2016年，第196页。

和邪恶的特殊行为，受到严格限制。而在公元前7世纪的希腊，城邦被军事化了，公民组成军队，在非常短的时间内便可动员起来。[①]

公元前800年左右，雅利安人陆续向南、向东拓展，由印度河流域深入到恒河流域，建立起摩揭陀、拘萨罗等强大的官僚制的大型集权制君主国。[②]由于这些地区便于开展灌溉农业，有稳定可靠的税收来源，使得与城市和文明社会相关的社会分工迅速发展。

公元前500年释迦时代的印度，因古老宗教的衰颓产生了伦理的怀疑论与道德的无政府主义，同时又因为物质富裕诱发了享乐主义与唯物主义。乔达摩·悉达多[③]经历入定后的灵光乍现，构建出转世再生的佛教。公元前486年，佛陀涅槃之后，教派不断分裂，先后经历过三次大结集，到公元后便演变成大、小乘之争，差别主要是利己与既利己又利人的区别。大乘佛教在贵霜王朝的推动下，借助希腊雕塑的方式，推动佛教从高度象征性走向偶像崇拜，出现佛陀像雕塑，表现为希腊—佛教式的犍陀罗艺术流派。大乘佛教在印度北部发展起来之后，通过西域，传入中国，派生出5—6世纪的北魏云冈石窟等佛像造型艺术，进而向东传入朝鲜、日本等国，因此中国一系的大乘佛教，又称北传佛教。与此同时，印度向南亚地区兴起瑜伽行派，包括东南亚地区流行的小乘佛教，又称南传佛教。

---

① 凯伦·阿姆斯特朗著，孙艳燕、白彦兵译：《轴心时代：人类伟大思想传统的开端》，上海三联书店，2019年，第184页。

② 也有学者认为，所谓雅利安人入侵说是英国殖民统治者创立的，没有任何考古学依据。其目的是巩固自己的殖民统治，使印度人认为印度一直以来就被外族统治。徐达斯甚至认为，所谓印欧语系的英语、德语、希腊语、拉丁语都是由梵语演变而来，因而西方文明来源于东方文明的印度。详见徐达斯：《世界文明孤独史》，作家出版社，2019年，第41—45页。何新也认为，18世纪欧洲人宣称印度的梵语同波斯语以及古希腊语、拉丁语、日耳曼语、斯拉夫语等有共同点，因而制造出"雅利安语"一词，后来又称其为"印欧语"，以此成为西方主流历史学对世界历史、古代文明起源和西方文明起源的最根本理论支柱。详见何新：《何新世界史新论》，现代出版社，2020年，第170—175页。

③ 佛陀一向不鼓励个人崇拜，认为这会成为一种"羁绊"，因此不知疲倦地将弟子们的注意力从他本人身上转向其思想和方法。

公元前325年，孔雀王朝建立，几乎在整个印度次大陆上建立了中央集权的统治，其统治疆域和2000多年后的莫卧儿帝国全盛时差不多一样。大约在佛陀离世200多年后，阿育王经历早期的多年恶战，统治了印度大部分土地之后，决定弃绝杀伐，皈依佛教。一时间，印度俨然变成了佛教之国。[①]在阿育王的大力支持之下，佛教在亚洲地区迅速传播开来。[②]之后，受亚历山大大帝率领的希腊军团冲击，印度进入了长达几个世纪之久的"黑暗时代"[③]，动荡一直持续到笈多王朝（319—415）统治的建立。

自公元前3世纪到7世纪，佛教对发扬印度文明有着重大的影响，但它从来没有深入到印度本土的广大民众中。即便是佛教在印度进入最鼎盛的时期，婆罗门教和婆罗门文明有关的民间祀奉仍然盛行不衰，婆罗门教的史诗经典也是在公元前3世纪至2世纪形成的。自8世纪以后，婆罗门教从下层浮升起来，将佛教完全吸收覆盖。直到现在，印度除了婆罗门教诸神外，不知道有其他神灵，数百年间婆罗门教与毗湿奴派、湿婆教整合发展成为印度教。[④]庞大的印度教神庙不是西方现代意义上的教堂，它们和古希腊、古埃及的神庙有几分相似，都是神所居住的神圣的地方。这些地方除了僧人，谁都不能擅自进入，它们似乎向世人宣示，所有世人的努力，在面临造物主的冷酷无情时，都会显得于事无补、毫无意义。[⑤]

7世纪后，佛教在印度本土日益呈现衰颓态势。佛教思想对印度人来讲，有点太深奥了。在佛教诞生600年之后，印度人又悄悄地回归到自己以前的原始神祇身边，把那个一度想改变印度人低级宗教仪式的佛祖给遗忘了。原因

---

① 后来，佛教分裂为两个独立的流派：一个是小乘佛教，更倾向于禁欲苦修，从尘世中隐退，在独居修炼中寻求开悟；一个是大乘佛教，更为大众化，强调慈悲的德行，普度众生。

② 彼得·弗兰科潘著，邵旭东、孙芳译：《丝绸之路：一部全新的世界史》，浙江大学出版社，2016年，第24页。

③ 威廉·H.麦克尼尔著，田瑞雪译：《5000年文明启示录》，湖北教育出版社，2020年，第49页。

④ 勒内·格鲁塞著，常任侠、袁音译：《东方的文明》，商务印书馆，2019年，第302页。

⑤ 房龙著，周亚群译：《人类的艺术》，中国友谊出版公司，2013年，第263—264页。

主要有三个方面：一是佛教越来越多地受到印度教的影响，注重咒语、性爱以及神秘仪式，形成所谓密宗，这也是藏传佛教的前身；二是佛教许多卓越思想被印度教所吸收，佛教逐渐丧失了自身特色；三是8世纪以后阿拉伯人入侵印度，伊斯兰教传入，将盛行一时的佛教寺庙抢掠一空，损毁殆尽，建筑材料拆除用于修建清真寺。①

11—18世纪，印度逐渐被来自伊朗东部的伊斯兰教徒征服，在德里建立了一个强大的伊斯兰教王国，统治着整个印度，建造了许多印度—伊斯兰教风格的建筑。1527年，高度中央集权的莫卧儿帝国成立。1653年，强大的莫卧儿帝国修建了举世闻名、精美绝伦的泰姬陵，展示出别具风格的印度—波斯古典主义特征。

印度科学家3000多年前就发展了天文学。他们制定了一种历法，一年分12个月，每月30日，每日30小时，每隔5年插入一个闰月。他们相当精确地计算了月球的直径、日月食、两极的位置以及主要星辰的位置与运行。印度人还因为要做这些繁复的天文计算，发展了一套数学。除了在几何方面，它比希腊人的数学要好。包括阿拉伯数字"0"与十进位制的发明，都是源自印度，经由阿拉伯人传到西方世界。②

尽管现在印度表面上作为一个国家还存在，国土范围内也有一些文化遗址留存，但遗憾的是，这一地区先后有雅利安人、希腊人、匈奴、回教徒、英国殖民者的入侵，使得印度文明经历过无数次的中断、无数次的灭亡，加上印度文明利用文字进行的历史记录极其缺乏，导致印度文明的进化历史十分不清晰。就连13世纪玄奘所著的《大唐西域记》里歌颂的佛教，在印度本土其实已经消亡了，现在印度的佛教反而是再次从国外倒传进去的。从这个角度讲，今天印度的文明形态并不是古印度的文明形态。古印度文明虽然从地域上讲还是在这一土地上，但它已经成为真正的历史。

---

① 马克垚主编：《世界文明史》（第二版），北京大学出版社，2016年，第159页。
② 威尔·杜兰特著，台湾幼狮文化译：《世界文明史·东方的遗产》，华夏出版社，2010年，第389页。

四、中华文明

中华文明是所有人类文明形态中唯一绵延五千年而不曾中断的古老文明，尽管有些阶段也经受过北部草原民族的强力冲击，有些阶段也处于分裂状态，但所有占据统治地位的外来民族最终都自觉选择采用中华文明的发展范式，所有的分裂最终都归于统一。

纵观中华五千年文明史，统一是经常的、主要的，分裂是暂时的、异常的。长期的统一，为中华文明带来了相当普遍的共同性，由中原到边疆，道风一统，促进政治经济持久繁荣；短期的分裂，虽然给当时民众的生产生活带来极大痛苦，但也为中华文明与其他文明的融合融通创造了必要条件，促进了彼此的包容吸收，使中华文明得以吐故纳新，为长久的持续发展积蓄力量。

在夏商周时期，中华文明开始诞生。经过周公、老子、孔子等先哲的努力，中华文明经历了从殷商时代"尊神事鬼"的巫觋精神向周朝"尊礼敬德"的宗法精神的转化，再向春秋战国时期的内在自觉的伦理精神的转换。至此，中国人的关注点也由"天"转向了"人"，中华文明的核心基因完成建构，后续2000多年的中华文明发展始终处于这个基本框架体系之内。与世界上许多以宗教为核心的文明体系相比，中华文明是一个具有独特宇宙观和社会伦理规范的思想体系，其最重要的基本特征是世俗性、人文性。

关于中华文明的发展历程以及文化内核的详细阐述，请参阅本书第二部分和第三部分。

五、古希腊文明

恩格斯曾经说过，没有希腊、罗马的基础，就不可能有近代的欧洲。古希腊文明、古罗马文明为人类留下了宝贵的精神财富，政治自由、自然主义艺术、理性主义思想这三大古典文明的精髓至今仍然在鼓舞着人类前进的脚步。但是，观之于古代文明史，古希腊城邦，尤其是雅典的民主制度，其实只是一个例外。它只是在距今2500—3000年前产生和发展，真正的鼎盛期大概只有百年。①

古希腊是一个奴隶制社会，整个希腊由大大小小的一系列城邦构成一个松散的联盟，不像东方国家那样存在大一统的中央政治体制。

这一特点与希腊的自然地理环境有着必然的联系。希腊半岛多山，没有大平原，山势陡峭，地理上相互隔绝，导致古希腊城邦林立，小国寡民。一般的城邦规模只有百余平方公里，人口不过数万人。全盛时期，数百个城邦散布在今希腊本土、小亚细亚西海岸至黑海沿岸，以及意大利南部等地中海沿岸地区。城邦之间经常发生战争。

与此同时，希腊地区可耕地很少，但有极为复杂的海岸线以及无数优良的港湾，适于航海，再加上地处欧亚非三大洲的交会点，使这一地区成为绝无仅有的海陆交通枢纽。古希腊城邦大都不能实现物质上的自给自足，必须通过商品贸易交换维系正常生活。海上交通的逐渐发达，不仅促进了手工业和商业的发展，也进一步促使农业经济被工商业经济所替代。比如，雅典就从古埃及进口粮食，从波斯进口日用品，从麦加进口蔬菜，从马其顿进口木材。

古希腊民族是典型的海洋民族，频繁的迁徙而非安居是他们的生活常态，经常需要面对陌生人。这种特殊的生存环境和生活方式塑造了古希腊人独特的民族性格，崇尚个人自由独立，向往超越世俗的理想境界，具备强烈的个体意识，追求卓越，渴望光宗耀祖，鼓励人的创造探索，重视公平正义原则，强调契约精神。古希腊人认为，财富固然重要，但并不想以之为最高目标，无止境地追求财富，而是认为"中等财富是最好的"。相当发达的商品经济，构建起以商品为中介而建立起来的人与人的关系，使人与自然的血缘关系和情感关系遭到了解构，使它们降为法律基础上的一些可以量化的权利和义务。疏远了的人际关系已经不能再凭借自然认同的亲缘关系来维系，只能依赖人与人之间的契约，以及为保证这种契约的有效性而建立起来的国家法律。②古

---

① 何怀宏：《文明的两端》，广西师范大学出版社，2022年，第143页。

② 邓晓芒：《西方美学史纲》，商务印书馆，2018年，第9页。

希腊人也意识到人性的限制。他们认为，人是介于诸神和野兽之间的，人不可能成为神，因此要自律、遵守法律，甚至在追求卓越时，也要保持节制。

只是自从宙斯让潘多拉打开魔盒之后，人类就开始陷入对各种欲望的追逐之中，从而产生了许多悲苦和不幸。[1]当单个人从传统氏族公社的自然血缘关系中分离出来之后，人与人之间的天然血缘关系就相对疏远了。作为血缘亲情的家庭关系日渐淡化，家庭成员之间甚至变成了依靠暴力的统治与被统治的关系。所以，在古希腊神话中，充斥着大量"弑父"或"弑母"的故事。例如，远古的最高天神乌拉诺斯就被其最小的儿子克洛诺斯打成重伤，其统治被推翻。克洛诺斯掌权后，有人预言说，他也将被自己的儿子推翻，于是他就把自己生下的所有子女逐一吞下，唯有宙斯，由于母亲生他的时候，将他偷梁换柱而幸免于难，结果宙斯长大后，果然战胜了父亲，并把他打入了地狱。[2]

个体家庭的私有制摧毁了原始血缘公社的氏族纽带，使人成为独立的"原子"，不再是按照自然的血缘关系，而是按照私有财产关系来构成社会和国家，这些个人成为城邦国家的"公民"。也正是由于这方面的原因，在古希腊的奴隶社会，奴隶主和自由民之间没有类似中国的宗族依托血缘关系那样的严密组织，而是出现民主政治的雏形，产生了民主思想。公民议会是当时处理政治事务的重要形式，使希腊成为西方现代民主政治思想的发源地。[3]

同时，由于契约精神要求每个人都是独立自主的个体，担负起责任，制定有效的契约并严格遵守，因此把"自由"作为"人之为人"的根本标志。[4]在希腊文明中，"人"的反义词是没有人身自由的"奴隶"。

① 何怀宏：《文明的两端》，广西师范大学出版社，2022年，第150—151页。
② 邓晓芒：《西方美学史纲》，商务印书馆，2018年，第10页。
③ 周清毅：《美的常识》，人民美术出版社，2021年，第9页。
④ 吴国盛：《什么是科学》，广东人民出版社，2016年，第38页。

大多数学者的研究表明，希腊文明①被认为是古巴比伦文明和古埃及文明在地中海地区的耦合，尽管后来有所创造发展，但终究不是原创，所以不能算是四大古老文明之一。但是不可否认，希腊海岸线曲折，航海贸易发达，促使其在吸收外来先进文明的基础上，形成了具有全球影响力的希腊文明，也为欧洲海洋文明的发展奠定了文明基因。古代埃及很早就在底比斯和雅典殖民，目前仍存在于底比斯北面的土质砖顶梯形金字塔，就是埃及新王国时期的建筑。希腊的灌溉技术、战车、剑等，大都是由埃及传入。希腊人崇拜的许多神祇以及哲学、文化等，也都受到古埃及文明的显著影响。②

古希腊文明可以粗略地分为六个阶段：克里特文明（约前2850—前1450）、迈锡尼文明（约前2000—前1200）③、黑暗时代（约前1200—前800）、古风时期（约前800—前500）、雅典时代（约前500—前300）、希腊化时代（前323—前30）。④

希腊文明早先以地中海上的克里特岛为中心，逐渐发展成为一个海上贸易强国，建有宏大的克诺索斯神殿。公元前1500年左右，爱琴海锡拉岛附近的火山大爆发，引发猛烈海啸，导致克里特岛上的米诺斯文明湮灭。公元前1420年左右，地中海上的控制权转移到希腊伯罗奔尼撒半岛上尚武好战的迈锡尼。迈锡尼王国建立起覆盖广泛的城市商贸网络，出口橄榄油到安纳托利亚和叙利亚，换回铜和锡。与米诺斯文明不同，迈锡尼王国尚武好战，具有很强的侵略性。⑤据《荷马史诗》记载，迈锡尼国王阿伽门农曾于公元前1184年攻陷并摧毁了特洛伊城。

---

① 希腊文明中的"希腊"，是个地域名称，不是现在的国名（Greece）。公元前8世纪时，雅典附近有个城市叫Hellas，后来许多城邦的人都讲这个地区的语言，因此Hellas就泛指这个地区。中文"希腊"的名称也由此音译而来。
② 马克垚主编：《世界文明史》（第二版），北京大学出版社，2016年，第415页。
③ 克里特文明与迈锡尼文明统称为爱琴海文明。
④ 李建臣：《古希腊文字与文明》，中国人民大学讲座发言，2020年5月19日。
⑤ 凯伦·阿姆斯特朗著，孙艳燕、白彦兵译：《轴心时代：人类伟大思想传统的开端》，上海三联书店，2019年，第69页。

公元前1200年左右，迈锡尼文明与同时期西亚、北非的许多大帝国，如埃及、赫梯、亚述等相继消亡，进入所谓的"黑暗时代"。[1]这个时期希腊经济衰退，海外贸易中断。具体原因，学术界有很多种解释。有人提出"海洋民族侵扰论"，认为来自北欧地区的海洋民族扰乱了爱琴海世界的秩序，使得迈锡尼文明遭到毁灭。有人提出"气候变化说"，认为由于气候变化使得西亚地区出现农业危机，引发多米诺效应。也有人认为是由于地震的影响，导致迈锡尼文明的衰亡。有人提出"文化颓废论"，认为帝国发展到鼎盛时期之后，就失去生命力，在野蛮民族的入侵下自然消亡。[2]

公元前9世纪，腓尼基城邦和希腊城邦兴起，终结了"黑暗时代"，进入地中海的繁荣时期——古风时代。[3]公元前8世纪左右，商贸活动在爱琴海复苏，克里特岛、迦太基等地区成为商业中心。公元前776年，奥林匹克运动创建，每四年举办一次。现代国际体育于1896年恢复了这一古老传统。希腊人为了维护自己的利益，通过创新步兵方阵，提高了战斗力，防范强敌入侵。公元前750年至前550年，由于面临人多地寡、粮食紧张、政治动荡等多方面的窘境，大量希腊人开始向海外移民，向外地中海沿岸地区拓展殖民地。这使得希腊人不仅极大地推动了海洋贸易的发展，还加强了希腊与外部世界的交流，深入吸收古代东方文明的各种成就。在促进城邦经济发展的同时，也刺激起人们对财富的贪欲，再次加剧了社会矛盾。[4]

这一时期，由于文化的交流交融，希腊文明呈现出繁荣发展的良好景象。希腊文明在吸收古埃及文明特有人文关怀的基础上，对古代自然科学知识进行了系统的综合，表现出理性主义的科学精神，摆脱了神话传统的自然哲学，由爱奥尼亚哲学家们开启了具有现代精神的科学思潮，最终由亚里士多德将

---

[1] 威廉·H.麦克尼尔著，田瑞雪译：《5000年文明启示录》，湖北教育出版社，2020年，第66—67页。

[2] 马克垚主编：《世界文明史》（第二版），北京大学出版社，2016年，第226页。

[3] 林肯·佩恩著，陈建军、罗燚英译：《海洋与文明》，天津人民出版社，2017年，第81页。

[4] 马克垚主编：《世界文明史》（第二版），北京大学出版社，2016年，第230页。

古代各种分散的科学思想进行了批判性的综合，建立起古老的希腊哲学体系。

　　古希腊人最了不起的成就就是他们意识到，人类是万物之主，肯定了"人之为人"的尊严。由于亲人、熟人之间的情感关系失去了普遍的效用，日常社会交往更多的是通过科学的、逻辑的思路，进行定量分析，订立文字的法律契约，这也促成了古希腊科学精神的起源。由此，科学精神成为古希腊人普遍的意识形态基础。我们通常所说的西方人重理性、重科学，其历史根源就在于此。[①]

　　古希腊科学纯粹为"自身"而存在，不带任何功利和实用的目的；不借助外部经验，纯粹依靠内在演绎来发展，追求确定性、内在性的知识，以找到通往"自由"的必经之路。亚里士多德在《形而上学》开篇第一句就是"求知是人类的本性"[②]。

　　此时，希腊人借鉴西亚地区的腓尼基文字，创造出希腊文字，使其成为欧洲文明的第一种语言文字，涌现出数量众多的以希腊文字书写的著作。这一时代诞生出西方世界早期最伟大的诗人——荷马，创作出对西方世界产生重大影响的文学杰作《荷马史诗》。他大约生活在公元前9世纪至公元前8世纪"黑暗时代"即将结束之际。其中的《伊利亚特》讲述了迈锡尼时期希腊各城邦与小亚细亚的特洛伊城之间发生的故事，迈锡尼国王阿伽门农与其麾下战将阿喀琉斯之间关于自尊的激烈冲突。随后不久，流传于世的《奥德赛》写成，但是作者不能确定是荷马还是其他人，讲述奥德修斯在特洛伊战争结束之后，回到希腊途中所经历的奇闻逸事，体现了战士的英勇与荣耀。由于荷马史诗完全放弃了传统宗教，使祭司不能重新阐释神学教义，希腊哲学的大门由此洞开。荷马史诗被称作希腊文明中的"圣经"，因为它所反映出的"名誉比生命本身更为重要"的理念和价值观，为希腊文明留下了永恒的印记。[③]

---

①　邓晓芒：《西方美学史纲》，商务印书馆，2018年，第11页。

②　吴国盛：《什么是科学》，广东人民出版社，2016年，第49页。

③　凯伦·阿姆斯特朗著，孙艳燕、白彦兵译：《轴心时代：人类伟大思想传统的开端》，上海三联书店，2019年，第140页。

由于荷马史诗记述了大量迈锡尼文明及"黑暗时代"古希腊的社会生活战况，因此具有重要的史学价值，直接孕育了古希腊史学，是研究公元前11世纪到公元前9世纪希腊社会最重要的史料[1]；又因为它对后来的古希腊文学和神话有重要影响，具有巨大的文学艺术价值，堪称西方文学的起点；再因为它肯定了人的尊严、价值和力量，展现了人文主义思想，具有巨大的思想价值。[2]在整个西方世界，每一个希腊人都能对荷马诗句耳熟能详，许多西方国家学校至今依然将《荷马史诗》列为必读书目。[3]

公元前500年左右，希腊进入雅典时代，形成大量小城邦。这一点与亚述帝国、波斯帝国幅员辽阔、帝制统一的官僚结构十分不同。城邦之中，建设有大规模的神庙，如帕特农神庙、雅典娜神庙等，它们不仅是城邦的宗教中心，也是城邦的政治、社会和军事活动的中心。

雅典城邦当时的居民加上附近农村人口大约为30万。克利斯提尼执政期间（前508—前507），将梭伦执政时确定的400人议事会扩大到500人，由9位执政官统治。公民们以自由之身，依托自己的力量，选举设立地方行政官，参与城邦公共事务的讨论和执行，制定法律，并依照法律进行自主管理，实行民主统治，公共事务优先于私人事务，人类组织忠于领土国家，使人们感受政治共同体与个体之间存在很强烈的同一性。这是希腊文明为西方国家乃至全世界留下的伟大精神财富，影响深远。亚里士多德认为，民主并不是最好的政体，甚至也不是正常的政体，而只是"坏处最小的变态政体"。总的来说，在雅典民主的历程中，流血不多，虽然可能因此而进步缓慢，但也基础稳固，即便是经历了那么多年残酷的战争且失败之后，雅典的民主也还是在公元前4世纪活跃地维系了近百年。[4]

---

[1] 大概在公元前11世纪至公元前6世纪，古代中国出现了著名的《诗经》，有305篇，传说是由孔子整理而成，同样反映了当时中国的生产生活情况，具有文学和史料价值。

[2] 李建臣：《古希腊文字与文明》，中国人民大学讲座发言，2020年5月19日。

[3] 威廉·H.麦克尼尔著，田瑞雪译：《5000年文明启示录》，湖北教育出版社，2020年，第100—102页。

[4] 何怀宏：《文明的两端》，广西师范大学出版社，2022年，第162页。

雅典赋予无产公民阶层政治权利的民主方式大获成功，全体公民积极热心地参与城邦的政治文化生活，建造战船，建立海军，富足强大。面对波斯帝国的持续西进，在公元前490年爆发的希波战争中，希腊人挫败了强大的波斯军队，获得胜利。对波斯战争的胜利，极大地刺激了雅典公民创造艺术、文学、哲学和科学，使希腊进入了所谓的"黄金时代"①。

这一时期，由祭祀酒神狄俄尼索斯的典礼演变而来的宗教节日，创造了希腊喜剧，催生出埃斯库罗斯（约前525—前456）、索福克勒斯（约前496—前406）和欧里庇得斯（约前480—前406）三位伟大的悲剧作家。

这个时代最伟大的建筑是雅典卫城，供奉雅典娜的宏伟壮观的帕特农神庙于公元前438年竣工。这些建筑遗存至今，线条简约，精雕细琢，清晰地显现了古希腊人在建筑设计方面的精湛技艺，成为后世典范。

这一时期，还诞生出希罗多德和修昔底德两位伟大的古希腊历史学家。希罗多德把雅典作为希波战争中的英雄所在地；修昔底德以悲剧视角讲述《伯罗奔尼撒战争史》，为后世历史写作创立了标准，提出著名的"修昔底德陷阱"。

希波克拉底（约前460—前377）创立了古希腊医学，著作有《希波克拉底誓言》，要求医生只能将医术用于治病救人，使其成为从医者的职业守则，一直沿用至今。

这一时期，各种哲学思想创新出现，对后世产生极大影响。在这些希腊哲学家、思想家的探索和努力之下，播下了未来西方理性主义的种子。芝诺（约前490—约前436）创立的斯多葛学派注重现实实践，关心政治，投身社会，第一次从理论上阐释了天赋人权、人生而平等、理性做事等人文主义核心理念。德谟克利特（约前460—前370）认为，世界是由原子构成的。第欧根尼（约前412—前324）倡导犬儒学派，追求个人主义，企图摆脱社会生活羁绊，回到最简朴的生活中去。伊壁鸠鲁（前341—前270）追求极端的个人主义，不

---

① 马克垚主编：《世界文明史》（第二版），北京大学出版社，2016年，第241页。

关心现实政治，提出的社会契约说成为近代社会契约论的直接先驱。

之后不久，希腊内部出现分裂，内战终于爆发。公元前431年，以雅典与斯巴达为首的两大集团爆发漫长的伯罗奔尼撒战争，最终斯巴达在波斯帝国的支持下，于公元前404年战胜雅典，标志着希腊"黄金时代"的结束。公元前336年，担任希腊所有城市联盟首领的腓力二世在计划率军攻打波斯时遭到暗杀，其子20岁的亚历山大大帝即位，屡战屡胜，深入波斯腹地，随后进军埃及，抵达印度，创下令世人瞩目的赫赫战功，征服无数广阔疆域，建立起一个庞大的帝国。他在征服的土地上建立了无数城市，其中最大的是埃及的亚历山大城。他传播希腊文化，推动希腊文明与埃及文明、中东文明的融合，促进了东西方的沟通交流，改变了历史进程。但是，他也摧毁了波斯帝国，由此结束了古代西亚地区存在了很长时期的政治制度。他建立起的帝国管理体制，也标志着传统的希腊城邦政治形态从此退出了地中海地区的政治舞台。

公元前323年，希腊进入"小、散、弱、乱"的希腊化时期。亚历山大在巴比伦发热而亡，终年33岁。他所建立的庞大帝国轰然倒塌，分裂成100多个独立政权。其中最强大的是取得埃及统治权的托勒密王朝，直到公元前30年才被罗马帝国征服。[①]

但是这一时期，是希腊科学的快速发展期，取得了引人注目的成就。托勒密一世创建了当时世界上最大的亚历山大图书馆，藏有约50万卷原著手稿，开展了大量科学研究。这一阶段，天文学家阿里斯塔克（前315—前230）提出，太阳的体积比地球大，而且地球和其他行星是绕着太阳运行的。埃拉托色尼（约前275—前194）是古希腊杰出的数学家、天文学家和地理学家，对地图学的贡献尤为卓著。他首创了测量地球圆周长度的方法，并获得了第一个科学的数据，根据坐标原理利用经纬线绘制出了世界地图，特别是他第一个创造了"地理学"这个词，被尊称为"地理学之父"。欧几里得（约前330—

---

① 托勒密王朝的疆域主要以埃及为中心，公元前259年创立了世界上最早的图书馆，藏书70万卷，几乎涵盖此前所有学者的著作，大部分是手稿真迹，被称作"人类文明世界的太阳"。但是，这个图书馆据说遭遇了三次劫难，延续了800多年后终于毁灭。

前275），被称为"几何之父"，他最著名的著作《几何原本》是欧洲数学的基础，被认为是历史上最成功的教科书。阿基米德（前287—前212）是伟大的数学家、物理学家、力学家，静态力学和流体静力学的奠基人，享有"力学之父"的美称，他算出了圆周率近似值，曾说过："给我一个支点，我就能撬起整个地球。"[①]

总体来看，古希腊文明不仅体现在前文所述的哲学、政治、科学中，还体现在希腊神话、艺术和语言中，这些都对后世尤其是西方世界产生了重大而深远的影响。

神话是古希腊文明神奇的重要基因。希腊神话是世界级的文化遗产，它不仅承载了人们的无数幻想，也描述了早期人类的生活状态。古希腊作为欧洲文明的发源地，最早就是从神话故事里为大众所知。

古希腊神话极其发达，原因在于它是以艺术的形式流传下来，在其原始的遥远往事的核心内容上，加上后来者的历史反思和再创作，极大地增添了它的生命力，对西方艺术和文学有深远的影响。古希腊神话是古代希腊戏剧作家的创作源泉，也是历史学家开展研究的宝贵资料，还是古希腊艺术作品的重要题材。

在古希腊，人神相通，神也是有血有肉的人，形成了艺术与生活的息息相通。人与神的关系是互惠的，人敬奉神，是为了得到神对人的护佑；作为回报，神应该满足人的要求。在一定程度上，人就是神，神就是理想的人。古希腊神话土壤里产生的璀璨艺术，本质反映的不是"神"，而是"人"，是对自由、理想的"人"的追求，是对"美"的追求。[②]的确，古希腊人更看重的是人，他们的艺术是以人为中心；诸神其实也是人，只不过是能力大大超越人的人，是不死的人、完美的人，体现出一种高于人的优秀和卓越，但他们的性格和德行与人其实是差不多的，照样有争斗、嫉妒、吵闹、诡计和暴力。[③]

---

① 马克垚主编：《世界文明史》（第二版），北京大学出版社，2016年，第267页。

② 周清毅：《美的常识》，人民美术出版社，2021年，第16页。

③ 何怀宏：《文明的两端》，广西师范大学出版社，2022年，第173页。

以宙斯为首的12个最重要的神居住在奥林匹亚山顶，他们与人同形同性，有男有女，有喜怒哀乐，会恋爱，会嫉妒，有人类的一些缺点，非常看重人类是否敬奉自己。当人们敬奉神，不去冒犯神时，神就应支持和保护他们；相反，若冒犯了神，就会受到饥荒、地震、瘟疫等惩罚。在荷马时代的希腊宗教中，神与凡人最大的不同，不是他们具有巨大的神力，也不是具有高尚的道德，区别只是在于他们是不死的，而凡人是必死的。这是人和神之间不可逾越的界限。人应该认识到自己生命的有限，不可妄想永生。①

希腊的神灵谱系十分混乱，在荷马史诗的影响下，神的作用也不灵光，人们不再相信神圣启示，而将世间万物归功于自然法则的普通理性作用。这些法则能够以文字或数学符号来表达，因而推动了哲学和科学的出现。②

特别有趣的是，过去认为纯粹是神话的故事，现在通过考古发现，许多是活生生的事实。19世纪70年代，德国业余考古学家海因里希·谢里曼根据《伊利亚特》里的叙述，带人在爱琴海两岸挖掘了18年，在土耳其西北角的一个不毛之地，找到了传说中的特洛伊城。接着，他又循着《荷马史诗》记载的线索，经过8年的发掘，找到了迈锡尼城。通过考古学的发掘，证明了荷马史诗不仅仅是"诗"，还是真正的"史"。19世纪末20世纪初，英国考古学家根据希腊神话的描绘，在克里特岛开展考古发掘，找到了传说中的米诺斯王国和它著名的迷宫，也证实了这里最早的居民来自地中海东岸的黎巴嫩。神话中包含着真实的历史，历史中又充满了神话的色彩。③

古希腊人追求自由。对希腊的小城邦公民来说，他们并不羡慕大城邦的荣耀，而更珍视自己的小城，珍视自己的独立和自由。所以，组成一个城邦联盟是可能的，但统一为一个强大的希腊国家却几乎不可能。他们认为，在政

---

① 马克垚主编：《世界文明史》（第二版），北京大学出版社，2016年，第243—245页。
② 中东人认为，一神或多神掌控自然界和人类行为，是上帝的意志，而非自然法则，才是统治宇宙世界的原则。因而，中东成为宗教诞生的温床，而希腊成为哲学和科学诞生的基地。
③ 周清毅：《美的常识》，人民美术出版社，2021年，第5—8页。

治上，不平等就谈不上自由。因此，他们许诺给公民以自由。[①]尽管雅典人采用陶片放逐法对一些人物进行流放，但也只有真正的"卓越人士"——那些可能对城邦构成威胁的人，才有资格被放逐，而且有时被放逐的人还可能被提前征召回来。

古希腊文明奠定了现代西方文明的根基——契约精神。在漫长的欧洲文明史中，分裂是常态，统一是例外。[②]古希腊所在的爱琴海地区，本身就是一个高度分裂的文明世界，弹丸之地的古希腊地区存在着150个左右相互独立的城邦小国。在欧洲长达数千年的历史进化中，欧洲大陆基本上都是处于四分五裂的状态。[③]现在欧洲大陆最为强大的德国，在17世纪时，同时出现了360多个城邦和1400多个骑士领地，一共存在1700多个独立政权。欧洲长期分裂、彼此独立的历史常态，使得在希腊文明中诞生的契约精神得以广泛推广，成为欧洲内在的文明基因。整个欧洲文明史，实际上就是一部"战争"与"契约"的交织史。比如，1215年，英国国王与贵族们签署了《大宪章》，成为二者分权制衡的政治性契约。[④]1492年，哥伦布进行航海探险，与西班牙伊萨伯拉女王签署了著名的《圣塔菲协议》，约定双方在投资收益方面的权利与义务。1766年，瓦特在研发蒸汽机的过程中，先后与企业家约翰·罗巴克、马修·博尔顿签署历史性的契约，约定双方的投资权利与义务。1993年，欧洲有关国家签署奠基欧盟的《马斯特里赫特条约》，更是国家契约关系的典范。

---

① 何怀宏：《文明的两端》，广西师范大学出版社，2022年，第152页。

② 与欧洲长期分裂不同，在漫长的中华文明史中，统一是常态，分裂是例外。即便是在短暂的分裂阶段，也是始终心向统一，因而形成了独具特色的、长期稳定的金字塔形权力结构。除了一些时期面临来自北方游牧民族的侵扰，不存在强有力的外部竞争，中国不断强化自上而下的资源流动机制，权力始终凌驾于市场，成为配置资源的终极力量。权力意识渗透进中国的社会机体和文化传统，契约精神在中国遭到长期的压制和扼杀。

③ 其中，只出现过一次重大的例外，那就是古罗马帝国时期。从公元前27年到476年西罗马帝国灭亡，持续时间大约500年。这500年时间对于欧洲多样性文明背后的共性形成，具有决定性的意义，包括相近的法律文化、宗教信仰、语言文字和人种特征。

④ 1668年，在经历了474年的国王与贵族之间的斗争之后，签署了《权利法案》，在限制国王王权的同时，确立了议会的最高权力地位，开始了英国君主立宪的进程。

古希腊人一方面追求比较显性的、平等的政治自由，形成彻底的民主制度；另一方面追求比较隐性的个人卓越，形成了古希腊文明中十分独特的艺术风格，突破求新意识显现。古希腊民主自由的环境和奥林匹斯山上的神话，形成了"神人同形同性"的特点，为艺术创作提供了肥沃的土壤。例如，古希腊艺术重科学、重理性、重模仿，但这种模仿的对象集中于对人体的模仿。这一点特别在古希腊雕刻艺术上完美体现出来，十分重视透视关系，务求逼真、精确。它是三维立体的，各个部分都有一种固定的数学关系和比例，每一块肌肉都体现着一种细节的真实，合乎解剖学的规范，是最合乎科学的艺术。[1]比如，米隆的艺术作品《掷铁饼者》抓住一个年轻人蓄势待发的瞬间，在一种看来很难稳定的时刻，展现出一种力量与俊美的匀称，全身肌肉预示着铁饼即将掷出时的激烈爆发，不仅打破了人物的平衡姿势，而且将运动员那种一触即发的力量和动感充分表达出来。阿历山德罗斯公元前150年左右创作的享誉全球的雕塑《断臂维纳斯》更是惟妙惟肖。[2]

古希腊艺术品不只是公共生活的象征，而且是供私人欣赏用的装饰品，表现方式上倾向于写实，注重刻画人物心理。从创作的角度来看，不可能"每个人都是艺术家"，但在欣赏的角度来看，"每个人又都是艺术家"。胜利女神像就是一个典型案例。它是罗得岛居民为纪念他们战胜叙利亚的安条克三世（前222—前187）而制作的，立在宗教圣地萨摩斯，女神立在船首，打湿的衣衫迎风紧贴在身上，展现出身体优美的曲线，在她身后，张开的衣裙充满动感，给人一种激动、不安和变化无穷的感觉，充分体现出这个时代的重要特征。[3]

古希腊文明的深远影响，还表现在希腊语的广泛使用上。由于古希腊的强大影响，尤其是亚历山大和托勒密一世时期，希腊语成为当时各地通用的官

---

[1]　邓晓芒：《西方美学史纲》，商务印书馆，2018年，第12—13页。

[2]　威廉·H.麦克尼尔著，田瑞雪译：《5000年文明启示录》，湖北教育出版社，2020年，第192—193页。

[3]　马克垚主编：《世界文明史》（第二版），北京大学出版社，2016年，第268页。

方语言，以至于各地原有的语言文字逐渐被弃用。比如，著名的埃及象形文字和西亚的楔形文字，就是在这一时期消亡，最终都成了死文字。生活在巴勒斯坦地区的犹太人也逐渐忘掉了他们原来的语言文字，就连他们的民族经典都需要先翻译成希腊文之后，才能准确理解。[①]

　　后来欧洲文艺复兴就是在古希腊文明的基础上孕育而出的。[②]根据欧洲史学家的分期，所谓中世纪，是指476年西罗马帝国灭亡到1453年东罗马帝国灭亡之间的一千年。这一千年是号称"文艺复兴之父"的意大利诗人彼特拉克称为"蒙昧时代"的"黑暗千年"。欧洲文艺复兴的主要特征，就是通过君士坦丁堡的东方罗马人和波斯帝国阿拉伯人的媒介，在意大利、西班牙、法兰西的修道院里出现的对古希腊、古罗马时期经典文献的挖掘学习思潮，继而推动欧洲在哲学、科学、艺术等方面的复兴，进入一个新的繁荣时期。

　　值得注意的是，何新认为，被西方世界推崇的古希腊文明完全是欧洲文艺复兴时期被西方学者有意鼓吹出来的，实际上并不存在。在一千年漫长的中世纪时代，中古欧洲并不知道古希腊文明。只是到了文艺复兴时期，在基督教共济会的大力推动下，突然被"发现"。何新认为，现在所知的全部古希腊文献，包括希罗多德、欧几里得、毕达哥拉斯、苏格拉底、柏拉图、亚里士多德的历史和哲学著作，都来自文艺复兴时期对"希腊古典的重新发现"，其中究竟有多少是原始著作，又有多少是经过篡改或者伪造的，很难确认。[③]何新认为，希罗多德的《希腊波斯战争史》是欧洲文艺复兴时期人们改编的诗情小说，而非信史；《荷马史诗》也是由同一组人编撰出来的。西方盛传的伟大的马其顿王亚历山大大帝，是一个战无不胜的天才，征服欧亚、建立世界帝国的传奇英雄，但实际上也是没有信史支撑的传说人物，其史料来源基本

---

① 马克垚主编：《世界文明史》（第二版），北京大学出版社，2016年，第263页。

② 文艺复兴运动的直接后果，引发了15世纪以后德国、荷兰、瑞士、法国、英国的宗教改革运动以及17—18世纪的启蒙运动，引发了美国独立战争、法国大革命和德意志统一运动，使资本主义进入近现代社会。

③ 何新：《何新世界史新论》，现代出版社，2020年，第178—182页。

不可靠。古希腊医学传奇人物希波克拉底出生于小亚细亚，属于亚洲，而非希腊；文艺复兴之后结集出现的《希波克拉底全集》也是托名之作，真实作者和来源不明。所谓伊索寓言，实际上也不是希腊人的作品，也不曾用希腊的文字写作。[①]

六、古罗马文明

古罗马文明，在吸收古希腊文明的基础上传承发展形成。古罗马文明演进的一大突出表现，就是以比较健全的法律制度为依托，并根据帝国发展的形势要求不断渐进改良，对世界发展产生了不可磨灭的影响。[②]古罗马文明中的宗教、艺术发展思想，也对人类产生了巨大的影响。罗马城至今依然保存着许多罗马帝国时期的公共建筑物，包括回形比武场、大斗兽场、大剧院等，这些建筑无不体现罗马人奢侈、浮华的美学理念。[③]直到今天，罗马城中的梵蒂冈依然是天主教皇的驻地。

公元前5000年，新石器时代的农耕者开始在意大利定居。在经历了铜器和青铜时代之后，意大利于公元前1000年以后进入了铁器时代。公元前7世纪前半叶，在拉丁姆先后出现了40个左右以父权制家族为基本单位的城邦。坐落在第伯河边的罗马城邦后来逐渐成为拉丁姆各城邦的领袖。公元前1世纪中叶的罗马作家瓦罗推算，罗马城建立于公元前753年。罗马的共和自由的政治制度和平运转了200多年，建立起由公民大会、元老院和执政官等组成的复杂政治体制，公民能够参与战时政治决策，坚信政治自由。

在这种政治体制的动员决策下，罗马共和国第一阶段完成对意大利全境的扩张，第二阶段实现对地中海西部和东部地区的征服。经过三次布匿战争，罗马人征服了意大利北部、西西里、西班牙、叙利亚、马其顿和希腊的大部分地区，成为地中海周边地区的霸主，埃及的托勒密王朝也臣服于罗马。前

---

① 何新：《何新世界史新论》，现代出版社，2020年，第16—53页。
② 马克垚主编：《世界文明史》（第二版），北京大学出版社，2016年，第269页。
③ 房龙著，周亚群译：《人类的艺术》，中国友谊出版公司，2013年，第43—44页。

58—前49年，担任高卢总督的恺撒击败了高卢的诸多部落，将罗马的统治推进到了莱茵河地区。在以后的几个世纪里，罗马阻止了日耳曼人的南下，并一度进军大不列颠诸岛。在东部，罗马的势力范围更是一直抵达中东地区的底格里斯河。

当罗马共和国的版图扩张得足够大、阶级对抗足够强烈、必须强化统治强力的时候，由共和国演变为罗马帝国，已是不可逆转的趋势。[1]公元前27年，屋大维宣布将内战期间自己享有的一系列非常权力退还给"元老院和罗马人民"，但实际上保留了军事和政治统治权，并进行一系列政治制度改革，结束了共和政体，建立起罗马帝国。[2]这一年通常也被视为罗马帝国的开始。由此，罗马从一个城邦发展为欧洲世界第一个疆域广阔的大帝国，政体也由城邦民主制、贵族共和制演化成专制君主制，国家的法律体系和行政管理也发生相应变化。但是，共和传统作为一种政治思想文化在罗马帝国和中世纪西欧仍然存在，产生了重大而深刻的影响。与古希腊社会采取对外移民、商业贸易等解决内部冲突的方式不同，罗马社会采用的方式是军事征服和武力镇压。

293年，面对帝国扩张而日益暴露的控制困难问题，罗马皇帝戴克里先采取了"四帝共治"的方法，最终导致罗马帝国分裂为东部（希腊）和西部（拉丁）两部分。由于罗马帝国外部一直不得安宁，既需要防御来自北面、西面和南面的蛮族部落无休止的攻击，还要抵抗东面日益强大的萨珊波斯，所谓的"罗马和平"不过是一种幻象。在蛮族大规模入侵的压力下，西罗马帝国全面崩溃，分裂出诸多小国家；东罗马帝国为了适应当地的政治经济环境，也走上了与中世纪西欧完全不同的发展道路。

324年，君士坦丁在达达尼尔海峡战役中，击败了与他共治的李锡尼，定都于拜占庭，并于330年将其正式改名为君士坦丁堡（今伊斯坦布尔），成为拜

---

① 邓晓芒：《西方美学史纲》，商务印书馆，2018年，第56—57页。

② 在由共和体制转向专制体制的过程中，哲学家西塞罗（前106—前43）进行了顽强的抗争，最终被安东尼杀害，付出了自己的生命。具体见斯蒂芬·茨威格著，舒昌善译：《人类的群星闪耀时》，生活·读书·新知三联书店，2021年，第310—335页。

占庭帝国唯一的都城。这是欧亚之间以及黑海与地中海之间贸易交流的一个重要十字路口，也是第一个建立在港口的重要欧洲都城。此后君士坦丁堡发展迅速，到6世纪时人口达到80万，欧洲地区重要的海上航道都通往这里。[1]

378年，罗马帝国的军队与匈奴王阿提拉率领的匈奴骑兵在今天土耳其境内发生了著名的哈德良堡战役。在东方匈奴骑兵的强力冲击下，罗马的步兵方阵战术不堪一击，从此骑士和骑兵开始成为欧洲战场的主力。这次战争不仅是罗马军队的最大失利，也是罗马帝国走向灭亡的标志。只是在现代西方史学中，攻击罗马、灭亡罗马帝国的主力似乎不是来自东方亚洲的匈奴，而是来自北欧的日耳曼民族。[2]幸存下来的东罗马帝国坐落在小亚细亚与欧洲交界处的君士坦丁堡，于13世纪被来自威尼斯的第四次十字军东征占领，1453年被奥斯曼土耳其的突厥人彻底灭国。君士坦丁堡这个曾经繁盛的东方基督教罗马文明，此后被伊斯兰文明完全取代和覆盖了。

罗马的成长受拉丁姆北边的埃特鲁里亚文化的影响很大，他们所信奉的神灵多半阴暗残酷，与古希腊明快欢愉的诸神大不相同，活人经常被当作供奉神灵的牺牲品，而且让他们在决斗中互相残杀，这也是后来罗马观赏角斗士表演风气的由来。[3]

罗马人征服希腊之后，对希腊的艺术、文学、思想和生活方式产生了浓厚兴趣。希腊人在公元前8世纪末已经开始大规模地移民到意大利南部，希腊的青铜器、陶器、建筑和雕塑风格都为罗马人所喜爱和模仿。在此基础上，罗马帝国时期形成了具有鲜明特点的罗马艺术风格。罗马帝国的艺术，通常不是简单的为艺术而艺术，而是带有露骨的政治宣传目的和鲜明的政治内涵，呈现出比较明显的功利主义、物欲主义。建造于公元前9年的奥古斯都和平祭坛，是这种政治宣传建筑和艺术的典型代表。祭坛围墙上的浮雕还带着鲜明

① 林肯·佩恩著，陈建军、罗燚英译：《海洋与文明》，天津人民出版社，2017年，第207—208页。

② 何新：《何新世界史新论》，现代出版社，2020年，第60—69页。

③ 马克垚主编：《世界文明史》（第二版），北京大学出版社，2016年，第271页。

的希腊艺术风格，内容上却重点反映罗马的起源、大地母亲和罗马女保护神、奥古斯都家族参加祭坛落成典礼。①

希腊字母成为拉丁字母的原型。拉丁语起源于罗马所在的意大利中部拉丁姆地区，与赫梯语、印度—雅利安语和希腊语并称为印欧语系四大古老分支。随着罗马帝国势力的扩张，拉丁语成为罗马帝国境内通行的语言，后来又分化出意大利语、法语、西班牙语、葡萄牙语、罗马尼亚语等语种。

这一时期，诞生出古罗马文明中的一项伟大遗产——罗马法。②和古希腊文明一样，古罗马文明是古代地中海地区经济、政治和文化总体发展的一个有机组成部分。古罗马人虽然在与希腊世界的交往中发展了商品经济和私有制的社会关系，但仍然保留了更多农业民族和氏族血缘公社的因素，拘谨、保守、踏实、缺乏想象力。罗马共和国已经开始以契约法律关系来维系整个社会的运行，但远不如希腊社会那么灵活、人性化，而是相对固定和死板，元老院和传统习惯起着更大的约束作用，由此促使后来的罗马法日益积累完善。罗马法最初从习惯法发展而来，但更重要的是成文法。它以人类共有的自然理性为基础，强调"衡平"观念、家庭和私有财产观念、契约的神圣性等。罗马法不仅是博大精深的法律和司法体系，而且具有高度的灵活性和实用性。在实际的操作中，法律制度本身虽然不足以保证司法的公正，但却是伸张正义的必要条件。③

罗马帝国时期，涌现出李维（前59—17）和塔西佗（约55—约120）两位罗马最伟大的历史学家；诗人维吉尔（前70—前19）写出了不朽史诗《埃涅阿斯纪》；罗马皇帝马可·奥勒留（121—180）根据自己的思考创作出流传千古的《沉思录》；医生盖仑（约129—200）是继希腊的希波克拉底之后的第二位医学权威，他的医学著作是伊斯兰教和基督教世界里从医者的必读书目；数学家、

---

① 马克垚主编：《世界文明史》（第二版），北京大学出版社，2016年，第300页。

② 威廉·H.麦克尼尔著，田瑞雪译：《5000年文明启示录》，湖北教育出版社，2020年，第201—204页。

③ 马克垚主编：《世界文明史》（第二版），北京大学出版社，2016年，第302页。

地理学家、天文学家克罗狄斯·托勒密[1]对后世影响深远。

罗马帝国的政治法律制度对基督教的发展产生了重要影响，二者经历过长时期的互相适应过程。说起来有些不可思议，基督教虽然并不是在欧洲起源，刚开始的时候，也只不过是在罗马宣道的来自亚非地区的十几种宗教之一，但由于基督教信奉耶稣为基督，上帝是唯一的神，是万物的创造者和统治者，强调在上帝面前人人平等，"爱"是基督教最根本的内容，在一定程度上冲击了帝国传统的等级观念和制度，受到罗马帝国统治者的镇压。250年，皇帝戴克乌斯发布敕令，大规模、有系统地镇压基督徒，教堂和教会财产被没收，教徒集会被禁止，大批教会领袖被流放或处死。但是，政治上的大迫害造就了一大批殉教烈士，结果反而增强了基督教会在教徒心目中的地位。

发展到后来，基督教成了罗马帝国的国家信仰。313年，皇帝君士坦丁发布著名的"米兰敕令"，承认基督教的合法地位。到4世纪末，基督教正式成为罗马帝国的国教，其他宗教被宣布为非法的信仰。[2]在奥古斯丁的努力下，基督教教义与柏拉图的希腊哲学理性主义相融合，成为古罗马文明的重要组成部分。

早期，基督教徒严守一切清规戒律，把艺术看成颓废萎靡的东西，反对给一切活物进行雕像或者画像。之后，教会慢慢地开始鼓励人们修建建筑、加工金属以及纺织刺绣，进而发展为独具特色的拜占庭艺术，修建了著名的圣马可大教堂和圣索菲亚大教堂。[3]

七、阿拉伯文明

阿拉伯文明在中世纪崛起。阿拉伯半岛绝大部分地区被沙漠和草原覆盖，气候恶劣，雨量稀少，只有少数边缘地带适于农耕。在这里生活的大多是游牧的阿拉伯人，长期处于氏族部落阶段。7世纪，在穆罕默德（约570—632）

---

① 也有许多学者认为，托勒密是希腊人。
② 马克垚主编：《世界文明史》（第二版），北京大学出版社，2016年，第306页。
③ 房龙著，周亚群译：《人类的艺术》，中国友谊出版公司，2013年，第45页。

的领导下，处于无政府状态、不受任何正式法律约束的阿拉伯游牧部落开始发生重大转型，将城市当作社会核心，以《古兰经》为经典，着力宣讲伊斯兰教，统一了阿拉伯世界，诞生出阿拉伯文明。

统一后的阿拉伯在历任哈里发的带领下，乘拜占庭帝国和萨珊波斯长期交战、国力衰竭的有利契机，摧毁了拜占庭帝国，覆灭了萨珊波斯。640—642年，征服了埃及。随着阿拉伯人完成统一，闯入亚非欧文明昌盛的旧世界，建立了横跨三大洲的新帝国，用自己的宗教和语言统治当地居民，形成阿拉伯文明区，培育出辉煌的阿拉伯文明，为人类历史作出了独特的贡献。阿拉伯文明虽然以伊斯兰教为指导思想，以阿拉伯语为其表现形式，但它并不是独创的原生文明，而是埃及、两河流域、印度、波斯等古典文明综合发展起来的，是多种文明相互交流、相互作用的结果。[1]

其中，叙利亚不仅是东西方文明与商业贸易的交汇之地，也是所谓西方文明的真正根脉所在；不仅是古代丝绸之路的必经之地，也是连接欧亚非东西方文明的交叉路口。希腊文字的前身腓尼基文字，就起源于叙利亚。叙利亚首都大马士革是人类最古老的城市之一，距今已经有1万年的考古历史。最早的基督教发源于1世纪的古叙利亚。隋唐时期传入中国的景教也来自叙利亚，著名的大唐景教碑就是用古叙利亚文写成的。后来阿拉伯帝国在中东地区兴起，叙利亚成为伊斯兰教的重要传播中心之一。[2]

这一文明以一个帝国的形式具体表现出来，在军事上和精神上充满了巨大潜能，其传播方式既有军事征服，也有循循善诱的劝人皈依，还有锲而不舍的教育推广。用英国著名历史学家汤因比（1889—1975）的话来说，即"从大西洋到帕米尔高原地区的乌玛（Umma）或信徒共同体中，只有当伊斯兰学校广泛建立起来时，阿拉伯文明才开始"。伊斯兰教因为其简单、纯洁、博大的教义，在战乱频繁的阿拉伯地区传播速度十分惊人，对世界文明进程影响深远。

---

[1] 马克垚主编：《世界文明史》（第二版），北京大学出版社，2016年，第420页。

[2] 何新：《何新世界史新论》，现代出版社，2020年，第136—139页。

阿拉伯文明在中世纪辉煌一时，在大马士革、耶路撒冷等地都建造出具有全球影响力的清真寺。阿齐兹·阿兹米概括阿拉伯文明时说："中世纪的阿拉伯文明是阿拉伯语境下充满活力和拥有必胜信念的普世文化。在一片广大的区域内，使用不同语言、信仰不同宗教的民族接纳了它；贸易和货币网络、统一的政治文化以及活力四射的商人和学者群体将这片区域凝聚起来。它的政治文化在其宫廷礼仪、行政规范、视觉图像和权力象征物中表现出来。"这样的阿拉伯文明带有明显的普世文明的主张，极度自信，成为一个完整的文明体系。

680年，开始世俗化的奥美雅王朝（白衣大食）统治者雅齐德一世杀害了严守正统伊斯兰教教义的穆罕默德女婿阿里一家，最终导致伊斯兰教分裂为两个相互仇恨的教派——什叶派与逊尼派[①]，两个派别的惨烈冲突一直延续至今。

阿拉伯文明尽管只有几百年的辉煌时期，但却深深地影响了欧洲文明。它继承了古典希腊时期的遗产，同时自身也有丰富的文献资源。中世纪的伊斯兰世界坚守着古典智慧，在数学、光学、地图学、医学、哲学等领域积累发展了许多新知识，而且它还将来自中国、印度等东方国家的许多知识传播到西方世界，让西方受益无穷。英国思想家罗杰·培根说过："哲学吸收了穆斯林的思想。"[②]阿拉伯地区因为各民族相互混杂而居，互相影响，互相学习，取长补短，成为东方世界的艺术圣地，在艺术上取得了惊人的成就。[③]中世纪时期的伊斯兰世界曾经十分富庶、开化，比其北方的邻居先进得多。但也有许多学者认为，正是因为这一点，它后来才变得封闭内敛且刚愎自用。

阿拉伯文明与欧洲文明经历了长期的争夺。阿拉伯一方在17世纪之前的很长一段时间都占据有利地位，之后局势逆转了。随着拿破仑带领大军入侵埃及，预示着阿拉伯文明开始走向衰败。随后的二百年里，这一迹象不断扩

---

① 勒内·格鲁塞著，常任侠、袁音译：《东方的文明》，商务印书馆，2019年，第103—104页。

② 尼尔·弗格森著，曾贤明、唐颖华译：《文明》，中信出版社，2012年，第36页。

③ 房龙著，周亚群译：《人类的艺术》，中国友谊出版公司，2013年，第51页。

大，伊斯兰世界由攻势转为守势，屈辱感与日俱增。

时至今日，伊斯兰世界仍然在为如何与西方文明打交道上争论不休。伊斯兰至善论者认为，伊斯兰教十分完美，根本不需要借鉴任何其他文明。他们强调政治与宗教是一体的，不希望与西方进行接触。他们认为西方在毒害伊斯兰世界的年轻人，主张以隔绝的方式来对待西方文明，而不是对话交流。然而，改革派却主张张开怀抱与西方对话，使文明互鉴成为可能。[①]

八、美洲文明

除了上述在世界上有着重大影响的古老文明形态之外，在美洲地区，玛雅文明与印加文明及阿兹特克文明并列为美洲三大文明，这是在与亚非欧地区等古代文明形态地理交通完全隔绝的条件下，独立创造出来的文明。总体来看，美洲文明相对落后，尽管在天文学、数学、农业、艺术等方面都有很高成就，但其技艺和组织水平从来没有赶上世界其他的先进文明。

玛雅文明分布于现今墨西哥东南部、危地马拉、洪都拉斯、萨尔瓦多和伯利兹等地。从某种意义上讲，玛雅是指一个地区、一个民族和一种文明，从来就没有形成一个统一的帝国，整个玛雅地区分成数以百计的城邦，它们在语言文字、宗教信仰、习俗传统上属于同一个文化圈。

200—600年，玛雅人精心建造了一系列崇拜中心，并创造了一种文字，垒土造田。玛雅人还制作了精巧详尽的历法，并在石头纪念碑上刻上日期。目前最早的玛雅纪念碑的制作时间是在328年4月9日。4世纪，玛雅文明达到最高发展水平，从其雕工的精致典雅、金字塔形状的庙宇规模上可见一斑。有研究认为，美洲的艺术与中国有惊人的相似性，表明中国的陶器和青铜器有可能曾经漂洋过海到达美洲，为美洲印第安石匠和金属匠人提供了设计模型。

9世纪开始，由于城邦间发生混战，加上自然灾害和瘟疫，古典玛雅文明走向衰败。到10世纪，曾经繁荣的古典玛雅城市被遗弃在丛林之中。1400年

---

① 布鲁斯·马兹利什著，汪辉译：《文明及其内涵》，商务印书馆，2020年，第123—129页。

后，玛雅最后一个帝国中心——优卡坦失去了对周边乡村的控制，曾经建造神庙、设立祭司的玛雅人重新回到简单的农村生活状态。[1]

印加文明是在南美洲西部、中安第斯山区发展起来的又一著名的印第安古代文明，辐射了南美绝大部分地区。大体说来，它包括了今厄瓜多尔山区、秘鲁部分山区、玻利维亚高原地区、半个智利和阿根廷西北部地区，总面积达90多万平方公里，人口超过1000万，15世纪起势力强盛，16世纪初由于内乱日趋衰落，1532年被西班牙殖民者灭亡。

印加帝国享有"美洲的罗马"之称，以有一套完整的国家体系而闻名于世。印加帝国是一个奴隶制国家，奴隶主阶级包括印加王、王室贵族、高级官吏和祭司，有相当发达的政治和军事组织。根据考古发掘，当时印加帝国有青铜器皿和刀、镰、斧等劳动工具，其冶炼铸造技术相当精巧。印加人也有发达的农业灌溉系统、绵延的驿道、成熟的造酒工艺等。考古学家大都认为印加人的建筑技术、医学、织布和染色技巧相当发达。

在首都库斯科，印加人在城东、城西建有四座天文观象台，中心广场另设一座。根据长期的观测，印加人测得地球运行周期是365天零6小时，并据此制定了太阳历。印加人还有一种历法是阴历，包括354天，根据对月亮的观测结果制定。与阿兹特克人和玛雅人不同，印加人的数学采用十进位制。不过，印加人尚未创制文字，他们的计数方法是结绳，克丘亚语称"基普"，即在一条主绳上结上许多小绳，用结节表明数字，用不同的颜色和长度表明不同的类别。

阿兹特克文明是墨西哥古代阿兹特克人所创造的印第安文明，主要分布在墨西哥中部和南部。约在公元前的两个世纪里，特奥蒂瓦坎就初具都市的形式，面积为20平方公里左右，人口约5万，是一个具有多种阶级和多种职业的城市社会。350—650年是特奥蒂瓦坎最繁荣的时期，人口可能达到20万左

---

[1] 威廉·H.麦克尼尔著，田瑞雪译：《5000年文明启示录》，湖北教育出版社，2020年，第335页。

右。城市中的"死亡大道"向南延伸3公里，辟有东西向的大街，交叉的十字街道把都市划分为四块。克特萨尔科阿特尔神庙在城市的中心。"死亡大道"的北端矗立着月亮金字塔，街两侧有包括太阳金字塔在内的许多庙宇，南端是羽蛇神庙。650—750年，该城毁灭于一场人为的大火。

1325年，阿兹特克人迁往特斯科科湖中的一个小岛上居住，与以前逃至此地的人会合，后来这个小岛发展成特诺奇蒂特兰城。14世纪初，阿兹特克帝国建立，1521年为西班牙人所毁灭。

阿兹特克人根据多年的观察，对天体运行有一定程度的了解。他们不但测算出了日食和月食发生的时间，而且还记录下水星、土星、金星等一些肉眼可以观察到的行星运动周期和轨迹。阿兹特克人创造了象形文字，文字有表意和象形两种，他们还会造纸，用于书写，为后人留下了很多古籍。阿兹特克人的陶器和绘画极为精致，建筑和艺术也达到相当高的水平。首都特诺奇蒂特兰的公共建筑物多以白石砌成，宏丽壮观。1790年在墨西哥城中心广场发现的"第五太阳石"直径近4米，重约120吨，刻有阿兹特克宗教传说中创世以来四个时代的图像，代表了阿兹特克人石雕艺术的最高水平。宗教在阿兹特克人的生活中占有重要地位，相信灵魂永存，并相信存在至高无上的主宰。他们崇拜自然神，主神威济洛波特利被视为太阳神和战争之神。

在西班牙人登上美洲大陆之后，美洲地区的三大文明都面临灭顶之灾。西班牙人满眼只有闪闪发光的金子，加上在狭隘的天主教宗教感情驱使下，用野蛮无比的方式，有系统地消灭"异教"文化。1562年，西班牙神父狄亚哥·迪兰达在曼尼城中心广场烧毁了成千上万册玛雅古籍抄本、故事画册和书写在鹿皮上的象形文字书卷。玛雅文明终于沉落在幽黑的历史深处，世人再也无从知晓这条大洋彼岸的通天之路。人们只能在参观帕连克、科潘等千年古城的雄伟金字塔、精美浮雕的巨石祭坛、观测天体运行的古天文台时，流连忘返，扼腕叹息，遥想这一段已经失落的伟大文明。[1]

---

[1]　徐达斯：《世界文明孤独史》，作家出版社，2019年，第272页。

第五章　文明的主要类型（二）

　　按照文明产生的空间环境进行划分，可以将人类文明划分为大陆文明、草原文明、海洋文明，以及最近日益受到关注的空天文明、网络文明等。[①]上述这些文明类型的产生，基本上与相应的生产生活技术条件相对应，如大陆文明基本上与农耕文明相对应，草原文明基本上与游牧文明相对应，海洋文明基本上与工业文明相对应，空天文明、网络文明基本上与数字文明相对应。

　　地球上分布着陆地和海洋。陆地又分为丘陵、平原、草原和沙漠。沙漠不适宜人类生存，也就没有文明可言。平原地带适合耕作，逐渐形成农耕文明。农民开荒种地，分散劳作，存储余粮，相对容易解决温饱问题，但作战能力明显衰退。草原地带适合放牧，逐渐形成草原文明。牧人居无定所，需要为寻找草场四处迁移，有严密的组织观念，保留着早期狩猎者一样的斗志，形成善战习性和协作纪律。[②]海洋文明是在蒸汽机出现之后，轮船可以远距离航行，从而形成新的战斗力，推动许多国家在海外设立殖民地。空天文明是随着人类科学技术的发展，不断向地外空间拓展，发射各类太空探测器，探索月球、土星、火星等星球，拓展人类活动和生存的空间。网络文明是随着互联网数字技术的发展，构建起一个不同于现实社会的虚拟社会空间，人类可

[①] 美国学者斯塔夫里阿诺斯1970年出版的《全球通史》认为，世界文明并不是以西方文明为轴心发展，而是多样化、有差异地发展；在文明生长时期与此后相当长的古典时期，各个地区、国家的文明都是独立发展。这种独立发展的古典文明，有五个基本类型：欧洲大陆文明、中国文明、印度文明、非洲文明、世界游牧文明。

[②] 威廉·H.麦克尼尔著，田瑞雪译：《5000年文明启示录》，湖北教育出版社，2020年，第16页。

以在虚拟空间里开展生产生活等各种活动。

一、大陆文明（农耕文明）

大陆文明（农耕文明）不仅为文明起源提供了物质基础，而且极大地影响乃至规定着文明起源的途径和模式。从某种意义上讲，正是因为大陆文明的出现，人类定居下来，才使得文明发展存在可能，使人类从文明的萌芽形态进入大发展的阶段。

12000年前，地球气候发生剧烈变化，对人类生存环境产生深远影响。人类开始抛弃过去的采集、狩猎方式，逐渐离开广袤的原野，将自身活动范围主动限制在河流沿岸。人类在河流附近集聚，除了可以很方便地解决人类生存所必需的水源外，还由于河水定期泛滥，形成冲积平原，河岸两侧的土地因此变得肥沃，有利于农业耕作。人类在长期的采集狩猎生活中，积累了有关动植物的丰富知识，生产手段有了很大进步，为驯化野生动植物奠定了基础。

早期，由于人类自身掌握的农业技术比较有限，对先天的自然条件依赖程度更高，因此大陆文明只能在土地肥沃的河流流域冲积平原上诞生。随着犁的发明，这种局面得到根本改变。一个地区只要有充沛的降雨、适宜的温度，在犁的深耕下，普通土壤就能产出足够多的粮食，为人类文明覆盖更为广阔的地球温带地区创造了技术条件。[1]在距今15000—10000年前的中石器时代，出现了农业萌芽，开始制作镰刀、斧头等生产工具[2]，栽培小麦、大麦等谷物和块根作物，驯养日常追逐猎杀的动物。自此，人类进入文明的新阶段，生产生活方式发生重大变化，从过去不断迁徙的状态中，逐渐定居下来，建造

---

[1]　威廉·H.麦克尼尔著，田瑞雪译：《5000年文明启示录》，湖北教育出版社，2020年，第54页。

[2]　犁大概出现于公元前3500年。犁的深耕，不仅有效遏制了杂草生长，还使得人类可以深层开挖，轮耕休耕，充分利用土地资源，使得农民可以在一个地方永久定居。它的发明对中东、印度和欧洲文明具有根本性意义，但在美洲，没有人知道犁为何物。犁将畜牧业和种植业结合起来，使男性替代女性，成为农业耕作的主体，形成今天的"田地"模样。

房屋，制作陶器，开垦耕地，放牧畜群，形成村落。人类开始由狩猎采集者逐渐转变为农耕者[1]，定居下来的人群逐渐集聚形成城市，开始修筑城墙，进行社会分工，出现社会阶层，交换剩余产品，进而促使权力集中、技术进步、科学发展和人口增长，产生城邦和国家，形成我们今天所谓的文明。[2]

由于一年四季存在气候变化，农业种植必须掌握准确的时间，才有利于农作物的耕作。因此，农耕文明中的各民族通过观察月亮的阴晴圆缺，确定月份，制定历法。他们以此确定合适的时间安排耕作，还要以此确定粮食的食用量，确保通过精打细算，不至于在新粮下来之前断粮，这使得时间的计算变得至关重要。[3]人们不仅关注每天的日出日落，更加关注一年的四季变化，中国人甚至从中总结出了二十四节气的科学规律。

随着人类大陆文明的持续发展，在亚欧大陆上的文明起源区域，已由起初围绕大河流域零散分布的一些孤立据点，扩充到更为广大的区域范围。当时世界上出现了三大独立起源的大陆文明中心区：两河流域的西亚、中国、中南美洲。西亚独立起源的农作物主要是小麦、大麦和豆类，驯化的动物包括山羊、绵羊和牛。公元前8000年到公元前6000年，中东地区开始种植谷物，驯化动物，饲养牲畜。在此基础上，先后产生了美索不达米亚文明、古埃及文明、古印度文明。中国农民最早种植的是小米，还有水稻、大豆、荞麦等[4]，驯化出狗、猪、鸡等动物。中南美洲率先培植出玉米、南瓜、红薯等，作物种类与中东地区完全不同，在此基础上产生了玛雅文明。[5]

这些独立起源的农业文明地区逐渐连接成一片广阔地带。这一地带东起中

---

① 较早的一个时期，可能是以狩猎为主，70%的食物来自野生动物，后来慢慢过渡到以采集为主。人类从狩猎采集过渡到种植驯养，开始进入真正的文明阶段。

② 布鲁斯·马兹利什著，汪辉译：《文明及其内涵》，商务印书馆，2020年，第101—102页。

③ 威廉·H.麦克尼尔著，田瑞雪译：《5000年文明启示录》，湖北教育出版社，2020年，第17页。

④ 中国考古发现，农业起源在中国又可以分为长江流域和黄河流域两大区域，以淮河为界，淮河以北以黍、粟等旱作农业为主，淮河以南以稻作农业为主。

⑤ 武斌：《文明的力量：中华文明的世界影响力》，广东人民出版社，2019年，第2页。

国的黄海、东海之滨，经中亚、西亚、南亚、地中海文明区，直抵直布罗陀海峡。在这一区域内，有发达的农业，有逐步独立分工出来的工商业，有日益发达的冶铁技术，有完备的国家治理体制，有繁荣的城市，有清晰的意识形态，体现出人类文明的早期成就，出现了波斯帝国、汉帝国和罗马帝国这样地域辽阔、组织严密、结构复杂的大帝国，涌现出许多青史留名的哲学家、思想家，形成了百家争鸣的局面，呈现出新的辉煌。[①]

农耕文明的发展，使人类有了相对保障的食物供给，导致人口数量激增，改变了持续数千年的自然平衡，也构建起了人类社会自身的平衡。从这时开始，人与人之间的社会关系变得日益重要，开始取代狩猎采集时期人与自然的互动关系，人类进入真正的文明发展阶段。[②]比如，在大陆文明中，随着长期的定居耕作，人们逐渐形成了聚落，需要君王作为权威、领袖、核心来维系部落团结的凝聚力。

很有意思的是，环顾全球，在以农耕文明为基础建立的帝国周边，一般都有游牧民族环绕。比如，中东有南部沙漠地区的闪米特人，亚欧大草原上有北部的蛮族、西部的印欧人和东部的突厥—蒙古人。自有历史以来，这些游牧民族对于以农耕为主的帝国，一直是很大的威胁。草原上周期性的旱灾迫使他们经常入侵相对比较富足的农耕地带，使得一场战争接着一场战争。[③]

中国是世界上农耕文明发展最早的国家之一。中国选择农耕文明，与自身所处的地理环境高度相关。太平洋气候对中国大陆的影响，由东南向西北渐次递减。在东南沿海一带，时常有台风肆虐，不像地中海地区海面平和，容易发展出像西欧那样的海洋文明形态。但在黄河流域，早期的降水和气温十分适合发展农业，之后拓展到长江流域，使得中国的农耕文明重心从西北黄

① 马克垚主编：《世界文明史》（第二版），北京大学出版社，2016年，第416页。

② 威廉·H.麦克尼尔著，田瑞雪译：《5000年文明启示录》，湖北教育出版社，2020年，第25—26页。

③ 威尔·杜兰特著，台湾幼狮文化译：《世界文明史·东方的遗产》，华夏出版社，2010年，第209页。

土高原逐渐向东南移动，进入到如今的江南地区。①

由于中国是农耕文明，土地就是生存的命根子，生存和土地密切相关。这与古希腊的海洋文明有很大差异。海洋文明中的希腊英雄们远渡重洋，去攻占一个城堡，天生带有毁灭性质。因为他们对土地的依赖性没有那么强，不会本着长期占领的目的，而是着眼于一时的袭击和掠夺。甚至有学者认为，希腊的神并不自命为世界的创造者，他们要做的就是征服世界，而征服的手段就是毁灭。他们就是在这种情况下，充分利用希腊半岛极为有利的经商和航海条件，最终发展起商品经济。从中国的情况看，土地的扩张与战争的征服、文明的融合紧密联系在一起。即便是元朝和清朝时期，蒙古族、满族等游牧民族对中国的统治，也不得不用融合的办法，因为这一地区必须依赖的是土地带来的自给自足的自然经济。②

在商周时期甚至在原始氏族部落时期，农耕就已成为中国主要和基本的经济部门。到了秦汉时期，中国的农业生产水平已经是世界领先，在农作物栽培、选种育种以及病虫害防治方面有很高的技术水平。中国是世界上最早饲养家蚕、织造丝绸的国家，是世界上最早种茶、制茶和饮茶的国家，唐人陆羽还撰写了世界上第一部关于茶的专著——《茶经》。中国人早在公元前1500年的新石器时代就会制作典雅精致的陶罐，不仅能满足实用功能，而且十分美观、讲究。丝绸、茶叶和瓷器并称为中国的"三大物产"，它们后来传播到世界各地，改变和丰富了各国人民的日常生活，成为最具代表性的中国文化符号。③中国人还发明了水稻种植。到公元前2400年时，稻米种植已经相当发达。时至今日，稻米仍是亚洲人的主食，养活了地球上1/3以上的人口，构成

---

① 在暴力方面，落后战胜先进，野蛮战胜文明，这在农耕文明居支配地位的世界史上屡见不鲜。由于中国北方人和南方人生存的环境差异，北方人养成了比较彪悍的性格，南方人相对柔弱。在中国历史上，起初是东西之争较多，后来则往往是南北之争，且一般都是北方战胜南方或是西部战胜东部。具体见何怀宏：《文明的两端》，广西师范大学出版社，2022年，第79页。

② 周清毅：《美的常识》，人民美术出版社，2021年，第222—223页。

③ 武斌：《文明的力量：中华文明的世界影响力》，广东人民出版社，2019年，序言第2页。

了中华文明的农业根基。

在中国的农耕文明当中，对土地有着天然的崇拜思想。比如，中国以农立国、以农为本，农业是国家、社会得以持久运行的根本所在。在礼制祭祀时，将"社"作为土地之神，将"稷"作为百谷之首。在社会运转中，强调以农立国，崇农抑商。所以秦汉之后，人们把"社"与"稷"连在一起，称为"社稷"。"社稷"一词也因此成为国家的代名词。[1]人们对"社"的崇拜十分普遍，上自京师，下至乡村，处处都有。

中华民族作为农耕文明的代表，还十分重视粮食的生产和保存，很早时期就提出"民以食为天"。在都城的建设中，会在很重要的位置建设粮仓"太仓"；在战争发生时，强调要"粮草先行"。

中国农耕文明的发展水平，从中国古代农书的数量和质量上就可见一斑。据《中国古农书联合目录》统计，在西方近代农学传入我国以前，我国大小农书共有634种，保存至今的有300多种，如汉代的《氾胜之书》、北魏时期的《齐民要术》、明朝的《农政全书》等。而同时代的欧洲，所知的农书不过几十种，其中大部分属于古希腊、古罗马时期。中世纪晚期以前的，只有一本英国13世纪的《亨利农书》。就农书质量而言，据《亨利农书》记载，欧洲当时粮食收获量与播种量之比为1∶3；而据我国6世纪的《齐民要术》记载，我国当时粟的收获量与播种量是24～200倍，麦类是44～200倍。[2]

二、草原文明（游牧文明）

草原文明（游牧文明）是人类一种非常原始的文明形态。游牧民族的特点是经营粗放，在广大的牧场内放牧畜群，根据各地自然环境的不同，放牧马、牛、羊、骆驼等。用来放牧牲畜的都是天然草场，资源十分有限，抵御自然灾害的能力十分低下，养活不了太多的人口和牲畜。由于季节变化，人和畜

---

① 刘庆柱：《不断裂的文明史》，四川人民出版社，2020年，第136页。
② 刘哲昕：《精英与平民》，法律出版社，2014年，第19—20页。

群往往需要逐水草而居。

在相当长的时间内，人类世界的主流是游牧社会而不是农耕民族的定居社会。游牧民族在马的驯化、马车的制造、金属的冶炼、武器的制造等方面的发展水平大大超过定居社会，但是在文字记录的文化权力的方面没有定居社会那么发达。[1]

如果人口过多增长，或者受到自然灾害的严重侵袭，游牧民族就难以按照传统的生活方式持续下去。随着内部争斗的加剧，一些部落只好向外扩张，寻找新的生活资源。这就是导致游牧民族历史上不断向外侵袭的主要原因。而侵袭的对象，往往就是与他们比邻而居、繁荣富饶的农耕民族。由于在农耕文明状态下，人们生活环境相对稳定，依靠耕作劳动，过着相对富足的生活，但是也容易忘却战争的技巧和乐趣。而草原文明却习惯于流动生活，擅长与恶劣环境对抗和与猛兽的搏杀，他们很容易将战争视为狩猎的一种特殊方式，看到农耕文明中的富裕，就会产生攻击、侵略、占领、奴役和统治的念头。[2]

由于游牧民族居无定所，所以在扩张过程中有时也会发生整个民族在地理范围上的大转移。亚欧大草原上北部游牧民族的多次南下西进，对人类文明的传播和交流产生了深远影响。[3]从公元前18世纪到15世纪这漫长的3000多年里，游牧世界对农耕世界先后发起过三次大规模的武力冲击。

第一次大冲击从公元前18世纪一直持续到公元前6世纪，入侵者主要是那些最初游牧于从黑海到中亚草原、操着原始印欧语言的游牧民族，最终导致爱琴海地区的克里特文明、两河流域的苏美尔文明、印度河流域的哈拉帕文明灭亡。之后，这些古老文明的基础上，孕育出第二代的希腊城邦文明、波斯文明、印度吠陀文明等形态。[4]

①　文扬：《文明的逻辑：中西文明的博弈与未来》，商务印书馆，2021年，第79页。
②　威尔·杜兰特著，台湾幼狮文化译：《世界文明史·东方的遗产》，华夏出版社，2010年，第20页。
③　马克垚主编：《世界文明史》（第二版），北京大学出版社，2016年，第417页。
④　赵林：《中西文化的精神分野：传统与更新》，九州出版社，2023年，第170页。

第二次大冲击从公元前2世纪到4世纪，最初由游牧于中国阴山和祁连山以北草原上的匈奴人由东向西推动。当时，在中国的北部，居住着匈奴、鲜卑、月氏等少数民族，匈奴势力在西汉初年时十分强大，征服并控制了许多部落，势力范围南起阴山，北抵贝加尔湖，东尽辽河，西至葱岭。匈奴不断南下，与汉王朝进行过许多次战争。在汉武帝时期，中国加大了对匈奴的打击力度。中国北部的匈奴被大汉帝国击败后，辗转西迁。

随着匈奴的西迁，原本在西域的月氏人被匈奴击败，被迫不断向西迁徙，最后在阿姆河流域建立起有名的贵霜王国，领土范围包括阿姆河流域、阿富汗、巴基斯坦及北印度，与当地农耕民族相融合，打通了历史上著名的横跨欧亚大陆的东西方文化交流的重要通道——丝绸之路，成为与中国汉朝、安息、罗马并驾齐驱的世界大帝国之一。

一些匈奴部族渡过乌拉尔河、伏尔加河、顿河，于4世纪时出现在黑海北岸，打败了当时居住在这里的西哥特人，占领了黑海以至多瑙河以北的土地。西哥特人迁居罗马帝国境内后，又起兵造反，加上日耳曼人中的汪达尔人、法兰克人等大举侵入罗马帝国，占领土地，掠夺财物，导致西罗马帝国最后一个皇帝在476年被废，一度高度繁荣发达的古希腊、古罗马文明从此湮灭，欧洲从此进入了长达1000年的“黑暗时期”。西亚的萨珊王朝和印度的笈多王朝也快速衰落。

随着汉王朝的日益强大，打击力度的加大，匈奴内部各部落也不断分化，一些少数民族部落开始或主动，或被动地迁入中原地区，接受汉族文化，日益汉化，并仿效汉族建立起自己的地方性政权。如东汉政权式微之后，北魏孝文帝主动实行改革，革除原本十分落后的鲜卑旧俗，推行汉化措施，使政权巩固，为后来中国北方的统一奠定了基础。[1]

中世纪时，阿拉伯世界的游牧民族整合统一起来，并且不断向外征战扩展，最终使得世界范围内的草原文明地区基本上都被穆斯林统治。穆斯林骑

---

① 马克垚主编：《世界文明史》（第二版），北京大学出版社，2016年，第417—419页。

兵英勇果敢，决战沙场，具备强大的战斗力，在中世纪时期在欧亚非各大洲的战场上，始终占据上风，不断拓展疆土，从未失去过大块重要领土，一直到欧洲工业革命之后，面对强大热兵器才开始败下阵来。

第三次大冲击来自13世纪的蒙古人。当时，蒙古部族崛起漠北，其大规模的军事征伐扰动了整个东西方的文明世界。成吉思汗率领的蒙古铁骑，横扫欧亚大陆，建立起强权政治。即便是在蒙古帝国分裂之后，蒙古人也在不同区域建立起强大的汗国，实现了长期统治。战争所到之处，有许多人类文明财富在野蛮暴力的破坏下毁于一旦。但另一方面，蒙古人发起的范围广大的战争以及之后的统治，也把原来因地理、政治、经济条件不同而互相割裂的不同地区连成一片，使得一度被切断的丝绸之路重新进入辉煌时代，东西方的贸易通道畅通无阻，各国大量的使臣、教士、商人以及各种货物自由往来，实现了人类不同文明形态之间的大交流。①

进入15世纪之后，零星分散的游牧民族再也不可能对实力雄厚的农耕世界构成本质性的威胁，不再能够作为一个独立而强大的"世界"存在。持续了3000年之久的游牧世界与农耕世界之间的冲突，逐渐让位于农耕世界与它自身所孕育的工业世界之间的矛盾，农耕国家的安全关注开始由陆地转向海洋。②

农耕文明与草原文明在战争冲突过程中，也促进了彼此之间文明的交融交流。总体来看，文明成果更多是从先进的农耕文明区域向落后的游牧文明区域输入。有些游牧民族吸收了先进的文明，再加上自己的创造，逐渐转向农耕定居生活。也有些游牧民族的先进技术传入农业文明区域，如游牧民族改良了马的品种，将马拉战车的技术传入农业文明地区，使农业文明地区的战争形式发生了根本性的变化，客观上也促进了大陆地区生产运输的发展。

农民和牧民之间的平衡非常复杂。农民人多势众，但组织松散，不善战

---

①　马克垚主编：《世界文明史》（第二版），北京大学出版社，2016年，第424页。
②　赵林：《中西文化的精神分野：传统与更新》，九州出版社，2023年，第171页。

斗，因此中国农耕文明中流行修筑城墙，建设起雄伟壮观的万里长城。但是，农民和牧民之间的关系也不全是敌对冲突和武装抢夺。大部分时候，牧民会通过贸易手段，用奶酪、羊毛、牲畜去换取农耕民族地区生产的谷物、盐、茶、丝绸、棉布等产品。

在冷兵器时代，尽管农耕民族拥有更为先进的技术，但由于缺乏战争的紧迫感意识和强大的战斗力，往往到最后，获胜的一方都是游牧民族。这似乎是一个悖论。从文明进步的角度看，农耕文明要比游牧文明先进，但是在武力战争面前，先进的文明往往显得如此无能为力，甚至可能在游牧民族发起的野蛮战争侵扰下，一些长期积累起来的先进农耕文明毁于一旦，面临灭绝的危险，不得不采取和亲、输物等方式以谋求和平。比如，中国在汉朝时，面对匈奴的不断侵袭，只好采取和亲政策，出嫁公主给匈奴单于为妻，每年送给他们大量的酒、米、帛、絮等物品。8世纪时，大唐帝国在西部地区长期受挫，都城长安暴露在吐蕃及中亚等草原民族军队的锋芒之下，导致中国在西北各族中的威望和影响日益衰落，形势严峻时不得不将首都从长安东迁到洛阳。[①]

自公元前700年起，欧亚大陆草原游牧民族就一直保持着对农耕民族的攻击优势。但是到了1500年之后，人类进入西方文明主导的热兵器时代，步兵开始装备火炮和火枪，能够打破骑兵的强力冲锋，使冷兵器时代所向披靡的骑兵再也无力维持战场优势。从此以后，草原文明不再是欧亚势力平衡中的主要力量，骑兵不再是决定战争胜负的关键因素，草原文明光环不再，不得不让位于更为强势的西方世界主导的海洋文明。

三、海洋文明（工业文明）

人类一直生活在陆地上，有一种脚踏实地的天然安全感。但是，地球上有70%的面积被蓝色的海洋覆盖。如果人类不能进入海洋，文明发展空间将极度受限。

---

① 林肯·佩恩著，陈建军、罗燚英译：《海洋与文明》，天津人民出版社，2017年，第309页。

在人类活动的早期，尽管对海洋充满好奇，但是对其知之不多，充满畏惧。不过，人类还是尝试沿着海岸线开展一些探索性的简单运输，只是一直没有能力深入到深海区域，更无法横跨浩瀚的大洋。美索不达米亚地区带有桅杆的最古老船只可以追溯到6000年之前，他们是制定海洋法和商法的先驱①，经过波斯湾到达巴林岛、阿曼、伊朗南部地区以及印度河流域。5000年前，北美佛罗里达半岛的古代土著居民就已经有航海的传统，考古活动已经发现多处古老的独木舟。②公元前3000年，帆船就已经在地中海地区出现。古埃及人为了维持国内政局稳定，通过地中海和红海与远方进行贸易往来。③早在公元前2000年，位于拉丁美洲的厄瓜多尔与危地马拉和墨西哥之间的太平洋沿岸地区尽管相距超过1800海里，但已经开始进行海上贸易，两个地区在葬礼、陶器风格、冶金技术以及装饰图案等方面存在显著的相似性。公元前1595年，巴比伦文明被赫梯人摧毁，印度文明也出现了衰落，位于东西方贸易路线两端的文明古国的衰落，导致巴基斯坦和印度与波斯湾之间的远距离海上贸易也出现了长达1000年的中断。④

中国人进入海洋比较早，但是相对谨慎。中国人起源于内陆地区的黄河流域和长江流域，其形成和发展的关键主要是依靠对内陆水路体系的开发，建造水利工程来精心治理纵横交错的内陆河流，以提高农业生产能力和运输能力。但是，中国不仅是一个有着广阔腹地的大陆国家，也是一个拥有广大海疆的海洋国家。中国的海岸线长达1.8万公里，有包括台湾岛、海南岛在内的5000多个岛屿，海疆面积约300万平方公里，海洋资源十分丰富。⑤这些条件使得中国人最终还是走向了海洋。沿海居民采用各种办法，跨洋远航，寻求

---

①　公元前18世纪，汉谟拉比法典就规定船只的行驶规则，向下游航行的船只，必须避让逆流而上的船只，如果船主粗心大意造成损失，需要自行承担后果。

②　林肯·佩恩著，陈建军、罗燚英译：《海洋与文明》，天津人民出版社，2017年，第12、25、28页。

③　1954年，在胡夫金字塔里发现4500年前的长达44米的胡夫船。

④　林肯·佩恩著，陈建军、罗燚英译：《海洋与文明》，天津人民出版社，2017年，第68页。

⑤　袁行霈、严文明、张传玺、楼宇烈主编：《中华文明史》第1卷，北京大学出版社，2006年，第2页。

商货、财富、土地等，传播中华文明，也带回了许多外部世界的文明成果。

早在秦汉时期，中国先民就已经航海到日本、朝鲜、东南亚、印度等地。秦始皇时期，先后派出多支船队，到渤海访求长生不老神药。据说，第二次派出的船队多达数千人，曾抵达日本的九州岛。不过，中国的海上贸易主要还是发生在与东南亚地区接近的南海。秦朝赵佗建立南越国之后，推动珠江三角洲发展，建设广州等港口城市，开展海上贸易，带来巨大财富，形成海上丝绸之路的雏形。[①] 海上贸易的推进，对中华文明吸收海外先进文明成果起到重要作用，同时也促进了中华文明成果通过海上航路进行广泛传播，对东南亚文明发展产生了深远影响。[②]

唐宋时期，中国产的陶瓷开始大量通过海上贸易销往世界各地。5世纪时，佛家弟子法显带领一支船队去印度和斯里兰卡取经，于413—414年经过马六甲海峡返回中国，并记录下了航行路线、航海方法、海上危险等。

明朝的时候，中国航海技术高度发达，郑和下西洋就是最好的例证。郑和从1405年到1433年七次出海远航，到达亚非30多个国家，远至波斯湾、东非等地，被称为中国航海史和远洋贸易史上的盛举。1420年，明代水军也许超过历史上任何时期的其他亚洲国家，甚至超过同时代的任何欧洲国家乃至它们的总和。永乐年间，明代水军拥有3800艘舰只，其中1350艘为巡逻船、1350艘为战舰。另外，还有250艘以上的远航"宝船"或大帆船，船上平均人员编制由1403年的450人增加到1431年的690人，最大的船只上甚至超过1000人。[③] 令人遗憾的是，到了16世纪中叶，随着明朝政策的剧烈反转，这一壮观的海军景象已经烟消云散。

但是，这只是从技术层面而言。从文明的角度来看，中华文明始终秉承

---

① 相比于经过中亚地区的陆上丝绸之路，海上丝绸之路尽管航线距离更长，但是危险程度可控，更便捷，付出的关税更少，因为船只经过的国家中很少拥有收税的权力。

② 林肯·佩恩著，陈建军、罗燚英译：《海洋与文明》，天津人民出版社，2017年，第175页。

③ 李约瑟著，柯林·罗南改编，江晓原主持，上海交通大学科学史系译：《中华科学文明史》，上海人民出版社，2014年，第671页。

着大陆文明（农耕文明）的基因，从来也没有想过向海洋文明发展。郑和下西洋，也只是对外国进行友好访问，宣示自己的强大实力，本质上不是掠夺和占领。虽然也有过海上丝绸之路的辉煌，有过中日友好交往的见证，但是在倭寇（其实是汪直等沿海人士鼓噪的流民）的冲击下，明朝没有选择进一步对外开放，而是选择了闭关锁国，从此由辉煌走向没落。其实，当时汪直等人的选择符合经济社会发展规律，是在商品经济发展条件下的必然选择，他们提倡要开放海禁，鼓励贸易。汪直在遗言中说道："如果开放海禁的话，寇也成了商人；如果不开放的话，商人也成了寇。"

自从明朝采取闭关锁国的政策之后，中国在海洋文明的发展中开始由主动转向被动。到了清朝，在西方诸强坚船利炮的攻击下，中国被迫对外开放。直到改革开放之后，新中国主动加速推进海上贸易，实施深海战略，形成世界上最庞大的船队，逐步夺回了17世纪丧失的全球海洋经济发展的主导地位。

印度人很早就开始沿着海岸线进入东南亚地区。1世纪初期，印度洋上定期刮起的季风，催生形成了一些世界上最长的连续航线，穿越阿拉伯海和孟加拉湾。印度以及中国等东方国家所出产的香料、丝绸和其他珍奇物品吸引着西方世界的好奇。7—11世纪，印度洋水手引领了西至东非与红海、东到东南亚与中国的跨区域市场的整合，奠定了海洋贸易持续增长的基础，其呈现出的相互往来的"全球化"网络的特征一直延续至今。

当时，西太平洋主要是中国人的活动范围，印度洋是阿拉伯人、印度人的活动范围，而欧洲人的活动范围主要在地中海和北海、波罗的海。这一格局直至蒸汽机轮船发明以前，基本上没有多大改变。[①]

尽管世界各地的人们多多少少都对海洋利用进行了探索，但总体而言，海洋文明的大发展最终是在欧洲人的努力下才蓬勃兴起。早在雅典、威尼斯时代，航海技术就在欧洲地中海地区兴起。

海洋文明在欧洲兴起，有其地理因素支撑。欧洲基本上是亚欧大陆向大洋

---

① 马克垚主编：《世界文明史》（第二版），北京大学出版社，2016年，第425页。

伸出的一个由诸多小半岛和小岛屿共同组成的边缘破碎的地带。这些小半岛和小岛屿的面积之和，约占欧洲总面积的34.6%，造就了全世界最为崎岖的海岸线。与太平洋的辽阔相比，大西洋要小得多；与太平洋海域的强大台风气候对东亚沿海地区的破坏性影响相比，大西洋的气候变化对西欧沿海地区的破坏力也要小得多。①

尤其是希腊等地，南面天生一个风平浪静的地中海，更是可以让人们十分方便、惬意地靠海而居。公元前9世纪，腓尼基城邦和希腊城邦开始兴起。地中海地区的商人在水陆交通网络很不健全的小型自治城市的港口中开展经营，并沿着远距离的海上航线，穿越整个地中海，开拓复杂的贸易线路，推动商品、人口和文化持续不断的相互往来，创造了最早的海上殖民帝国。许多港口在3000多年后的今天，仍然发挥着贸易中心的作用。他们既是最早提出海战战略的人，也是最早建立复杂的海港以开展商品贸易的人，还是最早在地中海以外的水域进行有组织探险的人，也是最早体现出滨海地区与内陆地区的社群之间以及海上国家与内陆国家之间区别的人。②克里特岛的商人正是通过船运方式，开展希腊和埃及之间的贸易，在克里特岛文明的基础上发展形成迈锡尼文明，通过船只将本国人口输送到新市场，以维持殖民地与母邦之间的联系，最终成为爱琴海世界的文化中心。③公元前460年时，雅典领袖伯里克利就明确指出："在我们眼里，整个世界可以被划分为两个部分——陆地和海洋，对于人类而言，每一个部分都是有价值的。"

公元前2世纪，布匿战争④结束了迦太基在地中海西部长达几个世纪之久

---

① 刘哲昕：《文明与法治》，法律出版社，2014年，第61页。

② 林肯·佩恩著，陈建军、罗燚英译：《海洋与文明》，天津人民出版社，2017年，第81页。

③ 海上贸易的蓬勃发展，也导致了海盗活动的出现。到了17世纪，英国法理学家柯克爵士将海盗定义为"人类之敌"。这一古老的不法行当，直到现代科技高度发达的今天，也因为其机动性强的特点而依然存在，难以根本消除。

④ 布匿战争是地中海世界两大豪强的罗马共和国和迦太基共和国之间进行的三次大战的总称。罗马于公元前509年建立共和国，在向地中海扩张过程中，与迦太基发生了三次战争。布匿战争的结果是迦太基被灭，迦太基城也被夷为平地，罗马从此获得了地中海的霸权。

的主导权，将罗马帝国推上了地中海控制者的地位。为确保罗马帝国及其海上贸易的安全，罗马帝国第一位元首屋大维（前63—14）建立了罗马第一支常规海军。之后的两个世纪里，地中海经历了一段史无前例的和平繁荣时期，建起了那不勒斯等著名港口城市。这是地中海这一文明发源地在历史上首次处于唯一强国的保护之下，对地中海沿岸文明的发展产生了深刻影响。

844年，北欧海盗建造了先进的维京船，能承载40～100名船员，可用于长途航行。他们快速崛起，溯河南下，迅速扩张，围困君士坦丁堡，对欧洲发动攻击，改写了中世纪欧洲的政治版图。由于维京船不能逆风行驶，遇到风向不利时，只能在岸上等待。即便是这样，9—11世纪，斯堪的纳维亚人依然在欧洲掀起一股海洋浪潮。他们建立起瑞典、丹麦、挪威、冰岛等国，不断地袭击西方世界，掠夺宗教财产，向南推进到俄罗斯等地，建立起基辅等多个贸易中心。

15—16世纪，欧洲国家主导的海洋文明发展更是进入"古典航海时代"的高潮。人类开始进入全球化的时代，葡萄牙、西班牙的殖民地遍及世界，通过海军和海上贸易形成的"海商复合体"的海洋文明[1]，在全球确立起欧洲霸权。从此之后，在欧洲人的积极传播推广之下，逐渐形成所谓"欧洲中心论"，一部分欧洲人更是认为欧洲文明远远超越其他民族的文明，倡导所谓"种族优越论"。[2]

在海上探险活动中，葡萄牙在早期一直独占魁首。1400—1500年，欧洲国家开始尝试建造船体更坚固、能够根据风力风向调整风帆的大型多桅帆船。葡萄牙人在船舶建造和风帆设计的技术方面走在前列。葡萄牙王子兼航海家恩里克进行系统性的测试，不断改良提升葡萄牙"小吨位快帆船"的适航性

---

[1]　早期人类利用海上航线，主要还是以和平方式开展海上贸易。到欧洲发现新大陆之后，随着殖民行为的拓展，海洋文明开始同时推进商业贸易、传教活动和军事行为，以武力的方式进行军事占领和海上贸易。

[2]　林肯·佩恩著，陈建军、罗燚英译：《海洋与文明》，天津人民出版社，2017年，第3页。

和易操作性。①在恩里克王子领导的骑士团资助下，葡萄牙于1418年就开始大洋航行探险，并积累了风、洋流、暗礁和港口等方面的可靠资料。与此同时，欧洲国家深入研究蒙古铁骑带来的中国火药，于1450年左右制造出火炮，并将其加装到船舰上，使得这种集坚固船体、容易操控、重型火炮于一体的欧洲船舰无人能敌。长期以来，葡萄牙宫廷希望独占海岸沿线贸易，将非洲海岸信息和大洋航行视为国家机密，以非洲海岸贸易带来的巨大经济利益来承担持续探险活动的成本。因为出海探险有利可图，就很容易筹到资金，建造新船，改进装备，吸引有经验的水手和船长参与探险。②新探险活动持续扩大海洋贸易的地域范围，刺激葡萄牙人进一步加快海洋探险步伐。

葡萄牙人陆续开展的大量航海探险行动，取得了令人瞩目的成就。1472年，费尔南多·波到达非洲海岸大转弯的群岛，以自己的名字命名费尔南多波岛。1473年，葡萄牙人越过了赤道。1482年，迪奥戈·康发现了刚果河河口。1487年，巴尔托洛梅乌·迪亚士绕过好望角。1497年，达·伽马经过好望角，穿越印度洋，到达印度南部的科泽科德，印度群岛之路终被发现，成功开辟了从欧洲到印度的海上航线，使得印度洋各地所产香料无须经过阿拉伯半岛而直达欧洲，从而打破了中东阿拉伯商人长期以来的垄断，使里斯本取代威尼斯成为欧洲香料集散大港。1500年，葡萄牙远征队本来是要去印度，结果由于航行方向难以确定，不知道如何判定东西航行距离，导致航道发生偏离，误打误撞地发现了南美大陆。③1510年，葡萄牙占领印度西海岸果阿港，1513年到达中国东海岸，1515年掌握了印度洋的海上控制权，1522年麦哲伦完成人类历史上的首次环球航行，1543年到访日本，1553年取得澳门居住权。葡萄牙人将欧洲与古老而复杂的亚洲海洋贸易网络联系起来，推动欧亚大陆通

---

① 威廉·H.麦克尼尔著，田瑞雪译：《5000年文明启示录》，湖北教育出版社，2020年，第345—346页。

② 威廉·H.麦克尼尔著，田瑞雪译：《5000年文明启示录》，湖北教育出版社，2020年，第350页。

③ 在欧洲地理大发现时，人类依然还不知道如何判断航向，偏离航道的情况时有发生，直到1761年约翰·哈里森才发明了海洋钟。

过海洋进行沟通。此外，在非洲，由于葡萄牙人和其他欧洲人与美洲开展非洲黑奴贸易，让非洲人觉得基督教不可信，这也导致葡萄牙帝国在非洲地区以海上防卫和贸易为主，势力范围完全局限在沿海港口和公海，影响时间也相对比较短暂，从来没有能够像西班牙人那样深入非洲内陆，开疆拓土，建立殖民地，重塑当地社会。

西班牙在前期对海洋事务了解不多。但是，由于葡萄牙国力不够强大，自身能够提供的资助资金相对匮乏，向欧洲银行家借款又因没有足够的抵押物，而难以筹集到支撑持续的海洋探索所需的巨额资金。在葡萄牙人拒绝哥伦布的探险资助之后，西班牙的卡斯蒂利亚女王伊丽莎白一世被哥伦布的热忱打动，决定资助哥伦布的海洋探险行动。1492年，哥伦布抵达南美洲的巴西，这是一次划时代的航行，为欧美两个大洲开辟定期海上航线奠定了基础。极具讽刺意味的是，哥伦布一直到去世，也不承认自己发现的是新大陆，他坚称自己是抵达了亚洲。由于哥伦布在伊斯帕尼奥拉岛上发现了一些黄金，有人谣传新大陆有数不清的财富，从而引发更多冒险者搭船出海，寻找财富。1507年，大多数航海专家认为，哥伦布发现的陆地不是亚洲，而是新大陆，并提议将其命名为"美洲"。当时的美洲只指南美洲，直到1600年后，欧洲人认为美洲的地理范围应该同时涵盖北美洲。1518年，西班牙人科尔特斯带着600人向阿兹特克都城特诺奇提特兰进发，遇到反抗，于1521年将其夷为平地，在附近建立起西班牙殖民地的新都城——墨西哥城，并在此发现了大量金银。1531—1536年，弗朗西斯科·皮萨罗摧毁了印加帝国，征服秘鲁，定都利马，也获得大量金银。这些发现进一步刺激了西班牙人前往美洲进行探险，并于1536—1538年占领哥伦比亚。埃尔南多·索托于1539—1542年对今美国南部进行探索，发现了密西西比河。1561年，征服智利。

1550年后，葡萄牙、西班牙的对外扩张冲动和活力开始消退，传统大胆的海外探险带来意外财富的模式难以维系。这时，荷兰大力推动与北欧的贸易，安特卫普、阿姆斯特丹等港口城市快速发展。1648年，荷兰最终脱离西班牙而独立。荷兰商人在海洋贸易中开始居于世界领先地位，航洋贸易首次将北欧地区联系起来。

与此同时，英国海军的探险活动也开始急剧扩张。1585年，英国女王伊丽莎白一世批准弗朗西斯·德雷克率领使团进行环球航行。1588年，英国海军击败西班牙"无敌舰队"。到18世纪30年代，英国已经拥有世界上最强大的海军，几乎相当于当时法国和西班牙海军实力的总和。英国皇家海军战舰的分布，从巴巴多斯一直延伸到波士顿。1838年4月22日，第一艘横渡大西洋的商业汽船到达纽约，世人惊呼"时间与空间湮灭了"。1870年，英国商船的总吨位占到全世界船只总吨位的43%，1900年提高到51%。

18世纪，欧洲航海探险活动的重点开始转向太平洋地区，荷兰、葡萄牙、法国、英国等西方国家开始第二波大规模的海外探险活动。[1]他们在科技革命的推动下，凭借坚船利炮，纵横各大海域，深入海岸陆地，绘制海洋地图，观测星体运动，研究不同地区的植物学和动物学，开拓疆域广阔的海外殖民地，进行宗教传播，试图将欧洲文明强加给那些他们认为"不文明"的海外人群。1768—1771年，库克船长带着8位科学家，开启了太平洋航海行动，深入许多南太平洋岛国。1793年，马嘎尔尼开始了访华旅程。随着1869年苏伊士运河的通航，欧洲与亚洲之间的海上联系变得更为便利。

可以说，在1500年之后的近500年时间里，欧洲通过先进的航海技术、造船技术以及强大的海军，先后抵达并控制了非洲、美洲、印度次大陆、东南亚、中国等地区。自此，欧洲国家在全球化时代的竞争中脱颖而出，全球开始形成一个彼此相连的网络体系。无论欧洲人走到哪里，都会给当地人群的生产生活带来显著的冲击。不管葡萄牙、西班牙、荷兰、英国等欧洲各个大国之间如何不断地交替掌握海上主动权，凭借着在航海技术上的优势，加上精明的商业头脑，以及各国法学家共同努力制定海洋贸易的法律规则，欧洲直到19世纪末一直处于海上霸主地位。[2]

---

[1] 布鲁斯·马兹利什著，汪辉译：《文明及其内涵》，商务印书馆，2020年，第36页。

[2] 林肯·佩恩著，陈建军、罗燚英译：《海洋与文明》，天津人民出版社，2017年，第415页。

海洋文明的发展，是在造船技术不断改进、海洋知识不断累积的基础上推进的。中国一度是航海技术高度发达的国家。中国船只在外形、动力和船舵装置等许多方面的设计上，与欧洲其他任何一个海洋民族都有明显不同。比如，防水隔舱的设计中国很早就有，而英国直到18世纪才出现类似设计。西方造船技术在4世纪下半叶时发生了一次重大变革，用"先造船架"的技术替代过去的"先造船体"的技术，使船只制造和修理更加容易，花费也更少。大三角帆也在2世纪开始逐步替代方形帆，直到14世纪时北欧人将其重新利用。

随着造船技术的进步和指南针、计时器等导航技术的发展，人类开始能够制造机动性更强的船只，进行更远距离的航行。指南针是利用磁铁在地球磁场中的南北指极性而制成的一种指向仪器。早在战国时期，中国人已经开始利用天然磁石制作形状似勺、以勺柄指南的司南。但是由于加工磨制不易，并且容易因受震等失去磁性，因而没能广泛使用。到宋朝时，已经可以制造磁性稳定持久的磁针，大大促进了指南针的推广使用。早期的指南针技术，主要用于风水堪舆和行军作战。宋朝时期由于海洋贸易兴盛，开始将指南针用于航海，之后演进到明朝郑和开展举世闻名的大规模远洋航行活动。指南针等技术通过蒙古人传入欧洲后，推动了欧洲航海技术的大发展。

人类对海洋的求知欲望和探索欲望越来越强烈，通过海洋到其他陆地探险的欲望也越来越强烈。在此进程中积累的知识，使人类开始能够准确地预测洋流、潮汐和风向，推动人们将生存生活空间越来越深入地从陆地拓展到海洋。工业革命之后，船用发动机的发明，更是使人们有了全球航行的概念，不仅开启了一个开凿运河及改进内河航道的时代，也为大陆腹地工业经济的发展创造了各种机遇，便利了货物与乘客的跨大陆转运，改变了全世界人民的生活节奏。

欧洲大航海行动客观上推动了海上贸易的快速发展，加速了世界不同地区、不同文明形态之间的交流、交融、交锋进程。这些遍及世界的航海探险行动，使处于不同地区、不同发展阶段、不同类型的文明类型发生剧烈的交流碰撞，彼此之间不断试探，不断反思，不断调整。欧洲地理大发现使人们更加重视发展海洋文明，从根本上改变了世界文明关系，改变了人类的世界观。过去的世界文明，基本上都是立足于陆地平原地区的农耕文明和草原地区的游牧文明，欧洲地理大发现之后，海港城市成为不同文明成果交汇融合的重要节点，人们可以在海港城市首先了解到其他民族的奇风异俗和新思想、新技艺、新商品，传播速度比在以往的内陆上要快得多。

早期各种文明之间的交流、交融、交锋还是在一种和平的状态下进行，慢慢地被一种更加粗野暴戾但是披上文明外衣的殖民意识形态所取代。[①]航海大发展在推动国际贸易快速发展、新作物和牲畜广泛传播的同时，也使得许多商品的市场价格急剧上涨，将黑死病、麻疹、流感、天花等致命病毒带到美洲，成千上万的印第安人因此殒命，许多印第安部落甚至遭受到灭顶之灾。

从世界范围来看，欧洲地理大发现在当时对美洲的影响，要比对亚洲的印度和中国大得多。在美洲，欧洲人的到来彻底改变了一切，美洲印第安人的三大文明都被西班牙征服者无情抹杀，阿兹特克和印加祭司的传说故事几乎被完全遗忘。有人估计，在科尔特斯踏上墨西哥土地时，墨西哥中部人口在1100万～2000万，因天花、麻疹、疟疾感染，到1650年只剩下大约150万人。但是在亚洲，由于本土文明水平很先进，对葡萄牙人带来的航海术、火器以及商品不太感兴趣，欧洲的思想和文明与本土文明相比高不到哪里去，因而对本土文明的影响和冲击相对来说要小得多。

欧洲地理大发现对非洲的影响也很大。过去，大多数非洲地区受到伊斯兰文明的影响，这些地区与外部世界的接触比较困难，而现在通过欧洲人的探险活动，使得非洲与世界各地的联系更加紧密，尤其是西班牙开始在非洲内陆建立殖民地，强化了本地居民与西方基督教文明的联系，使得当地因此经常要面对伊斯兰教和基督教两种文明的矛盾冲突。

海洋文明的发展，首先会通过商品贸易发展促进繁荣。相对于陆地运输而

---

① 布鲁斯·马兹利什著，汪辉译：《文明及其内涵》，商务印书馆，2020年，第56页。

言，海洋运输的规模更大、成本更低，在技术有了一定发展之后，航行安全也比陆地上更有保障。因此如何发展海洋贸易线路，始终是沿海国家的重要课题。早在4000年以前，美索不达米亚和印度地区就通过印度洋，开辟出印度洋贸易路线。中世纪时期，地中海的商人努力调和犹太教徒、基督徒和伊斯兰教徒之间不同的宗教和法律原则，促进了新的商业金融形式的创立，传播了为保护国际贸易投资的法律，达成了不同宗教信徒都能够认可的妥协方案，最终催生出现代国际商法的雏形。600—800年，拜占庭帝国就开始编纂实施《罗德海商法》，其中基本的法律原则得到这一时期的地中海各国商人的共同遵守。海商法的不断完善，使商人们的交易方式日趋简单合理，有助于创造一个扩大的、跨文化的商业网络，推动海上贸易快速发展。各地区商品和文化的交流越来越频繁，人类迁徙的范围也不断扩大。1609年，被称为"国际法之父"的格劳秀斯发表海洋自由论，提出任何国家之间的交流与贸易都是合法的，获得利益的最佳途径就是和平贸易，因此要共同保障航洋航行的交通自由和安全。

21世纪初，轮船和海运航线成了经济全球化快速发展的经纬线，轮船承载了世界贸易总量的90%。[1]海洋贸易从无到有，20世纪70年代时每年超过26亿吨贸易量，在最近40年中，这一数字增加了3倍，达到80亿吨。在过去的半个世纪中，远洋轮船的数量增加了3倍。[2]远洋航运业的发展反映着全球化的进展步伐，航海技术、海上贸易、海上战争以及海洋开发等方面带领的影响，比历史上任何时期都更剧烈地改变着人类文明的发展。为了提高海洋货运效率，人类开始建造全蜂窝式集装箱运输船，对集装箱尺寸实行国际统一标准。国际海事组织制定大量国际公约，涵盖了从船舶设计、安全标准、船籍等级、航道安全到污染泄漏等几乎所有方面的问题。

---

① 林肯·佩恩著，陈建军、罗燚英译：《海洋与文明》，天津人民出版社，2017年，第7页。

② 与过去不同的是，现在远洋商船在"方便旗"（Flags of Convenience）的影响下，船主们为了寻求较少的管制和较低的关税，将自己的船只在其他国家登记，船只不再如同19世纪和20世纪初那样是国家进步和国际威信的象征。

海洋文明的发展，还推动了宗教思想文化的交流。正如海上贸易促进了佛教从印度和斯里兰卡传播到东南亚和中国一样，海上贸易也使犹太教、基督教和伊斯兰教在地中海周边传播开来。642年，阿拉伯人在埃及尼罗河三角洲建立了法斯塔特（今开罗），占领了亚历山大港。对地中海地区众多港口的占领，使阿拉伯人有机会接触到船只和有经验的水手，从而具备了从海上袭击拜占庭帝国的能力。648年，阿拉伯国家开始海上扩张，到10世纪初阿拉伯国家的发展达到了顶峰，在地中海的主要岛屿中，只有科西嘉岛依然还处在信仰基督教的君主控制之下。

西班牙人征服美洲之后，加快推动基督教传播，组织金银等矿产开采活动。西班牙征服者每次出发时，都有牧师和修士跟船前往。一些传教士在说服印第安人改信基督教的同时，也坚定捍卫印第安人的权利，成为土著人利益的特别发言人。在卡萨斯等传教士的呼吁下，1542年西班牙颁布美洲法典，禁止奴役、虐待印第安人。①西班牙传教士不仅让印第安人改信天主教，还为他们带来了新的金属工具，引进牛、羊、马等牲畜，让他们学习新的农业技艺，改变了美洲传统的土地利用模式。葡萄牙探险者出海远航时，都会带着大量修士和牧师，将基督教传播到南美洲、非洲、印度、日本和中国等地，与伊斯兰教形成直接竞争关系。基督教在日本传播发展很快。1549年圣方济各·沙勿略抵达日本，很快就成立了基督教会，并在一个多世纪里兴盛发展。但是，由于基督教要求信众遵守所有圣事，特别是禁止一夫多妻，而伊斯兰教较少要求当地人改变原有风俗习惯，修行方式灵活，导致在非洲和东南亚等允许一夫多妻制的地方，更多的人依然选择信奉伊斯兰教而非基督教。

海洋文明发展过程中，除了产生商品贸易和文化交流等活动，也伴生着权力争夺的海洋战争。海战在很多方面不仅决定着一场战争的成败，甚至影响到一个国家的发展进程及其选择的政治方式。由于海洋权益的扩大，许多统

---

① 威廉·H.麦克尼尔著，田瑞雪译：《5000年文明启示录》，湖北教育出版社，2020年，第359—360页。

治者开始设法对海洋本身进行控制，通过建立强大的海军延伸其海外管辖权，占领岛屿或控制海上国际贸易的战略要道，征收关税和其他费用。①

埃及人在新王国时期就利用自己的造船技术及在沿海航道上的优势，建立起一支海军，有着先进的组织、等级制的指挥体系和良好的军纪，为国内及海外的远距离作战提供后勤支援，也使用海军进行两栖作战。有史料记载，早在公元前1176年，当时埃及人在拉美西斯三世的带领下，战胜了海上民族的入侵。②

古希腊文明在发展进程中，曾发动了特洛伊等诸多海战，荷马史诗对此进行了详细的描述。第一次希波战争中的英雄米提阿德认为，未来胜负的关键将是在海上，唯有大力发展海军，获得海上控制权，才能最终拯救希腊。为此，他说服雅典公民放弃劳里昂矿场的分红，用这些收益建造了100多艘三层桨战船，从而跃居为海上强国。③公元前491年爆发的希腊与波斯之间的战争，双方共有上千艘战船参与，最终希腊取得战争的胜利。希腊城邦中，雅典因为其海军规模、组织形成强大的战斗力，而成为希腊最强大的城邦，依托海军的保障优势积极推动地中海商品贸易发展，由此积累巨大财富，建造起不朽的帕特农神庙。公元前411年，雅典在伯罗奔尼撒战争中，海战输给斯巴达，从此实力大减，被迫加入斯巴达主导的伯罗奔尼撒同盟，放弃自己传统的民主政治，实行斯巴达式的寡头政治。此后，地中海的控制权由东部地区的希腊转向西部地区新兴的迦太基。

自公元前2世纪开始，罗马帝国逐渐控制地中海贸易航线，实现成长和繁荣，变得不可战胜。到公元之初，罗马帝国已经控制叙利亚、巴勒斯坦、埃及等广大地区，势力范围覆盖地中海和黑海，将这一伟大帝国维持了数个世纪之久。

8世纪初，阿拉伯人在地中海东部加强海军建设。阿拉伯帝国建立后，地

---

① 林肯·佩恩著，陈建军、罗燚英译：《海洋与文明》，天津人民出版社，2017年，第395页。
② 林肯·佩恩著，陈建军、罗燚英译：《海洋与文明》，天津人民出版社，2017年，第77—78页。
③ 何怀宏：《文明的两端》，广西师范大学出版社，2022年，第157页。

中海、红海以及阿拉伯海的沿岸大片区域都掌握在阿拉伯人手中。他们很快学会了航海技术，成为海上大国。在埃及、叙利亚、西班牙等地以及波斯湾都有阿拉伯人的造船基地。8世纪时，他们占领印度洋西部海域的科摩罗群岛，9世纪时航行到马达加斯加岛，越过宽阔的莫桑比克海峡，在非洲东海岸建立起许多商业据点，到12世纪时形成著名的商业城邦，北起摩加迪沙，南至基尔瓦，商路可以通达印度洋、波斯湾、印度和中国各地，联系亚历山大里亚、君士坦丁堡等枢纽港口，与意大利商人争夺地中海上的商业控制权。①

由于海军组织、造船业和重炮设计的进步，西欧人建立起常备海军部队，将哥伦布、达·伽马等取得的开创性成就加以巩固和扩大。1652年，英国与荷兰的唐斯海战中，双方都有上百艘舰船参战，这是人类历史上第一次双方舰队以战斗阵型进行的海战，标志着海军战列作战的时代已经到来。

海战的发展包括军舰技术的发展与海战战术的发展。前者主要着眼于动力和战斗力两大方面。动力方面，不断增加桨手数量，设置风帆，到后期的蒸汽动力船、核动力船。战斗力方面，早期的战船船首安装有撞角、投石机、喷火器②，以期通过撞击、击沉焚烧敌船；后期的战船增加火炮、导弹，以及航空母舰上增加飞机。后者有进攻战术和防御战术，比如围攻、穿行而过等。

1890年，美国海军学院的阿尔弗雷德·塞耶·马汉出版《海权对历史的影响》，提出现代海上强国和海权观念，将海权视为打击敌国经济繁荣的能力。19世纪末20世纪初，世界各国都开展大规模的海军军备竞赛，舰艇上充斥着各种各样的大口径火炮。中国就是在1895年与日本的甲午海战失败，从而加速了清王朝的灭亡。1910年，海军航空兵开始出现。1930年，全世界正在服役的航空母舰已达11艘。"二战"期间，德国对英格兰商船执行"无限制潜艇战"，更是使海上争夺日趋激烈。美国潜艇击沉了大量日本商船，使得日本的燃料、橡胶等战略物资和食品进一步短缺。这对于物资严重匮乏的日本

---

① 马克垚主编：《世界文明史》（第二版），北京大学出版社，2016年，第427—428页。
② 7世纪70年代，叙利亚难民加利尼科斯发明了喷射加压原油的武器"希腊火"，用喷出的火焰烧毁对方的船只。

来说是一个致命打击，也是导致日本最后被迫投降的一个重要原因。

四、空天文明与网络文明（数字文明）

从人类活动空间的拓展角度来看，现在已经逐步从地球向太空进军，空天文明是一个未来值得高度关注的问题。随着交通、通信技术的发展，地球已经成为一个完全可以朝发夕至的"地球村"，对于居住有80亿人口的星球而言，已经显得十分拥挤。加上势必走向衰竭的石油、煤炭等化石能源供应，逼迫人类尽快思考未来的居住环境。美国企业家马斯克已经明确提出"移民火星"的目标，并不断发射空天器进行研究试验，以推动这一人类梦想变为现实。随着火箭发射能力等空天技术的发展提升，人类已经不再只满足于在地球这个星球上生活，开始向太空部署大量人造卫星，开展登陆月球、火星等星球，进行大量太空探索活动，探索地外生命存在的可能性和银河系之外的秘密，这些为人类走出地球、发展人类文明创造了一个更大的空间。

从人类文明掌握的关键技术角度来看，人类已经从农耕文明、游牧文明、工业文明形态开始向数字文明进展，这也导致人类生产生活空间从现实的陆地、海洋、空天进一步向虚拟的网络空间拓展。进入21世纪后，人类更是进入信息技术革命阶段。由于科学技术的发展演进，世界上绝大多数的人群已经脱离了物质贫乏的刚性约束，将更多的时间用于追求精神世界的丰富。以互联网、大数据、人工智能等为代表的网络数字技术，正以新理念、新业态、新模式全面影响人类的生产生活各方面，融入人类经济、政治、文化、社会、生态文明建设各领域和全过程，使人们不仅生活在现实世界当中，甚至通过AR、VR、人工智能等手段进入虚拟世界，通过创设数字人，在现实世界和虚拟世界中自由转换。无论是从深度还是从广度的视角看，数字技术都已经从量的积累迈向了质的飞跃，到了足以塑造一种人类文明新形态的高度，需要我们丰富发展。

第六章　改变文明的力量：突破与融合

　　人类文明是在每个个体贡献的基础上共同创造出来的，最终又提供给全体人类共享。总体来看，改变文明的力量主要有两大类六个方面。第一大类是指创新突破。原生性的文明形态往往都会秉承自己的文明基因，独立而坚持不懈地探索拓展对未知世界的认识水平，不断丰富人类的理性认识内容。具体包括三个方面，即对自然界运行的科学探索、对人类自身机体的生理心理探索、对人类社会运行规律的民主政治探索，具有显著的探索性、突破性和原创性。第二大类是指交流融合。通过推动不同类型文明之间加强沟通交流，在此基础上吸收创新、整合创新，形成新的、影响范围更大更深远的更高水平的文明，具有显著的借鉴性、融合性和包容性。具体包括三个方面：商业贸易以和平的方式推进，战争以暴力的方式推进，人口迁徙在各种因素综合作用下推进。令人遗憾的是，人类文明在宏观意义上的整体进步，几乎都得以微观个体利益的牺牲为代价，这一点在战争、疾病防控等方面尤为凸显，需要付出惨痛代价之后才能迈上文明的新的更高台阶。

一、科学创新——对自然界的探索

　　科学探索，是人类在与无知做持之以恒的斗争，以求在理性、科学中掌握自己的命运。[①]科学创新给人类文明带来的影响不言而喻。科学技术不仅能在

---

①　关于科学，有古代科学和现代科学之分。许多科学史家认为，15世纪以前的科学，是古代科学，基于观察和实际使用需要，更多偏重于技术而缺乏理论推导；15世纪以后的科学，才是真正意义上的现代科学，起始于文艺复兴晚期的伽利略时代，重视以数学为基础的理论逻辑推导。

生产力层面直接改变人类的生产生活方式，而且能在精神文化层面改变人类的思想和思维方式，促进理性主义和人文主义的发展。人们利用科学观察获得的真理，替代神启的"真理"，从而推动知识的不断进步，促使越来越多的人从神学转向科学。①

科学最初有三个起源：一是人类对自然现象的观察；二是人类日常生活需要以及为满足这种需要而从事的生产活动；三是人类的原始宗教。

自从人类从动物中分化出来后，就试图探寻世界的本原，描绘世界的正确图景。②最早引起人类关注的自然现象，大概就是天象。在古代世界，最早进行天文观测而且取得辉煌成就的，是古巴比伦人。古巴比伦的祭师们自公元前2000年前就仔细观察天象，并详细记录观察结果，渐渐发现了天文现象的周期性，计算出太阳和月亮的相对位置，从而准确预测日食和月食，并据此将一年确定为360天，一天分为24个小时，一小时为60分，一分钟为60秒。现在世界通行的时间制，就是起源于古巴比伦。古巴比伦的祭师们依据他们长期积累的天文知识制作了详细的天体图，并建立起一套占星术。公元前340年左右，占星术传入希腊和其他地方，使得人们逐渐摆脱原始宗教的羁绊，开启了天文学的前进之路。③

中国的天文历法也在很早时期就形成了高水平的研究成果。中国先后在南京、北京等地建设专门的天文观察台，提出盖天说、浑天说等宇宙观，研制出圭、表、日晷、刻漏、望筒、周公测影台、浑仪、简仪等天文仪器，从商代中期开始逐渐发展出二十八宿体系，绘制出十分精准的星图。依靠中国历代天文学家几千年来从未间断的持续观察和记载，中国人贡献了世界上最丰富、最系统的天象记录。尤其在异常天象的记录方面，中国天文学更是独领风骚，让西方天文学界望尘莫及、自叹弗如。早在商代，中国历法就不仅有

---

① 古斯塔夫·勒庞著，佟德志、刘训练译：《革命心理学》，山西人民出版社，2020年，第160页。

② 苗东升：《浑沌学纵横论》，中国书籍出版社，2020年，第1页。

③ 马克垚主编：《世界文明史》（第二版），北京大学出版社，2016年，第486—487页。

平、闰年之分，还有大、小月之分。从公元前370年到1851年，中国编制颁行了102部历法。[①]记载于《诗经》中的公元前734年的一次日食记录，被认为是所有人类文明史上可考证的最早日食。公元前613年，中国就观测记录下西方人在1682年才发现的哈雷彗星。公元前28年，中国文献就已经有了关于太阳黑子的记载，比西方最早的文献几乎要早一千年。

不过，中国的天文学不是纯粹的科学，而是主要服务于政治的礼学，是星象解码学、天文解释学、政治占星学、日常伦理学的综合体。因为按照天人相感、天人相通的思想，皇帝通过天授皇权统领人间，"奉天承运"，因此历朝历代，天文学家在皇权政治中都扮演着非常重要的角色。历代朝廷都十分重视皇家天文机构的设置，从秦汉的太史令、唐代的太史局和司天台、宋元的司天监到明清的钦天监，天文机构和天文官员一直享有很高的政治地位和权威影响，首席皇家天文学家的官职甚至可以达到三品。为避免对社会运行的干扰，危及皇家统治的权威，历代朝廷基本上都禁止民间研习天文，违者甚至会被处以极刑。李约瑟在他的《中国科学技术史》中写道："希腊的天文学家是纯粹的私人、哲学家、真理的热爱者，他们和本地的祭司一般没有固定的关系。与之相反，中国的天文学家和至尊的天子有着密切的关系，在政府机关的一个部门供职，依照礼仪供养在皇宫高墙之内。"[②]

天文学成就的取得，需要有高水平的数学知识做支撑。古巴比伦的商业发达，促使计算水平提高。公元前2500年，古巴比伦国王就颁布过关于长度、重量和容器标准的敕令，在当时的古巴比伦碑石上刻有乘法表、平方表和立方表，已经能把圆周分为360度，采用十二进位制和十进位制相结合的双重计算法，在土地测量、地图绘制中出现了几何学的端倪。印度早在神秘的哈拉帕文明时代就有了十进位制，发明了0—9等十个计数符号。中国很早就有了九九乘法口诀和十进制数字，有了"规""矩"等应用型的数学工具，战国时

---

① 李约瑟著，柯林·罗南改编，江晓原主持，上海交通大学科学史系译:《中华科学文明史》，上海人民出版社，2014年，第294页。

② 吴国盛:《什么是科学》，广东人民出版社，2016年，第82—89页。

期还提出了著名的"商高定理"(勾股定理),空位表零法在黄河流域发明得要比其他任何地方都早,十进制度量衡也随之产生。公元前1世纪,中国工匠已经开始使用十进位刻度的滑动卡尺来检查工件的精准度。只是中国的数学思想一直止步于深奥的代数式,而不像西方世界那样采用直观的几何式。[①]

许多人认为,需要是发明之母。由于人类有需求,才开始进行所谓的发明创造。比如,1942年第二次世界大战仍在进行时,美国政府制订曼哈顿计划,希望抢在纳粹德国之前研究制造出原子弹。但事实上,历史上许多发明或者大多数发明都是一些被好奇心驱使的人或喜欢动手修修补补的人搞出来的,当初并不存在对他们想到的产品的任何需要。比如,托马斯·爱迪生1877年发明留声机时,提出他的发明可以有10种用途。他甚至认为,只将其发明作为留声机,是糟蹋他的发明。再比如,1866年尼古拉斯·奥托发明机动车时,最初也不是为了满足需求,因为当时马车已经可以很好地满足路上运输需要。直到第一次世界大战,卡车才开始在工业化国家取代马车。[②]

特别有意思的一个悖论是,现代人看待宗教,总认为宗教是愚昧的,让人迷信,而不是相信科学。其实,原始宗教就是因为人类无法解释自然界的许多现象而萌生,原始宗教产生之后,又努力去破解这些自然之谜,客观上对科学的发展有着重要的推动作用。当然,在原始宗教发展到一定阶段固化之后,又会成为科学探索的障碍,束缚人们的思想进一步突破。基督教在其成型之后,带有强烈的超理性主义趋向,崇尚东方神秘主义,着眼于灵魂拯救,坚决拒绝科学,处处扼制科学,所谓知识教育、研究行为几乎都局限于经院内部。比如,早在390年,就发生了德奥菲罗斯主教毁灭亚历山大里亚图书馆分馆的事件。415年,亚历山大里亚的最后一位数学家希帕西亚被基督教暴徒残杀[③],致使欧洲的科学发展在中世纪经历了一个漫长的停滞期。

① 李约瑟著,张卜天译:《文明的滴定》,商务印书馆,2016年,第6页。

② 贾雷德·戴蒙德著,谢延光译:《枪炮、病菌与钢铁——人类社会的命运》,上海译文出版社,2016年,第243—245页。

③ 马克垚主编:《世界文明史》(第二版),北京大学出版社,2016年,第498页。

随着科技的进步和现代科学体系的确立，人类对自然界、对宇宙有了更为清醒和理性的认识，逐渐打破了宗教在人类世界观的主导地位。人类不再单纯相信自己是受不可知的自然和超自然力量的摆布，而是可以凭借人类自身理性的力量去认识、改造世界。宗教神秘主义的面纱和覆盖真相的无知之幕，被人类的理性之手掀开一角，传统的宗教权威受到撼动，人类第一次有了从对自然恐惧和宗教迷信的阴影中走出来的自信，开始重新审视人类自身思想拥有的独特价值和突破能力，在人类文明发展史中凸显出"人"本身，越来越关注以人为中心的人文主义日益占据主流。①

从人类发展史来看，科学并非西方的特产。在广大的东方世界，早就开展了科学方面的探索，取得了许多伟大的成果。除了人所共知的中国四大发明之外，公元前4世纪已经在中国广泛应用的双重活塞风箱在16世纪传到欧洲，极大地提高了欧洲的冶炼技术。发明于公元前2世纪的中国旋转式风扇车"飏车"，被来华的荷兰船员于1700—1720年带到欧洲，使欧洲农民簸谷的效率一下子提高了好几倍。公元前1世纪中国人发明的深井钻探找盐的技术17世纪由荷兰人传入欧洲，成为现代石油工业的技术基础。1世纪中国人就掌握了铁链吊桥技术，英格兰直到1741年才出现第一座铁索吊桥。中国人大约发明于1世纪的龙骨车，13世纪传到土耳其，16世纪传入欧洲。公元前1世纪出现于中国的独轮车，直到1220年才出现在欧洲。984年北宋年间中国已经正式发明使用运河船闸，欧洲直到1373年才修建第一个船闸。17世纪以来，航海大国英国的航船大量使用中国船运方面的龙骨车、水密舱②、桅杆、船帆等发明。坦普尔说："可以毫不夸张地说，英国海军在全世界的优势，在很大程度上是因为他们比其他欧洲国家更早地采用了中国的发明。"③

① 马克垚主编：《世界文明史》（第二版），北京大学出版社，2016年，第1016页。
② 中国帆船在2世纪就使用了水密舱。它在船的吃水线以下底层舱设置若干个互不透水的立式隔板，航行中即使部分船舱进水，船也不会沉没，大大提高了航行的安全性。1795年，塞缪尔·本瑟姆将中国的水密舱设计引入欧洲。
③ 马克垚主编：《世界文明史》（第二版），北京大学出版社，2016年，第893—896页。

李约瑟认为，中华文明对全球科学技术发展有很大贡献。从1世纪到15世纪，除了希腊人的伟大思想和制度，没有经历过"黑暗时代"的中国人，总体上遥遥领先于欧洲。除了四大发明之外，还有其他上百种发明，比如机械钟、地震仪、缫丝技术、疫苗接种、铸铁法、马镫、有效挽具、弓形拱桥、运河水闸、船尾舵、纵帆航行和定量制图法等，都是中国人发明的，对欧洲产生了极为重要的影响。①但是，直到利玛窦等耶稣会士来到中国，中国的科学技术还主要处于观察和实验的相对原始阶段，更加偏重于技术，基于有机自然观。从西方现代科学主要基于数学推导的观点来看，中国在科学理论方面相对落后。②中国尽管在十进制计数法、负数等数学概念方面要早于欧洲很多，但中国数学缺少一种严格求证的思想，主要体现在它与历法的关系当中，导致形式逻辑在中国始终无法发展起来。③

中国的科学技术进步，是在各方面力量共同参与之下推动的。例如，保存了千年天文记录的观象台是政府机构，大量医学、农学等方面的百科全书都是官方出资刊印。与此同时，还有更多的是民间技师、工匠、艺人等发明家群体的探索创造。此外，还有部分是道家等宗教派别的炼金术师。④

由于中国在科技领域长期处于领先地位，中西方之间更多呈现的是"东学西渐"。⑤其中，中世纪的阿拉伯地区起到很重要的桥梁纽带作用。他们不仅将东方已有的科学技术通过商贸、战争等渠道向西方传播，而且自身也在不断吸收东方科学知识和古希腊文明的基础上，推动科学技术取得新的发展。

① 李约瑟著，张卜天译：《文明的滴定》，商务印书馆，2016年，第1页。

② 李约瑟著，柯林·罗南改编，江晓原主持，上海交通大学科学史系译：《中华科学文明史》，上海人民出版社，2014年，第5—6页。

③ 李约瑟著，柯林·罗南改编，江晓原主持，上海交通大学科学史系译：《中华科学文明史》，上海人民出版社，2014年，第262—281页。

④ 李约瑟认为，中国的儒家更为重视社会伦理而轻视科学技术，将其视为奇技淫巧；相对而言，道家更为重视自然发展，包括通过实验去探索自然的奥秘。

⑤ 李约瑟认为，早期地中海文明之所以未能发展出先进的应用科学，主要是因为奴隶制度和封建制度的存在，使得劳动力不成为问题，缺乏发明省力机械的必要。

早在2世纪，安息和大宛就有中国的冶金家和钻井者；8世纪，撒马尔罕也有中国的纺织工和造纸工。

众所周知，阿拉伯科学水平曾遥遥领先于欧洲科学长达400年之久，但是伊斯兰文明以商业文化开始，以彻底的官僚化告终，最终导致阿拉伯社会科学技术衰落，一直到今天。[1]

真正意义上的科学革命[2]，在一个相对短暂的时期内，集中完成一系列对人类社会发展具有划时代意义的重大科学发现，却终究是近代西方人的功绩。

近代科学从哥白尼开始起源，到牛顿完成经典力学为旗帜。中世纪时期，西方基督教文明认为，宇宙创生之前，唯一的存在就是上帝，上帝是和谐、有序、规则和完善的化身。牛顿力学已经从宇宙演化、上帝造物的早期原始科学中脱胎出来，形成了系统的关于运动的学说。[3]从此，宇宙被描绘成为一架硕大无比的钟表，在上帝给它上紧发条之后，便按照确定的方式进行自动、精确的运行，从过去到现在，从现在到未来。牛顿的钟表模式是从物理学领域提出来的，但它很快就渗透影响到生物学、化学、经济学等其他科学领域，牛顿物理学被尊奉为一切科学的楷模。[4]

欧洲人在早期西方神秘主义哲学的基础上，通过理性思维的指导取得了丰硕的科学研究成果，成为工业革命大发展的最为重要的基石。科学革命促使人们进一步树立解放思想、破除迷信、克服偏见的理念，以科学的精神来重塑人类的整个生活方式，对于人类文明进步具有特别重大的意义。[5]

---

[1] 李约瑟著，张卜天译：《文明的滴定》，商务印书馆，2016年，第175页。

[2] 科学革命，源自1962年托马斯·库恩《科学革命的结构》一书，他提出科学是通过"范式"的转换来演进的。所谓"范式"，是一种所有人都遵循的方法、标准、解释模式或理论。人们普遍接受的范式是"常规科学"，研究内容通常是"难题"，增加已得到普遍接受的知识内容。当研究中出现"反常"，最终引起常规科学的重大危机，便会发生"科学革命"，进而产生一种新的"范式"。

[3] 苗东升：《浑沌学纵横论》，中国书籍出版社，2020年，第6页。

[4] 苗东升：《浑沌学纵横论》，中国书籍出版社，2020年，第158页。

[5] 马克垚主编：《世界文明史》（第二版），北京大学出版社，2016年，第480—481页。

为什么中国在科学领域有那么好的发展基础，现代科学却没能在中国产生？李约瑟认为，可能有地理、水文、社会和经济等诸多方面的因素影响。地理方面的因素，主要是中国地理环境相对封闭，与美索不达米亚、印度河谷、古埃及、古希腊之间存在更为广泛的交流不同；水文方面的因素，是中国内河的灌溉和运输有效扩大了帝国统治的疆域，产生了大量实践应用方面的技术；社会方面的因素，主要是长期占据意识形态主流地位的儒家思想，从根本上就不太重视技术发明；经济方面的因素，主要是大一统帝国的统治使得官僚制度兴起，制约了商人资本的发展（中国尽管也在一些城市存在商业行会，但与西方的城市行会具有强大自治行政能力相比，存在本质差异），使技术发明缺失了市场应用的基础。

　　何怀宏认为，现代科学是希腊文明和基督教文明融合的产物。从哲学角度看，科学精神是一种特属于希腊文明的思维方式，它不考虑知识的实用性和功利性，只关注知识本身的确定性，关注真理的自主自足和内在逻辑推演。科学精神源自希腊文明中的自由的人性理想。从这个角度看，科学精神就是理性精神、自由的精神。[①]希腊理性科学在古典时期成型，在希腊化时期发扬光大。随着罗马文明的崛起，罗马法律制度兴起，而希腊的学术之光几乎熄灭，导致欧洲进入"黑暗时代"。8世纪，希腊科学在欧洲绝迹，却在阿拉伯世界大放光明。伊斯兰学者在君主的支持下，大量翻译希腊科学文献，并且通过自己的独创性研究，推动了希腊理性科学的进一步发展。持续二百年的十字军东征，促成了拜占庭所保留的希腊文明、阿拉伯文明以及通过阿拉伯人传播到欧洲的中华文明、印度文明与罗马文明之间的交流融合。希腊科学文献通过阿拉伯文为拉丁欧洲所知晓。12世纪，欧洲地区开始了大翻译运动。刚刚从穆斯林手中夺回领土的西班牙和与希腊地区接近的意大利成为大翻译运动的两大中心。经过一百年的努力，欧几里得的《几何原本》、托勒密的《至大论》、希波克拉底和盖仑的医学著作、亚里士多德的哲学著作，都被翻

---

① 吴国盛：《什么是科学》，广东人民出版社，2016年，第19页。

译成拉丁文，使欧洲开始告别"黑暗时代"，迎来了第一次学术复兴，为三百年之后的文艺复兴及现代科学的最终诞生，奠定了制度基础和观念基础。[1]

与希腊科学相比，现代科学呈现出两个新的特点。一是现代科学能够转化为技术。与希腊科学认识自然、追随自然、模仿自然完全不同，现代科学以人类为中心，试图征服自然、改造自然，进行了大量的科学实验，追求实现自我、掌控世界、改变我们的生存环境。二是现代科学大量使用数学，以至于一门科学的成熟程度取决于它使用数学的程度，希腊科学中传统的质性，全部转向量化数据。[2]

一般认为，迄今为止，人类已经经历了两次科学革命，由此带动了三次技术革命。[3]

第一次科学革命开始于15世纪下半叶，特点是由以东方为代表的古代科学向西方现代科学转变，主要标志是近代天文学、近代医学和经典力学的创立。

中世纪后期，英国人罗吉尔·培根开始试图冲破基督教经院哲学的牢笼，反对一味迷信权威，大力提倡实验科学，主张观察和实验，到13世纪末14世纪初，在邓斯·司各脱和威廉·奥卡姆的联手推动下，最终结束了经院哲学在欧洲学术界的统治地位，复活了古代思想中神学与哲学分离的二元论，迈出了使哲学摆脱神学束缚的第一步。欧洲文艺复兴运动在意大利人达·芬奇等的带领下，形成了思辨与行动并重、理论与实践结合的学风，推动了科学、艺术创新发展。在16世纪，由于包括哥白尼、开普勒在内的众多学者的辛勤工作，亚里士多德统治了西方学术界长达2000年之久的宇宙观从根本上动摇了，"日心说"开始取代"地心说"，标志着旧世界的崩溃和新世界的诞生[4]，

---

① 吴国盛：《什么是科学》，广东人民出版社，2016年，第112—114页。

② 吴国盛：《什么是科学》，广东人民出版社，2016年，第147—149页。

③ 与当代科学与技术的紧密结合相比，古代的科学与技术相对分流。古代的一部分科学家并不太关心实用，而技术工匠也不会对自然科学家的猜测太感兴趣。在很多时候，技术走在科学的前面，且不断积累。

④ 马克垚主编：《世界文明史》（第二版），北京大学出版社，2016年，第507—518页。

对基督教的宗教教义带来了致命冲击。罗马教廷基于宗教意识的狭隘，对哥白尼1543年提出的"日心说"进行了长达200多年的禁锢。直到1757年，罗马教廷才解除了对宣传哥白尼"日心说"的禁令。

英国人威廉·吉尔伯特（1540—1603）是一位极度重视实验价值的科学家，他从中国的指南针应用中发现，地球是一个巨大的磁体，有南、北两个磁极，还提出了"质量"的概念。意大利人伽利略（1564—1642）将实验归纳和数学演绎的方法结合起来，创立了现代物理学。他首次利用光学望远镜进行实验观测，开展自由落体实验，著有《关于托勒密和哥白尼两大世界体系的对话》《关于两门新科学的对话》，成为现代科学的先驱。他以自己在天文学和数学动力学等方面卓越的科学建树，在哥白尼、开普勒的发现和牛顿等人发起的第一次科学革命之间架起了一座桥梁。[①]笛卡儿是古典数学向现代数学转变的关键人物。他创立的解析几何统一了代数和几何，是近代数学的真正开端。他认为，人像上帝一样，自我确定，自我奠基，人的意志与上帝的意志一样是无限的。在笛卡儿的影响之下，亚里士多德的自然哲学基本瓦解。牛顿接过伽利略传过来的接力棒，最终完成了人类科学史上第一次划时代的伟大飞跃。1687年，牛顿发表《自然哲学的数学原理》，提出著名的万有引力定律，使人类关于客观世界的知识获得了一次全面的、重大的更新，昭示了一种简单而统一的自然规律的存在，彻底动摇了传统的基督教信仰——世上并没有上帝。18世纪，数学方面，开始引入微积分学，拉格朗日把微分方程式问题系统化了；生物学方面，林奈创造了最早的植物分类法，使关于动物和植物的系统研究成为可能；化学方面，拉瓦锡发现了氧气，提出质量守恒定律，奠定了现代化学的基础。由于牛顿革命的探索性突破，带动了一系列学科领域飞跃发展，形成"学科革命"，开创了人类历史上第一个气势恢宏的科学革命时代。

17世纪还有一点尤为重要。英国皇家科学院、法国科学院、维也纳科学

---

① 马克垚主编：《世界文明史》（第二版），北京大学出版社，2016年，第520—524页。

院、莫斯科科学院、普鲁士科学院等学术机构相继成立，开始定期举办学术研讨会，出版专业学术刊物，发表和出版的规则越来越严谨，对知识产权的保护也日益健全。至此，一个跨越国界的欧洲学术共同体正式形成。[1]

18世纪末，英格兰发动机设计师詹姆斯·瓦特改进了蒸汽机技术，最终引发了工业革命。在此之前，科学的发展成就虽然巨大，但在社会实践中的应用并不广泛，对经济社会发展和普通人的生活不能产生很大的直接影响。

工业革命的伟大之处，在于将过去散落各处的工具集成机器，并把它装配到流水线生产的现代工厂，开展工业化大生产。这些机器快速、规则、精确且不知疲倦。从此，非生命动力源（煤炭、石油）取代了有生命的动力源（人力畜力），特别是蒸汽机把热转化为功，为人类开辟出一种新的、源源不断的能量供给方式。

工业革命从人类自身需求最为直接的纺织业开始。1733年，约翰·凯伊发明飞梭，加快了织布速度。1765年，哈格里夫斯发明了多轴纺纱机——珍妮纺织机，革新了纺纱技术，实现纺纱速度与织布速度之间的平衡。1771年，阿克莱特建立了世界上第一家现代水力纺纱厂，成为工厂制度的创立者，人类由此开始从传统的手工作坊阶段迈入现代化的大工业生产阶段。1793年，美国人伊莱·惠特尼发明轧棉机。1830年，巴泰尔米·蒂莫尼耶发明了缝纫机，极大地丰富了人类的服饰文化，提高了生活质量。

动力机械发明制造出来之后，就需要寻找新的能源。煤炭是英国工业革命的主要动力能源。英国的煤炭产量从1660年的22万吨增加到1700年的250万吨、1800年的1000万吨、1850年的5000万吨。到现在，人类使用的能源更是拓展到石油、天然气、太阳能、风能、核能、潮汐能等多种类别。

金属是人类文明进步的重要载体。进入工业革命之后，这一点体现得尤为突出。钢铁是现代化大工业、交通运输业和建筑业的重要原材料，制造工业机械需要大量钢铁。1709年，焦炭炼铁法发明之后，钢铁生产制造和利用水

---

[1] 何怀宏：《文明的两端》，广西师范大学出版社，2022年，第203页。

平快速提升。1779年，人类建造出第一座铁桥。1787年，建造出第一艘铁船。从此，人类真正从铁器时代迈向钢铁时代。

钢铁时代的到来，为铁路和蒸汽机车的发明创造了条件。斯蒂芬孙是"蒸汽机车之父"和"现代铁路之父"。1814年，他制造了第一台机车，可以牵引30吨货物，时速4公里。在铁路建设方面，1825年英国第一条铁路通车，到1850年已经建起超过5000英里的铁路干线网。铁路的发明，是继车轮发明以来陆上运输最伟大的革命。在短短的半个世纪里，把运输费用减少到马车时代的1/6。时至今日，人类发明的高速铁路，使得陆地运输的时速可以达到350～450公里。

蒸汽机和钢铁的广泛使用，还推动了远洋运输革命。1875年，第一艘全钢制造的船下水，人类开始更为有效地征服海洋。欧洲人的活动范围从此由江河、内海迈向远洋，开始了真正的全球化经济时代。

工业革命发源于以保守氛围著称的英国，不能不说是人类文明发展史上的一个奇迹。早在工业革命发起之前，英国就已经发生过农业的革命性变革。开始于15世纪末的"圈地运动"，推动英国建立起集约化的农业。1600—1800年，英格兰农业人均产量增加了73%，而同期的法国只有17%。农业收成的大幅增加，使英国谷物出口在18世纪急剧增加。农业产量虽然明显提高，但农业在国民经济中的地位却逐渐下降。1811年，英国有1/3的劳动力从事农林渔业，到1851年降到了1/5以下。[①]农业革命快速发展的同时，工业革命迅速推进。

英国工业革命为人类文明进步树立了一个榜样。从此，家庭手工业作坊的生产方式过渡到现代化大工厂的流水线生产方式，人类手工劳动过渡到机器自动劳动，人力畜力的能源供给过渡到煤炭石油，散居的乡村社会过渡到人口高度集中的城市社会，经验社会过渡到科学技术社会，人类的生产能力大幅提升，开始进入一个全新的文明时代。[②]

---

① 马克垚主编：《世界文明史》（第二版），北京大学出版社，2016年，第614—615页。
② 马克垚主编：《世界文明史》（第二版），北京大学出版社，2016年，第637页。

第二次科学革命在19世纪中叶开始酝酿，到19世纪后半叶和20世纪初走向高潮，其规模和影响远远超过第一次，因此19世纪被认为是"科学世纪"。其主要标志是经典物理学和数学中的一些基本原理被推翻，创立了相对论和量子力学、遗传学、生命科学等，科学和技术之间的结合更加紧密。

1870年以后的科学成就最突出的是在物理学、生物学和医学方面。此外，数学、化学、地质学等领域的研究也相继进入新阶段，促使人类进入现代文明社会。1869年，门捷列夫发表了元素周期表，深化了人们对物质的认识。1873年，麦克斯韦从理论上导出电场和磁场是以波的形式传播，传播速度近于光速，从而确认光是电磁波的一种，使古典物理学的研究达到顶峰。1876年，吉布斯把热力学引入化学，创立了用物理方法研究化学的物理化学。1880年，电子的发现推动了原子物理学的研究。1895年，伦琴发现X射线。1898年，居里夫人等发现了镭等放射性元素。

正是在物理、化学等学科研究突飞猛进的基础上，1905年，爱因斯坦提出狭义相对论，并在此基础上推广为广义相对论，否定了绝对的时空观，时间和空间、物质和能量再也不可分开；验证了极微小的物质也能够释放出巨大能量这一事实，将过去人们以为是全部的物理学打入了"古典"的范畴，对能量守恒等古典物理学原理造成巨大冲击。这一切不仅在物理学，而且在整个科学界、思想界产生了难以估量的影响。

越来越多的科学研究成果应用于实际的生产活动，推动工业革命进入第二阶段，引发了第二次技术革命。许多科学家不再只是从事理论研究，而是更加重视将理论研究成果应用到工业生产中，建立起许多工业应用研究的实验室，加速了科学成果的产业化进程，推动电力、钢铁、化工三大部门快速发展。1831年，法拉第将机械能转化为电能。1867年，西门子制成有经济意义的现代发电机。1880年，爱迪生发明了电热丝灯。1882年，法国人实验高压输电获得成功。1889年，用钢材建造的巴黎埃菲尔铁塔竣工。这一时期，帕金发明了人工染料，诺贝尔发明了炸药，奥托发明了高效实用的内燃机，莱特兄弟成功飞行滑翔机，贝尔完善了有线电话技术，赫兹发现电波推动了无线电通信技术的发展。

标准化生产是工业革命之后衡量现代化大生产的重要标准。美国人西梅翁·诺斯和约翰·霍尔分别于1816年和1824年实现了标准化生产，制造出人类历史上第一支标准件枪支。标准化生产，使得大规模制造成为现实，生产成本降低，精确性增加，部件可以快速替换，机器维修更为方便，机器销售市场和最终产品市场都快速扩大，成为"制造业美国制度"的奥秘。1914年，福特汽车制造厂每天生产汽车800辆，平均每36秒生产1辆；10年之后，每15秒钟就生产1辆，使美国工业成为世界上最先进的工业。19世纪末，美国成为世界上第一大工业强国，奠定了美国成为世界强国的经济基础。[1]

19世纪是近代科学与现代科学之间的衔接转换时期，尽管牛顿理论仍然占据主导地位，但是现代科学在19世纪末20世纪初开始孕育，量子论和相对论成为现代科学的旗帜。

正是在这些现代科学理论的推动下，开启了第三次技术革命。它从20世纪40年代末50年代初开始，标志是核能、计算机、激光、空间技术领域的快速发展，深刻地改变了世界的面貌和人类的物质文化生活，极大地影响着世界文明的未来。[2]

20世纪60年代以后，科技革命加速发展。1957年，苏联成功发射洲际导弹和人造卫星。1961年，苏联宇航员加加林航天成功。1969年，美国宇航员阿姆斯特朗和奥尔德林成功登上月球。到了80年代初，人类开始进入一个全新的技术时代——信息时代。[3]电子计算机技术快速发展，互联网开始全方位进入人类的生产生活当中，开拓了一个全新的虚拟社会空间。与此同时，生物工程、新材料、新能源、海洋技术快速发展。时至今日，人工智能、物联网、元宇宙、大数据等新技术日新月异，人类开始进入空天领域、数字虚拟

---

① 马克垚主编：《世界文明史》（第二版），北京大学出版社，2016年，第665页。

② 马克垚主编：《世界文明史》（第二版），北京大学出版社，2016年，第1001—1002页。

③ 工业革命节省的主要是人类的体力，信息时代的革命节省的主要是人类的脑力，到了人工智能时代，机器将被赋予人的智力。

世界。①

20世纪60—70年代，混沌理论开始兴起。古代人类在对自然宇宙进行长期观察的过程中，既接触到世界的必然性、确定性的一面，也接触到偶然性、随机性的一面，猜测到两者之间应该存在某些必然的辩证关系，只是由于不能科学地进行解释，而不得不借助艺术想象、宗教巫术和哲学思辨去试图理解。②近代科学奠基以来，牛顿经典物理学树立了钟表模式，为人们认识世界提供了方便而有效的工具，创造了一种能够给必然性、确定性以精确刻画的方法，但同时也把偶然性、随机性的现象彻底逐出了科学研究的范畴，严重制约了科学理性的进一步发展。

随着现代科学的快速发展，量子论和相对论把人类的认识引向更为微观和更为宇观的层次。量子力学排除了对可控测量过程的牛顿迷梦，相对论排除了对绝对空间和时间的牛顿幻觉，逐渐结束了牛顿经典力学理论在物理学界的支配地位。③在此基础上诞生出的混沌学探索，就像一场冲击力极为强烈的地震，摧毁了牛顿钟表模式的科学根基，从江河到大气层，从流体到固体，从机械的、声学的系统到光学的、电磁的系统，从地质运动到天体运动，从物理过程到化学过程，从无生命现象到生命现象，从生物个体到生态群体，从生理到心理，从自然界到社会，从经济到政治，从实体到思维，从理论模型到工程技术，理性的触角伸向哪里，哪里就发现有混沌。④

---

① 一万年前是人类文明的起点，人类在科学技术的引领下不断加速发展。如果说旧石器时代是"步速"，农业文明和青铜铁器时代之后则是"声速"，在工业革命之后的数百年则可称为"光速"。

② 苗东升：《浑沌学纵横论》，中国书籍出版社，2020年，第164页。

③ 在牛顿理论的支配下，科学家们认为所有系统都是可积的、有序的，系统行为都是可以预测的。但是，这并不能解释全部的场景。在现实世界中，有许多宏观层次的场景是非线性、无序的、无法预测的状态，有的在有序中包含无序。比如，太阳系运动一直被作为周期性的典型，但古代人已经发现它们并非严格周期的，一年不是严格的365天，一天不是严格的24小时。任何历法都采用某种闰年或闰月的办法调整回归年与历书年的偏差。这说明天体运动的周期性中有非周期性，有序中有无序。

④ 苗东升：《浑沌学纵横论》，中国书籍出版社，2020年，第158—159页。

在这些认识尺度过小或者过大的现象领域中，仅仅依靠近代科学主张的精确观察、反复实验、逻辑推理、定量分析，已经无法探索解释世界的全部真实图景，需要将理性与直觉、定量与定性、形式逻辑与辩证逻辑有机结合起来[1]，甚至在很多时候，直觉的顿悟、整体的把握显得更为重要。正是在这样的背景之下，一些现代科学的杰出代表人物，比如发现基本粒子的波尔、诺贝尔奖获得者汤川秀树等，纷纷回到古代思想家特别是中国古代哲学家老子、庄子那里，去寻找解决他们面对的重大理论课题的思想启迪，认为世界万物中最基本的东西并没有完全固定的形式，而是一种自组织的混沌状态，表观上千头万绪、混乱无规，但内在却蕴含着丰富多样的规则性、有序性，这也使得绝大多数确定性系统会时不时地表现出古怪的、复杂的、随机的行为。[2]这种无序不是简单的无序，而更像是不具备周期性和其他明显对称性的有序态，是一种嵌在无序中的有序，是一种更"高级"、更复杂的有序。

总体来看，有序与无序是构成现实世界的两极，一切实际系统都是这两个方面的矛盾统一。在不同系统中，有序与无序实现统一的具体格局不同。在某些系统中，有序居于支配地位，无序因素可以忽略不计；在另一些系统中，无序居于支配地位，有序因素可以忽略不计。在更多的情况下，有序与无序都不能忽略，必须作为统一体的两个不可或缺的方面来描述分析，这就是混沌序和分形序。因此，现代科学对现实世界秩序的理解比近代科学更丰富、更多样、更复杂，其间充满了辩证法。只有把握有序与无序之间的辩证关系，才能描绘出完整的科学世界图景。混沌学与分形几何学为此提供了极好的科学依据。[3]

在法国科学家彭加勒等人对数学、拓扑学、分形几何学等领域实现开创

---

[1] 近代科学发展以来，数学在科学研究中的地位越来越重要，甚至将定量分析奉为圭臬，完全排斥定性分析。许多科学家认为，一门科学如果不是定量的，就不能算是科学；一门科学只有在应用了数学工具时，才算是充分发展了的。但是，现代科学发展之后，发现许多世界图景仅靠定量分析是解释不了的，必须实行定量分析与定性分析相结合。

[2] 苗东升：《浑沌学纵横论》，中国书籍出版社，2020年，第6—13页。

[3] 苗东升：《浑沌学纵横论》，中国书籍出版社，2020年，第163页。

性的突破之后，在现代电子计算机高速计算能力的加持推动下，混沌学开始进入人们的视野。1953年，欧洲粒子物理实验室的戈沃德和海因通过计算机证明，粒子的运动是如何能够从有规则的转变为混沌的。许多学者开始提倡整体论、系统论，倡导打破传统的学科越分越细化的惯性，主张开展横向的跨学科研究，探索远离平衡态的、非线性的、不可逆的、自组织的客观过程，创造处理复杂性、不确定性、演化特性的新方法。①钱学森认为，一个系统在某一层次上运动的混沌性，可能是高一层次上规则运动的基础。这也使得他不仅重视自然科学研究中的理性逻辑分析，也很重视文学艺术创作中的灵感和顿悟。

从哲学本质上来看，近代经典科学是关于存在的科学，主要考察世界是如何构成的，强调世界的确定性和稳定性；现代科学是关于演化的科学，主要考察世界是如何形成、如何变化的，强调世界的不确定性和不稳定性。通过现代科学的研究，人们发现，世界上的不确定性和不稳定性是普遍存在的，而且不稳定性并非只有消极、破坏的作用。②在新结构取代旧结构的临界过程中，不稳定性往往起着非常积极的革命性作用，这时稳定性反而是一种保守力量和消极因素。但在转变完成之后，稳定性对于新形成结构的维持和发展又成为积极因素，不稳定性又转化为消极因素。因此，稳定态与非稳定态可以相互转化，它们究竟是积极因素还是消极因素取决于具体的时间和条件。③

正是由于现代科学打破了近代科学在必然性、精确性、逻辑性等方面的约束，开始在此基础之上，将许多现实世界中存在的偶然性、随机性、模糊性等更为复杂的问题纳入科学研究的范畴，从而破解了人工智能发展的屏障，推动人工智能技术快速发展并进入全新的应用阶段，为人类文明迈上新台阶提供了强劲的技术支撑。

---

① 苗东升：《浑沌学纵横论》，中国书籍出版社，2020年，第36页。

② 在许多情况下，人们都希望世界是稳定的。比如，工厂里运转的机器只有在稳定运行时，才能确定它的性能优劣。

③ 苗东升：《浑沌学纵横论》，中国书籍出版社，2020年，第168—169页。

从现实发展情况看，由于交通工具的改善，工业革命的传播速度要比农业革命快得多。农业社会阶段，由于交通、通信技术的落后，文明的交流交融发展十分缓慢。有关学者研究，传统的农业技术传播速度每年平均只有1公里左右，从中东发展出来的农业新技术传播到斯堪的纳维亚地区需要5000年，从墨西哥传播到俄亥俄河源头用了约2500年。比如，中国造纸术发明于汉代，751年怛罗斯战役后开始西传，从中亚地区传到意大利的那不勒斯已是1276年，用了500多年时间，而传到莫斯科，则已经是1576年。[1]但是，工业文明从诞生的那一天起，就表现出惊人的传播能力。[2]进入近代社会之后，交通运输十分便利，通信手段发达，传播媒介多样，互联网、自媒体使得一个地方的信息瞬间就可以传遍全世界。文明的交流交融比之前任何时代都更为便利、更为快捷。

关于政府在科学技术创新中的作用，一直有许多不同的看法。有人认为，创新是科学家自己的冒险行为，需要有强烈的个人主义，强有力的集中统一政府会对技术创新有较大的抑制作用。比如，中国的发明创造，引人注目地随着时间而起伏不定。1500年以前，中国出现了一系列影响世界的原创性发明创造，如火药、指南针、造纸术、活字印刷术、瓷器、独轮车和船尾舵等，中国在技术上比欧洲更革新、更先进，也大大超过了中世纪的伊斯兰世界。但是1500年后，中国的技术创新明显停滞，很快就从原来的领先地位衰落下来。当然，也有一些例外。比如19世纪后期的德国和日本，都是在集中统一政府的强有力推动下，有效地加速了科技前进步伐。[3]

也有许多人关注到科学技术的积极作用和破坏效果。应该看到的是，科学技术本身是中性的，无所谓好与坏，关键在于人类如何去使用它。任何一种科学技术发明几乎都会有两面性，既可能带来巨大的推动力量，也可能带来

① 马克垚主编：《世界文明史》（第二版），北京大学出版社，2016年，第14页。

② 马克垚主编：《世界文明史》（第二版），北京大学出版社，2016年，第611页。

③ 贾雷德·戴蒙德著，谢延光译：《枪炮、病菌与钢铁——人类社会的命运》，上海译文出版社，2016年，第253—256页。

强大的破坏力量。炸药、原子弹、病毒疫苗的发明是其中的典型。人类不能因为担心科学技术进步可能带来的危害而因噎废食，而应该用情感需求中的价值理性来进行选择，控制科学发明中的工具理性，使科学发明更好地为人类文明进步服务而不是适得其反，对人类文明造成巨大损害。

科学发明过程中，也曾出现过一些匪夷所思的事情。有的国家会基于某些原因放弃自己具有明显优势的技术领域。一个著名的例子就是日本放弃枪支的研究。火器生产技术在1543年到达日本，日本人对葡萄牙人带来的这种新式武器印象很深，于是就开始在本地研发制造，从而大大地改进了枪支制造技术，到1600年已开发出比世界上任何其他国家技术都要好的枪支。但是，由于日本拥有一个人数众多的武士阶层，刀是他们权威的象征，这使得由武士集团控制的政府只允许少数几个城市生产枪支，最后甚至导致枪支被弃用。直到1853年，美国海军准将佩里率领装备有许多大炮的舰队威慑日本后，才使日本相信他们有必要恢复枪支的制造。[1]

二、疾病防治——对人类自身的探索

在人类文明发展进程中，人的健康始终是首要的考虑因素。疾病防治，就是人类与大自然进行抗争的过程。人类希望通过抗击病魔，维护人的生命安全，延长人的寿命，进而实现更好的生存和发展。在此进程中，人类也在不断加深对自然界的认知。

为了提高疾病防治水平，世界各国先后从不同角度提高诊疗水平，形成了很多有价值的医学成果。

古埃及在人体生理知识和医学方面取得了令人称道的成就，这与他们制作木乃伊的风俗有很大关系。早在3000多年前，埃及人对人体的主要骨骼、内脏的位置以及心脏的机能就有了相当的了解，还初步掌握了血液由心脏出发

---

[1] 贾雷德·戴蒙德著，谢延光译：《枪炮、病菌与钢铁——人类社会的命运》，上海译文出版社，2016年，第260—261页。

流经全身的道理，认为由心脏发出的22条脉管主宰了人体的生命，并依据这个道理，与中医一样进行切脉诊病。[①]有证据表明，埃及医生在公元前2500年左右就会给病人实施外科手术，有专门的眼科医生和骨科医生。这些医学知识后来传入希腊，对希波克拉底产生了很大影响，为现代临床医学的发展奠定了基础。[②]

古印度很早就提出了一套精妙神奇的经络学说，指出人体有24条经络、107个穴位。印度古医书《妙闻集》记载[③]，经络对于人体就像花园和牧场的沟渠，经络分支状态恰如树叶的脉络。《妙闻集》是外科经典著作，以手术治疗为主，记载了101种外科手术器械以及剖腹产、白内障摘除、结石摘除、截肢等手术方法，同时注意到了手术过程中的疼痛和感染问题。[④]

玛雅医学认为，人体内有行气和疏血的通道系统，以肚脐为中心，发散到头、胸、背及四肢，在这个经络系统上分布有50个穴点，由此总结出了针刺、推拿、热灸、拔火罐、膏药、热敷等与中医极为相似的疗法。

中世纪时期，阿拉伯医生就首创了酒精消毒、鸦片麻醉等技术，发现了血液循环的现象，提出视觉源于被视物体对人眼的反射论断，医院有外科、内科、骨科等细致而合理的分科。

从整个人类文明发展史来看，大规模传染病会直接影响人类文明的进程和方向。大规模传染病基本上都是由病毒或细菌等微生物引发的。微生物是地球上最古老的生命之一。由于人类从狩猎采集阶段进入定居农耕阶段，动物驯化取得很大进展，一些过去以动物为宿主的病毒，长期与人类共存，甚至开始寻求以人类为宿主。致病微生物与人类相互作用，加上农业的发展、城

---

① 中国中医科学院针灸研究所所长朱兵2005年10月在《中国针灸》上刊发文章，对古埃及纸草纸医书种对"枚图经络学说"进行了系统详细的描述，认为其功能与中国的经络概念完全相同。

② 马克垚主编：《世界文明史》（第二版），北京大学出版社，2016年，第488页。

③ 《妙闻集》问世大约200年后，中国出现了《黄帝内经》，并提到药物"自西方来"。东汉时期流传甚广的"耆婆汤"，名字就源于印度神医耆婆。

④ 徐达斯：《世界文明孤独史》，作家出版社，2019年，第171—172页。

市人口集聚的加剧、跨国贸易的开展、国家之间的战争冲突等因素的影响，使得病毒传播更为便利，范围也更为广大，引发的传染病不仅会导致人类大量死亡，甚至造成国家衰落、文明消亡，影响人类历史的发展进程。

中国很早就将"疫"视为人类生存发展的最大自然威胁。据统计，中国在古代平均六年就会暴发一次瘟疫。早在商周时期，中国就开始实行医巫分设，越来越依靠医学而非巫术来治病。

大规模传染病导致古希腊、古罗马衰退。比如，伯罗奔尼撒战争期间，雅典几度遭到瘟疫袭击，1/4的军队官兵染病身亡，执政官伯里克利也没能幸免，极大地削弱了雅典军队的战斗力，最终使古希腊文明衰落。165—180年，罗马帝国暴发所谓"安东尼瘟疫"天花，杀死了几百万城镇居民[1]，罗马皇帝马可·奥勒留也死于这种疾病。6世纪，东罗马帝国发生持续近半个世纪的鼠疫，断送了查士丁尼复兴东罗马帝国的梦想。

1347年后，"黑死病"光临欧洲。由于当时欧洲贸易发展迅速，病毒随着贸易和商人前进的路径迅速传播，导致约2500万人死亡，占欧洲总人口的1/3～1/2，威尼斯作为海上贸易中心，人口更是减少了60%，整个欧洲经济社会陷入动荡不安，加速了欧洲封建时代的终结进程。

西班牙殖民者航海发现并入侵美洲之后，带来了许多印第安人不具免疫力的欧亚大陆及非洲的疾病——天花、麻疹、流行性感冒、斑疹伤寒、腺鼠疫以及其他一些在欧洲流行的传染病，致使美洲大陆暴发了长达8年之久的天花大流行，造成大量阿兹特克人和印加人死亡。[2]有人估计当地人口死亡率高达95%。随之而来的是一些原生部落和国家消失灭亡，美洲文明快速崩塌，至今了无踪迹。自1492年哥伦布发现美洲大陆到1650年这短短的一百多年时间里，中美洲阿兹特克文明和玛雅文明的人口从原来的约2500万萎缩到150万，

---

[1] 贾雷德·戴蒙德著，谢延光译：《枪炮、病菌与钢铁——人类社会的命运》，上海译文出版社，2016年，第202页。

[2] 贾雷德·戴蒙德著，谢延光译：《枪炮、病菌与钢铁——人类社会的命运》，上海译文出版社，2016年，第51页。

安第斯山脉印加文明的人口由原来的900万减少到60万。大量研究表明，印第安人在病床上死于欧亚大陆病菌的要比在战场上死于欧洲人枪炮和刀剑下的多得多，这也是欧洲入侵者得以迅速全面占领征服美洲土著人的重要原因之一。[1]

随着交通技术的发达以及城市人口规模的扩大，一些烈性传染病传播的速度极为惊人，产生的危害尤其巨大。人类历史上第一次真正意义上的全球性流行病暴发，是在第一次世界大战临近结束时的"西班牙大流感"。造成全世界约10亿人口感染，导致2100万人死亡，而且大多是20～40岁的年轻人。其中，在欧洲的美国士兵，有一半死于流感[2]，人数大致有67.5万，这客观上成为"一战"提前结束的原因之一。

2020年暴发的新冠疫情，在全球范围内广泛蔓延，持续时间长达3年之久。根据世界卫生组织公布的数据，截至2023年8月30日，全球新冠确诊病例超过7.69亿例，死亡病例超过690万例。世卫组织总干事谭德塞甚至表示，新冠肺炎的真实死亡人数至少为2000万。新冠疫情的暴发，使得许多国家为了避免交叉感染，不得不长时间关闭边境，对全球经济社会的正常运转产生了巨大影响，也给经济全球化的深入推进和文明交流交往带来严重负面影响。

面对大规模传染病疫情对人类生存和文明进步带来的巨大影响，人类不断加强科学研究，探索对自然界的认识，不断形成新的对自然界的认知，在此基础上采取更为可行有效的应对措施。

人类最初把瘟疫归于超自然神力的作用，希望通过巫术、祭司向上帝进行祈祷，以寻求庇护。后来，古希腊医学家开始探寻传染病与自然界这些外界因素的联系。在对细菌和病毒进行系统深入的研究基础上，人类开始提出对传染病的防治办法。中国人依靠中医战胜瘟疫。汉末时期，名医张仲景编撰《伤寒杂病论》提出系统的"汗、吐、下"三法的抗疫方法。早在14世纪，

---

① 马克垚主编：《世界文明史》（第二版），北京大学出版社，2016年，第1139页。

② 尼尔·弗格森著，周逵、颜冰璇译：《广场与高塔——网络、阶层与全球权力竞争》，中信出版集团，2020年，第215—216页。

威尼斯等欧洲城市就懂得通过采取隔离等措施，避免麻风病人进行传染。波斯人在与瘟疫的斗争中发明了人类使用的第一代"口罩"——面纱。16世纪，欧洲医生开始大量使用矿物药进行传染病的治疗，当今医学使用的许多化学药物，就是在此基础上发展起来的。

17世纪人类发明显微镜之后，观察到细菌等微生物。19世纪，法国科学家巴斯德首先将细菌与传染病联系起来，为现代传染病理论建立作出巨大贡献。1928年，美国医生发现黄热病毒，这是人类认识的第一种病毒性疾病。20世纪30年代，电子显微镜发明之后，人类对更为微小的病毒研究有了长足进展。1977年，德国细菌学家科赫发明革命性的细菌培育技术，开启了病原微生物研究学。

与此同时，人类不断研发疫苗，来防治人类感染。早在16世纪，中国就发明了用种人痘的办法来预防天花，这一技术后来经阿拉伯人传播到西方世界。1796年，英国人詹纳受此启发，成功研制出牛痘。借助牛痘疫苗，天花这一长期肆虐人类的病毒于1979年在全球范围内被消灭，成为迄今为止唯一一种经过人类努力而被根除的烈性传染性疾病。此外，科学家相继研制出麻疹、脊髓灰质炎、肝炎、脑膜炎等多种疫苗，为人类的健康预防奠定了基础。

进入现代社会之后，人类医学技术更是有了突飞猛进的发展。1897年，巴甫洛夫开拓了条件反射生物学领域，建立了研究大脑活动的脑生物学。1901—1903年，德弗里斯提出"突然变异说"，认为生物新物种是通过不连续的、偶然的变异出现的。1909年，约翰逊提出"基因"是遗传单位的概念。1910年，摩尔根通过实验，说明基因存在于细胞核的染色体中，染色体是遗传的物质基础。

抗生素和激素的发明，对人类的生存健康来说是一件伟大的事情。抗生素能选择性地直接作用于感染细胞，对伤口化脓、肺结核、严重腹泻等细菌类感染，有着极好的疗效。1910年，德国医学家艾利希发现可以杀灭梅毒螺旋体的有效药物，成为人类运用化学疗法治疗疾病的第一个重大胜利。1927年，德国医学家多马克找到了治疗链球菌感染引起的败血症的药物。1940年，美国科学家成功提取出青霉素，1942年开始大批量生产。1944年，美国医生证明链霉素是治疗结核病的有效药物。目前，人类已经发明抗生素百余种，而且还在继续研究开发新的抗生素品种。

需要警惕的是，由于人类滥用抗生素，20世纪末，医学界发现不少病原体在与人类斗争过程中，发生变异、产生抗药性，进一步适应生存环境的变化，致使一些已经得到控制的疾病如军团病、埃博拉等，死灰复燃，向全世界敲响了警钟。

心理学方面，笛卡儿发现了发射和反射弧，提出"心身交感论"，阐述了情绪的本质，把人们的注意力从对灵魂的玄学争论，转移到对人体的生理心理技能的理性研究上来。约翰·洛克提出心理学"三论"，即经验论、观念论和联想论。1915年，弗洛伊德提出著名的精神分析学。[1]

人类医疗卫生技术水平的提升，加上生活条件的改善，推动人口死亡率持续下降，人均寿命显著增长，世界人口规模不断上升。1850年以前，英法等国的人口死亡率大约为2.5%，1914年下降到1.9%。欧洲人口从1850年的2.66亿增加到1914年的4.63亿，其中还不包括在此期间移居美国、澳大利亚等国的数百万人。联合国经济和社会事务部发布的人口报告《世界人口展望2022》显示，2022年11月15日，全球人口数量达到80亿，2030年全球人口将达到85亿。预计世界人口将在21世纪80年代达到约104亿的峰值，并将保持在这一水平到2100年。2019年，全球范围内的人类预期寿命是72.9岁，而且人们的平均寿命自1990年以来增加了9岁，到2050年全球平均寿命将达到77.2岁左右。

三、民主政治——对人类社会治理的探索

民主，是人类文明进步的一个重要追求目标。人类对民主政治的追求，随

---

[1] 马克垚主编：《世界文明史》（第二版），北京大学出版社，2016年，第991—993页。

着生产力水平的发展而发展，在各种思想引领下持续推进。尽管各国由于地理环境、文化基因等方面的因素影响，会选择不同的具体政治体制，但总体来看，政治形式的发展有一定的共同时代特征和发展规律。

人类诞生之初，由于人口聚集规模不大，生产能力有限，剩余产品十分匮乏，组织方式大多处于一种原始社会的"民主协商"阶段。在氏族首领的带领下，群落成员共同商议问题的解决办法，通过禅让等方式传承领导权力。

进入城市规模化生活之后，人口聚集数量扩大，剩余产品增多，开始出现国家这一强权统治方式，王权统治几乎在世界各个文明初始形态中相继出现。但是，由于人类早期祭司阶层势力和后期宗教影响很强大，在一些国家，尤其是欧洲，很长一个时间段里，宗教神权居于世俗王权之上。许多世俗君王为了获得"君权神授"的合法性，不得不屈从于教皇的控制，希望自己的君王地位通过教皇加冕之后得到社会民众的广泛认可。随着工商业的发展，社会阶层的力量发生逆转，王权最终战胜教权，取得对世俗社会的绝对统治权。此后，在欧洲启蒙思想运动的推进下，人们又开始探索推行现代民主制度，力图控制王权，使权力回到民众手中。

古希腊时代，大多数城邦采取共同协商的民主政治形式①，但也存在专制与民主之间的辩论。苏格拉底很早就发现直接民主制的缺陷，认为"抽签选举法"只会造成"外行治国"，激化城邦贵族和平民之间的矛盾，使民主政治陷入深刻危机，因而他运用自己的博学，展开对古典民主制的批评，企图予以改良，最终却被乱哄哄的公民法庭以"贵族派"的罪名判处了死刑。②苏格拉底的弟子柏拉图主张设置公民大会、议事会和法庭等一套国家机构，选举37名"法律监护人"组成政府，形成一种既区别于单纯君主制也区别于单纯

---

① 相对而言，古希腊时期的城邦民主制还属于小国寡民型。进入现代社会之后，人们追求的是大国众民型的民族国家政治。前者动乱频仍，而且一般都比较短命，很容易蜕化为各种形式的专制政体；后者实行代议制度、政党政治和分权制衡，相对而言比较稳定、健康而持久。

② 苏格拉底本来可以在朋友的帮助下，越狱逃跑，但他还是坦然选择了死亡，希望以自己的殉难来证实直接民主制的谬妄。

民主制的混合政体。柏拉图的弟子亚里士多德克服了柏拉图重君主、轻民主的思想，强调民众的集体智慧有不可替代的价值和作用，要形成一种由寡头政体和民主政体相结合的混合政体，才能实现长治久安。共和政体应该由中产阶级执掌政权，杜绝大富大贵，实行依法治国，公民人人参政，城邦疆域和人口规模应该适中，重视公民教育，培养理性。古希腊晚期著名历史学家波里比阿（约前200—前118）在他的《通史》一书中，提出了在国家权力机构中实行分权与制衡的重要性，认为只有在混合政体下，加强协作和互相制约，才能保证国家的强盛和长治久安。古罗马政治家西塞罗（前106—前43）认为，公民不可能实现完全意义上的平等，而只有法律上的平等权利，强调要实行"精英统治"，推行贵族共和制。

尽管个人自由是西方国家现代民主政治的拱顶石，但创建现代民主政治的努力却是从争取民族自由的斗争开始的。从古典民主没落到现代民主开始萌芽，中间经过长达千余年的历史时期，包括西欧历史上的整个中世纪和早期现代阶段，直到意大利文艺复兴期间个人自由意识的觉醒。

罗马帝国时期，由于罗马天主教会在西欧的精神统治，把西欧变成一个没有民族界限的宗教统一体，君王的世俗统治只能作为宗教统治的附属性存在，处处受到罗马教廷的干涉和控制，使中世纪西欧处于普遍的封建割据的分裂状态，贵族领主各自为政且频繁争战。随着中世纪末期西欧工商业的发展，市民阶级的势力日益壮大，工商业者希望拥有一个和平安宁的国内市场，也希望有一个强大的国家作为他们进行商业竞争的坚强后盾，从而推动统一民族国家的诞生。

意大利著名人文主义者但丁特别关注王权摆脱教权控制的问题，强烈主张通过政教分离，来实现意大利的统一。他在政治学名著《论君主制》一书中认为，没有国家统一做保障的和平是不可设想的。要实现国家统一，权力就必须集中到君主手里，王权必须得到强化。[①]马尔西略是现代民族国家理论

---

① 马克垚主编：《世界文明史》（第二版），北京大学出版社，2016年，第555页。

的先导。他认为，应该以"俗权至上"取代"教权至上"，大力宣传"人民主权"的思想，认为国家的权威包括立法权和执行权两个部分，立法权高于执行权，是国家的最高权威。立法者只能是人民或全体公民。[1]

现代国家学说理论基础是16世纪后半叶法国的让·博丹（约1530—1596）在其代表作《共和六论》中提出的。他坚决淡化在国家问题上的宗教感情，认为绝不应该"为宗教事务进行战争"，大力宣扬王权的绝对性，以世俗王权为中心实现国家的统一，号召各派别无条件服从国王，结束内战，重建国家。他还认为，政治学应当是法学，建立在法律的严格与公正的基础之上。这一理论极其贴切地反映了当时正在快速成长的资产阶级对社会秩序的普遍渴望，因此它一出现，就在当时欧洲的政治学界引起强烈反响，很快就得到广泛认同。[2]

正是在这种思想的引领下，西方世俗权力不断得到加强，宗教权力逐步弱化。15—18世纪，是西欧绝对君主制的成长期，欧洲的主权民族国家群就是在这个时期逐渐形成的。最初的民族国家主要有欧洲西部的英国、法国、荷兰、西班牙、葡萄牙等，均诞生于16—17世纪。后来，北欧的丹麦、瑞典，中欧的普鲁士、奥地利，以及南欧的撒丁王国，大致在18世纪初叶都演变成主权民族国家。这个主权民族国家群的出现，意味着现代国际社会的诞生，也为现代民主政治的发展搭建了一个广阔的历史舞台。

现代民主制度的诞生和演进，有着深刻的经济社会背景。

绝对王权的形成，只是保障民族自由的前提，不会必然带来民主政治。相反，17—18世纪，各绝对王权国家之间频繁发起战争，尤其是1618年爆发的"三十年战争"给欧洲各国造成空前巨大的破坏。由此，欧洲各国迫切希望制定一套旨在限制战争破坏的国际法体系。1625年，荷兰法学家格劳秀斯（1583—1645）完成了世界上第一部具有完整体系的现代国际法著作——《战

---

① 马克垚主编：《世界文明史》（第二版），北京大学出版社，2016年，第556页。
② 马克垚主编：《世界文明史》（第二版），北京大学出版社，2016年，第558—559页。

争与和平法》，对不久之后欧洲的思想启蒙运动产生了强有力的影响，为后来创建现代民主政治的实践奠定了重要的理论基石。

为了反对绝对王权对人民权利的欺凌，许多国家开始尝试建立新型现代民主制度。当时的欧洲各国，正处于从传统农业社会向现代工业社会加速转型的阶段，伴随着一个从等级社会向平民社会转化的过程。在传统农业社会，出身门第是确定社会成员社会地位的唯一标准，社会很少给社会成员提供跨越阶层升迁变化的机会，使得社会结构本身缺少发展变化的弹性。欧洲延续了上千年的贵族制度、骑士制度就是其集中体现。随着近代工业社会的发展，无论是17世纪的英国资产阶级革命，还是18世纪的法国大革命，都宣布废除封建贵族制度，取而代之的是以财产资格限制为特征的社会新标准。传统的封建等级社会随之瓦解，全新的平民社会随之产生。19世纪末20世纪初，随着新的大规模生产兴起，越来越多的人涌入城市，大众社会由此产生，拥有选举权的人群范围不断扩大，成为社会政治中一股不可阻挡的历史潮流。[①]

英国在欧洲国家中较早开展反对绝对王权的革命：1695年永久性地废除书报检查制度，从法律上保障了人们的言论出版自由；1698年通过权利法案，建立君主立宪制；通过大幅度提高议会权威，实现对王权的有效限制；通过在议会内设立两院制，政治上设立两党制，实现分权制衡。

英国政治学大师托马斯·霍布斯（1588—1679）批驳了亚里士多德关于"人生而不平等"的论点，第一次提出"人人生而平等"这一具有划时代意义的现代平等观，客观上为现代民主政治的创制提供了一个极其重要的理论依据。他还第一个全面阐述了国家起源的社会契约说。

约翰·洛克（1632—1704）是欧洲启蒙运动最重要的先驱之一。他提出了"人民主权"的主张，论证了国家主权应当属于人民；提出了国家治理的"多数原则"，认为社会大多数人同意，即可视为全体人民同意，政府可以根据大多数人的意见，来采取管理国家的行为，从而奠定了现代民主代议制度的理

---

① 马克垚主编：《世界文明史》（第二版），北京大学出版社，2016年，第1039—1040页。

论基础；提出了"主权有限论"，即为了保障个人的各项自由权力，国家主权应该受到一些必要的限制，对立法权、执行权和对外权这三者进行分离制衡，以杜绝权利的滥用和专制现象的发生。这种"三权分立"的思想，后来经孟德斯鸠进一步发展，将对外权替换为司法权，成为现代民主政治的又一块极其重要的基石。[①]

法国是欧洲启蒙运动的主战场。伏尔泰、孟德斯鸠和卢梭三位斗士最为引人注目。伏尔泰（1694—1778）主张开明专制主义，特别推崇革命后的英国政治制度，认为应该服膺理性的开明君主掌握统一不可分割的国家主权。孟德斯鸠（1689—1755）主张自由立宪主义，按照洛克的原则对主权加以分离，实行立法、行政和司法三权分立，互相制约，以防止国家中的任何一个权威变成专制权力。卢梭（1712—1778）主张民主共和主义，强调"主权在民"和"主权统一不可分割"，对法国大革命进程影响极为突出。

法国启蒙思想家从中华文明中吸收了许多积极要素，尤其是其中的自由、平等理念。伏尔泰对孔子的儒家文明思想推崇备至，以儒家思想文化为武器，抨击欧洲基督教的一神教专制，认为中国是开明专制君主制的典范，那里有真正的信仰自由，道教、佛教等各种宗教都可以自由传道，大家相安无事，政府只管社会风化，从不规定国民的宗教信仰。

1789年，举世闻名的《人权宣言》颁布，标志着"人民主权"思想被赋予放之四海而皆准的普遍适用性，阐明"人"所天然拥有的一些基本权利，包括人身自由、政治平等、财产安全、思想自由等，宣称"人人生而平等"，彻底摧毁了封建等级制度。因此，法国大革命历来被认为是世界政治发展史上的一块划时代的里程碑，是全球性的政治民主化潮流开启的标志，对人类社会的文明进步是一笔巨大的精神财富。[②]历史学家朗博断言，攻占巴士底狱，不但是法国而且是欧洲历史上的重大事件，它开创了世界历史的新纪元。

---

① 马克垚主编：《世界文明史》（第二版），北京大学出版社，2016年，第573页。

② 马克垚主编：《世界文明史》（第二版），北京大学出版社，2016年，第594—595页。

当然，法国大革命的失败，也可以看到其中携带形成的"议会专制""群众专政"所产生的危害，使个人自由在法国革命时代受到严重压抑，突出了平等，却忽略了自由。古斯塔夫·勒庞认为，制宪议会最初的措施是理性的、自发的，但随之而来的后果却超出了所有人的意志、理性或预见。托克维尔（1805—1859）指出，法国大革命是以宗教革命的方式，罩着宗教革命的外衣进行的一场政治革命。一旦大革命深入普通群众那里，理性的价值在情感力量和集体力量的排挤下，立即消失得无影无踪。信仰可以迫使人们与理性分离，并且能够将人的思想和情感推向一个极端。人们相信，大革命必然要导致暴力和不宽容。不付出灾难性的代价，就不足以改变人们的信仰。残忍而大胆的少数人支配胆小怕事、动摇不定的多数人，使国民公会的议员们从温和一步一步滑向暴虐，最终走向自相残杀。在大革命时期，法兰西到处血流成河，受到巴黎革命法庭惩罚的不仅仅是特权阶级，还有大约4000名农民、3000名工人也成了铡刀下的冤魂，有许多人根本没有经过法庭审判，就被草率地处决了。[①]

　　美国民主政治制度的探索，是欧洲民主政治理念的综合和实践，取得了显著成绩。美国作为英国的殖民地，在新兴的、具有民主化价值取向的资产阶级大力推动下，将英法两国已经初步形成的民主政治理念综合起来，通过一场独立战争，成为西方现代民主最为重要的实践结果。来自英国的清教徒1620年签订著名的社会契约《五月花号公约》，成为美国民主理想的生动写照。1776年通过的《独立宣言》，集中反映了把民主当作自由、平等两大人类文明核心价值体现的"原则民主"。1787年通过的《联邦宪法》，对确保自由、平等做了相应的制度安排：通过建立一个强大的中央政府，确保美国的独立与统一；建立各州与联邦政府的分权、联邦政府内部的"三权分立"、参议院和众议院的制衡等制度，约束可能出现的专制统治。与此同时，通过建立

① 　古斯塔夫·勒庞著，佟德志、刘训练译：《革命心理学》，山西人民出版社，2020年，第180—182、212、231页。

"自由、公平、公开的选举制度"，实现全体公民的"程序民主"，形成美国独特的两党制政治格局。法国的托克维尔在其《论美国的民主》一书中十分惊讶地谈道，美国在17世纪制定的政治方面的法律在自由精神方面已经远远地领先19世纪的欧洲。它不仅已经远远地超越了英国的民主制，而且还比当时正在法国大革命中发生的民主制更富有生命力。

18世纪末的法国大革命，是美国独立革命的一个直接后果，但是它要解决的问题却不同于美国革命。它要在一个长时间实行绝对君主制的国度内部革除根深蒂固的传统封建因素的影响，通过对政治的民主化改造，来实现社会的现代化转型。从这个意义上来说，法国大革命是一次真正意义上的"革命"，是一个阶级推翻另一个阶级的暴烈的行动，通过打破王公贵族的政治垄断，在"人民主权"的基础上重建政治统治的合法性。相比较而言，美国革命是在一个没有什么封建因素进行强有力约束的资本主义社会里构建自己的民主制度，就像在一张白纸上进行新的设计，难度要低得多。

1917年俄国十月革命的胜利，是世界文明史上一件影响深远的大事。在沙皇俄国的基础上建立起来的苏维埃社会主义共和国联盟，大胆地进行了人类历史上第一次建设社会主义的实践探索，在与现代资本主义文明竞争的同时，丰富了世界政治文明发展的形态。尽管1991年苏联解体标志着苏维埃文明的最终崩溃，但是由苏联首先付诸实践的社会主义已经在全球范围内得到传播，先后有许多国家学习借鉴苏联的社会主义发展模式，探索一种能够超越资本主义文明的更高级的文明形态。尤其是中国通过将马克思主义中国化，推动马克思主义与中国具体实际、中华优秀传统文化有机结合，走出了一条中国特色社会主义道路，取得举世瞩目的伟大成就。

进入近现代社会之后，随着工业生产带来的巨大财富，越来越多的国民希望获得选举权利。现代社会选举权的实现，把社会中不同财富等级和受教育阶层都纳入到现代政治当中来。每一个公民，都可以通过选举权来表达自己的政治意愿，从而形成一种大众社会中所独有的政治压力，诞生出一种新的政治运作组织——政党。在现代社会中，人民大众只有被高度组织起来的政党调动，才有可能切实参加到现实政治中来。

在选举权逐渐普及的基础上，个人主义的价值观在社会中广为接受。个人主义强调个人的独立性、创造性，强调个人不受或少受社会、政治或宗教的限制，从而实现独立、自主的发展；强调人生而平等，追求个人奋斗、个人价值、个人自由。

个人主义与利己主义有很大区别。利己主义是对自己的一种偏激的过分的爱，它使人只关心自己，爱自己胜过一切，而个人主义则是民主主义的产物，随着身份平等的扩大而发展，反对任何一种权威对个人的支配，主张政府的主要职能是维护法律与秩序，以保障个人的权利不受侵害。当然，个人主义不能毫无限制、漫无边际，个人自由的边界不能妨碍他人的自由和正常的社会秩序。

四、人口迁徙

迁徙，是人类在与自我生存环境做斗争。在自然生态环境恶化、战争冲突加剧、大规模流行病暴发等多种因素影响下，人类往往会通过改变所处的环境来实现自己的生存和发展。有的迁徙是主动而为之，有的迁徙则是不得已而为之。

人口的迁徙，大致可以分为三种不同的类型：一类是从一个国家迁入另一个国家，在国家之间进行移民；一类是一个国家内部，从一个地区迁入另一个地区；还有一类是从农村地区迁入城市。[①]这三种类型的迁徙，都会对人类文明的发展和传播带来重大影响。

中国由于地域广阔，自古以来发生过多次重大迁徙。

早期中国，大量人口都集中在北方黄河流域的平原地区。此后的2000多年间，虽然中国传统文化中有显著的"安土重迁""落叶归根"的思想观念，

---

① 在大量人口移居他国的同时，在同一国家内部也在发生从农村涌入城市的趋势。据哈佛大学的尼尔·布伦纳和纽约大学的索利·安杰尔的研究，城市土地面积21世纪预计会再增加两倍。全世界绝大多数人口居住在城镇，目前全球每天都有15万人涌入城市。

但是由于自然灾害和人为战争的各方面影响，"北民南迁"是中国移民史上的一个基本特征。其中虽有政府组织的强制性移民，但主流还是民众出于被迫或无奈而开展的自发性移民。

秦始皇统一中国后，派遣赵佗带领30多万大军进入东南、岭南和西南地区，开凿灵渠，并迁入大量妇女，就地屯垦，既带来了中原文化，又促进了中国的统一。

4世纪初，北方战乱不断，拥有先进文化和生产技术的中原民众大批南迁，史称"永嘉南渡"，大大增加了南方地区的居民规模，推动中国的经济重心由北方的黄河流域向南方的长江流域转移。

9世纪中期，受北部游牧民族的冲击，唐王朝的边界明显收缩，都城长安比汉朝时更加靠近外族的领地。安史之乱爆发后，又一次造成北方民众大规模南移的浪潮。

宋朝时，由于北部有辽、金，西北部有西夏，汉族人群受战乱影响，大量往南部和东南部迁徙，也有成批的汉人被迁徙到辽宁、吉林、宁夏、甘肃地区，在昔日偏僻的草原上营建起大量城镇，形成了农牧兼营互补的经济结构，农业生产水平大幅提高，手工业、商业也有了明显的进步。由于江南的太湖地区和浙东地区的大规模开发，湖田成为重要的粮食生产基地，形成了所谓"苏吴熟，天下足"的局面，全国人口南北分布的格局发生了重大变化，南方人口的比例占到全国的六成。[1]人口比例结构的变化，甚至导致北宋中期欧阳修、司马光等人就省试科举录取名额是否需要按地区分配进行了激烈的辩论。司马光主张南北学风不一，南人长于文章，西北之人质朴无华，长于经学，应该照顾地区差异，按照一定份额"逐路取人"；欧阳修则认为，应该按照考生的绝对成绩"唯才是举"，而不考虑地域来源。1127年，北宋灭亡，在杭州建立南宋政权。多达40万汉人向南迁徙，其中许多人到达多山的浙江、福建、

---

① 袁行霈、严文明、张传玺、楼宇烈主编：《中华文明史》第4卷），北京大学出版社，2006年，第17页。

广东等东南沿海地区，推动这些不适宜农耕、发展相对缓慢的地区发展，促进了这些地区的城市化进程以及瓷器等制造业和贸易的发展。

元朝时，由于蒙古完成了对中亚、西亚的征服，大批信奉伊斯兰教的突厥人、波斯人、阿拉伯人移居到中国。这些被蒙古统治者列为仅次于蒙古人的色目人，原本的种族、语言、籍贯并不相同，但移居中国之后，在伊斯兰教强大的整合作用下，形成了一个新的文化群体。他们散居全国各地，长期与汉族人民相处，学习汉语和儒家经典，但是保持自己的宗教信仰和风俗习惯，成为今天中华民族大家庭中的重要成员——回族。

明清时期，由于人口规模的急剧增长，需要开发更多的土地资源，才能满足粮食需要，因而推动移民浪潮的进一步发展。不过，总体来看，这一时期的移民方向发生了一定改变：一是由江南和东南沿海地区沿着长江向两湖、四川内地移民，出现"江西填湖广，湖广填四川"的局面，推动江汉平原、洞庭湖地区和四川盆地的山区大量开发，形成所谓"湖广熟，天下足"的新局面；一是从周边省份向新疆、东北、台湾等地区及海外移民。[①]

清朝末期，中国关内移民从长城以内的山东、河北等省份向关外的"东三省"迁移，"净迁徙"移民数量每年高达50万～100万。汤因比认为，这些来自关内的移民在不久的将来，会将这里变成世界上人口最为稠密、兴旺繁盛的农业地区之一。[②]

正是由于中国北方居民的大量南迁，进入不易受到游牧民族侵袭的淮河流域和长江流域，推动中国人开始走向南方和海洋，这对中国海洋贸易的发展具有深刻意义。由于南方沿海一带海港城市密切参与到海外贸易，船只和港口数量大幅增加，福建、广东等地的居民在国内动荡、生活贫困的环境下开

---

① 尽管清朝认为东北地区是"龙兴之地"，担心破坏龙脉风水，康熙年间就开始禁止关内民众迁入，但依然有山东、河北大量民众为了生计，穿越封锁，"闯关东"。1749年东北总人口40.65万，到1907年已经增长到1445.7万。

② 阿诺德·汤因比著，司佳译：《中国纪行：从旧世界到新世界》，上海人民出版社，2019年，第187、246页。

始大规模海外移民，形成"下南洋"的特殊景观。这促进了中华文明与东南亚地区的深度交流，对东南亚经济社会发展发挥了不可估量的作用。

早在1628年，闽南人就大举移民菲律宾马尼拉，建立起2万～3万人的大型华人社群。19世纪末期，在太平天国运动带来的政治动荡推动下，中国大量人口外流到东南亚、印度洋沿岸和澳大利亚，几乎所有的东南亚国家都有华人的身影。时至今日，新加坡华人占比75%，马来西亚华人占比35%，菲律宾华人占比1.3%。华人大多居住在城市和经济发达地区，在当地经济领域占据主导地位。

随着全球化的快速发展，欧洲殖民者为了开发美洲地区，在非洲黑人奴隶贸易废除之后，转而采取引诱、欺诈等方式，面向中国招聘大量契约制劳工。1747—1874年，共有22.5万名中国男性劳工登陆拉丁美洲，其中9.1万人到达秘鲁，12.5万人到达古巴。这些主要来自福建和广东的中国人，都是在澳门登上条件艰苦的苦力船，经过长时间极度艰险的航行，在相当高的死亡率威胁之下，抵达大洋彼岸。他们在极端恶劣的劳动条件下，逐渐站稳了脚跟。一些人在获得自由身份之后开始经商，获得了一定的资本，成立了"会馆"这样的华人互助社团，既为华人争取正当权益，也约束华人组织有害活动，推动唐人街等华人社区快速发展，在当地餐饮、零售等一些领域取得突出成绩。一些当地人说："没有中国人不做的生意。"在一些地区，"中国人"和"商店老板"这两个词几乎就是同义词。他们在吸纳东道国本地文化的同时，也向当地传播中华文化。19世纪下半期，至少有100万名中国人作为廉价劳动力进入世界市场。其中大约有25%进入秘鲁和古巴，约有20万人进入澳大利亚，其余的去往新加坡、菲律宾、夏威夷、加利福尼亚等地。[1]20世纪末，极负盛誉的古巴作家萨维罗·萨尔度就表明自己的祖先是经过苦力贸易来到古巴的。他1994年声称："古巴文化至少有三个重要来源：西班牙文化、非洲文化和中国文化。"[2]

---

[1] 胡其瑜著，周琳译：《何以为家——全球化时期华人的流散与播迁》，浙江大学出版社，2015年，第137页。

[2] 胡其瑜著，周琳译：《何以为家——全球化时期华人的流散与播迁》，浙江大学出版社，2015年，第169页。

英国历史学家汤因比认为，中国人身上自带"扩张禀赋"，世界上没有一个民族能够比得过中国人，过去没有，现在也没有。答案或许在于中国并非一个普通意义上的单一民族国家，而是一个自身就包含着多民族、人种、语言乃至文化的社会。换句话说，中国不是单一的民族国家，它自身就是一个完整的世界，即"寰宇天下"；中国人不是一个单一的民族，而是一个庞大的多民族社会。汤因比感叹道，中国同时在向两端"扩张"，一端到达东西伯利亚，一端临近东印度。[①]

但是，由于中国传统文化与东道国本地文化习俗存在显著差异，加上中国人凭借突出的经商才能和吃苦耐劳的品格，在一些方面挤压了当地人的就业和经济来源，在一些地区民粹主义的推动下，也发生过许多惨无人道的排华行动。比如，美国一位爱尔兰移民丹尼斯·卡尼发起"反中国苦力"运动，提出"中国人必须走"的口号，旨在结束中国人移民美国。1870—1880年，有13.9万名中国人移民到美国，仅占同期移民总数的4.3%，与同期欧洲移民大规模跨越大西洋相比相形见绌。[②]美国于1882年出台《排华法案》，禁止中国移民进入美国。1911年，在墨西哥发生的一次暴动中，就导致当地330名华人丧生。

从世界其他地区来看，也都发生过多次大规模的人口迁徙。

欧洲早期文明就是由一支来自高加索地区的原始部落迁徙占领形成。大约5000年前，地中海沿岸的苏美尔、古埃及、古希腊已经形成了类似中华文明早期"满天星斗"般的农耕文明，但是受外来游居蛮族颜那亚人的冲击，这些原生文明完全消失。2019年，美国哈佛大学人类遗传学家大卫·赖克通过最新的DNA检测技术，证实了现在的欧洲人在基因上与这块土地上的原住民没有直接继承关系，而是来自东欧草原的"史上最凶残"的颜那亚人的

---

① 阿诺德·汤因比著，司佳译：《中国纪行：从旧世界到新世界》，上海人民出版社，2019年，第246—247页。

② 尼尔·弗格森著，周逵、颜冰璇译：《广场与高塔——网络、阶层与全球权力竞争》，中信出版集团，2020年，第185—190页。

后代。①

亚述帝国实行以贸易为目的的军事殖民，将"流放"制度发展到极致。他们把不容易驾驭的民族流放到其他地方，实行"异地混杂迁居"，改变民族和语言的分布状况，打破单一的民族结构，有意激化统治区内不同民族之间的利益冲突、宗教习俗冲突，转移他们对亚述人统治的仇恨情绪。从亚述那西巴二世到辛纳赫里布的200年时间里，被流放的人数高达132万人。②

英国历史上一共发生过5次大规模、彻底改变了居民种族的移民潮。从种族和历史上说，英伦三岛居民并非同祖同宗。史前旧石器时代，大不列颠诸岛上就已经有人类活动，那时大不列颠诸岛和欧洲大陆是连在一起的。大约在距今9000年前的时候，由于地壳运动的演变，大不列颠诸岛从欧洲大陆分离出来。此时出现英国历史上第一代移民——来自比利牛斯半岛的伊比利亚人。大约从公元前500年开始，凯尔特人从欧洲大陆进入并占领了大不列颠诸岛，这是第二次外来大移民。今天居住在苏格兰北部和西部山地的盖尔人仍使用凯尔特语，是目前仍存留在不列颠诸岛上的最古老的语言种类。公元前55年，恺撒大帝征服不列颠诸岛，使当地成为罗马帝国的殖民地，进行第三次大规模移民，推行拉丁化。5—6世纪，原居住在西北欧内陆的盎格鲁人、撒克逊人和朱特人等三个日耳曼蛮族部落抓住罗马帝国衰落而自顾不暇之机，从丹麦和德国渡海入侵大不列颠诸岛，开始第四次外来移民潮。这些日耳曼人的语言，成为后来形成的英语的原型。大名鼎鼎的传奇人物亚瑟王就是当时率领凯尔特人顽强抵抗日耳曼人入侵的民族英雄。盎格鲁–撒克逊人征服大不列颠诸岛以后，相继建立了10多个小王国，经过兼并后剩下7个，英国史上称600—870年为"七国时代"。这些国家的人口不断迁徙融合，语言也逐渐形成现在通行世界的英语。1066年，大不列颠诸岛发生了历史上的第五次移民潮，来自法国西北部的诺曼人入侵，最终融合形成近代的英吉利民族。③

① 文扬：《文明的逻辑：中西文明的博弈与未来》，商务印书馆，2021年，第4页。
② 马克垚主编：《世界文明史》（第二版），北京大学出版社，2016年，第41页。
③ 何新：《何新世界史新论》，现代出版社，2020年，第183—189页。

近现代影响最大的人口迁徙，是欧洲对美洲新大陆的移民。1532年，西班牙征服者弗朗西斯科·皮萨罗率领168名西班牙战士在秘鲁俘获有8万名军队护卫的印加帝国皇帝阿塔瓦尔帕。此后，西班牙开始通过自身移民和奴隶贸易向美洲新大陆大量移民。这一时期，共有约24万名欧洲白人移民漂洋过海，开展世界史无前例的跨海域大规模人口迁徙。与此同时，奴隶贸易发展十分迅猛。1530年，第一批非洲奴隶抵达美洲。16世纪，共有16.2万名非洲奴隶被贩运到美洲，但是存活下来的只有1.5万人。[①]此外，还有许多其他国家和地区的移民前往南美洲，有440万欧洲移民前往巴西，650万人前往阿根廷。其间，有25万名中国劳工前往古巴和秘鲁，16.5万名日本劳工前往巴西，这些人大多是通过苦力贸易到达目的地的，虽然他们本身并不是奴隶，但是其遭遇十分令人同情，忍受着比穷困的欧洲移民更为恶劣的环境，死亡率高达12%。[②]南美地区国际移民规模的日益扩大，改变了美洲的社会人口成分，给美洲增添了新的种族，带来了新的思想和技能，对美洲社会的发展产生了深刻的影响。移民数量在1850—1914年达到高峰，仅阿根廷一国的净移民数量就达300万。

从英国新教徒"五月花号"登陆北美到英国内战结束的第一次移民浪潮开始，共有2.3万人抵达新英格兰。这些新教徒以家庭为单位，拥有强大的宗教凝聚力，为北美的拓荒发展起到极大作用。1500—1820年，共有1140万人乘船前往美国，其中有270万欧洲人，其余超过总数3/4的都是黑人奴隶。

1788年，载着780名犯人的11艘英国船只驶入悉尼附近的植物学湾，开始了英国在澳大利亚的殖民地定居。除了海军士兵及其家人，直到1793年第一批自由人定居者才到达澳大利亚。不过，输送罪犯的做法一直持续到1868年。其间，共有超过16万名犯人到达澳大利亚。

20世纪初，沙俄不断向东方移民。仅斯托雷平土地改革时期（1906—

---

① 林肯·佩恩著，陈建军、罗燚英译：《海洋与文明》，天津人民出版社，2017年，第420页。

② 林肯·佩恩著，陈建军、罗燚英译：《海洋与文明》，天津人民出版社，2017年，第548—550页。

1916），往西伯利亚、远东与图尔克斯坦草原迁移的农民就超过了300万人，由于当地俄罗斯人数量的增加速度远远超过本地居民，使得俄罗斯文明在东方广阔的地域发挥影响，也吸收了非俄罗斯文明的因素。

人类最大规模的迁徙发生在1815—1930年，其间共有5600万欧洲人移居国外。移民人数最多的国家包括英国（1140万）、意大利（990万）、爱尔兰（730万）、奥匈帝国（500万）、德国（480万）、西班牙（440万）。英语国家接纳的移民占据了巨大份额，有3260万人前往美国，500万人前往加拿大，340万人前往澳大利亚。

在经济全球化进程加速的背景下，全球人口迁徙的速度进一步加快。1960年，全球只有7300万人旅居他国，如今这个数字已经高达3亿。自2008年国际金融危机爆发以来，这个数字还在进一步快速增长。全球移民的经济背景覆盖到几乎所有阶层。其中，既有跨国企业的高层管理人员，也有来自第三世界国家的国际劳工。以前移民的方向大致是由南向北，现在国际移民中，有半数流向经济发展良好和就业机会较多的发展中国家。美国既是人口大规模流入的国家，同时也是人口流出的重要国家。现在有超过600万美国人在海外生活。相关调查显示，在美国18～24岁的年轻人中，有计划移居海外的比例从以前的12%上涨到现在的40%。[1]

人口的大规模迁徙，除了会扩大其母国和侨民地区之间的贸易往来外，还会向外国带去母国的文明成果，推动彼此之间的交融交流。尤其是在经济全球化进程加速之后，国家与国家之间的投资规模和商务往来急剧扩大，人员与人员的往来日益频繁，推动各国文化加速交流交融。

无论是从长期还是从短期看，自由迁徙的好处都是不言而喻的。过去的迁徙，大多是永久性的单方向迁移；今天的迁徙，则是一种持续的多国流动，带来更大范围的效应。移民不仅可以给移民输出国带来大量外汇收入[2]，还可

---

[1]　帕拉格·康纳著，崔传刚、周大昕译：《超级版图：全球供应链、超级城市与新商业文明的崛起》，中信出版集团，2016年，第20—21页。

[2]　2013年，全球移民的汇款金额高达4300亿美元。

以给移民输入国带来大量"人才红利"。比如，美国的许多移民是中国、印度留学在美国的优秀毕业生，他们为美国带来了丰厚的知识收益，如今美国硅谷的创业公司有一半都是由移民创立的。当然，也有许多留学人员毕业后，会选择返回母国就业创业，带来先进思想理念，推动本国技术创新。

在看到人员迁移带来的好处的同时，也要高度关注民粹主义带来的危害。从某种意义上来看，民族主义是一把"双刃剑"。它既可以被视为一种值得赞扬的推动力，有利于凝聚本民族的发展力量，也可能演变为民粹主义，形成一种危害巨大的负面力量。只有选择包容性而非排外性的政策，国家发展才能取得成功。因此，要给予移民合法身份，以增强其对进入国的归属感，强化其身份认同。

五、商业贸易

商业贸易，不仅是人类在与贫穷做斗争，以求通过商品交换，实现物质上的充裕，同时也丰富了人们的生活。

许多文明交流都是通过商业贸易往来进行的，这种行为早在野蛮时代就已经开始。由于各个部落的产出不同，需要相互交换、互通有无。这种商业贸易，有的是私人行为，有的是以国家的名义进行。商人在进入其他地区后，不仅所携带的商品上承载着科技、艺术等方面的许多文明要素，促进彼此之间的交流交融，其个人自身也将技术、文化、风俗、习惯带过去，促进不同民族之间的文明交流。①

比如，居住于地中海东岸的腓尼基人，形成了许多独立的城邦。作为一个活跃在海上的商业民族，他们主要从事地中海东部的商业贸易。在贸易过程中，他们感到古埃及的象形文字和古巴比伦的楔形文字构造复杂，书写不便，不适合快速传递商业信息、记录账簿之用，于是在象形文字和楔形文字已使用音符的基础上，创造出了一套拼音符号，共22个字母，用以表示辅音，虽

---

① 马克垚主编:《世界文明史》(第二版)，北京大学出版社，2016年，第414页。

然没有元音，但已经比象形文字、楔形文字等大为简化，成为书写的有力工具。这套字母随着腓尼基人的商业活动开展，又向四处传播，向西演化为古希腊文字、古罗马文字，向东演化为希伯来文字和阿拉伯文字，成为世界上许多字母文字的祖先，为人类文明的进步作出了重要贡献。[1]

自远古以来，中国统治者就强调"以农为本、以商为末"的观念，战国后期"重农抑商"成为许多国家一贯的政策，韩非子更是把商人斥为"五蠹"之一，极度贬低工商业的作用和商人的地位。但是，即便是在这样不利的文化传统影响下，中国在春秋晚期至战国早期，随着生产扩大和专业分工的细化，商品贸易进一步强化，催生出金属铸币，诞生了吕不韦、范蠡、白圭等产生重大影响的大商人。商业的兴盛，推动人口向城市集聚，许多城市的面积已经超过30平方公里，有相对独立的商业街区，对社会生产的发展和经济的繁荣都起到十分重要的作用。

从国际贸易来看，汉唐时期，中国就派遣张骞等人出使西域，竭力打通贯穿亚欧大陆的丝绸之路。唐朝晚期，由于传统的陆上丝绸之路缺乏安全保障，海上丝绸之路日益完善。到10世纪，中国商人已经活跃在亚洲的各条航线上，影响远至日本、东南亚和印度洋沿海地区。[2]

目前在东南亚海域发现的勿里洞岛沉船考古证明，船只建造于西亚、南亚，水手也来自西亚、南亚，但是货物主要来自中国，包括6万件完好无损的瓷器以及现存最大的唐朝金杯，其中的瓷碗上印有《古兰经》经文，销往中东地区的阿拔斯王朝，这些足以说明1300年前海上贸易的国际性。这种早期的全球化，推动了各个地区文明的交流。[3]

中欧之间的贸易由来已久。罗马帝国和汉朝就建立起"丝绸之路"的贸易网络，既进行商品的生产和买卖，也交流思想，接纳和改进不同的

---

① 马克垚主编：《世界文明史》（第二版），北京大学出版社，2016年，第415页。
② 林肯·佩恩著，陈建军、罗燚英译：《海洋与文明》，天津人民出版社，2017年，第299页。
③ 林肯·佩恩著，陈建军、罗燚英译：《海洋与文明》，天津人民出版社，2017年，第300页。

观念。① 早期的海上丝绸之路随着航海技术的发展，贸易网络也逐渐扩大。1557年，葡萄牙人租借中国澳门，在远东建立了贸易据点。从此，产自中国的陶瓷、漆器、生丝、绸缎等各种商品，开始大规模地输入欧洲。在葡萄牙人的带动下，西班牙、荷兰、英国、法国等海上强国纷纷设立远东贸易公司。通过日益频繁的中欧贸易，开启了中华文明影响近代欧洲文明的进程。最为典型的是，由于中国瓷器、丝绸等物品的输入，附着在这些物品上的文化元素直接推动欧洲在18世纪初的罗马式巴洛克风格演进到洛可可风格，使18世纪的欧洲出现了空前的"中国热"，著名法国汉学家艾田蒲甚至将18世纪的欧洲称作"中国之欧洲"，欧洲的启蒙思想家也从中国汲取了大量的思想元素。②

此外，在东亚地区形成的"朝贡贸易体系"以及由此体系而形成的亚洲区域经贸圈极有特色。它以商业贸易行为为载体，形成了一个不排斥体系内国家与体系外地区往来的开放的体系，在西方殖民者到来之前，东亚贸易取得空前繁荣。朝贡贸易体系对东亚地区的文化传播、区域经济形成和东亚文明圈的延续，都起了相当巨大的作用，形成了一种以中国为中心的统治关系和内部共有中华价值理念的东亚世界秩序，形成以儒学为代表、兼容吸收其他文明而形成的东亚文明，成为东亚地区整体性的重要象征，也是连接东亚广大地区和人民共同心理的强有力的纽带。历史上的朝鲜、日本、越南都曾"各自认为自身是保持中华正统的国家"③。

贸易的发展，推动世界各地的生产技术进行交流。中国是人口大国，需要大量粮食供给，伴随贸易发展而来的农业生产技术发挥了极大作用。15世纪末，哥伦布发现新大陆之后，美洲的高产粮食作物快速传播到中国，成为中

---

① 尼尔·弗格森著，周逵、颜冰璇译：《广场与高塔——网络、阶层与全球权力竞争》，中信出版集团，2020年，第66页。

② 袁行霈、严文明、张传玺、楼宇烈主编：《中华文明史》第4卷），北京大学出版社，2006年，第227—228页。

③ 马克垚主编：《世界文明史》（第二版），北京大学出版社，2016年，第1232—1233页。

国人的主要粮食作物。据文献记载，明嘉靖十年（1531）玉米传入中国，万历八年（1580）甘薯传入中国，17世纪马铃薯也传到中国。此外，传入中国的美洲作物还有花生、烟草等。

工业革命后，贸易性质发生了重要变化，贸易商品由过去只有少数皇室贵族可以享用的奢侈品，日益转变为更多民众有能力购买的普通日用品，大西洋取代地中海成为欧洲主要的贸易通道，以东西方贸易为主导转向以欧美间贸易为主导。英国是这个大转变的最大受益者。从17世纪中叶开始，英国通过一系列航海条例和商业战争，排挤了传统海上商业强国荷兰和法国，建立起世界上最大的殖民和多边贸易体系，形成了"日不落帝国"，向外传播英式文明。18世纪70年代，英国出口到美洲、非洲、印度及远东等"新市场"的产品，比18世纪初增加了近8倍。[①]

第二次世界大战后，在美国的主导下，建立起世界贸易组织（WTO），积极推进国际贸易的发展。2001年，中国加入世界贸易组织，并逐渐成为全球最大贸易国。

六、战争冲突

战争，是人类在与自身伴随的动物性——暴力做斗争的结果。在人类文明发展进程中，暴力是一个重要影响因子。可以说，人类文明进步，就是暴力约束手段的进步。这种约束，既表现在礼仪、道德、法律、条约等方面的约束，也表现在通过战争以暴制暴，达到约束暴力、实现和平的目的。

从这个意义上看，战争就是人类文明进步的一个伴随物。一部人类文明发展史，就是一部惨烈的人类战争史。暴力是文明社会的助产婆，战争是宣扬暴力的最野蛮手段。历史从来不是在温情脉脉的人道牧歌中前进的，相反，它经常要无情地践踏着千千万万具尸首才能前行。在此进程中，各国都涌现出了许多代表正义、反对暴行的英雄。人类文明的这种约束也反映到精神层

---

① 马克垚主编：《世界文明史》（第二版），北京大学出版社，2016年，第615页。

面，神灵里存在善良的神，也存在邪恶的神。他们像原始的孪生精灵，彼此之间也会为了自己的选择而相互冲突，进行斗争。[①]神灵在天堂搏斗，人类在尘世作战。尽管不愿意看到战争带来的生灵涂炭和巨大破坏，但我们也不得不承认战争在一定阶段存在的必然性。

所以，在文明进程中，人类一方面要尽可能地主动约束自我，不将自己的意愿强加给别人，做到"己所不欲，勿施于人"；另一方面要时刻保持警醒，构建起坚强有力的国防力量，对他人可能强加给自己的暴力进行自我防卫，以暴制暴。

中国古话讲得好："秀才遇到兵，有理说不清。"一个国家的文明，如果没有强有力的国防力量进行保护，抵抗野蛮、捍卫文明，那么文明的价值很容易就会随风飘散。历史上的古巴比伦文明、古埃及文明都是在战乱中消失殆尽，成了人类文明史上的悲剧。欧洲人正是秉持所谓"西方文明中心论"思想，凭借着自己的超强火器，打着"文明"的、"教化野蛮人"的幌子，把自己置于道义的制高点，以高尚的姿态去征服美洲大陆的印第安人，用邪恶的力量去实现自己肮脏的欲望，试图洗刷帝国主义、殖民主义的巨大罪恶，掩盖自己的野蛮行径。[②]

不过，被征服者往往并不顺服，会在合适的时机发起反抗，以求推翻征服者的统治。但是，不管从哪个方面来看，不管是短期占领还是长期统治，战争都一定会引起交战双方的反思，吸取经验教训，从而实现文明成果的交流交融，推动文明向前发展进步。

战争，既有可能是发生在国家内部不同利益集团之间的暴力冲突——内战，但更多的是国家与国家之间的利益之争，还有因为宗教矛盾冲突而引发

---

① 凯伦·阿姆斯特朗著，孙艳燕、白彦兵译：《轴心时代：人类伟大思想传统的开端》，上海三联书店，2019年，第23页。

② 当然，在看到西方文明入侵美洲造成的灾难的同时，我们也要看到它客观上产生了一些积极影响。比如，马曾经驰骋于美洲，但后来消失了几千年，之后是西班牙人把马从欧洲引入，使得马重新活跃于美洲大地。具体见威廉·H.麦克尼尔著，田瑞雪译：《5000年文明启示录》，湖北教育出版社，2020年，第5页。

的意识形态之争。

原始社会晚期，随着氏族部落的吞并，战争越来越频繁，规模越来越巨大，影响范围越来越广。从人类进入国家时代开始，就不断爆发以社会组织为条件，以社会整体生产水平为基础的国家之间的对抗战争。[①] 所有国家都不再将战争作为孤立的军事行动看待，而是作为全面的、综合的、基于文明差异的国家对抗行为看待。决定战争水准的因素主要包括六个方面：常备军数量、用兵规模大小、战争方式的发展程度、兵器装备的先进程度与杀伤力程度、组织大型战役的合成能力与其摧毁烈度、战争智慧的发展程度和兵学典籍的丰富深邃程度。[②]

中国兵书在战国时期就相当成熟，之所以成熟得如此之早，正是长期战争经验的概括反映。[③] 中国在战国时期就形成了许多战争价值观体系。对战争在国家生存中的地位评价——存亡之道、忘战必危，对两种战争性质的区别评价——吊民伐罪之义战、抢掠杀戮之暴兵，对战争境界的认识——止戈为武、以战止战。

战国时期有着最高密度的大规模战争，也有着最鲜明的战争人道主义思潮及其历史实践，如以墨家"兼爱"思想为基础的反侵略战争思潮，以"弭兵"思想为基础的反战思潮，反对"杀降"的善待俘虏理念，以"义兵"为最高用兵境界的自觉意识。[④]

随着一些国家扩展为帝国，这些国家凭借强大的军事力量，推动疆域扩

---

① 据解放军出版社2003年出版的《历代战争年表》统计，春秋战国时代，是整个人类古典文明史上战争最为集中、最为多发的一个时代。整个春秋时代，发生战争395次；战国时代，史料有迹可循的战争230次。战国时期的大战参战总兵力就超过100万，大量使用铁制兵器，步兵、骑兵、水军开始混成编制，军官开始职业化，涌现出《孙子兵法》《吴子兵法》等许多流传千古的兵学著作，出现了"围魏救赵""长平歼灭战""即墨保卫战"等经典战争案例。

② 孙皓晖：《中国原生文明启示录》，中信出版集团，2020年，第491—494页。

③ 李泽厚：《美的历程》，生活·读书·新知三联书店，2009年，第39页。

④ 孙皓晖：《中国原生文明启示录》，中信出版集团，2020年，第514页。

张，随之而来的就是文明的传播。帝国军力所到之处，必然带来帝国所通行的语言、宗教、思维方式和生产生活方式。历史上，波斯帝国、希腊亚历山大帝国、罗马帝国、大英帝国的扩张，都将其独具特色的文明形态传入殖民地。比如，希腊人向地中海西部殖民，为后来罗马文明的兴起奠定了基础；而罗马征服希腊之后，又全盘接受了希腊文明，进而在西方历史上形成了辉煌灿烂的古罗马文明。[①]

许多时候，国家与国家之间都是因为争夺经济贸易方面的利益而展开战争。比如，欧洲开发欧亚海上航线之后，葡萄牙人依托强大的海军力量，占领了马六甲海峡，努力掌握着欧亚海上贸易的命脉。1536—1546年的短短十年间，为了争夺印度洋沿岸的港口（包括苏伊士、穆哈、巴士拉、第乌、马六甲等），奥斯曼帝国与葡萄牙之间共进行了19次战役，其中有4次战役的涉及范围超出了红海和波斯湾海域。[②]1579年，奥斯曼帝国试图影响印度洋事务的努力终结，反对葡萄牙人的活动也随之结束。1853年7月8日，美国海军准将佩里率领4艘全副武装的军舰驶入日本江户湾，逼迫日本对美国开放贸易港口。这就是日本近代史上著名的"佩里来舰事件"。

由于战争会给人类带来巨大的伤害，大多数文明都对战争深恶痛绝。在战争当中，人的动物性大大超过人性，野蛮性大大超过文明性，造成极大人员丧亡。法国大革命和拿破仑战争的死亡人数十分惊人，1792—1815年，战场阵亡人数达到300万～500万。20世纪，人类经历过两次世界大战，伤亡规模更是空前。我们赖以生存同时也给对手以杀伤的武器，正是我们为之骄傲的科技，这或许是人类文明的悲剧。两枚原子弹在日本爆炸，标志着人类已经具备将地球彻底毁灭的能力，人类面临灭绝、地球面临毁灭的场景并不遥远。

几乎所有的宗教都谴责战争。佛教戒杀，甚至连一只小昆虫也要爱护。基督教提出"爱你们的仇敌"，耶稣在登山宝训中教导众人："有人打你的右脸，

---

① 马克垚主编：《世界文明史》（第二版），北京大学出版社，2016年，第415页。

② 林肯·佩恩著，陈建军、罗燚英译：《海洋与文明》，天津人民出版社，2017年，第426页。

连左脸也转过来由他打。"伊斯兰教虽然不戒杀，但《古兰经》认为，战争并非解决纠纷的最佳方式，只允许自卫作战，称战争为"大罪"，严禁穆斯林主动发动战争。侵略是严格禁止的，不允许发动先发制人的袭击。如果受到攻击，可以自卫。但是，一旦敌人求和，战争必须终止。[①]

但是，事实上，在人类历史发展进程中，由于宗教意识形态的冲突而引发的战争数不胜数。例如，在基督教和伊斯兰教之间的"十字军东征"，基督教内部的天主教和新教之间的"三十年战争"，伊斯兰教内部什叶派和逊尼派之间的战争冲突，给人类带来极大灾难。

战争的惨烈，会对人的心理健康形成重大影响。许多人会因为在战争的暴力影响下，由"人"回归到"野兽"，战争结束之后患上战争创伤综合征。

古斯塔夫·勒庞在《革命心理学》中指出，在一些战争和暴力行为中，人们基于对宗教、思想的信仰，突破理性逻辑的界限，使思想和行为陷入情感逻辑、集体逻辑和神秘主义的控制之下[②]，打着奉命行事（上帝、先知、领袖、上级等）的旗号，基于匿名免责、集体免责的考虑，以一种狂热的、丧失人性的方式去实现自己的"使命"，发动大规模的暴力行动，肆意践踏人性道德的底线，甚至是高举着人道的旗号，却杀人如麻。他们以理性标榜，声称受理性支配，但实际上推动他们行为的却根本不是理性。宗教狂热主义者尽管会对类似自己的信徒充满人道主义和自制精神，但是基于一神教规则之下的残酷性和不宽容性[③]，无法容忍异端的见解，总想通过武力把自己信仰的教义强加给别人，认为不付出灾难性的代价，就不足以改变人们的信仰。当任何一

---

① 凯伦·阿姆斯特朗著，孙艳燕、白彦兵译：《轴心时代：人类伟大思想传统的开端》，上海三联书店，2019年，第474—475页。

② 科学革命的唯一起源就是理性因素，而政治信仰和宗教信仰几乎完全受神秘主义因素支配，理性对它们的影响微不足道。在政治革命和宗教革命中，先知、领袖往往是理性的，而听从他们命令行事的人们则往往是感性的、冲动的、狂热的、非理性的。

③ 不宽容是强势宗教信仰的必然伴生物。同一宗教内部不同教派之间的不宽容，比起那些差距很大、互不熟悉的宗教之间的不宽容，有过之而无不及。人类历史上的宗教教义冲突，从来没有因为辩驳而得到化解，往往只能通过残酷的暴力去压制。

个问题在观点上引起激烈冲突时，我们就可以确信，它属于信仰的范畴，而不是知识的范畴。信仰源于无意识，并且独立于一切理性之外，它从来就不会受到理性的影响。一个坚定的信仰，是如此强悍有力！相互对立的信仰之间几乎无法实现宽容，不同信念之间的冲突会引发可怕的暴力和殊死的斗争。恐怖是所有信徒都视为必然的一种手段，暴力和虐杀就成了必然的结局，因为历代的宗教法典从一开始就建立在恐怖的基础之上。为了强迫人们遵守他们的规定，信徒们试图用永恒的炼狱来恐吓他们。信徒们的理性对信仰无从施加控制，信仰往往强烈到这样一种程度，以至于没有任何事物可以阻挡它。人一旦受到信仰的催眠，就会变成一个信徒，变得一往无前，完全无所畏惧，随时准备为了信仰，而牺牲自己的利益、幸福，乃至生命。[1]这就解释了为什么暴力、仇恨和迫害常常是重大的政治革命或宗教革命的伴生物，其中又以宗教改革和法国大革命最为典型。[2]

任何一种民族精神，都是需要经过长时期的缓慢积累，才能形成鲜明的品格。一旦这种民族精神稳定建立起来，尽管还会根据时代的发展而进行柔性调整，但一定会具有较强的刚性。没有这种刚性，民族的精神就无法继承；而没有柔性的调整，那民族精神也不能适应由于文明的进步所带来的环境变化。[3]那些精神较为稳固持久、相对保守的民族，往往热衷于最激烈的革命。恰恰是因为其保守，所以他们才不能接受缓慢的进化，不能适应环境的各种变化。所以，当矛盾变得过于激烈时，他们常常倾向于猝变，选择激烈的方式改变自身。这种突然间的进化，就会很快演变成为一场革命。大的革命通

---

① 古斯塔夫·勒庞著，佟德志、刘训练译：《革命心理学》，山西人民出版社，2020年，导读第1—28页，第18页。

② 当然，宗教革命和政治革命还是有显著的差异。在宗教革命中，没有任何经验可以向信徒们揭示他们受到了欺骗，因为他们只有在死后进入天堂才能验证；而在政治革命中，一种虚假教条的错误很快就会大白于天下，无法持久地愚弄人民，经验最终将迫使人们不得不抛弃它。

③ 古斯塔夫·勒庞著，佟德志、刘训练译：《革命心理学》，山西人民出版社，2020年，第56—57页。

常都是由上层人士而不是下层人民引发的。但是，一旦底层的民众挣脱了思想上的枷锁，革命的威力就属于人民了。获胜的党派除了要保护自己的物质利益之外，还要捍卫自己的信仰。一个社会团体，往往会通过信仰和利益，统一其成员的情感和意志，消除成员的个性和群体内的异己之声。因此，胜利者所拥有的绝对权力，有时会自然导致他们采取极端的措施。[①]在这些迫害中所使用的暴力就会达到极致，那些被征服者休想得到一丝怜悯。在组织的面前，个人显得那么微不足道，而同质化的群众力量却又是如此强大。

古斯塔夫·勒庞认为，人民具有大众的特征：一方面，他们听凭感情的冲动，而不是理性的指引；另一方面，他们轻信领袖的煽动，而不能自己独立作出判断。现代心理学的研究认为，多数人缺乏自我实现的强烈意识，甚至不知道自己究竟想要些什么。他们非常容易受别人影响，宁愿自觉追随一个自信的领导者，而不愿意自己决定自己的命运。许多人都害怕作出自由选择，情愿别人替他们作出决定。如果没有领袖作为核心，大众就是一盘散沙，将寸步难行。正是领袖赋予群众一个统一的意志，并且要求他们无条件地服从这一意志。革命领袖就像是一颗燧石，人民只不过是他们的一个工具，是人为制造出来以达成某种目的的工具。他们利用大众的盲从和轻信，点燃了激情之火。在乌托邦的革命理想的刺激下，大众的情感开始以加速度冲向强度的最高峰，成为暴力机器的发动机。这种"集体的暴政"显示出多数对少数的压迫，表现为民主形式下的多数人的暴政，产生巨大的破坏力。人民被当作领袖个人野心的手段，成为掩盖罪行的遮羞布、招摇撞骗的护身符。那些追求权力的人，既可以是好人，也可以是坏人。但权力一旦到手，往往使人向坏的方向发展，而不是往好处变[②]，从而使一个曾受人压迫的人变成一个肆意压迫别人的人。在正常的年代里，人们会受到法律、环境的外部约束和道

---

① 古斯塔夫·勒庞著，佟德志、刘训练译：《革命心理学》，山西人民出版社，2020年，第20—23页。

② 古斯塔夫·勒庞著，佟德志、刘训练译：《革命心理学》，山西人民出版社，2020年，译者导言第6—15页。

德的内在约束，但是一旦发生动乱，外部的制度约束和内心的自我限制都会无限放松，从而给人一个自由发泄的机会。这种时候，人往往就不再表现为一个"社会的人"，而是一个完全"兽性的人"，其动物本能显露无遗。

当然，战争也确实有两面性。战争不仅会毁灭人，以一种强迫的方式促进不同文明的交流融合，还会在客观上促使技术进步。在给人类带来无数难以忘却的灾难的同时，它也会迫使人们加大科技创新力度，在相互渗透、相互借鉴的基础上，推动人类科学技术加速发展，使人类文明焕发出新的生机与活力。

自古以来，每一个时代、每一个社会都会竭力寻求安全，避免陷入灭亡的命运。不管是从防御角度，还是进攻角度，人们都需要将先进技术应用于监视威胁、练兵备战，加强军事力量。冷兵器时期，从石器时代到金属时代，谁掌握了先进的冶炼技术，谁就掌握了战场上的主动；从步兵时代到骑兵时代，谁掌握了先进的驯马技术，谁就掌握了战场上的主动。进入热兵器时代，依然如此：谁制造的枪炮射程更远、杀伤力更大，谁就占据主动；谁制造的战舰、运输机运载量更大、速度更快，谁就占据主动。

从历史现实来看，人们一直在追求一种跨越更长远的距离，大规模投射军力的方法。对最早的有组织社会来说，冶金、防御工事、战马蓄养和造船等方面的技术进步往往具有决定性的意义。到了近现代早期，火器枪炮、海军舰船、航海工具等技术方面的创新发挥了重要作用。频繁的战争和军事征服成为欧洲工业文明的发动机和助产婆。欧洲内部的长期分裂和对外殖民战争造成了剧烈的军事、政治的对抗与竞争，资本主义文明对外扩张的需求给兵器的创新发展提供了广阔的市场，推动欧洲军备发明、火器制造呈现螺旋式的上升。工业革命之后，欧洲国家更是通过工业化武器生产，通过电报传送命令，通过铁路横跨大陆运送军队和物资。

火器的发明与利用是一个典型案例。中国是发明火药和最早在战争中使用火器的国家。火药的出现，起源于中国的炼丹术。帝王将相希望通过炼丹，寻求长生不老之药，客观上在化学、冶金学、药物学、生理学等方面积累了大量有价值的经验，发现了不少重要的化学现象，制造出许多化学化合物。火药是炼丹家无意之中获得的其中一种。为了长生不老的目的，却研制出致人死命的战争工具，这对炼丹活动不失为一种嘲讽。唐朝末期军阀混战时，火药已经开始用于作战。北宋时期，已经开始组织火药及有关兵器的大规模生产。

火药及火器在蒙古13—14世纪的西征过程中传入西亚和欧洲等地，使人类历史进程发生了天翻地覆的变化。人类从此由冷兵器时代进入火器时代，杀伤力大幅提升。1260年，阿拉伯人在叙利亚击败蒙古军队而获得中国火器，开始模仿制造。直到13世纪后期，欧洲人才将阿拉伯书籍中有关火药（阿拉伯人称之为"中国雪"）的记载翻译成拉丁文，火药制造知识由此传入欧洲。明朝前期，中国在火器制造和使用上保持先进地位，永乐八年（1410）创立了世界上最早装备神机枪炮的新兵种，比16世纪初西班牙创建的火枪兵要早一个世纪。当时明朝军队总数约121.5万人，装备火铳在12.5万～18万支，在当时世界上绝无仅有。遗憾的是，在此之后，中国的火器制造开始进入停滞时期，很快就被欧洲人赶上并超越。主要原因是明清时期，中原地区比较强大，国内稳定，战事锐减，边疆毗邻没有强大对手，从而缺乏研究生产更先进、威力更强大的兵器的强大动力。中国古代发明的火器，经过西方文明的改造革新，异化为一种"妖魔力量"，终于将它的诞生地征服了。这不得不说是文明进步过程中所开的一种"玩笑"。[①]

进入核武时代，更是如此。谁的核弹数量多、杀伤力大，导弹运载能力强、投放距离远，谁就占据主动。物理学家奥本海默在"二战"结束前期观看新墨西哥州沙漠中的第一次核武器试验时深受震撼，他引用印度教经典《薄伽梵歌》中的诗句："现在我成了死亡本身，世界的毁灭者。"[②]

与此同时，现代国家发展出来的许多军事技术经过一定阶段应用之后会转

---

① 马克垚主编：《世界文明史》（第二版），北京大学出版社，2016年，第901—904页。
② 亨利·基辛格、埃里克·施密特、丹尼尔·胡滕洛赫尔著，胡利平、风君译：《人工智能时代与人类未来》，中信出版集团，2023年，第166—170页。

为民用，也推动了非军事工业的发展。比如，现在人们广泛运用的互联网技术，最先就是美国国防部门为了提升军队内部信息传输速度而开发的。

近年来，随着无人机的快速发展，无人驾驶的运载器在俄乌冲突、巴以冲突中开始进入比较大规模的应用，标志着人类在热兵器炸弹的投放中产生了质的变化。战争中的很多杀伤行为不需要战士在战场的前沿就可以实施。

进入网络数字时代，主要大国之间开始了一种新的战争形态——网络战争。网络战争利用信息的不透明性、可否认性，散播虚假信息，收集网络情报，蓄意开展破坏，引发传统冲突。这是一个利用新技术而诞生的，没有硝烟、成本更低，但是杀伤力更为巨大、防范更为艰难的战场，可能会使冲突更激烈、更广泛、更不可预测，对传统国家安全形成致命的威胁，从而引发了国际社会的广泛关注和民众的普遍焦虑。

如果说核弹时代还存在所谓"恐怖平衡"，不管是大国还是小国，都会担心因为使用核弹，而遭受对方的毁灭性报复，使双方处于完全毁灭的对抗当中，而不得不约束自己的行为，那么在网络数字时代，技术涉及军用和民用，网络作为武器的地位十分模糊，发动攻击时很难及时察觉，有时连对手是谁都难以分辨，就已经造成巨大的损失。比如，最著名的网络工业破坏事件之一——"震网"病毒攻击破坏伊朗核项目中的制造控制计算机，没有任何政府和组织对此事做过正式承认。[①] 尤其是人工智能技术发展之后，生成式人工智能可以创造大量似是而非的虚假信息，使用伪造的人物、图片、视频和演讲，发动信息战和心理战。不仅如此，人工智能还存在通过自我学习能力提升，突破人类设定的限制的可能，绕开人类发动自主攻击，这会将人类置于一种难以预测的危险之中。

---

① 亨利·基辛格、埃里克·施密特、丹尼尔·胡滕洛赫尔著，胡利平、风君译：《人工智能时代与人类未来》，中信出版集团，2023年，第187页。

第七章　文明发展的基本规律

　　文明是推动人类发展的力量之源。文明犹如生命，生命要发展，就必须和死亡不断做斗争。生命与死亡斗争最持久、最巧妙的方法，就是新陈代谢——通过不断吸收新能量，繁衍新细胞，创造新生命。世界上有的文明形态之所以能够绵延不绝、辉煌灿烂，保持前行的动力，就在于它们的文明基因能够不断开创新境，注入新鲜血液①，以此循环往复，不断向前，结出人类发展的丰硕之果。

　　从人类文明发展史来看，尽管各种文明形态有着不同的起源，走过不同的道路，经历过不同的波折，取得过不同的成就，但总体而言，还是有一定的规律性。一是渐进性，即人类取得的丰硕成果，不是一蹴而就、信手拈来的，而是久久为功、持之以恒努力探寻的结果；二是交融性，即文明在发展过程中，不是一帆风顺，而是在不断的矛盾冲突中寻求和解、融合创新的结果；三是交替性，即没有哪一种文明形态能够长期占据支配地位，而是此起彼伏、你追我赶、交替领先的结果。

一、渐进性

　　文明，既是对人类过去成就的缩影，又是面对未来、探索未知的起点。从时间角度看，人类的发展史就是一部文明进步史。文明的演进是一段路途，

---

① 威尔·杜兰特著，台湾幼狮文化译：《世界文明史·东方的遗产》，华夏出版社，2010年，第161页。

而不是一道门槛；是一个进程，而不是一个现象；是一个历史过程，而不是一个历史事件。但这一演进过程也不完全是匀速的，有时会有一些可以称为"突变"或"巨变"的跳跃性节点，给人以横空出世、异军突起的感觉。[①]人类在文明的突破与创新进程中，不断调整改善自己的生产生活方式，形成独特的文明成果，同时累积下来的这些文明成果又不断影响、推动着人类文明持续前行。[②]

文明正是在这种进步—停滞乃至后退—再进步的逻辑中，实现螺旋式上升。人类文明的前行，是一个缓慢的积累过程，呈现出显著的渐进性。这种渐进性体现在两个方面。一是时间维度的渐进性。[③]随着时间的推移，人类的文明程度持续向前发展进步，尽管在某些局部的时间点和时间段上会出现停滞乃至些微倒退的现象。二是空间维度的渐进性。随着人类生存空间的拓展，已知世界不断扩展，人类文明的整体影响范围持续扩大，尽管一些具体的文明形态的范围边界会根据其影响力变化而有相应的调整。

人类文明起源于神话传说。

自古至今，只要是人类曾驻足的地方，人类的神话都经久不衰。早期人类活动的成果，大多源自神话的鼓舞和启发。可以说，神话就是一扇神秘的门，宇宙通过它将无尽的能量倾注到人类的生产生活当中。宗教、哲学、艺术、社会形态、历史人物、科学技术的重要发现以及惊扰睡眠的梦境，都源自神

---

① 许宏：《最早的中国：二里头文明的崛起》，生活·读书·新知三联书店，2021年，第20—21页。

② 袁行霈、严文明、张传玺、楼宇烈主编：《中华文明史》第1卷，北京大学出版社，2006年，第1页。

③ 关于文明的时间维度，直接与不同文明形态对时间概念的认识相关。比如，古希腊人对时间十分不重视，梭伦前的希腊什么也没有留下，没有留下一个年份、真姓名、确切的事件；印度人更是相信转世轮回，从而不把今生当回事，几乎没有任何历史记载；埃及人则是将大多数重大事件通过石板雕刻留存；中国人时间观念最强，留下了长期、可供考证的详细历史记录。详细见奥斯瓦尔德·斯宾格勒著，齐世荣、田农、林传鼎、戚国淦、傅任敢、郝德元译：《西方的没落》，群言出版社，2017年，第12—13页。

话的魔法指环。[1]

神话是去个人化的梦境，神话中的问题和解决方法直接适用于整个人类。英雄作为神话人物的代表，他的愿景、观点和灵感来自人类生活与思想的原始动力。英雄往往都是在经历重重危险之后，成功带领人类克服各种苦难和障碍，最终获得好运，从而给予人类前行的精神动力。尽管前行的进程中，会有许多苦难，会有许多恐惧，也会有纷乱喧闹的痛苦哭喊，但生命中会弥漫着支持一切的爱，以及对自己不可征服的力量的了解，在混沌的深渊中燃烧着的光亮会突然迸发出来。因此，英雄往往能克服内心的恐惧，从日常的世界中勇敢地闯入超自然的神奇区域，在那里借助传奇般的力量，从而取得决定性的胜利。英雄带着这种力量，从神秘的冒险之旅中归来，进而赐福于他的人民[2]，更是将自己的力量传递给他的人民，鼓舞他们生存的斗志。《旧约全书》中的摩西、希腊神话中的普罗米修斯、罗马神话中的埃涅阿斯、中国神话中的女娲和后羿等，都是这样的神话英雄，他们的传说至今依然影响着人类的思想。

文明奠基在强化对自我动物性的约束之上。

文明，是人类不断加强自我约束，推动人性上升、动物性下降的过程。人类从动物进化而来，动物性始终潜藏在人们的内心深处，只有通过道德教化、制度惩治等手段，才能将动物性进行合理约束，从而使社会运转有序。

但是，人类文明不能完全寄希望于人类的自我约束。一旦强有力的外部制度约束消失，人类很容易放松对自己的道德束缚，自觉地返回野蛮状态。在战争、斗殴、竞技、动乱等特殊状态下，社会运转失序，人类血液中残存的原始狩猎者的暴力习性会被重新激发出来并占据上风，甚至会极度膨胀，使得人性退化，回归动物的本能状态，从而危及社会的正常运转。这一点，从《狗镇》等影视艺术作品中可以清晰地看到，从人类发展史上的一些重要事

---

① 约瑟夫·坎贝尔著，黄珏苹译：《千面英雄》，浙江人民出版社，2016年，第1页。
② 约瑟夫·坎贝尔著，黄珏苹译：《千面英雄》，浙江人民出版社，2016年，第23—24页。

件中也可以看到。比如，日本入侵中国之后的南京大屠杀就可以证明这一点。当时的日本士兵完全回归动物本体，没有任何人性可言，充其量只能说是披着人皮的"野兽"。

文明进步体现在废除奴隶制和种族歧视上。

奴隶制的废除，是人类文明的一大进步。中国早在公元前的秦汉时期就已经进入封建社会，取消了奴隶制。但是在美洲新大陆上的演变却大相径庭。奴隶制从远古时期就是地中海经济不可或缺的组成部分，十字军东征时期得以复兴。葡萄牙人借助非洲奴隶市场，开辟了通往地中海的新航线，1518年第一批非洲奴隶被运至巴西，1619年第一批非洲奴隶被运到美国。法令规定，奴隶及其子女终生为奴，所有者将奴隶视为财产，可以任意体罚和处置，禁止其阅读和写作，甚至禁止离开种植园。①尽管自由制度下的畸形奴隶制度在南北战争结束之后得以废除，但许多美国人在接下来的一个多世纪里，仍然相信他们的繁荣建立在种族分离的基础之上。

种族歧视是否消除，是人类文明进步的一个标志。种族差别是一个客观现象，后来在人类文明发展的进程中，演变成一个政治和社会生活问题。一个世纪前，西方几乎没有人怀疑，白人优于黑人。种族理论让种族不平等变得理所当然，之后在美国南部发展成为制度化的种族隔离，在南非形成种族隔离政策。第二次世界大战期间，德国甚至对犹太人实施种族灭绝政策。在白人至上的种族主义者眼里，种族隔离是美国繁荣的最根本原因。美国建国后的一个世纪里，不少于38个州通过法令禁止跨种族通婚。②甚至到了1963年，亚拉巴马州州长乔治·华莱士还在其就职演说中高喊"今天要种族隔离！明天要种族隔离！永远要种族隔离"。经过黑人等有色人种的不断抗争，尤其是20世纪60年代马丁·路德·金领导的反歧视运动，有色人种的合法权益得到进一步的保障。但不可否认的是，时至今日，美国的种族歧视依然十分严重，

---

① 尼尔·弗格森著，曾贤明、唐颖华译：《文明》，中信出版社，2012年，第115—120页。

② 尼尔·弗格森著，曾贤明、唐颖华译：《文明》，中信出版社，2012年，第118—121页。

黑人等有色人种与白人之间的暴力冲突时有发生，大规模的反种族歧视游行也经常出现。

文明进步还体现在制度完善上。

人类文明需要教化，让个体不断加强自身修养，让国家不断完善法律制度，通过自律与他律，共同克制个体的无限欲望，从而使社会能以一种充分保障个体合法自由权利的方式，实现良性有序的运行。因此，文明需要国家制定法律制度，以此确保文明得以延续，实现人的自由发展。从这个角度出发，恩格斯甚至认为，国家是文明社会的概括。中国学者易建平也认为："从词源角度看，文明即国家。研究文明起源，也就是研究国家起源。文明社会，也即国家社会。"这个从文明社会的保障机制角度看，是有一定道理的，但需要看到的是，文明的本质是为人服务的，国家作为统治机器和制度保障有其存在的意义，但并不是文明本身。可以说，文字、金属、城邦、国家都不是文明本身，而是文明发展的成果，是文明的载体而已。

文明进步还体现在技术的创新发展上。

人类文明奠基于从旧石器时代过渡到新石器时代，标志性事件就是由狩猎采集食物的阶段到农耕阶段的生产食物，开始人工驯化作物和动物，进行农业的生产。这个划时代的重大事件是大约1万年前同时在世界各地发生的。人类在长期的狩猎采集生活中积累了有关动植物的丰富知识，为驯化野生动植物奠定了基础。[1]

随着技术知识的积累，社会分工逐渐细化，为人类文明的渐进发展创造了条件。由于农耕技术的发展导致农产品出现剩余，使得祭司、工匠、士兵、商人等从事专门技艺的人群不断扩大，催生出专门的劳动分工和更多技术的发展，促使人类文明不断前行。

总体来讲，人类文明的演进过程非常缓慢。尤其是在农耕阶段，农民生产技能进步十分缓慢，跨区域的交通困难导致文明交流不那么频繁，这些导致

---

① 武斌：《文明的力量：中华文明的世界影响力》，广东人民出版社，2019年，第2页。

文明处于自然发展的状态，速度十分缓慢。但是，工业革命之后，科学技术飞速发展，跨区域、跨族群之间的文明交流十分便捷，人类文明进程明显加速，进入一个日新月异的阶段。

任何技术发明，都是一个十分漫长的渐进过程，有一个由简单到复杂、由幼稚到成熟的演进过程。

以印刷术为例。印刷术被誉为"文明之母"。它的发明，大大提高了书籍的复制速度，降低了人们获取知识的成本，有力地推动了科学文化知识的广泛传播和普及，对人类生活的各个领域的进步和发展都产生了重大影响。因此，印刷术的发明被视为人类文明史上的重要里程碑。

中国印刷术的发展，包括两个不同而又相互联系的阶段，一个是雕版印刷技术阶段，另一个是活字印刷技术阶段。中国人很早就使用印章，受其启发，在唐朝开始就出现了雕版印刷术。当时，由于印度佛教的传入，需要刊印大量佛教经书和佛像，催生了印刷术的发展和应用，到中晚唐时期就已经相当成熟了。

由于雕版占用空间大，使用率不高，宋朝时毕昇发明了活字印刷术，克服了雕版印刷的弱点，非常经济，使用方便，已经具备了现代排字印刷的基本原理。从雕版印刷到活字印刷，技术日益成熟精细，之后陆续传播到世界其他地方，对人类文明进步和发展产生了重大影响。[①]

朝鲜和欧洲一些国家在中国木制活字印刷技术的基础上，开始使用金属活字印刷。欧洲早期的活字印刷大约出现于15世纪上半期。后来德国人谷登堡于1448年以铅、锡合金制成欧洲拼音文字的活字，并制造了活字印刷机，使得活字印刷技术迅速在欧洲的意大利、法国、荷兰、西班牙、英国等国普及。

意大利人文主义思想家伊拉斯谟（约1466—1536）认为，活字印刷术是世界上一切伟大发明中最伟大的发明。因为印刷技术在欧洲的推广应用，在近代西方文明进程中发挥了十分巨大的作用。在近代欧洲的宗教改革运动中，

---

① 武斌：《文明的力量：中华文明的世界影响力》，广东人民出版社，2019年，第96—99页。

印刷术起到了相当重要的促进作用。正是由于印刷技术的发展和推广应用，使新教运动的观点能够以小册子、传单和宣言的方式快速广泛流传。在宗教改革中发挥了巨大作用的纲领性文件——马丁·路德的《九十五条论纲》，由于印刷厂赶印，两周内就传遍了德国，4周内传遍了欧洲。马丁·路德提到印刷术时认为："它是上帝无上而终极的恩典，使福音得以遐迩传播。"印刷术的推广应用还使得阅读不再是少数人的特权，而变成了一种大众可以参与的文化形态，使得学术、教育从基督教修道院中解放出来，使学术中心转移到各地的大学，使欧洲迎来了文艺复兴的新时代。[①]

从空间维度看，文明的影响范围持续扩大。随着全球人口规模的不断扩大，文明从少数地区开始向其他地区传播扩散，先后将过去相对落后的非洲、美洲、澳洲等地区纳入人类文明的发展空间。时至今日，从平原到草原，从江河到海洋再到宇宙空间，从现实社会到虚拟社会，世界已经成为一个"地球村"，没有一个角落不在人类文明的覆盖范围。

文明首先在不同的地区各自缘起，在若干不同地区分别酝酿出现，之后经过复杂的政治、社会整合，逐步形成覆盖更大区域的文明，最终一些主要文明的影响范围不断扩大，一些次级文明的影响范围则不断缩小，有的甚至会完全消失，有的会成为主要文明体系下的次级文明，保留一定的独特性和影响力。

总体来看，主要文明的影响范围在持续扩大。比如说，中华文明的地域空间范围在文明进程中不断拓展，最开始起源于中国北部的黄河流域，后来延伸到南部的长江流域、淮河流域，随着中华帝国疆域范围的变化而不断拓展。东周时代，大概可以划分为七个文化圈，以周为中心、郑国和卫国共同组成的中原文化圈，以中原北面的赵国、燕国构成的北方文化圈，以山东范围内齐国、鲁国构成的齐鲁文化圈，以长江中下游的楚国为中心构成的楚文化圈，以淮水、长江下游的徐国、吴国和越国构成的吴越文化圈，以西南的巴国、蜀国和云南地区为中心的巴蜀滇文化圈，以关中的秦国为核心的秦文化

---

① 武斌：《文明的力量：中华文明的世界影响力》，广东人民出版社，2019年，第113—115页。

圈。这些文化圈既有共同的中华文明属性，但也有各自区域显著的地方特色，最后经过广泛深入的交融交流，在秦始皇统一六国之后，形成影响至今的中华文明。此后，中华文明向东影响到日本、韩国，向南影响到越南、东南亚，向西影响到西域和中亚地区，向北影响到蒙古、西伯利亚地区。

当然，一个文明的影响区域并不是固定不变的。当中华文明处于相对强盛的时期，影响范围会进一步向外拓展。比如，汉唐时期，通往西域的丝绸之路畅通无比，沿着丝绸之路，中华文明影响远抵西欧。通过丝绸之路网络，中国发生的重大事件影响传播到世界各个角落。当中华文明处于相对弱势的时期，影响范围会缩小而内敛。比如，宋朝时期，中华文明的影响范围显著缩小；清朝末期，此前影响日本、越南等国家长达千年的中华文明影响力下降，这些国家在吸收西方先进文明的同时，越来越强调本土文明的独立性。

在欧洲也是如此，基督教文明的影响范围不断拓展。尽管西欧文明曾经经受过来自北欧斯堪的纳维亚地区的蛮族入侵，但经过不断的交流交融，北欧、俄罗斯、捷克、匈牙利、保加利亚等地，都逐渐融入基督教的文明圈中，欧洲文明的重心也逐渐由罗马、希腊等地转移到伦敦、巴黎等城市。①

二、交融性

人类文明的起源是相互隔绝、相互独立的，但在发展过程中，不断向外传播扩散，逐渐相互渗透、相互交融、相互促进。由于文明产生于不同地区，成长于不同民族，随着民族国家统治疆域的扩大，比如秦国一统中华大地、罗马帝国扩展到欧亚大陆、英国扩张为"日不落帝国"，就会带来不同文明之间的交流交融交锋。这一进程是客观存在的，不以人的意志为转移。

这种交融在空间上有一个由小到大的演进过程，从最开始的人与人、家庭与家庭、社区与社区，演进到国家与国家、民族与民族，到今天已经遍及

---

① 威廉·H.麦克尼尔著，田瑞雪译：《5000年文明启示录》，湖北教育出版社，2020年，第269页。

世界的任何一个角落。通过不同人类群体之间的互动，相互刺激、相互启发，强有力地推动创造发明，使人类文明交流互鉴，呈现出五彩斑斓的景象。越是族群差别显著，文明的交流互鉴就越有价值。当然，如果处理得不好，冲突也会更剧烈。

文明的交流交融，有可能是和平的、主动的、自觉自愿的、潜移默化的包容吸收，但也有可能是武力甚至是战争等强制因素主导的强迫的、被动的、剧烈的改变。但不管是哪一种原因，这种时间上持续不断、地域范围持续扩大的文明交流交融，正是人类文明前进的动力。由于交流交融的不断发生，才有人类文明的不断创新发展进步。一些始终保持活力的伟大文明，正是从其他外部文明中吸收借鉴一些有价值的营养成分，重新调整自身原有的文明体系，打开文明的空间维度和内容层级，进而丰富形成新的更高形态的文明。

文明交融互鉴，需要具备外来文明与本土文明相互契合的基础。有了这种共同价值观念的基础，不同类型的文明之间才有沟通交流、融合融通的基础和可能。从人类文明发展至今的实际来看，不同人类族群之间确实存在一些价值观是全人类所共有的，放之四海而皆准。比如，尊老爱幼，诚信友善，保护弱者，慎用武力，追求真善美，等等[①]。不管哪个国家、哪个民族，都会对此认同，并在社会运转中进行规范和遵守。

商品贸易和战争冲突是推动人类文明交融的重要力量。

文明交融进程中，跨地区、跨种族之间的贸易是一种最常见、最平和、最为潜移默化的方式。在世界范围内，农耕民族和游牧民族之间的关系经常处于紧张状态，但是二者不可能长时间相互隔绝。农耕民族需要马匹、羊皮，游牧民族需要盐、茶、布匹和粮食。为了资源往来，他们大多数时间会开展商业贸易[②]，使得文明习俗相互渗入，但当商业贸易不通畅时，很可能动用武

---

① 当然，目前许多国家认为照顾妇女是文明的衡量标准之一，但是也有许多女权主义者认为，照顾妇女的行为，恰恰是男女不平等的体现。

② 贸易的往来，也会催生游牧民族内部的分工，产生商人阶层，从而在内部瓦解游牧民族的团结基础，推动游牧民族向文明社会迈进。

力，甚至引发大规模战争。

尽管不同族群文明之间没有高下之分，但在早期文明发展过程中，确实存在不同文明发展的侧重点不太一样的地方。相对而言，农耕民族比较重"文"，强调技术、文化、和平相处，视游牧民族为蛮族，以示其野蛮、不开化；游牧民族比较重"武"，强调吃苦耐劳、自由勇敢，组织程度高，视农耕民族为贪图享受、腐化堕落的象征，虽然希望享有文明成果，但是不愿意承认自己低人一等。[①]

特别有意思的是，由于游牧民族尚武且频繁迁徙，发明了许多实用的战斗器械。比如，公元前3000年，苏美尔出现了四轮马车，但是转向不便。公元前1700年，生活在美索不达米亚文明影响圈外围的伊朗高原蛮族对其进行改造，发明了一项新的战争工具——两轮轻战车，速度惊人，转向方便，从而大幅提升了战斗力，所向披靡。[②]

一般情况下，农耕社会无法制服游牧民族，甚至很难组织起力量进行有效抵抗。因此，平原地区的农耕国家经常遭到草原地区的游牧民族冲击。比如，在中国，尽管汉朝处于很发达的阶段，但经常遭受匈奴的骚扰。因此，汉王朝或者派遣大军进行剿灭，或者派遣公主进行和亲。在某些特定阶段，游牧民族可能大举入侵，甚至成为中原大地的统治者。比如，蒙古族进入中原，建立元朝；满族进入中原，建立清朝。

值得关注的是，游牧民族入主农耕社会之后，往往会主动借鉴吸收农耕民族的先进文明成果，以确保其统治得以巩固和延续。比如，蒙古族建立元朝、满族建立清朝之后，都相继采用中原大地原有的儒家制度，从而重塑锻造出融合的文明形态。这样就导致农耕民族和游牧民族之间形成复杂的互动关系，推动文明疆域不断扩展，文明进程得以向前延续。

[①] 威廉·H.麦克尼尔著，田瑞雪译：《5000年文明启示录》，湖北教育出版社，2020年，第55页。

[②] 威廉·H.麦克尼尔著，田瑞雪译：《5000年文明启示录》，湖北教育出版社，2020年，第62—63页。

战争的推进，客观上促进了各民族的交往交流，促使人们重新审视自己原有的宗教信仰。有时，战胜的一方认识到，将自己的宗教观念强加给战败的一方，不是那么容易。比如，埃及法老将统治版图扩大到巴勒斯坦和叙利亚的时候，当地人对法老的神力闻所未闻。战败的一方也在反思，自己过去信奉的神灵，不能保护虔诚的信徒，不值得崇拜。这就引发不同民族、不同地区之间关于世界形成和诸神统治的观念相互冲突。到底应该信仰哪一位神灵呢？在这种情况下，一神论诞生的社会基础开始出现。比如，在古巴比伦文明中，祭司将马尔杜克推到巴比伦主神的位置，其他神祇显得无足轻重，可有可无。埃及法老埃赫那吞也将太阳神阿托恩视为大自然中的唯一真神，其他诸神均为虚假，并派遣石匠将太阳神阿托恩之外的神祇神像进行毁坏。[1]

文明的交融，首先体现在人群的交融上。

目前普遍认为世界上存在白色人种、黄色人种和黑色人种。随着时间的演进，人口跨地域迁徙和族群之间的通婚，出现越来越多兼具不同人种特点的混血人种。随着这种交流的深入推进，人类内部种群之间的差别将会日益缩小直至消失，其差别就如地球进化过程中，人类与类人猿之间的差别那么微乎其微。[2]

中华民族的形成，就是一个典型的种群融合过程。中国在远古时代就开始了民族融合的过程。夏商周三代，黄河流域的居民不断吸收周围的东夷、南蛮、西戎、北狄等少数民族，逐渐融合形成华夏族。以黄河流域、长江流域的中原华夏文明为核心，通过整合、吸收若干以游牧、狩猎为主要生活方式的少数民族文明，在西周时期形成了多元一体的中华文明。秦灭六国，统一中国，进一步促进多民族融合。到汉朝时，统称为汉族的人口规模近6000万。魏晋南北朝时期，由于战争频仍，又一次进行全国范围内的民族大融合，西

---

[1]　威廉·H.麦克尼尔著，田瑞雪译：《5000年文明启示录》，湖北教育出版社，2020年，第69页。

[2]　两个或两个以上不同人种共同居住几代后，由于通婚，生物学界限将不再分明。在印度，浅肤色、深肤色人种共处了4500多年，在美国黑、白两个人种共处时间只有300多年。

部和北部的匈奴、鲜卑、羌、氐等少数民族逐渐同化、交往融合，同时大量汉族人南下，在长江流域、珠江流域与南方少数民族融合。唐朝时，各民族之间的联系更加紧密。经过宋元明清等朝代的发展，最终形成了现在的以汉族为主体、56个民族多元一体的中华民族大家庭的格局。[1]正是在这种多元一体民族融合的大背景下，尽管中华文明历经战乱与分裂，但是文明的完整性始终得以保存，并继续吸收其他民族文明的先进成果，实现创新发展。

文明的交融，体现在宗教信仰层面。

佛教起源于印度，但是在印度传播了一段时间之后受到排斥，最终佛教在印度几乎消失，印度教占据了本土宗教信仰的主体地位。佛教诞生不久就开始向东传播，跨越帕米尔高原进入中国。到5世纪中期，佛教的思想、活动、艺术和形象已成为中国主流文化的一部分，与传统的儒家思想形成激烈的竞争[2]。佛教遭遇到中国的儒家和本土宗教——道教的激烈反对，各方进行过长期斗争。后来佛教积极本土化，吸收了中国本土文化中的许多先进思想成分，创新发展出中国本土佛教流派，从而成为中华文明的重要组成部分。[3]比如，佛教在印度原是不讲忠孝的，但是中国人自古就以忠孝为本，儒家伦理始终把忠孝作为最基本的理念。因此，佛教进入中原以后，就逐渐地把忠孝思想吸收进来，成为有中国特色的佛教。中国僧人在翻译佛经以及对佛教的一些义理进行诠释的过程中，潜移默化地把儒家思想援引到佛教的教理之中。[4]

世所公认，禅宗是佛教中国化的产物。佛教传入中国，经历了许多变迁之后，终于出现了以六祖慧能创始的南宗顿教，以后日益丰富发展，成为具有鲜明特色的中国佛学流派——禅宗。禅宗讲求一种不可言说的领悟、感受，只有靠个体去亲身体验才能获得，在感受自身体悟中获得精神超越，刹那间

---

① 袁行霈、严文明、张传玺、楼宇烈主编：《中华文明史》第1卷，北京大学出版社，2006年，第12页。

② 彼得·弗兰科潘著，邵旭东、孙芳译：《丝绸之路：一部全新的世界史》，浙江大学出版社，2016年，第27页。

③ 马克垚主编：《世界文明史》（第二版），北京大学出版社，2016年，第14页。

④ 赵林：《中西文化的精神分野：传统与更新》，九州出版社，2023年，第5页。

已成终古，具有极大的随意性和偶然性。禅宗渲染的宗教神秘感受，不具有刺激性的狂热和激动昂扬的欢乐，显得更为平静安宁。佛教发展到禅宗，吸收了儒教文化的积极向上因素，使得在印度表现为否定生命、厌弃世界的佛教与中国本土文化相结合，最终变成了具有生机活力的禅宗，并且通过诗歌、绘画等艺术给中国士大夫知识分子提供了精神上的安慰、寄托和力量。[1]

基督教起源于中东地区，早先向西传播时，也遇到了罗马帝国原有本地原始宗教信仰的抵抗和帝国的政治迫害。基督教在成功吸收希腊的哲学内容之后，与古希腊、古罗马的思想有了许多共同点，后来才成为被罗马帝国接受的国教，演变成为今天西方文明的重要思想内容。

基督教传入中国的历史很悠久，也经历了与中华传统文化融合创新的过程。早在7世纪，中国唐朝就有景教传教士。1299年，孟高维诺建造了中国首个罗马天主教堂。1307年，他被任命为北京的首位大主教。尽管在明清时期的有些阶段也遭遇到打压波折，但总体上来看，基督教不断融入中国人的社会生活当中。17世纪初，利玛窦获准在北京定居。18世纪的首个10年，中国基督徒的数量达到30万。19世纪，英国传教士协会等组织向中国派遣了数百名新教布道师，播下许多种子。

中国明清时期在华传教士主要是耶稣会士，他们其实是当时欧洲最传统、最反动的教会势力，是为了阻止新教发展而组织起来的，目的就是向全世界传播天主教。他们传入中国的，是反动的以上帝为中心的中世纪神学体系，是托勒密的"地球中心说"和落后的经院哲学，而不是哥白尼、伽利略、牛顿的古典科学体系和培根、笛卡儿的实验思维方式。何兆武认为，当时中国的近代科学思想和方法已经崭露头角，如果传来的是西方真正的、符合时代发展前进方向的科学思想和科学体系，必将有助于中国的现代化发展，也许中国的历史面貌就会大为不同。[2]可惜的是，历史无法倒退，重新再来。

---

① 李泽厚：《中国古代思想史论》，人民文学出版社，2021年，第167—180页。
② 马克垚主编：《世界文明史》（第二版），北京大学出版社，2016年，第15页。

目前，加上天主教徒，中国基督徒的数量可能高达1.3亿，超过整个欧洲。《圣经》在中国的销售量超过7000万本。一些中国学者预测，基督教文明可能会像1000多年前传入中国的佛教一样，被中国优秀传统文化吸收，演变为保留西方基本特点的中国式宗教。①

伴随着穆斯林人口大量进入欧洲国家，伊斯兰文明也不断融入西方世界。有预测表明，西欧国家中，穆斯林人口规模从1990年的约1000万上升到了2010年的1.7亿，穆斯林人口占法国总人口的9.8%，甚至有学者称未来欧洲将是"阿拉伯的欧洲"。当然，移民的大量涌入，需要妥善处理好不同文明之间的融合，否则很容易造成移民进入地社会的不稳定。一方面，当地文化应包容、接纳；另一方面，移民要积极主动融入。

19世纪西方工业文明对奥斯曼帝国的伊斯兰文明带来极大冲击，一些人对西方文明采取比较现实、冷静的态度推行伊斯兰现代化运动，主张采取现实主义态度，既批评西方工业文明的片面性和破坏性，又主张吸收、利用西方工业文明中那些有用的东西，来发展伊斯兰文明。他们认为，伊斯兰文明同西方工业文明之间有着互相适应和一致的地方，宗教同理性和科学之间存在着可以协调的关系。这在理论上为伊斯兰文明吸收西方工业文明打开了一条思想通道，不仅为西亚、北非，而且也为包括南亚、东南亚在内的整个伊斯兰社会步入现代化道路，提供了一种可能的发展模式。②

在今天这个充满宗教冲突的世界里，我们很容易忽略那些伟大信仰之间相互学习、相互借鉴的一面。在现代人看来，基督教和伊斯兰教简直是水火不容。但在早期它们共存的年代，二者之间的关系并非那样紧张，而是和平共处。伊斯兰教和犹太教的关系更是如此，两者的互容性令人吃惊。中东地区犹太人的支持对伊斯兰教的创立、散播起到了至关重要的作用。犹太领袖与穆罕默德结成防卫同盟，签订正式协议，规定犹太人的宗教和财产都将永远

---

① 尼尔·弗格森著，曾贤明、唐颖华译：《文明》，中信出版社，2012年，第262—268页。
② 马克垚主编：《世界文明史》（第二版），北京大学出版社，2016年，第813—814页。

受到穆斯林的尊重，还要求犹太教和伊斯兰教必须互帮互助；在任何一方受到第三方攻击时，两教的信众都要奋起保护对方；穆斯林不得损害犹太人的利益，更不能帮助犹太教的敌人。

事实上，到7世纪90年代，各个宗教之间的界限仍然十分模糊。伊斯兰教和基督教的教义更是十分接近。当时的某些基督教学者甚至认为，伊斯兰教并非一个新的宗教，而是对基督教义的另一种阐释。当时知名的神学家大马士革的约翰说，伊斯兰是基督教的一支异教派，而不是一种新的宗教。他写道，穆罕默德的思想来自他阅读的《旧约》和《新约》，来自与一位离经叛道的基督教士的交谈。①

现代考古资料证明，随着伊斯兰教的逐渐扩张，穆罕默德及其追随者曾极力减缓犹太教徒和基督教徒对他们的恐惧。穆罕默德的教义不仅充满善意，它和《旧约》有很多共通之处，尤其是在敬奉先知、敬奉亚伯拉罕方面，在拒绝承认耶稣是救世主这一点上也达成一致。伊斯兰教与基督教在反对多神教和崇拜偶像上存在明显的共鸣，其自身教义与基督教观念都有相似。《古兰经》里出现的摩西、挪亚、约伯等一系列形象，都让基督教徒倍感亲切；二者都认为在上帝授予摩西经文之后，又派遣了许多使者，并从中挑选了一位先知广泛传播上帝的教义。②

现代文明形态中，各大宗教之所以存在很大的矛盾冲突，原因就在于这些宗教派别越来越趋向固化，将自己认可的宗教教义视为完全不可变更。这就导致人类在文明的交融中遇到很大的障碍。从目前影响范围较大的宗教来看，在东亚流行的佛教和在南亚流行的印度教都对接受其他宗教教义没有特别严格的限制，所以在宗教教义的交流交融过程中，彼此相安无事，和平相处。但是，犹太教、基督教和伊斯兰教都十分注重教条教义以及对它们的阐

---

① 彼得·弗兰科潘著，邵旭东、孙芳译：《丝绸之路：一部全新的世界史》，浙江大学出版社，2016年，第77页。

② 彼得·弗兰科潘著，邵旭东、孙芳译：《丝绸之路：一部全新的世界史》，浙江大学出版社，2016年，第68—71页。

释。与犹太教、基督教的律法一样，伊斯兰教对教徒的行为处事作出了严格规定。每个教徒只有两种选择，要么遵守教义，要么拒绝接受，不得折中将就。在这种情况下，不同文化传统虽然仍有融合妥协的现象，但都仅限于宗教范围之外。只要与信仰和启示相关，文化的界限就变得泾渭分明，任何人不得逾越。①这也是塞缪尔·亨廷顿提出"文明冲突论"的理论基础。他认为，文明的背后就是宗教，由于各大宗教之间存在非此即彼的单项选择，存在不可调和的冲突，因此产生剧烈的矛盾不可避免。这也是人们认为"9·11"事件发生的根本原因。文明虽然存在交融性，但在某些方面、某些地区存在很大的分化，有时难以调和，只能通过武力解决，甚至爆发大规模战争。

文明的融合，体现在思想交流层面。

中国文化对欧洲重农学派的影响，可以看作是"中西文化交流史上最重要的一章"。18世纪50年代，法国启蒙运动的高潮中，涌现出了一个重要的经济学派——重农学派。这个学派的成员希望以经济改革的理论和实践来挽救当时危机深重的法国社会，谋求向资本主义社会过渡和发展，是启蒙运动的思想形式和思想内容在政治经济方面的具体体现。魁奈（1694—1774）因创立重农学派而在西方经济学说史上占有重要地位。有许多研究表明，魁奈提出的重农主义思想受到中国学术思想的深刻影响，中国学术思想是重农主义的重要思想渊源。米拉波在魁奈葬礼演说中，以信奉孔子学说作为魁奈的盖棺之论，反映了魁奈重农学派理论与中国古代学术思想之间的密切关系。在宣扬重农学派思想观念的刊物《农业、商业、财政杂志》和《公民日志》的文章中，大量引用的不是欧洲的文献，而是中国的典籍。魁奈本人甚至被他的弟子们称为"欧洲的孔子"。

魁奈和整个重农学派都把中国作为他们心目中的理想王国，推崇中国古老的统治方式。最能体现魁奈对中国文化浓厚兴趣的，是他晚年出版的关于中

---

① 威廉·H.麦克尼尔著，田瑞雪译：《5000年文明启示录》，湖北教育出版社，2020年，第234页。

国的专论《中华帝国的专制制度》。该书详细考察了中国的经济、政治和法律制度，被称为当时欧洲"崇尚中国运动的顶峰之作"。魁奈以西方法律传统中的自然法思想为出发点，对中国的制度给予高度赞扬，认为中国的专制是一种开明的专制[1]，是合乎法律的，是按照自然秩序治国的典范，是把自然规律作为立法基础和人们行为最高准则的范例，实现了法律、道德、宗教、政权的完美结合，创造了一个稳定而持久不变的政府。

魁奈在为狄德罗（1713—1784）主编的《百科全书》撰写的《人口论》一文中，提到中国地大物博，中国人是管理得很好的，没有战争，也不侵犯别的国家。他还在1765年写的《自然法则》一文中，对中国开展的公私教育制度倍加赞扬。不仅如此，魁奈还详细研究了中国的政治法律制度和行政管理的一些具体方面的问题，如中国的科举制度、谏议制度、文官内阁制度等，主张在这些方面也应该效法中国。[2]

文明的交融，体现在艺术思想层面。

艺术起源于各大文明的周边环境，长时期保持自我的特色，维护自己的身份认同。但是，不同文明之间也会互动演进，相互吸收融合。比如，蒙古人将中国的艺术技法传到中东地区，让波斯画家受益匪浅。波斯人在学习中国画法的基础上，用自己喜好的鲜艳色彩，制作出精致高雅的波斯细密画，最终发展成为诗歌绘本，成为整个伊斯兰世界中仅次于《古兰经》的最重要的高雅教育形式。波斯细密画后来还传到印度，使得许多印度画家经常用这种艺术风格来讲述印度教神话。[3]日本早期的画风主要是模仿中国，没有明显的独创性，但是后来在中国传统绘画技法上，发展出具有显著日本特色的绘画

---

① 所谓开明专制，就是君主虽然独掌国家大权，但他也需要审慎地遵守法律规则。由于法律制度是建立在自然法基础之上的，自然法的存在使君主不敢违法作恶。如果君主偏离正确的道理，忠实的大臣们会指出来，帮助他纠正自己的行为。这对统治者来说是一个福音，对臣民来说也是一个福音。

② 武斌：《文明的力量：中华文明的世界影响力》，广东人民出版社，2019年，第287—290页。

③ 威廉·H.麦克尼尔著，田瑞雪译：《5000年文明启示录》，湖北教育出版社，2020年，第302页。

形式——浮世绘。

瓷器是中国人的伟大发明，体现了中华文明的创造智慧、科技水平和开拓精神。它既是一种日常生活用的器物，又是一种体现人们审美价值的艺术品。各民族在其文明初创时期，都发展有各具特色的陶器，但瓷器是中国独有的创造。瓷器的烧成，需要较高的温度，设计周密、保温良好的窑炉，还要有燃烧强度很高的燃料，有善于拣选瓷土原料和掌握釉彩的配制技术。

到东汉时代，中国出现了完全意义上的瓷器，正式拉开瓷器生产的大幕。瓷器在发展过程中，经历过由低到高、由简到繁的过程。隋唐时期，瓷器开始由早期的青瓷发展成青瓷、白瓷两大单色釉瓷系。宋朝的瓷器在形态、色彩、纹理乃至光亮等方面，都达到了科学技术与工艺美术有机结合的高峰，定窑、汝窑、官窑、哥窑、钧窑"五大名窑"是其杰出代表。北宋直到明朝，景德镇成为瓷业的中心。元朝盛行印花瓷及五彩戗金，明朝流行白底青花瓷，清朝盛产彩瓷、珐琅瓷。[①]

瓷器，在唐王朝的时候就开始作为赠送给各国的礼品走向国外，各国使臣、游客和商人也把它们作为极其珍贵的宝物带回去。来往于东西方海路的各国商船和经过丝绸之路的陆上商队，也都把瓷器作为一种珍稀商品运销世界各地。宋元时期，由于海上贸易快速发展，瓷器成为中国出口的大宗商品，不仅传播了我国的陶瓷装饰艺术，对外国的民俗习惯也有所影响。瓷器进入东南亚、欧洲之后，以其光洁、轻便、卫生、便于清洗等优点，很快取代了当地人原来使用的木碗、金银餐具。东南亚各国对中国瓷器十分珍爱，菲律宾一些部落以中国瓷器作为衡量财富的标准和世代相传的传家宝，部落之间、家族之间械斗和解时，也常以中国瓷器作为赔偿，甚至结婚时新郎给新娘的聘礼都是瓷器。明朝时郑和下西洋，与许多国家进行过瓷器交易。据现代考古发掘证明，凡是郑和船队所到的国家，都有明朝青花瓷或残片出土。清朝前期，中国瓷器已风行世界各地。16世纪初，葡萄牙人开始将中国瓷器大量

---

① 武斌：《文明的力量：中华文明的世界影响力》，广东人民出版社，2019年，第55—57页。

销往欧洲，成为欧洲社会最珍贵的礼物。西班牙、荷兰、法国、英国、丹麦等国纷纷建立贸易公司，像"寻求黄金"一样，来中国进行瓷器贸易。各国成立的东印度公司更是把数以亿计的中国瓷器源源不断地销往欧洲各国，对欧洲人的日常生活和艺术风格产生了深远影响。作为非西方文化的艺术品，中国瓷器在世界上获得的广泛认同和青睐是独一无二的，它的价值和品位可以与西方任何门类的艺术品相媲美。17—18世纪，收藏和展示中国瓷器，成为欧洲王室和贵族奢华生活的重要形式之一。①

在瓷器贸易发展的同时，中国的制瓷技术开始向朝鲜、日本、中东、欧洲等地传播。16世纪，由于饮茶习俗的普及，日本对中国陶瓷的需求大增，甚至成为上层社会夸耀的风气。日本一方面不断进口大量中国瓷器，另一方面也开始试制新瓷器，出现了大量日本自制的青花瓷。伊藤五良大甫于明朝正德年间在景德镇住了五年，学习了青花瓷全套制瓷技术后回国，被日本人尊称为"瓷圣"。伊朗阿拔斯大帝专门从中国招聘工人，吸收中国陶瓷特点，结合波斯文化加以发展，烧制出有波斯民族风格特色的陶瓷器，甚至1322年阿布撒伊特建造的法拉明大清真寺的门面上都有龙的形象。意大利在美第奇大公爵统治时代（1574—1584）仿照中国瓷器，试制出欧洲第一批原始瓷器。1709年，德国的波特格尔烧制出欧洲第一件真正的瓷器。法国安田朴在《中国文化西传欧洲史》中说道："从16世纪起，欧洲瓷器的发展史实际上就是一部既在装饰图案又在物质方面模仿中国瓷器而作出努力的历史。"法国耶稣会传教士殷弘绪根据自己1699—1719年在江西传教了解的情况，写作《中国陶瓷见闻录》，生动具体地介绍了景德镇有关人口、城镇、物价、地理、治安等情况以及胎土、釉料、成形、彩绘、色料、匣钵制造、装器入窑、烧制等瓷器生产制作情况，使欧洲人第一次读到有关神秘的中国景德镇及其瓷器制作技术的第一手真实材料，在欧洲引起极大反响。作为一个传教士，殷弘绪把耶稣教传到中国景德镇，是宗教的传播者，又把景德镇的制瓷技艺传到法国，

---

① 武斌：《文明的力量：中华文明的世界影响力》，广东人民出版社，2019年，第57—73页。

是中华文化艺术的传播者。[①]

正如美国学者罗伯特·芬雷所说："一千多年之间，瓷器是全世界最受喜爱，也是最被广泛模仿的产品。从公元7世纪瓷器发明问世以来，它始终居于文化交流的核心。在欧亚大陆，瓷器是一大物质媒介，跨越遥远的距离，促成艺术象征、主题、图案的同化与传播。""瓷器行销各国数量之巨，遍布之广，足以证明一种世界级、永续性的文化接触已然形成，甚至可以说，所谓真正的'全球性文化'首次登场了。"[②]

应该注意到的是，工业革命的发展，在艺术领域导致人类文明史上的一大悖论：旨在通过发达的生产力，为人类提供低成本的无限选择的丰富产品，最终却导致了人类的同质化。[③]时至今日，在各国广泛交流的基础上，世界上许多民族特色都在消失，统一性越来越明显。比如服装，过去基本上各民族都有非常有特色的民族服装服饰，现在几乎全世界都在穿着西式服装。此外，包括饮食、音乐、电影、家居等许多方面，在某一阶段都出现过严重趋同的态势。

文明的交融，更表现在科学技术的相互借鉴学习上。

文明进步，科学技术是重要力量。在文明融合过程中，科学技术在跨文明区域之间的传播是其中的重要组成部分。任何伟大的发明，都是人类共同的文明成果，属于全人类，应由全人类共享。

中国早期的造纸术、印刷术、火药和指南针这"四大发明"，是中国人的伟大技术发明，不仅对中国自身发展产生巨大影响，也因为向国际传播，参与到其他区域文明的发展，对人类文明进步作出了巨大贡献。

弗兰西斯·培根就认为，造纸术与印刷术、火药、指南针的发明，对于彻底改造近代世界，并使之与古代及中世纪划分开来，比任何宗教、任何占星术的影响或任何征服者的成功所取得的作用都要大。英国科学家李约瑟认

---

① 武斌：《文明的力量：中华文明的世界影响力》，广东人民出版社，2019年，第60—80页。
② 武斌：《文明的力量：中华文明的世界影响力》，广东人民出版社，2019年，第57、71页。
③ 尼尔·弗格森著，曾贤明、唐颖华译：《文明》，中信出版社，2012年，第183页。

为，近代科学只兴起于17世纪的欧洲，那时的发现和发明，在许多情况下都有赖于以前许多个世纪内中国在科学、技术与医学方面的进步。美国学者罗伯特·坦普尔深刻地指出，我们所生活的近代世界原来是中国和西方成分的极好结合。①

造纸术的发明，是人类文明进步的一大历史性标志事件，有力地促进了科学文化的进步与传播。东汉元兴元年（105），蔡伦向汉和帝进献自己改进后的质地良好、便于书写、成本低廉的纸，人们不再需要使用笨重的简牍。因此，世界科技史将这一年定为纸发明之年。1990年8月，国际纸史协会（IPH）第20届代表大会声明："与会专家一致认为，蔡伦是造纸术的伟大发明家，中国是造纸的发明国。"②

美籍华裔学者钱存训指出，纸自发明以后，不仅盛行于中国本土，而且流传广被于全世界。在东方，纸在4世纪前传到朝鲜，5世纪初传到日本。405年，百济国博士王仁将纸写本《论语》《千字文》带到日本，这是纸张传入日本的最早记载。在南方，大约3世纪前传到越南，7世纪前传到印度。在西方，3世纪时传到中亚，8世纪时传到西亚③，10世纪时传到非洲④，12世纪时又由阿拉伯人传到欧洲，然而欧洲造的纸张质量一直比较低劣。乾隆年间，供职于清廷的法国画师、耶稣会教士蒋友仁将中国的造纸技术画成图寄回巴黎，中国先进的造纸技术才在欧洲广泛传播开来。造纸术16世纪时传到美洲，19世纪时传到澳洲。经过2000多年的悠长时间，造纸术应用于全世界。⑤

---

① 马克垚主编：《世界文明史》（第二版），北京大学出版社，2016年，第892页。
② 武斌：《文明的力量：中华文明的世界影响力》，广东人民出版社，2019年，第83—84页。
③ 一般研究者都把唐朝与大食（阿拉伯阿拔斯王朝）之间在中亚地区发生恒罗斯战役的751年作为中国造纸术西传的正式年份。在这场战役中，都城建立在巴格达的阿拉伯人胜利，把俘虏的唐军士兵中的造纸工匠组织起来，建立造纸工场，成为阿拉伯帝国造纸业的开山始祖。
④ 大约900年前，非洲北部也在阿拉伯帝国的统治之下，所以纸和造纸术在中亚和西亚地区传播的同时，也很快传入埃及，使长期在埃及地区使用的莎草纸很快就被淘汰。
⑤ 武斌：《文明的力量：中华文明的世界影响力》，广东人民出版社，2019年，第85页。

造纸业的发展，推动了阿拉伯科学文化事业的进一步繁荣昌盛。830年，阿拔斯王朝首都巴格达建立了"智慧宫"，由科学院、图书馆和译学馆联合组成，大规模系统地开展希腊文、叙利亚文、波斯文、梵文等专门著作的翻译，广泛地吸收世界各国科学文化遗产。古希腊的许多科学著作得以保存下来，几乎全靠阿拉伯文的译本。

1058年，西班牙基督教徒占领土伦多后，由于土伦多有规模宏大的图书馆，吸引许多欧洲人前往游学、吸收先进的阿拉伯科学文化知识。纸的大量生产推动了西班牙翻译古典遗产的热潮，许多重要的阿拉伯学术著作、古犹太和古希腊的重要著作在11—12世纪被翻译成西欧知识界通行的拉丁文，在希腊古典文化和欧洲近代科学之间建起了一座桥梁，对近代欧洲文化的发展发挥了积极作用，为日后的文艺复兴运动奠定了基础。[1]

纸的广泛传播和普遍使用，对欧洲科学文化的发展起到相当大的作用，特别是对近代欧洲科学知识的传播和理性主义的兴起，乃至对于欧洲走出中世纪的蒙昧主义迷雾，开辟近代西方文明的新的历史纪元，都发挥了重要作用。

科学技术的交融，体现在解决人类"吃"的问题。

粮食作物的传播，增加了人类的食物供给，使得世界人口快速扩张，彻底改变了世界文明社会结构，一些形式比较简单、封闭隔绝的社会逐渐加入到更为高级复杂的文明社会中来。[2]

比如，粟是欧亚大陆最古老的谷物之一，最早在中国北方的黄河流域起源栽培，从中国北方向南方传播，最迟在距今4000年前的时候，传播到南亚和东南亚地区。伴随着族群的迁移和农耕技术的传播，"种谷必杂五种，以备灾害"的中国农业思想也随之传播。中国、英国和美国的学者通过合作研究发现，黍和粟这两种起源于中国北部的旱作农业，在史前时期经山东半岛或辽东半岛传入朝鲜和日本，通过草原的畜牧民族接力传播，从中亚向西到达欧

---

① 武斌：《文明的力量：中华文明的世界影响力》，广东人民出版社，2019年，第92—93页。

② 威廉·H.麦克尼尔著，田瑞雪译：《5000年文明启示录》，湖北教育出版社，2020年，第366页。

洲和印度。①

　　水稻在我国的栽培有悠久的历史，2004 年在我国湖南考古发现了世界上最古老的稻谷，距今有 12000 年。水稻在我国推广种植后，很快就传到东亚近邻国家，朝鲜半岛考古发现距今 3000 年前的稻作遗址，可能与公元前 11 世纪周武王灭商之后，箕子率人东走朝鲜有关。春秋末期，中国的稻作技术传入日本。伴随着中国吴越地区人口大规模迁徙到日本，农耕、蚕织、纺织、冶炼、造船、航海等先进生产技术和生产工具引进，使日本从采集经济的绳纹文化阶段快速跃升到农耕经济的弥生文化阶段。由于农耕经济的发展和金属工具的使用，日本的生产力有了大幅度的提升，社会结构随之发生重大变化。中国农耕技术的引入，对日本、朝鲜的文明发展起到了不可估量的巨大作用。中国的稻作文化还以大陆原始族群渡海南迁为背景，渐次渗入东南亚地区和南洋各岛屿②，火耕水耨、铁器牛耕、梯田开垦、引水灌溉的农业技术体系对东南亚影响深远。③

　　欧洲地理大发现，使得一些重要粮食作物和牲畜传播到新地区。美洲把烟草、玉米、土豆、甘薯、木薯、花生、西红柿传到包括中国在内的世界各地，换来欧洲饲养的牲畜——马、牛、绵羊和山羊。玉米和土豆成为欧洲的重要作物，烟草改变了欧洲人和土耳其人的生活习惯，西红柿给印度人和中东人提供了宝贵的维生素来源。

　　中国是世界上最早发现和利用茶树的国家，是世界茶文化的发祥地。世界上年龄最长的野生古茶树在西南地区的云南。茶最开始是当作一种药材使用，后来才作为饮品。到西汉时，茶已经作为一种商品在市场上出售。8 世纪的唐朝，陆羽总结前人经验，著述《茶经》，对茶树的栽培、加工和茶的源流、饮

---

① 武斌：《文明的力量：中华文明的世界影响力》，广东人民出版社，2019 年，第 5—6 页。

② 以前学术界在亚洲水稻栽培起源上多持"印度说"，在探讨东南亚稻作农业起源时，往往把目光投向与印度文明之间的联系交流上，但近几十年的考古研究已经确认了中国长江流域是稻作农业起源中心。如今东南亚地区许多民族的农业礼仪文化中，仍不乏中国古代稻作文化的因素，以及与其相伴生的器物文化、饮食习俗等。

③ 武斌：《文明的力量：中华文明的世界影响力》，广东人民出版社，2019 年，第 7—12 页。

法乃至茶具都做了详尽的论述，是世界上最早关于茶的专著，是世界上第一部关于茶叶的百科全书。[①]茶有"兴于唐而盛于宋"之说，自宋朝起，茶就成为"柴米油盐酱醋茶"这"开门七件事"之一，成为"琴棋书画诗酒茶"这"文人七件宝"之一。举凡王公贵族、三教九流、士农工商，无不饮茶。茶于人已经如同米、盐一样，不可或缺。茶生于名山大川之间，文人学士经常将饮茶与山水自然结合起来，将茶的自然属性与人的精神属性融合起来，从而使茶文化成为中华文明的重要组成部分。[②]

中国的饮茶习俗和茶叶种植技术在7世纪以前就已传到朝鲜半岛，成为人们招待客人的重要方式。义天等高丽王族高僧还从中国引入禅茶，将佛教文化与茶文化进行结合，建立了高丽的佛教茶礼，流传至今。

中国饮茶之风在唐朝传入日本，之后日本宫廷贵族和寺院僧侣饮茶成风，成为时尚。唐式茶会的流行，使得日本食物的烹调、住宅的建筑、室内的装饰，以及庭院的建筑艺术、戏剧等都受到很大的影响。宋朝时期，有"日本陆羽"之称的荣西著述《吃茶养生记》，奠定了日本茶道的基础。15世纪中叶，日本著名禅师一休大师的弟子村田珠光秉承中国饮茶风习，按照禅宗寺院简单朴实、沉稳寂静的饮茶方式制定了"茶法"，发展成为"茶道"，被称为"茶道宗祖"。后来，有"茶圣"之称的千利休（1522—1591）集茶道之大成，把茶道从单纯的生活风俗习惯提高到人文艺术、哲理的境界，对茶道的发展作出了重大贡献。他主张茶道是毕生修养的方法，规定了茶道的方式和要求，讲究"和、敬、清、寂"，从而使中国传入的饮茶风习转化为具有日本民族独特审美价值、清新典雅文化风格的生活艺术。[③]

茶叶第一次作为商品出口到欧洲，大约是在1606年进入荷兰市场。饮茶习惯之后传入法国、英国，英国人喝茶的传统是从葡萄牙传过去的。1662年，

① 由于美国独立起源于波士顿的"茶党"，因此美国国会还通过议案，将陆羽确认为美国的国父。

② 武斌：《文明的力量：中华文明的世界影响力》，广东人民出版社，2019年，第39—42页。

③ 武斌：《文明的力量：中华文明的世界影响力》，广东人民出版社，2019年，第43—47页。

葡萄牙公主凯瑟琳嫁给英国国王查理二世，她的嫁妆中就有中国茶具和茶叶。很快，这种东方饮品就风靡英国上流社会。到18世纪中叶，欧洲饮茶风尚已经非常盛行。不仅是上流阶层，就连普通的工人也已经喜欢喝茶，每天的下午茶更是必不可少。饮茶习惯的引入，促成了英国的饮料革命，使英国人放弃咖啡转变成嗜好饮茶，创新出英国红茶，甚至创造了"下午茶"这种独特的英国茶文化。在18世纪上半叶，伦敦就已经大约有2500家咖啡馆提供饮茶服务。

饮茶还提高了英国人的身体素质，减少了传染病的死亡人数，甚至改变了英国人粗鲁、好斗的民族性格，丰富了英国人开办沙龙的社交方式，养成了优雅的绅士形象。从这个角度看，中国人的茶叶贸易，不仅参与了早期资本主义的发展进程，而且参与了近代西方文明史的发展进程。[1]

茶叶贸易的巨大利润使茶叶成为"绿色黄金"，吸引欧洲其他国家纷纷加入，开辟了欧洲贸易的新篇章。到1637年，中国茶叶的出口量已经大幅增长。17世纪，茶叶在中国的出口中就超过了丝绸和陶瓷，成为最重要的出口产品。饮茶习俗的形成，也使得中国出品的茶具等瓷器成为欧洲人追求的时尚必需品。中国生产的茶叶，有1/5出口到英国。直到18世纪初，荷兰一直是欧洲国家中最大的茶叶贸易国和茶叶经销商，阿姆斯特丹成为欧洲的茶叶供应中心。英国东印度公司从18世纪开始，支配了世界茶叶贸易，垄断茶叶的国际市场，控制茶叶的交易价格。英国东印度公司进口的茶叶，不仅用于英国本土消费，还转而流通到西北欧国家乃至他们在美洲的殖民地。伦敦也因此取代阿姆斯特丹，成为全世界最大的茶叶消费和专卖市场。

但是，欧洲并没有茶树。就连著名的瑞典博物学家林奈在对动植物分类时，都没有认识到中国的红茶和绿茶制作工艺的差别，并不是树种的差异，而认为它们分别属于两种茶树。英国后来着力将茶树引入欧洲，1834年在印度选择适合种植中国茶树的地区。1848年，英国东印度公司找到苏格兰园艺

---

① 武斌：《文明的力量：中华文明的世界影响力》，广东人民出版社，2019年，第50—55页。

师福钧，让他到中国把茶种、茶苗和制茶技术都偷到了印度。1851年，英国人在印度种茶获得成功，之后世界上许多地方都栽种了茶树，开始生产茶叶，从此中国对茶叶的垄断被打破。[①]

科学技术的融合，体现在解决人类"穿"的问题。

桑蚕丝绸是中华文明的重要标志物。有了丰富多彩的丝织技术，才成就了如今人们所称的"衣冠之邦"。中国是世界上最早饲养家蚕和缫丝制绢的国家。丝绸的起源，可以说是与中华文明的起源同步，传说黄帝的后妃嫘祖教导人民养蚕、缫丝、制衣。现代考古发掘表明，丝织物开始出现于中国东南地区的良渚文化时期，在距今7000年前，河姆渡先民就对生产蚕丝有所掌握。到了商代，中国丝织物就已经达到很高的水平，有了经线显花的单色绮和多彩的刺绣。《诗经》中不少诗篇有关于桑事织衣的内容。汉唐时期丝织物已经大规模生产，花色品种繁多，政府甚至有了管理织造的专门机构。

丝绸以其轻薄精巧的工艺、美轮美奂的色彩和风情万种的姿韵，为人们提供了舒适的衣料和优美的装饰物，在世界各地都受到热烈欢迎，成为风靡一时的上层社会奢侈品，被誉为"东方绚丽的金丝带"。因此，丝绸成为中国最早也是持续时间最长的大宗出口货物。可以说，正是因为有了丝绸的发明制造，才有了至今依然影响世界、横贯欧亚大陆的丝绸之路。由于丝绸之路的繁荣兴盛，才推动了中西方文明的早期交流交融。[②]

有学者在基于三星堆文明研究的基础上，对南方丝绸之路进行了更为广泛和细致的考察，将这条连接中国和东南亚、南亚、中亚、西亚的古道，从时间上往前推到商代，空间上也做了更为具体详细的划分。南方丝绸之路国内段的起点为巴蜀文明的中心——成都，向南分为东、西两路，最终到云南大理汇为一道，继续向西出境。国外段有西路、中路和东路三条。西路是历史上有名的"滇缅道"，经缅甸八莫，到印度、巴基斯坦以至中亚、西亚，这条

---

① 丁一凡：《跌宕起伏的中欧关系——从文明对话到战略伙伴》，中国社会科学出版社，2020年，第214—217页。

② 武斌：《文明的力量：中华文明的世界影响力》，广东人民出版社，2019年，第20—21页。

纵贯亚洲的交通线是古代欧亚大陆最长、最悠久的国际交通大动脉之一。中路是一条水路相间的交通线，从云南红河下航越南。东路出云南东南陲，直抵河内。南方丝绸之路将楚文明、古蜀文明与南亚次大陆的古印度文明有机联系起来，强化彼此之间的交流。三星堆文明出土的货币齿贝，只产于印度洋深水海域，显然是从印度引入。金沙遗址发现成吨的产自印度的亚洲象象牙，显然是长途贸易带来的结果。考古证明，印度河文明与商朝之间是有联系的，在印度河文明的哈拉帕遗址地区也发现了属于商朝的物品。[①]

其实，早在商代，中国精美的丝织物就开始成批销往西域。历史学家方豪指出："公元前5世纪时，中国之缯或已越帕米尔，而至印度、波斯。亚历山大大帝东征以后，又经叙利亚人的手，输入欧洲。"这个判断不断为后来考古发现的资料所证实。在西域的广大区域内，包括现在新疆地区和帕米尔以西的区域内，陆续出土了大量从春秋战国到汉晋时代的丝绸制品。[②]

汉代时期，陆上丝绸之路开辟，为中国丝绸的大量西传创造了便利的交通条件。中原王朝和西域各国往来频繁，商旅不绝于途，把中国精美的丝绸制品源源不断地运往西域，由波斯人垄断控制，再向西转运到古罗马帝国等更远的地方。当时罗马城里的多斯克斯区有专门出售中国丝绸的市场，使中国丝绸风行于罗马宫廷和上层社会，元老院的议员们都以能穿上中国丝袍为荣。16世纪以后，由于葡萄牙、西班牙、荷兰的商船打通"海上丝绸之路"直航，中国丝绸对于欧洲的出口，不再通过中亚波斯及阿拉伯地区的各种中间商环节，而是直接进入欧洲市场，进口规模大幅增加，成本大幅降低，受到英国、法国等欧洲国家上层社会尤其是妇女们的热烈追捧。18世纪中期以后，中国的丝绸披肩风靡欧洲，色彩以白色和艳色为主，每年出口欧洲的数量高达8万多条，其中法国就占到1/4。[③]

随着丝绸之路的延展，养蚕缫丝技术也传入韩国、日本、西域、波斯等

① 徐达斯：《世界文明孤独史》，作家出版社，2019年，第661—662页。
② 武斌：《文明的力量：中华文明的世界影响力》，广东人民出版社，2019年，第26页。
③ 武斌：《文明的力量：中华文明的世界影响力》，广东人民出版社，2019年，第29—32页。

地。至少5世纪时，中国的养蚕缫丝技术就已经经由于阗"东国公主传入蚕种"之后传入波斯，之后又传入阿拉伯地区。6世纪，查士丁尼皇帝指派两个波斯僧侣到中国，想办法用空竹简把蚕种偷运出中国，然后传到了欧洲。丝绸业成为一种可以大发其财的行业，佛罗伦萨、米兰、威尼斯和热那亚的商人纷纷投资于这一行业，在意大利北部平原养蚕，把大量青年妇女培养成纺织工人。①

三、交替性

文明，有兴有衰。有的文明会在发展过程中走向衰落、解体，甚至灭亡；有的文明则会在成长过程中不断自我调整，主动吸收其他文明的先进成果，虽然在发展进程中也有波澜起伏，但是总体而言可以保持数千年的经久不衰。

文明是有时代性的。不同时代的经济社会发展水平不同，思想认知水平也会有很大差异。不同文明的生产力发展水平处于不同阶段，文明的表现形式也会有很大差异。在不同的历史时期，由于生产力水平发展的需要，不同的文明性格发挥出不同的内在潜能，产生完全不同的结局。所以，从整体上看，文明史是相对稳定的，千百年来会有许多生命力长久的认知代代相传，但随着时间的推移，在自我的发展和外力的作用下，也会发生不断调整变化。②文明的进步与否，需要以发展的结果和民生的福祉进行反映。但是，以多长的一个时间段的发展结果来反映，是一个值得商榷的问题。

有些文明发出灿烂光芒，有些文明陷入失落。有些文明在历史上曾经辉煌一时，比如古埃及文明、玛雅文明等，但现在却几乎销声匿迹，只是又被考古挖掘出来，重新建构，尽管让人敬服、赞扬，但留下更多的是扼腕叹息。只有那些在交流交锋中勇于主动应变的文明，才能保持文明的积极进取性，从而在文明的竞争中处于相对优势地位。即便是像中华文明这样五千年不断

---

① 房龙著，周亚群译：《人类的艺术》，中国友谊出版公司，2013年，第94页。
② 马克垚主编：《世界文明史》（第二版），北京大学出版社，2016年，第3页。

绝的优秀文明，也会在历史发展长河中的某一阶段，受到其他文明的强烈冲击，处于短暂的弱势。

从全球范围看，历史上从来没有一种文明可以永远居于强势地位，也同样不会有一种文明永远处于弱势地位。强势和弱势常常相互转化。比如，7—10世纪，在基督教文明走向衰落的时期，伊斯兰文明在吸收希腊、波斯、印度和中国等优秀文明的基础上，快速崛起，影响范围不断扩大，在亚非欧快速扩张，屡屡挫败欧洲基督教国家，战败国的基督教文化也因此受到穆斯林轻视，甚至把整个欧洲都视为异教文明的滋生地[1]，极大地挤压了基督教文明传统的影响区域。那时的西方基督教文化中还没有太多令人重视的东西，西欧更是被土耳其人视为野蛮黑暗的化外地区。但在西方工业革命之后，基督教文明再度兴起，反过来又迫使阿拉伯文明陷入困境，随着19世纪末期奥斯曼帝国最终被西方资本主义国家击败并瓜分瓦解，伊斯兰文明全面受挫，至今仍处于不利局面。

英国历史学家阿诺德·汤因比在他的《历史研究》中提出了"挑战应战说"的循环理论：人们在少数有创造力的精英领袖领导下成功地回应挑战，文明从而兴起，又在领导阶层停止创造性回应时而衰微。一个文明的发展，需要迎接不断的挑战。正如鱼缸里的鱼，需要有鲇鱼效应一样。如果没有挑战，或者有挑战而不积极应战，这个文明就难以创新发展进步，从而会开始衰落、解体。如果挑战的力量过于强大，根本没有给这个文明的应对和调整留下任何机会和空间，那这个文明也会快速灭亡。只有在挑战持续存在且力量不过于强大时，这个文明才能够通过自己的积极应对，努力调整适应，在持续的创新中实现不断的发展，保持旺盛的生命力。

如果我们能够将不同的文明放在一个选定的具体历史时间截面上，根据某一个标准进行横向比较，的确可以得出一个孰高孰低的答案，然而文明之间的竞争，在本质上更接近于一场马拉松比赛，暂时的交替领先，并不能说明

---

[1] 马克垚主编：《世界文明史》（第二版），北京大学出版社，2016年，第795页。

全部的问题。只要一个文明还没有最终完全消亡，比赛就还未见分晓。[1]就像古希腊文明即便在罗马帝国兴起之后，表面上衰落下去，但经过阿拉伯世界保留下来的火种，最终又在欧洲地区绽放出耀眼的光芒。

世界的主要文明形态之间，虽然都有属于自己的光辉灿烂岁月，但更多的时候是呈现出相互交替引领的局面。从这个角度看，文明也有自己的生命周期。目前人类创造出来的大多数文明，无论多么辉煌过，但几乎都曾面临过衰败的窘境。美国历史学家卡罗尔·奎格利认为，文明如同人类自身有着生命周期一样，可以大致分为7个年龄阶段：结合、妊娠、扩张、冲突、大帝国、没落和入侵。文明重组，活力增强，国力强盛，之后式微，最终被外敌侵吞而灭亡。[2]

文明兴衰过程中必然会产生冲突。这种冲突不仅表现为两种文明之间的冲突，也会表现为文明内部对外部文明介入的态度之间的冲突。伊朗前总统哈塔米曾说，每一个文明都建基于一套特定的价值观，其民族特有的历史经验塑造着这种价值观。当其他文明的发展进步超过了自身文明的世界观认知水准，就必然会导致本民族发展受到障碍，促使其转向其他文明寻找启迪。在文明转向的过程中，必然会引发新、旧文明世界的碰撞，因为旧有的文明不会轻易放弃已确立的且已体制化的统治地位。[3]

文明发展进步的进程中，有一个现象特别值得关注。越是社会运转的乱世，越可能是文明进步的盛世。尽管在这样的社会条件下，人民流离失所，居无定所，生产生活遭到极大冲击。但也正因为在这样的社会条件下，统治者没有能力对社会意识形态进行大力约束，学者们拥有空前的思想自由，社会大众希望尽快过上安居乐业的生活，客观上迫切希望得到先进思想的引领，从而催生文化大发展大繁荣。比如，中国历史上的三次文明大进步，一次是在春秋战国时期，一次是在魏晋南北朝时期，一次是在民国初期，都是处于

---

① 刘哲昕：《文明与法治》，法律出版社，2014年，第94页。

② 尼尔·弗格森著，曾贤明、唐颖华译：《文明》，中信出版社，2012年，第277—279页。

③ 布鲁斯·马兹利什著，汪辉译：《文明及其内涵》，商务印书馆，2020年，第127页。

社会相对混乱、战争频仍的时期。

人类文明交替引领进程中，充满了太多的偶然性因素。尽管这些偶然事件的背后，都有其历史必然性。比如，新大陆的发现就极为偶然。哥伦布等发现新大陆，扩充了人们对地球的视野，刺激航海技术的快速发展，促进全球市场的形成。甚至有学者认为，没有美洲这个新世界，没有在其上辛勤耕耘的非洲奴隶，或许根本就不会有"欧洲奇迹"和工业化革命。[①]新大陆的发现，刺激着西班牙人、葡萄牙人、英国人的海外扩张运动。从西方文明的角度看，这提供了一个广阔的发展新空间，但从玛雅文明、阿兹特克文明、印加文明的角度看，却完全相反。印加人在1530年仍是站在安第斯城上俯视南美大陆的霸主，但是在不到10年的时间中，就被来自欧洲的一群外国人用马匹、火药和瘟疫砸得粉碎。[②]美洲人既无力抵抗西班牙人的先进武器，也无力抵抗伴随欧洲人而来的天花、流感、伤寒等欧洲流行疾病。再比如，谷登堡在吸收中国活字印刷术之后，发明印刷机，为人们获得知识提供了便捷的渠道，推动路德新教思想快速传播，使得欧洲发生翻天覆地的变化，进入了一个全新的发展阶段。

从理论上看，一种文明形态要想获得持久的发展，必须同时具备一种内敛的力量，使得向外扩张的能量与向内收敛的能量得以平衡，否则很容易导致自身不断膨胀，最终陷入万劫不复的悲惨境地。西方文明在经济领域取得突出成就之后，却无法有效控制其内在能量的躁动，使其开始转化为自噬的可怕政治力量。[③]到第一次世界大战前夕，大英帝国几乎占据了世界土地面积的1/4，拥有了相同比例的人口；法国几乎占据了9%的世界国土面积，比利时人、德国人和意大利人也得到了许多海外殖民地，而葡萄牙人和西班牙人依然保留了他们早先在美洲和非洲帝国的大部分。1913年，西方帝国主宰了世界。仅占世界土地面积10%的11个宗主国，管辖着超过一半的世界。大约有

---

① 尼尔·弗格森著，曾贤明、唐颖华译：《文明》，中信出版社，2012年，第83页。

① 尼尔·弗格森著，曾贤明、唐颖华译：《文明》，中信出版社，2012年，第83页。
② 尼尔·弗格森著，曾贤明、唐颖华译：《文明》，中信出版社，2012年，第272、284页。
③ 刘哲昕：《文明与法治》，法律出版社，2014年，第104—105页。

57%的世界人口生活在这些帝国的统治下，经济产值约占世界的80%。由于这些帝国彼此之间存在无法调和的经济利益冲突，导致先后爆发了第一次世界大战和第二次世界大战，给其自身也给全世界带来了无比可怕的灾难，大量人口因此丧生。

文明在发展前行的进程中，是一个十分复杂的系统，在有序与无序之间摇摆，处于"混乱的边缘"状态，在调整过程中，需要付出持续的努力，才能实现总体均衡。文明可能在一段时期内运转平稳，并能够持续地进行自我调节应变，但是当矛盾积累到一定阶段，真正的危机出现之后，一个细微的扰动，就可能使它从良性的平衡状态滑向沦亡。[1]只有极少数具有自我调节能力和发展韧性的文明形态，才能在重大危机来临之时，审时度势，自我革命，进而适应发展形势的需要进行突破创新，绽放出新的文明光芒。

自从公元前221年秦始皇统一六国开始，凭借"统一"的品格，中华文明创造出一个长盛不衰的神话。尽管中间也曾经起起伏伏，历经朝代更替、分分合合，但中华文明的发展水平始终处于世界前列。一直到明朝时期，中华文明都高度发达。那时郑和下西洋领导的舰队，规模之大是"一战"爆发前欧洲任何舰队都无法比拟的，充分展示出中国当时的国力和科技水平。不管按哪种评价标准进行衡量，中国都超越了那个时代世界上任何一个文明所取得的成就。中国人口更多，城市规模更大，商品交换更丰富，长途运输更发达，教育组织程度更高，更多书籍被印刷、阅读和讨论，更多人满怀热忱求学受教，更多人参与绘画和诗歌创作。在这些方面以及其他许多领域，中国都表现得出类拔萃，卓尔不群。在自己所在的远东地区，这个中央王国更具压倒性优势，也让世界其他伟大文明所取得的成就风头大减，几近湮没，不为人知。那时的中国，就像一个巨大的太阳，散发着技艺、知识和权力的光芒。其他东亚民族就像行星，围绕着中国这一恒星旋转。[2]

---

① 尼尔·弗格森著，曾贤明、唐颖华译：《文明》，中信出版社，2012年，第281页。

② 威廉·H.麦克尼尔著，田瑞雪译：《5000年文明启示录》，湖北教育出版社，2020年，第253页。

然而，到了清末民初时期，中国的科技水平和经济发展水平已远远落后于欧洲西方世界，以致有人想要全盘否定中华文明。新中国成立后，我们不仅实现了经济的长期快速发展、社会的长期和谐稳定，而且重新找回了对中华文明的自信，对中华优秀传统文化有了新的更高水平的认知。

西方文明一度很先进，比如古希腊、古罗马时期。罗马帝国曾拥有横跨欧亚非大陆的很大疆域，但在5世纪时轰然倾覆，导致欧洲进入漫长的"黑暗时代"，开启了东西方文明的"第一次大分流"。那时欧洲文明的主要区域还局限在意大利等地中海地区，由于地中海气候的影响，加上农业技术不够发达，欧洲北部和东部长期处于不发达阶段，被好战尚武的游牧民族占据。[1]按照爱德华·吉本《罗马帝国衰亡史》的观点，导致西方文明的衰弱的原因，包括各个君主的个性混乱、古罗马禁卫军的力量以及一神论的兴起。随着欧洲内战成为常态，加上匈奴的西征，波斯王朝的兴起，西方文明经历过漫长的发展阶段之后，第一次瓦解了。这也导致西欧长期处于野蛮落后状态，黑死病瘟疫肆虐，暴力事件泛滥，导致人口规模减半。与此同时，欧洲处于大分裂阶段，有为数众多的国家，彼此之间的战争似乎永无停息之日。路德宗教改革助推了宗教战争，迫使更多的欧洲人加入到海外扩张运动当中。那个时候，谁也不敢相信西方会开始接下来长达500年中主导世界。[2]

从15世纪末期开始，东西方文明之间发生了"第二次大分流"。西方文明逐步崛起，东方文明的优势时代开始终结。1500年左右大航海开始，在随后500年左右的近现代历史时期，西方文明从东方数学、天文学和科技中汲取知识，催生了工业革命，1650年之后大约持续了两个半世纪的科技革新几乎全部起源于西方，创造出令人炫目的物质文明，开启了一个席卷全球的现代化

---

[1]　威廉·H.麦克尼尔著，田瑞雪译：《5000年文明启示录》，湖北教育出版社，2020年，第256—257页。

[2]　尼尔·弗格森著，曾贤明、唐颖华译：《文明》，中信出版社，2012年，序言第36—37页，第20—21页。

时代。^①

戴维·兰德斯在其所著的《国富国穷》中认为，西欧在推动独立探究知识、发展科学验证方法、展开理性研究并加以传播方面处于世界前列，而且西欧国家形成了良好的政府运行机制，推动社会良性发展。贾德·戴蒙在其1999年《如何致富》的论文中提出，在欧洲进行富有创意的竞争和沟通的同时，统一的东方帝国却妨碍了创新，这使得欧洲赶超了中国，进入领先地位。^②

1500年，后来成为现代全球帝国的欧洲10个国家，其所占面积为世界领土的5%，人口为全球的16%，产值所占比重略高于20%；但是到了1913年，同样是这些国家，加上美国，控制了世界58%的陆地面积，拥有世界57%的人口和74%的国内生产总值。世界已经成为西方的世界，全球呈现根本性的失衡。^③

即便是在西方文明内部，由于经济中心的转移，文明中心也发生转移。1870年，英国人口是美国的两倍，但是到了1913年，结果却颠倒了过来。主要原因就是1870—1913年美国的人口增长率要比英国高出80%。1900年，美国占世界生产总值的比重为24%，而英国仅为18%。^④

受发达的西方文明的影响，世界各地都在向西方文明靠拢，包括大学机制、政府管理方式、医疗组织模式，越来越多的人吃西方食品，穿西式服装，住西方风格居所，实行西方朝九晚五、一周五天的工作方式。西方传教士竭尽全力地向世界其他地方输出信仰，全球1/3的人口接受了基督教。^⑤

西方现代文明所取得的巨大成功，客观上为"欧洲文明中心论"的产生

---

① 刘哲昕：《文明与法治》，法律出版社，2014年，第133页。
② 尼尔·弗格森著，曾贤明、唐颖华译：《文明》，中信出版社，2012年，序言第44页。
③ 尼尔·弗格森著，曾贤明、唐颖华译：《文明》，中信出版社，2012年，第286—287页。
④ 尼尔·弗格森著，曾贤明、唐颖华译：《文明》，中信出版社，2012年，第202页。
⑤ 当然，也有一些国家对西化潮流进行了抵制。比如印度，从甘地的腰带到尼赫鲁的无领夹克，再到英迪拉·甘地的纱丽，无不表现出这种抗争。

和传播提供了现实土壤。①西欧开始通过武力,不断向外部世界征服扩张,先后进入美洲、非洲、澳洲,之后又开始进入亚洲,首先征服印度,1842年开始打开中国这一最强大的古代文明的大门,迫使遍及全球的各民族接受西方的政治模式和生活方式。从19世纪中叶到20世纪中叶,西方统治着世界,海外扩张理论把正式和非正式的奴役非西方人合法化了,使帝国主义、殖民主义披上了文明的外衣,各种所谓西方的民主制度和基督教教义在武力威胁和传教士的身影中,走向了全世界。西方殖民者发自内心地认为,他们为殖民地国家带来了文明和经济发展,并为此感到十分自豪。1880年法国公共工程部部长弗雷西奈宣称,沿着交通路线,文明得以传播并扎根。②英国征服印度之后,并不是要帮助印度进步,发展印度的工业,而是考虑如何使印度更适合英国的剥削和榨取,把印度变成英国的原料供给地。因此,英国在印度并不推行民主制度,而是依然进行专制统治。③因此,印度民族领袖"圣雄"甘地谈到西方文明时,称其为"瘟疫"和"祸根"。

从1500年之后近代西方大国的兴衰来看,其交替性也十分明显。从西班牙到法国、英国再到美国的霸权交替,都经历过起、承、盛、衰四个阶段,每个阶段30~35年,总计周期130年左右。西班牙从1519年取得神圣罗马帝国的帝位到1648年签署《威斯特伐利亚和约》,共129年,欧洲从政治宗教一体的格局中经过宗教改革转向民族自立、君权绝对;法国自1648年在与西班牙的竞争中胜出,到1789年法国大革命,共141年,欧洲绝对君权经启蒙运动的冲击转向以资产阶级为中心的立宪民主;英国从1815年拿破仑战败,到1945年第二次世界大战结束,共130年,资本主义不断深化向全球扩张;美国从1945年开始,至今已有近80年,已经开始显现衰落势头。如果按照130年周期计算,那么美国的霸权地位周期将到2075年结束。

---

① 从某种意义上讲,西方并不是一个地理范畴,而是一套标准、行为和机制,就像地处东方的日本也被当今世人认为是西方国家一样,因为它全盘吸纳了西方现代文明。

② 尼尔·弗格森著,曾贤明、唐颖华译:《文明》,中信出版社,2012年,第127—128、153页。

③ 马克垚主编:《世界文明史》(第二版),北京大学出版社,2016年,第15页。

更有意思的是，每一个霸权被下一个霸权取代之前，都已是精疲力竭，一推即倒，但拖垮霸权的都未能成为新的霸主，只是成全他人。拖垮西班牙的是荷兰，成就了法国；拖垮法国的是普鲁士，成就了英国；拖垮英国的是德国，成就了美国。[①]

进入21世纪后，人们日益看清楚了西方文明的脆弱性和野蛮性，也看到了中华文明的韧性和可塑性。随着中国改革开放取得的巨大成就，按照目前发展态势，中国经济总量即将超越美国，成为世界第一大经济体。在某些方面，世界的亚洲时代已经到来，西方的衰退不可避免。按塞缪尔·亨廷顿的定义，西方国家包括西欧、北美和澳洲，其人口规模占世界的比重从1950年的20%降至2050年的10%，西方语言占比在1958—1992年下降了3个百分点，宗教在1970—2000年下降了1个百分点，国内生产总值在1970—1992年下降了4个百分点。如果从1913年或1938年开始计算，西方国家的相对衰退在多个方面表现得更为明显。[②]始于2008年的国际金融危机，使已经呈现衰颓趋势的西方国家雪上加霜。从发展规律看，大多数文明的衰落都与财政危机和战争相关。文明衰落之前，出现严重的财政收支失衡，在国内经济矛盾向外转嫁的过程中，甚至会引发国家与国家之间的战争。

与此同时，中国在技术创新方面取得了引人注目的成绩。在专利授权量方面，中国2004年超过英国，2005年超过俄罗斯，2006年超过法国，2007年超过德国。自1995年以来，中国在研究开发上投入的经费增长了6倍，科研人员数量翻了一番，获得的专利权数量增长了29倍。[③]澳大利亚战略政策研究所（ASPI）2022年3月2日发布的研究报告显示，在其目前追踪的44项前沿技术中，中国的全球领先优势已扩大到37项，涵盖国防、太空、机器人、能源、环境、生物技术、人工智能、先进材料和关键量子技术等领域。报告称，对关键技术的追踪显示，对于某些技术，世界前十大领先研究机构都位于中国，

① 梁鹤年：《西方文明的文化基因》，生活·读书·新知三联书店，2014年，第483—488页。
② 尼尔·弗格森著，曾贤明、唐颖华译：《文明》，中信出版社，2012年，第289—290页。
③ 尼尔·弗格森著，曾贤明、唐颖华译：《文明》，中信出版社，2012年，第298页。

并且产生的高影响力研究论文的总数是排名第二的国家（通常是美国）的9倍。

　　从发展趋势看，在经济发展方面，中国即将全面超过美国；在科技创新方面，中国正在全力追赶美国；在地缘政治方面，以美国为首的西方深陷伊拉克等大中东地区，苦苦支撑；在社会生活方面，西方超前消费的理念难以为继；在政治民主方面，西方民主的双重标准使得越来越多的国家提高警惕。人们看到西方文明日益迫近的式微甚至走向衰亡，也越来越领悟到中华文明"和合与共"的伟大智慧。

第八章　三个可能的结论

一、世界是可以认知的，尽管我们所知的范围仍然十分有限

文明，是人类对自然界、人类自身和人类社会认知的不断拓展，逐渐从蒙昧、野蛮的状态中走出来，进入文明时代。

从这个角度上来讲，文明就是一个人类由未知走向已知的过程。这个过程，既包括对自然界发展规律的认知，以提高科学技术，获取食物、工具等物质财富，实现自己的生存；也包括对人类社会运行规律的认知，采取恰当的政治模式进行社会治理，以获取哲学、艺术等精神财富，实现自己的发展。

随着近代科学的发展，人类对自然界和人类自身的认知越来越深化，社会对世界可认知性的意识日益强化，有的甚至认为世界是完全可知的，没有什么事物通过科学研究而不能掌握其内在规律，本着极度的自信甚至可以说是自负，盲目地认为人类可以完全按照自己的意志，去认识世界、改造世界，甚至是征服世界。

需要注意的是，与真实的、无限的宇宙世界相比，我们所认知的世界范围仍然十分有限，所以往往越是有知的人，反而觉得自己越来越无知，即便是世界知名的大学者牛顿，到了自己的晚年，最终依然陷入宿命论、神学宗教的窠臼当中。

尤其是近年来，随着混沌理论和模糊理论的发展，科学家发现世界并不像牛顿力学理论所描述的那样是线性、确定性、稳定性、简单性的图景，有许多世界图景呈现出非线性、模糊性、不确定性、复杂性的特点，引发许多科

学家意识到人类的认知依然具有很大的局限性，在许多领域还存在现阶段不可逾越的界限，因此认为世界是不可知的。

从近年来混沌学的深入拓展看，混沌同样是可认知的[①]，世界仍然是可知的。所以，人类应该对社会发展的前景充满期待，对世界的认知充满旺盛的浪漫主义、理想主义和乐观主义的色彩，不断探寻宇宙世界的奥秘。同时，也由于人类现在对世界的所知范围仍然十分有限，人类需要保持谦虚谨慎、敬畏自然的态度，而不至于由于自我骄傲，走向失败甚至是自我毁灭的深渊。[②]

从辩证的角度看，人类每一代的认知都有限制，但人类史一个世代延续的序列，这个序列的认识是无限的。每一代都发现尚有大量问题自己无法解决，体现出有限性；但是这一代无法解释的现象，可能在未来的某一代时会找到解释的路径。每一代的认知都无法穷尽大自然的所有奥秘，并且认知水平越高，未知的东西就越多；但是只要人类还在延续，就有可能在未来将未知变为可知。[③]

二、文明形态呈现显著差异，但是总体依然存在明显的普遍性

人是世界上最为复杂的动物，不仅有衣食住行等物质需求，更有复杂多变的精神需求。人既有在物质角度的自私、贪婪，也有精神角度的懒惰、嫉妒等特性。从这个角度讲，人类是"自私"的。当然，这种自私是合理的。因为作为地球上的一个物种，人类自身首先需要生存，才能在此基础上实现发展。

由于国家和民族是人的具体集合形态，因此，文明在发展进程中，始终与国家和民族纠缠在一起。不同族群的文明基本上都是独立起源。不同地区有

---

① 苗东升：《浑沌学纵横论》，中国书籍出版社，2020年，第210页。

② 相对于无限的宇宙，我们的认知非常有限。所以，我们的知识的切面越大，我们越感觉到自己的渺小和无知。我们自以为知道的部分，往往只是表象的一部分。

③ 苗东升：《浑沌学纵横论》，中国书籍出版社，2020年，第212页。

不同的宗教、风俗、地域文化，这些都会潜移默化地形成一些亚文化。所以，尽管文明不是一个政治实体，但文明的发展与政治实体有许多不可分割的联系，政治实体的作用对文明的形成和发展产生十分重要的影响。[①]

从这个角度来看，正是由于人类存在种族、民族和国家的差异，文明形态才呈现出显著的地域性和种群的独特性。对于世界上不同地区的不同民族来说，历史的发展进程是很不相同的。贾雷德·戴蒙德认为，不同民族的历史，遵循不同的道路前进，其原因是该民族所处的环境差异而不是民族自身在生物学上的差异。从公元前11000年到1500年，不同大陆有着不同的发展速度。那时澳大利亚土著和美洲印第安人仍然依靠狩猎采集为生，但欧亚大陆的大部分地区、美洲和非洲撒哈拉沙漠以南的许多地区，已经逐步地发展起农业、畜牧业、冶金业和复杂的政治组织。欧亚大陆的一些地区和美洲的一个地区，还独立地发明了文字。[②]但是到了1500年，技术发展、政治解放带来的地区间的文明差异，是现代世界不平等的直接原因。

当然，在看到差异的同时，更要看到不同地区的文明之间依然存在明显的普遍性。不能过度夸大这种差异，而否认彼此之间的统一性。毕竟，与人类和其他物种之间的矛盾冲突相比，种族、民族之间的矛盾，都是人类这一物种内部的矛盾，而不是种群之间的本质差异。对于人类整体而言，不管是哪个国家、哪个民族，我们都面临着气候变化、宇宙认知、自然灾害防范等方面的共同难题；人类在尊老爱幼、民主自由、生存发展等方面，有着共同的价值理念，不存在本质性的区别。从大历史的角度来看，对于国家之间、民族之间的分歧和矛盾，完全可以通过对话交流、求同存异、合作发展来实现"1+1>2"的目标，而不是零和博弈，只能通过惨烈的战争冲突这一个途径。因此，人类需要在开放包容的基础上，加强相互交流、相互借鉴、相互融合。

---

① 马克垚主编：《世界文明史》（第二版），北京大学出版社，2016年，第7页。

② 贾雷德·戴蒙德著，谢延光译：《枪炮、病菌与钢铁——人类社会的命运》，上海译文出版社，2016年，第1—4页。

三、大众是文明进步的力量基础，但是社会精英发挥着领头羊的作用

芸芸众生，是人类文明发展进步的力量源泉。从本质上来说，平民是精英的母体。平民每时每刻都在为这个世界孕育着最为杰出的精英。但是，一旦精英被培养、筛选出来，就在社会发展进程中成为掌握主动的一方，而平民则从来都是处于被动的一方。作为一个社会的绝大多数，平民的整体实力远远超过精英，但实际掌握的权力却不如精英。在和平时期，借助着法统的保护，精英的力量超过平民；但是在革命时期，一旦失去法统的保护，平民的力量则急剧爆发，并超过精英所能掌控的范围。这种反差以不平等的名义，静静地潜藏在平民的内心深处，一旦社会约束机制崩解，就会迅速地发酵和发作。[1]

比如，在雅典的民主进程中，民众与精英都是不可或缺的因素，是他们合力创造了历史。尽管政治家在其中扮演了主角，起了主导作用，而民众则是基础或者说是主力，尽管他们不可能留下自己的姓名，却通过持续给政治精英施加压力，有时甚至是坚决的反抗或抵制，迫使政治精英正视民众的力量。当然，民众不可能是舞台上的主角，主角只可能是少数精英，尤其是其中处于核心地位的领袖，整个时期或时代都以他的名字来命名。[2]

比如，《诗经》虽然是孔子编辑整理而成，但许多创作者却是劳苦大众。作为我国最早的一部诗歌总集，《诗经》堪称中国文学的光辉起点，它的思想光芒与艺术成就在中华文明史上享有崇高的地位。《诗经》选辑了西周初年到春秋末期500多年（前1066—前541）的诗歌，共305篇，分为风、雅、颂三类。风中的篇章多为里巷歌谣之作[3]，体现出大众集体的力量和智慧。

比如，中国的春秋战国时期，各国对人才的选用关系国家的兴亡，导致士

---

① 刘哲昕：《精英与平民》，法律出版社，2014年，第277—280页。

② 何怀宏：《文明的两端》，广西师范大学出版社，2022年，第163页。

③ 王充闾：《文脉：我们的心灵史》，北京大学出版社，2020年，第76页。

人阶层的出现，结束了沉闷的贵族政治时代。士人阶层，已经发展成为一个庞大的产生巨大社会影响力的阶层，爆发出无比的力量与灿烂的光彩。他们出将入相，运筹帷幄，叱咤风云，将中华文明推向辉煌。[1]

在看到大众集体力量的同时，也要客观地承认，在文明形成过程中，精英发挥出至关重要的作用。在人类历史上，先后诞生出千亿计的人口数量，但其中对人类文明发展有重大贡献、在历史上能留下些许印迹的，只不过寥寥数千人而已。

德国哲学家卡尔·雅思贝尔斯提出，在经历了史前和古代文明时代之后，人类文明实现了重大突破，在一些优秀思想家的带领下，人类进入一个神奇而伟大的"轴心时代"[2]，人类璀璨的文明在不同地区集中产生。[3]几乎在同一个时期（约前800—前200，尤其是公元前500年前后），世界范围内的几大文明古国，在相互隔绝、独立发展的情况下，分别集中出现了一批伟大的思想家。中国有老子、孔子、墨子、孟子、庄子等，古希腊有赫拉克利特、苏格拉底、柏拉图、亚里士多德等，印度有释迦牟尼，以色列有犹太教先知。[4]孔子比释迦牟尼小14岁；孔子死后10年，古希腊的苏格拉底诞生；古希腊最聪明的哲学家亚里士多德比孟子大12岁，比庄子大15岁；阿基米德与韩非子只相差7岁。

这些伟大人物对于人类所关注的宇宙、社会、人生等最高层次的根本问题，按照不同的理论逻辑，提出了独到的见解，进而形成了不同的文明形态。他们的智慧在知识、心理、哲学和宗教变革方面实现了创造性突破，为人类发展开创了一种崭新的体验，发展形成中国的儒道思想、印度的佛教和印度

---

① 孙皓晖：《中国原生文明启示录》，中信出版集团，2020年，第858页。
② 何怀宏认为，在"轴心时代"之前，或许还有一个发生在五六千年前的世界各地纷纷建立或走向国家、政治的"轴心时代"；而更早，还有一个发生在大约一万多年前的经济和技术的"轴心时代"——世界的几个大河流域纷纷进入农业文明。
③ "轴心时代"的文明探索成果，至今在人类历史上，只有现代科学技术快速突破的工业革命才能媲美。
④ 王充闾：《文脉：我们的心灵史》，北京大学出版社，2020年，第5页。

教、以色列的一神教以及希腊的哲学理性主义，这些思想光辉绵延不断地哺育着人类文明的前行和进步。[1]

从这一时期开始，人类有了进行历史自我理解的普遍框架。这个普遍框架经历2000多年的发展进步，时至今日，我们也没能根本突破这些伟大人物的洞见，依旧生活在他们制定的行为框架内。可以说，我们这些所谓的现代人，依然在2000多年前的这些伟人确立的逻辑框架内生活、思考。只是让人困惑的是，在交通、通信极度不发达的古代，在彼此地理分割的不同地区，为什么会同时诞生出如此众多的不同类型的灿烂文明？这至今仍是一个令人不解的谜题。

精英总是少数。总体看来，对人类文明进步产生重要影响的精英主要包括君王将相、思想家和科学家。

比如，中国文明发展进程中，受农耕文明的影响，十分强调领袖的价值，注重发挥君王将相的领导作用。杨向奎曾指出："没有周公，就不会有传世的礼乐文明；没有周公，就没有儒家的历史渊源；没有儒家，中国传统的文明可能是另一种精神状态。"[2]著名史学家司马迁所著的《史记》，其实就是一部关于精英的历史记录。第一篇《五帝本纪》就是从黄帝开始，认为他是中国的"第一国父"，是华人的共同祖先，是中华文明的起源。古代历史学家裴松之认为，"天子称本纪，诸侯曰世家"[3]。

比如，在西方世界，15世纪时欧洲涌现出了哥伦布、达·伽马、麦哲伦等一大批航海家。这些杰出人物迸发出无数新颖奇特的想法，开展前赴后继的航海探险行动，集聚了极大的物质财富，扩大了人类对地球自身空间和海洋的认知，使人类进入一个史无前例的时代，欧洲也第一次在世界变革中居

① 凯伦·阿姆斯特朗著，孙艳燕、白彦兵译：《轴心时代：人类伟大思想传统的开端》，上海三联书店，2019年，第4页。
② 陈来：《古代宗教与伦理：儒家思想的根源》，生活·读书·新知三联书店，2017年，第15页。
③ 刘庆柱：《不断裂的文明史》，四川人民出版社，2020年，第6页。

于先导地位。[1]

欧洲文艺复兴时期，米开朗基罗、达·芬奇等杰出大师投入到公共空间的审美设计和作品审定当中，制作了各种各样的公共雕塑和建筑设计。他们的作品首先被贵族接受并应用，之后又会对普通民众审美产生潜移默化的影响，使得欧洲主要城市的建筑形体和色彩直到现在依然符合审美标准。[2]

进入现代社会，精英阶层尤其是政治精英更是以一种崭新的面貌，影响着人类文明的进程。不同的学术流派都承认，只要是有国家的社会，就会有政治精英。真正的分歧在于，精英之间究竟在多大程度上、在哪些场合、由哪些人、通过什么方式、为了谁的利益联合在一起。权力精英都是地位显赫之士，凌驾于普通人之上，他们能够作出具有重大影响的决定。权力精英构成的上流社会，拥有比普通人更多的资产和更宝贵的经验。[3]

精英与非精英之间存在着质的区别，而不仅仅是人数上的差异。精英中的大部分人都有着同样的社会背景，他们终其一生都维系着非正式的社交网络。在一定阶段，社会精英阶层会联合起来，为了"小集团"利益而组成联合体，共同对付非精英阶层。

名望是金钱和权力的影子。没有金钱和权力，精英无法获得声望。名望的获得方式，是通过结交和效仿那些已经拥有权力和名望的人。当然，精英的名望，取决于他们接触到的宣传机器。通常，宣传机器对名望具有决定性的影响。随着报纸、电视、电台、互联网等大众传媒的兴起，精神不仅会利用公共宣传维持声望，还会为了自身的利益，通过举办选秀活动培养名人。这一点，在网络数字时代更是发展到极致。比如，1982年，1%的顶尖流行音乐明星获取了25%的音乐会票房收入。而进入网络数字时代的今天，排名前20位的热门歌曲制作者，掠走了总票房的一半。一些超级明星超级占据音乐榜

---

① 林肯·佩恩著，陈建军、罗燚英译：《海洋与文明》，天津人民出版社，2017年，第415页。
② 余秋雨著，江学恭编：《大美可追：余秋雨的文化美学》，北京联合出版公司，2020年，第43页。
③ C.赖特·米尔斯著，李子雯译：《权力精英》，北京时代华文书局，2019年，第8页。

的前列，留给冉冉上升的后继者的发展空间十分有限。[1]

教育对于精英阶层人士的培养至关重要。在英美等发达国家，上流社会的专属学校、俱乐部和度假村甚至是排外的，不仅仅是因为它们的成员十分势利。更为重要的是，这些地方在塑造上层人物性格上发挥了实实在在的作用，自然而然地把一个个高层圈联系在一起。因此，在美国，常青藤盟校影响深远。在哈佛大学和普林斯顿大学的所有校友中，约有8%的人是高级政治家，排在第一；耶鲁大学排在第三，大约6%。著名的法律系学生从预备学校和哈佛大学毕业后，到最高法院担任法官助理，然后成为企业律师，之后进入外交部，然后再加入律师事务所。[2]

当然，社会阶层是动态平衡的，精英阶层并不是恒定不变、绝对稳固的。精英与平民的分野，从来都是相对的，二者之间的流动和变迁是社会常态。在一个充满活力的社会里，精英阶层的流动性比较大，为那些处于社会底层的优秀人物提供通畅的上升通道，同时也会将那些不再具备精英素质的精英阶层人物贬入普通人群。经济地位的不平等和社会身份的传承，导致精英与平民的分野，但是教育和选拔制度推动这种分野不断流动变化。

中国在隋唐时期正式确立的科举制度，通过严格公正的考试来选拔人才，为底层平民进入精英阶层提供了无与伦比的开放性。欧洲中世纪则长期依靠贵族的血统传承，十分封闭。到了工业时代，在科技进步和资本经济的交互推动下，欧洲社会开始逐渐从封建制中脱胎而出，民族国家的逐步成型，使得官僚机构逐渐削弱了贵族统治，资本主义的迅速发展，导致资本新贵快速进入上流社会。[3]在欧洲，传统贵族没落，光芒不再。随着权力结构和财富结构的巨大调整，拥有巨大决策权力的政治领袖和军界领袖、新兴的"巨富阶层"企业家、专业高效的企业CEO、文体娱乐明星却拥有很大的话语权，他们

① 艾伯特－拉斯洛·巴拉巴西著，贾韬、周涛、陈思雨译：《巴拉巴西成功定律》，天津科学技术出版社，2019年，第83页。
② C.赖特·米尔斯著，李子雯译：《权力精英》，北京时代华文书局，2019年，第69页。
③ 刘哲昕：《精英与平民》，法律出版社，2014年，第213页。

的衣着、言行甚至能够产生国际性的影响。

米尔斯认为，美国的权力结构是一个由"权力精英—权力的中间阶层—大众社会"组成的金字塔。当前，美国社会的权力结构已经发生了本质的变化，最主要的国家权力已经集中在经济、政治和军事领域，并且这三大领域彼此间渗透融合，这三种权力的掌门人——公司富豪、政治董事和军界领袖，共同组成了美国的权力精英，他们不仅有着类似的心理结构和社会习性，而且有着一致的利益，共同制定至少具有全国性效果的决策，是一个控制了集中权力的"小集团"。①

较小城市的地方上流社会会自然将目光投向大都市的上流阶层，新上流阶层成员受到的公开仰慕更多，旧上流阶层成员受到的仰慕更小。②这也是伦敦、巴黎、纽约、东京等世界大都市在全世界范围内都有巨大影响力的原因所在。它们不仅是政治中心、经济中心，也是社会交往中心。

在看到精英阶层对人类文明带来正向价值的同时，也要高度警惕他们可能带来的负面影响。由于精英阶层拥有巨大的权力和影响力，防止他们利用自己的影响，进行腐败行为，成为各国政府关注的重要方面。任何缺乏监督的权力，最终都会走向腐败。尽管精英阶层相对而言素质更高，但人性禁不住金钱、权力、美色的诱惑，因此必须要有强有力的制度约束进行保障。

比如，日本明治维新过程中，涌现出许多"志士"，他们身处社会底层，却对社会革新充满期待，是一群志气满满、精神昂扬的年轻人。正是这样一群具有崇高理想和节操的年轻精英，带领日本从封建落后、遭受欧美国家欺凌的状态进入现代化帝国。他们不仅是明治政府的主要创建者，而且是文明开化的推动者。③但是，此后在福泽谕吉等启蒙思想家舆论带领下形成的日本军国主义，使得日本全民自发参与到军国体制中，企图通过武力，将日本民族文化强加给邻国，以建设所谓"大东亚共荣圈"，使日本文明演变为令世界

---

① C.赖特·米尔斯著，李子雯译：《权力精英》，北京时代华文书局，2019年，前言。
② C.赖特·米尔斯著，李子雯译：《权力精英》，北京时代华文书局，2019年，第41页。
③ 李永晶：《分身：新日本论》，北京联合出版公司，2020年，第434页。

称颂的先进文明。这样的所作所为，不仅给日本民众带来巨大的伤害，也给太平洋地区各国带来了巨大的损失，最终日本也在无条件投降中吞下了自己种下的苦果。

四、小结

总体来看，人类文明首先在世界不同地区独立萌芽出许多原生的文明形态，之后在独自探索和融合创新中，实现螺旋式上升。

从独自探索突破的角度来看，不同文明形态基于自身内在的独特基因，不断地在各自空间范围内，随着时间的演进，进行持续的探索突破，推动思想、艺术、宗教、科学、政治等领域的认知不断向外拓展，引领人类不断扩大已知世界的内涵和边界，向未知世界迈进。在此进程中，有些文明形态消亡，湮灭在尘烟之中；有些文明形态尽管有起有落，但能够在低谷中吸收新的能量，实现新的发展，绵延数千年。

从融合创新的角度来看，不同文明形态在相对独立地进行探索的基础之上，也在不断地强化彼此之间的学习借鉴，从而推动人类文明在包容开放中实现更大的发展。在融合发展的历程上，有时是和平的、主动的、潜移默化的，如商业贸易；有时是冲突的、被动的、剧烈的，甚至要通过战争、屠杀等形式，付出鲜血和生命的惨痛代价。

时至今日，在地球这个人类的共同家园中，已经在交通、通信等技术的加持下，成为一个没有时间、空间差异的"地球村"，人类不同文明形态之间的矛盾冲突已经没有任何可以缓冲的地带。在此背景下，不同文明形态之间需要更加注重求同存异，尽可能缓和矛盾冲突，扩大共识，推动人类文明在总体和平的态势下继续前行。

尤其是随着人工智能技术的发展，人类在探索未知世界时增添了一个前所未有的强劲动力；但与此同时，也给人类文明的发展前景带来了极大的未知风险。人类发展和运用人工智能技术的前提，是需要确保人工智能不得超越甚至驾驭人类智能；否则的话，人类社会就会面临灭绝的可能。

人类文明的演进

从东方看西方

刘绍坚 著

北京出版集团
北京人民出版社

图书在版编目（CIP）数据

人类文明的演进 . 从东方看西方 / 刘绍坚著 . 一 北
京 : 北京人民出版社，2024.6（2024.12重印）
ISBN 978－7－5300－0622－1

Ⅰ. ①人… Ⅱ. ①刘… Ⅲ. ①世界史—研究 Ⅳ.
①K107

中国国家版本馆CIP数据核字（2024）第075818号

人类文明的演进
从东方看西方
RENLEI WENMING DE YANJIN

刘绍坚　著

*

北 京 出 版 集 团
北 京 人 民 出 版 社　出版

（北京北三环中路6号）
邮政编码：100120

网　　址：www.bph.com.cn

北 京 出 版 集 团 总 发 行
新 华 书 店 经 销
北 京 建 宏 印 刷 有 限 公 司 印 刷

*

787毫米×1092毫米　16开本　44.5印张　632千字
2024年6月第1版　2024年12月第2次印刷
ISBN 978－7－5300－0622－1
定价：98.00元（全2册）
如有印装质量问题，由本社负责调换
质量监督电话：010－58572393
编辑部电话：010－58572414；发行部电话：010－58572371

第二部分　人类文明的演进历程

　　打开人类文明发展史，就像在欣赏一幅由时间的经线与空间的纬线共同编织的美丽画卷。从时间的角度看，人类从野蛮阶段开始不断探索，一步一个脚印，逐步进入到今天的文明时代。随着不同文明之间的交流交融交锋，一些古老文明开始走向衰落，甚至是湮灭，比如古巴比伦文明、古埃及文明、古印度文明。一些强势文明利用自身优势，建立起强大的帝国，逐渐整合其他地区的优秀文明成果，并将自己的文明成果向外传播，衍生出覆盖地域广阔的文明类型，比如中华文明，古罗马文明、中世纪的阿拉伯文明。

　　从空间的角度看，不同种族的人在地球上不同区域独立播撒文明的种子，基于各自的自然环境和气候条件，形成具有鲜明特点的文明类型。比如，古巴比伦文明、古埃及文明、古印度文明、古希腊文明、古罗马文明，以及绵延数千年未曾中断的中华文明。此后，不同文明形态之间不断交流交融交锋，形成今天的"地球村"，构建起利益息息相关的人类文明共同体。

　　因此，在人类文明发展进步的历程中，我们要有世界眼光，在一个"大历史"的框架下，进行系统全面的梳理盘整，而不能局限于某一时间段、某一地点的一些具体事件去分析。只有这样，才有可能看清楚它的发展脉络，从而把握未来的前进方向。

本部分打破长期以来西方学者主导的从西方文明①出发的角度去看待人类文明发展的视角传统②，而是以中华文明不同时期为出发点为观察视角，去看待世界各个地区在同一时期不同文明形态的发展变化，主要维度依然是人自身的发展、人与自然的发展以及人与人之间的关系，分析的角度包括艺术、宗教、思想、科学和政治等方面。

总体来看，中华文明的主脉发源于春秋战国时期的儒学等思想流派。与世界上许多以宗教为核心的文明体系相比，中华文明是一个具有独特宇宙观和社会伦理规范的思想体系，其最重要的基本特征是世俗性、人文性。

纵观中华五千年文明史，统一是经常的、主要的，分裂是暂时的、异常的。长期的统一，为中华文明带来了相当普遍的共同性，由中原到边疆，道风一统，促进政治经济持久繁荣③；短期的分裂，虽然给民众的生产生活带来极大痛苦，但也为中华文明与其他文明的融合融通创造了必要条件，促进了彼此的包容吸收，使中华文明得以站得更高、看得更远，为世人所瞩目。

在中国的夏商周时期，中华文明开始诞生，经过周公、老子、孔子等先哲的努力，中华文明经历了从殷商时代的"尊神事鬼"的巫觋精神向周朝的"尊礼敬德"的宗法精神的转化，再向春秋战国时期的内在自觉的伦理精神的转换。至此，中国人的关注点也由"天"转向了"人"，中华文明的核心基因

---

① 从近代发展史来看，西方文明以一种扬弃的方式，把希腊、罗马和基督教的文明因素融合到一起，形成一种超越的浪漫精神，其中既有希腊文明对人性的尊重、对知识的追求，又有罗马文明对功利的向往、对世俗国家的热爱，同时还有基督教文明对现实生活的批判和对"天国"理想的向往。具体见赵林：《中西文化的精神分野：传统与更新》，九州出版社，2023年，第6页。

② 德国著名学者弗兰克在《白银资本：重视经济全球化中的东方》一书中指出，在19世纪以前的世界历史中，中国曾长期处于世界贸易中心和目的地的地位。中国历史上除了西北部的丝绸之路，还有以北京为起点穿越辽东走廊和西伯利亚，以大同为出发点穿越张家口、内蒙古、西伯利亚通向俄罗斯和欧洲的北线茶马古道，以宁波和泉州为出发点的两条海上丝绸之路，以四川成都为出发点通过云南的茶马古道进入印度通向阿拉伯和欧洲的西南贸易通道。这一观点彻底推翻了近代西方剑桥史学派一直倡导的世界历史欧洲中心论。具体见何新：《何新世界史新论》，现代出版社，2020年，第6—8页。

③ 李学勤：《中华古代文明的起源》，生活·读书·新知三联书店，2019年，第319页。

完成建构，后续2000多年的中华文明发展始终处于这个基本框架体系之内。其间，中东大地上诞生了犹太教、基督教，北印度地区诞生了佛教，而在古希腊，苏格拉底、柏拉图、亚里士多德等人奠定了后来对西方世界产生深远影响的哲学思想体系。

秦代，秦始皇建立起统一的中央集权帝国，书同文、车同轨，为中华文明注入了"大一统"的基因；在汉朝400多年的开疆拓土、文明探索过程中，曾出现汉武盛世、昭宣之治等辉煌成就。东汉灭亡后，中国进入长达360多年的三国两晋南北朝乱世。这时的西方世界，罗马帝国也创造了伟大奇迹。令人遗憾的是，随着罗马帝国的衰落分解，欧洲从此进入长达1000年的中世纪"黑暗时期"。从世界范围整体而言，人类文明出现"第一次大分流"——中华文明创造的成果要优于西方世界。那时，除了埃及之外的非洲以及美洲、澳洲基本上还处于文明的野蛮阶段。

隋唐时期，中国重新进入"大一统"阶段，出现"万国来朝"的壮观景象。尽管宋朝时期国土分裂，北部面临极为严峻的压力，但技术、文化、艺术等领域实现大发展；元朝更是影响到整体欧亚大陆，实现了中华民族又一次大融合，推动丝绸之路大发展。这时的西方世界还处于大分裂时期，而中东地区在穆罕默德创建的伊斯兰教号召下建立起伟大的阿拉伯文明，形成了横跨亚非大陆的阿拉伯帝国。

明清时期，尽管中华文明还在向前继续发展，"康乾盛世"时达到巅峰，但随即快速衰退，陷入西方帝国主义的强大威胁之中，中华文明开始进入裹足不前、相对停滞的阶段。主要原因是1500年左右，随着大航海的推动，欧洲人发现了美洲地区，极大地拓展了人类生存空间，激发起意大利文艺复兴、英国工业革命、法国启蒙运动、德国哲学革命，使得欧洲地区的文明进步大大加速。这是人类文明出现的"第二次大分流"——西方文明蓬勃发展，日新月异，影响范围越来越广，快速超越中华文明。此时，在西方殖民进程的影响下，美洲、非洲、澳洲都已经开始进入人类文明版图，世界各地区的交流交往日益深化。

新中国成立后，中国这头睡狮开始苏醒，改革开放使得中国经济发展取得举世瞩目的伟大成就，国民重拾文化自信，世界经济政治重心逐渐从西方转向东方。这时的西方世界，超级大国地位已由英国转移到美国，随着"冷战"结束，美国成为世界唯一的超级大国，但是其内外部也日益面临诸多尖锐问题。尤其是随着全球化进程的持续推进，空天文明、数字文明的快速发展，人类必须加快构建新的文明形态，更为有效地解决不同文明之间的冲突，以求同存异，实现共同发展。

第一阶段　文明在世界许多地区独立萌芽

人类文明的发展进程，是由地球上不同国家、不同种族、不同民族的人类，在历经数千年的历史长河中创造出来的。大家根据自身所处的地理环境和气候条件，进行探索创新，形成了各具特色的文明成果，作出了不同的贡献。

这一时期，中华文明经历了神话阶段走向信史阶段，在春秋战国时期出现了老子、孔子、庄子、墨子、韩非子等文化巨匠，最终奠定了影响至今的中华文明的基因。世界其他地区也相继孕育出基督教、佛教等世界性宗教思想，古希腊更是涌现出苏格拉底、柏拉图、亚里士多德等哲学家，创造出至今影响西方世界的思想体系。

第九章　中华文明起源时期的中国与世界

在5000多年的历史长河中，东亚大陆上形成了一个独特的文化思想体系——中华文明，同时产生了一个以中原王朝为主干的政治文化共同体——中国。

中华文明历史悠久，源远流长，从未间断，是世界上最古老的原生性文明之一，是一个由原住民在原居地从原生文明中发展起来的连续文明，也是影响人口数量最多、对世界产生重大影响的文明之一。大约在200万年以前，中华大地上就有人类居住。自从1万多年以前农耕文明诞生以来，经济文化迅速发展。[①]大约5000多年以前，东亚大陆上出现了文明的曙光，诞生出夏商周三代文明。虽然经历过多次强烈冲击，但是中华文明能够不断自我更新、自我调整，显示出强大的生命力，是地球上唯一未曾断裂过的伟大文明。在成长发展的进程中，中华民族以其勤劳和智慧，孕育出灿烂辉煌的中华文明，无论是在器物、经济层面，还是在制度、精神层面，都取得令人叹为观止的巨大成就，为人类发展进步作出了巨大贡献，是世界人类文明的重要组成部分，在世界文明史上占有十分重要的位置。

从地理的角度看，中华文明发源于中国的"两河流域"——黄河流域和长江流域。这一区域所处的地理位置，在史前时期特别适合农业耕作，因而成为伟大中华文明的摇篮。早在距今7000多年前，中国人就开始种植小米、

---

① 从目前考古结果来看，中华文明的发端并不只是一个中心的连续发展，而是到处有点、多处开花。从塞外的内蒙古、辽河流域到南方的长江流域、三峡地区和成都盆地，乃至西北地区的甘肃和青海，到处都有农业文化的萌芽。

水稻等农作物。黄河流域的旱地粟作农业和长江流域的水田稻作农业滋养了中华文明。两大农耕区的分界，大致在秦岭与淮河一线。中华文明多点开花，各地史前文化相互作用，此消彼长，逐渐从多元一体走向以中原地区为核心，以黄河、长江"两河流域"为主体的多元一统格局，把周边地区也带动起来，形成一种超稳定又保持多样性和活力的重瓣花朵式的结构。①

中国北方的黄河和南方的长江之间的广阔地带和相对平缓的地形，使得两条大河的水系得以用运河连接起来，促进了南北之间的交流，促成了中国早期的文化和政治统一，使得中国在一个古代的民族大熔炉里迅速单一化，形成单一的语言文字。②中华文明成形之后，又不断向外围拓展，不仅覆盖了中国国土范围，还影响到日本、朝鲜、韩国以及东南亚等地。③

从四大文明古国的发展历史看，中华文明的起源不是最早的，比西亚两河流域的美索不达米亚文明、北非的古埃及文明形成时代要相对晚一些，但是中国古代文明有着"五千年不断裂"的发展历史，是唯一的从未中断过的文明。④从世界范围来看，全球能够不中断地发展到今天，没有灭亡且比较完整

---

① 许宏：《最早的中国：二里头文明的崛起》，生活·读书·新知三联书店，2021年，第58页。

② 贾雷德·戴蒙德著，谢延光译：《枪炮、病菌与钢铁——人类社会的命运》，上海译文出版社，2016年，第357页。

③ 与中国相比，西方的欧洲虽然面积和中国差不多，但地势高低不平，也没有这样连成一体的江河，所以欧洲直到今天都未能实现文化和政治的统一。如今，欧洲仍然有45种语言，每种语言都有自己经过修改的字母表，而文化的差异甚至更大，时至今日依然对分裂有着根深蒂固的执着。贾雷德·戴蒙德从中总结出一个"最优分裂原则"，认为伴随着欧洲始终的分裂，促成科学技术的进步，带动各国竞争。而相比较而言，中国由于处在"大一统"的状态，很容易受最高领导者的影响，导致竞争缺乏、优势丧失。比如，明朝放弃自己占据巨大优势的航海技术而闭关锁国。

④ 西亚两河流域的美索不达米亚文明、北非的古埃及文明和南亚次大陆的古印度文明在6世纪前后，均被伊斯兰文明所取代。关于中华文明不曾中断的原因，有学者分析认为，既与中华文明自然空间规模纵深巨大有关系，也与中华文明以血缘为纽带的本根意识有关，也与中华文明自强不息、厚德载物的精神有关。具体见袁行霈、严文明、张传玺、楼宇烈主编：《中华文明史》第1卷，北京大学出版社，2006年，第4—6页。

的，只有一个文明，那就是中华文明。①

中华文明在发展过程中显示了巨大的凝聚力，不仅没有中断，没有分裂，而且不断有新的文明元素增添进来，丰富中华文明的精神源泉。②这在"四大文明古国"乃至世界文明史上都是独一无二的。③五千年的历史证明，正是由于中华文明具有的超稳定结构，使得外来民族或外来文明要想在中国站稳脚跟，就必须以中华儒家文明为精神支柱，在潜移默化的历史进程中脱胎换骨，融入以儒家文化为主体的中华文明当中。④这其中有一个特别重要的因素，也是中华文明与古巴比伦文明、古印度文明、古希腊文明最大的不同：中国的先民特别重视历史记录，用文字详细记载分析已经发生的事件，从而对文明的持久传承产生重大影响。时至今日，任何一个地方的中国人，仍然可以很熟悉地背诵几千年前的孔子语录，如"三人行必有我师""温故而知新""有朋自远方来，不亦乐乎"等。

五帝时代，基本上还是神话传说的时代⑤，但却是中华文明的前奏。从目前所掌握的情况看，中国史前文明比过去所知有着更为久远而灿烂的历史。20世纪70年代，浙江河姆渡、河北磁山、河南新郑等新石器时代遗址的陆续

---

① 两河流域与尼罗河流域相距并不遥远，印度河流域离它们稍远，但也比中国与其他文明古国的距离要近得多，这些流域的文明相互交融甚至形成一个以地中海为中心的古代世界。相比而言，中华文明确实是在相当独立和自成一体的情况下发展起来的，地域足够广大，人口足够众多，与西面欧亚非的文明一直没有大规模的接触，直到19世纪西方列强从海上入侵。由于内部交通便利，对外有高原、海洋阻隔，这也使中国内部难以长久地分裂，对外难以方便地联系。具体见何怀宏：《文明的两端》，广西师范大学出版社，2022年，第78页。

② 袁行霈、严文明、张传玺、楼宇烈主编：《中华文明史》第1卷，北京大学出版社，2006年，第4页。

③ 刘庆柱：《不断裂的文明史》，四川人民出版社，2020年，第2页。

④ 赵林：《中西文化的精神分野：传统与更新》，九州出版社，2023年，第4页。

⑤ 神话与传说还是有比较大的不同。尽管二者反映的都是当时人们真实的希望、思想和感情，但神话更多是人们实际上不可能做到的事情，而传说则主要是描述人们能够做到的事情，反映出更多的历史真实。具体见何怀宏：《文明的两端》，广西师范大学出版社，2022年，第90页。

发现，不断证明中国文明在将近8000年前就已经初露曙光。[1]而且，随着考古工作的不断发掘，这一进程的开端还在继续向前拓展。

神话传说是一个民族对自身文明起源的记忆。神话是民族意识的创造物，它以朦胧、朴素的形式，反映出民族文化的价值取向、思维方式和审美态度。民族的远古神话，绝非只是一种梦幻性的存在，它是一个既是历史又依然是现实的结合体。一个民族的神话虽然不是对其真实发生的事件的叙述，却是其真实心态的显露，反映了这个民族的记忆、想象和渴望；即便就事实而言，它也不是完全无端的，而往往是将一些发生过的事件和人物加以集中、夸大甚至神化。神话将人还没有具备的能力赋予人，是一种自我鼓舞、自我激励，而不同的激励方向常常能够反映出一种民族性格。[2]虽然各民族的神话在某些内容和主题方面具有相似性，因为各民族的先民会面临基本相似的生存挑战，但是它们各自的发展历程以及在这种发展历程中所表现出来的基本精神特征却迥然不同。[3]

在文字出现之前，世界上所有民族都是通过口耳相传的形式，记录和传承自己的历史。作为一种早期文化的象征性表记，远古神话是每个民族历史文化的源泉之一，其中蕴含着民族的哲学、艺术、宗教、风俗习惯以及整个价值观念体系的起源。神话传说作为一种观念和心态，在当时及后来的历史中，对人们的行为有着生动乃至巨大的影响，尤其是在制度的形成和演变上发挥了重要作用。[4]黑格尔曾说："古人在创造神话的时代，生活在诗的气氛里。他们不用抽象演绎的方式，而用凭想象创造形象的方式，把他们最内在、最深刻的内心生活转变成认识的对象。"[5]

与世界上其他地区的古老文明一样，中华文明也始见于神话传说。盘古开

---

① 李泽厚：《美的历程》，生活·读书·新知三联书店，2009年，第1页。
② 何怀宏：《文明的两端》，广西师范大学出版社，2022年，第68页。
③ 赵林：《中西文化的精神分野：传统与更新》，九州出版社，2023年，第21页。
④ 何怀宏：《文明的两端》，广西师范大学出版社，2022年，第90页。
⑤ 何新：《诸神的起源》，民主与建设出版社，2018年，第211页。

天①、女娲造人、女娲补天、伏羲创卦、后羿射日、精卫填海、大禹治水，这些故事至今依然在中华大地上广为流传。②中国远古神话中一共出现过四个具有划时代意义的人神——伏羲氏、有巢氏、燧人氏、神农氏。伏羲氏发明结网捕鱼，发明八卦预知凶险灾难。有巢氏构木为巢，为人类稳定群居创造条件。燧人氏钻木取火，改变人类的食物结构。神农氏制造耒耜开挖生土，遍尝百草治病救人。这些历史传说，从吃穿住行等与人类生活密切相关的方方面面反映出中华民族早期粗线条的文明价值观。

这些古史虽然只是见诸神话，但它是与中华先民早期生活的历史事实结合在一起的，为我们勾画出中华大地的早期形态。从中我们可以发现，那个时期，中华大地上已经形成了许多大规模聚居的有组织族群，其中列山氏、轩辕氏、九黎氏分别有自己稳定的领袖，称作炎帝、黄帝和蚩尤，已经进入了早期的权力社会。氏族部落之间有相对普遍的血缘关系，也爆发过大规模的战争冲突。比如，黄帝族群与蚩尤族群发生了著名的涿鹿之战，黄帝族群与炎帝族群发生的阪泉之战。通过这些战争的整合，中华大地最终形成了以黄帝为最高领袖的松散政治联盟，在此基础上，创造出文字、音律、算术、历法、度量衡等发明，以及车、船、弓箭、蚕帛等器物。③

目前，学术界广泛认同的是，中华文明起源于五帝时代，也就是《史记·五帝本纪》所记载的黄帝、颛顼、帝喾、唐尧、虞舜时代。在《国语》《易经》《淮南子》《吕氏春秋》等不同的著作中，五帝的具体人物和排列顺序有所不同，但是《史记》的记载影响最大。只是到目前为止，不管这些记载如何，还都缺乏考古学的完整证明，因而总体来看，还是处于所谓神话时期。

《尚书》《史记》对于五帝时代的历史记载，我们无法完全地予以证实，

---

① 据何新考证，盘古开天的神话传说应该是东汉中叶以后，取道于中国西南部流传进入中国的印度神话，其原型是古印度创世神话中的梵摩神的故事。详见何新：《诸神的起源》，民主与建设出版社，2018年，第160—165页。

② 这些神话意味着人对自然界的抗争，虽然常常以悲剧告终，但不失为悲壮，精神层面无比勇敢、赤诚和坚韧，直接影响到中国人的民族品格。

③ 孙皓晖：《中国原生文明启示录》，中信出版集团，2020年，第26—42页。

但也无法完全地证伪。它们既不是完全可靠的信史，但也绝不是完全不可信的伪史。它们对于其所描述的时代的政治生活而言，不是完全真实可信的，但对于了解这些文献产生之后的价值观却非常真实。不管它们的可信度如何，在成为经典之后，它们实实在在地影响甚至主导了其后两千多年的历史。[1]

这一阶段的文明，主要还是基于神话传说。这些人物可能有时间上的先后顺序，也可能在同一时期出现在不同地区。以黄帝为《五帝本纪》之首，可以说是中华文明形成的一种标志。在中国古代传说中，黄帝的事迹往往与伏羲的事迹相重合，是中国古代太阳神崇拜的体现。黄帝的族群起源于中国北部和东部一个崇拜太阳神的族系，族号高阳氏，以泰山、曲阜为中心，主要从事游牧业，兼营不定居农业，迁徙活动于山东半岛和今日河北、辽东半岛的部分地区。炎帝部落崇拜火神，族号高辛氏，以农业为主要活动，活跃在今日河南的中原地带。[2]黄帝部落与炎帝部落在宗教、政治、经济、文化等方面开始都有很大区别，后来通过世代的战争、迁徙、通婚，在血缘、宗教、心理和文化上全面融合，形成了华夏族。我们至今口头常说的"炎黄文明""炎黄子孙"，就是五帝时代的存在和延续。

只是，到目前为止，由于还缺乏有力的考古证据，因此暂时将五帝时代称为史前文明。民国初期胡适等人认为古史传说所指的时代越古老，后人作伪的成分就越多，也就越不能凭信，因此引发大范围疑古思潮的出现。20世纪50年代后，很多学者不赞成疑古派的观点，对古史传说做了细心的整理分析，发现了许多有价值的线索；有的学者根据传说进行考古调查，取得许多引人注目的收获。通过实地的考古发掘，印证了一些过去疑说纷纭、似是而非的神话传说。[3]

从目前考古的陆续发现来看，我国上古神话中关于炎、黄、尧、舜、禹的传说并不是完全子虚乌有。现代考古发现，人们的衣食住行、社会生活、创

①　何怀宏:《文明的两端》，广西师范大学出版社，2022年，第92页。
②　何新:《诸神的起源》，民主与建设出版社，2018年，第144—150页。
③　李学勤:《中华古代文明的起源》，生活·读书·新知三联书店，2019年，第20页。

造发明、文物典章制度等方面在远古时期就已初具雏形，为中华文明奠定了充分的物质基础。传说炎帝制耒耜以利百姓，教民种五谷，遍尝百草，故号神农；黄帝在现今河南新郑建立了有熊国，制舆服宫室、发明指南车、设置史官、建造观星台等，故号轩辕氏；少昊象日月之始，能师太昊之道，故号少昊氏。这些都表现了中华文明萌芽、发展和形成的过程。

结合目前的神话传说、考古发现等资料，大致可以梳理出早期中华文明的发展脉络。大约4200年前，中国进行了700～800年的文明"热身赛"。有6位伟大的王者，分别是炎帝、黄帝、蚩尤、尧、舜、禹[①]，经过长时间的氏族部落的斗争和长时期的洪水治理，划定出中华大陆的基本疆域，引领中华民族完成了早期文明创建的准备，推动中华民族从野蛮的原始社会跨越迈入早期文明的门槛。[②]关于尧、舜、禹的历史，《尚书》中有所记载，但时至今日依然没有考古发掘的实物予以证实。这一时期，发生了两件比较有影响的事情：一是黄帝与蚩尤的战争——涿鹿之战；二是尧、舜、禹连续征伐三苗的战争。这些事情虽然在考古学上还难以得到印证，但也有一些迹象证明并非空穴来风，存在一定的真实历史成分。[③]据《史记》记载，到了帝尧时期，尧自己能够发扬德性，和洽亲族，明确划分百官职责，开启了"修身齐家治国平天下"的先声。

这一时期，农业的发展，促进了手工业的发展，进而催生出一批专门的手艺匠人，他们有较高的技艺、智慧和文化素养。随着社会的贫富分化，这些手工业者进一步实现了专业的社会分工，为部落首领提供专门服务。这一时期，不但石器工具已经很均匀、规整，而且还有磨制光滑、钻孔、刻纹的骨器和许多所谓装饰品，表明早期的中华民族开始有了艺术的抽象观念，对物

---

① 据说，黄帝本姓公孙，名轩辕，后来因长居姬水，改姓姬。又因其成为天下共主之后，尚土而有土德之瑞，故称黄帝。禹，既是五帝时代的结束，也是夏商周时代的开端。

② 唐加文：《梳理中华文明的基本脉络》，《科学大观园》，2012年第21期，第70—72页。

③ 袁行霈、严文明、张传玺、楼宇烈主编：《中华文明史》第1卷，北京大学出版社，2006年，第15页。

器形体的光滑规整、对色彩的鲜明突出、对事物的同一性有了最早的朦胧理解、爱好和运用，表现出想象中的"自然的人化"和"人的对象化"。①公元前3000年左右，专门服务于部落权贵的手工制造行业已经颇具规模，包括玉器、丝绸、漆器、象牙器、高档陶器等制作。手工业的分化，又进一步加强了社会的分化和等级化，促进了社会文明的进程。农业和手工业的发展，导致社会关系发生重大变化，促进中华先民从村落、聚落到国家的演变，形成小国林立的局面，呈现出都城、中心聚落、次中心聚落和普通聚落的金字塔式的地区分布结构。到目前为止，全国发现的史前城市遗址有50多处，其中有的只是军事城堡，有的可能是古国的都城。

例如，山西襄汾陶寺古城的城内面积就超过200万平方米，城内有多处夯土台基和高等级建筑的残迹，估计有超过1万座墓葬的公共墓地，有可能是王者的大贵族墓葬。这说明城中聚集有相当数量的人口，已经打破了氏族—部落的界限，具备了都城的性质，产生了最初的国家。②

这些大型建筑的出现，一方面说明当时人们已经拥有较高的技术，另一方面也意味着社会动员能力、建筑工程组织能力大幅提升。从建筑的设计运筹、动员组织、施工监督到后勤保障等方面，需要环环相扣，是一个庞大的系统工程。③仅以良渚遗址群的莫角山30万平方米的台基为例，需要1000人不间断地劳动1年时间才能完成。

在神话时代，众神可以下降人间，与人混杂，人也可以随意去往天界。后来居于统治地位的部落首领和巫师故意规定种种违忤典制的行为，"绝地天通"，天地之间交往断绝，众神退到天宇，平民再不能随意与上天交流，而只能通过被上天授予王权的君王或巫师与天神沟通交流，传达上天的旨意。

---

① 李泽厚：《美的历程》，生活·读书·新知三联书店，2009年，第2页。
② 袁行霈、严文明、张传玺、楼宇烈主编：《中华文明史》第1卷，北京大学出版社，2006年，第19—20页。
③ 袁行霈、严文明、张传玺、楼宇烈主编：《中华文明史》第1卷，北京大学出版社，2006年，第42页。

这就使得巫术占据十分重要的地位，出现专职巫师。《国语·楚语下》记载，颛顼时开始设立专职巫师，沟通世间普通百姓与天地诸神。这是世界宗教发展史上的通例，是人类走向文明的重要步骤。他们不但执行宗教之事，还有足够的时间去观察天文、地理的变化规律，并从中总结出经验，创造出原始历法。原始文化研究的奠基人泰勒把巫术的思维属性理解为"联想"："巫术是建立在联想之上，而以人类的智慧为基础的一种能力，但是在相当大的程度上，同样也是以人类的愚蠢为基础的一种能力。"[①]在蒙昧时代，中国古代的巫术主要有四大作用：招神、逐疫、禳灾、除不祥。

在原始社会的巫术礼仪中，开始出现远古的图腾，这种原始的物态化的活动开始构建人类社会的意识形态和上层建筑。值得注意的是，中国远古传说中的神，大抵都是"人首蛇身"。闻一多在《伏羲考》中曾指出，作为中国民族象征的"龙"的形象，是蛇加上各种动物而形成的。它以蛇身为主体，接受了兽类的四脚、马的毛、鬣的尾、鹿的角、狗的爪、鱼的鳞和须。这可能意味着以蛇图腾为主的远古华夏氏族部落不断战胜、融合其他氏族部落，即蛇图腾不断合并其他图腾，而逐渐演变为中华文明中居于首要地位的图腾——"龙"。在龙蛇同时或稍后，凤鸟成为中国东方集团的另一图腾符号。经历长期的残酷战争、掠夺和屠杀，以"龙""凤"为主要图腾标记的东西两大部族逐渐融合统一形成联盟，进入"龙飞凤舞"的文明新阶段，以父亲为家长制的社会基础的英雄崇拜和祖先崇拜，开始取代母系社会的混沌时代。[②]

在借助巫术获得神灵保佑的基础之上，人类依靠自身力量，开始改天换地，谋求生存。从这时候开始，中国人就已经懂得制作陶器了。由于新石器时代前期的母系社会相对和平安定，反映到陶器上的纹饰也十分生动活泼、纯朴天真，一派生机勃勃、健康成长的童年气象，如仰韶时期的"人面含鱼"

---

① 陈来：《古代宗教与伦理：儒家思想的根源》，生活·读书·新知三联书店，2017年，第35页。
② 李泽厚：《美的历程》，生活·读书·新知三联书店，2009年，第6—10页。

陶盆。随着社会的日益进步，巫术礼仪中的图腾形象逐渐简化或抽象化为纯形式的几何图案，以线条的构成、流转为主要旋律。到了新石器时代晚期，社会发展进入了以残酷的大规模战争、掠夺、杀戮为基本特征的父系社会，并日益向早期奴隶制方向发展，剥削、压迫、社会斗争急剧增长，许多地方甚至出现血腥的人牲献祭。这些表现到陶器纹饰上，就是僵硬、严峻、静止、封闭、惊畏、威吓，直线压倒曲线，封闭重于连续，弧形、波纹减少，直线、三角凸出，圆点弧角让位于直角方块，使人清晰地感受到权威统治力量的分外加重。这种特征的陶器纹饰也逐渐向夏商周时期的青铜器纹饰过渡，陶器纹饰的美学风格由活泼愉快走向沉重神秘，开始出现风格化的、幻想的、可怖的、狰狞的，以饕餮为代表的青铜器兽面纹饰。①

神话时代的东西方文明有着截然不同的想象与描述。中国神话的特质，是主动性。人，是女娲造的；火，是燧人氏钻木而得的；文字，是仓颉造的。这些英雄人物，首先是人，是因为人们对他们的贡献进行神化，他们才变成了神。中国神话中开天的盘古，并非在这个世界之外，更不像西方神话中的创世者（上帝）高居于这个世界之上，而是就在这个世界之中。从某种意义上讲，他们不是完整神性的天神，而是半人半神的远古英雄。

希腊神话的特质，是人类原初活动的被动性。人类的一切，都是天神赐予的。人，是天神普罗米修斯与雅典娜创造的；火，是天神普罗米修斯盗给人类的；连人类的重重灾难，也是潘多拉女神打开魔盒释放的。人类在此进程中，是消极被动的。人类就是人类，天神就是天神，两者不可逾越、不可转换。②

从艺术特征上看，中国神话与希腊神话具有极为显著的不同，这种不同正好反映出两个民族在气质和性格上的深刻差异，也决定了东西方两大文明系统全然不同的发展方向。希腊神话充满了乐天的戏剧化氛围，其诸神体系普

---

① 李泽厚：《美的历程》，生活·读书·新知三联书店，2009年，第16—32页。
② 孙皓晖：《中国原生文明启示录》，中信出版集团，2020年，第21—23页。

遍缺乏神性，却极其富有近乎人类的鲜明个性，"神人同形同性"，体现出一种明显的美的理想色彩、强烈感性魅力的艺术形象和追求超越的浪漫精神。[①]例如，希腊神话中的众神之王宙斯，具有一个凡俗男子的一切优点和弱点，一点没有中国神祇那种高高在上的神圣性和不可侵犯的威严。相比之下，中国神话的气氛是沉重、庄严的，以致有时显得沉闷，使人感到压抑，带着显著的伦理化烙印，普遍具有一种历史化改造过程。当然，中国神话之所以到今天会呈现出这些特征，很有可能是长期占据主流意识形态的儒家学者通过不断的改编，将儒家伦理化的思想注入传统神话传说中，以起到教化民众的作用。

　　总体来看，人类早期文明在各自地区分别独立起源，彼此之间交流不多，但通过贸易、战争等方式，在相对短的距离范围还是有一定的交流。目前考古发现的证据证明，上古世界贸易体系在公元前5000年就已经出现，贸易品种从石器逐步扩展到金属。有学者认为，大约5000年前，世界正处于青铜时代。青铜时代世界体系之前，还存在一个更为神秘的上古玉石时代世界体系。玉石文化大范围地分布于欧洲、非洲、亚洲等地，比如中国的红山文化、良渚文化，印度的哈拉帕文化。

　　进入青铜时代世界体系之后，人类部落纷争不断，许多传统文明实体衰落瓦解。所谓四大文明古国，实质上是青铜时代世界体系的四个中心。此时，随着大型王室神庙和祭祀建筑的出现，祭司已经沦为王室的附庸和世俗政权的统治工具，而不再是一个独立的阶层。[②]中国社会科学院研究员易华认为，青铜时代世界体系中，中国既是边缘，也是中心。东亚处于古代世界体系的边缘，中国又长期是东亚文化的中心。安阳殷墟是国际性文化中心，是青铜时代东方独特的世界性都市。[③]

---

① 赵林：《中西文化的精神分野：传统与更新》，九州出版社，2023年，第23页。
② 徐达斯：《世界文明孤独史》，作家出版社，2019年，第133页。
③ 徐达斯：《世界文明孤独史》，作家出版社，2019年，第114—115页。

第十章　夏商周时期的中国与世界

与人类其他文明类型一样，中华文明的诞生发展是在人群聚落规模不断扩充的基础之上。大约6000年前，中国处于仰韶文化早期，出现了百人级别的村落；距今6000～5000年的仰韶文化中期，出现千人级别的部落；距今5000～4000年的仰韶文化末期与龙山文化期，出现了万人级别的早期国家。[1]从此中国进入"中华文明时期"。

根据历史记载，夏商周不完全是一脉相承，也不完全是并行发展。[2]商汤灭夏，全面继承了夏和自己祖先的基业。周灭商之前，已有自己的国家，周文王曾受商朝封为西伯，成为商朝的地方政权。周灭商之后，青铜器礼仪制度和封建制度、宗法制度都是在仿照商朝的基础上，逐渐调整发展完善起来。所以孔子说，殷因于夏礼，周因于殷礼，只不过有所损益罢了。[3]

夏商周三代加在一起，时间跨度大约一千八九百年，在中华五千年文明史上占据很长一段时间。这一时期，是中华民族从蒙昧时代走向文明时代的根本转折阶段，是由早期定型到兴盛发达的时期，在整个中华文明史上具有十分重要的地位。夏朝建立于公元前2070年左右，距今约4100年；商朝建立于公元前1600年左右，距今约3600年；周朝建立于公元前1046年，是中

---

① 李硕：《翦商——殷周之变与华夏新生》，广西师范大学出版社，2022年，序言第3页。

② 据司马迁考证，舜任命禹做司空，治理水土，后来创立夏朝；任命弃主持农业，是周朝的祖先；任命契推行五常之教，是商朝的祖先。

③ 袁行霈、严文明、张传玺、楼宇烈主编：《中华文明史》第1卷，北京大学出版社，2006年，第22页。

国历史上历年最长久的朝代（包括200多年的西周和550年的东周），距今约3050年。①

这一时期，中华文明已经由图腾神话的混沌时代进入英雄时代。以巫术礼仪作为意义内核的原始神话不断人间化和理性化，使得种种含混多义、难以合理解释的原始因素日渐削减，巫术礼仪、原始图腾逐渐让位于政治和历史，从夏朝的巫觋文化（尊命）到殷朝的祭祀文化（尊神），再到周朝的礼乐文化（尊礼）。夏朝尊命，即尊占卜之命、巫觋之令；殷朝尊神，通过祭祀祈求神灵护佑；周朝尊礼，礼在周人的文化体系中占主导地位，享有对其他事物的优先性。②由此，神话图腾时期的巫术礼仪逐渐演变成为国家政治生活中的"礼"——政刑典章，原始歌舞演变成为"乐"——文学艺术③，中国的社会形态开始进入"礼乐"的新型阶段。

目前，从"夏商周断代工程"到"中华文明探源工程"，经过近百年的中国现代考古，已经证明古老中华文明的许多内容不再只局限于神话传说之中，而是可以通过考古发掘和史料梳理进行系统科学的验证。殷墟及甲骨文的发现与研究，郑州商城与偃师商城遗址、二里头夏都遗址的考古发现与研究，先后佐证了《史记》之《五帝本纪》《夏本纪》《殷本纪》的相关文献记载基本可信，从而极大地"改写"了中国古代历史，尤其是所谓传说时代的历史。④

夏朝是中华文明的正式开启，也是中国青铜时代开始的标志。

夏朝是中国历史上的第一个王朝，打破了古代王权实行禅让制的传统，开始实行"传子不传贤"的世袭制，中国从此进入了血缘继承的时代。⑤这是权

---

① 李学勤：《中华古代文明的起源》，生活·读书·新知三联书店，2019年，第61—62页。
② 陈来：《古代宗教与伦理：儒家思想的根源》，生活·读书·新知三联书店，2017年，第270页。
③ 李泽厚：《美的历程》，生活·读书·新知三联书店，2009年，第13页。
④ 刘庆柱：《不断裂的文明史》，四川人民出版社，2020年，第2页。
⑤ 从某种意义上来看，在信息不发达的古老时代，由领袖血亲子孙承袭权力有一定的合理性。因为相对于普通人群，领袖嫡系子孙有着更为便利的条件，得以接触并积累许多治国理政经验，出现高水平政治家的概率也更高。

力传承的大变局，由古老的"公天下"的选贤禅让制转变为"私天下"的血统承袭制。[1]君王为了加强自身的统治，开始集中民力营建都城，制定刑法，设立军队，征伐四方，公开镇压敢于挑战国家权威的族群，形成一套初具轮廓的国家机器。

这一时期，利益关系日益复杂，民心不古，阶级分化，矛盾冲突日益剧烈，已经不可能通过传统的部落社会时期的共同磋商方式进行妥善解决，而必须依赖外在的强迫性力量来树立王室威权，巩固社会秩序。因此，夏王朝的建立，习惯上被认为是中华文明走出神话时代、进入文明时代的基本标志。从禹到桀，大约在公元前17世纪，夏政权终于灭亡了，历时470年，世系非常清楚，从夏禹开始，先后一共传承了17个王。[2]

夏王朝长期进行大规模治水的伟大实践，创立了人类文明中独一无二的井田制，开创了极具和谐性的农耕文明形态，为中华民族的持续发展奠定了一种强大而稳定的历史基因。世袭制的建立，标志着社会财富和政治权力的集中，贫富、尊卑、高低分层的形成。人们的私有观念日益深化，贫富差距拉大，阶级界限愈加明显，社会开始呈现出典型的"金字塔"形结构。

这一时期，中华民族虽然仍处于氏族共同体的社会结构基础上，但早期宗法制统治秩序的等级制度已经开始逐渐形成并确立。公社成员逐渐成为各级氏族权贵的变相奴隶，贵族与平民开始了明显的阶级分野。在上层建筑和意识形态领域，以祖先祭祀为核心，具有浓厚宗教性质的巫史文化开始了。原始的全民性的巫术礼仪变为部分统治者所垄断的社会统治的等级法规，原始社会末期的专职巫师变为统治阶级的宗教政治宰辅，宗教活动越来越成为维护氏族贵族统治集团、统治阶级利益的有力工具。巫师作为物质劳动与精神劳动分离的产物，是原始社会的精神领袖，也是中华文明中最早的一批思想家。他们通过神秘诡异的巫术—宗教形式来提出"思想"，预卜未来，并在宗

① 孙皓晖：《中国原生文明启示录》，中信出版集团，2020年，第81页。
② 李学勤：《中华古代文明的起源》，生活·读书·新知三联书店，2019年，第85页。

教形式的外衣包裹下，把阶级统治说成是上天的旨意，为民众编造幻想，为维护王室的统治出谋划策，以巩固其统治基础。①

位于河南偃师的疑似夏朝都城的二里头遗址，估计聚落面积在400万平方米左右，考古发现了大面积的宫殿建筑群基址和宫城城垣，以及纵横交错的道路遗迹；发掘了大中型宫室建筑基址10余座，大型青铜冶铸作坊1处，绿松石器制造作坊1处及其外围的围垣设施，与制陶、制骨有关的遗迹若干处，与宗教祭祀有关的建筑遗迹若干处，以及中小型墓葬400多座，其中包括出土成组的青铜礼器和玉器贵族墓葬。此外，还发现并发掘了大量中小型房址、窖穴、水井等遗迹，获取大量陶、石、骨、蚌、铜、玉、漆器和铸铜陶范等遗物。作为中国文明与早期国家形成期的大型都邑遗存，二里头遗址的地位得到国内外学术界的公认。②当地尽管位于黄河流域，但是主食却是从长江流域发源的水稻。只是后来由于地球气候变迁，上一轮冰期结束，气温持续上升，北方日益干旱，适宜于水田环境的水稻耕作进一步南移，黄河南岸逐渐回归旱作农业，北方主粮回归发源于黄河流域的粟米。据估计，夏朝时人口大约有250万，其中二里头都邑人口至少在2万人以上。③二里头文化的分布范围首次突破了地理单元的制约，几乎分布于整个黄河中游地区。其文化因素向四周辐射的范围更是远大于此，北达燕山以北，南至由东南沿海到成都平原的整个长江流域，东及豫鲁交界，西到甘青高原一带。④

在夏朝存续的大约500年间，铸铜技术持续而稳定地发展起来，从单纯的红铜到铜、锡、铅三元合金的青铜，从小件器物到较大的青铜礼器、容器、兵器，夏朝开创了中国的青铜时代。⑤目前考古发现，分布于河南西部和山西

① 李泽厚：《美的历程》，生活·读书·新知三联书店，2009年，第34—36页。
② 许宏：《最早的中国：二里头文明的崛起》，生活·读书·新知三联书店，2021年，第47—50页。
③ 人口规模的增长，是社会复杂化与国家出现的重要契机，而人口的集中程度又从一个侧面反映出国家社会的成熟度。
④ 许宏：《最早的中国：二里头文明的崛起》，生活·读书·新知三联书店，2021年，第20页。
⑤ 李硕：《翦商——殷周之变与华夏新生》，广西师范大学出版社，2022年，第60—61页。

南部的二里头文化，很可能就是具有标志性的夏朝文化遗存。二里头人掌握的青铜技术是一个里程碑：已经添加了锡和铅的青铜，熔点更低，溶液流动性更好，更容易冶铸，而且硬度也更高。这说明当时中华民族已经掌握了比较成熟的青铜冶炼技术，青铜制造业具备一定生产规模，青铜器已不仅仅用于反映贵族身份等级的礼器和用于战争的兵器，还扩展到普通民众的生产生活。当然，这一时期青铜器的出现并没有完全淘汰石器工具，青铜器更多体现在上层贵族观念和生活的改变，石制农具和工具要到冶铁技术普及的战国时期才被完全取代。玉质的礼器在中华文明中的作用也已经凸显，形成系统的礼制，用于别等级、明贵贱，维护社会秩序，并且开始建造宏伟的宫殿和宗庙建筑。[①]

总体来看，夏朝虽然发展出东亚地区最为领先的青铜技术，但由于夏朝文化相对保守，并不热衷于对外扩张，青铜技术一直封闭在二里头作坊区厚重的围墙之内，很少转化为用于扩张的军事实力。[②]考古发掘没有发现战争、殉葬、为战争而祭祀的迹象，也没有发现围城或防御工事以及陪葬兵器的武士阶层的存在，有的只是专业的祭司阶层，率领民众祭祀神灵，唯祀为大。

商朝自商汤武王灭夏开始，到商纣王被周武王所灭，大概为公元前1600年至公元前1046年，持续发展了14代，存续的时间约500年。

商人是中国上古时代一个比较特殊的游牧群落，善于流动、喜好迁徙，不仅开展以牧牛为主的畜牧业，还从事大范围的商业贸易。为了发展商业，商人发明了马车，大大增强了族群迁徙与物品搬运的效率，加快了人群之间的联络速度。商人的远行交易成为他们基本的谋生方式之一。正是基于这个原因，后世的中国人称专门从事商品交易的人为"商人"，称交换的标的物为"商品"，称商品交换领域为"商业"，称远行贸易活动为"商旅"。商人迁徙到殷地之后，以远足交换为主要方式的早期商旅活动，逐渐发展为以相对稳

① 袁行霈、严文明、张传玺、楼宇烈主编：《中华文明史》第1卷，北京大学出版社，2006年，第16页。
② 李硕：《翦商——殷周之变与华夏新生》，广西师范大学出版社，2022年，第104页。

定的城邑市场为主、以远行商旅为辅的商业经济，即所谓"行商坐贾"。①

商汤联合东方部落联盟灭夏之后，没有继续把夏朝的二里头当作都城，而是分别修建了偃师商城和郑州商城。偃师商城和郑州商城规划严密、内外分明，进入城市的人群需要放弃农村地区传统的自给自足的生活方式，融入由王室主导的更大的城市经济分工和政治体系当中。

之后盘庚将商朝的都城迁移到现在河南安阳建立的新商都，自此商朝进入殷商时期。商人在洹河南岸营建了新的王宫区，多数族邑聚落也都坐落在洹河以南，这便是后世著名的面积超过30平方公里的殷墟。②

殷墟的发掘对印证中华早期文明发展历程十分重要。殷墟是典型的中国古代城市，有宫殿基址、陵墓、居住遗址和手工业遗址，反映出中华文明的早期集聚形态。殷墟建都时间从公元前1300年开始，至公元前1046年结束。

商代使用的主要交通工具还是牛车，马和马拉战车从西方草原传入东方，到商代后期才普及。到殷商晚期，车马坑的数量快速增长，不仅王室祭祀、殉葬要埋车马，殷都内外越来越多的商人贵族也开始流行殉葬车马。③这一时期的考古发现表明，中国在商朝之前就已经掌握了战车的作战技巧。④

殷墟发现的甲骨文影响深远，文字系统非常完整，能全面记录比较复杂的思想。由于需要记账和远程传送信息，商人创造了文字——甲骨文。⑤甲骨文与现代汉字非常相似，是中华文明一脉相承的最好证明。从目前世界上的考古实证研究，没有任何一个文字系统能够像汉字这样延续这么长的时间。

---

① 孙皓晖：《中国原生文明启示录》，中信出版集团，2020年，第96—97页。

② 有人误以为位于河南省鹤壁市的朝歌是殷商的都城，其实不是，朝歌只是纣王建造的王宫苑囿。西周初年，殷都被周公强行废弃。周公同时分封弟弟康叔周封建立卫国，管理商朝的故地，卫国的都城建在朝歌。

③ 总体来看，中国使用马匹和马车相对较晚。大约在盘庚王迁往殷都的同时，在中东地区，古埃及和古赫梯两国发生了一场著名的大战——卡迭石战役，双方投入的马拉战车均超过1000辆，那时商代的战车数量应该还达不到这个规模。

④ 威廉·H.麦克尼尔著，田瑞雪译：《5000年文明启示录》，湖北教育出版社，2020年，第152页。

⑤ 李硕：《翦商——殷周之变与华夏新生》，广西师范大学出版社，2022年，第97页。

商朝建立了一整套有别于夏朝的国家制度。周公感叹："唯殷先人，有册有典。"比如，"改正朔"，向社会宣示一种重新开始，改天换地，文明新生，确定新的国家政权建立，被后来历朝历代沿用。比如，"易服色"，改变前代的服饰车马制度。比如，"朝会制度"，定期拜谒帝王并商议政事的制度。商朝还开创了相对稳定成熟的成文法体系，铸造出宏大厚重的青铜器。

商朝青铜器皿的铸造技艺已经达到相当高的水平，器物上饰有精美绝伦的复杂图案。这些主要用于宗教庆典、国家祭祀的青铜器皿与夏朝早期的黑陶罐造型十分相似，说明夏商两代之间存在明显的宗教连续性。①进入商朝中期，开始出现一种全新的祭祀方式——埋藏青铜器，代表着从人牲、牲畜献祭到器物献祭的过渡。②从艺术风格来看，早商和中商时代，青铜器表面的纹饰很少，但到了武丁、妇好时代，青铜器表面开始铸满纹饰，显示了殷商时代艺术和技术的提升。

由于早期宗法制度的发展，各氏族部落都需要炫耀暴力和氏族武功，出现继原始的神话时代、英雄时代之后，着力歌颂和夸耀祖先战功的祭祀时代。商朝时期的青铜器大多是作为祭祀祖先的礼器而制作，屠杀俘虏来供献给祖先或铭记自己武力征伐的胜利。因此，这一时期的青铜器基本上都是以"吃人"的饕餮形象为主，它既是对其他氏族部落威吓恐怖的符号化身，也是对本氏族部落保护的神祇化身。在那看来狞厉可畏的威吓神秘中，沉淀着一股深沉的历史力量。③

商朝的自然崇拜还比较严重。天神与地祇被认为是控制着人间一切重大事务的发生，上帝支配自然界，主宰人类吉凶祸福，决定战争胜负、政权兴衰。商人还相信祖先的灵魂死后会回到上帝那里，通过他对活着的人降福降祸。由

---

① 夏商周三代的青铜器，在宗法制度和宗教巫术的双重作用下，多表现为狞厉、恐怖、神秘的饕餮纹样。到战国时期，社会发生大变革，人的自身价值得到重视，风格趋向生动活泼，人物活动画面增多。

② 李硕：《翦商——殷周之变与华夏新生》，广西师范大学出版社，2022年，第131页。

③ 李泽厚：《美的历程》，生活·读书·新知三联书店，2009年，第39—40页。

于祖先和上帝之间能够产生联系，因此在崇拜和祭祀体系中也占有重要位置。为此，商人尊神事鬼，占卜、祭祀都是国家最重要的活动。商王依靠占卜，把自己的意志转化为神的意志。①《礼记·表记》说："殷人尊神，率民以事神，先鬼而后礼。"反映出殷人相信神灵，凡事都要敬神问卜。殷墟发现的甲骨卜辞，主要就是商王占卜的记录。当然，殷人的祖先信仰带有很强的功利色彩，道德的意味相对淡薄，不像周礼当中那样洋溢着人性的道德伦理色彩。

商王十分重视利用神权来加强王权，通过人祭活动，凸显王权与神权的高度融合，强化自己的权势和地位。以色列考古学家吉迪·谢拉赫认为，在"早期国家"或"复杂酋邦"阶段，社会开始变得更复杂，王权刚刚出现，统治者发现自己的统治体系还不够发达，亟须借用一种强大的机制来维护权力，从而导致人祭宗教和战俘献祭行为的产生。②在商人的眼里，世界是冷酷的，充满暴力、杀戮、掠夺和不安全。为获得鬼神的恩宠或者不降祸，商王一直在向鬼神奉献大量祭品，其中包括许多献祭的战俘和动物。通过献祭时战俘的号哭和动物的大声哀嚎，向天界神祇表示自己的忠诚。从某种意义上讲，商朝属于神权与王权合一、原始宗教占主导的社会。商朝建立后，王朝进入扩张轨道，人祭行为出现爆发式增长，成为蔚为大观的国家级宗教活动，到公元前1300年至公元前1046年的殷墟阶段登峰造极，不仅留下了堆满尸骨的人祭坑，还有数千条甲骨卜辞记录。③甲骨文里最常见的是和杀人有关的字，其意思不仅是杀戮，更是仪式化的杀人献祭。④

周武王灭商之后，商纣王后人和其他王族被迁到了商族人的起源地——商丘，并在那里建立宋国，继续传承商王家族的血脉。周公辅政期间，驻防殷地的管叔、蔡叔和霍叔"三监"挟持商王武庚叛乱。平定叛乱之后，为了杜绝商人再度叛乱的可能性，周公下令把商人拆分散居各地，其中最为显赫的

① 马克垚主编：《世界文明史》，北京大学出版社，2016年，第186页。
② 李硕：《翦商——殷周之变与华夏新生》，广西师范大学出版社，2022年，第141页。
③ 李硕：《翦商——殷周之变与华夏新生》，广西师范大学出版社，2022年，第11、118页。
④ 李硕：《翦商——殷周之变与华夏新生》，广西师范大学出版社，2022年，第210—211页。

商人贵族和最重要的家支族邑迁到周人传统势力范围内的关中。

周朝替代商朝，不只是简单的改朝换代，更是一种新的人文精神和政治文化的兴起。正如王国维所说："中国政治与文化之变革，莫剧于殷、周之际。"周朝君主不再像之前的君主那样相信天命，而是更加重视人事。君主比较小心谨慎，甚至有点战战兢兢，朝野之风也渐渐从奢靡、野性和尚武转向比较节制、文明和守礼。[1]

周朝分为西周和东周，存续时间大约800年。[2]据《夏商周断代工程1996—1999年阶段性报告（简本）》，西周始于周武王伐商，大约在公元前1046年推翻商朝统治，建都于今陕西省西安市，延续275年。东周始于公元前770年，周平王次年将都城由陕西镐京东迁到河南洛阳[3]，其间由于王室大权旁落，诸侯国纷争四起，又可以分为春秋时期（前770—前477）和战国时期（前476—前249）。

西周时期，在周武王、周公等人的励精图治之下，经济社会快速发展，人口规模约1000万人，礼制体系基本成形，奠定了中华文明发展的坚实基础。

据《诗经·大雅·生民》记载，周族是由西方民族羌人姜嫄踩到了上帝留下的巨大脚印而怀孕，生下儿子后稷。[4]那时应该是母系家族和父系家族交替的时代，两种家族观念杂糅并存。男性始祖领袖从母系家族诞生，然后建立起自己的父系家族与国族。[5]在古公亶父时代，多数居民跟随族长从碾子坡迁徙到陕西省岐山县凤雏村北侧的周原，充当商朝捕获周边山地羌人作为人牲的附庸。

---

[1] 何怀宏：《文明的两端》，广西师范大学出版社，2022年，第113—114页。

[2] 也有学者认为，真正的周政权只有西周时期的270多年，从第十三代周平王东迁洛阳，周王室与周文明全面衰落。

[3] 周史自公元前841年起，开始有准确的纪年可稽。洛阳其实很早就由召公开始营建，按照周公辅政约定，待洛邑工程完工后，成王将在这里举行登基仪式，正式建都洛邑。但是成王亲政之后，没有把洛邑作为真正的首都，而是返回了镐京。

[4] 于夯、吴京译注：《诗经》，武汉出版社，1997年，第161页。

[5] 李硕：《翦商——殷周之变与华夏新生》，广西师范大学出版社，2022年，第289—290页。

周文王在深入学习商人甲骨占卜技术的基础上，在被商纣王投入监狱之后，改造形成易卦预测技术，创作了研究各种事物发展背后因果关系的《周易》文本。[1]他发现，世间的一切并不都是由神直接决定的，而是各种事物发生相互影响，并形成一种因果相依的链条；现有的世界秩序不是永恒的，而是可以改变的。尤为重要的是，商朝的统治也是如此。因此，周文王开始树立"翦商"的目标，并密切联合西方诸多小国。周文王死后，周武王继位后于公元前1046年进行盟津会盟，发动闻名千古的牧野之战，不可逆转地走上灭商之路，取而代之，建立起周朝。

黄仁宇认为，夏商时期的中华文明还处于比较原始的最初阶段，因而称之为"华夏旧文明"。周朝灭商之后，周公等人迅速废除了人祭宗教，开创了和平、宽容的"华夏新文明"，其影响延续至今。[2]周公竭力在历史文献记载中消灭"华夏旧文明"及其相关记忆，尤其是周人充当商朝捕杀羌人马前卒的不光彩历史，打破族群之间的血缘壁垒，让尘世生活远离宗教和鬼神世界，不再把人类族群的差异看作神创的贵贱之别。[3]这是中华文明发展史上最为彻底的一次自我否定与涅槃重生。在世界所有原生文明形态当中，中国率先走出了神权的掌控，进入人类自我把控的时代，而西方世界还将长期并一直处于宗教的强力控制之下。

为了强调周朝统治的合法性，周文王统治时期，将商朝尊奉具象的"帝"的理念进行彻底否定，替换为更为抽象的"天"的概念，提出"替天行道"，自称"天子"。商朝时，帝是在冥冥中操纵一切的终极超自然力量，是大自然的化身，它可以调理风雨，降福致祸，也可以决定人们的胜败得失，但是它却与人自身的道德行为毫无关系。人与帝的联系不是直接的，而是间接的，必须通过祭司或祖先作为中介。人以牛羊、战俘奴隶为牺牲献祭于先公先王，

---

① 与传统的甲骨占卜相比，易卦占算只使用蓍草（策、筹）进行推演，称为"筮"。如今流传下来的古语中就有"运筹""策划"等。也有学者认为，《易经》是周公创造发明的。

② 李硕：《翦商——殷周之变与华夏新生》，广西师范大学出版社，2022年，序言第3页。

③ 李硕：《翦商——殷周之变与华夏新生》，广西师范大学出版社，2022年，第559页。

并通过后者与帝沟通，以获得福佑。周朝用一种现世主义的态度，对此进行人文化和宗法化的彻底改造，用道德感应的天代替自然崇拜的帝，用尊礼敬德代替祭祀占卜，用伦理精神代替巫觋精神。人与天的沟通，不再需要依靠贡献牺牲的祭祀和占卜，而是靠人在现实生活中的道德实践。[①]从这个角度看，摩西通过"十诫"把上帝与犹太民族进行绑定，而周文王则是通过提出抽象的天，而解除了具象的帝与中华民族之间的联系，从此"帝"这个概念逐渐退出中华文明的舞台，直到基督教徒在明朝进入中国传教之后才再度出现。

周朝重新定义了"德"的概念，强调"以德配天"，认为天下是有德之人的天下，没有德的君王或王朝，必将被有德的人所替代。德治文化从周王古公亶父期间就有渊源，采取不防卫、不开战的政策，甚至不惜让出土地和人口以着力感化戎狄，革除戎狄习俗，与戎狄和平共处，以和平方式融合落后文明。周朝建立之后，周公不断强调商朝代夏、周朝代商的循环逻辑的正当性与合理性，都是因为末代之王丧失德行，从而导致天命改移，被新的王朝替代。因此，任何一个当政的王者，都应该做到爱民、德治、勤勉，只有这样才会得到上天的青睐和护佑。

周朝行仁政、倡德治的政治思想及其实践，是中国古代政治文明的宝贵财富，成为后来儒家政治理想的典范。周朝将权力的来源由帝到天，再回归到民，形成了世界文明史中十分独特的"天民合一"的思想，为王朝之间的权力合法性转移提供了思想基础。认为天意在民，民意即天意，出现了政治民本主义，使得西周政治更加远离神权政治。[②]如果一个朝代的君王不能顺天保民，则会丧失统治的合法性，被其他能够代表民意的朝代所取代。正是因为商纣王不得民心，上天才决定将天命授予周，从而在原始宗教中引入了道德伦理观念。这也为此后中国历朝历代王朝更替奠定了道义根基。

占卜在周代仍然具有较高的地位，但巫的政治地位逐渐下降。占卜不只是

① 赵林：《中西文化的精神分野：传统与更新》，九州出版社，2023年，第47—48页。
② 陈来：《古代宗教与伦理：儒家思想的根源》，生活·读书·新知三联书店，2017年，第176页。

揭示未来，也要了解过去。在某种意义上，巫术与占卜的区别，正如技术与科学的区别一样。周朝还发生姜尚破坏太庙占卜的事情。当时周武王在太庙请卜师占卜，以问商纣是否可伐。姜尚带剑进入，踏碎龟甲，高声说："枯骨死草，何知而凶？"于是，周武王决断起兵伐商，开创了反神秘化的人文传统，以大道正义作为行动根基，摒弃以占卜显示的吉凶祸福作为行事抉择标准，为后世的变法革新大潮奠定了理性的精神根基。[1]

周朝从武王时期开始，广泛实行封邦建国、分封世袭的制度，在各地建立了1000多个大大小小的诸侯国。大规模分封诸侯，是周王代表上天完成君权神授的神圣过程，是对权力运行起点的确定，具有重大的政治意义和社会意义。

天子王权与诸侯国之间既有统属政令的一面，也有诸侯国相对独立的一面。在举兵征伐、国君废立、缴纳贡赋这三个方面，诸侯国要服从天子政令。诸侯国的权力传承，实行父死子继的嫡长子宗法制度，把政权与族权、神权巧妙地结合起来，有效地规范社会运转秩序。为了能够对各诸侯国实行有效的控制，中央王朝制礼作乐，推行王化，大大加速了中华文明的进程。

周朝的礼乐制度已经高度发达。孔子说"为国以礼"。礼制是以礼仪制度为表现形式的国家政治制度及其运行方式，乐制是以乐舞使用制度为核心的意识形态制度，二者共同形成完整的国家权力制度与意识形态制度，具有树立价值理念与审美意识的重大社会意义。

礼制的社会功能很全面，礼是社会成员的行为规范，具有较大的强制性和约束力，相当于后世的法律，实际上是一种未成文的习惯法。通过这种严格的规范，强调人们要注意自己在社会中的位置，不可超越雷池，以达到社会秩序稳定，实现长久统治的目的。礼是"定亲疏，决嫌疑，别同异，明是非"

---

[1] 孙皓晖：《中国原生文明启示录》，中信出版集团，2020年，第120—121页。

的依据，也是"经国家，定社稷，序民人，利后嗣"的根本制度。①周代礼制通过严格的阶级等级划分，有天子、诸侯、卿、大夫、士和庶人的等级序列。士以上属于统治阶级，是世袭的贵族，依靠血缘纽带存在。士以下属于被统治阶级。不同阶级之间，有很难逾越的界限。庶民甚至奴隶一跃而为卿相的虽然有，但是极其个别。这些等级制度也延续到丧葬礼制上，反映到墓葬当中。②周代靠宗法制度来维护统治，为了强调宗法关系，特别重视祭祀之礼和庙祭，各级贵族均按礼制立庙、筑墓、棺椁、用鼎③，无不体现血缘宗法关系和等级关系。春秋战国时期，传统的等级关系受到冲击，出现了礼崩乐坏的局面，各国国君的坟墓都开始逾制，一些国君的礼制甚至超过周朝天子。除了对祖先的庙祭之外，重要的就是对天地诸神的社祭了。社，又称社稷，是祭祀土谷神的地方。社稷象征整个国家，所以历代王朝对此都非常重视。

周礼，是原始巫术礼仪基础上的晚期氏族统治体系的规范化、系统化，起源于祭祀神灵，逐渐扩展到祭祀祖先。周公将从远古到殷商的原始礼仪加以大规模地整理、改造和规范，使其系统化、扩展化，形成一整套用于日常操作的仪制，它有上下等级、尊卑长幼等明确而严格的秩序规定。此后，原始氏族社会的全民性礼仪经过演变并日益为少数贵族所垄断，但在一定程度上还保存了原始的民主性和人民性。④反映周礼的文献有三个——《周礼》《仪礼》《礼记》，其中《周礼》主要讲官制和政治制度，《仪礼》主要讲朝聘、婚丧、祭祀、乡射等，反映内政外交、亲族关系、宗教观念和社会生活情形，《礼

---

① 礼治，是一种人类追求，存在于理想状态，有很大的先天缺陷：弹性太大，难以执行；有赖于相关主体的道德水准与理性自觉，很容易变异为"诛心"；过于烦琐细致，难以为全社会所遵守。

② 李学勤：《中华古代文明的起源》，生活·读书·新知三联书店，2019年，第303页。

③ 周代用鼎有明确的礼制，天子九鼎，诸侯七鼎，大夫五鼎，士三鼎，并有与之配套的其他礼器。战国时期已经遭到严重破坏，秦始皇统一中国之后，彻底破坏鼎制，标志着旧的等级制度被秦人所创造的新的等级制度所取代。

④ 李泽厚：《中国古代思想史论》，人民文学出版社，2021年，第1—4页。

记》主要是孔门弟子的理论和行为准则的文献。^①

　　周朝早就有刑书存在，后来经过修订，成为九篇，这就是《左传》提到的《九刑》。《九刑》是在周公创制的基础上形成的，有周公誓命的内容。^②公元前536年，郑国子产"铸刑书"，第一次公开法律，堪称划时代的创举。

　　周武王去世之后，周公辅政七年。周公在此期间对中华文明的走向和发展产生了决定性的作用，奠定了中华文明的核心基因。可以说，没有周公，就不会有传世的中华礼乐文明；没有周公，就没有中国儒家的历史渊源。^③

　　周公先后实施了一系列重要举措，主持创建了宗法制，包括宗庙制度、族群分支排序制度、嫡长子继承制度、庶子分封制度、族墓制度、姓氏名字制度、族外婚与族内婚制度、族长制度等八个方面的制度体系。其中，尤为强调君权至上，君权高于族权，这使得国家权力能有效超越狭小的族群利益，使中华民族具有强大的融合能力和广博的包容能力，为中国建立地域辽阔的大一统国家奠定了坚实的文明制度基础。^④

　　周朝灭商之后，人祭被周公取消，开始采用世俗的人文主义立场，与极端的宗教行为保持距离，不允许其干预现实生活，所谓"敬鬼神而远之"，从而奠定了后世中国的文化基础。^⑤有鉴于商朝灭亡的历史教训，周公不再以天命在身而自信，将眼光从天上拉回人间，强调人事，以德配天。商人文献中多见"帝""上帝"字样，而在周公这里，"上帝"开始隐退，更多呈现的是"天"和"德"。他们虽然不完全拒绝宗教因素，但也没有对一个超越存在的唯一神的绝对信仰，而是更加强调人事和德性，同时推动整个国家由尚武转向崇文，注重礼乐和人文。这与世界其他古代文明所走的信仰上帝、政教合

① 袁行霈、严文明、张传玺、楼宇烈主编：《中华文明史》第1卷，北京大学出版社，2006年，第147页。
② 李学勤：《中华古代文明的起源》，生活·读书·新知三联书店，2019年，第243页。
③ 陈来：《中华文明的核心价值》，生活·读书·新知三联书店，2015年，第40页。
④ 孙皓晖：《中国原生文明启示录》，中信出版集团，2020年，第141—144页。
⑤ 李硕：《翦商——殷周之变与华夏新生》，广西师范大学出版社，2022年，第15页。

一、崇尚武力、不留意文化修养的道路很不一样。[①]

　　由于周公掐断了神对人间的直接干预，意味着华夏世界不会再有主导性宗教，以神的名义颁布的道德律条（如摩西十诫）也无从产生，而是使用"推己及人""己所不欲，勿施于人"等适用于世俗生活的伦理道德原则。[②]这可能也是从此之后的中国，从来没有出现一种宗教主导国家发展大局的情况，也因此给各种宗教的和谐共处创造了条件。

　　从这个角度看，周公时代变革的最大结果，是神权退场，使中华文化"过于早熟"；战国时代变革的最大结果，是贵族退场，使中国政治"过于早熟"。而在其他人类文明类型中，神权和贵族政治的退场，都发生在1500年之后的所谓近现代时期。[③]到春秋战国时期，尽管周朝作为政治实体，事实上已经分裂，各诸侯国争霸称雄，但在名义上各国还都承认周天子，认同以华夏民族为主体的多元一体格局。[④]

　　在国家官制方面，周公主持创建了完整的官制体系。《周礼》详细记载了周代的中央权力体制：周王之下，设天地春夏秋冬六大系统，各系统领事大臣称为六卿，分别为太宰、司徒、大宗伯、大司马、大司寇、大司空，建立起严格细密的官员等级制度。

　　周朝的青铜器具有十分珍贵的价值，突出表现在铭文上。铭文所记载的内容十分广泛，涉及社会生活的许多方面，其中尤以叙述祭祀、战争、赏赐、册命方面的内容为最多。古语云"国之大事，在祀与戎"，在这里得到充分的印证。例如，西周晚期周宣王时期的毛公鼎，铭文长达497字，是迄今为止发现的最长的青铜器铭文。[⑤]

　　周朝时期，青铜器的用途十分广泛。目前，在江西瑞昌的铜岭、湖北大

---

① 何怀宏：《文明的两端》，广西师范大学出版社，2022年，第123—124页。

② 李硕：《翦商——殷周之变与华夏新生》，广西师范大学出版社，2022年，第562—563页。

③ 李硕：《翦商——殷周之变与华夏新生》，广西师范大学出版社，2022年，第573页。

④ 袁行霈、严文明、张传玺、楼宇烈主编：《中华文明史》第1卷，北京大学出版社，2006年，第10页。

⑤ 李学勤：《中华古代文明的起源》，生活·读书·新知三联书店，2019年，第49页。

冶的铜绿山等地，都发现了商周时期的大型铜矿遗址，井巷系统和采矿设备都十分完备。夏代的二里头、早商的郑州商城、晚商的殷墟、西周的洛阳等一些都城级别的遗址，都发现有大型铸铜作坊遗址。制造的青铜器有鼎、簋、爵等礼器容器[①]，钟、铃等乐器，钺、戈、矛、剑等兵器，銮、辖等车马器，斧、锛、锯等手工工具和农具，镜、带钩等生活用具，涉及社会生活的方方面面，其中种类繁多、造型优美、纹饰独特的礼器乐器堪称中国青铜文化的一大特色。[②]

周代特别是东周的历史文献已经非常丰富，政治、军事、哲学、思想、礼制、历史、地理、文学、艺术等方面都有许多开创性的著作。考古发掘周代列国都城和诸侯墓地，发现了大批金文和简帛文书，极大地充实了周代文明史的内容。

商周时期还开始出现"史官文化"，为中华文明的传承发展产生了巨大的作用。史官最早是神职性的职官，后来在王朝一级分化为祝宗卜史，但在诸侯国层面，史官往往承担多种神职。《礼记·玉藻》记载："动则左史书之，言则右史书之。"[③]史官于祭祀之外，也掌控星历卜筮。[④]由于史官的存在，商代历史已被公认为信史。

《周易》是对中华文明影响深远的一部著作[⑤]，传说是周文王在商纣王狱中所著，但周易的思想起源可以远溯至神话中的伏羲，传说他创设八卦，使中国思想中的形而上学与自然因素、自然法则合而为一。每一卦包括三条横线，

---

① 青铜礼器是中华文明的一大特点。青铜在中国不仅用于生产工具和武器，还用于制作礼器。正如张光直所说，青铜是政治的权力。青铜礼器以鼎为核心，与贵族权力和地位联系起来。

② 袁行霈、严文明、张传玺、楼宇烈主编：《中华文明史》第1卷，北京大学出版社，2006年，第24页。

③ 张文修编：《礼记》，北京燕山出版社，1995年，第209页。

④ 陈来：《古代宗教与伦理：儒家思想的根源》，生活·读书·新知三联书店，2017年，第48—49页。

⑤ 今天我们所称的《周易》，既包括周文王的《易经》，也包括周公在整理文王的《易经》基础上创设的《象辞》，还包括孔子讲授整理成的《文言》《系辞》《说卦》《序卦》等篇章。周公和孔子的篇章合编为《易传》，《易传》与《易经》合称为《周易》。

连续线代表"阳",象征刚实、强健以及乾天；间断线代表"阴",象征虚灵、柔顺以及坤地。所有的科学与历史都包括在这些线条组合的交互变动中,所有的智慧都蕴藏在六十四卦中。了解这些组合,就能掌握自然法则。①

《周易》原本是龟卜和筮占的工具书,是太卜掌握的三易之法——《连山》《归藏》《易经》中的一部,后来从王官之学,经周文王创新、儒家编撰整理成为经典文献,成为"大道之源""群经之首"。《周易》的内容博大精深,里面包括许多重要的哲学思想和历史典故②,数千年来对中华文明的传承发展起到十分重要的作用。《吕氏春秋》说它"其大无外,其小无内"。《四库全书总目提要》概括为:"《易》道广大,无所不包,旁及天文、地理、乐律、兵法、韵学、算术,以逮方外之炉火,皆可援《易》以为说。"

《周易》中三个根本性的思想理念分别是居安思危的忧患意识、自强不息的奋进精神、刚健有为的创新理念。这三个理念在变通思维的统领下,相生相发、相辅相成,历久弥新、生生不息,正所谓"穷则变,变则通,通则久"。这种变通思维,既可应用于自然界,也可适用于社会领域。无论是自然、社会,还是人的生命本体,都是旧事物不断衰败、瓦解、消亡,新事物不断酝酿、产生、成长,并逐步取代旧事物的无穷无尽的循环往复。③随时而变,随机应变,不断创新,才能永远保持上升态势和勃勃生机。"天行健,君子以自强不息",体现为一种不屈不挠、愈挫愈勇、坚不可摧的崇高品格与顽强精神。

十分可惜的是,由于时代久远,现今的中国人虽然能认识《周易》中的文字,但是很难对其内涵进行精准把握,许多人甚至认为那只是术士算卦所用罢了。

《易经》不仅对中华文明的发展产生了深远而持久的影响,也对世界各国思想家产生了重大影响。德国哲学家黑格尔说,《易经》代表了中国人的

---

① 威尔·杜兰特:《世界文明史·东方的遗产》,华夏出版社,2010年,第485页。

② 袁行霈、严文明、张传玺、楼宇烈主编:《中华文明史》第1卷,北京大学出版社,2006年,第12页。

③ 王充闾:《文脉:我们的心灵史》,北京大学出版社,2020年,第23—24页。

智慧。瑞士心理学家荣格说，谈到世界人类唯一的智慧宝典，首推中国的《易经》。

公元前771年，周平王被迫东迁，西周过渡到东周，这是中华文明发展史上的一个重要转折点。西周末期，周王朝的势力日渐式微，对诸侯国的控制力量持续下降，出现诸侯争霸的混乱局面，由统一走向分裂，由西周奴隶制或封建领主制走向秦汉封建地主制，由土地国有制走向私有制，由统一的管制束缚走向空前的自由活跃。

春秋时期①，通常用来指中国东周前半期历史阶段，总共295年。

自东周开始，周朝由强转弱，王室日益衰微，大权旁落，诸侯纷争不断，齐桓公、晋文公、宋襄公、秦穆公、楚庄王相继称霸，史称"春秋五霸"（另说是齐桓公、晋文公、楚庄王、吴王阖闾、越王勾践）。诸侯国之间互相征伐，战争频繁。小诸侯国纷纷被吞并，强大的诸侯国在局部地区不断扩张。

春秋中期，中原地区出现了一个比较和平的时期，通过公元前546年由14国参加的第二次"弭兵之会"达成协议②，战火暂时得以平息，但长江流域的吴、楚、越三国之间却多次爆发霸权之争。在一些诸侯国的内部，贵族势力强大起来，开始向国君争夺权力。而新兴的诸侯大国，先后取得霸主地位。

战国初期，诸侯国数量从西周初期的1000多个逐渐归并为"战国七雄"，大国争霸的时代逐步到来，春秋时期走向了战国时期。据史书记载，春秋224年间，有36名君主被臣下或敌国杀害，52个诸侯国被灭，有大小战事480多次，诸侯的朝聘和盟会450余次。春秋时代是一个"礼崩乐坏"的时代，周室王权全面空洞化。不断的兼并使得到处充斥着血腥和战乱，社会进入全面竞

---

① "春秋"一名由来，据说是鲁国史官把当时各国报道的重大事件，按年、季、月、日记录下来，一年分春、夏、秋、冬四季记录，简要概括起来就把这部编年史名为《春秋》。孔子依据鲁国史官所编《春秋》加以整理修订，成为儒家经典之一。

② 连续不断的战争给人民带来巨大的灾难，也引起中小国家的厌倦，加之晋楚两大国势均力敌，谁都无法吃掉对方。于是由宋国的华元与向成发起，于周简王七年（前579）和周灵王二十六年（前546），先后举行了两次"弭兵会盟"，此后战争大大减少。

争的惨烈阶段。[①]

如果说春秋时期是中国社会变革的渐变时代，那么战国时期则是激变时代。如果说春秋时期是中华文明基因的创新奠基时期，那么战国时期[②]则可以称作中华文明基因融合交流的时期，它直接推动中国的统一，奠定了今天的中华文明基本格局。

从春秋晚期开始到战国时期，生产力快速发展，主要原因就是铁器的应用替代了青铜器，成为民生日用之物。铁器的普遍应用，特别是使用铁制工具的犁耕农业兴起，加上都江堰、鸿沟等水利灌溉工程的修建，使得农业生产的基本条件出现根本变化，畦种法、施肥、桑蚕养殖、果树栽培等农业技术快速发展，农业生产由过去的粗放经营向精耕细作方向发展，进而引发社会经济结构变革。[③]由于井田制向公田倾斜的统一化管理方式，民众普遍丧失了劳动积极性，消极怠工现象十分普遍。贵族阶层也对土地所有权绝对王权化表示不满，希望将自己的土地变成真正的私有土地，以便交易。[④]井田制的解体，最终导致以宗法、血缘关系为基础的分封制崩溃，中国开始进入中央集权、郡县制的专制主义国家。[⑤]这一时期，不仅是中华大地上物质文明的融合和统一，也是思想观念的融合和统一。

战国时期的重要性，不仅在于社会性质由此开始剧变，更在于根本的制度转折由此开始启动。经过这个关键的激烈变革时代，其前后的两个社会——西周至春秋的社会和秦汉以下的社会，已经迥然有别。虽然春秋时代各诸侯国之间的冲突已经开始加剧，强国轮番成为霸主，但主要还是通过尊崇和代表周天子而充当一种"世界宪兵"的角色。到了战国时期，周朝的礼仪规矩已经越来越无力，乃至最后荡然无存。这样性质的社会剧变，只有到了20世

① 孙皓晖：《中国原生文明启示录》，中信出版集团，2020年，第322页。

② 西汉末年，刘向编辑《战国策》一书时，才开始把"战国"作为特定的历史时期的名称。

③ 袁行霈、严文明、张传玺、楼宇烈主编：《中华文明史》第1卷，北京大学出版社，2006年，第236页。

④ 孙皓晖：《中国原生文明启示录》，中信出版集团，2020年，第196—198页。

⑤ 李学勤：《中华古代文明的起源》，生活·读书·新知三联书店，2019年，第390—396页。

纪才又发生过一次——虽然这一百多年来变动的深度、广度和烈度都超过了战国时期，但它主要还是在世界外力的刺激和挑战下发生的。[1]

战国时期大致可以划分为以下四个阶段。

第一阶段，自公元前475年周元王即位这一年开始，中国进入了战国时代。这一阶段的特点是各诸侯国纷纷变法，君权政治变革扩大。大国之间的战争迅速普遍化，传统的地区盟邦关系松动分裂，大国之间形成了各自面对诸多敌人而独立作战的态势。几个大国之间演变为错综复杂的敌对关系，只有临时的战争盟约，没有相对稳定的国家集团。各个国家的生存危机意识骤然强化，国家竞争精神空前强烈，图存求变迅速弥漫为一种强大的社会思潮。

魏国发起李悝变法。李悝是法家创始人，著有《法经》，第一次以全面的社会规范的形式，将法治文明推上了中国历史舞台，取代了奉行两千多年的王道为本的人治、礼治的治世规范，使得魏国一举成为战国七雄中的超强大国：强调国君最高权力与国家政事权相对分开，设定国君权力与政务权力两个系统，官员遴选由贵族阶层承袭制改为任免制；全面实行私田制经济，激发农耕者的积极性；实行平粜法，建立国家粮食储备制度，应对饥荒灾害。放弃礼治，推行法治。[2]楚国发起吴起变法。吴起在楚国与老世族展开变革争斗，削弱贵族大臣的封地数量，对封君的世袭制加以限制，精减官员，削减大臣禄秩，整肃吏治，强公室、塞私门。

第二阶段，秦国崛起，突破山东六国遏制。商鞅变法，使西部秦国由偏居一隅的小国一举成为空前强大的帝国，直接而深刻地改变了天下格局，社会上开始出现"东方六国"的说法。东方各国也先后发生了韩国的申不害变法、齐国的齐威王邹忌变法、燕国的乐毅变法，都取得了鲜明的成效。以苏秦为代表的"合纵家"推动山东六国成为抗秦联盟集团，以张仪为代表的"连横派"促使山东六国分化瓦解，突破抗秦联盟集团的强大遏制。

① 何怀宏：《文明的两端》，广西师范大学出版社，2022年，第126—127页。
② 孙皓晖：《中国原生文明启示录》，中信出版集团，2020年，第363—371页。

商鞅本着"法以爱民"的方针，奖励军功，确立军功是获得国家爵位的唯一来源；奖励农耕，实行重刑制度和犯罪连带责任的连坐法，整饬吏治，禁绝政治谣言；禁止私斗，使秦国民众"勇于公战，怯于私斗"；废除井田制，全面实现农耕经济私田化，土地可以自由买卖；全面推行郡县制，实施新的国家治理模式；统一经济计量单位及其形制。改田赋为户赋，建立户籍制度；革除夷狄风俗，整合秦国文明。迁都咸阳，确立面向天下的秦国新中心。①

第三阶段，赵国崛起，秦赵全面抗衡。公元前307年，赵武灵王胡服骑射，以军事改革为突破口，开展了全面变法，使强大的赵国成为山东六国抵御秦国风暴的屏障。秦赵两大强国直接对抗，其间发生了影响历史进程的长平之战。赵军的战败，使得天下格局进入"秦国独大、六国衰落"的阶段。各国被迫谋求对秦妥协，争取自保。

第四阶段，秦王嬴政亲政，整肃内政，组建新军，推行郑国渠等大规模水利建设的全面变革，国内经济社会得到快速发展，发动了向东方六国进军的统一战争。至公元前221年，秦国灭齐，战国时代结束，秦朝开始。②

这一时期，中国政治、经济、技术的变革速度十分惊人，战争频发，商贸经济快速兴起，中国人已经掌握了熟练的冶铁技术。在强有力的铁制工具帮助下，人们开发大量林地，渭河流域、成都盆地和中原地区都在进行持续开发。农民掌握了施肥、区分不同类型土壤，以及农田最佳犁耕、播种、排水等方面的技术。尽管战乱频仍，但是粮食产量增加，人口增长速度很快。商人阶层开始兴起，他们与王室密切合作，建立铸造作坊，开发矿场，建立贸易商队，纺织品、谷物、食盐、金属、皮革等产品远销朝鲜、印度等国。其间爆发的大规模战争，客观上促使民众开始系统性的大规模迁徙，此举不仅扩大了中国的疆土面积，也在更大空间范围内推广了中华文明的生活方式。③

---

① 孙皓晖：《中国原生文明启示录》，中信出版集团，2020年，第437—450页。

② 孙皓晖：《中国原生文明启示录》，中信出版集团，2020年，第331—337页。

③ 威廉·H.麦克尼尔著，田瑞雪译：《5000年文明启示录》，湖北教育出版社，2020年，第159页。

这一时期，正是青铜时代的解体期。以氏族公社基本结构解体为基础，推动中国古代社会进入最急剧的变革时期。社会在发展，文明在跨进，生产力在提高，铁器和牛耕大量普及，保留有大量原始社会体制结构的早期宗法制走向衰亡。地主阶级和以政刑成文法典为标志的新兴势力、体制和变法运动代之而兴。社会的解体和观念的解放连接在一起。怀疑论、无神论思潮在春秋时期已蔚为风气，殷周以来的远古巫术宗教传统迅速褪色，失去其神圣的地位。统治者再也无法用原始的、非理性的、不可言说的怖厉神秘来威吓、管辖和统治人们的身心。作为那个时代精神的艺术符号的青铜饕餮也失去其权威，缩小降低到附庸地位。中国古代社会在意识形态领域进入第一个理性主义的新时期。[1]

这一时期，中华民族加速融合。虽然中原自称诸夏、中华，周边部落国家被称为东夷、西戎、南蛮、北狄等，似乎存在地理上的区分，但是总体来看，更为关注的是精神取向和文化传承，只要承认中华礼仪文化价值的，都被视为"诸夏"，都是中华民族大家庭的有机组成部分。"夷狄"有德，可进而为"诸夏"；"诸夏"失德，则退而为"夷狄"，完全超越了种族、民族和区域的局限。这种文明价值观造就了中华文明的扩张和统一，如过去的楚国、越国、吴国、秦国，虽然地处边陲，但都是在接受仁义道德的中华文明基础之上，加入诸夏，最终形成中国大一统的天下。[2]楚国是战国时期唯一不经周王分封而自立成长的大诸侯国，因此西周时期中原各国对楚国曾一直有偏见歧视，将楚国看作一种异端威胁力量，"非我族类，其心必异"，后来楚国也主动融入中华文明。尤其是战国时期，包括楚国在内的各大霸主国家，纷纷以维护中华文明为己任，联手抗击来自北部草原的匈奴入侵，奠定了持续数千年的中华文明一统的基因。

这一时期，城市数量急剧增加。洛阳、邯郸、苏州等城市规模快速扩大，

---

① 李泽厚：《美的历程》，生活·读书·新知三联书店，2009年，第47—48页。
② 徐达斯：《世界文明孤独史》，作家出版社，2019年，第75页。

不再仅仅作为政治和宗教的中心，更是成为贸易和手工业的中心。城市里居住着成千上万的民众。战国后期，齐国都城临淄是当时中国最大的城市，人口有30万之多。公元前357年，齐国在临淄城的西门旁边，建立了稷下学宫，吸引当时其他诸侯国许多具有社会影响力的知名学者前来齐国讲学交流。[1]

这一时期，是古代中国社会秩序变动最激烈的时期，中央王权旁落，诸侯贵族阶层日渐鼎盛。从周王朝与诸侯国之间的关系看，周王朝已经没落到没有任何实际的控制能力，一切唯战国霸主的马首是瞻。正如《左传》说的"社稷无常奉，君臣无常位"，凸显政治结构的频繁变动、社会秩序的逐渐丧失、礼制文化的僭越失序。

从诸侯国内部来看，贵族是一些血缘宗族集体，族人相互支持，爵位、地产、权力世袭，形成孟尝君田文、平原君赵胜、信陵君魏无忌与春申君黄歇等著名的政治势力，成为足以与国君相抗衡的强大力量。贵族是军事上的垄断阶层，也是学习文化知识的重要群体。各邦国的军国大事，没有贵族的参与，就不能得到有效解决。学习礼仪知识成为贵族阶层的重要任务，在礼仪的熏陶下，形成重人道、讲礼貌、守信用的群体意识形态。战国时期，西周贵族阶级开始没落，到秦汉时期完全成为王室的附庸。[2]

这一时期，社会宽松的氛围不仅为中国古代知识分子思想的活跃和民间创造力的萌发提供了空间，使春秋战国时期中原地区的哲学、史学、文学、医学、兵法、天文、科技、建筑、农耕、陶瓷、冶炼、丝绸纺织等领域出现了后世鲜见的百花齐放盛况。中国瓷器的大发展虽然是在唐宋以后，但其始源可以追溯到商周时期。丝绸虽然在新石器时代就已见端倪，大发展却是在商周时期，至迟到商代就有提花的文绮，还有刺绣，到东周各种织法的丝绸已

---

① 凯伦·阿姆斯特朗著，孙艳燕、白彦兵译：《轴心时代：人类伟大思想传统的开端》，上海三联书店，2019年，第355—356页。

② 马克垚主编：《世界文明史》，北京大学出版社，2016年，第197—199页。

经面世。从此，丝绸在我国历久不衰，成为中华文明的一大代表。[1]

　　总体来看，这一时期，尽管社会民众生活十分艰难，但中华文明的发展却十分灿烂多彩。正所谓，国家不争，就要落后挨打，甚至陷入灭亡的境地；族群不争，就要分崩离析，传承断裂；家族不争，就会门庭受屈，家族蒙羞；个人不争，就会业无所成，家无所依，衣食无着，沦落潦倒，饱受欺凌。

　　春秋战国时期，从经济生活到政治结构，从社会组织到思想文化，都发生了巨大的变化，出现士农工商的明显职业分工[2]，其中尤为重要的是产生了"士"这个独立阶层，对中华文明的传承发展产生了十分深远的影响。与许多早期西方国家一样，中国古代的知识也是被少数贵族阶层所垄断。由于"礼崩乐坏"，贵族阶层分化解体，有些贵族，特别是低级贵族，因为生活贫困，不得不以传授知识为生，同时随着社会情况的复杂化，工商业的发达，社会对知识的需求也日益强烈，逐渐出现了独立的知识分子阶层——士。这个阶层十分特殊，一方面，他们希望找到一个明君，以施展自己治理国家的政治抱负；另一方面，他们又有自己的处世原则和人生理想，不希望为了谋生而丧失自己的做人原则和基本人格。士人阶层的出现，不但大大激发了社会活力，而且使整个社会的变革运动摆脱了盲目性，自此进入了自觉的探索阶段。所谓"士可杀而不可辱""道不同不相为谋""穷则独善其身，达则兼济天下""富贵不能淫，贫贱不能移，威武不能屈"等，成为长期支配中国知识分子的行动指南，也成为支撑起中华民族的脊梁。[3]

---

① 袁行霈、严文明、张传玺、楼宇烈主编：《中华文明史》第1卷，北京大学出版社，2006年，第24页。

② 士人阶层的出现，对中国传统文化的形成有重大影响。他们没有贵族的权力和地位，也不像庶民那样从事耕作，他们最重要的特长是知识和技能，希望据此"学而优则仕"。尤其是战国时期，士人在各个国家之间流动，以自己的知识和智慧获得执政者的认同和信任。孔子、墨子、孟子、荀子、商鞅、李斯、苏秦、张仪等都是此中优秀人物。也正是在他们深入思考的基础上，形成了各种学术流派，影响着社会的发展进程。与此同时，他们还催生了乡校的出现，提高了中国当时的教育水平。

③ 马克垚主编：《世界文明史》，北京大学出版社，2016年，第207页。

士人阶层的出现，导致社会结构重新分化组合，进入所谓"游士时代"。各国的君主、卿大夫为了争夺权力，在生死存亡之际战胜对手，都打破传统，不拘一格地选拔人才。贵族阶层的沦落者加入士人阶层，平民群体的才俊者跃升到士人阶层，甚至最底层的奴隶阶层也可以因为特殊的才能和功绩跃升到士人阶层。有成就的杰出人士，还开创了传播学问的私学方式，吸引大批文人学士归附，使学问和技能有了一定程度的社会普及，积蓄出推动社会变革的强大力量。①这些游士"无定主"，不为某一世家所有，在中国的广大疆域范围之内也不为某一诸侯国所有，甚至其自身的家族意识也相对淡薄，这在某种程度上也强化了他们强烈的个人主体意识。他们不是没有故国之思，但同时还有一种天下兴亡的责任意识和政治抱负。就当时各诸侯国互相竞逐的中国社会来说，这样一种人才资源自由流动的状况使社会发展充满活力，使战国时期成为一个既是血火蹂躏的悲惨时代，也是人才辈出的壮观时代。在司马迁《史记》中记录的56位战国人物中，竟然有44人属于广义的"游士"。②

如齐国就专门设立稷下学宫，广招天下著名学者，授以上卿、大夫等称号，让他们带领门徒来此讲学，一时成为享誉天下的官方教育机构。许多士人也主动到处游说，展示自己治国平天下的非凡才能。一旦得到君主赏识，文人学士一夜之间就可从布衣成为卿相。如卫鞅本是魏国相国的一个家臣，入秦之后说动秦孝公，成为主持秦国改革的最高级官员。孔子据说就有弟子三千，邓析、墨子、孟子等著名学者也都纷纷聚徒讲学，一时形成了许多学术门派。儒家和墨家更是成为当时的显学，他们针砭时弊，评论政治时事，创立各种学说，形成很大的势力。

正是在这种"天下无道"的社会混乱中，在"士"这个特殊阶层的引领下，这一时期的意识形态领域，成为中华文明发展史上最为活跃的开拓、创

---

① 孙皓晖:《中国原生文明启示录》，中信出版集团，2020年，第212页。

② 何怀宏:《文明的两端》，广西师范大学出版社，2022年，第131—133页。

造时期，百家蜂起，诸子争鸣，替代了传统的落后的王官之学，酝酿造就了中国古代思想史上儒家、墨家、道家、法家、名家和阴阳家等"百家争鸣"的兴盛局面，共同绘就了世界轴心时代的中国画卷。其中贯穿的一个基本思潮，便是理性主义。正是它承前启后，一方面使得中华民族开始摆脱原始巫术宗教的种种观念传统，另一方面开始奠定中华民族的文化心理结构。

春秋战国时期，是中国典型的乱世，同时又是中华文明史上第一个群星璀璨、光芒四射的文化盛世。这一时期，由于氏族早期宗法制的解体，出现"礼崩乐坏"的局面，到处充斥战乱和分裂；与此同时，社会生产和科学技术取得显著进步，以前仅由贵族执掌的学术开始走向民间，推动私人讲学和学术的自由发展，涌现出儒家、道家、墨家法家等诸子百家，诞生出以老子、孔子、庄子、墨子为代表的一大批思想伟人，进入"百家争鸣"的伟大时代，产生了涉及政治、外交、社会生活等诸多方面一大批对后世影响深远的皇皇巨著，推动了学术思想的大发展，中华文明进入一个大融合、大发展的黄金时期。[1]一方面，诸子百家彼此对立冲突，相互论战，使各家之间的界限越来越清晰，观点越来越明确；另一方面，各家也在不断地吸收其他学派的积极因素，思想综合的程度越来越高。

儒家起于鲁国，传布于齐国、晋国、卫国；墨家始于宋国，传布于鲁国、楚国和秦国；道家起源于南方，后来在楚国、齐国、燕国有不同分支；法家源于三晋，盛行于魏国、秦国；阴阳家在齐国较多，随后在楚国、秦国都有较深影响；纵横家多出于周、卫等地，周游于各国之间。[2]他们提出的不同精神思想和思维方法，凝结着中华文明早期形成渊源、发展的历史智慧和主流价值，体现了中华文明历经夏、商、周一千多年甚至更久远发展所积累的政治智慧、道德观念、审美精神[3]，不仅没有因为大一统帝国的出现而消失，反而熔铸成一个综合性的思想体系，塑造出一个支配中华文明两千余年的意识

① 王充闾：《文脉：我们的心灵史》，北京大学出版社，2020年，第5页。
② 李学勤：《中华古代文明的起源》，生活·读书·新知三联书店，2019年，第69—72页。
③ 陈来：《中华文明的核心价值》，生活·读书·新知三联书店，2015年，第80—81页。

形态，奠定了中国思想发展的永恒基础。[1]

据东汉班固编著的《汉书·艺文志》的整理记载，截至西汉，华夏世界涌现出的全部思想家与实业学问家，共计596人；所撰写的原创性典籍，共计13269卷。其中，百分之八九十属于春秋战国时代。[2]

在诸子百家中，最突出的有六家：儒家、道家、墨家、法家、名家、阴阳家。各家学者跨流派互为师生，在交流与竞争中彼此借鉴、相互包容，而不是强求同一，其结果反而促进事实上的相互融合、共同发展。但是总体来看，对中华文明进程影响最大、最持久、最深远的当属儒家和道家。[3]

儒家被认为是中华文明的思想主脉，是中国历史上影响最大的学术派别，对中华民族精神的形成发挥了巨大的作用。儒家在发展过程中，一直处于演变过程中，不断吸收融会其他学派的重要观点。[4]孔子（前551—前479）[5]在他成长的不同时期，受自身经历的影响，思想也在不断变化。早年和中年的孔子，主张尚贤、革命；晚年归鲁之后的孔子，才成为主张克己复礼、天下归仁的醇儒。孔子在塑造中华民族性格和文化心理结构上的历史地位，是一种难以否认的客观事实，因此被尊为"万世师表"。儒学在世界上成为中华文明的代名词，绝非偶然。

儒家由孔子创设，但周公思想是儒家文化的源头。从某种意义上讲，儒家文化的重要性在于它已不仅仅是一种学说、理论、思想，而是融化浸透在中

---

[1] 袁行霈、严文明、张传玺、楼宇烈主编：《中华文明史》第1卷，北京大学出版社，2006年，第357页。

[2] 那时，思想创造具有无限的自由性。没有意识形态的束缚羁绊，没有官府机构的言论管制，完全是私学流派之间的平等竞争，治学自由，传播自由。齐国的稷下学宫成为聚合天下流派展开争鸣的大平台。

[3] 在司马谈"儒家、道家、墨家、法家、名家、阴阳家"的"六家"之外，加上"农家、纵横家、杂家"这三家，就形成班固《汉书·艺文志》中所称的"九流"。这也是"三教九流"的出处。

[4] 马戎：《中华文明基本特质与不同文明的平等共处》，人民论坛网，2019-08-07。

[5] 据李硕考证，孔子虽是鲁国人，但他的先祖出自宋国国君家族，宋国是周朝时安置商人的国家，所以他应该算是商人后裔。

国人的日常生活和心理之中，积淀表现为人们的行为模式、生活方式、思想方法、情感态度、风俗习惯①，构成一种稳定的文化心理结构，影响着一代又一代中华儿女。②

孔子是上古时期最伟大的教育家和思想家③，也是中华文明的精神标志。孔子用理性主义精神，来重新解释古代原始文化的"礼乐"，把原始文化纳入实践理性的统辖之下，贯彻到具体的日常现实生活、世间伦常感情和政治观念中，以怀疑论或无神论的世界观和对现实生活积极进取的人生观为统领，把原来是外在的强制性的社会规范转变为儒生主动的内在精神欲求，把抽象的玄思转变为理性的思考，把礼乐服务服从于"神"转变为服务服从于"人"。周公首创的"礼"被孔子延伸解释为"仁"，强调君主要实施"仁政"；周公主导的"乐"被孔子重新作了一系列实践理性的规定和解释，使它完全从原始巫术歌舞中解放出来，实现与现实政治的运作密切关联。④

孔子曾对宗教之于商周两朝的作用以及之于人的影响，做过一番十分贴切而颇不寻常的总结：

殷人尊神，率民以事神，先鬼而后礼，先罚而后赏，尊而不亲。其民之敝，荡而不静，胜而无耻。

周人尊礼尚施，事鬼敬神而远之，近人而忠焉，其赏罚，用爵列，亲而不尊。其民之敝，利而巧，文而不惭，贼而蔽。

---

① 李泽厚：《中国现代思想史论》，生活·读书·新知三联书店，2008年，第40页。

② 传统儒学源于东亚世界长久的历史演化，有着一种浑然天成的普遍主义，它有效克服或者愈合近代东亚世界基于特殊的民族主义思想而造成的分裂。中国历代王朝曾经在寻求秩序安定与现实支配力量中实现平衡，形成历史上稳定、和平的中华世界秩序。

③ 按照何新的观点，孔子还是一位卓越的改革家、政治家和军事家，是一个对中国历史产生无比巨大影响的社团创始人和组织者，这个社团是一个有意识形态、政治纲领、组织系统的原始政党——儒党。

④ 李泽厚：《美的历程》，生活·读书·新知三联书店，2009年，第52—53页。

孔子所处的春秋时期，氏族统治体系和公社共同体社会结构逐渐瓦解，部分氏族贵族以土地私有和商业经营为基础，成为新兴的权贵阶层。这些人在经济上的强大实力，使他们在政治上要求拥有更多权力，在军事上要求兼并侵吞，终于造成原来沿袭氏族部落联盟体系建立起来的天子—诸侯—大夫的周礼统治秩序彻底崩溃。这种生产力的前进和社会体制的调整，既推动了历史进步，但又确实带来诸多的战争，带给广大人民巨大的灾难。①

孔子世界观中的积极的人生态度和怀疑论因素，一方面发展为荀子乐观进取的无神论，另一方面演化为庄周的泛神论。孔子对氏族成员个体人格的尊重，一方面发展为孟子的伟大人格理想，另一方面演化为庄子遗世绝俗的独立人格理想。表面上看，儒道是离异而对立的：一个入世，一个出世；一个乐观进取，一个消极退避。但实际上，它们刚好相互补充而协调，以孔子为代表的儒家学说成为后继社会的主流思想，以庄子为代表的道家作为它的对立补充，儒道互补成为两千多年来中国思想的一条基本线索。②"兼济天下"与"独善其身"经常是后世士大夫互补的人生路途，悲歌慷慨与愤世嫉俗、"身在江湖"而"心存魏阙"也成为中国历代知识分子的常规心理。

儒家与道家的哲学理念也直接影响到中国人的艺术意念。儒家由于以其狭隘实用的功利框架，经常造成对艺术和审美的束缚、损害和破坏，而道家则经常以其浪漫不羁的形象想象、热烈奔放的情感抒发、独特个性的追求表达，从内容到形式不断给中国艺术发展提供新鲜动力，对现行框架约束予以强有力的冲击、解脱和否定。儒家强调的是官能、情感的正常满足和抒发，是艺术为社会政治服务的实用功利，主要体现在主体内容方面；而道家强调的则是人与外界对象的超功利的无为关系，是内在的、精神的、实质的美，是艺术创造的非认识性的规律，主要体现在创作规律方面，即审美方面。③

---

① 李泽厚：《中国古代思想史论》，人民文学出版社，2021年，第6—7页。
② 李泽厚：《美的历程》，生活·读书·新知三联书店，2009年，第51页。
③ 李泽厚：《美的历程》，生活·读书·新知三联书店，2009年，第57页。

孔子在开创儒家学派过程中，整理删定形成了《诗经》《尚书》①《仪礼》《乐经》《易经》《春秋》②，并以"六经"③为己任，在整理和传播古代文献典籍方面作出了杰出贡献，成为先秦百家中唯一重视文化传承的学派。"六经"成书于孔子之前，不是某一家某一派的经典，而是夏商周三代的文明智慧的集体结晶，是中华文明的原典。由于"六经"由孔子删定并传承，故后人把"六经"视为儒家尊奉的经典，表明儒家文化是延续、承接中华文明的主流。④"六经"是截至孔子时代的符合周公精神的华夏世界社会历史知识的总集，不仅是儒家学派的基石，也是当时人们了解夏商周及更早时代的几乎唯一信息源。换句话说，"六经"决定了中华文明独有的内核与特质，是中华文明的源代码。⑤

孔子招收学生不限国别、出身和阶层，"有教无类"，在民间教育上打破了世袭士大夫的贵族传统，主张"学而优则仕"，将尚武之士彻底转变成了崇文之士。⑥孔子通过删定诗书，教诲学生，引导社会改变生活行为、风俗习

---

① 《尚书》是孔子将一部分周王室所存的中央政治档案编辑而成，是我国古代政治文献中一部最古老的著作，被视为"上古之书"，包括公元前5000年到公元前2000年之间的许多政事记录和诰誓文令，表明从夏商以来，中国已经形成文明灿烂、政教严整、法规明确、系统成熟的政治思想和礼仪制度，核心理念包括亲民、仁善、正德、中和，对汉唐以下中国政治意识形态的形成，影响至关重大。《春秋》是将鲁国的王室档案进行编辑而成。详见何新：《诸子的真相》，现代出版社，2019年，第302—307页。

② 孔子在编辑儒家经典过程中，对违背周公精神的历史篇章，都没有收录进《尚书》。这些未能收入的文献经过孔门弟子的汇集、抄写和校勘，形成一个汇编本，被命名为《逸周书》。由于儒家文化日益占据主流地位，《逸周书》又不是儒家经典文献，因此虽然没有失传，但也不太受历代文人重视。只是现代考古学诞生和商代遗址发掘后，人们发现该书有些内容居然很符合商文化的本来面貌。

③ 秦始皇焚书，使得《乐经》失传，只存"五经"，因此汉武帝时设立五经博士。后来，增加《春秋》三传、三《礼》，以及《论语》《孝经》《尔雅》《孟子》，到唐宋时期成为"十三经"，但核心仍然是之前的体系，增加的只是儒家的阐释发展。具体见陈来：《中华文明的核心价值》，生活·读书·新知三联书店，2015年，第82页。

④ 陈来：《中华文明的核心价值》，生活·读书·新知三联书店，2015年，第82页。

⑤ 李硕：《翦商——殷周之变与华夏新生》，广西师范大学出版社，2022年，第573页。

⑥ 何怀宏：《文明的两端》，广西师范大学出版社，2022年，第124页。

惯，使中国人具有对待人生的积极进取精神，服从理性的清醒态度，重实用轻思辨，重人事轻鬼神，善于协调群体，在人事日用中保持欲望的满足与平衡，避开反理性的炽热迷狂和盲目服从，以其富有吸引力和凝聚力的文化价值，构成了长久影响中华民族独有的文化心理结构。[1]

比如，孔子对《春秋》的修订中，突出"为人向善""惩恶扬善""克己复礼""礼让孝顺""仁爱"的道德史观，提倡有教无类、因材施教的教育理念，主张为政以德，反对苛政暴政，对后世的影响经久不衰，在中国人的精神生活中留下了不可磨灭的印记。[2]

孔子强调秩序美，认为人类社会需要进退有序，要仁者爱人、克己复礼、尊老爱幼，通过内在的"仁"与外在的"礼"的完美结合，做到"知者不惑，仁者不忧"，来实现社会的和谐与人类的共生共存，达到人与自然的和谐共生。[3]

孔子对这些书的编写，以及孔门弟子对孔子言行记录形成的《论语》，加上后世儒家子弟对儒家经典著作的评论、阐释，构成了一套完整的学说。《汉书·艺文志》说"游文于六经之中，留意于仁义之际"，使每一位中国知识分子熟读品味，推动形成影响了所有中国人的行为规范和价值理念。[4]

孔子思想的核心是"仁"。他从维护周礼、解释周礼中，提出人要"仁"，强调血缘纽带，提倡孝悌，维护父系社会家长传统的等级制度，但将"政刑"从"礼德"中分化出来，将"礼"这种本来是具有外在约束力的规制转化为人自身的内在心性的品德要求，"为仁由己"。"仁"既非常高远，又切实可行；既是历史责任感，又有主体能动性；既是理想人格，又是个体行为。正是由于对个体人格完善的追求，在认识论上便强调学习和教育的作用，以获

① 李泽厚：《中国古代思想史论》，人民文学出版社，2021年，第23页。
② 凯伦·阿姆斯特朗著，孙艳燕、白彦兵译：《轴心时代：人类伟大思想传统的开端》，上海三联书店，2019年，第262页。
③ 周清毅：《美的常识》，人民美术出版社，2021年，第62—64页。
④ 威廉·H.麦克尼尔著，田瑞雪译：《5000年文明启示录》，湖北教育出版社，2020年，第163页。

得各种现实的和历史的知识。通过教育学习，加上自我意志的修炼提升，最终使个体人格达到"仁"这个精神道德的制高点，把本是宗教徒的素质和要求归结到这种不需服从于神的"仁"的个体自觉，使得儒学虽不是宗教，但又能替代宗教的教化功能，扮演准宗教的角色。[1]由于儒学把人的观念、情感引导到人的日常生活伦理当中，不再只是巫师们的专利，不是用某种神秘的狂热，而是用冷静的、现实的、合理的态度来解说和对待事物；不是禁欲或纵欲地扼杀或放任情感欲望，而是用理智来引导、满足、节制欲望；不是对人对己的虚无主义或利己主义，而是在人道和人格的追求中寻求某种均衡，避免了摈弃欲望的宗教禁欲主义，也抵制了舍弃或轻视现实人生的悲观主义和宗教出世观念。[2]

儒家虽然对上天也充满了敬畏之情，但是更为关注现世，追求知行合一、经世致用，强调"有为"，看重人与社会的关系，重视调适协作，强调社会责任和集体价值，习惯以团队精神为前提。儒家追求究天人之际，明修身之道，述治国方略，求天下为公，最终实现天人和谐的境界，从哲学的高度认识宇宙，以伦理准则规范人生，最终都落实到齐家治国平天下的具体实践当中。儒家强调要"明礼"，修身齐家，行为得体，各尊其位，天下大治。儒家重视教育，认为人的德行需要通过学习训练，不是世袭可得，要寒窗苦读，才能为国效力。儒家强调"德治"，因为理想状态下，每个人只要各安其位，统治者无须进行惩罚，就可以使得臣民顺服。儒家认为，家国一体，家和国是中国社会两大核心现实，同等重要。统治者和臣民一样，都要尽到自己的职责，如果统治者不尽自己的职责，就有可能遭到天谴，不被上天庇护，甚至会被

---

[1] 儒教与世界其他宗教有两大不同：一是兼容异端的包容性；二是以文化人的非强制性。本着仁爱之心，维系社会人伦，看重现世，不关注来世，而不像西方基督教那样，本着对上帝的畏惧之心和自己的原罪，在戒惧中不断忏悔，担心死后是否能进入天堂。从这个角度看，儒教始终关注的是"人"，而不是"神"；关注的是"今生"，而不是"来世"。与之相对应，基督教关注的是"神"和"来世"，只是到文艺复兴、启蒙运动之后，才有所回归到"人"。

[2] 李泽厚：《中国古代思想史论》，人民文学出版社，2021年，第9—21页。

其他家族取代，导致王朝更替。

孔子死后，弟子们基于对孔子学说的不同理解出现分化，因此韩非子有"儒分为八"之说。各个分支自立门户，都标榜自己独得孔子的真谛。比如，曾子更着重血缘关系和等级制度，颜渊更重视追求个体人格的完善。归结起来，主要有两支：一支以孟子[①]为代表，强调"性本善""内圣"，既重视血缘关系，又强调人道主义和个体人格，提出君王要推行"仁政王道"，人要"仁义礼智信"，提出"人皆可以为尧舜"，是儒家理想主义的代表；一支以荀子为代表，强调"性本恶""外王"，是儒家现实主义的代表。荀子可说是"上承孔孟，下接易庸，旁收法家"等诸子思想，是典型的内儒外法，开启汉代儒学，是中国思想史从先秦到汉代的一个关键人物。[②]

战国末期，氏族制度早已彻底瓦解，地域性的国家体制已经确立，荀子吸收管仲思想和墨家、道家、法家中冷静理智和重实际经验的历史因素，开始谈兵，并大讲"刑政"，提出"人以群分"，一切社会秩序和规则是人作为特殊族类存在所必需，重新强调外在规范的约束。荀子强调人为，社会发展不是神秘的"天"，而是现实生活中的人努力实现的，反对一切超经验的迷信虚妄。荀子其实是儒家和法家的综合体，是结合战国时代社会现实儒家学说的发展成果，是具有独立品格的理论大师，突出发挥"治国平天下"的外在方面，在政治哲学领域具有超越时代的深邃思想。荀子失去了氏族传统的民主、人道气息，却赢得了对君主统治的现实论证，实际上是开创了后世以严格等级差别为统治秩序的专制国家的思想基础。[③]可以说，他既是儒家，也是法家；既不是儒家，也不是法家。就对社会伦理规范而言，荀子推崇儒家，主张教

---

① 孟子先前只是先秦诸子之一，其历史地位抬头，始于晚唐的韩愈，他在《原道》中将孟子视为孔子儒家道统的传人，这一道统得到朱熹的弘扬，并据此编著"四书"。明嘉靖九年（1530），朝廷将孟子与孔子并列，封孟子为"亚圣"，距孟子去世已有1800多年。所谓孔孟之道，其形成以及存在，至今不过四五百年而已。详见何新：《诸子的真相》，现代出版社，2019年，第189页。

② 李泽厚：《中国古代思想史论》，人民文学出版社，2021年，第87页。

③ 李泽厚：《中国古代思想史论》，人民文学出版社，2021年，第92页。

化民众，遵守礼制；但是就政治实践与治国理念而言，荀子则尊崇法家，提出人性本恶论、法后王论、制天命而用之的思想，构成战国变法的三大理论基础，最终被韩非子发展到了极致。①

但是，不管如何分化，对政治和社会秩序的关注始终是儒家的核心特征，都保存了孔子的实践理性的基本精神。这是儒家思想得以持续发展的前提和基础，也是儒家作为一个丰富思想体系发展过程中的自然现象和必然结果，从中显示出儒家对现实问题的认识和把握在不断深化。由孔子创立的儒家思想，在长久的历史发展中，已经渗透到人们的观念、行为、习俗、信仰、思维方式、情感状态之中，自觉或不自觉地成为人们处理各种日常事务、人际关系和社会生活的指导原则和基本方针，构成中华民族共同的心理状态和性格特征。它经历了阶级、时代的种种变异，却始终保持着儒家思想形式结构的基本稳定，具有不完全、不直接服从依赖于经济、政治变革的相对独立性和自身发展规律。孔子的面貌随时代、阶级不同而有所变异，但始终没有完全脱离仁学的母体结构。中华文明之所以具有如此顽强的生命力，历经数千年各种内忧外患而终能保存、延续并发扬光大，在全世界独此一份（古巴比伦、古埃及、古印度文明都早已中断），与孔子的仁学结构长处有很大的关系。这种来源于氏族民主制的人道精神和人格理想，这种重视现实、经世致用的理性态度，这种乐观进取、舍我其谁的实践精神，在漫长的中国历史上感染、教育、熏陶了无数仁人志士，推动中国稳步前行。②从这个角度看，儒家思想代表了中国人的核心价值观念，与中国人的历史文化处境和生存环境条件相符合，与中国人的生产方式、生活方式、社会交往方式有机地融合在一起。

应该看到的是，这种仁学结构原型的实用理性本身，也有其弱点和缺陷。它在一定程度上阻碍了科学和艺术的发展。由于强调人世现实，过分偏重与

①　孙皓晖：《中国原生文明启示录》，中信出版集团，2020年，第598页。
②　李泽厚：《中国古代思想史论》，人民文学出版社，2021年，第25—29页。

实用结合，便相对地忽视、轻视甚至反对科学的抽象思辨，使中国古代科学长久停留并满足在经验论的基础水平，缺乏深入发展和纯思辨的兴趣爱好。由于实用理性对情感展露经常采取克制、引导和自我调节的方针，使生活中和艺术中的情感经常处在自我压抑的状态中，不能充分、痛快地倾泻、表达出来，加上儒学强调"文以载道"，要求艺术服从服务于狭隘的现实政治需要，更加约束了艺术家的自我发挥。[1]

道家是中国哲学思想史的重要组成部分。[2]道家表达出对生命的尊重，强调人的内部自身协调，构建人与自然的和谐关系；提倡从更高层次上认识宇宙、看待事物，揭示宇宙万物的规律，提高心灵境界；强调"无为无不为"，以虚无为本，以因循为用。道家认为，"道"先于天地出现，是天地万物之母，是一个无意志的自然之物。这是人类文明史上的一大进步，它标志着人类思想已经突破神灵、宗教的自然崇拜，进入理性思维的高级阶段。

道家提出了中国哲学史上的"有""无"之辩，认为：一方面，事物原有的旧形态通过变化过程而消失，由"有"转化为"无"；另一方面，先前潜在的事物新形态逐渐生成出现，由"无"显现为"有"。而且，事物始终处于变化当中，积小成大，积弱变强，最终达到顶点，继而走向反面，终至灭亡而消失。因此，道家强调"以反求正""相反者相成"，没有绝对的强弱、美丑、善恶。在此基础上，道家认为人类在文明形态上的每一种进步，总是伴随着道德与人性的堕落，因此要彻底地放弃对真善美的追求，回归到原始淳朴、无知无欲的生活中去，实现"道法自然""无为而治"。这是老子在总结春秋时期战乱频仍的现实基础上，发出的中国哲学史上第一次对人类被物质异化的理性抗议。[3]

---

① 李泽厚：《中国古代思想史论》，人民文学出版社，2021年，第28页。

② "道家"之名，最早见于《史记》。尽管道家在百家争鸣中不是显学，但就其思想的深度以及对国内外的实际影响来看，都仅次于儒家，其地位早在班固编修的《汉书·艺文志》的排列顺序上就有体现。

③ 何新：《诸子的真相》，现代出版社，2019年，第199—203页。

一般认为，道家由春秋时期的大哲学家老子奠基创立，由庄子发展。①老子既是一位高深的思辨玄学家，又是一位有权术的政治谋略家，被后来的道家赋予神话色彩，尊为太上老君。《道德经》是古代道家的一部经典著作，也是早期中国哲学史上罕有的一部关于宇宙本体论的思辨著作。全书不过区区五千字，而千百年来对其研究和阐释的著作不下千万字。《道德经》分为《道经》《德经》两部分，如果说《道经》是老子的自然哲学和方法论，那么《德经》就是老子的历史哲学和政治论。道为本体，德为器用。西汉前期，《德经》在前，《道经》在后，因此被称为《德道经》。西汉后期，二者次序对调，成为今天通行的《道德经》。②

老子的《道德经》蕴含着极为丰富的哲学、政治、军事、教育、人生处世等各方面智慧，对中华民族乃至整个世界都产生了重大影响。③自从唐代的玄奘法师首次将《道德经》译成梵文并传播到印度等国之后，近代外文译本有数千种，涉及几十种语言。据学者统计，《道德经》所涉及的语言之多、传播之广、影响之大，中文文献罕有其匹，其在英语世界的发行量仅次于《圣经》和《薄伽梵歌》。④据美籍华裔数学家陈省身回忆，爱因斯坦的书架上就有德文译本的《道德经》。德国著名哲学家黑格尔说，《道德经》犹如一道洪流，离开它的源头越远，它就膨胀得越大。⑤

道家的两大代表人物是老子和庄子（通常并称"老庄"），虽然二者在总体认识上是一致的，但仍然存在明显差异。老子以道入世，侧重于思辨和理论分析，谈论较多政治原则，反映周朝以往的治乱兴衰，偏重君王南面统治

---

① 道家还有一个流派，即黄老学派，依托黄帝的同时，发扬老子思想，产生并发展于战国时期，在汉朝初期的实际政治中产生了重要影响。

② 何新：《诸子的真相》，现代出版社，2019年，第193—195页。

③ 李泽厚认为，《道德经》是由兵家的现实经验加上对历史的观察、领域概括而为政治哲学理论，其后更直接演化为政治统治的权谋策略。老子辩证法保存、吸取和发展了兵家的许多观念，使军事辩证法变成了政治辩证法，呈现出兵家—道家—法家—道法家的发展路径。

④ 张景、张松辉译注：《道德经》，中华书局，2021年，前言第11页。

⑤ 王充闾：《文脉：我们的心灵史》，北京大学出版社，2020年，第58—59页。

之术，对政治哲学的关注和实际政治生活中曾经发挥了重要作用；庄子生逢乱世，要求超脱的形而上学，更多是思考个人的人生自由，侧重于"悟道"，依靠体验感悟，通过直观形象表达，不太关心伦理政治，不取凌厉进攻、战胜攻取的强者姿态，而是关注齐物我、同生死、超利害、养身心，以坚守本性、维护自由为原则，实现在乱世中养性全生，在夹缝中求得生存。①

正是由于生活在不同的时代背景，庄子相较于老子，对道的发展和认识又进了一步，看到了人的异化。②这一时期，保存着氏族传统的经济政治体制的早期宗法社会已经彻底崩溃，物质文明在迅速发展，历史在大踏步地前进，生产消费在大规模地扩张，财富、享受、欲望在不断积累增加，赤裸裸的剥削、掠夺、压迫日益加剧，物质文明进步带来的罪恶和苦难触目惊心。人在日益被物所控制，被自己所创造的财富、权势、野心、贪欲所迷惑，这种巨大的异己力量，主宰、支配、控制着人们的身心。③庄子认为，人自己创造的东西，不光是器物，还包括制度，反过来又限制了人的发展。庄子在看到异化的同时，抗议"人为物役"，反对人的异化，反对人有过多的欲望和私心杂念，主张人要知足，不要让功名利禄束缚自己，强调要安分守己、自得其乐，追求人格独立、精神自由。④

道家思想提倡自由，主张自由美，对人的创造力发挥具有十分独特的价值。它以颇具特色的人生理论深刻地影响了中国古代的人生哲学，在文学艺术以及宗教领域发挥了重大作用，特别是在艺术创作的影响上更为深远，这一点为后来魏晋南北朝时期艺术的繁荣发展奠定了思想基础。

《庄子》内篇中的思想，与后来中国佛教禅宗的创立有很大关系。庄子第

---

① 王充闾：《文脉：我们的心灵史》，北京大学出版社，2020年，第9—10页。

② 异化，是指人的创造物同创造者相脱离，不仅摆脱了人的控制，而且反过来违背人的意愿，变成了奴役和支配人的、与人对立的异己力量。比如，我们自己发明的科学技术，把我们自己限制住了；劳动者辛苦创造的财富，被资本家占有了。异化会引起精神危机，而艺术就是对这种精神危机的思考和反映，表达出对社会不平等的呐喊、抗争或逃避。

③ 李泽厚：《中国古代思想史论》，人民文学出版社，2021年，第150页。

④ 周清毅：《美的常识》，人民美术出版社，2021年，第82页。

一次突出了个体存在，他关心的不是伦理政治问题，而是个体存在的身心问题，提出"保身全生"的主张，强化人格独立和精神自由，通过"心斋""坐忘"来泯物我、同死生、超利害、一寿夭。因此，国外有学者将庄子比于"存在主义"。

纵观中国历史，道家一直是一个重要的思想流派，与孔子主张的儒家礼教有明显差异。道家认为，礼是祸乱的根源，主张无为而治，以无为代替有为，顺其自然，不要人为地去干预社会和自然的运转，要求个体顺从自然规律，实现个体生命的自由发展。人要无知无欲，大巧若拙，不要成为欲望的奴隶。顺应自然和道是一种令人愉悦的转换，是将人从对己克制、对上服从尽责的生活惯性中的剥离。从根本上讲，道家是一种私人化的教义，让普通人将对社稷家庭的所有责任尽数舍弃。也许是中国人的日常生活中承担了太多责任羁绊，道家思想才在中国具备了永恒的吸引力。①

正是由于上述原因，许多人认为，老庄的道家思想与儒家思想完全冲突。其实不然。老庄的道家思想对儒家主张的仁与礼并不直接排斥，只是不推崇而已，这也是道家思想在中国大多数朝代没有被封禁的重要原因。儒道两家一个强调入世，一个强调出世；一个乐观进取，一个消极避世；一个强调人的主观改造，一个强调顺应自然。但是总体而言，儒家与道教都充满了理性主义，都是基于中国宗族血缘关系的基础上，来处理复杂的现实社会关系，并没有像西方世界那样走向神秘的宗教②，引发绝对的对抗。

以庄子为代表的道家，实际上是对儒家的有效补充，引入了儒家当时还没有充分发展起来的人格—心灵哲学，从而也在后世帮助儒家抵抗和吸收消化了包括佛教在内的外来事物和理论的重大冲击，构成中国传统文化心理结构中的一个重要方面。儒家是从人际关系中来确定个体价值，庄子则从摆脱人际关系中来寻求个体价值，要求彻底摆脱外在的标准、规范和束缚，以获取

---

① 威廉·H.麦克尼尔著，田瑞雪译：《5000年文明启示录》，湖北教育出版社，2020年，第162页。

② 周清毅：《美的常识》，人民美术出版社，2021年，第104—105页。

把握真正的自我，追求一种富有情感而独立自足、绝对自由而无限超越的人格本体。[①]

在人类文明的初期，科学与方术密不可分。到了很久以后，当人们拥有了充分的试验证据和足够的怀疑主义精神，科学和方术才有可能被区分开来。[②]从对科学发展的促进角度来看，儒家更多致力于关注人类社会的发展，更着重社会伦理方面的建设，对科学发展和理性思维不太重视。相比而言，尽管道家是一种神秘主义的思维体系，但拒绝把人作为万物的中心，不对自然界和人类社会中的事物进行道德判断，而是奉行大自然之道，希望努力找寻到自然发展的规律，实现人与自然的和谐发展。从中国实际发展来看，道家由于有许多方士从事炼金术等试验，客观上对早期科学发现起到了推动作用。

墨家在战国时期是一个非常有影响力的学派。墨子之学，源出于孔门，但墨子改革了儒学，创立墨家，主要观点保存在《墨子》一书中。墨家在战国时期一度非常显赫，是手工业工匠等小生产劳动者思想的政治代表。韩非子将墨家和儒家一起号称"世之显学"，成为与儒家并列而对抗的重要派别。

墨子是墨家的创始人，处于孔子死后的战国时期，当时天下战乱不断，恃强凌弱的现象此起彼伏。他认为，自私是一切罪恶的本源，而儒家制造的亲疏远近的区别正是造成社会混乱和争斗的根源，因此他认为儒家思想不切实际，主张反对儒家。墨家与儒家的争论，一直贯穿在先秦时期的思想史中。在秦始皇统一中国，下令焚书坑儒之后，墨家从此一蹶不振，不复再起。[③]

墨子希望构建一个没有掠夺、没有剥削、没有压迫的，劳动者相互帮助、友爱、互利的空想乐园，其学说有原始共产主义倾向。墨家有严密的组织和严格的纪律，具有一定的西方社会的"骑士风度"。墨子强调，人要参加劳动，特别是物质生产的劳动，认为人之所以不同于禽兽，就在于人必须依靠

① 李泽厚：《中国古代思想史论》，人民文学出版社，2021年，第160、165页。
② 李约瑟原著，柯林·罗南改编，江晓原主持，上海交通大学科学史系译：《中华科学文明史》，上海人民出版社，2014年，第70页。
③ 威尔·杜兰特：《世界文明史·东方的遗产》，华夏出版社，2010年，第501—502页。

自己的劳动才能生存；强调"尚贤使能"来治理天下，认为"尚贤"是为政之本，选拔贤能之人治理国家；强调贤能不论出身贵贱、血缘远近，唯贤是尚；强调节用，反对奢侈浪费；强调非乐，反对厚葬。墨家以现实功利为根基，主张兼爱，但是这种"爱"是有条件的，以现实的物质功利为基础，不是儒家无条件的、超功利的"爱"；主张平等，对别人和自己一视同仁，不分亲疏，不分贵贱，与儒家从亲子血缘出发强调的"爱有差等"有明显不同。墨家主张和平、非攻，反对战争，反对欺负弱小，宣扬非暴力。"天下之人皆相爱，则强不执弱，众不劫寡，富不侮贫，贵不傲贱，诈不欺愚。"

墨家思想之中有许多内在矛盾之处，体现出小生产劳动者典型的追求平等但自身能力不足的双重性格：一方面要求举贤任能，另一方面又强调尚同服从，希望拥有绝对权威的人格神作为最高主宰；一方面追求兼爱平均，另一方面又主张专制统治；一方面强调"强力""非命"，另一方面又尊尚"鬼神""天志"。[①]墨子相信世上不仅存在鬼神，而且在冥冥之中有一双眼、一颗心，能够赏善罚恶，因而主张以神鬼之道设教，进而教化民众。墨子还是一个理性主义者，是中国哲学史上最早研究形式逻辑的人，提出"本原用"三段论的归纳推理形式。[②]

李约瑟认为，墨子兼爱的思想在汉代以后，被吸收到儒家思想之中，改变了孟子的做作而又等级分明的爱的原则；与此同时，墨家所热衷的科学和技术虽然被儒家所舍弃，却和传统的道家思想融为一体。[③]

秦汉之后，墨家作为思想体系和学术派别逐渐消失无闻，再也没有出现过类似的独立学说、思潮和流派。特别是在汉朝独尊儒术以及佛教东来之后，小生产劳动者文化落后，受到社会统治意识形态的控制支配，再也难以产生出像墨子这样的伟大思想家。只是在社会发生大分裂、阶级对抗非常激烈、

① 李泽厚：《中国古代思想史论》，人民文学出版社，2021年，第50页。

② 何新：《诸子的真相》，现代出版社，2019年，第240页。

③ 李约瑟原著，柯林·罗南改编，江晓原主持，上海交通大学科学史系译：《中华科学文明史》，上海人民出版社，2014年，第99页。

爆发大规模农民起义的时候，墨家思想体系中那些力图表现劳动阶级独特利益的意识、思想、纲领、口号才会被重新提炼出来，作为一杆号召底层民众的大旗被重新举起来，表现出极大的社会凝聚力。

法家是在战国时期变法运动蓬勃发展基础之上兴起的一个重要学派，注重君王用权之术，主张经世致用的"外王"之学。这个学派的早期代表人物有李悝、商鞅、申不害、慎到等，其集大成者是战国末期的韩非。韩非在总结此前法家和其他学派学说基础之上，建立了一个集法、术、势于一体的法家学说。法家之学源出儒家，法家开山鼻祖李悝的老师就是子夏，集大成者韩非则师从荀子。

法家思想的核心是"法"，主张法律平等主义，法律面前人人平等，"齐贵贱"，王子犯法与庶民同罪。法家强调的法治与儒家强调的礼治，存在鲜明的不同。礼治主张正名，严格遵守上下尊卑的等级制度，刑不上大夫，礼不下庶人，本质上是贵族主义的等级分层的特权制度。"礼法之争"是战国时期意识形态上的重大争议，也因此发生了很多次政变的流血冲突。①

法要公布于天下，好让百姓了解和遵守。法一经制定和公布，与之相违背的东西就要全部废除。君主的一切行为，也都要以法为基础，以此为表率。韩非认为，法外有术，要赏罚结合，处理好君臣关系；术外还有势，有势位就可以号令众人。②从逻辑层次上讲，术治与法治、人治、德治、礼治不在一个层面，而是低一个层次，与吏治在一个层面。韩非主要强调运用"术"驾驭群臣，行使权力，明于用人、督察、知下。只是由于韩非认为，在政治生活中，法可以公开，是"阳谋"；术却不可以公开，是"阴谋"。这使得法家在政治实践中，很容易陷入庙堂阴谋论的沼泽地，使君权不再以制度化的权力集中为根基，而陷入难以捕捉的君主专制的神秘权术之中。③

---

① 何新：《诸子的真相》，现代出版社，2019年，第221—225页。

② 袁行霈、严文明、张传玺、楼宇烈主编：《中华文明史》第1卷，北京大学出版社，2006年，第384页。

③ 孙皓晖：《中国原生文明启示录》，中信出版集团，2020年，第403—407页。

总体来看，儒家更强调"别"，以"礼"来确立人的尊卑贵贱，有利于强化国家权力和统治秩序；法家更强调"同"，在"法"的实施过程中不分亲疏贵贱，将儒家温情脉脉的情感、道家冷眼旁观的非情感发展为极端冷酷无情的利己主义，对重视血缘和等级关系的古代社会形成了非常强烈的冲击，这也使得商鞅、吴起等法家学派的改革家尽管在受到帝王赏识时能够充分展示自己的国家治理能力，但在失宠时一定会遭受到传统贵族势力的强力反扑，许多人为此丧失了自己的性命。

　　法家由于强调令行禁止，主张富国强兵，在大竞争的战国时代获得了大行其道的机会。商鞅变法、李斯掌国，使得秦国得以一统天下，法家思想在其中发挥了重要作用。

　　随着秦朝短时间就灰飞烟灭，法家的局限性也充分地暴露出来。法家思想极具刚性，在推动思想统一、步伐一致、集中国力等方面具有不可替代的作用，可以推动一个国家在短时期内经济、军事发展取得显著效果，但是正因为过于刚性，而难以持久。相对而言，儒家思想更具柔性，通过礼制使人在潜移默化中认同上下尊卑，自觉服从统治。从这个角度看，儒家思想与中国人的思维方式更为吻合，或者说中国人在儒家思想的熏陶下，越来越难以接受刚性的法家思想。中国人在各种实务中，无论是在政治、商业还是在经验科学、人事关系等方面都惯于深思熟虑、不动声色，冷静慎重、周详细密地计算估量，不冲动、不狂热，重功能，重效果。[1]为此，汉朝一统天下之后，在总结秦朝经验教训的基础上，最终决定排斥法家，而选择儒家作为治国理政的指导思想。

　　名家又被称为形名之家，这是到战国中期才出现的一个学派。名家主要包括两个派别：一个是惠施的合同异学派，强调对立事物之间的统一性；一个是公孙龙的离坚白学派，提出著名的"白马非马"论断。名家都注重从"名"本身来分析其意义，对于古代中国概念和逻辑思维的发展具有重要的积极作

---

① 李泽厚：《中国古代思想史论》，人民文学出版社，2021年，第85页。

用，推动诸子百家重视"名"的清晰性和确定性。但是，名家也由于过度片面地关注"名"而忽略其本质属性，因而也招致诸如诡辩之类的许多批评，如荀子说名家"用名以乱实"。这种批评反映出古代中国思想重视"利用"而轻视"玄谈"，这也是名家在中国没有得到进一步发展的主要原因。名家没能在中国持续发展，也就导致逻辑思维和逻辑科学在中国始终无法产生重要影响，不利于理性科学在中国兴起。

阴阳家又称阴阳五行家，是一个以阴阳和五行观念为核心而建立起来的学派，主要代表人物是邹衍。阴阳五行说形成于战国时期，是当时关于宇宙生成的理论，发展到后来，成为指导人类行为的基本原理——从政治、军事、农业、天文、历法到宗教、伦理、艺术等，没有一项不与阴阳五行说相联系。[1]阴阳和五行本是各自独立的观念，就其本义而言，只是指自然的事物。阴阳是指日光的向背，直接起源于上古对太阳神的崇拜；五行是指五种与民生密切相关的事物——金、木、水、火、土，与战国时期天文学与占星术的发展紧密相关。后来，这两个概念都被赋予了更加丰富的意义，从自然界引入社会生活领域。比如，阴阳渐渐发展为阴阳二气，衍生出太极，彼此之间消长，成为宇宙间万事万物的基本材料和发展力量，成为贯穿于自然事物和人类社会生活的一个基本法则。五行之间相生相克的观念也发展起来，用于解释自然规律和历史规律的变化，表现出强大的解释世界的力量。阴阳五行家对于中国古代抽象思维的发展起到十分重要的作用，尤其是对于宋明理学宇宙观的形成产生了重要影响。时至今日，阴阳五行观念依然深深地扎根在中国人的内心，成为中华民族最有特色的思维方式之一。[2]

除了上述影响力比较大的诸子学说之外，中国还有三种偏重于技术应用的学派：兵家、数术与方术。

兵家就是传授兵法、写作兵书的人。在世界军事史上，中国的战争经验

---

① 何新：《诸神的起源》，民主与建设出版社，2018年，第206页。

② 袁行霈、严文明、张传玺、楼宇烈主编：《中华文明史》第1卷，北京大学出版社，2006年，第388—389页。

非常丰富，兵书也特别发达，占有显著地位。中国兵书之所以那么早就如此成熟发达，是基于长期、繁复、剧烈的战争现实。我国的兵书，从起源上讲，可分为两大类型：一类是军法类兵书，重点讲"治兵之法"，涉及兵役征发、武器装备、军需保障等；另一类是兵法类兵书，重点讲"用兵之法"，即现代所谓"指挥艺术"或"战略战术"。著名的兵书有《六韬》《司马法》《孙子兵法》，尤其是《孙子兵法》，是海外最有影响力的中国典籍之一，地位仅次于《道德经》和《易经》。这些兵书不仅对中国的军事制度和战争生活产生直接影响，而且对中国历代的政治制度和统治方法，乃至一般人的行为特点和思维方式也产生深刻影响。所有西方军事史家都认可，中国战略文化的发达是一大特点。①

中国的兵家思想有着清晰的理性态度，一切以现实利害为依据，反对用任何情感上的喜怒哀乐和任何观念上的鬼神天意，来替代或影响理智的判断和谋划，这与一般日常生活有着极大的不同。兵家强调必须非常具体地观察、了解和分析天时、地利、人和等各方面现实情况，重视经验累积，反对纸上谈兵；主张通过对现实经验和具体情况进行观察分析，迅速从纷繁复杂的错综现象中，发现并抓住与战争有关的本质或关键，强调要鉴别假象，不为外在的表面现象所迷惑；要尽快舍弃许多次要的东西，避开烦琐的细部规定，突出而集中、迅速而明确地抓住事物的要害所在。《孙子兵法》更是强调，军事是政治斗争的一种特殊手段，重筹划更重于作战，重政治更重于军事，重谋略更重于战力，重人事更重于天地鬼神。②

数术与方术是古代与宇宙万物和人体健康有关的学问，涉及与自然现象相关的原始科学，也涉及与超自然现象相关的占卜和相术，包括星算、占卜、医药、养生等，先秦早期影响力比较大的著作有《山海经》《黄帝内经》等。

这一时期，中国在史学方面形成了很好的传统。夏商时期已经有了官方书

---

① 袁行霈、严文明、张传玺、楼宇烈主编：《中华文明史》第1卷，北京大学出版社，2006年，第390页。

② 李泽厚：《中国古代思想史论》，人民文学出版社，2021年，第63—67页。

写的典册文书，到西周晚期，周王朝和各诸侯国先后设置史官，修编年体的国史，甚至有的卿大夫也编撰自己的家史。春秋末年，孔子主要依据鲁国的国史编纂了《春秋》，包含对历史事件和人物的评价，其臧否人物的态度甚至使"乱臣贼子惧"。《春秋》之后，出现了一系列历史著作，其中有号称"春秋三传"的《左传》《公羊传》《穀梁传》和被称为"《春秋》外传"的《国语》，还有《世本》和后来发现的《竹书纪年》等，体裁有编年体、传记体、纪事本末体和典志体等，为中国享誉世界的史学发展准备了充分条件。①

这一时期，是中国文学形成发展的关键时期，成为中国文学艺术的历史源头。虽然先秦时期文史哲并没有完全严格地区分开来，但从殷商到战国，文学艺术呈现出辉煌灿烂的局面，影响着后来几千年中国文学艺术的发展。中国散文萌芽很早，从传世文献研究看，《尚书》《春秋》以及后来的《左传》《国语》《战国策》等都是经典的"历史散文"，而《道德经》《庄子》《荀子》《韩非子》等都是经典的哲理散文。②

这一时期，中国的诗歌成就非凡，《诗经》《楚辞》对中华文明的发展影响深远。《诗经》是中国诗歌的开山之作，是西周到春秋中叶500多年间的诗歌总集，大约在公元前6世纪成书，分为风、雅、颂三类，共305篇。《诗经》内容丰富、题材广泛，既有王室庙堂的乐诗，又有各诸侯国的许多民歌，充分反映出中华民族在政治、战争、劳动生活、婚姻爱情等诸多方面的内容，具有极高的艺术价值。《诗经》经过孔子整理，确立为儒家"六经"之首，是儒家教化的重要典籍。与《荷马史诗》等西方民族的古代长篇叙事史诗不同，《诗经》以一唱三叹、反复回环的语言形式和委婉悠长的深厚韵味，形式虽短小、内涵却深沉的实践理性的抒情艺术，感染、激励着人们，是中华民族独特的文学美学。

---

① 袁行霈、严文明、张传玺、楼宇烈主编：《中华文明史》第1卷，北京大学出版社，2006年，第26页。

② 袁行霈、严文明、张传玺、楼宇烈主编：《中华文明史》第1卷，北京大学出版社，2006年，第415—418页。

当理性精神在北方中国节节胜利，从孔子到荀子，从名家到法家，从铜器到建筑，从诗歌到散文，都逐渐摆脱巫术宗教的束缚、突破礼仪旧制的时候，南方中国由于原始氏族社会结构还有更多的保留和残存，便依旧强有力地保持和发展着绚烂鲜丽的远古传统。从《楚辞》到《山海经》，在意识形态各领域，仍然弥漫在一片奇异想象和炽烈情感的图腾——神话世界之中，突出表现在以屈原为代表的楚文化。儒家在北方中国已经把远古传统和神话、巫术逐一理性化，把神人化的奇异传说转化为君臣父子间的俗世秩序，但在楚文化这种根底深沉的文化体系中，依然充满浪漫激情、保留着远古传统的南方神话，集中体现在屈原的《离骚》之中。①

"楚辞"是战国时期楚国出现的一种骚体诗，具有鲜明的南方地域特色。②屈原的《离骚》是其代表作，它把最为生动鲜艳、只有在原始神话中才能出现的那种无稽而多义的浪漫想象，与最为炽热深沉，只有在理性觉醒时刻才能表达的个体人格和情操，最完满地融化成了有机整体③，思想丰富，文采华丽，感情奔放，富有浪漫色彩，打破时空界限，将现实与历史、神话、传说融为一体，具有强烈感人的艺术魅力，在中国文学史上具有十分重要的地位。

这一时期，中国的音乐艺术也达到了很高水平。1978年湖北随州发现的曾侯乙墓中随葬的用于庙堂的整套乐器，包括编钟、编磬、鼓、琴、瑟、笙、排箫、篪等共计250多件，可以演奏各种复杂的乐曲，令当今音乐理论家也为之惊叹。曾侯充其量也只是当时一个小国的国君，就能够有如此之大的气派，由此可以想象当时其他强国的音乐盛况和水平之高。④

---

① 李泽厚：《美的历程》，生活·读书·新知三联书店，2009年，第69—70页。

② 从某种意义上讲，汉文化就是楚文化，楚汉不可分，汉赋是楚辞的延续。尽管在政治、经济、法律等方面，汉承秦制，但在意识形态特别是文学艺术领域，汉朝保留了楚国故地的很多乡土本色。汉起于楚。楚汉浪漫主义是继先秦理性精神之后，与它相辅相成的中国古代一个伟大的艺术传统。

③ 李泽厚：《美的历程》，生活·读书·新知三联书店，2009年，第70页。

④ 袁行霈、严文明、张传玺、楼宇烈主编：《中华文明史》第1卷，北京大学出版社，2006年，第27页。

夏商周时期，中华文明真正开始扬帆起航，由神话时代进入第一次繁荣的信史时代。尤其是在春秋战国时期，在周公创建礼制的基础上，老子、孔子、墨子、韩非子等"百家争鸣"，奠定了中华文明的核心基因。

这一时期，世界其他地区也在发生剧烈的兼并重组，古希腊涌现出苏格拉底、柏拉图、亚里士多德等一大批哲学家、思想家，基督教、印度佛教的诞生，奠定了许多文明类型的基因，对世界后来的发展产生了重大的影响。

这一时期，西方世界最为重要的是，古希腊涌现出许多影响至今的伟大哲学家，对西方世界文明观的形成奠定了坚实基础。在哲学中，希腊人开创了几乎所有的主要领域——形而上学、逻辑学、语言哲学、知识论、伦理学、政治哲学和艺术哲学……真正的哲学的系统推理出现了，真正的持久的沉思出现了。从某种意义上讲，没有古希腊，就不会有今天的西方哲学。[1]

泰勒斯是这一时期的代表性人物。他是古希腊七贤之一，创立了米利都学派，是西方思想史上第一个有记载、有名字流传下来的思想家，被称为"科学和哲学之祖"。据说他曾游历埃及，就学于埃及神庙的祭司。他对数学具有开创性贡献，第一个提出命题证明的思想，使数学成为一个逻辑严密的体系，数学上的泰勒斯定理就是以他的名字命名，标志着人们对客观事物的认识从经验层面上升到理论高度。[2]他通过对几何学、数学和天文学的学习，利用金字塔的投影，测量出金字塔的高度。他于公元前593年在历史上第一次准确地预测了一次日食，最早将一年的长度修订为365日，因而轰动一时。他认为，一切表面现象的背后，都存在一种始终不变的东西，并提出"什么是万物本

① 何怀宏：《文明的两端》，广西师范大学出版社，2022年，第180页。
② 李建臣：《古希腊文字与文明》，中国人民大学讲座发言，2020年5月19日

原""万物起源于水"的哲学命题。①

毕达哥拉斯是古希腊第一个使科学精神从感性世界转向理性的人，他认为"数"是万物本原，数学原理可以解释世界上的一切事物；事物的性质皆由某种数量关系决定，世界按照一定的数量比例而形成秩序，因而是绝对的、可测量的。他发现了黄金分割比例，并在西方世界里最早证明了勾股定理，诞生出数学史上第一个无理数，使数学成为了超越常识的理论，建立起对神秘数字的崇拜和禁忌。他认为，美就是和谐，声音的差别是由于发音体在数上的差别造成的，如琴弦长，声音就长；震动速度快，声音就高。

赫拉克利特是古代辩证法的创始人，列宁称其为辩证法的奠基人。他认为，火是世界的本原，世界上一切事物都处在永恒的变化之中，"人不能两次踏进同一条河流"；坚持对立统一观念，认为事物是由相互排斥的东西结合在一起；音乐的和谐与数字的美密切相关，不同的音调造成最美的和谐；和谐就是对立面的统一，只有不和谐、斗争，才能造成最美的和谐。

德谟克里特（前460—前370）是西方哲学史上第一个唯物主义的原子论者，彻底克服了毕达哥拉斯和赫拉克利特残留着的万物有灵论。②

苏格拉底（前469—前399）是西方哲学的奠基人③，创新拓展了辩证法，把目光从自然、神灵转向"人"与社会，以主体、理想、抽象、思辨替代宗教神话。他认为应该在万物属性中寻求理性的真理和正义之基，强调宽容是通往幸福的唯一道路，质疑是产生真理的重要途径。④苏格拉底倡导人格完整的至高无上。他被捕入狱之后，本来有机会在友人的帮助下选择离开，但是他

① 何新：《哲学沉思录》，现代出版社，2019年，第183页。

② 邓晓芒：《西方美学史纲》，商务印书馆，2018年，第19—50页。

③ 苏格拉底在西方学术界类似孔子在中国学术界的地位，被认为是为追求真理而舍生取义的圣人、殉道者。伯罗奔尼撒战争后，雅典历史上最不光彩的事就是所谓民主政府审判并以"亵渎神灵""教坏青年"为由处死苏格拉底。他的死不仅慷慨悲壮，颇具殉道色彩，而且证明了雅典所谓民主的司法制度的脆弱，为哲学家关注伦理道德作出了彪炳千秋的诠释。

④ 凯伦·阿姆斯特朗著，孙艳燕、白彦兵译：《轴心时代：人类伟大思想传统的开端》，上海三联书店，2019年，第323页。

为了他的信仰而死，对死抱着乐观的希望，希望通过自己的死，唤醒人们心中对民主的遵从。①

柏拉图（前427—前347）是苏格拉底的学生，出身于雅典的贵族阶层，②当时的雅典已经进入了希腊极盛时期的伯利克里时代，希腊世界的奴隶制度及其意识形态开始由盛而衰的剧烈变革之中。柏拉图从小就受到良好而完备的教育，对政治高度关注，并有神圣的使命感，更倾向于理性的、形而上的东西，他认为世界由"理念"和"现象"组成，现象是变动的、可感触的，理念才是真实的、永恒的。他关注人怎样行为处世，认为要想举止得体，就必须先知道什么是真善美，构思一种理性的宇宙哲学。人类需要用理性的愿望去控制非理性的愿望，去发现客观真理，营造完美的秩序。他认为，知识是对独立于人类之外的真理的追求，是可以传授的，为此他创建了持续900多年的柏拉图学院。直到中世纪，柏拉图学派才逐渐沉寂。③

亚里士多德（前384—前322）是柏拉图的学生，是百科全书式的学者、西方哲学和科学领域划时代的人物，集希腊思想之大成，流传至今的著作有47部④，对世界的贡献很大。马克思曾经评价他是西方古代最伟大的思想者，恩格斯称他为"最博学的人"。他是希腊思想发展中的一个很大转折点。他放弃了过去主观的甚至是神秘的哲学思辨，对客观世界进行冷静、客观的科学分析，肯定物质第一性，迈出了由唯心主义到唯物主义的转变进程中的一大

---

① 苏格拉底、柏拉图的著作都是靠当年学生的记录得以传世，这与孔子的《论语》十分相似。

② 柏拉图将对话体运用得特别灵活，向来不从抽象概念出发，而从具体事例出发，生动鲜明，以浅喻深，由近及远，去伪存真，层层深入，使人不但能看到思想的最终结论，还能看到思想的活的辩证发展过程。

③ 柏拉图学院开创了西方学术自由的传统，现在西方各国主要学术研究院都沿袭"Academy"这个名称。学院按算术、几何、天文等专业门类设置学科的方式，一直延续至今。

④ 苗力田先生在《亚里士多德全集》中译本的序言中提到，亚里士多德的著作在其死后失踪，后来又奇迹般出现、再失踪，之后又在文艺复兴时期被伊斯兰哲学家、威尼斯的犹太银行家们重新"发现"。尤其是12世纪最有影响力的阿拉伯哲学家、伊斯兰神学家阿维洛伊起到关键作用，他在中世纪阿拉伯文明处于鼎盛时期，对亚里士多德的许多著作进行了评注，使其顺利过渡到欧洲文艺复兴时期。

步。[1]他注重实践和脚踏实地，最大的贡献是开创了以科学调查的方式去研究自然界的方法，提出将知识按照逻辑进行分门别类，建立起严密的逻辑体系，提出归纳和演绎两种论证方法，还首次运用学科分类法，奠定了西方的科学、逻辑学和哲学的基础，诞生出我们今天常见的政治、经济、物理、生物等各门学科。[2]公元前335年，他在雅典建立了自己的吕克昂学院，边散步边教学，"逍遥学派"因此得名。后来，他摇摆于唯物主义与唯心主义之间，也摇摆于辩证法与形而上学之间，最终倾向了唯心主义和辩证法。[3]亚里士多德将西方固定在其科学的轨道上，在第一轴心时代过去近2000年之后，在亚里士多德理性思想的推动下蓬勃发展起来的科学推动人类实现"大转变"。[4]他认为，形式与物质是不可分开的，是同一生命的自然过程中不同的两面，自然界和社会生活都是有机的、发展的过程。他认为，人是有理智的生命体，需要通过教育，培养自己控制本能和情绪的能力，以阻止欲望的无穷延伸，避免简单地追求快乐。[5]亚里士多德指出，既没有一种过度和不足的中庸，也没有一种中庸的过度和不足，强调"凡事皆有度"，这一点与中国儒家思想十分接近。[6]

到了公元前4世纪，由于奴隶制的生产关系已经不能适应当时生产力发展的水平，古希腊的政治经济开始遭遇重大危机。政治中心由希腊雅典转移到

---

[1] 朱光潜：《西方美学史》，人民文学出版社，1979年，第66页。

[2] 威廉·H.麦克尼尔著，田瑞雪译：《5000年文明启示录》，湖北教育出版社，2020年，第186—190页。

[3] 周清毅：《美的常识》，人民美术出版社，2021年，第19页。

[4] 凯伦·阿姆斯特朗著，孙艳燕、白彦兵译：《轴心时代：人类伟大思想传统的开端》，上海三联书店，2019年，第404页。

[5] 马克垚主编：《世界文明史》，北京大学出版社，2016年，第252页。

[6] 苏格拉底只说不写，柏拉图写下百万字的著作，亚里士多德著作有上千万字之多。苏格拉底实现了从自然哲学向人生哲学的转向；柏拉图不仅对真善美有全面的探讨，还对政治哲学有深入细致的研究；亚里士多德的深度或有不足，但广度却更为拓展，而且也绝对没有降低哲学的高度。他还是一位百科全书式的学者，后世许多学科就是从他的著作发源，他将经验的观察和天才的猜测有机结合在一起。具体见何怀宏：《文明的两端》，广西师范大学出版社，2022年，第181—182页。

北方的马其顿。马其顿国王亚历山大大帝在不到10年的时间里，凭借军事力量，开创了一个横跨欧亚非三大洲的庞大帝国。但是这个帝国统治之下的许多民族，只是凭借军事力量统一起来，内部组织松散，所以亚历山大大帝一死，立即四分五裂。从此，西方政治中心就逐渐转移到罗马。①

罗马帝国的鼎盛从公元前1世纪开始，在这之前的300年时间中，希腊文化还经历过亚历山大里亚阶段。②罗马时期，开始了长久统治西方的崇拜古典的风气。当时，罗马正处于奥古斯都时代，罗马人通过长期侵略战争，已把一个共和政体的城邦变成一个军事统治的庞大帝国。生产力的发展与落后的奴隶生产关系之间的矛盾日益尖锐，民族之间、阶级之间以及统治阶级内部的斗争日趋激烈，大规模的区域暴动和奴隶起义经常发生，罗马统治阶级的最艰巨任务就是维持政权，这使得他们在哲学和文艺方面独自开辟出一个新天地，接受广泛流行的希腊文化作为从思想上统一被征服民族的统治工具。也正是这个原因，罗马帝国后来接受了基督教。希腊文化到了罗马人手里，文雅、精致了起来，但是也肤浅化甚至公式化了。罗马工商业的繁荣，使过去的土地贵族变成工商业贵族，对金钱的盘算和追求对文艺创作产生了很不利的影响。③这一时期，哲学思想开始出现衰颓迹象，反对情感的激动，提倡个人心境的安宁静穆，这与当时中国道家思想的兴起背景十分相似。

这一时期，南亚次大陆的古印度文明经历了一个重大历史事件。一个在他们的圣诗中自称"雅利安"的半游牧民族从东欧和中亚的大草原地带，经由

---

① 朱光潜：《西方美学史》，人民文学出版社，1979年，第94页。
② 亚历山大里亚是埃及的一座名城，是由亚历山大部下统治非洲的将军托勒密建立起来的。这个地方在公元前3世纪左右，继腓尼基之后成为地中海沿岸各民族的商业中心，工商业的繁荣引起了文化的繁荣。托勒密在这里建立了一座当时规模最大的图书馆和一座带有科学研究机构性质的博物馆，并从希腊吸引过来一大批学者，开创了一种经院式的学术风气，对科学和哲学的研究在当时西方发生了广泛的影响。罗马之所以接受希腊文化，在很大程度上是通过亚历山大里亚作为媒介的。
③ 朱光潜：《西方美学史》，人民文学出版社，1979年，第97页。

阿富汗的山口，进入西北平原。[1]印度由此进入雅利安人主导的吠陀时代。牛是雅利安人最珍贵的财富，刀耕火种的耕作方法已经被人们掌握，定居农业开始稳定，贸易和手工业增长，社会分工日益深化，种姓制度确立，形成垂直的社会等级秩序，拥有少量居民的小诸侯国家兴起，出现了一次哲学思想的大繁荣，编纂了许多吠陀经典。其中，《梨俱吠陀》被认为是最古老和最神圣的经文，是关于吠陀时代雅利安人的日常生活、斗争抱负、宗教哲学观念的最佳信息来源。[2]吠陀时代晚期的世界观让位于一种不安全感和怀疑精神，因果报应和世代轮回这两个观念成为印度宗教生活的基本要素。前750—前500年，这些哲学思想被汇集在作为伟大的吠陀思想学派最后一部经文的《奥义书》中。《奥义书》证明了从早期吠陀时代的神秘主义世界观和《梵书》中记载的魔法思想向神秘的个人解脱哲学的逐步过渡，将个人灵魂—宇宙灵魂的观念与再生轮回的信仰结合起来，从根本上改变了古老的吠陀宗教，既为后来印度教哲学也为佛教的发展铺平了道路。[3]

随着吠陀文化的逐步兴起，古印度文明从印度河流域向恒河流域的平原中部和东部拓展。公元前600年前后，摩揭陀国[4]等印度首批历史王国形成，出现了印度历史上第二个城市化时期。

这一时期，印度第一个有着世界影响力的人物乔答摩·悉达多（佛陀）开始进入历史的视野。公元前483年，佛陀诞生于尼泊尔某个地方的释迦族，后来悟道成佛。在他涅槃之后，他的弟子编纂了他的教示全集，在摩揭陀王国都城王舍城召开结集大会，使他的教导得以保存下来。佛教在吠舍离召开的另一次结集大会上出现了重大分裂：上座部坚持正统佛僧修炼的小乘佛教，

---

① 赫尔曼·库尔克、迪特玛尔·罗特蒙特著，王立新、周红江译：《印度史》，中国青年出版社，2008年，第37页。

② 赫尔曼·库尔克、迪特玛尔·罗特蒙特著，王立新、周红江译：《印度史》，中国青年出版社，2008年，第42页。

③ 赫尔曼·库尔克、迪特玛尔·罗特蒙特著，王立新、周红江译：《印度史》，中国青年出版社，2008年，第56—57页。

④ 摩揭陀国在公元前320年左右进入孔雀王朝，其疆域和后来的莫卧儿帝国全盛时基本一样。

而大众部要求包容俗家信徒修炼的大乘佛教。

前268—前233年，在阿育王的领导下，孔雀王朝开启了长达30多年的统治时期，实行一种高度中央集权的直接管理，留下了一些重要的铭文，是印度历史上第一个有着比较良好文献记载的时期。阿育王在经历长时间的征战之后，决心摒弃战争，彻底皈依佛教，并派遣使团将佛教传播到东南亚、中亚，后来又经古老的丝绸之路于1世纪传入中国，但是此后佛教却在印度本土日渐衰落，甚至湮没无踪。

与佛陀同时代，印度出现了一个比佛陀稍微年轻的"大雄"，创建了一种伟大的宗教——耆那教，在印度形成一种不间断的传统，特别是在印度西部的富裕商人阶层中传播甚广。后来著名的甘地也深受耆那教的影响。①

这一时期，在印度历史上，亚历山大的印度之战是最著名的事件之一。公元前327年5月，马其顿军队在亚历山大大帝的带领下，穿过阿富汗东部的兴都库什山脉，在与那里的部落争战近一年后，于公元前326年2月跨过印度河，此时季风季节已经来临，滂沱大雨毁坏了亚历山大东征的道路。尽管遇到士兵拒绝服从命令，面临越来越多抵抗，但亚历山大大帝坚持沿印度河南下。公元前324年5月，亚历山大不得不返回位于波斯的苏萨，次年死于巴比伦。②

迦南是公元前15世纪的大型城邦，是埃及帝国的一部分，随着埃及的衰微而逐渐解体。据《圣经》记载，大约于公元前1250年，以色列人在摩西的带领下，逃离埃及，抵达迦南边境。公元前10世纪时，首都位于耶路撒冷的联合王国分裂为两个国家：以色列国和犹大国。最早的圣经文本大约创作于公元前8世纪，正式完成于公元前5世纪或公元前4世纪，是人类社会在轴心

---

① 赫尔曼·库尔克、迪特玛尔·罗特蒙特著，王立新、周红江译：《印度史》，中国青年出版社，2008年，第66—68页。

② 赫尔曼·库尔克、迪特玛尔·罗特蒙特著，王立新、周红江译：《印度史》，中国青年出版社，2008年，第72—73页。

时代一项重要的文明成果。①

　　这一时期，中东地区战乱四起，政权交替频繁。公元前876年，亚述国王征服了地中海东岸的腓尼基各城镇。公元前841年，亚述人打败大马士革，建立亚述帝国，成为该地区霸主。公元前605年，草原骑兵首次大规模突袭欧亚大陆，导致亚述帝国覆灭。公元前6世纪，波斯人被米底王国统治，后来在居鲁士二世的领导下反抗，公元前550年灭掉米底王国，建立波斯帝国（前550—前330）。此后，居鲁士二世和儿子冈比西斯二世又先后攻灭吕底亚王国、新巴比伦王国和埃及王国，扩大了波斯帝国的疆域。公元前513年，大流士一世攻占色雷斯，波斯帝国疆域横跨亚非欧三大洲。大流士一世统治时期，采取一系列改革，波斯帝国达到鼎盛。在大流士一世、薛西斯一世和阿尔塔薛西斯一世统治时期，波斯帝国为征服希腊城邦，发动了波希战争，最终失败，波斯帝国从此衰落。公元前334年，马其顿国王亚历山大大帝东征，进攻波斯帝国。衰败的波斯帝国一溃千里，丢失大片领土。公元前330年，波斯帝国末代国王大流士三世被杀，波斯帝国灭亡。公元前200年左右，匈奴与中国北部的游牧民族结盟，将原先居住在中国西部边境上的其他民族向西驱赶，其中一支在今天的阿富汗地区建立起贵霜帝国。几乎在同一时间，帕提亚部落离开欧亚草原中心地带，占领伊朗和美索不达米亚。

　　总体来看，这一时期，西方国家基本上都由神话时代进入了宗教时代，尽管苏格拉底、柏拉图、亚里士多德等希腊哲学家也十分提倡理性思维，但是由于古希腊文明日渐衰落，基督教传播开始蔓延，影响范围逐渐扩大，西方世界由此进入漫长的宗教控制阶段。相比之下，中国却在诸子百家的理性思维影响下，认识到神与神性的局限性，逐渐脱离原始宗教的束缚，更多地趋向"现世"和"人间"。中华文明从夏朝以前的巫觋文化发展到殷商时期的祭祀文化，再发展到周代的礼乐文化，坚定地从神秘主义走向人文主义。

---

① 凯伦·阿姆斯特朗著，孙艳燕、白彦兵译：《轴心时代：人类伟大思想传统的开端》，上海三联书店，2019年，第56页。

有学者打了一个形象的比喻，古希腊的哲学家在希腊海边思考的时候，印度的哲学家在恒河岸边打坐，中国的哲学家在黄河岸边散步，而且他们之间的使命还有明显的分工：希腊哲学家主要考虑人与物的关系，印度哲学家主要考虑人与神的关系，中国哲学家主要考虑人与人的关系。

当然，西方哲学思考人与物的关系，并不单纯是考虑纯粹的物质利益，而是主要考虑人与客观世界的关系。所以工业革命之后，在理性主义催生下，西方的自然科学特别发达。印度哲学家思考人与神的关系，也不是我们现在所说的迷信，而是"超验世界"，就是超出经验世界之外的另外一个高层次的抽象天地，因此会诞生出佛教。中国哲学家不管是诸子百家哪一家，都不太去考虑物，也不太考虑鬼神，主要思考人与人的关系。①

---

① 唐加文：《梳理中华文明的基本脉络》，《科学大观园》，2012年第21期，第70—72页。

第二阶段　东西方文明并驾齐驱

　　总体来看，这一时期，东西方世界都进入到了帝国时代——东半球的秦汉帝国和西半球的罗马帝国。公元前221年，秦始皇统一中国，书同文，车同轨，奠定了"大一统"的基因；公元前202年，罗马主宰地中海地区。两大帝国都拓展了广阔的疆域，但也都与欧亚草原接壤，周边都有强大的游牧民族，最终也都是因为遭到游牧民族的入侵而解体。220年，东汉王朝覆灭，中国进入长达360多年的分裂期；476年，西罗马帝国分崩离析。

　　中国在经历过魏晋南北朝的长期分裂之后，在隋唐时期再次形成大一统帝国，并实现了高水平的大发展。西方世界则随着罗马帝国的分裂，进入了长达千年的中世纪"黑暗时期"，分裂出许许多多的王国。

　　这一阶段，基督教、佛教等世界性宗教开始进行大范围的传播，影响越来越大。

第十一章　秦汉时期的中国与世界

秦国位于周朝兴起的渭河流域。[1]由于经常受到来自西方游牧民族的侵袭，秦人很快就学习发展自己的骑兵部队，在法家思想的强有力推动下，强调以严厉的法制刑罚进行社会约束，集中发展国力，最终形成强大战斗力，于公元前221年统一六国，开启了多民族、大一统的帝国体制。[2]

秦国统一六国的战争，从公元前231年就已经开始。按照"远交近攻"的原则，第一个目标确定为地理相近、势力相对弱小的韩国。公元前229年，秦国对赵国发动了战争，在分割包围中一战彻底解决赵国的同时，有效防御北方胡患，自觉维护中华文明的完整性。秦国灭赵后，随即开始筹划灭燕之战。经过"荆轲刺秦王"的变故，风雨飘摇的燕国即告灭亡，秦国本来准备接受和平统一的梦想也宣告破灭。公元前225年，秦国将灭魏大战提上日程，最终通过掘开连接黄河的鸿沟大渠，水战灭魏。公元前225年，秦国的统一战争开始向南中国发展，灭楚之战一触即发。第一次灭楚大战，秦国李信、蒙武统领的20万大军被楚国项燕统领的楚军引诱包围，仓促应战后溃败。公元前224年，王翦统率60万大军再次南下，对楚国展开了第二次灭国大战，先守后攻，一举平定楚国。之后，王翦大军继续进军岭南，平定百越。公元前221年，王贲率领秦军大兵压境，齐国的绥靖主义政策走到尽头，秦军几乎没有遇到任

---

[1]　周幽王时期，发生镐京事变，犬戎大军攻击周王室，秦人东进救周。因护送周平王东迁有功，周平王正式册封秦人为诸侯国，使得秦人族群重新登上历史舞台。

[2]　威廉·H.麦克尼尔著，田瑞雪译：《5000年文明启示录》，湖北教育出版社，2020年，第160页。

何抵抗，就消灭了齐国。

至此，秦始皇统一中国[1]，基本确立了时至今日的中国疆界，人口规模2000多万。秦始皇嬴政还接受丞相李斯的建议，顺应历史潮流，取消分封制，采取郡县制，建立起广袤辽阔的东方统一帝国，消弭了连绵战乱，给天下带来了安定的秩序，给国人带来新生活的希望。秦朝是我国疆域上出现的第一个多民族、大一统的中央集权的封建王朝，尽管只运行存在了10多年时间，但影响十分深远。

秦统一六国之后，政治上的大一统使各民族、各地区的文化得到了空前的融合交流，有力地推动先秦时期已经出现的各种文明因素进行汇集、整合、巩固、升华、发展，创建了以中央集权制、郡县制、统一法制为核心的政治文明[2]，以统一文字为核心的文化形式[3]，以统一货币和度量衡为核心的经济制度，极大地促进了经济、社会、文化的大发展大繁荣[4]，使整个华夏世界保持了有序状态，为中华文明的持续稳定发展起到了至关重要的作用。[5]

可以说，秦朝是我国古典文明的一座高峰，它成功地实现了中国疆域的统一，创造了中华文明的统一，实现了以社会制度为核心的文明形态的塑造，

---

[1] 统一意味着只能有一个政权、一部历史、一种意识形态。

[2] 盘点秦朝之后中国两千多年的历史，大的封建制回潮总共有4次，即秦楚之际的项羽大分封、西汉初先封异姓王后封同姓王、西晋的众建亲戚、明太祖封子侄39人并授塞王以重兵。但大体上，以郡县制为基础的中央集权是一个逐步强化的趋势。即使是分封，也明令王侯"食土而不治""封而不建"，只在封地征收财赋，而没有政治治理权，行政管理仍由朝廷派遣的流官执行。具体见文扬：《文明的逻辑：中西文明的博弈与未来》，商务印书馆，2021年，第118页。

[3] 春秋战国时期，各国各自为政，"言语异声，文字异形"。秦始皇统一中国之后，以秦国通行的小篆为规范字体，推行于全国，为中华文明发展和国家长久统一起到不可估量的作用。正是由于存在统一的文字系统，中华文明的向心力始终远远强于离心力。不仅如此，中国古代的许多民族和周边邻国都使用汉字，或仿照汉字创造自己的文字，促进东亚的文化交流。

[4] 威尔·杜兰特：《世界文明史·东方的遗产》，华夏出版社，2010年，第512页。

[5] 中华文明地大物博，汉字统一使各方言区的人群使用同一文字工具进行交流交际，将广大地域内的居民拉近，从而增强了中华民族的凝聚力，使中华文明延绵不断直到今天。朝鲜、越南、日本等受中华文明影响深远的国家，长期视中国为宗主国，后来也是在各自创立其自己的文字体系之后，逐渐与中华文明疏远。

给中国和中华民族奠定了永恒不朽的历史生存范式。①正是由于秦朝创立的大一统帝国在人类文明史上具有的巨大影响力，时至今日，世界各国依然将秦朝名号看作中国标志，各国语言中的中国大都发源于"秦"的称号发音。

秦朝彻底废除了西周创立的、实行了八百多年的、以血缘关系为纽带的、家国一体的宗法制度和封建分封制②，建立起全新的中央集权的政权和官僚政治制度，逐渐由职业文官而非世袭贵族来承担行政管理工作，皇帝拥有至高无上的统治权力。③地方行政实行郡县制，将全国划分为三十六郡，随后发展为四十六郡，选贤任能进行治理。中央集权制自秦朝创设，一直沿袭到清朝，历经多个朝代，历时两千多年。实践证明，这种制度体系非常适合以土地私有制为基础的农耕社会，有助于我国这样的多民族、大一统国家发展创新，实现上下一体的有效管理，稳定社会秩序。美国学者弗朗西斯·福山在《政治制度的起源》一书中写道："秦朝凭借政治权力所建立的强大现代制度，不但活过了汉初的贵族复辟，而且在事实上定义了中国文明。"

秦朝充分发挥自上而下的帝国体制动员能力，产生了巨大的文明价值，推进中华文明迈上一个全新高度。早在嬴政即位之后，就开始修建郑国渠，一举解决了渭北地区的旱灾威胁，使关中平原变为号称秦国"金城天府"的巨大粮仓，拥有了当时最为强大的粮草供应能力，为统一中国提供了坚实的物质条件。④秦始皇修建了700公里的秦直道以及驰道系统，构筑起四通八达的快速交通网络。秦朝还对东南、岭南、西南三大地区进行重新整合，在广西开

---

① 孙皓晖：《中国原生文明启示录》，中信出版集团，2020年，第17页。

② 秦始皇时期，曾举办大朝会，公开讨论封建制和郡县制的选择问题。最终秦始皇决定采用郡县制，并开始铁血镇压六国贵族的复辟活动，实施意识形态管控，防止"以古非今"的复辟言论蔓延，禁止民众议论国家政事，焚烧民间收藏的政治类图书，禁止私学，根除旧政治理念传播，设立官学，正面巩固社会法治意识，坑杀涉案的方士和儒生。

③ 由于各个朝代情况各异，在分封制和郡县制之间会有所摇摆，有时会二者相结合。比如，西汉早期刘邦就实行分封与郡县并行制，晋朝、明朝建立初期也都有明显的分封举措。但是，总体而言，中国两千年封建时期，主要采取的还是郡县制。

④ 孙皓晖：《中国原生文明启示录》，中信出版集团，2020年，第595页。

凿长约33公里的沟通湘江水系与岭南水系的灵渠。这条闻名于世的人工运河不仅有利于当地的农田灌溉和物资运输，也对我国南北经济、文化的交流起到十分重要的作用。秦朝还修建了从中南直通岭南的杨越新道，实行"屯垦"政策，迁入南进人口，推动人员混居融合，保障"三南"地区6个郡长期纳入中国统一治权。

为了抵御北部匈奴的袭扰，秦朝在战国时期各国兴建的长城基础上，整合修筑了举世闻名的万里长城，东自山海关，西至嘉峪关，全长约2300公里，并在重要道口设立关塞卡口。长城虽然没能完全抵御住北方草原民族的进攻，但确实发挥了一定的作用，减少了匈奴入侵中国的次数，构建起护卫中华文明的军事屏障。汉朝时，对匈奴进行长时期的强力征伐，迫使匈奴西迁进入欧洲。从这个角度看，罗马帝国的灭亡，就是因为中国建立起了一条万里长城。[1]长城修建之后，长城以南的农耕民族和长城以北的游牧民族之间的杀伐战争大大减少，民族之间的交往逐渐由暴力转向和平。自西汉时期开始，长城内外定期开展有组织的"互市贸易"，对各族的生产生活和经济社会发展都带来积极作用。从这个角度看，长城既是某些时期的军事防御工程，也是某些时期民族和平共处、友好往来的见证。[2]

秦始皇是中国历史上第一个皇帝。他的陵墓极其壮观，陵墓之外陪葬坑的规模、数量、种类等方面甚至可以说是空前绝后。"陵墓若都邑"的理念在这里得到最为充分的体现，对后世产生极为深远的影响。秦始皇陵给后人留下了规模宏大、蔚为壮观、生动鲜活、惟妙惟肖、栩栩如生的兵马俑，号称世界"第八大奇迹"。这些兵马俑按照真人真马大小塑造，步伍严整，排列有序，是秦国强大军队的缩影，以雕塑的艺术魅力彰显出整体的美、宏大的美、力量的美，给人以强大的震撼。帝王陵墓高搭坟冢的兴起，是战国以来高台建筑流行的结果，是帝王生前居住的高台宫殿建筑的镜像。

① 威尔·杜兰特：《世界文明史·东方的遗产》，华夏出版社，2010年，第512页。
② 袁行霈、严文明、张传玺、楼宇烈主编：《中华文明史》第2卷，北京大学出版社，2006年，第26页。

公元前213年，秦始皇认为儒学尊古的思想核心间接表达了对统治的抵抗。为了实现长期统治，在丞相李斯的建议下，"定法教于一尊"，因而发生了众所周知的焚书事件。除了医药、卜筮、种树等科学性的书籍免于遭殃，其他除了秦史之外的史书一律焚烧。颁布禁止持有书籍的法令"挟书令"，禁止百姓藏有"《诗》、《书》、百家语"，又以"妖言惑众"的罪名，坑杀儒生和方士460多人，史称"焚书坑儒"。儒学第一次遭遇重大挫折，中华文明也因此进入一个短暂的学术低潮。这也使得秦始皇长期以来一直遭受到中国历史学家的最恶劣的批评。直到现在，很多人仍然以暴虐无道来形容他，甚至因此而抹杀他的一切丰功伟绩。

幸运的是，中华文明没有因为焚书坑儒而真正被截断源流。[1]一些学者冒着被砍头的危险，藏下一些曾遭禁绝的书籍。这些书籍在不久之后的汉代重新得到整理发现，如伏胜的《尚书》、颜芝父子的《孝经》等，使中华文明再次绽开绚烂的光彩。

秦朝政治上的重新统一，带来了国内各民族文化的进一步交流和融合，这是中华文明史上的重要转折点。尽管由于秦朝存在的时间非常的短，在历史上发挥的作用没能充分体现，但是不久之后建立的汉朝，传承发展了秦朝辉煌的制度文明，其所形成的结果影响范围绝不限于中国和亚洲东部，只有站在世界史的高度上，才能正确估量它的意义和价值。[2]

公元前202年，刘邦结束秦朝灭亡后的混战局面，正式称帝。汉承秦制，建立汉朝。220年，汉朝覆灭，前后延续约400年。[3]

---

① 李学勤：《中华古代文明的起源》，生活·读书·新知三联书店，2019年，第340页。

② 李学勤：《中华古代文明的起源》，生活·读书·新知三联书店，2019年，第402页。

③ 8年，汉元帝皇权旁落，外戚与宦官势力兴起，王莽篡权建立新朝，西汉灭亡。王莽篡权之后，国家重新改革经济和政治，废除奴隶制度，禁止买卖奴婢，并规定土地国有，不得买卖，实施盐、铁、酒专营，实施平价贸易，由国家收购过剩的农产品，在饥馑的时候再出售平抑市场，并以低利息贷款帮助生产经营发展。但是之后不久，在匈奴入侵的压力下，刘秀推翻王莽，建立东汉，使得一切革新措施全部废除，经济社会恢复到原有面目。具体见威尔·杜兰特：《世界文明史·东方的遗产》，华夏出版社，2010年，第515页。

汉代是推动中国形成以汉族为主体、多民族统一的中央集权国家的时代，是大一统观念的奠定与基本形成时代。我们今天所说的汉文化、汉人、汉族、汉字等，都与汉朝密切相关。汉朝是因刘邦被项羽封为"汉王"而得名，汉王之汉，是因汉中而得名，汉中又因汉水而来。①

汉代是中国古代国家机器快速发展的时期。从中央到地方，设有行政、军事、财政、监察、司法、人事等专门机构。这些机构有严格的公文程式，有复杂的运行机制，形成了一个具有特殊技能的有权势、地位、知识、财富的特殊阶层——官僚集团。汉代仅丞相府就有吏员300多人，全国大小官员达到12万～13万人。官僚集团虽然以皇帝为首，但也是限制和抗衡皇权的一种重要力量。②

这一时期，土地私有制充分发展，极大地提高了农业生产的积极性，推动社会生产力快速发展。周代，中国实行的是封建国家或领主贵族世袭所有制，奴仆人格不独立。公元前216年，秦始皇下令"使黔首自实田"，标志着土地私有制在全国范围内获得合法地位。进入汉朝，地主的经济实力逐渐雄厚，组织再生产、改善耕作条件、兴修农田水利、抵御自然灾害的能力都有明显提高，有利于生产发展和社会稳定。与之相随的是，土地兼并兴起，贫富分化加剧，出现"富者田连阡陌，贫者无立锥之地"的社会不公平局面。目前，已经发现了西汉武帝后期至东汉光武帝初年的具有法律文书性质的土地买卖契约——"受奴卖田契"。此后，虽然许多朝代都尝试通过限田令来控制这种局面的持续恶化，但之后两千多年的中国历史表明，所有的朝代更替，几乎都是由土地恶性兼并之后引发的农民革命所致。

这一时期，铁犁等农具和牛耕迅速发展，达到基本普及的程度。全国农田耕种面积不断扩大，垄作耕种法全面推广，施肥、选种等耕作技术不断改进，农田水利事业迅速发展，单位面积的粮食产量不断提高。人口规模由西

---

① 刘庆柱：《不断裂的文明史》，四川人民出版社，2020年，第117—118页。
② 马克垚主编：《世界文明史》，北京大学出版社，2016年，第199—201页。

汉初年的1600多万人，上升到汉武帝时的3600多万人。到西汉末期汉平帝二年（2），全国人口接近6000万人。

农业的快速发展，带来社会分工的加速，催生出许多专业化的私营工商业者。这一方面加速了社会经济的发展和商品物资的流通，提高了社会发展水平；另一方面，由于商人追求暴利，经常囤积居奇，造成社会动荡。因此，汉代在桑弘羊的大力提倡下，推行均输法，平抑物价，对盐、铁等特殊商品采取国营专卖制度。此后，中国封建时期的统治者在儒家文化的灌输下，大多采取"重农抑商"的政策，使得商人阶层虽然在经济上能够获取巨大财富，但在政治、社会上的地位始终都比较低。

汉武帝元鼎四年（前113），中国历史上第一次确立了统一标准形制、重量、铸造权的货币制度，由中央政府统一集中铸造铜钱，这一制度一直沿用了两千多年。直到清末，西汉铸造的五铢钱还在市场上流通，对中国经济社会的发展产生深远影响。由于中国长期流通票面价值不高的铜钱，有利于推动各种性质的劳动成果得以交换，进一步推动人员向大型城市集聚，都城长安到唐朝时人口超过百万。而欧洲则是典型的领主封建制，领主有自己的城堡和庄园，可以做到自给自足，农民基本上是实物交换，市场上流通的是大额金币，只有在大宗买卖时才能使用，不利于推动劳动分工细化，这也导致中世纪欧洲最大的城市威尼斯也只有10万人左右，同时期的巴黎和伦敦只有几万人口。①

汉武帝期间，派遣张骞"凿空西域"，从而疏通了今天所谓的陆上丝绸之路，使汉朝的对外交流空前发展，不仅向西方出口丝织品、漆器、铁器等，也从西方引进葡萄、紫花苜蓿、无花果、良马、香料、石榴等。与此同时，东汉时期，始自广州地区的海上丝绸之路也已经基本畅通。

汉初，由于之前经历多年战乱，统治者主要秉承道家思想，无为而治，以

---

① 丁一凡：《跌宕起伏的中欧关系——从文明对话到战略伙伴》，中国社会科学出版社，2020年，第206—207页。

使人民能够休养生息，这为道教的发展创造了很好的条件。道教是中国土生土长的宗教，早在春秋战国时期就开始萌芽，在东汉中期正式以宗教的形式出现。道教基本经典就是老子的《道德经》。后来一些方士作《天官历》《太平经》等，也对道教思想产生很大影响。在这些经典著作和思想观念的基础上，道教不仅有一套自己的教义，还逐渐形成了自己的组织和集合信众的一套仪轨。东汉末年，道教主要有两个派别，分别是张角创始的太平道和张陵创始的五斗米道。道教有时依附统治者，适应主流意识形态，成为合法宗教，有时走到统治者的反面，为底层人民革命提供"造反"的思想旗帜。太平道和五斗米道的基本教义大致相同，继承了中国古代从殷商时代发展下来的鬼神观念、巫术和神仙方术传统，以及汉初的黄老学说及中期盛行的谶纬之学，把神秘主义因素、神仙长生、阴阳五行等理论糅合到一起，推崇神化后的老子，以阴阳五行推验灾异祯祥。[①]

这一时期，佛教开始传入中国。中国佛教界和学术界认为，大约在1世纪，佛教经中亚、西域进入中国。佛教与儒家一样，十分重视经典的传承。中国大规模的翻译佛经活动始于东汉末年，来自安息国的高僧安世高在都城洛阳翻译佛经。佛教虽然是从印度传来的宗教，但是却在中国历史上产生了巨大影响。

总体来看，中国人的宗教观念比较淡薄。先秦时期，诸子百家思想碰撞的高峰时，也没有能够形成一个类似基督教、佛教、伊斯兰教那样的有教宗、教义和教规的宗教组织。虽然从汉代开始产生了道教，又从域外传入了佛教和其他宗教，但由于儒家思想始终在社会上占据意识形态的统治地位，孔子明确持"不语怪力乱神""敬鬼神而远之"的态度，更多地关注现世中人的社会伦理道德，宗教势力在中国的发展空间极度受限。一些宗教为了吸引教徒，只能在保留自身宗教基本教义的基础上，尽可能主动地吸收儒家思想，企图

---

① 袁行霈、严文明、张传玺、楼宇烈主编：《中华文明史》第2卷，北京大学出版社，2006年，第218—224页。

通过宗教中国化的方式在中国传播发展。在这种社会环境下，各种宗教呈现和平共处的局面，彼此之间不相互倾轧，同时也不太可能有一种宗教能够占据绝对统治的地位，中国更是从来也没有形成一个全民信奉的国教。①

这一时期，思想领域得到了大发展，确立起儒家在社会主流意识形态中的统治地位，从而演化出中国两千多年的发展脉络。

尽管秦始皇时期"焚书坑儒"，使得诸子百家的大量典籍遗失，"六经"中的《乐经》更是彻底不见。汉惠帝四年（前191），已经实行了20多年的"挟书令"终于被废除，人们重新获得了收藏、阅读书籍的自由。根据伏胜等一些儒家学士的记忆，用汉代通行的隶书整理、书写、保留下来的"五经"，称为"今文经"。西汉景帝以后，陆续在曲阜孔子故居的夹壁等处发现战国时期的有关典籍，以先秦古文字书写，故称其为"古文经"。由于二者在字句、篇章、解说、思想等方面均有所不同，于是引起今、古文经学的分立和争论。今文经学主张学为政用，政治大一统，攘夷狄，尊君权，选贤良，废世袭，托古改制；古文经学主张学政异途，行封建，和夷狄，尊世家，优贵民，不尚贤，世官世禄，属于世家贵族之学，复古守旧。②

汉武帝③为了内部削弱藩国王权，外部消除匈奴威胁，于公元前136年接受了董仲舒提出的"天人三策"的建议——"罢黜百家，独尊儒术"、主张察举、复兴太学，开始尊王攘夷，复礼归仁。董仲舒以儒学为基础，在精神实质上承继了《吕氏春秋》，以阴阳五行为框架构建系统论宇宙图式，兼采法家、道家等诸子百家思想，竭力把人事政治与天道运行强力地组合在一起，

---

① 袁行霈、严文明、张传玺、楼宇烈主编：《中华文明史》第1卷，北京大学出版社，2006年，第12页。

② 何新：《诸子的真相》，现代出版社，2019年，第28页。

③ 汉武帝是中国最伟大的帝王之一。他在位半个多世纪，大力反击匈奴，把疆土扩大，东至辽东及朝鲜南部，南至南海及越南东北部，西至玉门关及西域，北至蒙古大漠。汉武帝还为了解决日趋严重的民生经济问题，推行经济政策改革，建立国营制度，防止私人独占山川资源，避免贫富两极分化。具体见威尔·杜兰特：《世界文明史·东方的遗产》，华夏出版社，2010年，第514页。

其中特别是把阴阳家作为骨骼体系架构分外地凸显出来，以阴阳五行（天）与人道政治（人）互相一致而彼此影响，提出系统的"天人感应"学说①，建立起"儒表法里、王霸结合、德刑兼用、引礼入法"的新儒学②，从而使儒家的伦常政治纲领有了一个系统论的宇宙图式作为基石，使《易传》《中庸》以来儒家所向往的"人与天地参"的世界观得以具体落实，完成了《吕氏春秋》起始的，以儒家为主、融合各家以构建新思想体系的时代要求。③

这种关于人与自然处于一种神秘对应关系的思想，给整个汉代学术和后来的中国学术思想打下了很深刻的烙印。④新儒家的宇宙图式在社会意识形态和学术思想中取得支配地位之后，对中华民族的发展带来极其强大久远的影响。一方面，容易认为自己很强大，有坚定的文化自信，能够吸收消化外来思想以促进自身发展，体现出较强的宽容性和灵活性。例如，允许外来宗教在不危及儒学基本政教结构的情况下并存发展，尊重人们的宗教信仰自由。中国历史上，除了"三武一宗灭佛"有其当时的政治经济原因且只在极为短暂的时期内实施外，从来没有发生过大规模的残酷的宗教战争、宗教酷刑。与此同时，这一思想成为富有韧性、坚持奋斗的信念基础，使中国人很少秉持真正彻底的悲观主义，总是愿意乐观地眺望未来，即使是处在极为艰难困苦的环境里，也相信终究有一天会"否极泰来""时来运转"。另一方面，由于满

---

① 董仲舒的"天人感应"完全是从政治伦常和社会制度着眼，五行相生，互相影响。其中，更为宣扬"人"的积极作用，"人事"能够影响"天意"。如果逆五行特性，春行秋令、冬行夏政，不但天下多事，人民疾病怨愤，而且因为破坏了宇宙秩序，自然界也会出现灾祸变异，王朝也就危险以致毁灭。因此，皇帝虽然高居于万民之上，却也仍然受制于系统之中。

② "儒表法里"使得中华文明得以均衡中庸地发展。儒家思想强调要开放、包容、非暴力，法家思想强调组织性、纪律性、革命性，二者统一形成"马上得天下，马下治天下"的局面，使得中华文明呈现出三百年左右一次的王朝更替，走上一条螺旋式上升的文明发展道路，从大乱到大治的循环往复，呈现出"分久必合，合久必分"的历史逻辑。

③ 李泽厚：《中国古代思想史论》，人民文学出版社，2021年，第120—122页。

④ 袁行霈、严文明、张传玺、楼宇烈主编：《中华文明史》第2卷，北京大学出版社，2006年，第169页。

足于封闭性的实用理性的系统，中国人容易既不走向真正的科学的经验观察、实验验证，又不走向超越经验的理论思辨和抽象思维。由于中国人注重系统整体，便自觉不自觉地相对轻视、忽略对众多事物和经验作个别的单独的深入观察和考察，忽视对具体事物的分析、剖解和实验；由于心理自我满足，容易虚骄自大，固执保守；由于安分守己，听天由命，容易逆来顺受。①

汉朝思想领域的综合发展，与当时大一统帝国要求新的上层建筑密切相关。那时，中国正式摆脱极为久远的氏族统治结构和意识形态，由春秋战国时期分散的、独立或半独立的原始氏族部落基础上的邦国，逐步整合形成真正地域性的、以中央集权为标志的统一的专制大帝国。自战国后期起，各种思潮、学说在长久相互抵制和辩论中，出现了相互吸收、融合的新趋势。但是，并非所有先秦各家都同样积极地参与或被平等地吸收、保留到这个综合体系中：有的始终非常活跃、绵延而强大，如儒家、道家、法家、阴阳家；有的则逐渐衰退以致完全消失，如名家、墨家等。在这个过程中，尽管有许多曲折，但最终结果是儒家思想占据主干地位，日益融合道、法、阴阳三家，从而奠定了中国长期的主流意识形态。②

汉代博士以"五经"为研习对象，形成两汉经学，把中华文明的经典在国家制度层面上予以确立，客观上为中华文明的传承发展提供了制度保障。③在封建王朝统治需要的基础上，儒家学说进一步演变为儒教，把孔子神化为政治工具，塑造成儒教的教主。儒学成为主流思想意识形态，经过阐释发展，形成"五伦"（父子有亲，君臣有义，夫妇有别，长幼有序，朋友有信）和"五常"（仁义礼智信）的社会伦理道德。由于西汉前期推崇道家，汉武帝时期独尊儒术后，逐渐形成官方的儒学和非官方的道学相辅相成、互为补充。社

---

① 李泽厚：《中国古代思想史论》，人民文学出版社，2021年，第143—145页。

② 李泽厚：《中国古代思想史论》，人民文学出版社，2021年，第112—113页。

③ 中国人知道，任何正统思想，无论它如何尊贵，都无法宣称能得到所有人的认同。尊重他人的观点，比获得一种毫无谬误的见解更为重要。具体见凯伦·阿姆斯特朗著，孙艳燕、白彦兵译：《轴心时代：人类伟大思想传统的开端》，上海三联书店，2019年，第455页。

会上除了儒家和道家之外，其他诸子之学逐渐衰微。[①]正是由于儒家通过吸收法家思想，并为道家留下了发展空间，儒家最终成为帝国时期中国的官方意识形态。从汉武帝起一直到20世纪，不管统治者如何变更，一直是儒家学者在治理中国，使中国实现了超长期的社会稳定，世界其他任何文明都无法与之相媲美。[②]

儒家思想之所以能够在诸子百家学说吸收创新中占据优势和主导，是因为儒家与中国古老传统有着更为深入的现实联系。它不是一时崛起的纯理论主张或虚幻空想，而是以具有极为久远的氏族血缘的宗法制度为其深厚社会根基，从而能在以家庭小生产农业为经济本位的农耕社会中，始终保持现实的力量和传统的有效性。在综合各家理论先进成果基础上形成的新儒家，不再从氏族贵族的个体成员和巩固宗法纽带的基础上立论，建立在氏族成员的血缘观念和心理基础之上，而是从统一帝国和专制君主的统治秩序着眼，要求服从服务于皇家统治的政治目的，渗透着法家精神。在法家实际政治长久实践的经验基础上，在中央集权的统一专制帝国的社会基础和政治结构的需要上，新儒家对儒家血缘氏族体制和观念进行了保留和改造。从某种意义上讲，在乱世中进攻可以用法家，调动一切资源要素去获取胜利；但要"守天下"，还必须回到儒家"施仁义"。[③]

在儒家思想的积极推动下，汉朝的官办学校教育快速发展，为大一统的国家治理培育了大量专业化的官吏，有效地推动了经济社会进步发展，而学校教育的发展，又从另外一个角度又进一步推动了儒学的传播与繁荣。

汉代是中国的一个黄金时代。由于国家政治安定，统一时间比较长，社会经济和学术发展迅速，史学、文学、艺术和科技等领域的成就辉煌灿烂。

以史书记录历史，中国有着很悠久的优良传统。早在周朝，就在宫廷里设

①　陈来：《中华文明的核心价值》，生活·读书·新知三联书店，2015年，第86—87页。

②　威廉·H.麦克尼尔著，田瑞雪译：《5000年文明启示录》，湖北教育出版社，2020年，第166页。

③　李泽厚：《中国古代思想史论》，人民文学出版社，2021年，第115—117页。

置专门的史官，逐日记载国家大事，累积下浩瀚无比的历史著作，如《左传》《春秋》《竹书纪年》等。在这方面，全世界其他国家都难望其项背。

汉朝时，历史学作为一门独立学科产生并得到快速发展。在先后出现的众多史学著作中，有两部杰出的彪炳史册、影响深远的史学巨著——司马迁的《史记》和班固的《汉书》，给后世史家注入了无限动力。后来宋朝时司马光编撰的《资治通鉴》也取得了巨大的成功，清朝修撰的"二十四史"更是多达219大册。[1]

《史记》[2]是中国第一部结构完整、体例完备、规模宏大、内容丰富的历史著作，是中国史学走向成熟的显著标志。它记述的历史时期延展3000多年，在丰富的取材基础上，形成了大一统的历史观，使中华文明富于历史观念的特性得以延续发展。司马迁自述其目的是"究天人之际，通古今之变，成一家之言"，突出以人为本，创立了纪传体史书的体裁，始终秉承"史家不畏强权"的实录精神，传递中国优秀的人文主义精神传统，由此确立了中国史学的理想目标，奠定了中国史学的根本精神和主要体例。《史记》同时也是一部杰出的文学书籍，以生动的文笔刻画人物，叙事状物无不曲尽其妙，被誉为"无韵之离骚"。[3]

《汉书》是中国第一部纪传体断代史，为历史编纂开创了一种新的体例，反映出当时史学发展的最高水平。尤其是《汉书》的"十志"既包含了自然和社会的学问，也包含了可信的和神秘的学问，还包含了艺术和技术，可谓博大精深。如《食货志》对农业经济状况和商业货币情况做了专门论述；《刑法志》系统记载了法律制度的沿革和一些具体的律令规定；《五行志》专门记载自然灾害、地震、日月食等自然现象；《地理志》记录当时全国郡县的行政

① 威尔·杜兰特：《世界文明史·东方的遗产》，华夏出版社，2010年，第528—529页。

② 威尔·杜兰特认为，中国的历史学家忠实于历史记录，不像西方历史学家那样带有色彩，只求真实，不求美，认为历史应该是科学，而不是艺术。具体见威尔·杜兰特：《世界文明史·东方的遗产》，华夏出版社，2010年，第529页。

③ 袁行霈、严文明、张传玺、楼宇烈主编：《中华文明史》第2卷，北京大学出版社，2006年，第242页。

区划、历史沿革、户口数量、物产经济、民情风俗等;《艺文志》考证各种学术流派的源流,是中国现存最早的图书目录。

汉代从楚辞中演变发展出影响深远的汉赋,代表作家为司马相如。他的创作为汉赋奠定了基本格局,符合兴盛发展的汉帝国在精神文化上的需求。与此同时,汉乐府在创作精神上继承了《诗经》的现实主义优良传统,如实反映现实生活,表达社会各阶层尤其是底层人物的思想感情。[1]不过,从西汉到东汉,经历了汉武帝"罢黜百家,独尊儒术"的意识形态的变革,以儒学为标志、以历史经验为内容的先秦理性精神日渐浸润到文艺领域和人们的思想观念当中,逐渐融合形成南北文化的混同合作。[2]

汉代许慎编著的《说文解字》,是我国历史上第一部系统的汉文字学著作,标志着汉字学的创立。许慎认为,文字是"经艺之本,王政之始",编著《说文解字》,是为了澄清古文字的源流,正确理解文字的由来发展。

汉代艺术是一个幅员广阔、人口众多、第一次得到高度集中统一的国家繁荣时期的艺术,强有力地表现了当时人对物质世界和自然对象的征服。汉代艺术中的神仙观念,不同于远古的原始图腾,不再具有蛮荒时期的简陋直观,也区别于殷商时期的青铜饕餮,不再具有在现实中的狰狞威吓,而是带着更浓厚的主观愿望色彩。汉代艺术尽管受到道家、方士的影响,有些题材、图像显得荒诞不经,但其艺术风格和美学基调既不恐怖威吓,也不消沉颓废,而是愉快、乐观、积极和开朗。它不再是神对人的征服,而是人对神的征服。尽管道德说教、儒学信条已经深刻渗入,但仍然难以掩盖那个时代根底深厚、能量充沛的浪漫激情。汉代艺术尽管还处于比较初级的草创阶段,显得有些幼稚、粗糙、简单、质朴和笨拙,但是那种运动速度的韵律感,那种生动活跃的气势力量,反而显得自然、生动、优越和高明。那种发自内心的、蓬勃

---

[1] 袁行霈、严文明、张传玺、楼宇烈主编:《中华文明史》第2卷,北京大学出版社,2006年,第278页。

[2] 李泽厚:《美的历程》,生活·读书·新知三联书店,2009年,第74页。

旺盛的生命和整体性的力量气势，是后代艺术所难以企及的。①

这一时期，中国的科学技术有了显著的进步。西汉中期成书的《九章算术》，标志着中国古典数学体系的形成，是中国古代第一部内容完整、流传至今的数学专著，在中国数学史上影响深远。张衡总结形成了浑天说理论，改进制造类似现代天文学教科书使用的天球仪——浑天仪。东汉时期，蔡伦改进了纸张的制作技术，开启了文字书写材料的全新局面。到东汉末年，已经出现了专门造纸的名匠。②墨水也源自汉朝，虽然埃及人曾制造莎草纸和墨水，被认为可能是世界上最早的，但是欧洲人所知道的制造墨水的方法，来自中国。早在汉代，中国就使用朱色墨水，但这是皇帝的特权。到了4世纪，人们开始使用黑色墨水。③

王充是中国科学发展史上怀疑论的主要代表人物，他的《论衡》一书完成于83年，尽管他的自然观也是建立在阴阳、五行的基础之上，但他的论述充满理性，秉持一种自然主义世界观，并且以一种彻底的批判态度，否认天意，抨击迷信说法。④

这一时期，富有中国特色的中医药学开始形成体系：在中医学方面，整理形成了《黄帝内经》；在中药学方面，整理形成了最古老的经典著作《神农本草经》。《神农本草经》在中药学上的地位，相当于中医学上的《黄帝内经》。《神农本草经》也是假托神农之名，实际上不是一时一人所作，而是在从战国到秦汉许多医药学家长期收集材料、整理编纂的基础上形成的。书中共收载药物365种，其中植物药250余种，其余为动物药和矿物药。因为绝大多数为植物药，因此命名为"本草"，这也使得"本草学"成为后代中药学的

---

① 李泽厚：《美的历程》，生活·读书·新知三联书店，2009年，第76—81、86页。

② 20世纪的考古发掘证明，造纸术的发明时间可能要前推到西汉，英国考古学家斯坦因爵士在万里长城附近发现记载着21—137年的公文，这可能是目前得到证实的最早纸张。但是，蔡伦在改进和推广造纸技术方面作出巨大贡献是不容否认的。

③ 威尔·杜兰特：《世界文明史·东方的遗产》，华夏出版社，2010年，第535页。

④ 李约瑟原著，柯林·罗南改编，江晓原主持，上海交通大学科学史系译：《中华科学文明史》，上海人民出版社，2014年，第154页。

代名词。[①]

东汉末年，张仲景撰写《伤寒杂病论》。这是中国第一部不假托古人而有明确作者的医书，在中医药学史上的地位足以比肩《黄帝内经》和《神农本草经》。《伤寒杂病论》在《黄帝内经》的基础上，更加系统地论述了中医的辨证施治方法，充分运用望闻问切等诊断手段，对病人复杂的症候进行综合分析，然后根据相应的治疗原则确定具体的治疗方法。书中还收录了300多个药方，是中国最早的方剂。张仲景也因此被后人尊称为"医圣"。

与张仲景同时代还有一位著名的医学家华佗。他发明了麻醉剂"麻沸散"，是世界上最早采用麻醉药实施外科手术的医生。他还重视医疗体育，创造了一套保健运动体操"五禽戏"，可惜最终因为得罪曹操，下狱被杀。

这一时期，中医学先后传入朝鲜和日本。传入朝鲜后，朝鲜王室派遣医官到中国学习，也吸引一些中国医师到朝鲜定居，引进中国医药典籍和医事制度，推动朝鲜医学进步发展，编撰形成《乡药集成方》《东医宝鉴》《医方类聚》等医学著作。日本自中国秦朝时期就开始引进中国的医药文化、医学典籍和医事制度，编著《医心方》《顿医抄》《启迪集》等日本医书，推动中国医学日本化。

秦始皇统一中国之后，在很短的时间内统一了汉字、度量衡，为中华民族在思想上的认同奠定了坚实基础。汉武帝时期，明确了儒家在意识形态的统治地位，为中华文明长期发展确立了轨道。汉朝凿空西域，逐步打开了中西方文明交流的陆上通道。

这一时期，罗马帝国在北方蛮族和匈奴的强大冲击之下，由鼎盛走向衰落，最终瓦解为诸多小国。与此同时，基督教、佛教开始走出创始地，为后来成为世界性宗教迈出了坚实的第一步。

[①] 袁行霈、严文明、张传玺、楼宇烈主编：《中华文明史》第2卷，北京大学出版社，2006年，第340页。

这一时期，是罗马帝国（前27—395）的鼎盛时期。罗马共和时代（前509—前27），国土疆域不断扩大，几乎囊括当时整个地中海世界，之后势力范围又延伸到北非、伊比利亚半岛、法国、希腊、土耳其和巴勒斯坦等地。在此背景下，共和宪制中代表贵族的元老院与代表平民的护民官之间的矛盾日益尖锐。[①]公元前27年，元老院授予盖乌斯·屋大维"奥古斯都"称号，古罗马由此进入帝国时代。图拉真在位时（98—117），罗马帝国疆域达到最大，西起西班牙、高卢与不列颠，东到幼发拉底河上游，南至非洲北部，北达莱茵河与多瑙河一带，地中海成为帝国的内海。至此，古罗马以地中海为中心，建立起跨越欧、亚、非三大洲的大帝国，控制了大约500万平方公里的土地，是世界古代史上国土面积最大的君主制国家之一。这时的罗马帝国就是整个西方，统一的政权，同样的法律，统一以拉丁语作为官方语言，同一的度量衡和车辙轨，形成真正意义上的"条条大路通罗马"的恢宏气象。

395年，皇帝狄奥多西一世将帝国分给两个儿子，实行东西分治，分为西罗马帝国和东罗马帝国[②]，从此罗马帝国再也没能实现统一。476年，日耳曼人奥多亚克废黜西罗马帝国皇帝，西罗马帝国灭亡，分裂为诸多小国，欧洲历史从此进入漫长的"黑暗中世纪"。

罗马帝国已经不像希腊城邦国家时期，沉迷在理想主义的怀抱，而是身处一个信仰丧失的时代，呈现出明显的感性与理性的分裂、物质与精神的分裂、人与神的分裂、艺术与美的分裂，最终必然从早期的古希腊文化过渡到中世纪的基督教文化。

古希腊罗马时期的古典文化，建立在人本主义和现世主义的基础之上，虽然也信神，但那时的多神还是根据人的生活和需求来建立的。他们理想中"最高的善"是现世的幸福，他们要求灵与肉的平衡发展和多方面的自由活

---

① 梁鹤年：《西方文明的文化基因》，生活·读书·新知三联书店，2014年，第38页。

② 1204年，第四次十字军东征攻破东罗马帝国首都君士坦丁堡（直至1261年才收复），自此东罗马帝国一蹶不振。1453年，奥斯曼帝国苏丹穆罕默德二世率军攻占君士坦丁堡，东罗马帝国（拜占庭帝国）彻底灭亡。

动，如体育锻炼、学术探讨和文娱活动等。但是，到了后来，基督教会却要把它连根拔掉，代之以神权主义和来世主义。

早期，基督教进入罗马帝国之后，在妇女和奴隶、士兵等底层阶级引起共鸣，使帝国当权者感受到威胁。64—311年，前后有10个皇帝对其进行镇压，而基督徒殉道者用自己的鲜血滋润着这个以爱为本的宗教不断成长。313年，君士坦丁大帝颁布"米兰敕令"，允许基督徒在帝国内自由活动和传教。392年，狄奥多西一世更是将基督教确立为国教。①

基督教的道德性质，是早期基督教在罗马世界得到广泛普及的重要原因。古希腊意识形态中所缺乏的"道德为本"的意识，在上升为罗马"国教"的基督教中得到了强调，使得基督教为统治者所接受，成为缓和阶级冲突、统一民众思想的一个有效工具。②基督教要求人的心灵完全成为一片黑暗，以便充满上帝纯一的光辉。人只有一心向往上帝，人的灵魂才能达到至美的境界，这在表面上是圣洁，实质上是反人性的禁欲主义。

随着基督教成为罗马帝国的国教，教会承担了教育、社会和经济发展的核心任务，对世俗文化极端仇视。基督教认为，一切知识都是无用的，因而想尽一切办法禁止世俗文化教育活动，以求巩固神权。对于普通民众，教会采取愚民政策，不让他们有接受教育的机会。中世纪在很长时间里，仅有的学校是寺院中训练僧侣的学校。③僧侣是唯一接受教育的阶层，许多声名显赫的国王和贵族骑士也都是文盲。当时唯一通用的官方语言是拉丁文，圣经是用拉丁文本作为官方定本，礼拜仪式和宣讲教义都是用拉丁文进行，而拉丁文是僧侣阶级的专利品，普通民众所说的地方语是受鄙视的。④

正是在基督教的统治之下，古希腊所传下来的艺术遭到了一场空前的浩劫。凡是教会认为是违反自己的教义和利益的思想和行动，都会受到"异端"

---

① 梁鹤年：《西方文明的文化基因》，生活·读书·新知三联书店，2014年，第22页。
② 邓晓芒：《西方美学史纲》，商务印书馆，2018年，第71页。
③ 后来著名的巴黎大学、牛津大学等，都是由僧侣学校发展起来的。
④ 朱光潜：《西方美学史》，人民文学出版社，1979年，第122页。

罪名的指控和残酷的镇压。基督教一神论的确立，使得人间美学的最后领域——人的"心灵美"也被取消了，一切审美活动只有在被归结到唯一的上帝那里才被承认。[①]4世纪，希阿多什大帝在罗马帝国东部发起了一次声势浩大的镇压"邪教"的运动，把境内所有的古希腊、古罗马的庙宇建筑以及雕刻图画等文物都毁掉了。[②]在基督教的严格控制下，西方美学进入了一个漫长的冬眠期，没有真正的音乐、绘画和雕塑，除了几位业余诗人外，没有留下一位伟大艺术家的名字，只有哥特式教堂作为上达天国的天梯而被建造得富丽堂皇，但这也不是为了欣赏，而只是为了让人去崇拜、去惧怕、去忏悔。

普洛丁（205—270）是欧洲站在古代与中世纪交界线上的一个重要思想家，是新柏拉图学派的领袖、中世纪宗教神秘主义的始祖。他把柏拉图的客观唯心主义、基督教的神学观念和东方神秘主义的思想熔于一炉，认为"神"或"太一"是宇宙的一切之源。神就像太阳，放射出光，放射越远，光就变得越弱。灵魂要努力解脱肉体的束缚，清修静观，苦行默想，才能达到宗教的心醉神迷状态，才能见到神的绝对善和绝对美。[③]

这一时期，由于东方汉帝国、西方罗马帝国的存在和发展，文明形态的影响疆域出现相对稳定的边界。帝国之间开展大量商品、思想的交流，文明的影响范围超越了帝国的边境范围，彼此之间相互借鉴、相互融合。

尽管东西两大帝国之间由于地理间隔较远，在当时的交通条件下，几乎没有任何直接往来。但是，通过印度、中亚等中间环节，双方存在许许多多贸易、文化上的间接联系。[④]公元前612年，波斯帝国攻陷尼尼微，覆灭了亚述帝国。在大流士一世和其子薛西斯一世的带领下，推行中央集权和权力制衡，之后波斯帝国试图征服希腊未果，后来被马其顿之王亚历山大大帝所灭。公

---

① 邓晓芒：《西方美学史纲》，商务印书馆，2018年，第58，69页。
② 朱光潜：《西方美学史》，人民文学出版社，1979年，第122—124页。
③ 朱光潜：《西方美学史》，人民文学出版社，1979年，第113—114页。
④ 早在公元前330年，由于马其顿亚历山大大帝征服了印度，中东已经与印度连接在一起。公元前102年，汉武帝与中东国家建立经常性的贸易往来时，印度进入由摩揭陀国王建立的孔雀王朝。

元前247年，安息王国建立，不断开疆拓土，占领中亚、西亚的广大领土，成为一个强大的帝国。公元前119年，汉朝派遣张骞出使西域，拜见安息国王，安息也派遣使节回访汉朝，标志着陆上丝绸之路正式建立。这条路起于中国西安，贯穿中亚，途经美索不达米亚，终点在叙利亚的安条克城，长度约6437公里。安息王国是连接中国和叙利亚、埃及、罗马的桥梁，为开辟陆上丝绸之路作出了重大贡献，在丝绸之路贸易中有着举足轻重的地位。224年，安息王国被本国的波斯贵族所灭，萨珊王朝建立，与罗马帝国、印度贵霜王朝共存，吸收希腊文化和习俗。当伊斯兰教徒入侵时，萨珊王朝正处于全盛时代，持续统治400多年，直到我国唐朝初期。

在陆路贸易发展的同时，地中海地区和印度之间的海上航线也于公元前120年左右开始形成，并发挥着重要作用，使中国南方地区与埃及、印度之间都有了牢固的贸易联系，推动中国的丝绸、印度的香料、欧洲的苜蓿开始进入其他的国家和地区。与此同时，世界上还出现了一些覆盖范围较小的重要贸易线路，将不同文明群体连接起来。比如，沿河道北起波罗的海、南到黑海的"琥珀之路"，穿越撒哈拉沙漠将西非、北非连在一起的"驼队之路"。印度与东南亚、印度尼西亚也建立起贸易往来，中国与朝鲜和日本也建立起贸易关系。

从人类文明发展的角度来看，思想交流比商品贸易显得更为重要。由于丝绸之路的出现，东西方不仅货物贸易有效开展，而且推动思想文化的传播交流，对沿线国家和地区文明进步产生了重大影响。"丝绸之路"贸易网络将中国太平洋沿岸和非洲及欧洲的大西洋海岸联系在了一起，使波斯湾和印度洋之间的货物流通成为可能，同样还有穿越亚洲之脊、连接城镇和绿洲的陆上通道。欧亚思想碰撞所产生的文化交流胜景令人惊叹。位于今天塔吉克斯坦南部的石造祭坛上雕刻着希腊碑文、阿波罗的头像以及精美无比的讲述亚历山大大帝事迹的微型象牙镶嵌，足以说明来自地中海文明的渗透和影响是多么的深远。

当然，由于当时人们认知水平相对低下，传播的思想还是以宗教观念为主。地方宗教和信仰体系开始与一些具有强大影响力的宇宙观相碰撞，形成了一个使各种思想得以相互借鉴、相互改善并最终焕然一新的大熔炉。[①]

前200—200年，先后诞生出佛教、印度教、基督教三大宗教，3世纪中叶波斯诞生摩尼教。这些宗教有一些共同点，那就是每一位信徒只要与人神合一的救世主建立亲密关系，就能得到救赎；女性在宗教信仰上与男性处于平等地位，灵魂一样需要得到拯救。

但是，这三大宗教也存在重大差别。佛教在1世纪前后发生过一次重大变革，从早期宣扬"无我"的小乘佛教更多转向大乘佛教，认为一个人到达极乐世界的过程中，不需要他人，也不需要任何物质世界的帮助，整个历程都是心灵的、超自然的、个体的[②]，只要在现世慈悲行善，帮助他人，就能摆脱轮回，进入天堂，永享极乐，这种思潮直接影响到佛教徒们的日常生活。大乘佛教在印度西北部最为兴盛。1世纪，佛教跨越帕米尔高原向东传入了中国，并逐渐形成自己的风格。[③]公元前250年左右，统治印度全境的阿育王虔心礼佛，试图将佛教传至印度全境，并刻制大量佛经石柱，供人观瞻记诵，其遗存留存至今。大乘佛教造像吸收了希腊罗马雕塑艺术，在印度、中国和日本实现独立发展。

印度教起源于印度南部的婆罗门教，教义主要来自古老的吠陀书和地方的原始宗教习俗，信仰毗湿奴和湿婆两位主神。印度—伊朗人或称"雅利安人"，公元前14世纪时，就在美索不达米亚的西北部居住。原始的伊朗语言和印度的梵语有着密切的关系，印度和伊朗经常保持着某种艺术上的接触，而且两个地区的艺术创作具有某些相同的题材。印度—伊朗民族的原始宗教，在伊朗人和印度人分离以前，信奉两类主神：一是湿婆，即天神；二是阿修罗，即真主。两个民族分离之后，伊朗人把湿婆变作魔鬼，而使阿修罗成为

① 彼得·弗兰科潘：《丝绸之路：一部全新的世界史》，浙江大学出版社，2016年，第7、24页。
② 彼得·弗兰科潘：《丝绸之路：一部全新的世界史》，浙江大学出版社，2016年，第26页。
③ 威廉·H.麦克尼尔著，田瑞雪译：《5000年文明启示录》，湖北教育出版社，2020年，第213—214页。

唯一的真神；印度人把湿婆变为上帝，将阿修罗演变为魔鬼。至此，距离一神教的距离不远了。①印度教艺术没有受到希腊艺术的影响，神灵传说更具泥土气息，贴近农民生活。尽管印度教和佛教都是起源于印度，但是由于教义之间没有本质的冲突，教徒之间能够和平共处，就像佛教在中国形成不同宗派和平相处一样，没有人觉得，因为宗教信仰不同而进行人身迫害有什么意义。这一点与西方的基督教和伊斯兰教有着本质上的不同，这些教派不仅相互之间发生严重冲突，出现过持续时间很久的十字军东征，也出现过天主教与新教等基督教内部不同教派之间的武装冲突，迫害所谓"异教徒"。

基督教起源于犹太人创建的犹太教。早期基督教的方方面面都有着显著的亚洲属性。它产生的地理位置在亚洲的巴勒斯坦耶路撒冷，是耶稣出生、生活和受难的地方。经历过教义争辩、反抗迫害基督教徒等艰苦斗争，不同语言、不同地区对教义有着不同的理解，甚至歧义巨大。尤其是在地中海和西欧地区产生了巨大的影响，罗马帝国由起初的戒备、恐慌、暴力控制到后来的皈依、大力推行。2世纪下半叶流行病的暴发，为基督教的广泛传播打开了一扇大门，因为基督徒不仅对重大灾难的发生进行了宗教解释，还鼓励人们做慈善、照顾病人，使得大量信徒最终存活下来，影响日益扩大。②

琐罗亚斯德教是基督教、伊斯兰教诞生之前在中东地区最有影响的宗教，是古代波斯帝国的国教，流行于古代波斯（今伊朗）及中亚等地。琐罗亚斯德教的教义相信善会最终战胜恶。琐罗亚斯德教的经典主要是《阿维斯塔》，意为知识、谕令或经典，通称《波斯古经》。北魏时，琐罗亚斯德教传入中国洛阳，史称祆教、火祆教、拜火教。

需要注意的是，宗教观念传播的其中，也伴随着一些科学成分。比如，欧洲人后来所称的"炼金术"就起源于中国的道家。

跟随着传道者、朝圣者、军队、牧人和商人旅行的足迹，伴随着商品交易

---

① 勒内·格鲁塞著，常任侠、袁音译：《东方的文明》，商务印书馆，2019年，第67—68页。
② 尼尔·弗格森著，周逵、颜冰璇译：《广场与高塔——网络、阶层与全球权力竞争》，中信出版集团，2020年，第67页。

的进行、思想的交流、相互的适应和不断的提炼，传播的不仅是财富，还有死亡和暴力、疾病和灾难。[①]随着商品贸易和人员往来，疾病随之而至。许多证据表明，公元前100年之后不久，罗马帝国和中国汉朝都出现过由于重症疾病流行，导致人口规模大减。由于当时医学水平不高，疫情只能随着人口往来降低、自身免疫力增强之后，慢慢得到遏制。

这一时期，印度经历过5个世纪辉煌的孔雀王朝于公元前185年终结。中央集权制度的没落消散，使得印度此后数个世纪出现多个独立的地区权力中心，赋予印度教国王合法性的古老传统得以复兴，佛教日渐衰落，经常被描绘为印度历史上的一个黑暗时期。印度的政治中心转移到西北地区，中部和南部印度开始崛起。[②]南印度通过海路，开始和西方、东南亚建立起直接联系，对印度未来的历史进程产生了极其重要的影响。

---

① 彼得·弗兰科潘：《丝绸之路：一部全新的世界史》，浙江大学出版社，2016年，第4页。
② 赫尔曼·库尔克、迪特玛尔·罗特蒙特著，王立新、周红江译：《印度史》，中国青年出版社，2008年，第85—87页。

第十二章　魏晋南北朝时期的中国与世界

　　魏晋南北朝是中国历史上政权更迭最频繁的时期，也是继春秋战国之后中国古代历史上第二个民族大融合的时期。在三个半世纪里，中国四分五裂，小国林立，多数时候处在北方草原民族的威胁与统治之下，一直到589年隋朝灭陈，再次进入大一统时期。

　　220年东汉覆灭之后，基本形成魏、蜀、吴三国鼎立的格局，三者割据，都谋求统一全国。280年，晋武帝再次统一中国。此后不久，又发生290年的"八王之乱"和294—303年的匈奴、羯、氐、羌、鲜卑"五胡乱华"。317年，东晋基本控制了长江以南地区，但黄河流域至长江以北，长期互相攻杀，先后建立众多国家，史称"十六国"。[①]这一时期，由于战乱频仍，中国的人口规模在三国时期下降到接近1600万，到隋朝统一南北时恢复到5800万。

　　魏晋南北朝时期由于国家长期分裂，社会动荡不安，战争频仍，晋室南渡，北方士族过江避乱，推动长江流域和淮河流域大开发，中华文明的地域格局随之发生重大变化。这一时期，无论是经济、政治、军事，还是包括哲学、宗教、文化、文艺等等方方面面在内的整个意识形态，都经历了重大转折。秦汉时期繁盛的城市和商品经济相对萎缩，东汉以来的庄园经济日益巩固推广，大量个体小农民和大规模的工商奴隶经由不同的渠道，转变为束缚在领主土地上、人身依附极强的农奴或准农奴。[②]与这种标准的自然经济相适

---

① 袁行霈、严文明、张传玺、楼宇烈主编：《中华文明史》第2卷，北京大学出版社，2006年，第45页。

② 李泽厚：《美的历程》，生活·读书·新知三联书店，2009年，第88页。

应，政治上分裂割据，各自为政，混战不止，社会动荡不安，经济凋敝，等级森严的门阀士族阶级占据历史舞台的中心。

幸运的是，在国家大分裂时期，为了强调自身政权的合法性，不管是汉族统治者，还是少数民族统治者，都纷纷强调自己是中华文明的继承者，全面接受了中原王朝所实行的政治制度和大一统的中华文明观念。当时北魏的统治者孝文帝拓跋宏，虽然是鲜卑族，但是十分推崇汉文化，"我们在军事上是胜利者，但在文化上是汉文化的学生"。他主动提倡废除鲜卑语，要求所有官员都学习汉语；不准再穿鲜卑服装，必须穿汉服，移风易俗；将原来在山西大同的首都迁到农耕文明的中心地河南洛阳，实行《均田法》等农耕文明的法律；鲜卑族的贵族要努力和汉族通婚，促进血缘相通。统一了长江以北地区的北魏采取的这些举措使社会趋于稳定，民族关系更加和谐，社会经济文化获得发展。正是在中华文明的强大影响下，中国逐渐从大分裂到大融合，中华文明由大动荡到大发展，为此后隋唐大一统创造了有利条件。

每一次民族大融合，虽然会给经济社会带来极大动荡，但也是文化大交流大发展的重要时期。这一时期，中原讲究礼节斯文的农耕民族受到来自北方草原崇尚武力的游牧民族的强力冲击，中华文明进入生死攸关的关键时刻。北方和西方的众多少数民族进入中原，不同民族之间的文化相互交流、影响、吸收、融合，催生出富有生命力的新文明。同时，由于战乱频发，许多士族开始南迁到江西、浙江、湖南等地，大量中原移民渡江南下，进入长江流域和淮河流域，推动江南地区快速发展，促进了南北文化的交流交融。南下的汉人与原居南方的少数民族也进一步融合，相互交流，促进彼此进步。[1]留在中原地区的汉人开始与北方少数民族大规模通婚，主动加强与草原文明的交流交融。中华文明的士人文化不仅得以保存延续，而且注入了北方少数民族的雄武阳刚之气、强悍之力，刮起马背上的雄风，使中华文化变得更加强大。同时，佛教思想从印度加速传入，给中华文明以精神思想上的极大刺激。在

---

① 马克垚主编：《世界文明史》，北京大学出版社，2016年，第311页。

多种因素的共同影响之下，中国即将迈入一个新的伟大时代，在隋朝统一之后，迈向全盛的唐朝。

由于这一时期政治管束弱化，意识形态氛围相对宽松，魏晋南北朝成为继春秋战国之后，又一个学术繁荣的时代，经学、文学、史学等领域都得到很大发展，突出表现在玄学的兴起、佛教的传播、道教的勃兴。

从东汉时期开始形成的门阀士族，进入魏晋南北朝以后，不仅居于社会的上层，在经济政治上世世代代享受着特权，而且在文化上也几乎处于垄断地位，寒门庶族很难得到发展，所谓"上品无寒门，下品无士族"①。面对汉朝传统政经秩序的瓦解，儒家思想面临着重大危机，士族阶层开始对人的存在和价值进行痛苦的思索，试图借助道家思想，建立一个无为而治的社会，对个体人格绝对自由的追求大大增强。在这样的社会背景和思想基础上产生的魏晋玄学，总体上依然是以儒家为基础，结合了许多道家思想，更加强调个体的自由和解放。由于当时天下大乱，礼崩乐坏，对个体的"才"尤为重视，有能力的人很容易得到重视，个性的自由也容易得到张扬。②

长期的封建割据和连绵不断的战争，使这一时期中国文化的发展受到特别的影响。社会变迁在意识形态和文化心理上的表现，使占据统治地位的两汉经学逐渐崩溃，代之而兴的是门阀士族地主阶级的人生观和世界观。魏晋南北朝时期成为哲学重新解放、思想高度活跃、问题提出很多、收获甚为丰硕的时期，理性再次被发现。在没有过多的统制束缚、没有皇家钦定的评判标准之下，文化思想领域自由而开放，议论争辩的风气相当盛行。例如，三国鼎立时期的思想自由度就很高，学者们或参与朝政，或著书立说，或设坛授徒，在哲学、历史、文学等领域建树颇丰。③一种真正思辨的、理性的"纯"哲学产生了，一种真正抒情的、感性的"纯"文艺产生了。这在人的活动和

① 袁行霈、严文明、张传玺、楼宇烈主编：《中华文明史》第3卷，北京大学出版社，2006年，第14页。
② 周清毅：《美的常识》，人民美术出版社，2021年，第114—115页。
③ 王充闾：《文脉：我们的心灵史》，北京大学出版社，2020年，第7页。

观念完全屈从于神学目的论和谶纬宿命论支配控制下的两汉时代，是不可能有这种觉醒的。[①]

在社会动荡不安的现实下，在士族阶层的大力推动下，中国的哲学思想发生了重大变化。汉代哲学是宇宙论，魏晋玄学是本体论，通过有与无、本与末、一与多、言与意、自然与名教等范畴，讨论宇宙和人世间万事万物的现象与本体之间的关系，突破了先秦两汉哲学的经验直观，达到了纯粹的抽象思辨，用全新的视角去重新审视自然、社会和人本身，使人获得真正独立的价值和意义。就儒学自身而言，礼学和玄学化的经学取得重要成果，这不仅是隋唐经学的前身，也是宋朝理学的渊源。[②]

何晏、王弼等思想家着力改变东汉经学的烦琐，以理性驱除迷信，以简易取代烦琐，着力创立玄学，将《周易》《道德经》《庄子》作为基本思想典籍，以老庄思想为主体、兼蓄道儒的学术思想体系，极大地发展了老庄思想，如对生命、心灵、精神的自由追求，对宇宙、自然的无限向往。郭象提倡"适性逍遥"与"率性自然"，极大地拓展了中国人精神的空间和深度，使老庄思想更深刻地影响到中国的艺术和文学，也为佛教进入中国创造了社会条件。

魏晋玄学彻底摆脱了中国早期哲学中的原始宗教和神学的影响，走出了中国哲学的原初阶段，逻辑和实证成为魏晋思想家说理的主要手段，实现了由直观、朴素的自然主义向纯粹本体论哲学的历史性飞跃，早期中国思想家常用的隐喻、寓言等表达方式逐渐被清晰的逻辑推理和经验实证所代替，早期哲学中的神秘主义和原始宗教色彩，在魏晋玄学中消失殆尽。[③]

但是，玄学过于追求玄远，尽管思维水平和精神境界高于传统的经学，但与社会伦理和日常生活应用脱离得比较远[④]，普罗大众理解接受起来比较困难，

① 李泽厚：《美的历程》，生活·读书·新知三联书店，2009年，第89—90页。
② 袁行霈、严文明、张传玺、楼宇烈主编：《中华文明史》第2卷，北京大学出版社，2006年，第150页。
③ 袁行霈、严文明、张传玺、楼宇烈主编：《中华文明史》第2卷，北京大学出版社，2006年，第161、168页。
④ 陈来：《中华文明的核心价值》，生活·读书·新知三联书店，2015年，第94页。

因此，随着新的大一统王朝的建立，社会运行日趋稳定，很快就衰落下去。

魏晋南北朝时期，是佛教真正在中国实现大发展的时期。这一时期，随着北方游牧民族的不断入侵，大量外来思想加速涌入。在1世纪汉朝末期衰微时，人民陷入长期战乱的旋涡，开始皈依佛教以求慰藉，就如罗马帝国衰败分裂后，民众转向基督教求助一样。

这一时期，由于地方政权割据，社会动荡不安，民众朝不保夕，十分渴求和平，在心理上更加容易接受佛教。整个社会在长达400年的时间里，历经无休止的战祸、饥荒、疾疫、动乱，大规模屠杀成为家常便饭，阶级之间、民族之间、统治集团之间、皇室宗族之间进行反复的、经常的杀戮和毁灭，人类社会似乎回到了极为野蛮残酷的原始状态。现实生活是如此悲苦，生命宛如朝露，身家毫无保障，命运不可捉摸，生活无可眷恋，人生充满悲伤、惨痛、恐怖、牺牲，世间似乎根本没有"公平""合理"可言，也毫不遵循什么正常的因果和规律。于是，佛教便自然而然地走进了人们的心灵。宗教里的苦难，既是对现实的苦难的表现，又是对这种现实的苦难的呻吟。既然现实世界毫无公平、合理可言，人们只好把因果寄托于轮回，把合理委之于"来生"和"天国"，从而努力忘却现实中的一切不公平、不合理。[1]正是在这样的社会大背景下，佛教开始在中国大规模深入传播。[2]

佛教进入中国的初期，从某种意义上讲，先是借助于玄学概念立足，最终佛学取代玄学，在一定时期成为主流，于唐朝达到鼎盛。这一来自异域的文明深入到中国人的社会生活和思想、文学、艺术等多个领域，丰富了汉字词汇，拓展了思维想象空间，促进富有思辨色彩的玄学进一步发展，改变了中国人的宇宙观、人生观和美学观，对中华文明的发展产生了不可估量的影

---

① 李泽厚：《美的历程》，生活·读书·新知三联书店，2009年，第114—115页。

② 威廉·H.麦克尼尔著，田瑞雪译：《5000年文明启示录》，湖北教育出版社，2020年，第224页。

响。[1]本土文化元素在与佛教思想达成和解的同时，又吸收了印度、希腊和中亚的文化元素，为中国文学艺术的繁荣发展奠定了坚实基础。

外来的佛教艺术与中国的传统艺术日渐融合，最终以巧妙的雕塑艺术形式在敦煌石窟、云冈石窟、龙门石窟中得到物化，巨大的佛像在平城（今大同）和洛阳纷纷竖起，一座座寺庙在人们慷慨的捐赠下涌现[2]，给千百年来的人们以启迪。这些反映"割肉贸鸽""舍身饲虎""好善乐施"的雕塑和壁画，体现出"以形写神""气韵生动"的原则，不仅表达佛教内容，也曲折地反映了中国的现实生活。印度佛教艺术从传入中国开始，便不断被本土化。印度佛教中那种接吻、扭曲、乳部突出、性的刺激，都被完全排除。

这一时期的希腊文明[3]，通过贸易通道，从印度向东抵达中国。这一点充分体现在这一时期中国的佛教雕塑风格上。[4]比如，山西大同云冈石窟中有希腊风格的雕塑，有罗马文明象征的廊柱，有些佛像造像呈现的也是西方人典型的高鼻梁深眼窝。[5]

到5世纪60年代，佛教的思想、活动、艺术和形象已经成为中国主流文化的一部分。这主要得益于当时的新王朝——北魏的大力支持。像中东地区的贵霜帝国一样，北魏宁可抛弃自己的旧有传统，而结合中华传统文化提倡新观念，捍卫有助于自身执政合法性的思想。佛教在魏晋南北朝时已经盛行，北魏建造佛寺3万多座，译经1900多卷。佛教大、小乘都被引入中国，后来大乘般若的"缘起性空"思想成为汉传佛教的主要流派。西域来的僧人佛图澄被后赵的石勒、石虎尊为国师，对佛教在中国北方的发展起了很大推动作用。此后，道安在北方结交权贵，翻译经典，制定僧尼规范，使得佛教不再

---

① 袁行霈、严文明、张传玺、楼宇烈主编：《中华文明史》第1卷，北京大学出版社，2006年，第16页。

② 彼得·弗兰科潘：《丝绸之路：一部全新的世界史》，浙江大学出版社，2016年，第27页。

③ 公元前150年左右，阿历山德罗斯创作了享誉全球的雕塑《断臂维纳斯》。

④ 威廉·H.麦克尼尔著，田瑞雪译：《5000年文明启示录》，湖北教育出版社，2020年，第192—193页。

⑤ 唐加文：《梳理中华文明的基本脉络》，《科学大观园》，2012年第21期，第70—72页。

与道教等本土宗教混杂在一起，也无须再依附玄学一类的儒家思想形态，得以独立地存在于中国社会之中，对中国佛教的发展贡献和影响都很大。慧远是道安的弟子，后来成为南方佛教的领袖人物，是净土宗的第一位祖师，他在江西庐山建立的东林寺至今犹在。来自西域的龟兹（今新疆库车）的鸠摩罗什，在长安居住近12年，精通汉语，对汉族传统文化有很深的理解，因而翻译出的佛教经典质量很高。他先后翻译出佛经35部，共294卷。

佛教在给中国文化增加许多思想理论方面的新鲜观念的同时，也与中国原有的儒家意识形态存在激烈的冲突。齐梁时代范缜与佛教信徒之间关于"神灭"还是"神不灭"的争论，就是一个典型案例。范缜著有《神灭论》一书，一定程度上代表当时以儒学为背景的主张无神论的学者，在理论上对佛教的反驳。[①]北周武帝也从政治角度出发，下诏禁止佛道二教，勒令僧尼道士还俗，希望减少宗教对国家资源的浪费。

在玄学营造的宽松背景下，葛洪、寇谦之、刘宋、陆静、陶弘景等创造出不同流派的道教，对后世影响很大。东晋道教的代表人物首推葛洪。他总结战国以来神仙方术的理论，写成《抱朴子》这部道教发展史上非常重要的著作，建立起一整套成仙的理论体系，把神仙方术与儒家的纲常名教结合起来，把道教的理论与主流的儒家学说调和起来，主张道教徒应该以儒家的忠孝、仁恕、信义、和顺为本，让道教更加适应于社会，更容易被上层人士所接受。这一时期，葛洪、陶弘景等人对炼丹术、医术的研究，客观上也推动了道家医学和科学的发展。

这一时期，由于道教与佛教在宗教主张上的不同，加上经济、政治等方面因素的综合影响，发生过较大冲突。在道士寇谦之的影响下，北魏太武帝拓跋焘信仰道教，开展禁绝佛教的举动，使佛教受到严重打击。

从学理上讲，中华文明有儒道释三大支柱。在这三大支柱中，道教与佛教

---

① 袁行霈、严文明、张传玺、楼宇烈主编：《中华文明史》第2卷，北京大学出版社，2006年，第211—212页。

的大发展几乎都是在魏晋南北朝期间。在儒家玄学化的推进下，儒道释相互影响、相互转化、相互借鉴，形成长期影响中华文明发展进程的三足鼎立的格局。儒家讲求入世进取，强调刚健有为，志在以天下为己任，修身齐家治国平天下；道家讲究精神超脱，道法自然，安时处顺，无为而治，以柔克刚，以静制动；佛家讲究出世，强调万物皆空，排除干扰，化烦恼于菩提，淡泊名利，一切如幻如空。三者交融互济，看似矛盾冲突，实则对立统一，相互支撑，共同促进。南宋孝宗曾说："以儒治世，以道治身，以佛治心。"①

魏晋南北朝时期，思想活跃开放，在玄学之外，还出现了一批学术论著，科学、文学、艺术等方面得到很大发展。同时，由于魏晋南北朝时期长期分裂隔绝，南北文化的地域特征明显分化，南方学问清通简要，北方学问渊综广博，在相当程度上增加了中国学术发展的丰富性。

这一时期，史书依然精品频出。陈寿所著的《三国志》详细记述了魏蜀吴三国的历史，前后连贯，事不重出，文笔简洁，记事翔实，组织严密。范晔所著的《后汉书》博采众长，使用类叙手法，增加《文苑传》《烈女传》《逸民传》等类传，简明扼要，疏而不漏，成为研究东汉历史最主要的史籍。这两部著作与司马迁的《史记》和班固的《汉书》一起，合称为"前四史"。这一时期，由于地方割据倾向的加剧，有关一方风物、史地、人物的"郡国之书"兴起，地方史志渐趋发达，影响较大的有赵晔的《吴越春秋》、袁康的《越绝书》等。

这一时期，中国的文学逐渐从经学、史学中脱离出来，文学的特征日益鲜明，中国文学史中的主要文体基本确立，文学团体、文学流派、文学风格都已形成，为唐代文学的发展繁荣奠定了坚实基础。②

尽管由于国家长期战乱，人们生活颠沛流离，使得魏晋文学从表面上看是如此颓废、悲观、消极，是无耻地在贪图享乐、腐败、堕落，但在深层次反

① 王充闾：《文脉：我们的心灵史》，北京大学出版社，2020年，第3—4页。

② 袁行霈、严文明、张传玺、楼宇烈主编：《中华文明史》第2卷，北京大学出版社，2006年，第261页。

映的，却是它的反面，是对人生、生命、命运、生活的强烈欲求和无限留恋，是在怀疑论哲学思潮影响下对人生的执着追求，是内在人格的幡然觉醒，是对生命短促、人生无常的极度悲哀，是对生死存亡的高度重视，是对人生短促的呻吟感叹，是在特定历史条件之下深刻表现对人生、生活的极力追求。[①]

这一时期，士族阶层表现出极大的思想自觉。曹操成为"建安文学"的领袖，继承汉乐府传统，风格慷慨悲壮。在他的带领下，曹植推动诗歌由古体向今体演进，促进了五言诗的发展。"建安七子"追求思想自由，个性解放。"建安七子"中的嵇康，由于恃才傲物，被司马昭所杀，从此《广陵散》失传，但《广陵散》的余韵至今依然在中华大地的时空深处广为流传。从中可以看到，艺术的生命比人的生命更长久，精神比肉体更长久，自由比暴政更长久，体现了独立、自由、尊严的不朽。在生死之间，面对强权慷慨赴死，以死亡实现自由，比苟且偷生更有意义，更彰显生命的价值和尊严。从人类生存发展的角度看，生有巨大的意义。中国文化传统中并不以死为行动目的，这一点与日本以自杀为美的传统大不一样。但是，人也许只有在真正面临死亡的时候，才能最大限度地发现生的意义。思索死亡，才能放射出生的光芒。中国人从中看到了死亡的美，它映射反衬了更好的生之美。以对死亡的深刻感悟和情感反思人生，以此反复锤炼心灵，使心灵担负起生存的重量。在魏晋南北朝社会动乱、困难连绵的现实背景下，各种哀歌，从死别到生离，从个人际遇到社会景象，都达到了感怀苍凉的高度，对死亡、对人事、对自然都可兴发起这种情感。这是一种特有的美。因此，嵇康之死，提高了死亡的价值，被后人称作中国的"苏格拉底之死"。[②]

这一时期，陶渊明是一个超脱俗世的精神领袖。陶渊明成为魏晋风流的典型代表，他的人品和诗品至大至美，成为中国诗歌史上一个永恒的闪光点。他坚决从上层社会的政治中退出来，把精神的慰藉寄托在农村生活的饮酒、

① 李泽厚：《美的历程》，生活·读书·新知三联书店，2009年，第92—93页。
② 周清毅：《美的常识》，人民美术出版社，2021年，第128—130页。

读书、作诗上。他没有那种后期封建社会士大夫对整个人生社会的空漠之感，相反，他对人生、生活、社会仍有很高的兴致，超然事外，平淡冲和。[①]

美学家宗白华总结道，魏晋南北朝是中国政治上最混乱、社会上最苦痛的时代，然而却是精神上极自由、极解放、最富于智慧、最浓于热情的时代。由于政治多元，权力分散，思想禁锢不复存在，文人学士的思想探索获得空前的自由，最终出现了比春秋战国时期百家争鸣范围更广、层次更深的思想大解放局面。[②]

魏晋南北朝时期，在文学理论上出现了刘勰的《文心雕龙》，提出"有韵为文，无韵为笔"，这是中国文学批评史上具有划时代意义的作品，是魏晋南北朝文论的集大成著作，对后世影响深远。曹丕《典论》公开提倡，"文章乃经国之大业，不朽之盛事"。

这一时期，艺术自觉开始萌芽。出现了专为欣赏而创作的书法作品和文人创作的绘画作品，产生了像王羲之（303—361）这样的书法大家和顾恺之（约345—409）这样的绘画大师，诞生了书法和绘画的理论著作，对中国艺术的繁荣发展产生了深远影响。书法艺术在东汉中叶发轫之后，终于在这一时期奠定其在中国文化艺术舞台上的独特地位，进入一个辉煌灿烂的时期。

这一时期，虽然社会极不稳定，但是科学技术依然有所发展。南朝祖冲之（429—500）对圆周率值进行推算，推出 $3.1415926 < \pi < 3.1415927$，这个精确度过了一千多年才被西方数学家超越。

北魏时期郦道元的《水经注》，开创了中国地理学的新时代。他对全国1252条大小水道逐一探求源流，述其变迁，详细记载郡县、山陵、城邑、关津及地理、历史、名胜、古迹等，对有关史实多有考证，是我国古代一部全

① 李泽厚：《美的历程》，生活·读书·新知三联书店，2009年，第109页。

② 袁行霈、严文明、张传玺、楼宇烈主编：《中华文明史》第2卷，北京大学出版社，2006年，第324—325页。

面系统的综合性地理名著。①

北魏时期，高阳郡太守贾思勰撰写的《齐民要术》一书，是我国现存最早而且完整的一部很有价值的百科全书式的农业科学著作。该书以农为主，兼及林、牧、渔等领域，总结记录了当时有关各种农作物、蔬菜、果树、竹木等的栽培育种，家畜家禽的饲养，农产品加工及副业生产等方面的经验，提出了一系列耕作技术原则，强调合理利用土地、改良土壤、用养结合、轮作休养，总结选种留种、良种繁育，系统反映了6世纪以前中国北方的传统农业成就。作为中国传统农学的一部经典著作，该书不仅对后代农业生产产生重要影响，而且很早就传播到日本，之后又被译为英、德等西方文字，受到世界范围内各国农业科学家的高度重视。②

> 魏晋南北朝时期，中国经历了长达360多年的分裂。幸运的是，入侵的北方少数民族几乎都推崇遵从中原地区的儒家文化，推动中国继春秋战国之后开始又一次民族大融合，玄学等各种思潮泛起，佛教在中国加快传播，道教作为一种本土宗教最终成形。
>
> 这一时期，被中国汉朝强力打压的匈奴开始西迁，与当地的北方蛮族一起，对罗马帝国形成强大冲击。476年，西罗马帝国灭亡，使得西欧地区诞生出许多小国，从此进入中世纪长达一千年的"黑暗时代"。
>
> 蛮族的入侵，给文明世界造成了极大破坏。但是从另一个角度看，这也加速了不同文明之间的相互交流融合。由于文明族群与野蛮族群之间的作用与反作用，极大地影响了世界文明发展的进程和走向。

这一时期，表面上看罗马帝国还很强盛，但已经开始显出衰颓的迹象。衰

---

① 袁行霈、严文明、张传玺、楼宇烈主编：《中华文明史》第2卷，北京大学出版社，2006年，第15页。

② 袁行霈、严文明、张传玺、楼宇烈主编：《中华文明史》第2卷，北京大学出版社，2006年，第96、347—348页。

颓的原因在于罗马统治阶级残酷的剥削和镇压，引起了被统治者日益强烈的痛恨和反抗。罗马帝国对外侵略战争以及统治阶级内部争权夺利的内战连年不断，削弱了国家的兵力和财力，阻碍了生产发展，加深了人民苦痛。

从3世纪开始，欧洲地区发生大范围的民族迁徙，北欧的一些新兴民族（主要是条顿民族）以及东方匈奴大举进犯欧洲南部，陆续侵占相当于近代的德国、法国、意大利、英国、西班牙和东欧的一些区域。为了统治和防御的方便，罗马帝国在395年正式一分为二。西罗马帝国定都罗马，东罗马帝国定都君士坦丁堡。此后，罗马帝国日益衰落。476年，西罗马帝国灭亡解体，逐渐形成了封建制度，建立起一些大大小小的封建政体的国家。[1]

450年左右，欧洲人发明了铧式犁，比传统的刮地犁更能进行深耕，但需要投入更多畜力，耗费更多金属，推动形成合作耕田模式，需要确定耕地的永久产权。随着建立起生产效率高的新型农业生产方式，新生的强大政权迅速崛起。法兰克王国囊括了高卢绝大部分地区，在欧洲大陆地区占据重要地位。

这一时期，基督教在西方世界开始广泛传播。基督教在诞生之后早期的300年时间里，不断遭到罗马帝国政权残酷的迫害和镇压。284—305年，罗马帝国在戴克里先的统治期间，迫害基督徒的运动达到高潮。但是，由于基督教符合劳苦人民的心理需求，反而传播到了罗马帝国的每一个角落。

312年，罗马帝国历史上最有影响力的人物之一的君士坦丁大帝皈依了基督教。他一改戴克里先时期对基督教进行残酷迫害的政策，于313年颁布"米兰敕令"，开始以无限的热情大力推行基督教，并不惜以牺牲其他所有宗教为代价，翻开了西方宗教发展史的新篇章。[2]392年，罗马皇帝狄奥多西一世将基督教定为国教，以利用代替镇压，并且下令禁止其他的宗教信仰，以在意识形态上统一思想信仰，维持罗马帝国政权。此后，基督教迅速传至四面八方，

---

① 朱光潜：《西方美学史》，人民文学出版社，1979年，第119—120页。

② 彼得·弗兰科潘：《丝绸之路：一部全新的世界史》，浙江大学出版社，2016年，第35—36页。

向东沿亚洲商队路线传播，向西抵达遥远的爱尔兰，向南到印度和埃塞俄比亚。十二使徒之首的圣彼得建立罗马教会后，罗马教主成为"教皇"，享有特殊声望，成为罗马城及其周边地区的实际统治者。

自东、西罗马帝国分立之后，基督教逐渐分离形成东、西两个教会。东教会叫作"正教"，西教会叫作"天主教"。432年，圣帕特里克在爱尔兰建立基督教会，并传播到英格兰。从476年西罗马帝国崩溃开始，一场深刻的变革在欧洲持续不断地进行。罗马大主教在罗马帝国分裂为东、西两部分后，教廷通过与入侵的蛮族进行保民谈判，取得了越来越大的世俗影响力。天主教会本身变成了极大的封建地主，拥有全欧洲土地的1/4～1/3，教会的官阶也是按照封建等级制划分的。教会还制造出"神权说"，声称世俗政权是由上帝授予的，教皇是上帝在世俗社会的代理人，代上帝把政权以及政权所统辖的土地和人民加封给国王。[1]496年，在欧洲大陆地区具有很大影响力的法兰克王国在克洛维时代接受了基督教的教皇统治形式[2]，进一步提升了教权。6世纪以后，通过一系列政治权术的运用和演变，罗马大主教晋升为统治大部分欧洲地区的教皇。

作为古希腊、古罗马文明的最后代表人物——普洛丁去世之后，奥古斯丁（354—430）是最具影响力的思想家。当时，影响力越来越大的基督教遭遇到心理上、思想上和组织上的严重危机，教徒们对于教义的理解出现很大争议。奥古斯丁在结合柏拉图的希腊理性思想的基础上，对基督教教义提出了一些新观点："基督之国"超越世俗王国，天主教会应该支配世俗政权；"原罪"是人类堕落的原因，想要得救必须全部依赖神恩；信仰重于善行，只有信仰者才能得救；耶稣同时是真神和真人，使得教义与世俗政治得以有机结合；以恕为本，为爱而战，开启了以武力解决宗教争议的开端。这些观点有效化解了教徒们的疑惑，弥合了教义上的分歧，有效提高了教会组织的影响，

---

① 朱光潜：《西方美学史》，人民文学出版社，1979年，第121页。

② 威廉·H.麦克尼尔著，田瑞雪译：《5000年文明启示录》，湖北教育出版社，2020年，第258—261页。

使天主教会成为人类历史上最长久的宗教团体。[①]

不过，也正是由于天主教会的一统天下，使得欧洲思想进入从4世纪到13世纪这一千年左右的"黑暗时期"，长期处于停滞不前的状态，仅剩下基督教神学。西方世界的人们首先认识的是上帝，世界只有通过神学的过滤、上帝的引导才能得以认识。当伽利略等思想家和科学家开始直接探索世界并根据科学观察改变他们对世界的理解认识并对此进行解释时，他们便因胆敢忽略作为中介的神学而受到惩罚迫害。经院哲学成为理解现实的主导，教会是正统的仲裁者。[②]这种局面一直到但丁的《神曲》出版后，才开始有所转变，推动欧洲进入文艺复兴时期。

这一时期，印度在经历500多年的分崩离析之后，于320年进入笈多王朝，该王朝对印度历史产生了一种永恒的影响。4世纪初，北印度小国林立，旃陀罗笈多一世以华氏城为中心建立笈多王朝。笈多王朝，是中世纪统一印度的第一个封建王朝，疆域包括印度北部、中部及西部部分地区，首都为华氏城（今巴特那）。沙摩陀罗笈多采取武力征服政策，统一了北印度，此后海陆并进，南下征服奥里萨、德干高原东部。旃陀罗笈多二世（超日王）时期，北印度被纳入笈多王朝版图，笈多王朝至此达到鼎盛时期。约500年，笈多王朝发生经济危机。嚈哒托拉马纳和米西拉库拉卷土重来，吞并笈多王朝大部分领土，严重破坏北印度政治经济文化，使其瓦解为许多封建小国，北印度再度处于政治分裂局面，不久后，笈多王朝灭亡。

笈多王朝是中世纪印度的黄金时代，大乘佛教盛行，印度教兴起，信仰毗湿奴、湿婆和梵天等三大主神的三大教派广泛流行。笈多诸王虽都信奉印度教，但为缓和民族及教派之间的矛盾，采取宗教兼容政策，放任各派宗教自由发展。415—455年，鸠摩罗笈多统治时期，充满了宗教宽容精神，印度教、佛教和耆那教等宗教寺庙遍布各地。大乘佛教中心那烂陀寺，成为印度中世

---

① 梁鹤年：《西方文明的文化基因》，生活·读书·新知三联书店，2014年，第29页。

② 亨利·基辛格、埃里克·施密特、丹尼尔·胡滕洛赫尔著，胡利平、风君译：《人工智能时代与人类未来》，中信出版集团，2023年，第38—39页。

纪前期的宗教和学术文化中心。笈多时期农业生产有了相当的发展，手工业的进步表现在炼铁、棉纺织业和造船上，对外贸易比较活跃。

笈多王朝的声望，在很大程度上是由于古典梵文文学在他们的庇护下竞相绽放。笈多王朝主要信奉印度教，改变过去口耳相传的传统，开始将文学作品记录成文，出现两大宗教史诗巨著——《摩诃婆罗多》和《罗摩衍那》。[1]迦梨陀娑等一批伟大的诗人创作了《库玛拉出世》《往世书》等记载神话、哲学、礼仪内容的经典梵文文学著作。此外，笈多王朝还在绘画、雕刻、建筑艺术等方面取得显著成就。

印度笈多王朝兴盛时，向东征服孟加拉，发展对东南亚和中国的贸易；向西夺取今天古吉拉特等印度河出海口，发展与西亚、埃及和地中海的贸易。但是，由于中国汉朝的军队成功地击败了长期威胁北方领土的匈奴，大批匈奴战败者离开故土，向西迁徙，逐渐对欧洲和南亚次大陆形成巨大的军事威胁，不仅引发了灭亡罗马帝国的蛮族大迁徙，还使得笈多王朝如同孔雀王朝一样，在极盛时突然崩塌。[2]

直到500年左右，印度的历史基本上就是北印度的历史。从孔雀王朝到笈多王朝，古代印度历史上的伟大帝国都是以北印度地区为基础，极少重视对南方施加直接的政治影响。之后，从笈多王朝结束直到莫卧儿帝国兴起的一千年间，印度基本上处于一个政治分裂和文化衰落的时期。随着印度南部地区经济的发展，北方地区结束了对古代印度历史的霸权，中部、南部的地区权力中心日益兴起。[3]

---

① 威廉·H.麦克尼尔著，田瑞雪译：《5000年文明启示录》，湖北教育出版社，2020年，第215—216页。

② 马克垚主编：《世界文明史》，北京大学出版社，2016年，第166—167页。

③ 赫尔曼·库尔克、迪特玛尔·罗特蒙特著，王立新、周红江译：《印度史》，中国青年出版社，2008年，第129—134页。

第三阶段 东西方文明开始"第一次大分流"——东方领先西方

尽管经历过长达360多年的分裂，但在中华文明强大的文化统一性力量促使之下，中国在隋唐时期进入新一轮的大统一，并再次实现大发展。

西方世界在罗马帝国衰落解体之后，没有任何力量可以整合如此广阔的疆域，从而陷入长达一千年的中世纪"黑暗时期"。

这一时期，东西方文明开始"第一次大分流"，结果就是中华文明呈现出繁荣发展的美好景象，而西方世界则是国土分裂、精神僵化、战争频仍的悲惨境地。

从整个世界发展历程看，早期世界各国的交往并不像今天这样频繁，但交往很早就已出现。从实际情况看，隋朝开启东西方文明"第一次大分流"之后，经历了唐、宋、元等朝代，直到1500年大约中国明朝时发生"第二次大分流"之前的一千年左右的时间里，以中国为核心的东方，伴随着农耕技术的发展，在经济、文化、科技、军事等领域都取得突出的成就，长期占据世界经济社会发展的顶峰，引领世界的发展潮流，对西方世界产生重大影响。西方许多国家都知道，在地球上的东方存在一个神秘的帝国——中国，那里生活富庶，文化繁荣，是许多人向往的地方。

第十三章　隋唐时期的中国与世界

589年，隋朝再次统一中国。但是，仅过了30年时间，隋朝就于618年灭亡。尽管统治时间比较短，但是隋朝依然为中华文明留下了两项十分重要的财富——大运河与科举制度。[①]

605年，隋朝成功开辟贯通长江和黄河的大运河，第一次实现了中国两大重要河流之间的便利而又廉价的运输，成为维持南北经济发展的生命线，促进长江流域快速发展，中国的财富和人口重心南移，也在很大程度上推动了中国境内南北地区各民族之间的经济文化交流交融，强化中央集权领导，有效维护全国统一。[②]大运河是世界上开凿最早、路线最长、工程最大的运河之一。它是古代中国人民劳动和智慧的结晶，也是中华民族科技发展的结果。五千多里长的大运河贯通南北，通过海拔高程不同的许多地区，纵向沟通长江、淮河、黄河、海河、钱塘江五大水系。在两千多年的挖掘修建过程中，中国人民大胆冲破水流由西向东的自然限制，解决了开辟水源、保持水量、改造地形、克服洪水泥沙之害等四大难题，修建了许多卓有成效的水利工程设施，集中展示了中华文明在土地测量、河道建设、水利水运等工程领域的

[①] 中国历史上两个统治时间最短的朝代——秦朝和隋朝，都在极短的时间内探索形成非常有价值的创新突破，在中华文明发展史上留下十分重要的印迹。

[②] 运河的开凿，在中国有很长的历史。早在春秋战国时代，各国出于经济或军事目的，就已经开凿连接长江和汉水的江汉运河，连接长江和淮河的邗沟，以及连接黄河与淮河的鸿沟。秦朝统一中国后，又开凿了沟通长江和珠江的灵渠。

科学技术成就。①在此基础上，由于中国对南、北方资源的集中统一使用，极大地提升了国力，使得地处北方的政治中心能够得到南方地区富饶经济的强有力支持，迫使北方的匈奴向西迁徙，抵达拜占庭帝国边境，改写了欧洲的发展历史，对世界文明版图产生了深远影响。

隋朝时期创建的科举、监察、谏议等制度，体现了中华文明的高超政治智慧，有效提升了社会治理水平和运转效率。②起始于隋朝的科举制度，是中国古代选官制度的重大发明。③秦汉及魏晋南北朝时期，门阀阶层地位十分巩固，长期占据统治阶级的重要位置，普通民众除了通过建立军功，几乎没有其他有效的上升通道。隋朝建立后，隋文帝取消了九品中正制，废除了地方长官辟署佐官的制度，官吏的任用不再受门第的限制。606年，隋炀帝正式创立科举制度，设立进士科，形成了一个层次不同、要求各异、体系完整、按才学标准选拔文人担任官吏的分科考试制度。科举制是中国古代最具独创性的考试制度，具有开放性和流动性，"取士不问家世"，大批中下层士人由科举入仕，打破了门阀的垄断，使普通家庭的孩子可以通过刻苦读书，迈入士族阶层，有利于建设素质高、来源广的文官队伍，扩大了封建皇权的社会基础，是世界上最早、最完善、最严密的人才选拔制度，一直延续使用了1300多年，成为中国历史上历时最久、变化最小却又影响最大的一项具体政治制度，对中华文明的繁荣发展起到了很大的推动作用。④为推动科举制度健康发展，隋朝还专门设立国子寺（607年改名为国子监，一直沿用到清代），作为国家最高

---

① 袁行霈、严文明、张传玺、楼宇烈主编：《中华文明史》第3卷，北京大学出版社，2006年，第31—32页。

② 武斌：《文明的力量：中华文明的世界影响力》，广东人民出版社，2019年，序言第3页。

③ 中国的人才选用制度，经过了漫长的变革。早期基本上都是世袭制，考虑家世、身份，从贵族中选任，形成紧密的士族阶层。汉魏时期，开始实行察举制度，强调"选贤任能"，但是很难客观、准确识别。隋唐开始，形成科举制度，强调"开放性"和"严密性"，进行公开公平竞争，因而延续使用了1300多年。当然，由于长期的科举制度，文人学士为了应试，按照命题的"标准化""客观化"要求，也催生出八股文，使得科举制度逐渐僵化，难以实现选贤任能的初衷。

④ 武斌：《文明的力量：中华文明的世界影响力》，广东人民出版社，2019年，第254、257页。

的教育行政管理机构，统管中央官学系统，这是我国发展过程中教育体系成熟的重要标志。

唐代（618—907）是中国历史上的鼎盛时代，开启了中华文明的黄金时代，成为整个中华文明史上的一座高峰。唐太宗时期（627—649），国家政治稳定，政府强势有力，军队兵力强盛，人民安居乐业，经济迅速恢复，社会繁荣升平，史称"贞观之治"。755年，安史之乱后，唐王朝开始走下坡路，中央王朝的权威被严重削弱，贫富分化进一步加剧。907年，唐朝灭亡，中国进入五代十国，一个新旧王朝迅速更迭的过渡期。

唐朝文明进步是在大一统的政治局面下蓬勃发展起来的，带有鲜明的统一帝国的宏伟姿态，呈现出强烈的包容开放的非凡气度，展现出丰富多彩的雄姿，融合创新成为光芒四射、八方来朝的世界文明中心。唐朝的政治体制，从决策与执行、中央与地方的关系到官员的选拔与任用、考核与黜陟、监察与谏诤等各方面，都形成了一套相当合理完善的制度，互相协作又互相制约，使其正常运转。①中国周边的许多国家都以中华文明为榜样，向唐朝派遣使者和留学生，积极学习借鉴吸收中华文明成果。中国的典章制度、思想文学、生活方式和文化观念深刻渗入日本、朝鲜和越南等国，最终形成一个以中华文明为基础、以汉字为表征的中华文明圈。

唐朝十分重视法治。8世纪初，史官吴兢编纂《贞观政要》，奉行以仁义为基本价值的儒家思想，被列为皇家子孙的必读教本，被历代帝王所推崇。9世纪初，《贞观政要》传入新罗、日本等国，被列为王室、幕府的政治教材。唐高宗即位后，长孙无忌编纂《唐律疏议》，这是中国保存至今最早、最完整的一部成文法典，在法律思想、法律内容、诉讼程序等方面都有详细表述。《唐律疏议》提倡明法慎刑、德主刑辅的原则，形成了世界上独特的中华法系，与西方法系、伊斯兰法系鼎足而立。其中的许多刑法律条沿用到宋辽金元明清等朝代，律令格式的法典体系广泛影响到东亚各国的立法。

---

① 马克垚主编：《世界文明史》，北京大学出版社，2016年，第323页。

唐朝建立以后，社会稳定，经济繁荣，人口规模快速增长。这一时期，随着农业生产技术的不断进步，粮食生产力逐渐提高，一部分农业劳动力分离出来，专门从事经济作物的生产。专业化的桑园、茶园开始出现，陆羽的《茶经》对茶树的形状、生长习性及生长条件都做了专门论述。江南地区开发出圩田，导致南北农作物种植分布发生明显分化：南方主要种植水稻，北方主要种植小麦。与此同时，手工业、商业和航运业的发展使得南方经济地位进一步凸显。贞观十三年（639），全国户数达到312万，人口数量达到1325万。天宝十四年（755），户数达到891万，人口数量达到5292万。在人口整体规模大幅上升的同时，人口的地区结构也发生重大变化。南方人口规模和比重已经大幅上升，但总体来看，北方人口仍多于南方，南北人口比例为4∶6。

始于汉代的陆上丝绸之路在唐朝更为畅通，各国之间的接触突破了国家、民族和区域的限制，不仅促进了商业贸易的繁荣，而且推动了彼此之间的文化交流，带来了文化融合的多元格局，使长安成为当时世界文明的一个不可动摇的中心。

后来，中东伊斯兰国家崛起，势力逐步推进到与唐王朝西部边界接壤的中亚地区。751年，阿拔斯王朝的军队在怛罗斯（位于今哈萨克斯坦境内）击败了唐朝军队。[①]但是，吐蕃的扩张在唐王朝与阿拉伯帝国之间形成抗衡。只是在多种力量的接触冲突过程中，横跨中亚的陆上丝绸之路已经不再那么安全，许多商旅被迫取消了在这条线路上的贸易活动。

陆上丝绸之路的中断，迫使商人们将更多的注意力转移到了海上通道，使得海上丝绸之路贸易空前繁荣。中国从广州、泉州等沿海港口起运商船，扬帆到遥远的印度洋和波斯湾，向外输出稻米、杂粮、丝品和香料。[②]广州还在715年率先设立市舶司，用于监管海洋贸易，接待国外来的商人，并对进口货物征收关税。这条海上贸易航线从东南亚延伸到东北亚，连接了众多繁荣的

---

① 这次战役产生了一个对西方文明有重大影响的结果，那就是造纸术传到了西方。

② 威尔·杜兰特：《世界文明史·东方的遗产》，华夏出版社，2010年，第516页。

市场，既推动了商品贸易和文化传播，也使得沿线国家从贸易中获益，变得更加强大而稳定，形成进一步推进贸易发展的良性循环。①

8世纪时，随着唐朝贸易规模的扩大，白银在许多交易场景中替代了币值较低的铜钱；与此同时，还催生了纸币的出现。商人们将钱存入京城的进奏院后，进奏院发给商人的凭证，被称为"飞钱"。存入的钱财可以在各州支取，各州的存款来自长安进奏院中储存的资金。812年，朝廷开始采用这种办法来收取各地的赋税，这一做法一直沿用到北宋。11世纪时，这种交易的总额达到每年300万贯。严格说来，这种交易只允许由政府垄断，但实际上，商人之间的私人贸易中也使用飞钱，后来出现了早期的纸币——交子，其本质是一种期票。②

唐朝时，中华文明呈现三个显著特征。

一是多元融合。新的与旧的、南方的与北方的、汉族的与少数民族的、中国固有的与外部传入的，思想、宗教、文学、艺术等方方面面，相互交融，共同前进。这一时期，是民族交融大发展的时期。唐朝时，采取和亲政策，推动各民族融合发展。641年，松赞干布从唐朝迎娶文成公主，至今仍是中华民族团结和谐的佳话。汉族与突厥、回纥、吐蕃、南诏、契丹等少数民族频繁交往，其间虽然也有战争发生，但总的趋势是往民族融合的方向发展。可以说，唐朝文化之所以繁荣昌盛，不仅是因为它继承了中原文化遗产，还因为融合了周边众多少数民族的文化，甚至还吸纳了许多外来文明成果。西北各民族推尊唐太宗为"天可汗"，吐蕃、南诏、回纥、渤海等少数民族政权都认同中原文明，在生活习俗、文学艺术方面都广泛吸收中原因素，各族在大一统的格局下趋于一致。在唐王朝中担任重要官职、将领的少数民族人士，更有百余人之多。

除了国内各民族的融合之外，周边许多国家，如朝鲜、日本、印度以及西

---

① 林肯·佩恩著，陈建军、罗燚英译：《海洋与文明》，天津人民出版社，2017年，第269页。
② 林肯·佩恩著，陈建军、罗燚英译：《海洋与文明》，天津人民出版社，2017年，第313页。

域许多国家都派遣大量人员来到中国。这些人一边学习中国的先进文化，同时也传播他们的文化，有的人还被唐朝授予官职。阿拉伯面食、罗马医术、拜占庭金币和波斯银币随处可见，世界各国宗教在中国设立的传播场所也十分普遍。

如果说长安是唐朝文明繁荣体现的中心，那么地处西北的敦煌就是国际文化进入大唐帝国的大门。[①] "劝君更尽一杯酒，西出阳关无故人"，说明唐朝文人把坐落在敦煌西南的阳关视为一个重要的文化分界点。在唐朝，敦煌已经由过去兵家必争的咽喉重地转变为军事、文化并重的关口城镇，成为各国使节和商贾休整、接受政令、开展贸易的重要节点，在丝绸之路上的作用不亚于国都长安。这里有中亚人向东迁徙遗留的古迹，也是十分重要的佛门圣地。366年，乐尊和尚在鸣沙山上开凿第一个石窟后，引发僧侣信徒向往参拜，此后陆陆续续开凿了大量佛龛，至今仍可见到的还有492个。莫高窟保存的精美佛教塑像和4.5万平方米的彩绘壁画，东方传统的艺术理念融合西方艺术观念和技法，创造出崭新的东方美。著名的藏经洞中发现包括西域各种文字的写经、文书和文物4万多件，充分证明这里曾经是世界文明的凝聚荟萃之地。[②]

这种多元融合甚至体现在皇帝的陵墓修建上。由唐太宗昭陵开始，唐朝帝王陵寝列置蕃酋像石刻已经非常普遍，反映出唐朝时期中原与西域之间的文化交流进一步扩大，交往日益深入发展。据文献记载，唐高宗为了纪念、宣扬其父李世民的丰功伟绩，令雕刻艺术家根据各地蕃君形象雕刻石像，并刻上其官名，即"十四国诸蕃君长石像"。石像高大魁梧，深目高鼻，挎弓佩刀，头着武冠，身穿战服，精神抖擞，器宇轩昂。唐陵石刻形制硕大，雕琢精湛，既继承发展了汉朝陵墓的石雕艺术传统，又吸收了西域、中亚和南亚

---

① 斯坦因在发掘敦煌莫高窟的时候，发现这里埋藏了4万余件写本、早期刊本和绘画，年代从400年到1000年。这里汇聚了中华文明和印度文明的许多优秀成果，前者通过贸易和政治的渗透向外输出，后者则依靠佛教传播输入。

② 袁行霈、严文明、张传玺、楼宇烈主编：《中华文明史》第3卷，北京大学出版社，2006年，第70—71页。

地区的艺术因素。石刻中的天马、鸵鸟和石狮等，集中反映了唐朝中外文化交流的一个侧面。

二是城市繁华。唐朝兼收并蓄的精神气质体现在当时的书画、诗词、歌舞等艺术形式中，也为宗教、哲学及政治方面的交流赋予了新的活力。唐朝的经济繁荣与疆域面积达到了空前的水平，远至中亚、朝鲜半岛及越南北部，通过频繁的外交活动，使中国成为声名远播、令人神往的国度。与隋唐以前的城市功能偏重于政治与军事方面有很大不同，唐朝的城市更重视商业和文化的城市功能，规划布局合理，经济发展繁荣，商业功能快速兴起，市民文化蓬勃发展，为中华文明增添了新的活力。当时大唐的首都——长安已经成为世界上最具国际性的城市，其影响显著扩展到西方世界。[①]长安城内有70多个外交使团、3万多名外国留学生[②]，还有来自日本、朝鲜半岛、东南亚、中亚、印度、中东及拜占庭帝国的商人、使者和僧侣，长期居住于长安的少数民族和外国人有上万个家庭。长安，不算城外，人口就达到100万，物价非常便宜，刑事案件极少，人们的幸福指数极高。长安是唐朝的经济中心，城市规划为坊市制，分若干坊，每个坊相对封闭，夜间上锁。在东、西两城各划出经营商业的区域——东、西两市。这也是我们现在所说"买东西"的由来。

唐朝还发展出许多经济城市，如泉州、扬州、广州等。由于城市经济发展繁荣，手工业、商业人口规模大幅上升。富商大贾为了维护自身利益，适应不断发展的商品经济，行会组织应运而生。

三是文化重心下移，由士族转向庶族。唐朝从立国开始，就十分重视教育。唐高祖李渊提出"自古为政，莫不以学为先"，因此大力提倡办学。唐太宗时，中央"六学两馆"（国子学、太学、四门学、书学、算学、律学，弘文馆、崇文馆）是中国古代最完备的官办学制体系之一，学生总数最高时达到8000人。由于科举考试的刺激，不仅官学教育发达，私人讲学之风也日益兴盛。

---

① 林肯·佩恩著，陈建军、罗燚英译：《海洋与文明》，天津人民出版社，2017年，第299页。

② 罗马帝国时期，欧洲拥有1万人口以上的城市都很少，帝国灭亡以后的罗马城人口不足5万。

唐朝以科举取人，极大地提高了社会阶层之间的流动性。相比而言，士族凭借其门第关系、文化教养等优势，仍然比较容易成功，跻身于政治上层。但是，由于实行科举制度，加上武则天推行一系列打击士族的政策，庶族开始兴起。尽管这个过程十分漫长，士族势力和门阀观念依然延续了很长时间，但即便如此，唐朝也还是出现一些庶族出身的士人通过科举途径，登上重要的政治舞台，有的还位居宰相高位，在朝廷和各级地方政治机构中发挥出重要作用。[①] 王勃、王维、颜真卿、韩愈、柳宗元、白居易等著名人物，都是进士出身。在旧的门阀士族逐渐消亡中，新的士人阶层日益崛起，形成了在中华文明中影响深远的"士人文化"，科举制度也因此成为既具有重大政治意义又具有深远社会影响的制度。

　　到9世纪中期，科举已经成为寒门子弟向上层社会流动的最重要、最可靠的通道，成为唐朝高级官吏的主要来源，成为士子入仕的唯一"正途"。大多数文人学士出身庶族，有的还经历过较长时间的贫困生活，对社会现实有深切的了解，儒家教育使其怀抱"济苍生、安社稷"的政治使命抱负，往往站在国家整体利益的立场上，针对政治弊端直言进谏，甚至不怕触怒皇帝和权贵，表现出刚正不阿、追求公平正义的伟大品格。陈子昂、白居易、元稹、杜甫等著名人物都曾有过不顾个人安危、直言进谏的经历，有的甚至屡屡遭到贬黜，而仍然坚持通过个人的努力，去推动文明的整体进步。

　　唐朝文明发展到中期，发生了重大转折。士人更广泛地参与到朝廷的政治决策中，形成了"士人政治"的局面。相比而言，武官日渐滑向政治边缘地位。这种状况进一步推动文官制度在宋朝的完善，形成了中华文明一个新的亮点。[②]

　　唐朝时，南方经济的快速发展，带动了地区文化的进步。唐朝前期的政治

---

① 袁行霈、严文明、张传玺、楼宇烈主编：《中华文明史》第3卷，北京大学出版社，2006年，第16页。

② 袁行霈、严文明、张传玺、楼宇烈主编：《中华文明史》第3卷，北京大学出版社，2006年，第5页。

人物，大多数是北方人。唐朝后期，这一现象有了明显变化，江南太湖流域的进士及第人数快速增加，增幅最大的是福建、江西和湖南。

上述这些特点推动中华文明在交融交流中持续创新，富有丰富的创造性，实现了突破性的发展，取得举世瞩目的成就。①

这一时期，儒学仍然居于意识形态的主导地位。唐朝十分重视儒家经典的整理编撰工作，加强对儒家经书的文字校勘和注疏，并通过对经典的阐释，进一步强化儒家思想的主导地位。唐太宗先后令颜师古、孔颖达考订"五经"文字和义疏，形成180卷的《五经正义》，从此结束了经学内部古、今两派的长期纷争，提高了儒学的地位。韩愈是唐朝儒学复兴的关键人物，苏东坡评价他为"文起八代之衰，道济天下之溺"，掀起排佛浪潮。韩愈、柳宗元等人倡导古文运动，提出"文者以明道"，强调文学的道德教化功能，为文学注入政治热情、进取精神和社会使命感，对改革当时的文风产生了深远影响，与新的儒家思想运动相呼应，体现出文学从贵族化、士族化到平民化、士大夫化的重大转变。②

但是，由于儒学始终敬鬼神而远之，只关注现世，不关注来世，不可能成为一种宗教信仰，也给佛、道宗教传播留下了广阔的活动空间。在唐代，儒家学者开始深深感到，儒家学说中缺少一种宇宙论来对抗道家的宇宙论，也缺少一种形而上学来与佛教的形而上学进行竞争。③虽然唐朝多次修订礼乐典制，使祭奠天地祖先的制度得以规范化，维系中华民族敬天法祖、忠孝仁爱的优良传统，但政治统一也带来了思想停滞，导致儒家哲学思想在唐朝未能实质性地向前突破发展。④

中国的诗歌在唐代达到顶峰，成为中华文明史上的一个闪光点。唐朝也因

① 袁行霈、严文明、张传玺、楼宇烈主编：《中华文明史》第3卷，北京大学出版社，2006年，第1页。

② 陈来：《中华文明的核心价值》，生活·读书·新知三联书店，2015年，第98—99页。

③ 李约瑟原著，柯林·罗南改编，江晓原主持，上海交通大学科学史系译：《中华科学文明史》，上海人民出版社，2014年，第169页。

④ 马克垚主编：《世界文明史》，北京大学出版社，2016年，第334页。

为诗歌的蓬勃兴盛，成为我国诗歌发展的黄金时代。[1]据清朝康熙年间所编的《全唐诗》所录，唐朝时有名可考的诗人共计2200多人，作品4.89万首，共900卷。作诗的人，上至帝王将相，下至布衣百姓，旁及僧人道士。在文风南北交融、思想开放包容、政治积极开明的大背景下，诗歌有了比较宽松的创作空间，走出宫廷，与山川、边塞、沙漠、田园生活融汇，创立出律诗、绝句这类新型近体诗的格律，拉开了诗歌与散文的距离。

唐朝时，诗歌这种抒发性极强的文学体裁得以大发展，有着深刻的社会背景。初唐时期，随着经济的发展，魏晋南北朝时期那种农奴式的人身依附逐渐松弛，世俗地主阶级的势力快速上升，普通士人可以通过科举进入权力中心，在现实秩序中突破了门阀的传统垄断，一种为国立功的荣誉感和英雄主义弥漫在社会氛围当中。那时，唐朝对外开疆拓土，国内则是相对的安定和统一。一方面，南北文化交流融合，相互取长补短，推陈出新；另一方面，中外贸易交通发达，丝绸之路带来的不仅是"胡商会集"，更带来了异国礼俗、服装、音乐、美术和各种宗教。这是空前的文化大交流大融合。唐朝对此无所畏惧、无所顾忌地引进吸收，无所束缚、无所留恋地创造革新，大胆地打破一切传统的框架约束，奠定了诗歌这种"盛唐之音"的社会氛围和思想基础。[2]

从某种意义上来看，中国是一个诗的国度，中华文明是诗的文明。中国的诗，不是直白讨论，而是含蓄表达；不是明言，而是暗示；在平静简洁中含有无限的优雅，以宁静古典的方法表达浓烈奔放的情感。唐诗渗透在中华文明的各个方面，形成了中华文明的独特魅力。[3]

唐代诗歌一改魏晋南北朝时期以来的绮靡文风和颓废心态，呈现正大平和

---

[1] 宋诗也有很多脍炙人口的作品，但与唐诗相比，风格气韵存在很大差别。唐诗多以丰神情韵擅长，宋诗多以筋骨思理见胜。

[2] 李泽厚：《美的历程》，生活·读书·新知三联书店，2009年，第129—130页。

[3] 袁行霈、严文明、张传玺、楼宇烈主编：《中华文明史》第3卷，北京大学出版社，2006年，第327—334页。

的宏伟气象，从不同侧面反映出当时的时代精神，高度体现了中华民族热爱自然、热爱和平、追求自由、反抗黑暗的民族性格和审美心理。唐诗具有积极入世的热情和昂扬奋发的精神，气势恢宏、神韵超逸，意境深远、性情天真，格调高雅、语言新鲜，呈现出一种健康的美、灵动的美、时代的美，彰显出一个令后世羡慕不已的盛世气概。

唐代优美的诗篇，不仅反映出当时文人的思想境界，也反映出社会经济生活的发展，处处充满诗情画意。其中，既有李白这样的追求个性自由解放、感情奔放、气象豪迈、雄奇飘逸的浪漫主义诗人，也有杜甫这样的沉郁悲凉、忧国忧民、感时讽事的现实主义诗人；既有王维、孟浩然等精通乐画的山水田园诗人，也有白居易这样的化雅为俗、平易浅近的新乐府派诗人。

"盛唐之音"在诗歌上的顶峰当推李白，无论是形式，还是内容。李白表现的是笑傲王侯，蔑视权贵，不满现实，指斥人生，饮酒赋诗，纵情欢乐，痛快淋漓，似乎没有任何约束，似乎毫无规范可循，一切都是冲口而出，随意创造，却是那样美妙奇异、层出不穷和不可思议。这是不可预计的情感抒发，不可模仿的节奏音律。①

杜甫所在的时代，盛唐已经开始衰落。以杜甫、颜真卿等人为代表，开始对新的艺术规范、美学标准进行确定和建立，讲究形式，要求形式与内容的严格结合和统一，以树立可供仿效的格式和范本。他们将盛唐那种雄豪壮伟的气势情绪纳入规范，严格地收纳凝练在一定的形式、规格、律令之中，从而使在李白身上突出显现的那种可能而不可习、可至而不可学的无法可循的"天才美"，成为人人可学而至、可习而能、有法可依的"人工美"。

中唐是中国封建社会由前期到后期的重大转折。它以两税法的国家财政改革为法律标志，世俗地主日益取代门阀士族，逐渐占据主要地位。这一时期，诗歌不再像"盛唐之音"那么雄豪刚健、光芒耀眼，却更为五颜六色、多姿多彩，各种风格、思想、情感、流派竞显神通、齐头并进，诗、书、画各个

---

① 李泽厚：《美的历程》，生活·读书·新知三联书店，2009年，第136—137页。

艺术门类都出现高度成就，个性真正成熟地表露出来，百花齐放，名家辈出，影响深远。①

唐代的书法艺术，在继承魏晋南北朝书体的基础上推陈出新，展现出唐人所特有的刚正遒劲、舒展严整的风骨，潇洒奔放、浪漫雄豪的气势。书法艺术已经远远超越了汉字本身作为文字的实用功能，而被视为心迹的自然流露和精神的外在体现，"字如其人"，追求一种内在的气韵风骨，诞生出欧阳询、张旭、怀素、颜真卿等一大批书法名家，形成独具中华文明鲜明特色的书法艺术形式。

唐朝从政治需要出发，利用儒家纲常来巩固统治，用佛、道宗教思想来安定社会，缓和社会矛盾。这一时期，儒佛道三教虽然互有消长，但基本上处于并行发展的状态，并且相互影响、相互吸收有机营养。与此同时，伊斯兰教、祆教（拜火教）、景教②和摩尼教③（明教）也得以在中国流行。不同宗教在中国和睦相处，互不冲突，这在世界宗教史上十分罕见。这也充分说明中华文明基因中的兼收并蓄，对不同文明元素都持开放包容的态度。

道教④作为本土产生的宗教，在这一时期前所未有地得到上层统治者的大力推崇，在政治和宗教双重因素的推动下，逐渐走向第二次繁荣。隋朝时还基本是以崇佛为主、佛道并重，到了唐初，道教一度成为国教，凌驾于佛教之上。唐朝甚至基于政治原因，追认老子（李聃）为祖先，逐渐形成了道教、老子、《道德经》三位一体的新的信仰体系。⑤武则天称帝期间，转奉佛教，但

---

① 李泽厚：《美的历程》，生活·读书·新知三联书店，2009年，第150—152页。

② 景教是基督教的聂斯托利亚派别，通过波斯教士阿罗本传到中国。唐太宗下诏准其建寺传教，在朝廷的资助下建立大秦寺。781年镌刻的《大秦景教流行中国碑》对此有详细记载。

③ 摩尼教源于波斯，盛于中亚。摩尼教传入回纥，因回纥人帮助唐朝平定"安史之乱"有功，因此大历年间回纥奏请在长安正式建立寺院得到允许。

④ 道教主张炼制丹药、修炼气功，以求长生不老，客观上推动了我国化学和体育运动的发展，火药的发明与此也有很大关系。

⑤ 袁行霈、严文明、张传玺、楼宇烈主编：《中华文明史》第3卷，北京大学出版社，2006年，第210页。

唐玄宗即位后，立即又改为崇道抑佛。

唐代是佛教在中国发展的黄金时代，为佛教的全面移植和繁荣发展奠定了良好的政治环境与社会基础。唐朝文明具有巨大的开放性和包容性，不仅能够对传入的佛教等外来文化平等对待，甚至能够不远万里，主动派人到其他国家学习，吸收借鉴其他文明中的有益成分。许多唐朝僧人不畏艰险，赴印度学习佛教，求取真经者络绎不绝。各地修建了大量寺庙，开元年间，天下寺庙总计5358座，到武宗时增加到4万多座。与此同时，各地寺庙塑造了许多大型佛教造像，这些佛教造像呈现出十分显著的唐代特点。许多高僧来自西土，也有玄奘、义净等中国僧人西行求经，这些僧人推动佛经的中文翻译达到高潮。据中国文献的记载，5—8世纪，有162个中国和尚造访过印度。可能还有许多中国人曾经游历过印度，但却没有在官方记录上留下痕迹。这使得中国佛教具备了独立发展与自我更新的能力，创立了具有中国本土特色的佛教宗派，使佛教从一种外来宗教逐渐演变为中国本土的宗教。①

这一时期，佛教进一步中国化，儒家思想渗入佛堂。与欧洲不同，在中国，宗教是从属、服从于政治的，佛教越来越被封建帝王和官府所支配管辖，作为维护封建政治体系的自觉工具。连佛教内部的头目，也领官俸，有官阶。自魏晋南北朝以来儒道佛之间互相攻讦之后，在唐朝便逐渐协调共存，使服务于政治伦常的儒家思想更为深入佛教。与之相适应，印度佛教传统中的梵天、湿婆之类极端神秘恐怖的迷狂故事，在中国渐渐都退出了历史舞台和艺术舞台。

说到唐朝的佛教兴盛，不得不提舍命西天求法取经的玄奘。他于629年从长安出发，克服重重困难，于643年完成西天取经的壮举，从印度那烂陀寺带回657部佛经、150件圣物。据《大慈恩寺三藏法师传》记载，玄奘翻译的佛经有74部1331卷，使得许多今天在印度早已失传的佛教经典，却可以在

---

① 中国本土佛教有八大宗派：天台宗、三论宗、禅宗、华严宗、净土宗、律宗、唯识宗、密宗。

中国找到中文译本。因此，玄奘不仅在中国国内备受尊崇，影响深远，在世界各国尤其是印度，都得到很高的评价，在中印文明交流史上作出了不可磨灭的贡献。由于印度不太重视历史记述[①]，玄奘著述的《大唐西域记》成为今天世界了解印度被突厥人侵后这段历史的重要资料。考古学家根据玄奘的记载，已经在印度找到并成功发掘出了几十座古遗址。玄奘也因此成为印度人最崇拜的中国人。因为有他，才使得今天的印度人知道他们的过去是什么模样。20世纪50年代，中印两国合作在玄奘曾经学习生活过的地方——那烂陀寺附近，修建了一座中国风格的玄奘纪念堂，用来永远纪念这位伟大的先行者，这也是中印两国人民之间源远流长的传统友谊的有力见证。[②]

佛教发展到隋唐时代，本土化吸收发展达到巅峰，出现天台宗、净土宗、华严宗、禅宗等中国佛教宗派，成为中华文明的有机组成部分。中国佛教各宗派，将儒家的人文伦理精神、道家的任运自然的人格理想有机地整合到自身体系中，重视现实世界，突出心性体验和解脱境界，强调简易的觉悟方法，形成了不同于印度佛教的思想特色与文化精神。[③]

佛教为了处理好与儒家、道家的冲突，也开始主动调整适应，在理论上出现了要求信仰与生活完全统一起来的中国本土佛教派别——禅宗。这个中国主要的佛教流派的中心思想，与中国固有的道家思想融合，佛教的"空"与道教的"无"合流，反对烦琐的宗教仪式，不需要什么特殊对象的宗教信仰和特殊形体的偶像崇拜，不必出家，像苦行僧那样自我牺牲、苦修苦练，也可成佛。[④]主张安心潜修、顿悟成佛，形成了一个中国本土化、玄学化的佛教流派，是中国固有思想对外来宗教的一种成功改造，与早期印度佛教思想已经有了比较明显的差异，从而实现了佛教这一外来信仰的本土化发展。至此，佛教已经渗透到了中国人的生存方式和思维模式，不仅对中国的文学艺术、

---

① 马克思曾有"印度没有历史"之叹。

② 王充闾：《文脉：我们的心灵史》，北京大学出版社，2020年，第202—206页。

③ 陈来：《中华文明的核心价值》，生活·读书·新知三联书店，2015年，第96—98页。

④ 李泽厚：《美的历程》，生活·读书·新知三联书店，2009年，第119、125页。

士大夫的审美情趣影响深远，而且渐渐成为民间社会理解世界、解释人生得失的世界观和人生观，在中国社会中深深地扎下了根。禅宗思想不仅在中国本土对儒家文人学士和广大信众产生重要影响，而且对日本社会思想的发展产生重要影响。

佛教在唐朝的传播，并不是一帆风顺。早在唐初，儒家学者就认为佛教对国家稳定发展造成双重威胁。佛教无视帝王凌驾于一切之上的权威，与儒家政治理念相冲突，同时由于寺院土地和僧侣免缴赋税，破坏国家经济的稳定性，因此官方一度曾对佛教采取限制措施。唐太宗和唐玄宗时期都曾禁止非法出家，唐武宗笃信道教，发动了大规模的灭佛运动，毁损佛教寺院4600多座，使26万名僧尼还俗，没收大量土地和财物。[1]845年，由于佛教与道教、儒教之间存在竞争关系，对人的思想主张存在"入世"与"出世"的差别，因此也曾发生过佛教庙宇被毁的事件。随着佛教思想的强劲渗透，加上寺院经济的发展，已经到了与民争利、阻碍国家发展的程度，韩愈、李翱等学者倡导儒学复兴运动，呼吁接续道统，重新确立儒学的统治地位，强调文道结合，提出要对佛教进行打击。[2]韩愈上书《谏迎佛骨表》，要求把佛骨投诸水火，永绝根本。他创立道统说，认为有一个以仁义为中心的道统存在，儒家提倡的仁义是社会普遍遵循的准则，佛道则是一家之私言。但是，他提出的在政治、经济、文化上对佛道进行打击的主张没有得到朝廷的采纳，自己反而因为谏迎佛骨而遭贬潮州。

经过长期的斗争，儒道佛三教的文化进一步融合创新，使中国社会的运行建立在哲学、道德和宗教三者的奇妙结合上，使中华民族信奉没有教堂的宗

---

[1] 林肯·佩恩著，陈建军、罗燚英译：《海洋与文明》，天津人民出版社，2017年，第304页。

[2] 语言，是文化的重要载体。与儒学复兴互为表里的古文运动，是中国文化史上一次具有划时代意义的大事，在当时具有鲜明的政治目的，矛头直指佛道两教。前有唐代的韩愈、柳宗元，后有宋代的欧阳修、王安石、苏轼等，希望革新文体，改进文风，强化文道合一、文以载道，形成一股发起于文学领域，但影响到广泛文化运动的社会思潮，以此实现维护封建正统的目的，为此后宋明理学的诞生创造了条件。直到五四运动兴起，树立起新的文学观念，白话文流行，在中华大地上再次掀起思想创新的高潮。

教，虽然不受教会的控制，但是显得更迷信、更怀疑、更虔诚、更理性、更世俗。[1]他们受儒家影响，对祖先保持崇拜，也对孔子等圣贤保持崇拜，还对如来佛、太上老君等神灵保持崇拜，是一个难以解释的综合体。在中国，各种宗教不是相互排斥，而是兼容并存、和平共处。

随着万国来朝，其他各种西方宗教思想也相继进入大唐。基督教第一次传入中国，是在唐太宗时期，有西安大秦景教流行中国碑和在甘肃敦煌发现唐朝景教徒的译述为证。唐武宗的时候被禁绝。第二次传入中国，已经到了元朝。[2]

唐朝于907年灭亡，到960年宋朝建立，中间经历了53年分裂动荡时期——五代十国。宋、辽、金、西夏时期是中国又一次民族大融合时期，中华文明得以进一步深化与发展。

> 隋朝统一中国之后，尽管统治时间很短，但是留下了科举制、大运河两项彪炳史册的功绩。唐朝更是实现大发展，推动丝绸之路畅通，创造出唐诗这一伟大文明成果。唐朝也是开放包容的典范，儒道佛彼此借鉴，共同发展。这一时期，日本、朝鲜所处的东亚地区加速向中华文明学习，奠定了"中华文明圈"的基本格局。
>
> 这一时期，伊斯兰教创建并快速发展，在中东地区整合形成强大的阿拉伯帝国，诞生出影响深远的阿拉伯文明。与此同时，欧洲各国仍然散弱，基督教在欧洲加速传播，并占据主导地位。随着伊斯兰教的快速扩张，与基督教之间的分歧冲突日益加剧。

这一时期，东亚地区各国受到中华文明的广泛而深远的影响。唐朝文明在对外来文化进行兼收并蓄的吸收后，增强了对外的辐射力，对周边朝鲜半岛、

---

[1] 威尔·杜兰特：《世界文明史·东方的遗产》，华夏出版社，2010年，第570—572页。
[2] 张星烺：《欧化东渐史》，时代文艺出版社，2019年，第12页。

日本以及东南亚地区国家产生了巨大的影响，奠定了"中华文明圈"的基本格局，在语言、文字、思想、文学、艺术、服饰、饮食、建筑以及制度等方面的影响至今仍然不同程度地存在。

545年，新罗用汉字撰写自己的国史，汉字被确立为新罗的官方文字。7世纪中叶，百济国派遣贵族子弟入唐学习。837年，新罗在唐的留学生达到216人。

日本的文物考古发现证实，日本在5—6世纪时就已经开始使用汉字。607年，日本派遣小野妹子出使隋朝，之后频繁遣使来华。其中，遣隋使2次，遣唐使19次，实际成行15次。遣唐使每次来华，都有100～250名学生和僧侣，有时多达500人。晁衡等人还通过科举考试，被授予官职。来唐的留学生和僧侣收集、携带大量汉文典籍回国，范围涉及政治、经济、文学、艺术、天文、历法、音乐、医药、技术、教义，为日本发展提供了有益借鉴。[1]6世纪末期，唐王朝对日本朝廷的影响日益显著，日本接受了中国儒家学说与法律制度，改进了官员管理体系，吸收了中国的文学艺术风格，中国的城市规划、宫殿与庙宇建筑也成为日本模仿的对象。[2]

佛教在中国本土化成熟之后，又广泛传播到东亚地区。587年，佛教得到日本官方的承认。600年，中国佛教深植朝鲜，影响至今。

这一时期，中华文明还开始向过去接受古印度文明的地区扩展，南到越南，北至中亚，填补了原来在两大文明之间的真空地带。由于文明世界的边界不断拓展，处于狩猎采集阶段的简单社会越来越少。

这一时期，是伊斯兰教和伊斯兰世界大发展的时期。

610年，穆罕默德正式成为先知。622年，穆罕默德离开出生地麦加，逃往麦地那，这一年被视为伊斯兰纪元的开始，伊斯兰信仰逐渐在阿拉伯沙漠地区异军突起。穆罕默德显示出杰出的政治家素质，有效维持了信徒间的团

---

① 袁行霈、严文明、张传玺、楼宇烈主编：《中华文明史》第3卷，北京大学出版社，2006年，第72—73页。

② 林肯·佩恩著，陈建军、罗燚英译：《海洋与文明》，天津人民出版社，2017年，第302页。

结，将长期处于松散的游牧部落状态的阿拉伯人聚合到一起，创建了具有强大文化凝聚力的、政教合一的、以真主意志为法律基础的阿拉伯国家。他制定出一系列后来被载入《古兰经》的规章制度，成为阿拉伯人的生活准则。630年，穆罕默德率军进入麦加，并成功地使当地居民改宗了伊斯兰教。在632年穆罕默德逝世时，阿拉伯半岛在伊斯兰教的旗帜引导下，已经大体统一了起来。

此后，选举出来的哈里发成为伊斯兰世界的宗教领袖和政治领袖，他们按照《古兰经》的教义，以政教合一的方式治理国家。635年，阿拉伯军队占领叙利亚最大的贸易城市大马士革。638年，阿拉伯军队夺取了圣城耶路撒冷。661—750年，是伊斯兰历史上的倭马亚王朝，在穆阿维叶的统治下，疆域不断拓展，由于他们习惯身着白袍，在我国史书中称为"白衣大食"。到732年，一个疆域广阔的阿拉伯帝国形成了，领地覆盖西班牙、北非、叙利亚、亚美尼亚、美索不达米亚、波斯等地，西起比利牛斯山，向东一直扩张到中国和印度的边疆。帝国的政体由民主共和制转向君主制，哈里发不再由选举产生，改成世袭继承，政治中心也由麦地那转移到叙利亚的大马士革，成为阿拉伯帝国此后100多年的首都。①

750—1258年，是阿拉伯历史上的阿拔斯王朝时期。这个王朝由于崇尚阿拔斯家族的黑徽，在我国的史书中被称为"黑衣大食"。②阿拔斯帝国首都巴格达富饶繁荣，是东西方商路的重要中转地。

那时的巴格达不仅是伊斯兰世界权力、富足和威望的象征，是穆罕默德的继承者们创造的新宗教、经济、政治中心，而且是世界著名的科学文化中心。大量来自世界各地的文献被汇集到一起，从希腊文、波斯文、中文和叙利亚

---

① 761—762年，阿拔斯帝国将国家首都从大马士革东迁到巴格达，宣告叙利亚在伊斯兰世界中的优势地位地终结，将伊斯兰世界的注意力从地中海和北非地区转移到中亚及印度洋地区，从而对印度洋的贸易产生巨大影响。巴格达建都后的50年中，人口迅速增加到50万，成为当时除中国长安之外世界上最大的城市。

② 与660—750年统治阿拉伯、以大马士革为首都的奥美雅王朝（白衣大食）相区别，也与969—1171年统治埃及、以开罗为首都的法提马王朝（绿衣大食）相区别。

文翻译成阿拉伯文，文献内容涵盖从马匹医药手册这样的兽医科学到古希腊哲学的各个领域。希腊的许多经典著作被翻译成阿拉伯文，使阿拉伯文明中吸收了许多希腊哲学思想，产生出《天方夜谭》这样富有想象力的文学巨著、《黄金草原》这样的阿拉伯发展史学巨著。[①]

这是一个阿拉伯文明的黄金时代，是阿拉伯文明引领世界哲学和科学发展的时代。阿拉伯帝国的兴盛，使其得以在文化上建立一个影响范围非常广阔的阿拉伯文明区。埃及、叙利亚、美索不达米亚、波斯、希腊等地的文化，都在阿拉伯帝国时代得到广泛的接触和交流，在保留各自特点的基础上，又注入了浓厚的伊斯兰教色彩。阿拉伯文明在沟通东西方文明方面，为人类的进步作出了无与伦比的贡献。东方文化对阿拉伯人的影响非常大，中国的造纸术、指南针、火药，印度的数字、十进位法，都是通过阿拉伯人传播到西方世界的。

伊斯兰教创立之后，基督教面临强有力的挑战。最终拜占庭帝国和萨珊帝国被彻底摧毁，基督教的诞生地——巴勒斯坦和叙利亚都落入伊斯兰教的统治之下。基督教的影响范围被挤压到北欧和西欧地区，开启了世界文明的新时期。

伊斯兰教的兴起，将伊斯兰文明置于东西方文明之间。在中亚，阿拔斯王朝与唐王朝的西部边界接壤。[②]在与东西方文明相处的过程中，由于儒家文明和基督教文明在包容度上存在本质差异，伊斯兰文明在东部文明边界和西部文明边界上遭遇到两种完全不同的对待。在与西方文明的边界上，由于基督教不认可伊斯兰教的宗教教义，认为其为异教徒，互不相容，相互对立，从而导致冲突不断，爆发"十字军东征"等影响深远的宗教战争事件。[③]时至今日，在中东地区，这种宗教领域的冲突仍在持续上演，而在与东方文明的边

---

① 马克垚主编：《世界文明史》，北京大学出版社，2016年，第368—369页。

② 林肯·佩恩著，陈建军、罗燚英译：《海洋与文明》，天津人民出版社，2017年，第269页。

③ 十字军东征也不全是针对伊斯兰教，如第四次十字军东征是攻击拜占庭帝国的东正教徒，甚至也会被教皇用于鼓动镇压其他派别的基督徒。

界上，由于佛教和儒家文明存在很大的弹性和包容性，使得双方相处起来总体而言比较平稳，相处融洽，即使存在武装冲突，范围和规模也可控。

有意思的是，伊斯兰教经典《古兰经》清楚地表明，早期穆斯林并未将自己看作基督教和犹太教的对手，而是一脉相承，那时对宗教传播十分包容。与今天伊斯兰教和基督教、犹太教之间的激烈冲突形成鲜明对比。在现在这个宗教与暴力紧密相连的世界里，我们很容易忽略那些伟大信仰之间早期相互学习、相互借鉴的一面。不管是历史文献还是考古发现都证明，在穆斯林势力扩张的早期，穆罕默德及其追随者曾极力缓解犹太教徒和基督教徒对他们的敌视和恐惧。穆罕默德甚至与犹太领袖签署过一份正式协议，结成防卫联盟，要求犹太教和伊斯兰教必须互帮互助，在任何一方受到第三方攻击时，要奋起保护对方；穆斯林不得损害犹太人的利益，更不能帮助犹太教的敌人。《古兰经》和《旧约》在内容上有很多共通之处，尤其是在敬奉先知、敬奉亚伯拉罕方面。此外，在拒绝承认耶稣是救世主这一点上也十分一致。与此同时，穆罕默德及其追随者也赢得了当地基督教信众的认同。伊斯兰教与基督教在反对多神教和崇拜偶像上有明显的共鸣，其自身教义与基督教观念多有相似，如《古兰经》里出现的摩西、诺亚、约伯等都是基督徒在《圣经》中熟悉的形象，明确陈述上帝授予摩西经文之后，又挑选一名先知传播上帝的教义。据当时知名的神学家大马士革的约翰所说，伊斯兰教和基督教十分接近，甚至认为伊斯兰教并非一个新的宗教，而是对基督教教义的一种阐释。[①]

那时，宗教与宗教之间的直接冲突还不是主要矛盾，彼此之间更多体现的是相互学习、相互借鉴。相比之下，宗教内部各教派之间的冲突反而更为严峻。由于对教义理解阐释的不同，基督教内部分化为天主教、东正教以及后来的新教，甚至还有许多更为细分的派别；伊斯兰教内部分化为逊尼派和什叶派。倭马亚王朝后期，宗教上的分歧导致教派纷争。尤其是逊尼派编写了一部《圣训》，并把它放到与《古兰经》相同的崇高地位，却不为什叶派所

---

① 彼得·弗兰科潘：《丝绸之路：一部全新的世界史》，浙江大学出版社，2016年，第68—77页。

认可。①

阿拉伯文明昌盛之时，西欧正处于文化低落的"黑暗时代"。在伊斯兰世界革新、进步和各种新观念涌现的时候，欧洲基督教世界却低沉萎靡，在资源枯竭贫乏和灵魂失落煎熬中苦苦挣扎。阿拉伯人读了大量的古希腊、古罗马和来自中国的古典哲学、文学作品，并在学习过程中把他们翻译成阿拉伯文，特别是翻译了许多中世纪西欧几乎已经无人通晓的希腊文著作，对希腊罗马时代的文化起到了承前启后、继往开来的作用，并在此基础上创造出自己的文明。这些文明成果后来经由穆斯林统治的西班牙等地，又陆续传到西欧，使西欧的基督教文明从落后中逐渐苏醒过来，开始了文艺复兴运动。其中尤其是伊本·路世德对西欧的学术发展产生了重大影响。12世纪他在托莱多成立了正规的翻译学校，把许多欧洲人已经不懂的亚里士多德的著作、欧几里得的著作和阿拉伯人的科学、哲学著作，从阿拉伯文翻译成拉丁文，供英、法、德等国人士学习。②与我们今天看到的情况完全相反，当时的激进主义者并非穆斯林，而是基督徒；当时那些思想开放、求知欲强、慷慨大度的智者都在东方，而不是欧美。③

这一时期，欧洲陷入无穷无尽的战争当中。蛮族的入侵，使欧洲的生产力遭到严重破坏，经济长期停滞不前。常年的战争，使得领主成为地方上的保护者和剥削者，采邑、庄园已经成为进行农业生产的基本单位。中世纪的欧洲人长期生活在贫困的社会里，精神走向悲观和虚无。在蛮族入侵的过程中，人们的精神也从充满诗意的古希腊文明、充满雄浑力量的古罗马文明中跌落出来，经历了与古典文明的断裂，努力找寻新的精神寄托，为基督教的盛行铺平了道路。

蛮族部落文化与基督教文明的结合，创造了一种骑士尚武精神与基督教受难、赎罪观念的奇怪混合，暗示出原始活力与禁欲精神相抗衡的时代悲剧主

---

① 马克垚主编：《世界文明史》，北京大学出版社，2016年，第361—363页。

② 马克垚主编：《世界文明史》，北京大学出版社，2016年，第420—421页。

③ 彼得·弗兰科潘：《丝绸之路：一部全新的世界史》，浙江大学出版社，2016年，第80—85页。

题。正如堂吉诃德，在长达千年的中世纪黑暗时代，西欧人一直无法摆脱精神和肉体的深刻矛盾，痛苦又无奈地同包括自己在内的周围一切事物进行永无休止的战斗，期待通过生活的宗教化，为自己找到一条脱离苦海的精神出路。最终，基督教发挥自身作为一种超越个人、家庭甚至国家的精神纽带的作用，被广泛接受。

经历三四百年的时间，欧洲在基督教势力的统治之下，把强调个性、民主和理性的古希腊文明，强调国家、军团和法律的古罗马文明，以及强调血缘、家庭的日耳曼文明有机结合起来，最终形成了这一时代在西欧地区占据主导地位的基督教文明，为欧洲新的发展提供了一个思想基础。①

查理大帝时代的欧洲大陆，不同民族的小国林立，战乱频仍，类似中国的春秋时期。查理大帝通过多年的战争，把法兰克王国变成了查理曼帝国，开启了加洛林王朝，糅合了庄园经济和封建政治的元素，创造了以基督信仰为基础的全欧大统一②，领土范围大体包括今日的法国、德国、瑞士、奥地利和荷兰、比利时的大部分，以及意大利半岛的部分地区。除了一度短暂存在过的匈奴王阿提拉帝国，自从统一的罗马帝国衰亡以后，欧洲还从来没有被同一个政权征服和控制过这么广阔的领土。

800年12月25日圣诞节，罗马教皇利奥三世把欧洲帝国的皇冠戴在查理大帝的头上，宣布他为"所有罗马人的皇帝"，从此法兰克王国演变成了查理曼帝国，这也是欧洲地区继西罗马帝国、东罗马帝国之后的第三个帝国。查理大帝加冕，是欧洲中古历史中一个标志性事件，意味着欧洲文明此后不再是东罗马帝国的附庸。为了显示查理曼帝国的正统性，同时剥夺东罗马帝国的正统性，后来的西方历史学家将东罗马帝国改名为"拜占庭帝国"。本来，古代罗马帝国的继承者一直在东方的君士坦丁堡，但是罗马教皇通过这次册封，也趁机篡夺了原来隶属于东罗马帝国主教对欧洲诸侯的册封权，意味着

①　马克垚主编：《世界文明史》，北京大学出版社，2016年，第372—374页。
②　梁鹤年：《西方文明的文化基因》，生活·读书·新知三联书店，2014年，第50—51页。

欧洲中古政治和宗教发生了重大制度和权力变迁。[1]

从这个意义上讲，800年查理大帝接受天主教皇的加冕[2]，标志着欧洲封建制度的正式奠定、宗教与封建政权的联盟，标志着近代国家的兴起以及世俗政权的重新抬头，也标志着世俗王权与基督教教权之间的关系进一步向教权方向倾斜。此后，数百年的历史，罗马教廷与欧洲诸侯世俗政权之间就权力的分配进行了长期的勾结和冲突的博弈。[3]教廷参与世俗权贵的废立，世俗权贵也干预教皇以及主教、神父的选举和委任。直到今天，欧洲地区保留皇权的国家的国王或者女王即位，依然需要教皇加冕表示承认，这也是日后欧洲君权神授理念的源头。[4]

中世纪后期，由于基督教教会不断卷入世俗政治生活，同世俗君主发生了尖锐矛盾，英国、法国、德国、波西米亚相继爆发了反对教皇的运动，反对教皇的专横和高于国家主权之上的"教皇帝国"的存在，要求建立民族化的教会。

732年，西欧出现新型骑兵武士——欧洲骑士，并逐渐形成强大战斗力的重装骑兵的作战方式。这使得远道而来的维京海盗和北方蛮族常常空手而归，甚至有性命之虞，很快就不敢再犯，直至最终消失不见。在近300年的时间里，欧洲骑士在西欧战场由守转攻，所向披靡，掌握战争主动权，不仅主导整个西方基督教世界的军事领导权，还左右欧洲地区的社会政治发展格局。

843年，加洛林王朝帝国一分为三。东法兰克地区四分五裂，最终统一为德国，日后演变成神圣罗马帝国。962年，德意志国王奥托一世在罗马由教皇约翰十二世加冕称帝，称为"罗马皇帝"，德意志王国便成为"德意志民族神圣罗马帝国"，这便是古德意志帝国，又称为第一帝国。西法兰克地区整合成

---

① 何新：《何新世界史新论》，现代出版社，2020年，第203—206页。
② 查理大帝是"欧洲文明之父"，在他加冕以后逐步实现西方文明的建立，扑克上的红桃K（King）就是以他为原型。
③ 朱光潜：《西方美学史》，人民文学出版社，1979年，第121页。
④ 何新：《何新世界史新论》，现代出版社，2020年，第105页。

为现今的法国。中法兰克也就是勃艮第大公国，成为法德两国无休止的争夺之地。[①]867年，马其顿王朝崛起，到1056年前一直掌控拜占庭帝国，疆域迅速扩展。966年，波兰认同基督教，并采用教皇加冕、国王即位的制度。1000年，匈牙利和斯堪的纳维亚半岛也紧随波兰脚步，归附基督教。[②]与此同时，公元865年，保加利亚人接受东正教。统一之后的俄罗斯人也信仰东正教，并借鉴保加利亚人形成的教会斯拉夫语言和仪式，并于989年正式成形。

这一时期，东南亚、澳大利亚、非洲南部还处于蛮荒阶段，过着原始的捕猎生活，对文明世界的变化没有什么反应。在伊斯兰国家快速扩张到非洲地区的过程中，黑奴贸易也快速发展。到9世纪时，奴隶贸易进一步激增。850—1000年，奴隶贩子用船运送了约2500万名来自非洲之角以南地区的黑人，非洲之角当时被称为"奴隶之角"。与欧洲社会不同，伊斯兰世界中的奴隶拥有相对广泛的合法权利，即便是在作为别人财产时，奴隶也可以担任高官、赚钱并拥有财产。他们可以赎买自己的人身自由，也可以与其他奴隶或自由人结婚。尽管如此，黑人穆斯林仍然常常受到奴役，爆发过持续14年的奴隶起义——辛吉起义（869—883）。[③]

---

① 梁鹤年：《西方文明的文化基因》，生活·读书·新知三联书店，2014年，第54页。

② 斯堪的纳维亚人在"维京时代"开始扩张，自793年开始，多次突袭法兰克、英格兰、西班牙等地。9世纪20年代，法兰克传教士圣安斯加在丹麦海泽比（现位于德国）建立了一所教会学校，之后前往瑞典比尔卡传教，使北欧许多人皈依了基督教。尽管维京人侵扰欧洲达几个世纪之久，但他们最终接受了来自欧洲南方的基督教信仰和商业模式，从而发生了巨大转变。

③ 林肯·佩恩著，陈建军、罗燚英译：《海洋与文明》，天津人民出版社，2017年，第277页。

第十四章　宋朝时期的中国与世界

　　宋朝分为两个时段，北宋（960—1127）和南宋（1127—1279），持续时间共计319年。北宋与南宋的分界点在1127年，金国占领北宋都城开封，导致北宋灭亡，迫使宋高宗在临安（今杭州）建立南宋，国都也从开封迁到临安，至此南宋疆域从黄河流域收缩到长江流域。

　　宋朝虽然扭转了唐朝末期地方军阀割据的局面，重新建立起高效有力的官僚制中央政府。但是，从汉民族的角度来看，宋朝是一个疆土分裂、国力衰弱的时代，从来未曾实现全国统一，恢复汉唐盛世的疆域格局，在北方始终受到辽、金和西夏的干扰。如果从中华文明的影响角度来看，与宋对峙的辽、金、西夏等少数民族政权，都是在中华文明的影响下建立的政权，中华文明的影响力不仅没有缩小，反而由于西辽政权的疆域拓展到中亚而有所扩大。

　　宋朝人口规模持续增加，人口重心继续向南方倾斜。由于五代十国时期北方地区战乱频繁，人口持续向南方迁移，南方逐渐成为人口密集地区，到980—989年，南北人口比例已经从唐朝时期的4∶6调整为6∶4。[1]由于南方地区气候温湿，农作物具有生长周期短、产量高的优点，1000年左右，中国人发现了一种新型早熟稻，一年两熟，可以大面积种植，由此粮食产量大幅提升。加上南方地区重视兴修水利，发展商业、手工业和航运业，使得全国经济重心逐渐由北方转向南方，而且至今再也没有发生过逆转。1102年，全国

---

[1] 袁行霈、严文明、张传玺、楼宇烈主编：《中华文明史》第3卷，北京大学出版社，2006年，第86页。

户数达到2002万，人口规模超过1亿，是755年盛唐天宝年间的两倍。

宋朝社会进入商业化的快速发展阶段。在自发的商品意识的指引下，农民提高生产效率，应对市场价格变动，商业贸易快速发展，使得国家财富快速增长，生产力获得前所未有的发展。商业经济的高度繁荣，使铜钱等货币严重短缺。宋朝在借鉴唐朝发行"飞钱"的经验基础上，开始发行真正具有纸币性质的货币——交子，成为世界上最早流通的纸币。只是由于种种不利因素的制约，这一发展势头未能持续下去。

宋朝商业经济高度发达，客观上促使城市在唐朝的基础上进一步繁荣兴盛。一方面，将唐朝城市过去传统的相对封闭的坊市改为开放的街市，长形的街市两旁店铺罗列，取消了只能在官方设立的坊市之内进行商业交易的限制，人们可以在城内任何地方开设作坊店铺，还可以推车挑担沿街叫卖，出现了早市和夜市，商业活动可以随时随地进行，更便利货物的流通和商业的发展。张择端的《清明上河图》就生动形象地反映了北宋都城汴京（今开封）沿河两岸街市繁荣兴盛的胜景。南宋时的都城临安更是其中的典型代表。当时，临安城的人口规模达到百十万口，随着城市商业经济的繁荣，刻印书籍十分盛行，出现大量书肆，推动文化快速传播，市民文化娱乐活动开始兴盛，推动杂剧、南戏等市民文学快速发展。[1]另一方面，在沿海各地涌现出了许多新型的工商业城市。它们既不是政治中心，也不是驻军治所，而是完全意义上的工商业中心城市，如苏州、泉州、扬州等地。它们的集市贸易高度发达，有的甚至成为具有国际影响力的专业性市场，规模庞大，商品众多，商贾云集。[2]

迫于来自北部草原游牧民族的压力，中原王朝将中国的政治中心不断由西北向东南方向迁移：长安—洛阳—开封—杭州。政治中心的南移，使得王室贵族更加接近海洋，加上国内商品经济的快速发展，推动宋朝统治者欣然

---

① 袁行霈、严文明、张传玺、楼宇烈主编：《中华文明史》第3卷，北京大学出版社，2006年，第9—14页。

② 马克垚主编：《世界文明史》，北京大学出版社，2016年，第319页。

接受来自海外的投资贸易，开启了中国向海洋开放的前奏。1087年，继广州、杭州和明州（今宁波）之后，朝廷在泉州设立了第四个市舶司。这极大地推动了福建沿海地区的发展，使泉州成为新的海上贸易兴起地，越来越多的穆斯林商人和泰米尔商人被吸引到泉州，泉州因此成为中国最重要的国际港口和海外移民社区的所在地，甚至形成了许多很有异域风情的外国客商集中居住的居留区。[①]与此同时，福建商人开始支配东南亚与中国之间的航路，在海外建立移民社区，有些甚至延续至今。[②]福建商人也因此成为东南亚贸易世界中一股强大而持久的力量。[③]

中国海洋贸易的繁荣，不仅引起了印度洋传统贸易伙伴的关注，也得到了西方地中海世界的关注。泉州市舶司长官赵汝适在1225年成书的《诸蕃志》中，详细描述了非洲、西南亚和地中海地区的情况，列举了43类商品和46个与中国进行直接或间接贸易的地区，其中既包括日本、朝鲜，也包括东南亚、印度洋及从巴格达到索马里海岸之间海域更为偏远的国家，甚至包括亚历山大港、西西里岛等一些地中海港口和地区。[④]东南亚地区的许多朝贡使团都是通过海路前来，瓷器、丝绸等商品贸易规模快速增长，每年海外贸易收入占到朝廷收入的20%。

宋朝十分重视教育，识字人数大为增加。这一时期，科举出身的官员成为文职官僚队伍的核心力量。儒家知识分子作为一个群体，开始在国家政治生活中发挥决定性作用。两宋持续的300多年间，科举录取人数总计达到11万人，不仅远远超过了唐朝，而且也超过了后来的元明清各朝。135位宰相中，90%以上是通过科举途径获得出身，极大地提高了官员队伍的素质。

书院教育，是宋朝当时最具特色的教育组织形态。宋朝儒学与唐朝相比，

---

① 泉州到现在还拥有包括清真寺、印度教神庙以及泰米尔文和阿拉伯文碑刻等大量历史遗存，很多已成为世界文化遗产。

② 林肯·佩恩著，陈建军、罗燚英译：《海洋与文明》，天津人民出版社，2017年，第354页。

③ 林肯·佩恩著，陈建军、罗燚英译：《海洋与文明》，天津人民出版社，2017年，第315页。

④ 林肯·佩恩著，陈建军、罗燚英译：《海洋与文明》，天津人民出版社，2017年，第364页。

更富有思辨色彩。与此相对应，以学术讨论为主要教学方式的书院教育高度发达，极大地提高了社会教育水平。"书院"这个名字最早出现在唐代，是宫廷藏书和编书的场所。宋朝时，开始出现完整的书院建制，大多是官私结合，通过官方兴建、聘请民间知名人士主持讲学，来传播儒家文化。书院侧重于培养品德高尚的人才，强调修身养性，强化文人的社会责任。主要教材是儒家经典，配置有相当于今天图书馆的藏书楼。学习方式以自学和讨论为主，注重因材施教，避免功利色彩极强的应试教育。书院和书院之间经常有学术交流性质的辩论会。书院是思想发展的摇篮，学者可以在书院著书立说，传播自己的学术观点和教育理念。书院跟当时的政治势力有密切关系，一些著名书院就是通过朝廷赐书、赐额和赐田而获得社会声誉的。书院提倡的儒家忠孝伦理教育，对意识形态的巩固起到积极作用，但也对压制其他思想言论起到了推波助澜的作用。北宋时期著名的六大书院：白鹿洞书院、岳麓书院、睢阳（应天府）书院、石鼓书院、嵩阳书院和茅山书院。[1]南宋时期，书院更盛于北宋，江西、浙江、福建、湖南这些江南富庶地区的书院都比较多，如江西吉安的白鹭洲书院等。

在书院的推动和科举制度的带动下，士人的主体意识日益强化，加上较为宽松的政治环境，激励文人学士奋力向上，形成一个人数高达数百万的读书人阶层，致力于追求"自得""独见"，批判意识、参与意识空前高涨，在政治、思想和文化等方面孕育出鲜明的时代特征。由于宋朝政治、军事上始终处于内忧外患之中，不少知识分子奋起寻求改革，也有不少人思想守旧，于是形成了改革派与守旧派的长期党派斗争。范仲淹、欧阳修、王安石、苏轼等成为融通"治学"与"从政"的突出代表。他们不仅是学术大家，在经学、文学或史学方面有不凡著述，而且在政坛上也有着十分重要的影响。他们秉持"先天下之忧而忧，后天下之乐而乐""天变不足畏，祖宗不足法，人言不

---

① 袁行霈、严文明、张传玺、楼宇烈主编：《中华文明史》第3卷，北京大学出版社，2006年，第241—249页。

足恤"，以"天下"为己任，以"天道""公义"为标尺，具有强烈的历史使命感和忧患意识，将个人修养与国家兴亡紧密结合起来，凝聚群体共识，制约君王权力，参与国家政事。王安石以超人的勇气与有钱的富豪和有力的保守分子抗衡，锐意革新，实施免役法、青苗法、均税法、均输法，以低息贷款帮助农民从事生产，兴修水利，为百姓谋福利。王安石还十分重视教育，发起"熙宁兴学"，创立三舍法，将学生平时成绩与考试成绩结合起来，全面考察学习效果，以培养学以致用的"经世之才"。

与此同时，许多科举的落第者往往更贴近下层民众，秉承"达则兼济天下，穷则独善其身""位卑未敢忘忧国"的价值理念，或聚众讲学，或影响地方公共事务，以其独特的乡绅身份，成为乡里文化的普及者、基层社会活动的组织者，极大地提高了公众的文化素养和基层治理水平。

由于时代环境发生根本变化，宋朝的社会思想逐渐脱离了唐朝朝气蓬勃、生动活泼的局面，开始趋向保守。宋代儒学吸收了佛、道的许多思想要素，把儒家思想发展成为以伦理学为主体的、无所不包的宇宙观体系——理学。理学主张存天理、灭人欲，用礼义道德来遏制人的自然欲望，用纲常名教来构建森严的封建等级，从思想上、行动上对人进行全面的压制，扼杀对自由思想的追求，使得社会思想越来越僵化，民众越来越盲从，这也是导致宋朝经济、社会、技术难以进一步突破发展的重要原因。[1]

理学在北宋时期就开始萌芽产生，经过南宋和元朝的充分发展，在明朝达到高峰，故简称宋明理学。宋明理学将伦理提高为本体核心，以重建"人"的哲学。宋代理学从佛道两家思想中汲取了各种因素，把经典的伦理学教义与推理的宇宙理论密切联系起来，从而把它从被湮没的危险之中挽救出来。[2]

"宋初三先生"胡瑗、孙复、石介是宋明理学的奠基人，为"北宋五子"周敦颐、张载、邵雍、程颢、程颐的出现铺平了道路。他们在唐末以来排击

---

[1] 马克垚主编：《世界文明史》，北京大学出版社，2016年，第313页。

[2] 李约瑟原著，柯林·罗南改编，江晓原主持，上海交通大学科学史系译：《中华科学文明史》，上海人民出版社，2014年，第169页。

佛老、倡导儒学的风气影响之下，探索儒学发展的新形式，同时又出入佛老，吸取其理论营养，使这个时期的儒学呈现出综合《易经》、"四书"的思想理论和概念范畴，重视天道与人道的统一，阐述心性理论，重视修养方法。[①]

细分起来，宋明理学可以分为两大流派[②]：一是由程颐创建、朱熹发扬光大的程朱理学，把伦理原则提高为宇宙本体和普遍规律，但未能重视"人"作为道德实践主体的能动性；一是由程颢创建、陆九渊和王阳明发扬光大的心学，认为人心即是道德主体，要"知行合一""致良知"。[③]

宋明理学在其发展进程中，大致可分为奠基时期、成熟时期和瓦解时期，张载、朱熹、王阳明三位著名人物恰好是这三个时期的关键代表。[④]

北宋张载（1020—1077）世称横渠先生。他以"气"为哲学的中心范畴，以唯物论的气一元论的宇宙观为核心，从"天"（宇宙）而"人"（伦理），使"天""人"相接而合一。张载认为，人的生死乃"气"的聚散，人死气散。宋明理学作为儒学复兴的运动，具有崇高的思想，典型地表达在他所提出的令历代文人士子为之神往的伟大目标："为天地立心，为生民立命，为往圣继绝学，为万世开太平。"在这个伟大目标的指引下，中国知识分子赴汤蹈火，前赴后继，致力于改变世界。

南宋朱熹（1130—1200）为理学的集大成者。他在钻研经学、史学、文学的基础上，以"理"为哲学的中心范畴，以构建伦理学为目标，扩充创造了一个庞大的思想体系，提出集大成的"心统性情说"，强调理性本体的主宰、统率、命令、决定作用，在理气、心性、修养功夫方面对后世影响极大。他

① 袁行霈、严文明、张传玺、楼宇烈主编：《中华文明史》第3卷，北京大学出版社，2006年，第188页。

② 理学强调"性即理"，从事物本身着眼；心学强调"心即理"，更重视内省，重视人本身的自主性、能动性。由于朱熹主张的理学与陆九渊主张的心学有本质上的差异，1175年二人还曾在江西上饶的鹅湖寺举行"鹅湖之会"，进行了一场学术之争。此后，双方子弟将学术之争演变为意气之争，互相攻击。

③ 王充闾：《文脉：我们的心灵史》，北京大学出版社，2020年，第9页。

④ 李泽厚：《中国古代思想史论》，人民文学出版社，2021年，第186页。

认为人世的伦常道德、行为规范来自"天理"，而与功利、幸福、感性快乐无关，要求"穷天理，灭人欲""人心惟危，道心惟微，惟精惟一，允执厥中"。朱熹要求"知"先于"行"，更多突出超感性现实的先验规范，反对伦理行为的盲目性、自发性，特别强调格物致知、自律、慎独，要求自己不受外在环境、利益、观念、因素所影响和支配。

与汉代经学重文献、重政治不同，朱熹理学把《论语》《孟子》《大学》《中庸》结集为"四书"，并花费毕生心血加以注释，形成《四书集注》，以"四书"替代"五经"，尊崇子思、孟子的个性人格主义，将孟子提升到儒家先贤的重要位置，把先秦的宗族主义礼教改造成家族主义理学，着力阐扬发展其中的心性论、工夫论，注重人生修养，强调人生真理，建立起新礼教。[1]《四书集注》在元代以后成为科举必备教材，使"四书"的地位超越"五经"，成为一种以新经学为基础的理学思想体系，影响极为深远。至此，以理学为主体的宋、元、明、清儒学，成为最有影响力的占据统治地位的哲学系统，重新占据了社会文化的中心，成为社会文化的主流思想。[2]

明代王阳明（1472—1529）以"心"为哲学的中心范畴，更多地与感性、血肉相连，日益倾向于否认用外在规范来人为地管辖"心"、禁锢"欲"的必要，强调知行合一。到了李贽，更是大讲"童心"，不忌讳"私""利"，走向近代自然人性论。

宋明理学在中华民族性格、中国实践理性的形成发展过程中，在中华民族注重气节、重视品德，讲求以理统情、自我节制、发奋立志等建立主体意识结构等方面，产生了很大的积极作用，空前地树立了人的伦理学主体性的庄严伟大，强调人的本质，一切人性并非天生或自然获得的，而是人类自我建立起来的，建立在人类理性主宰、支配感性的能力和力量之上，使顽夫廉、懦夫立、闻者兴起。

---

① 何新：《诸子的真相》，现代出版社，2019年，第184页。
② 陈来：《中华文明的核心价值》，生活·读书·新知三联书店，2015年，第100页。

但是，宋明理学成为占据统治地位的社会主流意识形态之后，确实也在数百年统治时期对广大人民带来惨痛毒害，用等级森严、禁欲主义等封建规范对人进行了全面约束和压制。[1]宋明时期，道德要求压倒了一切，少问甚至不问行政才能和业绩如何，而多半以是否尽忠尽孝、廉洁奉公等道德品质作为官吏考核、升迁、评价的标准。也正是因为这个缘故，使得原来运转高效、人才辈出的封建官僚体制日益闭塞、内向、因循、守旧、腐朽，最终使中华民族走向衰落。[2]

宋明理学从元朝起不断传播到韩国、日本，成为塑造东亚文明的重要文化成分，使中华文明成为具有世界影响力的思想文化体系。朱熹编写的《四书集注》，从孔子的精华里整理出一套有系统的哲学思想，一直到19世纪都是朝鲜王朝统治思想的根本遵循。

在宋明理学的影响下，儒教、道教、佛教三教融合、互动互促的趋势日益强化。儒学重新占据主流思想地位。1200年左右，形成以儒学为主、三教融合的稳定平衡格局，厚实了中华文明平和、宽容、理性的性格。自此以后，虽然三家学说都在不断发展变化，但一直保持稳定关系，形成了世界少有的和谐的宗教关系，以儒治世、以道治身、以佛治心，推动了中国社会稳定发展。

在儒家积极吸收佛教积极成分的同时，道家也借鉴佛家的有效元素。比如，过去的道家，只强调要加强个人的精神修养，不重视外在的物质寄托。他们在看到佛教徒以寺庙为组织的修行模式后，认为这样更有利于向世人传播道家思想，因此也开始修建道观，招收道士，并以善理鬼神世界为务，帮助民众卜占吉地建宅、给人治病、测算婚姻等。[3]

宋朝尽管国土分裂，但是文明所达到的成就丝毫不亚于唐朝。宋代在中华

---

① 李泽厚：《中国古代思想史论》，人民文学出版社，2021年，第213—217页。

② 李泽厚：《中国古代思想史论》，人民文学出版社，2021年，第229页。

③ 威廉·H.麦克尼尔著，田瑞雪译：《5000年文明启示录》，湖北教育出版社，2020年，第244页。

文明史上是一个十分特殊的时代。它既是中国武备的低谷，在与北部少数民族政权辽、金、西夏的战争冲突中，始终处于被动局面，但同时却是中国文化的高峰，由于重文轻武，文人管辖军队，客观上推动了宋朝文化的大发展。

宋词取得了巅峰成就，具有新的精神气质、价值追求和美学趣味，给中华文明带来新的面貌。词的起源可以上溯到隋代，之所以在宋朝时繁荣兴盛，是适应了当时商品经济快速发展、市井娱乐消费日益增长的客观需要。宋朝城市的人口规模和手工业、商业的迅速发展，各种娱乐场所鳞次栉比，词曲作为佐欢侑酒的娱乐手段快速发展起来。唐圭璋所编的《全宋词》，共收录词人1330多家，词作19900多首。当时许多著名的诗人，同时也是词的创作人。例如，欧阳修、王安石、苏轼、黄庭坚、陆游等都是词作大家。此外，周邦彦、柳永、辛弃疾、姜夔、李清照等都从不同角度，对宋词的丰富和发展产生了重要影响。

苏轼以诗为词，用词去表达诗的传统题材，感旧怀古，抒情咏物，豪放旷达，大大开拓了词的写作范围，词风也为之一变，使词取得与诗同等的地位和作用，推动宋词在创新变革中向前发展。苏轼诗、文、书、画，无所不能，是中国后期封建社会文人最喜爱的对象。他是中国地主士大夫进取与退隐的矛盾心理最为鲜明的人格化身。苏轼一生都未退隐，也从未真正"归田"，但他通过诗文所表达出来的那种人生空漠之感，却比前人任何口头上或事实上的"退隐""归田""遁世"更深刻、更沉重。那已经不是对政治的退避，而是对社会的退避，是一种想解脱而又无法解脱的、对整个人生的厌倦和感伤，在强颜欢笑中透出那种彻底的无可奈何。他在美学上追求的是一种质朴无华、平淡自然的情趣韵味，一种退避社会、厌弃世间的人生理想和生活态度，反对矫揉造作和装饰雕琢，并把这一切提高到透彻了悟的哲理高度。[1]

柳永作为市民文化、婉约派词人的代表人物，远离政治，不执着于忧国忧民，而是站在普通民众的立场上，表达对封建礼教的叛逆和对爱情婚姻自由

---

① 李泽厚:《美的历程》，生活·读书·新知三联书店，2009年，第164—166页。

的追求，表现出文化从士族垄断转向庶族士人的活跃，再进一步转向市民文化的关注。①

经过宋朝300多年上至朝廷、下至市井的歌唱，宋词有了更为细腻的感觉和表现，中华文明也呈现出更加丰富多彩的面貌。

宋朝对于人类最大的贡献，在于艺术。宋朝皇室十分重视艺术发展，在翰林院下，特设琴、棋、书、画等专业院，其中尤以画院体制最为完备。宋徽宗在位25年，他本身就是一位具有很高水准的书画家。在他的大力提倡下，宋代艺术更是进入发展的快车道。宋代艺术一改唐朝时期的风格，呈现出更多的生活气息。如果说唐代艺术所呈现的是一种粗犷的、草莽的、外拓的甚至是原始的创造力，那么宋代艺术则是趋向内敛、细腻、稳健、成熟。这些特点在宋代的书画、陶瓷等艺术作品中都得到充分体现。中国绘画在宋朝时达到巅峰，宋代绘画大师学会了在山水中描绘三维空间，寥寥数笔，邈远景致和雄伟山峦跃然纸上，栩栩如生，充满无尽的想象空间。②宋代的书法艺术也已达登峰造极的程度，出现了苏轼、黄庭坚、米芾、蔡襄等书法四大家。那时中国的青铜器、玉器、绘画和善本更是成为当今人们争相收藏的对象。

宋代史学有了新的发展，司马光的《资治通鉴》上起战国，下至五代，是中国史学的划时代巨著，是我国第一部编年体通史。它秉持以史通今、古为今用的历史观，开创出评论与资治并重的新史学，对后世史学发展影响巨大，也成为此后历代皇帝学习的必备著作。

由于经济发展繁荣，宋代的科学技术取得很高成就，中国许多重大的科学发明都出现在宋代。印刷术、火药、指南针这三大发明虽然并非始于宋代，但经过宋朝时期的重大改进，技术更加进步，应用更为广泛。

1041年，毕昇发明了活字印刷术，使人类文明发展进入了一个全新阶段。

---

① 袁行霈、严文明、张传玺、楼宇烈主编：《中华文明史》第3卷，北京大学出版社，2006年，第20页。

② 威廉·H.麦克尼尔著，田瑞雪译：《5000年文明启示录》，湖北教育出版社，2020年，第246页。

活字印刷术的发明与普及，是人类文明史上的一件具有世界意义的大事。书籍印制成本大幅下降，书本不再只限于王室贵族阶层，开始走入寻常百姓家，在科学文化知识传播、人才教育培养等方面起到不可估量的作用。史书、百科全书、诗歌和散文开始广泛流传，城市居民能够充分传承文化，社会发展进入一个新阶段，极大地推动了人类文明的进步。①这一时期，中国文学输出总量远远超过世界其他文明，唐宋时期的大量著作流传至今。

由于印刷成本大幅降低，宋朝开始编撰体量庞大的百科全书。吴淑（947—1002）编撰了第一部中文百科全书《事类赋》。977年，宋太宗下令从1690种书中精选，编撰成一部更大的百科全书《太平御览》，共32册1000卷，与此后编成的小说类编《太平广记》500卷、文体类集《文苑英华》1000卷、政治史专门类书《册府元龟》1000卷，合称为"宋朝四大类书"，迄今都完整存世。②宋朝出品的农书多达105种，比此前各朝的总和还要多出70%。

宋代以后，活字印刷术从朝鲜半岛传入日本，1456年传播到欧洲，直接加速了新教革命的进程，对欧洲文明的发展提供了异乎寻常的推动力。③

宋朝时，中国就以焦炭为燃料，大规模发展冶铁业，而欧洲直到18世纪才发展出类似产业。中国军队已经利用火药，试验使用"火箭"和"火矛"。

指南针在北宋时已经开始用于航海，到南宋时则把罗盘和指南针都用于航海上，并逐渐向全世界传播，为欧洲大航海探险、人类征服海洋、扩大文明覆盖范围作出了积极贡献。

在唐朝技术更新的基础上，宋朝开始利用毛竹制造出更加精美实用的竹纸，成为书写、印刷的上好材料，还能利用麦秆、稻草等材料造纸，进一步拓宽了纸张的原料来源，降低了纸张的生产成本。当时的造纸技术已经高度

---

① 从全球范围来看，印刷术的快速发展，与宗教快速普及密切相关。在中国，佛教传播要求人们将自己的诉求书写到纸张上烧掉，以求让菩萨和神灵了解，进而帮自己实现祈愿。在欧洲，新教革命需要向普通民众传播新的宗教教义，也需要低成本印刷大量宣传品。

② 袁行霈、严文明、张传玺、楼宇烈主编：《中华文明史》第3卷，北京大学出版社，2006年，第229页。

③ 陈来：《中华文明的核心价值》，生活·读书·新知三联书店，2015年，第102页。

发达，制出的纸张长度可以达到五丈，而且厚薄如一。

宋代进行了多次大规模的天文观测，在此基础上绘制成详细的星图，同时还作刻石记录，这就是世界闻名的苏州石刻天文图，绘有星辰1431颗，位置相当准确，是12世纪世界上独一无二的科学星图。[1]

宋代的临床医学取得很大成就。针灸学方面发展成效显著，北宋医学家王惟一奉旨设计铸造了两个铜制人体模型，并编著《铜人腧穴针灸图经》相辅行世。南宋时期法医解剖医学有了明显进步，宋慈撰写世界上第一部法医学专著《洗冤集录》，后来被译成英、法、德、荷、俄、日等多种文字，成为世界法医史上的经典著作。

宋代出现了我国最早的一部建筑工程规范——《营造法式》，它是北宋官修的有关建筑设计和施工的技术专著，于元符三年（1100）成书，崇宁二年（1103）刊行。全书34卷257篇3555条，涉及建筑设计、结构、用料、制作和施工等各方面的内容，全面反映了我国宋代建筑工程的技术和艺术水平，是研究中国古代建筑必不可少的参考著作。[2]

宋代是继魏晋南北朝之后，中国历史上又一个北方少数民族的活跃期。这些少数民族秉持游牧民族的强悍武力，对采取以文治国策略的宋朝实行反复冲击。宋朝皇室只好在不断的割地、赔款中战战兢兢地维持着。

与宋朝并存的少数民族政权有辽国、金国和西夏国。这些政权都是仿照中原王朝模式建立，具有国号、年号以及汉式政权治理机构和一系列相关礼仪制度。他们的统治范围已不再局限于其民族原来的居住地，而是越来越深入地拓展到汉族居住区。辽与西夏分别控制了一部分北方、西北的沿边农耕地区，形成兼有农牧二元经济基础的政权。金进一步入主中原，与南宋形成直接对峙。这些少数民族政权在中华文明发展史上起到了不可忽视的作用，一方面他们发起的边境冲突和征服战争，使得中原农耕文明受到沉重打击和破

---

[1] 马克垚主编：《世界文明史》，北京大学出版社，2016年，第314页。

[2] 袁行霈、严文明、张传玺、楼宇烈主编：《中华文明史》第3卷，北京大学出版社，2006年，第106页。

坏，但与此同时，又在开拓边疆、推动民族融合、活跃中外文化交流等方面，起了到难以替代的积极作用。[①]

916年，契丹人耶律阿保机建立契丹国，都城在临潢（今内蒙古自治区赤峰市巴林左旗）。947年，改国号为辽。1004年，辽、宋订立"澶渊之盟"，双方大体保持了100多年的和平，相安无事。1125年，辽为金、宋联合所灭。[②]辽国统治辽阔，让游牧人和中原人分别而居，依靠宋朝纳贡获得大量财富，使得地方首领保持忠诚。这一时期，北宋与西域的交通被隔断，辽国更多地承担了沟通东西方联系的任务，在西方的名声甚至远远盖过宋朝。俄文至今的"中国"称呼就是契丹译音，有的西方文献以Cathay、Kitail等称呼中国，也是由"契丹"一词演变而来。契丹贵族普遍信奉佛教，遗存至今的北京房山云居寺石经、山西应县木塔等辽代遗存均有极高的建筑水平和文物价值。辽代皇室陵墓的选址及营建规则、陵园石像生配置、陵邑安排等，都与契丹传统的墓葬不同，而是完全接受汉唐时期帝陵文化传统的影响。

金国由女真人完颜阿骨打于1115年建立。他们与契丹人不一样，不满足于据守中原北部边境，而是一路南下，逼近长江天堑，将满洲大部和中原半壁江山纳入囊中。1127年，灭北宋，迫使宋朝政权南迁。1141年，与南宋签订"绍兴和议"，迫使南宋称臣。金国不实行游牧人和中原人分居而治，因此女真人和中原人的交流融合比契丹人更为广泛，最后女真人完全被中原文化所同化。金代皇室向来葬俗简单，据《大金国志》记载，"死者埋之而无棺椁，贵者生焚所宠奴婢、所乘鞍马以殉之"。但是，金代皇陵制度由海陵王完颜亮开始确立，完全按照中原习俗。1234年，为蒙古和南宋联军所灭。

西夏是由我国西北地区少数民族之一的党项人建立的地方割据政权。1038年，李元昊称帝，本名"大夏"，宋人称"西夏"，辖地包括今宁夏、陕北、

---

① 袁行霈、严文明、张传玺、楼宇烈主编：《中华文明史》第3卷，北京大学出版社，2006年，第253页。

② 1124年，耶律大石西奔建国，史称"西辽"。1218年，为蒙古所灭。

甘肃西北部、青海东北部和内蒙古西部，建都兴庆府（今宁夏银川）。西夏统治者为党项属族拓跋氏后裔，族人历任唐宋时期的边镇将领，因此许多典章制度都仿照宋制。1227年，西夏被蒙古所灭。[1]

> 　　宋朝时期，尽管北方面临辽、金、西夏等少数民族政权的持续侵扰，国土疆域受到很大挤压，但宋朝商业经济开始繁荣，宋明理学奠定基础，宋词、绘画、书法等艺术领域以及印刷术、造纸术等科学发明取得长足进步。
>
> 　　这一时期，阿拉伯帝国开始进入由盛而衰的阶段。与此同时，伊斯兰教与基督教矛盾日益凸显，从而引发了长时间、大规模的十字军东征。俄罗斯地区开始整合发展。

　　总体来看，欧洲处于经济、政治、思想等方面的混乱时期，新兴力量与保守力量相互影响博弈，为后续的文艺复兴运动萌发奠定了基础。

　　从经济角度看，当时欧洲的经济还很不发达，不仅在相当长的时期内落后于中国，也落后于比它后起的阿拉伯国家。[2]欧洲的市镇基本上集中在地中海地区，其他地方的市镇还很少，过了莱茵河和多瑙河，几乎看不到市镇。到1200年时，采邑主发现市镇有利可图，才开始建立新市镇，给予商人和手工艺人以"自由"。商人和手工艺人为保护自身利益，开始组建同业公会，在有竞争关系的同业公会之间的较量，以及所有同业公会与周边采邑主之间的较量基础上，形成了富有特色的欧洲城镇自治政治。商业和手工业阶层蓬勃发展，获得自治权利，使得欧洲塑造出独特的文明精神。由于市镇发展，工商业阶层希望有更大自治权，对于教会权力过大、限制地方权力的做法十分不满，加上有些牧师不学无术、贪婪无度，意大利、法国等地异教思想开始盛

---

[1]　刘庆柱：《不断裂的文明史》，四川人民出版社，2020年，第287—291页。

[2]　马克垚主编：《世界文明史》，北京大学出版社，2016年，第381页。

行，教会权威面临巨大挑战。在市镇自治政治的影响下，西欧许多地区不再受神圣罗马帝国的单一统治[1]，不再与教堂合作传播、捍卫基督教，而是分裂为法国、英格兰、苏格兰、丹麦、挪威、瑞典、波兰、匈牙利等一大批独立的国家。城镇的出现，还使得罗马时代就固定在土地上的农奴出现新的生机，大多数农奴转变成自由民，不再对采邑主负有强制性义务。到了11世纪十字军东征以后，工商业日益发达，民众力量日渐抬头，反封建、反教会的斗争日益激烈。[2]

这一时期，欧洲开始酝酿形成极具活力的贸易网络，推动了商品、思想和疾病的传播。埃及法蒂玛王朝于10世纪建立，标志着地中海与欧洲的贸易开始重组。红海成为印度洋贸易的首选目的地。意大利各个城市还没有组成一个统一联盟，但是威尼斯和热那亚在整个地中海世界、黑海以及北欧的商业和政治方面的影响不断扩大。在横跨地中海的东西贸易扩张中，来自西欧和西北欧的商人是最大的受益者，波罗的海和北海地区也建立起全新的、充满活力的贸易制度。由于欧洲南北之间贸易的增长，掌控地中海与西北欧之间的大西洋航线的重要性随之提升。与之相应，北欧和南欧不同的造船方法与航海技术的融合发展，为欧洲水手探索未知海域、发现全新世界创造了良好条件。[3]西北欧开始进入繁荣兴盛期，实现了快速经济扩张和军事扩张，贸易增长，人口增加，技能提升，并于1200—1300年攀上发展高峰，追赶上了发展水平更高的中东阿拉伯文明。[4]

从宗教角度看，1200—1275年，欧洲社会各阶层发生急剧变化，各种迥然不同的元素和谐共存，有人称其为"中世纪盛期"。这时的教会具有极大的权力，不仅通过土地租金、信徒捐赠等形式取得丰厚的收入，还通过要求信

---

[1] 尽管当时教皇自称对所有主教、修道院以及其他教会组织拥有至上权威，将神圣罗马帝国皇位授予德国国王，但法国以及其他许多国家的世俗统治者都拒绝承认。

[2] 朱光潜：《西方美学史》，人民文学出版社，1979年，第121页。

[3] 林肯·佩恩著，陈建军、罗燚英译：《海洋与文明》，天津人民出版社，2017年，第321页。

[4] 威廉·H.麦克尼尔著，田瑞雪译：《5000年文明启示录》，湖北教育出版社，2020年，第270—272页。

徒参加忏悔等圣事，掌控信徒的思想，控制着包括大学在内的几乎所有的正式教育渠道。由于当时的教会神职人员还算是积极进取、敢作敢为，因而完全主导了中世纪的音乐、文学和思想文化。因此，欧洲的中古时代，基督教盛行，宗教信仰压倒了古希腊的理性，哲学成了神学的"婢女"，知识分子找不到存在的空间。即使有理想，也是在天上，而不是在人间。[①]

同时，由于当时基督教对现世采取鄙夷的态度，导致人们出现紧盯天国的宗教迷狂，推行普遍而严格的禁欲主义，导致人们在"神性"与"人性"、上帝与魔鬼、理想与现实之间的撕裂。中世纪中后期，基督教世界中充满了骇人听闻的腐化堕落和令人作呕的虚假伪善，最终催生了基督教文明自我革新的历史结果——文艺复兴和新教革命。[②]

这一时期，欧洲教士发现，基督教的教会法律基础非常复杂，且矛盾重重。著名神学家阿伯拉尔（1079—1142）提出，要运用人类理性去破解这些疑点。因此，人们于1200年开始在西班牙和意大利系统组建翻译中心，将阿拉伯语和希腊语的中东古文明和希腊古文明经典著作翻译为拉丁语，以汲取古代文明科学和哲学营养，在此基础上形成13世纪的经院哲学，在不牺牲人类理性和基督徒信仰的前提下，一定程度上实现了异教思想和基督教神学的暂时和解。[③]

从政治角度看，这一时期，欧洲教会与世俗政权开展了教权与皇权的长期较量。教会认为，罗马教皇是人世间最高宗教权威，世俗政权必须经过教皇承认，才拥有合法性。教权处于强势地位，教皇凌驾于世俗统治者之上。由克吕尼修道院在910年发起的宗教改革，推动教会完全摆脱世俗统治者而独立存在，最终于1059年确定了教皇选任方式，从有选举权的罗马神职人员——红衣主教中选举出下一任教皇（罗马大主教），这项规则一直沿袭到今天的梵

① 王充闾：《文脉：我们的心灵史》，北京大学出版社，2020年，第535页。
② 赵林：《中西文化的精神分野：传统与更新》，九州出版社，2023年，第13—15页。
③ 威廉·H.麦克尼尔著，田瑞雪译：《5000年文明启示录》，湖北教育出版社，2020年，第279页。

蒂冈。1200年，大多数国家的皇权彻底瓦解，德国、意大利的主教和修道院院长差不多都听命于罗马教皇。

这一时期，欧洲的贵族阶层主要是骑士。他们依据财产和军事才能进入贵族圈，有着尚武的传统。贵族由于效忠王室，领受庄园土地、管理分封的采邑，同时也要对君主宣誓效忠，接受封建契约的约束，承担相应的军事义务。尽管贵族一般住在农村，但他们却从来都不是真正的农民。他们通过管家，对农奴的耕作和出租土地进行管理，经济基本自给自足，掌握领土内部的司法大权。封土世袭继承，可以继续分封给小贵族，也可以通过战争、联姻形成更大的采邑。贵族子弟需要从小学会各种作战技巧，经过比武考试合格后，方能受封为骑士。骑士应该拥有一定的学识，遵守一定的道德标准和行为规范，如忠于封君、济困扶弱、英勇无畏、服从教会、尊重妇女等，逐渐形成了骑士制度，出现了骑士抒情诗、骑士传奇等骑士文学。

一般的文学之士的出路，主要是进入宗教界担任圣职，而不能由平民升为世俗贵族。所以在中世纪的欧洲，不可能产生像中国这样的文人阶层，通过学识而进入国家行政管理的高层。在日耳曼诸王国中，由于没有正常的国家政治制度约束，贵族领主之间的纠纷往往只能依靠战争来解决。这样的战争虽然规模不大，但是经常发生，对工商业的发展造成严重障碍。到1400年，欧洲仍是一个群雄称霸的局面。[1]

这一时期，伊斯兰世界在迅猛发展之后，呈现出由盛转衰的迹象。阿拉伯贵族进入东方之后，逐渐追求安逸舒适的生活，再加上帝国内部各地民族反叛、内部宗教派别争斗，阿拉伯帝国开始出现衰落迹象，主要势力范围仅限于以巴格达为中心的两河流域。1258年，蒙古军队攻下并彻底毁坏了巴格达，杀害了哈里发，阿拔斯王朝灭亡，波斯全境都被蒙古人控制。[2]

随着伊斯兰教的影响范围逐渐与基督教的影响范围接近，二者之间发生了

---

① 马克垚主编：《世界文明史》，北京大学出版社，2016年，第382—384页。
② 马克垚主编：《世界文明史》，北京大学出版社，2016年，第364—365页。

剧烈的冲突。十字军东征是由罗马天主教教皇乌尔班二世发动的一系列宗教性军事行动。由于十字架是基督教的象征，因此每个参加出征的人胸前和臂上都佩戴"十"字标记，故称"十字军"。十字军东征，是由教皇批准的所谓圣战，目的是为了从穆斯林统治下收复圣地，号召教徒为了拯救灵魂，去解救圣城耶路撒冷。大部分人都是出于宗教理由而加入十字军，或至少是"以上帝和利益之名"。然而，对于大多数普通的十字军战士来说，任何精神层面之外的利益，都是十分遥远的。

1096—1099年，第一次十字军东征，教会将骑士转化为基督徒。[①]乌尔班二世曾宣称，那些带着十字架向圣城远征的人，都将被上帝赦免原罪。从这个角度看，东征之行不仅是此生之旅，更是来生进入天堂的通道。[②]1147—1149年，第二次十字军东征，发起伊比利亚半岛圣战。1189—1192年，第三次十字军东征，由英格兰王国、法兰西王国和神圣罗马帝国军队所组成的天主教联军，目的是收复被埃及（阿尤布王朝）穆斯林军队占领的耶路撒冷。1198—1204年，第四次十字军东征，攻打拜占庭的东正教。第四次十字军东征，是十字军的十次东征中最重要的一次。这次十字军东征对君士坦丁堡的大劫掠，实现了近代金融资本主义最重要的一次原始积累。这次东征同时进行了对君士坦丁堡的文化艺术大劫掠，欧洲首次直接接触伊斯兰的科学、医学以及建筑等方面的文化，埋下了文艺复兴运动的伏笔。[③]当然，不可否认的是，十字军东征表面上看起来是宗教战争，但背后也掺杂着意大利威尼斯、热那亚等地商人很多商业贸易利益上的诉求——意大利许多贸易城市为十字军东征贡献了积极的物质力量。从这个角度看，十字军东征不仅是场宗教战争，同样也是通往财富和权力的跳板。十字军在东征过程中，犹太人遭到严重迫害，基督徒士兵认为他们没有信仰，认为耶稣的受难是犹太人的责任，导致许多犹太人逃往东欧。1400年左右，波兰成为欧洲犹太人的集聚地。十

① 1097年，十字军进军耶路撒冷。
② 彼得·弗兰科潘：《丝绸之路：一部全新的世界史》，浙江大学出版社，2016年，第118页。
③ 何新：《何新世界史新论》，现代出版社，2020年，第103页。

字军与伊斯兰教的战争一直断断续续。1492年，位于西班牙半岛的卡斯蒂利亚王国的十字军将西班牙半岛上的最后一个穆斯林政权——格拉纳达王国征服，并分别于1492年和1502年将王国内所有不愿改信基督教的犹太教徒和穆斯林驱逐出境。至此，十字军东征在逻辑上基本完结。

这一时期，俄罗斯地区开始整合兴起。元代以前，历史中没有关于俄罗斯国家及民族的存在和记载。9世纪时，东斯拉夫人地区开始出现一批以城市为中心的小国家，如基辅、斯摩棱斯克等，诺夫哥罗德地区从此成为俄罗斯文明的起点。俄罗斯文明经历了一个由点到面的发展，从分散的地区演变成为一个统一的国家。在这个过程中，俄罗斯承受了一系列来自外部的压力，甚至长期忍受外族的奴役。[1]面对波兰、瑞典、法国等多次外敌入侵，俄罗斯人进行了不屈不挠的抗争，终于能够自立于东欧大地。弗拉基米尔大公在位时（980—1015），基辅罗斯和君士坦丁堡之间正常交往。其间，东斯拉夫人逐渐认识了基督教，大约在988年基辅大公弗拉基米尔与君士坦丁堡的东罗马帝国联姻，弗拉基米尔皈依东正教，承认东正教为国教。主要原因是基辅罗斯的君主们希望借助君权神授、神权专制的原则，来巩固自己掌握的政权。这种政治与宗教的紧密结合，展示了当时俄罗斯文明的特色。11—12世纪，俄罗斯在拜占庭文化的影响下，宗教、艺术、建筑甚至是沙皇称号、宫廷礼仪和双头鹰徽章[2]都体现出拜占庭文化的特征。由于东正教成为罗斯人和东斯拉夫人的全民信仰，在统一宗教文化的熔铸下，来自北欧的瓦良格人和广大的东斯拉夫人融合成为一个新的民族——俄罗斯民族，增强了部落团结，促进了民族意识和国家意识的形成，也使基辅罗斯成为欧洲基督教大家庭的一员，与西欧其他基督教国家保持着密切的经济、外交和文化往来。11世纪时，罗斯王室还与欧洲王室进行多次联姻。这一时期，俄罗斯呈现显著的西方特征。

1054年，由于地理、政治和文化等方面的原因，基督教发生东西方大分

---

① 马克垚主编：《世界文明史》，北京大学出版社，2016年，第724页。

② 双头鹰徽章，表明俄罗斯位于欧亚大陆上，既面向东方的亚洲，也面向西方的欧洲，因此形成了独具特色的地缘政治格局和地区文化。

裂，形成对立的两大教派：罗马天主教和希腊东正教。东部教会与拉丁文化传统的西部教会不同，具有希腊文化的痕迹，注重礼仪、强调正统，称作东正教，俄罗斯习惯称之为俄罗斯正教会。随着天主教与东正教之间矛盾的不断加剧，罗马教皇曾借助十字军东征的机会，加强对东正教世界进行天主教思想的渗透，直接损害了罗斯各公国的利益，使罗斯与西方的关系开始恶化。1147年，莫斯科城的名称首次在历史文献中出现。尤其是1204年，罗马教皇英诺森三世发动的第四次东征，十字军攻陷洗劫了东正教的中心——君士坦丁堡，进一步激起东正教与天主教之间的矛盾和敌对情绪，双方开始疏远。

这一时期，印度的地区王国兴起，婆罗门教转化为一种新的大众化的印度教。伟大的哲学家商羯罗作为吠陀哲学的集大成者，发展了一种印度教哲学，调和了无神论者和有神论者的主张，从而促进了佛教在印度的消亡。[①]1025年，伽色尼王朝苏丹马茂德对位于古吉拉特邦的著名的索姆纳特湿婆神庙发起攻击，大约有5万名印度教徒在保卫这座神庙的斗争中牺牲。此后莫卧儿帝国的穆斯林统治了印度，大多数穆斯林生活在城市和集镇中，但是在农村，大多数人口还是印度教徒。

这一时期，印度文明加速向东南亚地区传播。东南亚地区先后受到印度文明和穆斯林的影响，建造出许多气势恢宏的神殿和宫廷建筑。比如，12世纪初期修建的柬埔寨吴哥窟，供奉毗湿奴，展现出印度教教义所描绘的世界。穆斯林统治者于1200年左右征服北印度，切断了东南亚通往佛教圣地的道路，印度与信奉佛教的东南亚之间长达千年的密切交往结束了。在穆斯林于1300年征服中部印度及其沿海港口后，伊斯兰教通过印度和东方香料岛国的海上贸易路线传播到了东南亚，如今印度尼西亚大部分人口信奉的宗教依然是伊斯兰教。

与伊斯兰教的相遇丰富了印度文化，正像佛教曾把印度和东亚联系在一起

---

① 赫尔曼·库尔克、迪特玛尔·罗特蒙特著，王立新、周红江译：《印度史》，中国青年出版社，2008年，第164—165页。

一样，伊斯兰教开辟了印度与西亚的新联系。与此同时，印度的计数体系通过中东地区以"阿拉伯数字"的名义传播到欧洲，著名的象棋游戏也是从印度经波斯传到欧洲。①

这一时期，朝鲜半岛在王建的征伐下实现了统一，新罗和百济先后臣服，建立了高丽王朝（918—1392），定都开京（今开城）。由于陆上交通面临来自辽、金的压力，高丽和北宋之间的贸易主要通过横跨黄海的海路保持下来。

900—1200年，美洲印第安人在墨西哥建造了许多宏伟高大的神庙。但是，很有意思的是，美洲印第安人从未用过轮车，对金属冶炼也一无所知。除了狗之外，没有鸡、羊、猪等其他家畜。1500年后，在西班牙征服者从欧洲带来的高超技艺、复杂知识和未知疾病面前，美洲印第安人显得十分脆弱，不堪一击。②

---

① 赫尔曼·库尔克、迪特玛尔·罗特蒙特著，王立新、周红江译：《印度史》，中国青年出版社，2008年，第188—195页。
② 威廉·H.麦克尼尔著，田瑞雪译：《5000年文明启示录》，湖北教育出版社，2020年，第252页。

第十五章　元朝时期的中国与世界

　　蒙古族是我国的一个古老民族。铁木真在1196年被金朝任命为统领，1206年创立大蒙古国，被蒙古人尊为"成吉思汗"。他在战火纷飞的12世纪，积极借用"替天行道""汗由天授"的宗教观念，奉行"长生天"的意志，完全断绝氏族和亲缘关系，以能力论英雄，建立起一支令敌人胆战心惊、无人能敌的军队和高效管理的官僚制组织政权体系。

　　成吉思汗造就了人类史上版图最大的帝国，这是人类有史以来首次发生这样的状况。蒙古人在大约一个半世纪的时间内，一直处于世界的中心。他占领了半个亚洲，打败了金国和西夏，统一了中国。蒙古帝国不断扩张，占领了半个欧洲，统一了东欧、俄罗斯和中东大部分地区[①]，抵达西欧边沿，即将进入非洲大陆，让欧洲人第一次见识到火药兵器的强大威力。[②]至此，蒙古帝国快速发展成为一个以漠北草原为中心、横跨亚欧大陆的世界性帝国，开启了中国和欧亚大陆其他地区新一轮的大规模的交流互动。在它的统治调度之下，世界一下子就进入到全球化的阶段，欧亚世界被迅速连接起来，可以称之为人类史上的第一个"全球化时代"。在蒙古时代之前，中国、印度、中东、地中海地区等几个古老文明圈彼此之间虽然多少已经有些联系，但总体来说，仍然还处于各自相对独立的状态。[③]

---

① 蒙古人征服俄罗斯之后，由于没有像中原王朝那样的赋税制度，俄罗斯王公自建收税队伍，并掌握人事任免权，俄罗斯政权由此萌芽。

② 13世纪时，中国人已经生产出真正的炸弹，其中最致命的是"霹雳炮"。

③ 杉山正明著，周俊宇译：《忽必烈的挑战》，社会科学文献出版社，2017年，第5页。

1260年，成吉思汗的孙子忽必烈即大汗位，将蒙古的统治中心由漠北地区南移，开始推行"汉法"，建立起汉式官僚机构和礼仪制度。1271年，取《易经》"大哉乾元"之义，正式定国号为大元，定都于大都（今北京）。1279年，南宋灭亡，结束了中国版图上已经持续数百年的多个政权并立的局面，重新确立了中国历史上的大一统格局。元朝以忽必烈即位为标志，蒙古草原帝国转变为汉式模式的元王朝①，推动中国进入一个新的民族大融合的时代。1368年，朱元璋建立明朝，北伐攻占元大都。此后，元朝廷退居漠北，史称"北元"。1402年，北元灭亡。

蒙古大军的西征，客观上打通了欧亚大陆之间的贸易壁垒，扫除了东西方陆路交通的人为障碍，使唐朝盛行一时的丝绸之路重新贯通、趋于兴盛。这一时期，中西陆路交通达到空前规模，中国与欧洲进入了直接往来的新时代，促进了东西方的经济文化交流，加速了人类社会文明前进的步伐。由于东西方交往的便利，中国创造的火药、纸币、驿站等发明得以传播到西方，西方的药品、天文历法等也得以传入中国。②此后，由于奥斯曼土耳其帝国崛起于西亚，帖木儿帝国崛起于中亚，中欧之间的陆路联系又一次被迫阻断，往来遂告中止。

元朝虽然只有不足百年的历史，但它对世界的影响极其巨大。元朝在战乱之际，生产力一度遭到严重破坏，文化发展受到极大冲击。但是，这也给汉族的农耕文明与蒙古族的游牧文明创造了更为直接的交融互补机会。虽然元朝统治者实行民族歧视政策，但是各民族融合的趋势并未因此而中断。尤其值得注意的是，元朝对外文化交流十分频繁，其范围不仅包括东亚、东南亚，还扩大到西亚、东非和北非，甚至与罗马教廷也有往来。③

---

① 在忽必烈统治大元帝国的同时，成吉思汗的其他后裔在东欧、西亚、中亚地区建立了四个相对独立的汗国——钦察汗国、伊儿汗国、察合台汗国和窝阔台汗国，元朝对它们保持名义上的宗主关系。

② 王充闾：《文脉：我们的心灵史》，北京大学出版社，2020年，第378页。

③ 袁行霈、严文明、张传玺、楼宇烈主编：《中华文明史》第3卷，北京大学出版社，2006年，第7页。

放眼整部人类历史，蒙古帝国的冲击影响持续时间十分久远，影响范围十分广阔。成吉思汗的名字，在欧亚许多国家是战神的符号，也是恐怖的象征。他的西征大军一路上攻城略地、焚烧掳掠，屠杀大量无辜平民，丧生者多达数千万，而当时全世界的人口总数不过4亿。冷兵器时代刀剑的杀伤力，竟然超过了20世纪的两次世界大战。

正是由于蒙古军队所到之处造成大量杀伤，迄今为止，蒙古帝国在中外有关蒙古及其支配的所有历史记载中，都遭受着各种各样的指责与谩骂，如暴力、破坏、杀戮、抢夺、无知、蒙昧、野蛮、粗暴、狠辣、放纵、不宽容、非文明等，基本上都是恶评。其实，现实状况并不完全如此。在蒙古人的统治下，北京、杭州、泉州等城市依然欣欣向荣；中亚在帖木儿王朝统治下完成的建筑物、绘画、陶器等种种成就至今令人叹为观止，是其史上最为辉煌灿烂的时代；俄罗斯在蒙古人到来之前，几乎不为外部世界所知，但到了钦察汗国（金帐汗国）时代迅速崛起。

元朝是中国北方蒙古族在中华大地上建立的国家政权，他们虽然是草原游牧民族，但是在北京营建大都城的时候，却充分体现出对中华优秀传统文化的认同。这一点，从元大都当时的11座城门的命名中就可以看出，如文明门、顺承门、崇仁门、齐化门、安贞门、健德门等。

忽必烈采纳著名科学家郭守敬的建议[1]，开凿会通河和通惠河，修建京杭大运河，开展大规模的漕运，使南方富庶地区的粮食能够快捷地运到北方，为北京城的长远发展奠定了坚实基础。到1417年，所有漕粮都是通过内河航道运送。据估计，在当时的南北交通运输线中，漕运比陆运的费用节省十之三四。另外，元朝还首次开辟了南北海运航线，海运比陆运成本要节省十之七八。海运与漕运共同成为元朝的重要经济命脉，大大加强了南北方的经济

---

① 郭守敬还主持了一次规模宏大的天文测量，根据大量实测资料，总结唐宋历法成就，制定了中国古历的集大成之作《授时历》。

联系，也支撑了北京作为首都的中心地位。①

与此同时，元朝积极推进远洋贸易。海洋贸易在元朝对外贸易中的重要性更为突出，航运规模在当时世界上居于领先水平。元朝灭宋后，沿袭南宋制度，在泉州等地设立4个市舶司，管理海外贸易事务，后来又将拥有市舶司的港口增加到7个，但是禁止私人开展海外贸易。元朝海外贸易输出的货物主要是丝绸、瓷器等传统手工业品，输入的主要是珠宝、药材、香料、布匹等。海外贸易不仅活跃了国内市场，也给元朝带来了巨额收入，被称为"军国之所资"。

海洋贸易的快速发展，还使得世界在不断"变小"。摩洛哥旅行家伊本·白图泰记载，他在1325—1354年居住在中国福州，其间接待过一个他在印度首都德里曾经遇见过的朋友——来自休达的布思里。在近9000海里之外的太平洋沿岸的一个中国港口城市，同样来自大西洋沿岸的两个摩洛哥人偶然相遇，证明了当时中国航海网络的规模和范围。在欧洲扩张时代的几个世纪以前，这一网络已经沟通了非洲和欧亚大陆。②

海洋贸易的发展，还使得许多中国人侨居于东南亚等地，为当地经济发展作出很大贡献。与此同时，也有许多海外客商寓居在中国的泉州、广州等海港城市，在这些城市中存在着比较固定的侨民聚居区。

元朝对喇嘛教比较尊崇，但是总体而言，忽必烈没有宗教偏执观念，允许各种宗教自由传播。蒙古西征之后，罗马教廷和欧洲各国受到极大震动。教皇英诺森四世派遣教士东赴蒙古，劝说蒙古大军停止侵犯基督教国家。1269年，忽必烈给罗马教皇写了国书，要求教皇委派100位精通修辞、逻辑、语法、数学、天文、地理以及音乐的传教士来中国，传授基督教教义及科学。最早开辟直接往来渠道的是欧洲传教士。当时，许多蒙古贵族是虔诚的景教徒，但在罗马教廷看来，景教属于基督教的异端，需要加强正宗教派——天

---

① 袁行霈、严文明、张传玺、楼宇烈主编：《中华文明史》第3卷，北京大学出版社，2006年，第270页。

② 林肯·佩恩著，陈建军、罗燚英译：《海洋与文明》，天津人民出版社，2017年，第365页。

主教在东方的传播。1294年，天主教教士、意大利人孟特·戈维诺抵达元大都，向元成宗呈递教皇的书信，并被允许在中国传教。后来他被教皇正式任命为元大都大主教，为大约6000人举行了洗礼。[1]北京、泉州成为元代天主教传教活动的两个主要据点。

这时的中国，经济高度商业化，由"色目人"主导的商人阶层享有很高的社会地位，这一点与中原传统的儒家文化存在很大差异，因为儒家将商人视为唯利是图的下等人。城市繁荣兴盛，远远超过世界其他地区。意大利威尼斯商人马可·波罗于1275—1292年旅居中国，并在朝廷中担任要职。他回国后，根据在中国的亲身经历，口述后由鲁思梯切诺整理，于1297年出版了风靡欧洲的伟大著作《马可·波罗游记》。建成于500年左右的意大利威尼斯，在欧洲已经算是最美的城市了。但是，马可·波罗告诉欧洲人说，威尼斯并不算太美，世界上最美丽、最高贵的地方在中国。他详细描绘了中国都城之雄伟，中国其他城市规模之宏大、生活之富庶，字里行间难以抑制惊叹和敬畏。[2]他惊异地描绘中国人早在10世纪就开始使用的纸币，而波斯人1294年才会使用，日本直到16世纪末才开始发行自己的货币，欧洲1656年才知道如何使用。以煤作为燃料，在中国始自汉代，而欧洲直到13世纪用煤还并不普遍。

在14—15世纪的欧洲，《马可·波罗游记》是最流行的书籍之一，现存的不同抄本达到140多种，各种文字的译本在120种以上，为中世纪欧洲人展示了一个崭新而神奇、富庶而文明的东方世界，影响了以后几个世纪的欧洲航海家、探险家。书中记述了印度洋和中国的诸多港口，是当时最详尽的信息来源。因此，这本书在欧洲地理大发现的年代，成为探险家必备的行动指南，点燃了欧洲人对东方不可抑制的好奇心，激励着欧洲最伟大的航海家们开启

---

① 袁行霈、严文明、张传玺、楼宇烈主编：《中华文明史》第3卷，北京大学出版社，2006年，第280页。

② 威廉·H.麦克尼尔著，田瑞雪译：《5000年文明启示录》，湖北教育出版社，2020年，第241页。

寻找新大陆的航程。①哥伦布的驾驶台上放着一本《马可·波罗游记》，麦哲伦的驾驶台上也放着一本《马可·波罗游记》，达·伽马的驾驶台上还是放着一本《马可·波罗游记》。《马可·波罗游记》的这些忠实读者根据古希腊人描述的"地球是圆的"，希望绕过奥斯曼帝国控制的中东地区，从地球的另一面绕道抵达富庶而神秘的中国，由此开始组织海上探险行动，最终在航行中无意间发现了美洲新大陆。②

元代是中国道教的又一兴盛时期。由于多年的社会动荡，底层民众需要宗教的抚慰与庇护，道教在吸收儒教、佛教经验基础之上，主张"三教合一"，兼收并蓄，南北各派融汇，发展出影响深远的内丹学，主张修炼精气神，体现中国传统文化中身心如一、形神合体的思想传统得到极大发展。元朝全真教道士丘处机还应成吉思汗之召，西行数万里到位于今阿富汗兴都库什山的成吉思汗行宫，劝导成吉思汗不要滥杀无辜，写下著名的《长春真人西游记》，收录在卷帙浩繁的《道藏》中。这是一部珍贵的历史、地理文献，也是一部古代游记文学的杰作，记录了沿途风土人情和自然景色，足以与玄奘的《大唐西域记》相媲美。③

伊斯兰教进入中国始于8世纪初，许多什叶派教徒因逃避倭马亚王朝的迫害，从北部陆路和南部海路辗转来到中国境内定居。宋朝时期，布哈拉主教索非尔因避难，率家族数百人来到开封，后又移居淮河流域，伊斯兰教开始向内地传播，但范围局限于穆斯林聚居区的"蕃坊"。元朝时期，伊斯兰教在中国的传播势头迅猛增长，许多来自中亚地区的色目人纷纷进入中原和江南地区，其中很多是在蒙古人统治下经商的伊斯兰教信徒，他们开始与中国本地人杂居融合，形成中国的回族。④

---

① 林肯·佩恩著，陈建军、罗燚英译：《海洋与文明》，天津人民出版社，2017年，第363页。

② 丁一凡：《跌宕起伏的中欧关系——从文明对话到战略伙伴》，中国社会科学出版社，2020年，第6页。

③ 袁行霈、严文明、张传玺、楼宇烈主编：《中华文明史》第3卷，北京大学出版社，2006年，第216页。

④ 赵林：《中西文化的精神分野：传统与更新》，九州出版社，2023年，第141页。

蒙古人曾很长时间满足于"马上治天下",忽必烈还曾一度下令废除了自隋朝以来一脉相承的科举制度,对儒家文化不予重视,民间甚至有"九儒十丐"的说法。后来,在深受汉化教育的契丹贵族耶律楚材反复努力下,蒙古统治者开始吸收儒家治国之道,推行了一系列旨在恢复中原地区正常统治秩序的措施,包括下令减少屠杀,按照中原传统制定赋税制度,元仁宗时恢复科举考试选拔儒士人才,设立机构编纂刊印经史著作,为保护和延续中原农耕文明作出了重大贡献。①

长期以来,在传统儒家文化中,从来就不把戏剧列为文学,也不承认它是一种艺术,甚至认为演员是低人一等的"优伶"。这与西方文明有很大的不同。古希腊文明时期就认为,戏剧是生活中不可或缺的东西,广受民众欢迎。②在元朝的统治下,传统的儒家文化受到很大程度的冲击。由于元朝前期长期不开科举,中期虽然开设,但取士也很少。士人阶层无以为生,颠沛流离,困窘不堪,文人学士的社会地位大幅降低。加上蒙古族占据中原和江南,严重破坏了既有生产力,大量汉族地主知识分子,特别是江南士人,蒙受极大的屈辱和压迫,其中一部分或被迫,或自愿放弃"学而优则仕"的传统道路,将更多的注意力转向社会底层,转行到戏剧创作中,把时间、精力和思想情感寄托在文学艺术上③,产生了一批包括关汉卿、王实甫、纪君祥、马致远等在内的伟大戏剧家,推动杂剧、南戏等戏剧形式和白话小说等民间文化蓬勃发展,结出丰硕的戏剧硕果,诞生出《窦娥冤》《西厢记》《赵氏孤儿》

---

① 袁行霈、严文明、张传玺、楼宇烈主编:《中华文明史》第3卷,北京大学出版社,2006年,第271页。

② 2500年前,希腊的戏剧创作和演出就很繁荣,印度的梵剧也很繁荣。但是,中国一直没有戏剧的专业创作,直到元代。主要原因是古希腊戏剧在古希腊神话的基础上发展起来的,古希腊神话中有许多人与人、神与神的冲突,特别是人与命运的抗争,这种冲突和抗争恰好是构成戏剧的核心要素。中国古代虽然也有丰富的神话传说,但相对而言,冲突的主题不太丰富,难以构成强烈的戏剧冲突。加上早期中国的农耕文明,城市集聚的人口规模不如希腊那样依托海洋贸易发展的城市人口规模那么多,缺乏戏剧观演的基础条件。

③ 李泽厚:《美的历程》,生活·读书·新知三联书店,2009年,第183页。

等伟大剧作[①]，使中国的戏剧快速地赶上了古希腊悲剧、古印度梵剧。

其实，中国的戏剧与西方一样，都是起源于早期宗教仪式中的舞蹈。唐明皇时期，曾在"梨园"教授音律，推动戏剧发展。但是，中国的戏剧直到元代，才真正发展成为一种全国性的娱乐方式且一致只是在私人宴会上进行正式演出。直到19世纪末，才开始有真正供演出的专业剧场。从某种意义上讲，中国的戏剧是一种历史、诗歌和音乐的混合形式[②]，总体而言是一种道德伦理教育的工具，而不是仅供民众娱乐的工具，教导观众认识历史，灌输孔孟的忠孝之道。[③]

元朝时期，蒙古人建立起横跨欧亚大陆的大帝国，对东西方世界都产生了深远的影响。元朝重新打通了陆上丝绸之路和海上丝绸之路，马可·波罗的游记对西方世界带来巨大的诱惑。

这一时期，世界范围内影响最大的事件，就是蒙古大军对欧亚大陆的征战。尽管蒙古人统治了中东、东欧和东亚这三大世界农业区，建立了4个强大的汗国，但是彼此之间分歧日益明显，逐渐分化。

西方世界依然受到基督教禁欲文化的控制，但随着意大利沿海城市经济的发展，思想启蒙的灯火已经点燃。

由于中东地区的蒙古统治者皈依伊斯兰教，伊斯兰世界的版图依然在不断扩大。

这一时期，欧洲仍然处于基督教的强有力控制之下。天主教对西方民众生

---

① 中国的戏剧和长篇小说，普遍宣扬儒家忠义思想，反映社会矛盾冲突，崇拜英雄豪杰。由于其社会传播基础广泛，在民间起着历史教科书甚至道德教化的作用，对明清以来中国人的思想行为影响至深。

② 很有意思的是，早在中国的周代，音乐就已经出现，"礼乐"合称，但是中国的音乐很少成为一种独立的艺术，而只是附属于宗教和戏剧。具体见威尔·杜兰特：《世界文明史·东方的遗产》，华夏出版社，2010年，第531页。

③ 威尔·杜兰特：《世界文明史·东方的遗产》，华夏出版社，2010年，第530—531页。

活的影响，不仅局限于精神信仰领域，而且也深深地渗透到经济、政治和日常生活当中，整个世俗社会处于它铁板一块的绝对统治之下。[①]但是，由于各国世俗政权的不断扩大，教权逐渐走向衰落，其中以1303年卜尼法斯八世教皇被腓力四世绑架事件为标志。

12世纪开始，意大利已经迈入城市化进程，热那亚、比萨、威尼斯开始崛起，那不勒斯、佩鲁贾等城市迅速成长，市场繁荣，收入增加，中产阶级开始涌现。西方人开始如饥似渴地吸收东方思想。[②]尤其有意思的是，过去基督教内部矛盾重重，天主教会、东正教会彼此争端不断，过去欧洲的教士与君主们也想弥合矛盾，但都未能成功，最终在蒙古人的猛烈冲击下，基督教会内部反而不计前嫌，走到了一起。从此，基督教作为欧洲大陆共同的思想基础已经生根，罗马教皇本人不仅是宗教权威人士，而且是一个具有军事能力和政治能力的人物，精英阶层的职责转向了服从、奉献和虔诚。

这一时期，欧洲基督教的禁欲文化十分盛行。禁欲作为一种宗教原则，在理论上不受性别界限，同时适用于男女。但在具体应用上，女性往往被认为是性欲的挑逗者，男性则是被动的受害者。禁欲理念的实现，依赖于修道院的发达和僧侣教士的独身制度。要使世界不受女性的引诱，最好的办法就是把妇女送到与世隔绝的修道院。当时欧洲的女修道院遍地都是，在德国，女修道院的数量甚至超过了男修道院。14世纪，科隆约有100多个修女之家，修女数量占城市适龄女性的1/4～1/3。15世纪，斯特拉斯堡只有1座男性修道院，女性修道院却有8座。[③]为了预防人的欲望随意发泄，教会把婚姻看成隔离性欲的藩篱，制定出神圣婚誓和永恒婚姻两项制度，男女两人对神起誓，即为永恒婚姻的缔结，不得随意离婚，否则被视为是欺骗神灵的行为。这一制

① 赵林：《中西文化的精神分野：传统与更新》，九州出版社，2023年，第234页。
② 彼得·弗兰科潘：《丝绸之路：一部全新的世界史》，浙江大学出版社，2016年，第125—126页。
③ 马克垚主编：《世界文明史》，北京大学出版社，2016年，第402页。

度至今依然影响着西方世界。①教会推行的禁欲主义导致严重的社会病态。宗教改革前夕，许多欧洲妇女不得不过着单身的生活，适龄妇女的独身主义进一步加剧了男女婚姻比例的失调，导致非法婚姻和非婚性关系相当普遍，妇女卫生和妇产科医学被视为禁区。

13世纪的到来，结束了西方中世纪最黑暗的年代。当时的欧洲，人口快速增加，商业经济高度发达，以土地和农业为基础的庄园经济开始被商业经济冲击。一些要求自治的城市快速发展，英国的伦敦、约克，法国的巴黎、里昂和马赛，意大利的佛罗伦萨、威尼斯开始产生巨大影响。与此同时，由于十字军东征，东西方文化交流深入开展，来自阿拉伯世界的新科学知识和源自古希腊的哲学思想开始猛烈冲击日益僵化的基督教教义。教会在欧洲各地创办大学，刺激思想开放和独立思考。②

此时，欧洲站在思想发展的十字路口，过去长期占据统治地位的圣奥古斯丁的学说受到严峻挑战，他的毫不妥协的两端论法无法抵御外来思想的冲击。最伟大的经院哲学家托马斯·阿奎那（1225—1274）出现了，他编著了代表作《神学大全》，几乎列举出当时神学家争议的所有问题，并结合时势给出合理中肯的解答。他也因此被欧洲人视为"现代的第一人，中古的最后一人"。经院哲学出现的背景，是柏拉图思想在欧洲的衰亡，亚里士多德思想的全面复兴。阿奎那从各个方面将亚里士多德的《政治论》《伦理学》中的许多主张予以宗教化，从而使危及当时天主教统治地位的亚里士多德学说变成无害的和为教皇统治服务的理论。③随着大翻译运动的蓬勃开展，希腊科学和哲学经典以及阿拉伯学者的注释被翻译成拉丁文，总结形成了以亚里士多德为依据的经院哲学，认为"美"的位置在"善"之上，在"真"之下；"善"涉及质料，"美"涉及形式，"真"涉及纯形式。亚里士多德思想在基督教世界的传播，引起了教会的巨大震动。1210年，地方教会禁止在巴黎阅读亚里士多德

---

① 马克垚主编：《世界文明史》，北京大学出版社，2016年，第404页。
② 梁鹤年：《西方文明的文化基因》，生活·读书·新知三联书店，2014年，第69页。
③ 托马斯·阿奎那著，马清槐译：《阿奎那政治著作选》，商务印书馆，1963年，第XiV页。

的自然哲学著作，直到1225年禁令才解除。1277年，巴黎主教唐皮耶宣布对亚里士多德及其注释者提出的219个命题进行"大谴责"。在这种背景下，阿奎那强调，哲学和神学是相互独立的学科。哲学的基本原理是理性，神学的基本原则是信仰。阿奎那通过对亚里士多德的著作进行基督化，把理性精神系统全面地引进基督教神学信仰之中，使得神学逐渐发展成一门亚里士多德意义上的科学。一方面，把神学看成科学，加强了神学的权威性；另一方面，也使哲学从神学的约束中得以解放出来，理性科学的学习研究在大学里开始蔚然成风。从这个角度看，没有经院哲学这个环节，就没有理性科学在欧洲的复兴。①

在经院派神学笼罩一切的学术氛围中，但丁（1265—1321）成长为意大利文艺复兴的先驱，是欧洲近代第一位伟大诗人。他是中世纪与近代交界线上的代表人物，是中世纪最后一个思想家，又是新时代第一个思想家。他的思想深受中世纪神学的局限，但他又首先使神圣的教义降落人寰。上帝以神性的名义，将异化了的人性逐步地发还给人本身，为神学美学过渡到人文美学做好了准备。他的思想标志着欧洲从中世纪到文艺复兴的转变、从封建社会到资产阶级社会的转变。他大胆地放弃拉丁文，采用近代意大利语言，写作伟大的著作《神曲》。②《神曲》通篇叙述的是人的灵魂的赎罪史，是人格的完成史，是基督教天路历程的一个缩影。但丁按照基督教神学的方式，表达了早期人文主义的思想，开了复兴古希腊文化的先河，标志着西方人个体意识的再次觉醒。③

这一时期，对于伊斯兰世界来说，是喜忧参半、先悲后喜、小悲大福。早期，蒙古帝国于1220年开始的对外扩张，不啻是大灾一场，导致阿拔斯王朝

---

① 吴国盛：《什么是科学》，广东人民出版社，2016年，第132—134页。

② 但丁以前的文人学者写作，一律都用拉丁文，这使得只有垄断文化的僧侣阶级才能看得懂。当时但丁用意大利语写作《神曲》，有点类似我国五四运动时期倡导用白话文写近体诗，对于思想解放有着极大的推动作用。马丁·路德用德语出版《圣经》，莎士比亚用英语创作戏剧，推动欧洲各国民族文化的发展繁荣。

③ 邓晓芒：《西方美学史纲》，商务印书馆，2018年，第83—88页。

的哈里发政权于1258年彻底垮台。1227年，成吉思汗之子察合台建立了一个汗国。后来在穆斯林突厥人的影响下，蒙古征服者开始皈依穆罕默德的信仰，使得伊斯兰教因祸得福，在全球范围内取得重大突破。1253年，蒙哥汗接受亚美尼亚国王海屯的建议，派旭烈兀西征，征服巴格达、叙利亚之后，在波斯建立了一个自己的伊儿汗国，于1256—1336年统治这一地区，以阿塞拜疆的大不里士为中心，信奉佛教，对其他宗教也采取容忍态度。1295年，伊尔汗国的当权者皈依为穆斯林，并采用了中东帝制模式。[①]帖木儿（1336—1405）建立庞大帝国，定都撒马尔罕，取得辉煌胜利，叙利亚、美索不达米亚和波斯的绝大部分居民也皈依为穆斯林。1300年后，在波斯人、阿拉伯人和土耳其人的土地上，带有穹顶和宣礼塔的清真寺成为伊斯兰教的标志。1400年左右，穆斯林征服信仰基督教的努比亚王国，在非洲赢得重要战略性胜利。沿着非洲东海岸，穆斯林的市镇也一直向南，延伸到赞比西河口。这一时期，伊斯兰教在东南亚地区的宣教活动也取得重大突破。1500年前后，印度尼西亚、菲律宾等地先后变成穆斯林的领地。

1238年，蒙古人征服俄罗斯东北部。1242年，成吉思汗的孙子拔都率领蒙古人西征，征服罗斯，在萨莱（今伏尔加河下游阿斯特拉罕附近）定都，正式建立金帐汗国（钦察汗国），此后，几乎大部分俄罗斯、白俄罗斯和乌克兰地区都成为金帐汗国的属地，人口大约1000万，俄罗斯的土地上第一次出现了中央集权的封建国家。蒙古人统治俄罗斯先后达240年之久，直到1480年乌格拉河战役才结束，蒙古人的驿站制度更是在俄罗斯存在了数百年之久。1262年，伊斯兰教开始影响金帐汗国，并被定为国教，成为伊斯兰世界的一部分[②]，伊斯

---

① 威廉·H.麦克尼尔著，田瑞雪译：《5000年文明启示录》，湖北教育出版社，2020年，第293页。

② 1480年，金帐汗国已经失去了对俄罗斯土地的控制权，伊凡三世大公宣布不再进贡，以莫斯科为政权中心的莫斯科公国重新获得独立，统治俄罗斯大部分土地。但是，金帐汗国的最后一块版图克里米亚汗国在1783年才由俄罗斯女皇叶卡捷琳娜二世吞并。俄罗斯主要信仰的依然是从君士坦丁堡转移过来的基督教分支东正教，并认为莫斯科是基督教最后一个庇护所，是最后一个"罗马"。

兰教制度和蒙古制度并驾齐驱，但东正教的影响仍然十分巨大。从目前看，近代俄罗斯的许多文化传统，都是在金帐汗国时代形成的。[①]这也削弱了罗斯地区与欧洲其他地区之间的联系，先前与西方保持着密切经济和文化往来的罗斯，开始与西方分道扬镳，越来越呈现出非西方的文明特征。[②]11—15世纪，俄罗斯的政治中心由基辅经弗拉基米尔转移到莫斯科，同时基辅罗斯正教会的首脑——都主教的驻地也从基辅经弗拉基米尔转移到莫斯科。直到16世纪以后，俄国沙皇彼得一世看到西方工业革命带来的巨大能量，才再次转向西方，学习西方先进的科学和技术。

蒙古人的大范围征服行动，不仅带来贸易、战争、文化的交流，还带来了疾病的传播。亚洲、欧洲和非洲暴发了瘟疫，吞噬着千百万人的生命。"黑死病"暴发于1346年，蔓延到欧洲、伊朗、中东、埃及和阿拉伯半岛。欧洲在这场瘟疫中至少损失了1/3的人口。据保守估计，死亡人数在2500万左右，而当时欧洲总人口估算仅有7500万。统计结果表明，瘟疫之后的重大影响是人类应对传染病的医疗水平提升，从而延长了人们的平均寿命。[③]

1231—1270年，蒙古人先后发动6次战争，征服了朝鲜半岛。但在1274年、1281年发起的两次征服日本的行动都没有成功，成为元朝帝国遭遇的重大挫折。由于受到台风袭击，加上日本有以氏族形式组织的、尚武好战的武士和地主[④]，让强悍的忽必烈望而却步，这也大大提升了日本人的自信心和荣耀感。这一时期，日本的市镇规模扩大，经济实力增强，佛教寺庙相继涌现。在这种环境下，日本文化还出现了一些独有的地方特色，不再只是中国文化的简单复制品了。足利时代（1338—1573），中国画家所鄙夷的漫画和讽刺画在日本成形，一些日本民间画家在学习模仿中国风格的同时，加入自己的观

---

① 何新：《何新世界史新论》，现代出版社，2020年，第242—254页。

② 马克垚主编：《世界文明史》，北京大学出版社，2016年，第1079页。

③ 彼得·弗兰科潘：《丝绸之路：一部全新的世界史》，浙江大学出版社，2016年，第158—162页。

④ 日本武士阶层的产生，与欧洲中世纪骑士的产生比较类似，都是为了维护地主阶层的利益而涌现出来的具有独特精神支撑的尚武好战的特殊群体。

点见解，发展成为具有国际影响力的日本文化符号——浮世绘。日本能剧、插花和茶道等影响至今的艺术形式也基本起源于这一时期。与此同时，日本人借鉴学习中国儒家倡导的祖宗祭祀活动仪式，将对日本皇室祖先天照大神的崇拜演变成为有组织的宗教——神道教，后来发展成为日本人普遍信奉的重要本土宗教。

这一时期，印度由于有喜马拉雅山的阻隔，加上德里苏丹国的顽强抵抗，没有被蒙古帝国的铁骑占领。虽然没有受到席卷喜马拉雅山以北政治风暴的直接影响，但是在1200—1500年，印度内部遭遇政治剧变。从1129年古尔的穆罕默德征服北印度到1526年莫卧儿帝国的巴布尔又一次征服北印度，中间大部分时间等同于德里苏丹国的历史。在此期间，穆斯林控制印度大部分土地。伊斯兰教和印度教通过交流互动改变了彼此。印度教一些宗教教师认为，印度教和伊斯兰教传达的信息在根本上是一致的——二者都是一神论神秘宗教。[1]印度文明潜移默化的特点，使得印度的影响力不是建立在军事政治实力之上，而是不断努力去影响和改变征服者，让其转变为印度传统思维方式。因此，这一时期，印度没有发生很大变化，只是由于信仰佛教的印度人减少，许多佛教寺庙损毁。由于印度本土佛教已经不是巅峰时期，大多数民众信仰印度教，因此也没有人想去修复。

---

[1] 威廉·H.麦克尼尔著，田瑞雪译：《5000年文明启示录》，湖北教育出版社，2020年，第304页。

第四阶段　东西方文明开始"第二次大分流"——世界重心转向西方

地中海地区沿岸的意大利城镇经济的发展，催生了文艺复兴，人文主义开始上升，极大地解放了欧洲人的思想。

1492年，哥伦布开启航海之路的目的地本来是东方。但恰恰是这一面向东方的举动，最终却把世界的重心转向了西方。

随着大航海的发起，新思想、新商品和新人物以人类历史前所未有的数量和速度迸发，欧洲不再是全球事务的边缘地带，而是世界发展的驱动引擎，并逐渐成为世界舞台的中心。葡萄牙、西班牙等航海强国快速向美洲、非洲大陆开展探险行动，在此进程中大杀四方，大肆开展奴隶贸易，传入天花、麻疹等病毒，将美洲地区的玛雅、印加、阿兹特克等本土文明几乎毁灭殆尽。

此时，宗教改革运动在北部欧洲迅速演变，新教革命为基督教发展注入新的活力。在科学技术发展的引领下，英国工业革命取得突出成绩。法国思想启蒙运动萌发后，催生出现代政治理论的大发展。德国哲学革命的推进，使得人类对自身思想领域进一步拓展。1776年，美国独立。经过多年的发展，在第一次世界大战之后，世界头号大国由英国过渡到美国。

与此同时，中国迈入快速衰落的阶段。尽管中国的经济总量仍然在很长一段时间里处于世界第一，但在西方世界由农耕文明逐渐向工业文明转变、大陆文明逐渐向海洋文明过渡的关键时期，由于中国对传统农业社会发展路径的过度依赖，以及儒家文明不崇尚科技创新的传统，技术发展、思想引领等方面已经明显在走下坡路，导致中国的发展速度日渐放缓，东方文明开始衰落，到1840年鸦片战争爆发的时候进入最低谷。中国这个世界第一帝国已经沦落到"人为刀俎，我为鱼肉"的悲惨境地。

总体看来，1500年之后的这500年左右时间，东西方文明发生"第二次大分流"，世界经济社会的发展重心明显由东方转到西方，里斯本、阿姆斯特丹、伦敦、巴黎、纽约等西方城市逐渐取代西安、洛阳、巴格达、撒马尔罕等东方城市。在此过程中，欧洲人逐渐形成并日益强化"西方文明中心论"，自认为高人一等，肆意地肢解莫卧儿帝国、奥斯曼帝国、波斯帝国和其他大陆帝国，将其变为自己的殖民地、原材料供应地、工业产品市场所在地，并在这些地区野蛮推广所谓优秀的"欧洲文明价值"。

第十六章　明朝时期的中国与世界

　　明朝（1368—1644）由明太祖朱元璋建立，前后延续276年。明朝早期定都南京，明成祖朱棣1421年迁都北京。

　　明朝建立之后，商人、地主、市民阶层逐渐形成，社会运转较为稳定，经济发展水平超过宋朝，资本主义因素开始萌芽，人口也急剧增加。明朝初期，全国人口约6000万，虽然官方统计到明末没有太大变化，但是有学者估计，明末的1600年全国人口应该达到1.5亿～2亿人。

　　为了体现礼乐文明，明朝对朝廷祭祀的传统礼制进行了大胆改革，天地、宗庙、社稷三大祭祀都由天子亲自主持，祭孔也提升到前所未有的高度，并为此修建了恢宏壮观的坛庙建筑，形成了包括太庙、社稷坛、天坛、地坛、日坛、月坛及孔庙、关帝庙等在内的坛庙体系，体现出中国特色的宗教性和艺术性的有机结合。[①]

　　这一时期，长江中下游地区经济继续保持旺盛发展势头，中小市镇星罗棋布，来自全国的商人云集。江南地区经济的快速发展，又进一步带动长江中上游地区和岭南地区经济社会发展。由于大规模移民进入，四川、云南、贵州等地焕发出勃勃生机，岭南地区也由于移民南下，加上海上贸易的发展，大大提升了自身在全国的经济地位。[②]

[①]　袁行霈、严文明、张传玺、楼宇烈主编：《中华文明史》第4卷，北京大学出版社，2006年，第238—242页。

[②]　袁行霈、严文明、张传玺、楼宇烈主编：《中华文明史》第4卷，北京大学出版社，2006年，第15页。

明嘉靖年间以后，手工业、商业的发展，特别是南方沿海地区手工业、商业的发展，已经明显超越传统的自给自足的经济发展阶段，商品生产已经具备一定的市场化程度，民间的自由贸易迅速发展，并逐步占据了主导地位，产生了拥有相当数量和实力的手工业业主和商贾集团。此时，中国的冶铁技术也大为改进，明朝遵化炼铁高炉高达1丈2尺，每天可出铁4次，连续使用90天。中国的商业经济开始繁荣，全国性的统一市场已经趋于形成，粮食、棉花、棉布、丝绸、瓷器等日常消费品成为大宗商品，被大规模生产、长距离贩运而广泛流通。由于商品经济的发达，明朝出现了巨大的商业资本，富商大贾中以徽商、晋商最为著名。城市快速扩大，大量农业人口进入城市，市民群体不断增加，由此带来城市文化形态的形成，世俗化、商业化、个性化成为一时之风气。到了明朝后期，建立在契约关系上的雇佣关系大量出现，萌发了某些资本主义的生产关系，出现了明显的资本主义萌芽。商品经济的快速发展，使得钱庄、银号等存贷款机构在各大城市相继设立，从事银钱兑换业务，并发展成为经营储蓄和放贷，成为中国银行机构的兴起阶段。货币制度也开始以白银为主，替代了通行千余年的铜币、纸钞，大大地促进了国内外贸易。这一时期，中国是世界先进国家，大量丝绸、茶叶、瓷器出口到世界各地，西方只能以侵占美洲之后出产的白银支付。据中国学者估算，16、17世纪明朝流入的白银约为1亿两，合计3000多吨。外国学者估算要多得多，流入中国的白银为7000～10000吨。[①]

在以商业为主体的生产力取得快速发展的背景下，传统儒家思想中不重视商业的上层建筑显得日益不合时宜。进入明朝之后，社会人口激增，而进士、举人的名额却未相应增加，考中功名的机会越来越少，大大强化了"弃儒就商"的趋势。与此同时，商人取得的巨大成功，对文人学士也是一种莫大的诱惑。然而，在中国儒家传统的"士农工商"四民之分中，商人被视为末等，是"市井小人"。即便是集聚了大量财富的巨商大贾，社会地位依然很低。在

---

① 马克垚主编：《世界文明史》，北京大学出版社，2016年，第436页。

此背景下，明末清初黄宗羲等思想家正式提出"工商皆本"的观念，体现出社会传统价值取向的重大变迁。在商品经济发展的背景下，社会消费观念也在发生新的变化，出现追求奢侈享乐的社会风尚，安贫乐道、重义轻利的传统观念已经开始淡薄。袁枚等士大夫不但在理论上鼓吹"性情说"，宣扬人性自由，而且在生活中对饮食起居也十分讲究，甚至不受道德约束，纵情声色，将原本追求个人自由解放的思想演变为庸俗的享乐主义。商人们更是挥金如土，借助财富弥补社会地位和个人声望的不足，俨然成为引人注目的社会阶层，跻身地方名流之列，形成晋商、徽商这样的商人群体，引发了社会各阶层的心理躁动和追求物质利益的强烈欲望，江南等经济发达地区甚至出现全民经商的热潮。[1]可以说，正是在商业经济快速发展的推动下，催生了资本主义思想的初步萌芽，"工商皆本"的思想更加深入人心，明人开始对"重农轻商"的传统思想和封建专制制度进行深刻的反思与批判，对朝廷传统的重农抑商、以农为本的治国理念产生了重大冲击。

中国作为大陆农耕文明的典型代表，长期以来一直认为，只需要集中精力守卫陆上疆界[2]，并不太在意对海洋经济的经营，除了需要维护一些周边的朝贡国之外，没有必要向海外扩展自身势力。[3]从思想角度看，中华文明也缺少西方文明那种对经济的贪婪、对宗教传播的热衷和对未知科学探索的渴望，因而使得中华文明相对内敛，而不是主动跨越边界，走向外部世界。早在1371年，朱元璋就下诏，明确规定"片板不许下海"，对海上贸易实行十分严格的禁止。

1405—1433年，针对1371年的"海禁"诏令发生了惊人的逆转。在此期间，明成祖及其继承者先后7次派出规模庞大的船队，前往印度、红海、波

---

① 袁行霈、严文明、张传玺、楼宇烈主编：《中华文明史》第4卷，北京大学出版社，2006年，第310—318页。

② 明朝牢记来自蒙古草原方向的危险，下定决心绝不允许蒙古人再次统一，将防御蒙古游牧民族入侵作为国家战略的重中之重，将都城从南京迁到北京，因此更为忽视来自海上的新机遇和新危险。

③ 布鲁斯·马兹利什著，汪辉译：《文明及其内涵》，商务印书馆，2020年，序言第16页。

斯湾和东非等地区，开展世界上最重要的航海活动——郑和下西洋。①这是人类航海史和中外交往史上的一件壮举。这些航海活动不仅在时间上比哥伦布1492年探索美洲新大陆早了87年，比达·伽马发现亚洲新航路早了93年，比麦哲伦到达菲律宾早了116年，船队规模也远大于哥伦布的航海活动。郑和的船队多的时候达到数百艘帆船，而哥伦布只有3艘，而且船舰的吨位要大得多。②每次航程上万英里，有成千上万的水手、士兵及商人参加，进行和平的商业贸易，并留下相关的书面记录。之后，包括埃及和麦加在内的30多个国家和地区遣使觐见了明朝皇帝。英国著名科学史家李约瑟认为，1420年时中国明朝拥有的舰船不少于3800艘，超过欧洲全部船只的总和。

令人遗憾的是，没过多久，这一重大举措就中止了。15世纪30年代，朝廷颁布了第二次海上贸易禁令，比明太祖时的禁令更为苛刻，不仅禁止中国的船只和水手出海，而且禁止建造远航船只，战船和相关军备的建造也大幅减少。此外，朝廷还禁止外国私商来华贸易，这项禁令一直持续到16世纪中叶葡萄牙人获准在澳门进行贸易。1567年，中国商人获准进行海外贸易，但此时中国已经丧失了在海上的主动权。

在中国对海洋拓展采取内敛策略的同时，西方国家却开启了走向征服世界的道路。哥伦布时代开辟的通商航线，指引了前进方向。探险者把西方的新思想、新产品，带入中国这些具有古老历史文化的国家。1517年是一个具有历史意义的时刻，8艘葡萄牙船只通过马六甲海峡，充满冒险精神的葡萄牙人浩浩荡荡地开进了广州。③这是自13世纪后期的马可·波罗之后，欧洲与中国的第一次接触。葡萄牙船队的指挥官是费尔南，船上还有葡萄牙王室派往明朝皇室的使者托梅·皮莱资。经过一番冲突、斗争，明世宗同意葡萄牙人在澳

---

① 林肯·佩恩著，陈建军、罗燚英译：《海洋与文明》，天津人民出版社，2017年，第374页。

② 这个时候中国有实力建设世界上最为强大的海军，像一个世纪之后的葡萄牙一样征服世界，但是由于中华文明内敛精神的约束，加上对商业贸易的轻视，朝廷却决定撤出，下令禁止远航。此举彻底放任世界其他国家追赶中国，并最终备受欺凌。具体见布鲁斯·马兹利什著，汪辉译：《文明及其内涵》，商务印书馆，2020年，第36页。

③ 威尔·杜兰特：《世界文明史·东方的遗产》，华夏出版社，2010年，第583页。

门拥有自由定居的权利，允许他们与中国开展海上贸易。但是，葡萄牙人低估了中国朝贡制度的严苛和影响力，中国与西方世界的海洋贸易规模相当受限。1557年，葡萄牙更是侵占了澳门，将其作为贸易网络的一部分，并在此之后的400多年里一直占据[①]，直到1999年才正式归还中国。

与此同时，明朝还要应对来自日本的海盗。1592年，日本权臣丰臣秀吉预备侵入朝鲜后，进而征服中国，直到1598年丰臣秀吉去世后，新统治者江户幕府立法禁止日本船只出港远航，来自日本的海盗威胁才彻底消除。这一期间，随着欧洲地理大发现，欧洲人将从美洲获取的大量白银带入亚洲，换取亚洲制造的瓷器、茶叶、香料、丝绸等商品，从此在世界范围内第一次形成了全球性的贸易网络，推动形成了由欧洲人主导的全球市场。

明朝随着经济基础发生的重大变化，民主意识开始萌生。尤其是明朝中期以后，明朝士人对皇帝独裁、阉党专权、特务横行、政治黑暗等专制现象，进行了批判和抗争。

明朝中期之后，党社运动风起云涌，成为中华文明史上的一个闪光点。以东林党为代表的士大夫党争和复社等文人结社活动，将学术理想与政治活动相结合[②]，在广泛的社会生活与思想领域中积极作为，充分表达了士大夫的政治情怀，以逐步成熟的政治理性，在对现实政治进行激烈批判的同时，建构出新的政治理想。[③]东林党在一定程度上代表了新兴市民阶层的经济和政治利益，同情和支持市民运动。

明朝政治运动的兴起，与书院的蓬勃发展有着直接的关系。明朝涌现出许多书院，成为学者们自由讲学、传播思想、昌明学术的理想所在，是新思想、新学术的孕育诞生之地。其中的许多新思想，与官方主导的意识形态之间存

---

① 尼尔·弗格森著，周逵、颜冰璇译：《广场与高塔——网络、阶层与全球权力竞争》，中信出版集团，2020年，第76—80页。

② 在无锡的东林书院有一副对联："风声雨声读书声声声入耳，家事国事天下事事事关心"，非常贴切地表达了东林党的政治志向。

③ 袁行霈、严文明、张传玺、楼宇烈主编：《中华文明史》第4卷，北京大学出版社，2006年，第55页。

在较大的矛盾冲突。为此，明朝先后开展过三次禁毁书院行动，但即便如此，也没能削弱书院的讲学之风。

在国学、书院等系统教育之外，明朝还出现了女性教育、官箴书、讲乡约、劝善书等多种多样的社会教育形式。这些社会教育从实际出发，比僵化的学校教育更灵活且富有成效，是社会运行出于自身需要衍生出来的自我调控机制。社会精英人士积极参与推动，有利于将社会引导到良性发展的轨道上来。

总体来看，明朝前期由于政治上的专制和思想上的禁锢，文明的发展相对停滞，只是在典籍编撰、白话长篇小说、阳明心学等几个领域有所进展，整体上比较平庸。

明成祖敕令江西吉水大学士解缙领衔编撰一部更大的百科全书《永乐大典》，全书多达1万册。这是一部巨型古代典籍，与法国狄德罗编撰的《百科全书》和英国的《大英百科全书》相比，要早300多年，是迄今为止世界最大的百科全书。《永乐大典》的编撰宗旨为"凡书契以来经史子集百家之书，至于天文、地志、阴阳、医卜、僧道、技艺之言，备辑为一书，毋厌浩繁"。其中保存了14世纪以来中国历史地理、文学艺术、哲学宗教和百科文献，共计22937卷，其中目录60卷，分装成11095册，保存的典籍有近8000种，比宋朝时增加5000种左右。[①]

明朝的长篇小说发展很快。从历史角度看，小说在过去中国文人学士那里不像西方人评价那么高，认为只不过是一种供人闲暇之时消遣的东西，但是到了明代，许多文人开始转向小说创作，如吴承恩创作的《西游记》、施耐庵创作的《水浒传》和罗贯中创作的《三国演义》。这一传统在清朝得到很好的延续，先后涌现出《聊斋志异》《红楼梦》等流传于世的巨著。

明朝建立之后，在国家意识形态方面基本继承了元朝体制。《五经大全》《四书大全》《性理大全》等三部大书的出版，标志着程朱理学的官学化进程

---

① 陈来：《中华文明的核心价值》，生活·读书·新知三联书店，2015年，第106—107页。

最终完成，并在国家意识形态中占据核心地位。程朱理学比起汉代董仲舒、唐代孔颖达所推崇的儒学，是一套更加完整、系统的哲学和政治思想体系。它与八股科举制度相结合，在封建社会后期的学术思想界以至全社会，都产生了重大影响。[①]这一时期，中国盛行伦理纲常，对社会带来很大的禁锢。婚姻讲究门当户对，男性在婚姻中处于优越地位，女性处于被虐待的地位，男子可以随意休妻，女子无才便是德。由于中国的封建意识，家长和家族完全控制了男女的婚姻，指腹为婚、包办婚姻等陋习盛行，使美妙的爱情成为人生中一种僵化了的关系和负担。[②]程朱理学在明朝初期发挥了统一思想的作用，但到了明朝中期已经明显僵化，严重限制了思想发展的自由空间，不适应商品经济快速发展的需要，受到阳明心学的重大挑战。

王阳明是明代最著名的理学家，也是中国哲学的代表人物之一。王阳明"才兼文武"，有"奇智大勇"，其文治武功在古今儒者中绝无仅有。他从朱子学入手，结合自己的实践认知，经历一条"出入释老"而"归本孔孟"的思想历程，通过"龙场悟道"，建立起与程朱学说完全不同的哲学体系，实现了"理学"向"心学"的根本转变。[③]他在儒家"有我之境"的基本立场之上，吸收消化佛道文化中的"无我之境"思想，强调"向内用功"，认为良知是根本原理和评判准则，主张"正心、诚意、格物、致知"[④]，在实践中推行"知行合一"。[⑤]阳明心学不仅在中国国内产生重大影响，在日本等国也有着深远影响。

王阳明开创的阳明心学，张扬个性，肯定人欲，强调理性自得，向程朱理

---

① 袁行霈、严文明、张传玺、楼宇烈主编：《中华文明史》第4卷，北京大学出版社，2006年，第46—47页。

② 马克垚主编：《世界文明史》，北京大学出版社，2016年，第404页。

③ 在这个意义上，理学到心学的转向，类似于黑格尔之后西方哲学从理性主义到存在主义的转向，从唯物转向唯心。与萨特等西方存在主义者以否定、消极的态度看待空无或虚无不同，王阳明等东方存在主义强调，要积极利用必要的虚无，以解除烦扰心灵的负荷束缚，使主体得到全面的解放，超越世俗的自我，在名利等外物冲击诱惑下，保持心境的平和、自由。

④ 晚年王阳明提出，"无善无恶心之体，有善有恶意之动，知善知恶是良知，为善去恶是格物"，这个有无之辩引起王学派别的分化。

⑤ 陈来：《有无之境：王阳明哲学的精神》，北京大学出版社，2006年，第2页。

学的教条主义、禁欲主义发起有力冲击，是儒家传统思想结合现实社会现状的必然逻辑发展成果，成为中古以来传统思想向早期启蒙思想过渡的中间环节，为中国启蒙思潮的形成开辟了一条道路。这是适应中国经济基础发生重大变化的思想解放，是中华文明自身演进中的思想成果。这一时期，资本主义商品经济开始萌芽，城市经济繁荣发展，对外贸易迅速增长，中国经济整体水平居于世界领先地位。财富的力量瓦解了传统的礼制和风俗，社会需要精神文明的创新，呼唤个性解放，以适应物质财富的增长态势需要。[1]

不过，从总体来看，阳明心学在指导中国文艺复兴上大获成功，但是在指导中国工业革命方面却失败了。主要原因在于阳明心学始终局限于士大夫圈子里，没有超出思想运动的范围，没有像马丁·路德发起的新教革命一样深入到市民社会，从而掀起波澜壮阔的社会革命，进而推动科技进步和资本主义经济发展。

明末清初，针对长期以来占据统治地位的宋明理学"三纲五常"的教条束缚，从阳明心学中发展出一批强调个性解放、尊崇自然合理的人性情欲的思想家。他们对传统礼教进行猛烈抨击，具有一般启蒙思潮的特征。其中以阳明弟子王艮开创的泰州学派影响最大[2]，最具代表性的人物当数李贽。

李贽（1527—1602），福建泉州人，是有明一代进步的思想家和卓然有成的文学家，是中国早期启蒙思潮的代表人物。原姓林，出身于航海世家，自幼接触西方文明，又熟读百家之言。作为王阳明哲学的杰出继承人，他从小就很有怀疑精神，终身追求个人的独立自由，不服孔孟，宣讲童心，大倡异端，揭发道学。向外斩断世俗伦理的羁绊，弃官、弃家乃至最后的弃世，都是为反抗世俗伦理所作出的不懈努力，直接挑战了数千年来形成的以乡土社

---

[1] 袁行霈、严文明、张传玺、楼宇烈主编：《中华文明史》第1卷，北京大学出版社，2006年，第18页。

[2] 泰州学派提倡"百姓日用之学"，开创了儒学世俗化运动，在精神世界与世俗社会之间架设了一座文化桥梁，打破了士大夫对文化的垄断，为现实生活中的新观念涌现打开了一扇大门。

会为根基的宗法制度和根深蒂固的血亲家族观念；向内摆脱孔孟程朱的精神束缚，不承认绝对精神权威的存在，主张人人平等，人人可以成为圣人。①李贽喜欢研读老庄、佛禅的玄机妙义和阳明心学，养成独立思考、辨理求真的良好习惯。对于许多社会、人生课题，对于史籍中已有的成见定论，他都有自己独到的看法，发表代表著作《焚书》，提出著名的"童心说"，尊重私欲和个性解放，认为人人都应该能平等地争取自己的物质利益。当时正处晚明，城市、商业、交通和印刷造纸技术广泛应用，资本主义思想开始萌芽，知识传播更为容易。阳明心学在士人当中广泛传播，官办体制之外的讲学之风盛行，使长期定于一尊的程朱理学渐渐失去其拯救心灵、驾驭权力、维护道德秩序的无上权威。李贽作为富有批判性的思想家，勇于抨击封建意识形态，否认圣人的绝对权威，反对"以孔子之是非为是非"，贬抑儒家，不承认孔学正脉，而是推崇诸子百家，认为只要论道有理，不限何宗何派，都值得学习研究。他认为，伪道学打着圣人的幌子，干着蝇营狗苟的勾当，"阳为道学，阴为富贵，被服儒雅，行若狗彘"。他既不把孔子的话当作万世之至言，也不把世人是非标准当作处世之准绳，完全以自己的心智去判断社会，解悟人生。他从人性发展的角度，指出"仁者"的害人，在于以德、礼禁锢人的思想，用政、刑束缚人的行动，要求发展人的"自然之性"，为人确立了一个属于个体的感性尺度，挑战宋代以来流行的"存天理，灭人欲"的理学教条和封建制度。他的著作多次遭到明朝廷的禁毁，最终在1602年不堪严重的心理伤害和缧绁之苦，弃世自杀，葬于北京通州。他的独立精神，给明朝末期禁锢的社会生活吹入了一股新鲜空气。

各种传统宗教在明朝的中国都已经进入了稳定的成熟期。佛教、道教、伊斯兰教都积极地协调与正统儒家思想以及相互之间的关系，从而形成了儒、道、释、伊四教和谐会通的宗教发展大格局，为宗教多元化发展奠定了基础，充分说明了中华文明的包容性。明朝中叶后，宗教与社会的关系更加密切，

---

① 解玺璋：《抉择：鼎革之际的历史与人》，天地出版社，2020年，第85—86页。

宗教更多以文化的形式影响高层士人生活和底层民众生活，使宗教的超越精神与世俗的文化理想、生活追求紧密结合，使宗教的色彩渗透浸染到广泛的日常生活领域之中。[①]

明朝时期，藏传佛教取得了很大发展。宗喀巴作为藏传佛教格鲁派的创始人，对西藏佛教进行大胆改革，使格鲁派逐渐成为藏传佛教的正统派别。藏传佛教的两大活佛——达赖喇嘛和班禅活佛，都是由格鲁派确定的活佛转世制度产生。格鲁派由西藏传播到西康、甘肃、青海、蒙古等地，在北方少数民族中有很大影响。由于格鲁派僧人头戴黄帽，因此又被称为"黄教"。

明朝初期，道教延续元朝形成的北方全真道、南方正一道的格局。由于明太祖征讨江南时，得到正一道的大力支持，因此明朝建立之后，正一道超越全真道，成为全国道教的主导力量。在礼部设立道录司，作为管理道教的最高机关。明成祖发动"靖难之变"时，宣称真武显灵。即位后，他下诏在武当山修建真武祠，最终修造成包括八宫、二观、三十六庵堂、七十二岩庙的庞大道教建筑群，使武当山成为中国最为著名的道教圣地。[②]道教在明朝中叶以前，继续处于兴盛时期，到嘉靖年间达到顶峰。

明朝中叶以后，伊斯兰教在中国得到较大发展。嘉靖年间，陕西渭城人胡登洲一改过去伊斯兰教教育只在家庭内部传承的旧习，参照中国的私塾学校，创始经堂教育，以清真寺为经堂，阿訇为教师，伊斯兰教教义经典为读本，招收回族子弟，进行规范化的伊斯兰教教义传播，为中国伊斯兰教的发展作出了巨大贡献。明末开始，伊斯兰教的经典文学还开始大量进行汉文译著，吸收了儒释道各家的思想，进一步推动伊斯兰教在中国实现本土化发展。这一时期建成的许多伊斯兰教建筑，保持了伊斯兰教的重要特征，又借鉴中国的殿宇式四合院建筑风格，给中国建筑史增添了新的光彩。

---

① 袁行霈、严文明、张传玺、楼宇烈主编：《中华文明史》第4卷，北京大学出版社，2006年，第251页。

② 袁行霈、严文明、张传玺、楼宇烈主编：《中华文明史》第4卷，北京大学出版社，2006年，第248页。

在中华文明史上，除了儒、道、佛等传统宗教之外，还有一些民间宗教、民间信仰存在，构成从高到低的完整体系。明代是民间宗教发展最为迅猛的时期。当时社会分化加剧，社会分工和社会生活日益多样化，为民间宗教的兴起和传播提供了良好的社会基础，先后诞生出城隍、关帝、碧霞元君、妈祖等保护神和鲁班、黄道婆等行业神。民间信仰处在底层，但却与普通民众的日常生活结合得最为紧密，信众基础也最为广泛。民间信仰与正规宗教相比，更生动、自由、巧妙地融入人们生活的方方面面，小到行业，大到国家、民族，使社群之间增加了无形的凝聚力。

这一时期，由于中亚地区帖木儿帝国的崛起，加上穆斯林对红海与波斯湾的控制，欧洲到中国的陆路和海路交通几乎中断，客观上阻止了天主教势力的扩张。[1]直到明代末期利玛窦来华传教，天主教才开始在中国大规模传播。当时，西方传统天主教在欧洲本土面对基督新教的强大冲击，亟须向外扩张，希望在欧洲地区之外吸引更多教民。教皇把到东方传教的任务交给了耶稣会。耶稣会在16世纪中叶由西班牙人罗耀拉创立，拥有当时欧洲最好的教会学校，注重对神职人员和传教士的培养选拔。耶稣会士除了传播西方基督教宗教文化之外，也带来了当时西方的一些哲学、科学知识和器物文明，使得一批在中国有影响力的士大夫皈依了天主教，直接影响到当时《崇祯历书》的制定。与此同时，耶稣会士也将大量中华文明信息传递回欧洲，影响到一批欧洲启蒙时期的思想家和改革家，他们憧憬中华文明，将中国视为人文道德的理想国。遗憾的是，由于双方都过于坚持各自的宗教理念和传统利益，最终没能真正融通，使这次平等的中西文明交流对话无疾而终。[2]

明朝之前，尽管马可·波罗通过游记的方式，将中国的一些情况介绍到西方，但是中西文明之间尚未发生真正意义上的实质性互动。在当时的中国人眼里，所有外国人都是蛮夷。直到明末，历史选择了欧洲天主教的耶稣会士

---

① 赵林：《中西文化的精神分野：传统与更新》，九州出版社，2023年，第146页。
② 袁行霈、严文明、张传玺、楼宇烈主编：《中华文明史》第4卷，北京大学出版社，2006年，第10页。

充当起中西方文化交流的使者。但也只有那些用心学习汉语，志守君子之道的外国人，才能得到中国人的嘉许。其中，耶稣会传教士利玛窦成为核心人物，在中国传播基督教产生巨大影响。

利玛窦，1552年出生于意大利，1577年随同罗明坚等人从葡萄牙里斯本出发，1582年来到澳门，1583年进入广东，在肇庆定居，此后在韶州、南京、南昌等地居住。1601年，利玛窦获准进入北京城。1610年，客死北京。精通中文的他，从皇帝和朝廷入手，向中国传播西方的天文和历法知识，得到了治理中国的官僚学者的认可。

利玛窦在对中国古代儒家经典的研究基础上，通过将基督教知识中国化，制定了适应中国社会文化的传教策略，积极融入中国士大夫生活。[①]他曾身穿和尚服饰，自称"西僧"，后来又改换儒服，自称"儒生"。他努力钻研儒家经典，将基督教的"上帝"比喻为儒家文化的"天"，以此增加士大夫对他宣讲的教义的认同。利玛窦通过向中国士大夫传授西方科学的方式进行"科学传教"，对于缺乏公理化、系统化、符号化等方面科学素养的中国士大夫来说，具有思想解放的价值，很有实际影响力，这也使他获得内阁首辅叶向高、两广总督郭应聘、大学士沈一贯、思想家李贽、文学家袁弘道等诸多达官贵族、文人学士的认同。他不仅因为推动徐光启、李之藻等知名官员信奉天主教，受到明朝朝廷的赏识，允许其在北京居住传教，而且使西方科学知识和实证、定量分析的研究方法在中国快速传播，倡导实学。[②]1601年，他向万历皇帝进献自鸣钟、圣经、《万国图志》、大西洋琴等贡品。[③]徐光启在与利玛窦的交往过程中，与后者合作翻译了欧几里得的《几何原本》，此后又翻译了《测量法义》，与另一位意大利传教士熊三拔合作翻译了《泰西水法》，最后都

---

① 利玛窦以和平的方式，采用中国化的策略传播天主教教义，与基督教在美洲、非洲、菲律宾等地采取武力征服、强制皈依的方法存在本质上的不同。

② 袁行霈、严文明、张传玺、楼宇烈主编：《中华文明史》第4卷，北京大学出版社，2006年，第203—206页。

③ 丁一凡：《跌宕起伏的中欧关系——从文明对话到战略伙伴》，中国社会科学出版社，2020年，第8—11页。

被收录进徐光启的《农政全书》，对"西学东渐"发挥了积极作用。

德国传教士邓玉函是明末来华传教士中学识最为渊博的。他精通医学、博物学、哲学、数学，通晓德、英、法、葡、拉丁、希腊、希伯来等多种文字，与中国官员王征共同完成《远西奇器图说录最》一书，系统介绍力学的基本原理知识，讲述各种机械原理，列举各类机械应用，直接把1600年前后在欧洲的机械学知识传授给中国人。

在利玛窦、邓玉函等传教士的积极推进下，明朝末年，天主教已经在中国公开宣传，教徒人数增加到大约15万人。除了耶稣会之外，方济会、道明会和其他修会也相继派遣传教士到中国来传教。①

1500年后，中国的技术发展明显落后。面对这种局面，中国的有识之士主张积极吸收西方先进文明成果。比如，在数学方面，中国自古只有筹算和珠算，而没有笔算。16世纪，欧洲人改进了13世纪传入欧洲的印度笔算法，使之简便、准确、易学。利玛窦将其引入中国，李之藻整理形成《同文算指》，于1614年出版，奠定了我国算术的基础。欧几里得的《几何原本》也逐渐取代了中国西汉时形成的传统数学经典《九章算术》，标志着中国传统数学向近代数学的革命性变化。②

但是，总体来看，中国由于离欧洲地理距离比较远，加上对自己的文明非常自信，这一时期中国人尽管对欧洲传来的天文、地理知识很感兴趣，但是对耶稣会教士口中所说的基督教理论却充耳不闻，因为他们认为儒家传统智慧已经解决了精神信仰方面的所有重要问题。在两种文化碰撞的过程中，也产生了许多纷争。到了明朝末年，事态起了变化。明朝官员发现，这些传教士不仅自己信仰，还在普通人中传播基督教，吸引越来越多的老百姓转信基督教。尤其是利玛窦死后，执掌中国教务的耶稣会修士龙华民一改利玛窦时期的宽容政策，拘泥于圣经诫命和天主教教规，禁止中国信教者参加祭天、

---

① 当时，汉人把这些不同信仰的人都称为"回回"。天主教徒因为佩戴十字架而被称为"十字回回"，犹太教徒因为戴蓝帽而被称为"蓝帽回回"。

② 马克垚主编：《世界文明史》，北京大学出版社，2016年，第887页。

祀祖和拜孔仪式，使天主教信仰与儒家伦理规范处于尖锐的对立状态。[①]礼部侍郎沈榷给万历皇帝写了三封奏疏，引发了"南京教案"。1616年，朝廷颁发禁教令，迫令西方传教士回国，拆除教堂。

在中国人接受西方传入的科学知识的同时，许多来华的天主教传教士也将中国的文化传入西方。许多传教士根据自己在中国生活、传教的了解，著书立说，将许多中国文化和知识传播到欧洲，加深了两大文明之间的了解和交流。[②]1593年，利玛窦教士将《大学》《中庸》《论语》《孟子》等"四书"的主要部分翻译为拉丁文，呈送给教皇。17世纪，欧洲关于中国的消息增长十分迅速，欧洲知识界对中国思想文化的兴趣大增，启蒙思想家们从中国文化中汲取大量思想资源。比如，利玛窦在他1615年的《中国传教史》中，将中国描绘为一个花园般宁静祥和的理想共和国，将孔子比拟为古希腊的大哲学家苏格拉底。在儒家思想的指导下，中国人遵循自然理性的指引，过着良善的道德生活，在欧洲产生了巨大的影响。杜赫德主编了《中华帝国全志》，1735年在巴黎出版，全面介绍了中国各方面的情况，在欧洲影响极大。郭纳爵、柏应理等传教士还将《大学》《中庸》《论语》《孟子》《周易》《书经》《孝经》《春秋》《礼记》等儒家经典著作翻译为西方国家语言出版。[③]

> 明朝时期，尽管中国的经济实力依然强大，开展过下西洋的壮举，但总体来看，在程朱理学的思想禁锢下，整个社会日益保守。尽管后期王阳明创立了"心学"，但也没能推动已经开始萌芽的资产阶级因素实现大发展。在利玛窦等人的努力下，基督教在中国的传播开始取得突破，东西方文明交流速度明显加快。

---

① 赵林：《中西文化的精神分野：传统与更新》，九州出版社，2023年，第147页。

② 威廉·H.麦克尼尔著，田瑞雪译：《5000年文明启示录》，湖北教育出版社，2020年，第407—408页。

③ 袁行霈、严文明、张传玺、楼宇烈主编：《中华文明史》第4卷，北京大学出版社，2006年，第228—229页。

这一时期，欧洲进入大发展阶段，世界开始进入由西方主导的格局。意大利文艺复兴运动将欧洲人的思想从基督教经院哲学中解放出来，人文主义抬头；大航海探险发现了美洲新大陆，推动全球化进程，但也摧毁了美洲印第安的印加文明、阿兹特克文明文明和玛雅文明；新教革命导致基督教分化，推动世俗政权超越教权。这些突破极大地推动了欧洲经济发展，促进了资本主义萌芽和殖民主义大发展，催生了"欧洲文明中心论"，使人类从中世纪进入近代，开启了东西方文明的"第二次分流"。

与此同时，伊斯兰文明在印度大陆由于莫卧儿王朝的兴起，绽开出新的耀眼光芒。俄罗斯和日本开始进入快速发展的轨道。

15—16世纪，西方世界经历了两场革命——思想领域的文艺复兴和宗教领域的新教革命，被汤因比称为"世界历史的重要分水岭"，开创了一个全新的时代。1417年，康斯坦茨宗教会议结束了西方教会大分裂，罗马天主教廷重新跃居权力巅峰，一方面通过宗教裁判所加强思想专制，打击迫害"异端"，另一方面打着拯救灵魂的神圣大旗，通过兜售赎罪券等活动，变本加厉地攫取社会财富。与罗马天主教会一统天下的专制格局相反，西欧各国在政治上处于高度分裂和积弱不振的封建状态。[1]

正是在这种强力压迫之下，意大利文艺复兴运动加速演进，促进了人性的复苏，基督教新教革命爆发，推动了社会转型。欧洲科学技术和经济快速发展，资本主义思潮萌芽，从此世界开始进入欧洲主导的发展阶段。印刷机的发明使人们可以便利地传播获取思想知识，从而打破了长期依赖教会解释宗教概念和信仰的状况。宗教改革使基督教世界就此分裂，也证实了个人信仰独立于教会仲裁而存在的可能性。[2]

① 赵林：《中西文化的精神分野：传统与更新》，九州出版社，2023年，第178—179页。
② 亨利·基辛格、埃里克·施密特、丹尼尔·胡滕洛赫尔著，胡利平、风君译：《人工智能时代与人类未来》，中信出版集团，2023年，第40页。

欧洲在经过中世纪一千年的思想潜伏期之后,随着物质世界的进步,奠定了文艺复兴的物质基础。在货币信贷支持的个人信用发展下,商业社会取代了中世纪初期那种物物交换的原始贸易形态,中产阶级的财富快速增长,开始热爱和追求美。意大利由于率先发展商业,再次成为市民国家,重新成为西方世界的艺术中心。[①]佛罗伦萨商人通过大量购买土地、投资贸易领域,获得大量金钱财富,极大地提升了社会地位。古老的美第奇家族就是在14—15世纪形成的。虽然美第奇家族最后也不可避免地衰落,但它在艺术上却对佛罗伦萨乃至整个世界都有着深远的永不磨灭的影响。[②]

从中世纪开始到1400年,欧洲中部和西部的所有文学,几乎都是用拉丁语来写作的。到15世纪时,地方文学和民族语言兴起。欧洲形成了四大语言区:一是在欧洲南部形成的包括意大利语、法兰西语、葡萄牙语等在内的拉丁语变种系;二是在欧洲北部形成的包括丹麦语、瑞典语、挪威语、荷兰语等在内的日耳曼语系;三是在英格兰境内兴起的英语;四是在欧洲中东部形成的包括俄语、波兰语、捷克语、南斯拉夫语、立陶宛语在内的斯拉夫语系。[③]

欧洲度过黑暗的中世纪后,有关人的知识就呈现出一个不断集中、凝练、提高和升华的过程。这一时期,欧洲人文主义思潮开始浮现,诗歌、音乐、绘画、雕刻和建筑杰作层出不穷。文艺复兴运动成为中世纪和近代的分水岭。在"黑死病"夺去欧洲大量人口的悲剧中,富有良知的知识分子、激情敏感的诗人、天才感性的艺术家们,深刻感受到经济崩溃和社会秩序紊乱带来的压力,开始以无与伦比的创造力探索欧洲振兴的道路,播下欧洲希望的种子。他们致力于寻找被遗忘的经典,修改拉丁语圣经中的错误,推动希腊古典思想复兴,形成伟大的文艺复兴运动。

文艺复兴是欧洲由中世纪转入近代的枢纽。西方世界从此摆脱了中世纪封

---

① 房龙著,周亚群译:《人类的艺术》,中国友谊出版公司,2013年,第81—83页。

② 房龙著,周亚群译:《人类的艺术》,中国友谊出版公司,2013年,第97页。

③ 马克垚主编:《世界文明史》,北京大学出版社,2016年,第408页。

建制度和教会神权统治的束缚，逐渐得到了生产力的解放和精神的解放。在经济上，资本的原始累积、工商业的高度发达以及新兴资产阶级势力的日渐发展，都为近代资本主义社会打下了基础。在精神文化方面，文艺的世俗化与对古典思想的继承，自然科学的发展，唯物主义哲学日渐抬头，都标志着欧洲文明达到了古希腊文明以后的第二个高峰。它发源于意大利，逐渐向北传播，终于席卷欧洲。在欧洲北部的各个国家，进一步爆发了宗教改革或新教运动。

顾名思义，文艺复兴就是古希腊、古罗马古典文艺的再生。它不仅是意识形态的转变，更是社会经济基础的转变，是封建势力的削弱、资本主义生产方式和生产关系的建立。十字军东征之后，东西方世界交通网络广泛建立，航海探险带来了许多重大地理发现，为欧洲开辟了新市场和殖民地，丰富了原材料和财富资本的来源，从物质上促进了工商业的发展，加强了资产阶级的地位和势力。从精神文化方面看，打破了欧洲过去闭关自守的状态，扩大了西方人的眼界，破除了他们的迷信，激发了他们的好胜心和进取斗志。从此，他们要求脱离中世纪的愚昧落后状态，主动去吸收外来的先进文化。[1]

精神上的解放，使得文艺复兴时代的哲学在中世纪经院派神学长期统治之后，开始恢复它的世俗性和科学性。唯物主义日渐占据优势，无神论开始酝酿。对自然的观察与实验，替代了经院派的烦琐思辨；感性认识得到空前重视，归纳逻辑打破了演绎逻辑的垄断；因果律代替天意安排说，科学理性替代了对宗教权威的盲目崇拜。精神解放之后，人的地位提高了，开始感觉到自己的尊严与无限发展的潜能，把个性自由、理性至上和人性全面发展作为自己的生活理想，全方位地开展探索追求。[2]

意大利文艺复兴以来，在渗透科学理性精神的大量文艺实践基础上，冲破了正统经院哲学僵死的理论外壳，建立起一种系统化、独立化的学术思想，

---

[1]　朱光潜：《西方美学史》，人民文学出版社，1979年，第144页。
[2]　朱光潜：《西方美学史》，人民文学出版社，1979年，第145页。

从美感的直观性和相对性出发，摧毁了西方传统客观美学和神学美学中占统治地位的形式主义，从而打开了人的内心世界的大门。[①]

需要说明的是，文艺复兴运动并没有反基督教。相反，大多数文艺复兴时期的文艺作品都是以宗教为主题，也是在教会甚至是在教皇本人的亲自推动下才进行创作的。理性的觉醒才是文艺复兴带来的真正改变，比如在艺术上利用透视、自然光线和人体结构，在政治上强调世俗政治的实际运作，在文学上强调运用本土的通俗语言，在科学上重视观察、实证、数据和机械逻辑。[②]

文艺复兴运动的真正性质，在"知识就是力量"的口号中得到充分展示。人们更加关注人类自身，热爱生活，打破禁欲主义，用科学知识来扫除中世纪的愚昧、无知、迷信和悲观。它在1300年左右发轫于意大利，由但丁、彼特拉克和薄伽丘等三位意大利人奠基，到1500年后逐步蔓延拓展到阿尔卑斯山以北地区，极盛于16世纪。[③]但丁提出"复兴"，成为呼唤新时代到来的旗帜。佛罗伦萨诗人、散文家弗朗切斯科·彼特拉克是表达人文主义思想的第一人，他把历史划分为古代、中世纪和近代，视中世纪为一个混乱的中间期，以此来区分黑白和光明、愚昧和理性。薄伽丘在"黑死病"肆虐时期写出《十日谈》，歌颂爱和理性，讽刺中世纪的迷信、落后、荒诞和愚昧。[④]在这两百年的时间里，意大利诞生了乔托[⑤]、马萨乔、博蒂切利、达·芬奇等一大批伟大的艺术家，创造了直线透视法几何规则，创作出人物景色融为一体的视觉效果，让人们感受到有血有肉的人物形象和明快鲜艳的热烈色彩。米开朗基罗等闻名世界的雕塑家将文艺复兴的雕塑传统推向高潮，建于1506—1626年的罗马圣彼得大教堂宏大和谐，久负盛名。[⑥]正是这一系列巍然屹立的文学、

---

① 邓晓芒：《西方美学史纲》，商务印书馆，2018年，第90—92页。

② 梁鹤年：《西方文明的文化基因》，生活·读书·新知三联书店，2014年，第70页。

③ 朱光潜：《西方美学史》，人民文学出版社，1979年，第143页。

④ 马克垚主编：《世界文明史》，北京大学出版社，2016年，第470页。

⑤ 乔托改变了让人厌烦的绘画规则，扩大了绘画的题材范围，对绘画艺术作出了重大贡献。

⑥ 威廉·H.麦克尼尔著，田瑞雪译：《5000年文明启示录》，湖北教育出版社，2020年，第328—329页。

艺术巨匠，以自己灿烂的才华和过人的精力，孜孜不倦地描绘人、刻画人、歌颂人，使得人文主义精神得以冲破宗教的阴霾，再次在欧洲大地绽放出夺眼的光芒。

英国的伦敦在欧洲文艺复兴中也迸发出灿烂的光芒。戏剧家莎士比亚（1564—1616）以现实主义风格，掩盖了意大利的华丽，其刻画的罗密欧、朱丽叶、威尼斯商人等人物，至今依然具有强大的艺术魅力，激发人们对现实社会问题的深刻思考。弥尔顿（1608—1674）的《失乐园》《桑姆生》，反映了资产阶级革命和民族独立的理想。由于资产阶级渐占上风，文学的听众也逐渐由上层阶级转移到中产阶级，报刊文学、市民戏剧、近代小说都最早在英国出现，浪漫主义的萌芽也在新古典主义运动中逐渐生长起来。①由于印刷术的快速发展大大提高了信息传播效率，各种新思想、新观点快速传播，人们著书立说就可以维持生活。剧院通过收取入场费，为莎士比亚等剧作家和演员提供了收入来源。这些都极大地拓宽了文化艺术发展的路径。

在文艺复兴运动之下，欧洲人开始意识到人类自身拥有着巨大的力量，加上当时奥斯曼帝国封锁中东地区，导致陆上丝绸之路中断，欧洲许多国家希望寻找航海线路，搭建起海洋贸易的新通道，扩展基督教在世界的传播范围。

总体来看，欧洲大航海的突破，不仅发现了美洲新大陆，对美洲印第安土著文明带来重大打击，而且打通了欧亚海洋通道，极大地繁荣了海上丝绸之路，推动欧洲由中世纪进入近现代，使得东西方文明开始了"第二次大分流"，催生出"欧洲文明中心论"。

一是大航海成为美洲文明史上的转折点。

从欧洲人跨出海洋的开始，宗教传播就与殖民扩张紧密地联系在一起，就连哥伦布的帆船上，都挂着大号的十字架。正如当时的人们在谈到欧洲在美洲、非洲、印度和其他亚洲地区以及澳大利亚的扩张时会说，是上帝安排了西方人来统治全球。欧洲人进入美洲之后的数百年，以基督教文明为基础的

---

① 朱光潜：《西方美学史》，人民文学出版社，1979年，第196页。

欧洲文明，在强大的经济和军事力量支持下，逐渐渗透到美洲各个地区，成为美洲大陆占主导地位的思想组成部分。西班牙人在当地创办大学，将欧洲的笛卡儿哲学和牧师、法学引入美洲，并与欧洲学术界保持密切联系，使墨西哥城和利马成为繁华都市，发展水平远超同期英国、法国的殖民地。但是，这些文化引入排斥印第安人参与，将印第安人挤压在自己的文化体系当中。

埃尔南·科尔特斯等西班牙殖民者在探险和殖民过程中血腥对待美洲印第安土著人，导致印加文明、玛雅文明、阿兹特克文明陆续灭亡。给美洲原住民带来灾难的不仅有残忍屠杀、财产掠夺和思想侵略，还有来自欧洲的疾病。1520年天花在南美首次暴发时，当地土著人不具备任何免疫力，从而导致人口大幅锐减。由于许多新疾病的传入，墨西哥中部地区印第安人口大幅下降，从原来的1100万～2000万骤减至150万。

相对幸运的是，原来的印第安人土著文化没有完全被消灭，而是在一定程度上顽强地保存下来，与欧洲文明相互斗争、相互融合，加上16—17世纪由非洲黑奴制带入的黑人文化，形成了独具特色的拉丁美洲文明。[1]由于在南美洲，本地人数量远远大于欧洲殖民者的数量，印加帝国当时的人口为500万～1000万，因此联姻和种族融合成为大势所趋。殖民者通过建立"混合文化家庭网络"，从而顺利统治当地。[2]同时，为了有效开发美洲的土地资源，15世纪欧洲国家掀起大规模的非洲奴隶贸易，将大量非洲黑人输送到美洲的农场和种植园，使美洲成为欧洲、美洲、非洲三个地区种族和文化的混合体。比如，葡萄牙人控制巴西后，引入非洲奴隶，出现种族混合，使巴西文化独具特色。

二是大航海使人类文明从中世纪进入近现代。

在开启欧洲扩张时代的过程中，葡萄牙和西班牙的探险家们开展的这些有目的的、经过深思熟虑的探索，是整个人类文明史上的伟大壮举。在此之前，

---

① 马克垚主编：《世界文明史》，北京大学出版社，2016年，第1130页。

② 尼尔·弗格森著，周逸、颜冰璇译：《广场与高塔——网络、阶层与全球权力竞争》，中信出版集团，2020年，第82—83页。

地球上的各个区域之间联系相对较少。在他们的努力之下，建立新的联系成为可能，为欧洲在世界舞台上的崛起奠定了基础。借助长期积累的航海经验，人们不断提高船舶性能和航海技术，加深对洋流和季风的认知，探索安全可控的海上航行路线，完善从新发现的土地和居民的商业开发中获益的办法。[①]随后，传教士、军人和商人深入内陆，四处传教，推动亚洲人和美洲印第安人改信基督教，促进贸易沿着新航线拓展。欧洲人在新世界观、新思想、新技术、新产品、新市场的驱动下，获取大量利益，世界格局从此出现根本变化。欧洲航海者的探险活动，打通了世界各大洋，推动了地理大发现，标志着近现代世界的形成。海洋不再是人类活动的障碍，而是多元背景下人际沟通交往的纽带。人类沟通的规模和频次达到前所未有的高度。历史学家也因此将1500—1650年定为世界文明区分为中世纪和近现代的分界线，开启了人类现代化的新篇章。

三是大航海使东西方文明开始了"第二次大分流"。

欧洲人在中国活字印刷术、指南针和火药等技术传入的基础上，开辟出地球各大洋经常性的通航路径，由此开启了世界历史的新纪元。1492年，哥伦布穿越大西洋，发现了美洲新大陆。美洲新大陆的发现，使得葡萄牙的野心急剧膨胀，希望开发出更多新的贸易线路。哥伦布首次航行之后，难以估量的黄金、白银、宝石和财富在跨大西洋的航道上运输。欧洲进入蓄势待发的时间窗口，将中世纪的束缚抛掉，大胆创新，使其不断实现自我转变，一跃成为世界上实力最强、技艺最精的文明。从世界文明的发展进程来看，地理大发现使西方文明对世界文明的影响开始超越东方，从默默无闻的观众变成了世界历史舞台上光彩照人的主角。

四是大航海催生出"欧洲文明中心论"。

1500—1700年，由于欧洲人发现新大陆，葡萄牙、西班牙经历了财富、权力和机遇上的巨大转变，从一个地中海尽头的闭塞之地，摇身一变成为全

---

① 林肯·佩恩著，陈建军、罗燚英译：《海洋与文明》，天津人民出版社，2017年，第383页。

球性强国。此后，荷兰、英国、法国陆续崛起，各种新思想在欧洲国家百花齐放，各种新尝试广受欢迎，知识分子和科学家为获取资金赞助相互竞争。欧洲国家从美洲带回的无限财富，给这些国家重振古希腊、古罗马的辉煌提供了强有力的资金支持。随着意大利文艺复兴的兴起，在人类历史上，欧洲经历过长达千年的"黑暗中世纪"之后，首次成为世界的中心。[1]从这个角度看，大航海活动不仅开启了地理大发现的时代，使得西方国家不断在世界各地扩张殖民地，更使得西方人坚信自己处于世界中心地位。在他们的眼里，欧洲文明不言而喻是人类成就的顶峰。[2]

欧洲航海者除了大规模进入美洲，还打开了与亚洲的海洋贸易通道。1453年土耳其人攻陷君士坦丁堡后，传统的由中国到达西欧的丝绸之路从此被阻隔，欧洲商人只能希望寻找到新的海上航线抵达东方。1497年，达·伽马绕过非洲好望角，发现了通往东方的航道，进入印度洋，推动海上丝绸之路快速发展。1519—1522年，麦哲伦完成了史无前例的环球航行。葡萄牙人利用新发明的精良火器，摧毁了印度洋上阿拉伯人的传统商业势力，独霸印度洋，并向东扩展到马六甲、中国澳门，使得里斯本成为欧洲当时最重要的商埠之一。从此，葡萄牙里斯本开始取代意大利威尼斯，成为欧洲的贸易中心。威尼斯人失去了对海洋贸易通道的控制权，无法与通过海运抵达里斯本的货物进行价格竞争。由于航运成本的大幅下降，欧洲人购买亚洲奢侈品的能力也与日俱增，中国瓷器、丝绸以及亚洲的香料源源不断地进入欧洲市场。1571年，西班牙人建造了马尼拉城，由此改变了环球贸易的格局，马尼拉最终成了西方学者眼中的"世界上首座全球性的城市"。

在马尼拉通道建成之后，奥斯曼帝国的经济开始出现长期的衰退。西班牙由于热衷于宗教迫害，导致大规模的向外移民，为低地国家荷兰的发展提供

---

[1] 彼得·弗兰科潘：《丝绸之路：一部全新的世界史》，浙江大学出版社，2016年，第183—187页。

[2] 亨利·基辛格、埃里克·施密特、丹尼尔·胡滕洛赫尔著，胡利平、风君译：《人工智能时代与人类未来》，中信出版集团，2023年，第43页。

了机遇。荷兰人在建立自己的贸易渠道时，有着明确的商业逻辑，推行股份制，通过大规模集资整合各方资源，成立荷兰东印度公司和西印度公司，将风险分散到更多投资人身上，以此扩大资本运营规模和企业运营能力。与此同时，他们还积极制定国际法，发展高超的造船技术，提高地图绘制水平，编制远洋航行指南，极大地提高了荷兰的远洋航行和国际贸易水平。这些远洋贸易使荷兰人获得了巨大的物质财富，带动阿姆斯特丹等城市快速发展，建造了许多标志性建筑，荷兰的整个艺术领域也取得了蓬勃发展。这不仅是荷兰经济的黄金时代，更是荷兰艺术的黄金时代。

荷兰人于1602年组织成立荷兰东印度公司，开展与东方世界的贸易。1624年，荷兰殖民者侵占中国台湾，直到1662年被郑成功所驱逐。为了与荷兰进行贸易竞争，英国于1599年组建英国东印度公司，开始推动对印度的贸易，后来扩展到中国等地。总体来看，东西方的海上丝绸之路在16世纪时，葡萄牙、西班牙最为强劲；17世纪时由荷兰主导，到18—19世纪时，则被英国全面控制。[1]从时间发展阶段来看，这些与西欧这些国家的综合国力、军事实力、航海能力是密切相关的。

据沈定平《明朝时代的中西文化交流史》记载，西班牙人在征服了菲律宾之后，即派遣耶稣会教士进入中国，深入考察分析中国国情民情，收集经济政治军事资料，并对广东、福建、浙江沿海进行实地侦察，探测航道并绘制地图。1586年4月，驻马尼拉殖民首领、教会显要、高级军官及其他知名人士召开马尼拉大会，专门讨论怎样征服中国的问题。与会者在完全赞成武力征服中国的前提下，草拟了一份包含有11款97条内容的征服中国具体计划的报告，包括作战目的、作战方针、兵力组织、后勤保障等方面的具体内容，联名签署上报西班牙国王，并得到批准。只是由于不久之后的1588年5月西班牙"无敌舰队"被英国人重创，从此失去了盛极一时的海上霸权，西班牙的殖民帝国地位被英国替代，致使这一庞大的征服计划无从实施。

---

[1]　张星烺:《欧化东渐史》，时代文艺出版社，2018年，第2—9页。

由意大利兴起进而蔓延至欧洲北部的文艺复兴运动彰显人的理性，使得人们思想大为解放，对于科学尤其是自然科学形成日益浓厚的研究兴趣，在复兴的希腊理性思想的引领之下，推动西方率先进入现代科学殿堂，由此开启了一个世界性的科学化或理性化的运动，推动工业文明取得伟大成就。

欧洲文艺复兴时期，吸收了阿拉伯、印度和中国许多先进文化成果。以中国为例，马可·波罗13世纪到中国游历所写的游记，激发了哥伦布从西路航海到东方的壮志，从而发现美洲新大陆。当时，中国的罗盘（指南针）已经传到西方，引起了航海术的伟大革命，许多航海探险和地理发现都是凭借指南针来测定航线。火药制造技术帮助新兴资产阶级制造利用新式武器击败传统封建骑士军队，造纸印刷术引起欧洲教育革命，推动文化在普通民众中广泛传播，打破了僧侣阶级垄断知识的局面。[①]

越来越多的科学家在理论上提出许多新的经得起检验的科学观点，在实践上通过认真谨慎的观察、测量和试验，对自然界和人体自身进行不懈探索，以此去验证世界的不确定性，引领人类朝着科学理性的方向持续迈进。在社会需求迫切的背景下，各种新发明、新思想只要行之有效，马上就会得到推广。

在天体运动方面，哥白尼（1473—1543）提出地球沿正圆轨道围绕太阳转，打破了基督教一直认同的"地心说"理论，打开了人类传统宇宙观的思想禁锢。开普勒（1571—1630）发现行星轨道不是正圆形，而是椭圆形。伽利略（1564—1642）不仅发现了木星的卫星和土星环，还看到了太阳黑子，成为当之无愧的现代科学奠基人。

在人体方面，英国医生威廉·哈维（1578—1657）发现人体存在血液循环，心脏是动力泵，为现代生理学奠定基础。A.维萨里等外科医生推翻盖伦的权威，开始试验新药、新疗法为患者治病。

17世纪的时代精神，是怀疑主义和经验主义，它们构成了新兴的理性精

① 朱光潜：《西方美学史》，人民文学出版社，1979年，第144页。

神的表现形式。这种理性精神的觉醒，从根本上颠覆了中世纪的世界观和人生观，改变了传统基督教信仰对于自然界和人性的轻蔑态度。人们开始抛弃基督教宣扬的人活着就是为了赎罪和受苦受难的思想，树立起对尘世幸福和社会进步的信心。代表人物就是培根和笛卡儿，为18世纪的启蒙运动奠定了重要的思想基础。

培根（1561—1626）试图在自然界中发现规律和秩序，创造一种新的逻辑法则，现实具体，注重实际，认真观察，科学演绎，去发现有用的新知识。他把感性认识看作知识的基础，信任根据观察和实验的归纳法，强调认识的实践作用，奠定了科学实践观点和归纳方法的基础，强调通过认识自然从而征服自然的思想，将玄学思辨的领域转到科学理性的发展道路上，直接推动英国实验科学和经验哲学的振兴。

笛卡儿（1569—1650）试图在人的内心或本性中发现规则或秩序，把普遍怀疑当作整个哲学赖以建立的首要前提，出版了一部哲学史上划时代的著作《论方法》，提出"我思故我在"的至理名言，成为由封建社会到资本主义社会自然科学发展所带来的理性主义思潮的结晶。他认为只要认真推理，一切问题都能得到论证，由此动摇了中世纪经院哲学的思辨方法和对教会权威的盲目信仰，要求对事物进行科学分析，肯定了事物的可知性。如果说文艺复兴时期意大利的人文主义者从艺术的感性认识角度，把人当作至高无上的对象加以赞美，那么笛卡儿的唯理主义是真正从理性角度来揭示人的本质和内涵，确立理性至高无上的地位。[①]此外，笛卡儿还将代数与几何思想融合在一起，发明了解析几何法。

1600年前后，一系列重要发明问世。1590年发明的显微镜、1593年的温度计、1608年的望远镜、1643年的气压计、1656年的钟摆，都使人类对自然界的感觉更加灵敏。16—17世纪，人类见证了在数学、天文学和其他自然科学领域取得的惊人发现。

---

① 赵林：《中西文化的精神分野：传统与更新》，九州出版社，2023年，第221—222页。

然而，科学如此迅猛的进步，反而导致了某种哲学上的迷失。人们开始怀疑：宗教之外，是不是还有科学？鉴于基督教教义在这一时期仍然明确界定了智力探索的范围，这些科学进步所孕育的突破，可以说相当富于勇气和无畏精神。哥白尼的日心说、列文虎克对生物微观世界的记载，使客观世界的本来面目得以徐徐揭开，但结果却导致了一种失调状态：社会在一神论中保持统一，却因宗教、科学对现实世界的不同解释和探索而分裂。[1]

　　这一时期，活字印刷术的发明和推广，直接推动了欧洲的宗教改革。

　　此时，欧洲相继在荷兰、英国和法国发生了资产阶级革命，传统的天主教在世俗生活上失去了优势。资产阶级在经济势力上强大到足以推翻封建王朝并取而代之，他们需要一种新的宗教给予人民信仰上的支持。[2]这就导致中世纪时以托马斯·阿奎那主导的经院哲学体系逐渐崩溃，新教思想随之孕育而出。

　　1450年，德国金银匠谷登堡在学习借鉴中国经阿拉伯地区传入的活字印刷术之后，研制出活字印刷机，引发了人类文明进程的一场革命，在西方乃至全球的各个领域都产生了重大影响。在中世纪的欧洲，知识受到尊崇，但书籍却十分稀有，大多数经验源自生活，大多数知识是口头传授，知识传播被严格控制在基督教经院体系内部。印刷机发明之后，到1500年估计有900万册印刷读物在欧洲流通，书的价格大幅下降，《圣经》不仅以教士和贵族才能读懂的拉丁语传播，还以老百姓日常生活能看懂的多种语言广泛传播，古典作家在历史、文学、语法和逻辑领域的各类图书作品也开始层出不穷。随着印刷读物的普及，个人与知识之间的关系也随之改变，新的信息和思想可以通过更快捷的渠道迅速传播。[3]

---

① 亨利·基辛格、埃里克·施密特、丹尼尔·胡滕洛赫尔著，胡利平、风君译：《人工智能时代与人类未来》，中信出版集团，2023年，第45—46页。

② 托马斯·阿奎那著，马清槐译：《阿奎那政治著作选》，商务印书馆，1963年，第XVi页。

③ 亨利·基辛格、埃里克·施密特、丹尼尔·胡滕洛赫尔著，胡利平、风君译：《人工智能时代与人类未来》，中信出版集团，2023年，第224—225页。

印刷术的广泛应用，极大地推动新教思想的广泛传播，在宗教改革的胜利中发挥了决定性的作用。1500—1650年，欧洲天主教会日益专横腐败，对广大人民群众的剥削日益加强，与新兴的国家世俗王权矛盾日益加剧，最终导致马丁·路德于1517年写成著名的"九十五条论纲"，领导发起宗教改革运动，公开质疑教皇以洗刷罪恶、拯救信徒为名，兜售赎罪券、收敛钱财的做法，指责教会歪曲真正教义①，强调"因信称义"，提出"所有信徒都是牧师"，取消教会的中介作用。1521年，马丁·路德将《圣经》翻译或德语，使不能阅读拉丁语的普通德国民众可以通过自我寻找宗教真理，也为德国的统一作出了贡献。当马丁·路德1521年被正式宣判为异教徒时，他的著作已经传遍了欧洲的德语区国家。②马克思认为，马丁·路德的新教革命破除了对权威的信仰，却树立了信仰的权威，从而把宗教信仰变成了每个人内在的精神需要。来自德国的宗教改革消息，如星星之火燃遍了整个欧洲大陆，迅速掀起了一股反抗罗马天主教会的巨大浪潮。

宗教改革也分为不同流派。路德派属于温和派，着重原罪，强调人的堕落，要信服神恩。加尔文派属于激进派，法国人加尔文当时定居日内瓦，将《圣经》作为宗教真理的唯一可靠来源，写作《基督教要义》，特别反对当时的奢华风气和偶像崇拜倾向，强调信众教徒应该遵循强烈的道德驱动，使得加尔文的思想传遍欧洲全境。加尔文教所倡导的世俗性的禁欲主义、勤奋节俭的生活态度、为了增加上帝的荣耀而发财致富的新教伦理，成为推动资本主义经济发展的巨大精神源泉。③

英国在圣公会的推动下，强调国王的权力具有至高无上的神圣性，世俗权力高于教会权力，认为"恺撒"的权力必须高于"基督"的权力，从而促进

---

① 就在马丁·路德对教皇提出巨大质疑的时候，教皇利奥十世陷入法国和西班牙侵略者在意大利对峙的复杂局面中，而无暇应对宗教改革带来的压力。直到16世纪40年代，教会才注意到这个重大事件，但是局面已经到了难以扭转的时候了。

② 尼尔·弗格森著，周逵、颜冰璇译：《广场与高塔——网络、阶层与全球权力竞争》，中信出版集团，2020年，第87页。

③ 赵林：《中西文化的精神分野：传统与更新》，九州出版社，2023年，第17页。

了欧洲民族国家的成长和政教分离，民族国家从此开始寻求摆脱罗马天主教会的控制，而谋求独立发展。

宗教改革将欧洲分裂为对立的宗教阵营，新教观点在欧洲大部分地区大行其道。在新教的巨大压力之下，天主教也被迫开始推动自身改革，成立耶稣会，这些举措在一定程度上改变了欧洲信徒们的生活。

在新教徒和天主教徒都希望让对方接受自己对宗教真理的阐释时，爆发带有宗教性质的战争已难以避免，参与者无一不是打着宗教的旗号。宗教战争席卷了英格兰、法兰西、奥地利、德国等大片地区，前后持续了近一个半世纪。1572年发生的圣巴托罗缪之夜大屠杀，更是给人留下了最为灰暗的记忆，天主教徒对前来巴黎参加婚礼的胡格诺派教徒发动突然袭击，杀死了2000多人。1685年，路易十四收回著名的"南特赦令"[1]，再次以武力追捕新教徒，并迫使新教徒要么改变信仰，要么离开法国。据说大约有40万法国人因此远走他乡。[2]在此过程中，一些国家的世俗君主为了谋求自己的统治利益而不断改宗，在天主教、新教之间摇摆不定。德国激进改革派的首领闵采尔希望建立一个完全平等、完全公产的基督国度，宣称基督的"末日审判"马上就要发生，提出"以血去温暖你的剑"的口号，于1524年发起农民战争，参与人数高达30万，死亡人数约10万，是欧洲地区在法国大革命之前的最大一次平民起义。[3]

宗教改革对欧洲历史产生了巨大影响。新教不仅拒绝了罗马教廷作为基督教会当然领袖的传统，也否认了罗马教会有独一无二的解释《圣经》的权力，主张建立人与上帝之间的直接关系。尤为重要的是，新教主张宗教和教会置于国家世俗政权的法律和政府行政管理之下，从而消除了教会对世俗政权的

---

① "南特赦令"由亨利四世于1598年颁布，规定新教徒有信仰自由，并可以担任公职，召开宗教会议。

② 古斯塔夫·勒庞著，佟德志、刘训练译：《革命心理学》，山西人民出版社，2020年，第38页。

③ 梁鹤年：《西方文明的文化基因》，生活·读书·新知三联书店，2014年，第118页。

威胁。①对此，世俗统治者大为欢迎，他们一直在寻求时机，以求在教权与王权之争中占据先机，扭转长期以来教权高于王权的不利局面。宗教改革后，新教神职人员被允许结婚，修道院被撤销，国家主权和社会稳定得到加强。

新教还主张有计划的生活，提倡勤俭节约，倡导理性，支持商人和手工业者努力工作，鼓励人们学习知识、阅读《圣经》，在很大程度上影响了欧洲人的生活习惯，客观上推动了资本主义的快速发展。宗教改革还使得罗马教会在天主教世界中不再具有超越王权之上的神权，而只是"精神的领袖"，其势力范围最终只局限于梵蒂冈。

有学者认为，意大利文艺复兴仅仅是西方文明转型的催化剂，新教革命才是西方崛起的真正精神根基。文艺复兴是有教养的意大利人发起的一场高雅优美的古典文学艺术复兴运动，局限于感性层面的人性解放。对于生活在北部欧洲贫穷、愚昧的日耳曼人来说，这是一种无聊而昂贵的精神奢侈品。与文艺复兴的阳春白雪格调迥然不同，新教革命是一场下里巴人的文化运动，它极大地唤醒了北部欧洲人的民族意识和自由精神，推动了近代民族国家的崛起和资本主义经济的发展。虽然马丁·路德本人发起新教革命的初衷并非要分裂基督教会，但是这场运动很快就超出了他能控制的范围，发展成为一场具有综合性质的社会改革运动，最终导致西欧基督教世界的大分裂。通过改信新教摆脱罗马天主教会控制的世俗王侯，从此可以无所顾忌地在自己的疆域内发展政治、经济实力，从而为现代欧洲民族国家的崛起、民主精神的生长以及资本主义经济的蓬勃发展创造了合适的环境。②

新教革命不仅成为欧洲中世纪社会与近现代社会的历史分水岭，而且也成为南北欧洲综合力量对比发生根本性逆转的关键原因。宗教改革运动发生之前，欧洲的南方富庶文明，北方贫穷蒙昧；到了18世纪，北方日益发达，南方日益落后。那些过去土地贫瘠、文化落后的北方国家，由于改信新教，发

① 马克垚主编：《世界文明史》，北京大学出版社，2016年，第476—477页。
② 赵林：《中西文化的精神分野：传统与更新》，九州出版社，2023年，第218—220页。

展成为发达的资本主义国家，最有代表性的如英国、法国、德国和斯堪的纳维亚半岛的瑞典等国。而那些极力抵制宗教改革的国家，如西班牙、意大利等，尽管在 16 世纪时就在自由城市中孕育着"资本主义萌芽"，在当时是最强大、最富庶的，但在 17 世纪之后却每况愈下。①

这一时期，欧洲基督教教权与王权的博弈一直在持续。教会应该以教会会议至上，还是应该接受大公会议管理，不插手世俗政府事务，始终是争论的焦点。自 312 年罗马帝国的君士坦丁与基督教会结盟以来，政治和宗教在欧洲历史上始终密不可分。中世纪时期，教会一直深度参与世俗政治。教皇是国际性政府首脑，在不同时间，与不同地方的世俗统治者共享威权，大部分时间里教权高于王权。一直到 1300 年，教皇权力不断扩大。此后，法国、西班牙、英格兰的王室政府在教会事务中发挥更大作用，教皇实权越来越小。②1378 年，争论进入一个新的高潮。红衣主教们选举一位新教皇在罗马任职，但是在法兰西国王的重压之下，又选举出一位教皇定居阿维尼翁，导致西方教会大分裂。直到 1417 年重新选举教皇后，这一争论才落下帷幕。③

宗教改革本身并不是政治改革，但它的发生客观上带来了政治改革的诉求和可能，催生了 17—18 世纪的思想启蒙运动。宗教改革的深入推进，加上教权与王权的争夺，使得欧洲各国、各民族在宗教教义、经济资源上争斗不休，政治格局发生重大改变。到了 17 世纪中叶，两败俱伤的新教信徒和天主教徒终于发现，为了宗教信仰而流血牺牲是一件完全没有意义的事情。1648 年，《威斯特伐利亚和约》签订，确认了"教随国定"的原则，标志着一个宗教宽容的时代来临，为科学理性的振兴、民族国家的产生和民主政治的生成创造了条件。荷兰和瑞典被正式承认为独立国家，不再是神圣罗马帝国的一部分。

---

① 赵林：《中西文化的精神分野：传统与更新》，九州出版社，2023 年，第 232 页。

② 威廉·H.麦克尼尔著，田瑞雪译：《5000 年文明启示录》，湖北教育出版社，2020 年，第 371 页。

③ 威廉·H.麦克尼尔著，田瑞雪译：《5000 年文明启示录》，湖北教育出版社，2020 年，第 323—324 页。

法国和瑞典脱颖而出，一个称霸于西欧，一个傲视欧洲东北部。哈布斯堡王朝羸弱不堪，再也不是法国、瑞典的对手。德国惨遭重创，分裂为上千个小诸侯国。在过去的一个世纪里，西班牙一直是欧洲最强的国家兼新世界的霸主。[1]之后，西班牙半岛分裂成为5个独立的基督教国家，而法兰西则一跃成为实力最强的基督教国家，一个由法国主导欧洲政治的新时代正式降临。为了争夺法兰西王位，1337—1453年，英格兰和法兰西断断续续打了116年的战争。圣女贞德带领法军奋起反击、之后被捕遇害的故事就发生在1431年，而她也成为法国著名的民族英雄。

与此同时，面对王权的强化和教权的弱化，以及外部伊斯兰教思想的强大冲击，基督教会极力加强对异端思想的约束和迫害。一些异教徒被施以火刑，以1415年捷克的胡斯被烧死在火刑柱上为代表。

这一时期，正是在文艺复兴、大航海运动、新教革命、科学发展等因素的共同推动之下，欧洲资本主义经济进入大发展的时期。

15世纪以后，欧洲出现了资本主义萌芽。资本主义是同商品生产和市场经济紧密相连的，它的发展需要消除小规模生产、行会限制和教会干涉三大障碍。小规模生产的目的是生存，而不是获取更为丰厚的利润。行会限制垄断了原材料供应和市场价格，限制了自由贸易的发展。教会干涉是为了使人的灵魂得到救赎，而视追逐高额利润为一种犯罪。[2]因此，尽管这一时期欧洲资本主义组织生产的方式开始萌芽，需要大量资本放款扶持大型产业发展，但是传统的天主教会禁止有息放款，甚至统治者也负债累累，需要依靠借款才能维持战争开支，这在很大程度上阻碍了资本主义的萌芽和商业的快速发展。

尽管面对重重压力，伴随着新教革命带来的思想解放，资本主义在欧洲

① 西班牙王国一直坚信基督教，大肆迫害非天主教徒，把犹太人和改信基督教的穆斯林驱逐出境，而这些人一直都是西班牙最活跃的商人，他们的离去，使西班牙经济由盛转衰，辉煌不再重现。

② 马克垚主编：《世界文明史》，北京大学出版社，2016年，第461—462页。

还是发展起来了。意大利商人走在最前面。他们在地中海贸易的基础上，控制商品进出口，合股办企业，成立国际性的银行金融机构，在欧洲享有盛誉。德国、法国、英国、荷兰、葡萄牙、西班牙等也不甘落后，相继形成了许多经济中心城市和国际贸易中心城市。16世纪的英国和荷兰，更是出现了与家庭企业有着本质差异的现代公司，它们以股份出资，实现所有者与经营管理者相分离，推动了生产的标准化，进一步促进商业生产和国际贸易的快速发展。[1]

这些创新举措极大地激发出生产力发展的潜能，推动欧洲资产阶级进入快速发展轨道。在这样的一个历史时期，人类社会的主要推动力已经从集体的合力开始转向个人的创造力。到了16世纪，过去根植于古希腊文明的独有的契约精神，发挥出巨大的爆发力，鼓励人们追逐自己的利益，承认个人的价值，要求释放每个人的创造力。[2]这就是亚当·斯密将人确定为经济人、理性人的根源，也是马克斯·韦伯认为是西方新教文明催生了资本主义社会大发展的原因所在。

资本主义的快速发展，推动15—16世纪欧洲各国政治的发展，产生了新君主制和民族国家。1400年后，国王和大贵族之间的平衡关系被打破，出现拥有国家主权的君主和统一的民族国家，终结了政治分裂割据的政治模式。英法之间的"百年战争"结束，使欧洲各地民族意识和国家观念高涨，民族自觉和国家独立冲击着既有的封建制度。新君主制是一种市民阶级和王权结盟的产物：国王需要考虑市民在商业上的利益，选拔市民出身的官僚在政治、外交、财政等核心部门执掌权力；市民通过与王权的结盟，参与政治，获得发言权，制定有利于自己发展的政策，为资产阶级赢得发展空间。民族国家的统一，增强了民族的凝聚力，削弱了宗教凌驾于世俗国家之上的权力，为资本主义发展提供了良好条件。

---

① 马克垚主编：《世界文明史》，北京大学出版社，2016年，第465—466页。

② 刘哲昕：《文明与法治》，法律出版社，2014年，第39页。

可以说，正是由于西方国家没有强大帝国的约束，得以很快摆脱封建社会等级制度的约束，个人主义日益盛行，股份公司开始取代血缘关系，成为主导社会发展进步的主要组织形式。①而此时的中国，依然被以"孝道"为核心的儒家文化主导，依靠宗族的纽带保持帝国的持续稳定，缺乏对新生事物的探索精神。

在资本主义日益兴盛的时候，探险者开始层出不穷。最早开启这一伟大征程的是葡萄牙人。他们在王室和资本家的资助下，开始野心勃勃地探险航行，创造了一个新的海洋贸易网络。从航海家亨利王子统治时期（1415—1460）开始，葡萄牙的水手们就开始远离欧洲，先是向南，沿着西非海岸航行，然后一路穿越大西洋、印度洋，最后是太平洋，将过去相对封闭的区域经济转变成一个巨大的世界市场。这些探险行动又加快了创新的步伐，更坚固的船只，更精准的罗盘，更详尽的世界地图②，更具威力的枪支，都在助力探险家们取得更为令人惊叹的成就。③

17世纪，是大西洋欧洲的海洋强国时代的开端，西班牙、荷兰成为后起之秀。首先是西班牙的崛起。西班牙帝国的崛起源于1479年的阿拉贡与卡斯蒂利亚合并。1519年，西班牙的卡洛斯一世被推举为神圣罗马帝国的皇帝即查理五世，此后他不断与法国进行竞争。1559年，法国政治进入混乱时代，爆发了持续30多年的"宗教内战"，加上1546年西班牙在墨西哥和秘鲁发现大量金银，使得西班牙帝国进入全盛期。

此后，随着荷兰工商业经济的发展，荷兰试图脱离西班牙帝国独立，引发了"八十年战争"（1568—1648），欧洲进入英、法、荷围攻西班牙的时代。

---

① 尼尔·弗格森著，周逵、颜冰璇译：《广场与高塔——网络、阶层与全球权力竞争》，中信出版集团，2020年，第68—70页。

② 1502年，坎提诺世界地图问世，这是有史以来第一幅反映整个世界地理的图像，除了大洋洲和南极洲之外，对其他大洲的描绘基本上准确。

③ 尼尔·弗格森著，周逵、颜冰璇译：《广场与高塔——网络、阶层与全球权力竞争》，中信出版集团，2020年，第75页。

1648年，西班牙战败，被迫签署《威斯特伐利亚和约》。[①]"海洋自由"的观点推动洲际贸易的发展。1600年后，股份公司制形式日益完善，大型企业和新的商业贸易形式不断涌现，欧洲人的思想视野急剧扩展。荷兰异军突起，运用武装力量创造了一个"账目与武力"的帝国，成为世界海上强国。1602年，荷兰东印度公司成立。它既是贸易实体，也是国家工具，经由荷兰议会的特许，被赋予发动战争、签订条约、修建堡垒、执行法律等权力，掌控欧洲全境大型商业团体的利益，覆盖了长期以来一直由亚洲商人主导的遥远而古老的亚洲贸易网络。这一阶段，海上贸易逐渐产生稳定的影响。走私者与海盗得不到政治认可，日益边缘化。船只、舰队和港口基础设施的规模和复杂程度不断增长，新的融资和管理方法被采纳，法律和外交方面的补偿措施不断完善。[②]

之后，法国称霸欧洲，欧洲大陆封建制度开始瓦解，民族和国家理念抬头，开始由西班牙帝国的世族王朝向现代国家过渡。路易十三于1610年即位，1624年任命枢机主教黎塞留为首相，以王室权威和法国光荣为中心，树立以"国家利益为重"的原则，使法国开始登上西方霸主地位。1643年接任的路易十四号称"太阳王"，他以黎塞留培养出来的枢机主教马萨林为首相，使法国进入鼎盛时期，成为17世纪中叶到18世纪中叶的欧洲霸主。

英国在女王伊丽莎白一世统治时期，开始由衰落走向兴旺，人口从1564年的300万提高到1616年的500万，综合国力显著增强。[③]17世纪中叶，英国爆发资产阶级革命，推动工业革命发展，推翻了君主专制制度，建立了内阁向议会负责的代议制。随着政治经济的发展，自然科学也有了迅速发展。哲学在自然科学影响之下，建立起一套经验主义的思想体系，强调感性经验是

---

① 梁鹤年：《西方文明的文化基因》，生活·读书·新知三联书店，2014年，第130—137页。
② 林肯·佩恩著，陈建军、罗燚英译：《海洋与文明》，天津人民出版社，2017年，第453—454页。
③ 马克垚主编：《世界文明史》，北京大学出版社，2016年，第466—467页。

一切知识的来源，否认有所谓先天的理性观念。①

这一时期，伊斯兰文明再度进入强势地位，呈现出强大的生命力。

14世纪，蒙古帝国解体之后，穆斯林势力在中东、东欧一带重新崛起，获得巨大成功。奥斯曼帝国控制了中东、西亚大部分地区，产生极大影响。1389年，奥斯曼帝国在科索沃战役中击败了塞尔维亚，成为巴尔干半岛有史以来最有权势的统治者。1453年，苏丹穆罕默德二世攻陷君士坦丁堡，将其变成奥斯曼帝国都城，导致东罗马帝国的彻底灭亡，小亚细亚和巴尔干半岛在奥斯曼帝国的统治下欣欣向荣，一座座城市拔地而起。依托改革后的穆斯林逊尼派教法规范宗教生活秩序，奴隶制度培养忠诚善政的"维齐尔"，奥斯曼帝国频传捷报，疆土在1500年之后的很多年里得到不断扩展。②1504年，信仰基督教的努比亚王国覆灭，穆斯林将非洲之角到大西洋海岸全线牢牢控制，但无力控制东非稀树草原地区。这一时期，每隔一段时间，奥斯曼苏丹都要与欧洲的基督徒在战场上决一胜负。但是总体看来，1500年后，伊斯兰世界的政治统一不再，内战烽火连绵。穆斯林在俄罗斯、中亚等地都遭遇挫折，始于1501年的伊斯兰宗教改革也产生很大影响。1529年，苏莱曼一世围攻维也纳，但未得手。1683年，奥斯曼帝国军队再次包围维也纳，依然久攻不下，在欧洲遭遇第一次严重挫折，将匈牙利大部分国土割让给哈布斯堡王朝，最终使奥斯曼帝国的军队采邑制度渐趋瓦解。

1525年，穆斯林征服爪哇，印度尼西亚群岛上的印度宫廷文化自此湮灭。1526年，印度被穆斯林征服，建立起莫卧儿帝国。这是蒙古人和突厥人后裔在印度次大陆北部建立的，强化了伊斯兰文明在印度次大陆的力量。莫卧儿帝国在建筑艺术、手工艺、文学等方面取得了巨大成就，沙贾汗修建的泰姬陵被视为世界奇观之一，是莫卧儿时期建筑、雕刻和园林艺术的结晶，同时

---

① 朱光潜：《西方美学史》，人民文学出版社，1979年，第195页。

② 威廉·H.麦克尼尔著，田瑞雪译：《5000年文明启示录》，湖北教育出版社，2020年，第299—302页。

又是伊斯兰文明、波斯文明、印度教文明和西方文明交融的伟大产物。[1]1565年，印度教帝国——毗奢耶那伽罗王朝覆灭，印度全境被穆斯林主导，但是在农村绝大多数印度人仍然信奉印度教，把莫卧儿帝国的伊斯兰统治者视为一个可以忍耐但不会效仿的外来群体。伊斯兰教进入印度次大陆后，获得了人数最多的信徒。这一地区的佛教和印度教开始衰落，给伊斯兰教的扩展腾出了很大空间。从中亚、西亚、波斯南下的大批伊斯兰传教士、学者在克什米尔等地设立道场，发展教徒。广大居民特别是低级种姓的首陀罗居民，由于不堪印度教的婆罗门、刹帝利等贵族种姓的歧视与迫害，纷纷改宗皈依。在印度大陆上，伊斯兰文明与印度教文明逐渐融合，伊斯兰教成为得到广泛传播的宗教派别。

由于伊斯兰教实行政教合一制度，凡是在征服后建立了牢固政权的地方，伊斯兰文明都逐渐渗透到居民生活和社会的方方面面。[2]

这一时期，俄罗斯开始飞速崛起。

1480年，莫斯科大公伊凡三世拒绝臣服成吉思汗后裔统治的金帐汗国——喀山政权，自称"沙皇"，发展军队和官僚体系，先后吞并周边许多小国，使莫斯科大公国控制了后来被称作俄罗斯的大部分地区，组成了一个中央集权国家。1497年，他颁布法典，开始在全国范围内建立农奴制，使其成为集权国家的经济基础，这一制度一直沿用到1861年才废除。总体来看，与西方邻国瑞典和波兰相比，俄罗斯在财富、军备、商业发展和文化水平上均处于劣势。俄罗斯历史上著名的"雷帝"伊凡四世是近现代俄罗斯帝国的创立者，1547年正式加冕成为俄国历史上的第一个沙皇。他努力革旧图新，进行一系列政治、经济、军事改革，强化中央集权，实行东方式的专制主义，君主实行几乎不受限制的专断统治，推动俄罗斯日益走向强大。[3]

随着统一国家的发展，俄罗斯正教会逐渐独立自主，在社会生活中的作

---

① 马克垚主编：《世界文明史》，北京大学出版社，2016年，第458—459页。

② 马克垚主编：《世界文明史》，北京大学出版社，2016年，第446—447页。

③ 马克垚主编：《世界文明史》，北京大学出版社，2016年，第728页。

用日益增强。1448年，俄罗斯正教会由自己选举都主教。1552—1556年，修建美轮美奂的莫斯科圣瓦西里大教堂。1589年，俄罗斯正教会正式建立牧首制，摆脱君士坦丁堡教会的控制。政教结合的特点贯穿了整个俄罗斯近代历史，一直到1918年国家与教会、教育与教会才实行分离。[1]不过总体看来，在俄国，尽管教会权力的扩张一度给世俗政权带来一定威胁，但教会从来没有获得过真正的胜利，始终处于世俗政权的附属地位。东正教所宣传的宗法制忠君思想，使俄罗斯人形成了忠君、忍耐、顺从的性格，温顺地听从专制君主的摆布。村社制度和农奴制的普遍施行，使俄国国民有很强的集体主义意识，缺乏推动资本主义发展的个人主义精神。此外，由于东正教严格遵守基督教的原始教规教义，墨守成规，不主张进行革新，成为封建保守、阻碍改革发展的势力。之后，俄罗斯陷入"麻烦时期"；波兰人于1610—1613年占领莫斯科；瑞典人也从波罗的海出发，占领了许多俄罗斯内陆领土。[2]

这一时期，日本经历了由对外开放到禁教再到全面锁国的复杂历程。1543年，葡萄牙船只首次抵达日本，随之而来的是西方的天主教。1549年，西班牙传教士方济各·沙勿略开始在日本传教。短短半个世纪内，日本天主教徒猛增到70万人，占日本当时人口的3%。[3]日本还不惜重金，购买葡萄牙人的火绳枪，并迅速仿造，制成闭锁螺栓，较好地解决了枪尾的闭气问题，增强了枪支的威力。不到40年的时间，日本的火枪制造技术便达到世界水平。自此，西方物质文明带来的自鸣钟、眼镜、葡萄酒、玻璃器皿成为日本大名爱不释手的商品，推进了日本与欧洲的贸易。

1587年，丰臣秀吉看到外国天主教传教士在九州拥有教会领地的庞大势力，深受震慑，当年就颁布了"传教士驱逐令"。1597年，下令处死26名方济各会传教士和信徒。1603年，德川家康执掌大权。他在丰臣秀吉奠定的基础之

① 马克垚主编：《世界文明史》，北京大学出版社，2016年，第728页。

② 威廉·H.麦克尼尔著，田瑞雪译：《5000年文明启示录》，湖北教育出版社，2020年，第413—415页。

③ 马克垚主编：《世界文明史》，北京大学出版社，2016年，第947页。

上，结束了日本200多年的分裂和战乱状态，实现了统一，定都东京，而将皇室和宫廷仍设在京都，确保天皇不掌握实权，使德川幕府政权一直持续到1868年。1608年，德川家康为了稳定自己家族施政，不能容忍天主教以上帝神威取代幕府权威，确定新儒学为官学，扶持中国学术流派发展。1612年以后，德川幕府对外政策趋向谨慎保守，对基督教传教士干预日本政治和军事事务十分警惕，连续发布禁教令，而且一次比一次严厉。1617年，开始迫害基督徒，这也导致1637年日本信仰天主教的农民3.7万人实施叛乱。德川幕府对此进行严厉镇压，所有外国传教士都被害身亡，拒绝弃教的日本基督徒也惨遭极刑。

在严厉禁止天主教的同时，德川幕府将其与西方文明等同起来，一概敌视和排斥，开始实施与外部世界隔绝的新政，企图把西方"可怕的文明"拒之门外。1633年，幕府颁布了第一次"锁国令"。1636年，颁布第二次"锁国令"，禁止日本人离开本岛，违者不得返回日本，所有葡萄牙人、西班牙人均被逐出日本，禁止除荷兰人以外的所有欧洲人入境，不允许欧洲商船停泊。①日本人之所以对荷兰人采取相对宽容的措施，原因在于荷兰人只经商，不传教。日本在长崎岛保留了一扇经过荷兰人输入西方文明的"窗口"，为后来"兰学"（荷兰之学）的发展奠定了基础。通过这一渠道，日本引入大量西方科学文化知识，受到实证主义的熏陶，形成了细密严谨的作风。

这一时期的日本文化存在两面性。一方面，武士阶层推崇英雄主义理想，摒弃自我放纵，为了理想尽忠显勇，身家财富都可抛弃，甚至剖腹自尽；另一方面，商人阶层保持开放心态，接受外来新思想，生活富有，注重感官享乐。这两种文化在日本社会中同时存在，影响着日本文明的前进步伐，直至第二次世界大战。②

一直到1500年，非洲仍然处在文明世界的边缘。虽然北非的埃及就是人

---

① 威廉·H.麦克尼尔著，田瑞雪译：《5000年文明启示录》，湖北教育出版社，2020年，第409—411页。

② 威廉·H.麦克尼尔著，田瑞雪译：《5000年文明启示录》，湖北教育出版社，2020年，第411—412页。

类文明的发祥地之一，强大的政权和宏伟的宫殿在北非地区出现，农牧业快速拓展，与外部世界建立贸易关系，但是总体而言，由于非洲除尼罗河以外的所有河流都在河口处形成瀑布，外来人口很难深入非洲腹地。加上非洲有黄热病、疟疾、昏睡病等热带致命疾病，当地人有一定抵抗力，而外来人口在撒哈拉沙漠以南的非洲有性命之忧。[①] 所以，尽管葡萄牙人在1418—1486年就已经完成了非洲西海岸的全线探险活动，15世纪80年代首次发现刚果王国，但是只在非洲沿海地区设立了一些海洋驿站，用于开展贸易，大部分内陆的非洲人依然生活在自给自足的小村庄里，与群落之外的人接触很少，从而得以完整保留自身特色。所以，尽管奴隶贸易波及非洲大陆大部分地区，但大多数奴隶贸易都是欧洲人依托非洲土著酋长开展的，在1850年前，欧洲人未能真正渗入非洲内陆。

由于欧洲地理大发现，欧洲殖民地在开拓美洲的过程中，甘蔗、烟草和棉花等种植园和矿场开发都需要大量劳动力，这使得非洲部分地区从事大规模奴隶贸易，尤以东海岸为盛。与欧洲基督教以拯救灵魂的幌子开展奴隶贸易不同的是，伊斯兰世界也有非洲奴隶，但由于伊斯兰教禁止家中黑人男奴结婚生子，因此伊斯兰国度里没有出现美洲国家那样独具特色的黑人社群和混血人群。与此同时，非洲从美洲引入玉米、木薯、花生和甘薯等粮食作物，使得食物供应增多，人口规模增加，冲抵了奴隶贸易带来的人口减少。

这一时期，北美洲刚刚进入人们的视野。1607年，英国在詹姆斯敦建立第一个永久殖民地。1608年，法国在魁北克开拓据点。1620年，英格兰新教徒达到马萨诸塞州，从此英属北美殖民地成为英国社会宗教歧见人士群体的避难场所，实行自理自治。[②]

1700年前，澳大利亚和大洋洲几乎没有受到欧洲航海活动的影响。

---

① 这一点与美洲有很大不同。美洲本地疾病少，对外来人口的影响小，而跟随欧洲人进来的病毒反而对本土印第安人带来极大危害。

② 威廉·H.麦克尼尔著，田瑞雪译：《5000年文明启示录》，湖北教育出版社，2020年，第417—419页。

第十七章　清朝时期的中国与世界

　　1644年，清军进入北京城。早在清军南下中原之前，满洲统治者已经完全被中原文化吸引。努尔哈赤曾经是明将李成梁的部下，粗通汉语，喜欢读《三国演义》和《水浒传》。清王朝建立之后，虽然实行满汉分治的政策，但在吏治方面，则完全仿照汉人制度，设立汉式官僚机构，重用汉族士人和降将，实现了国内安定和平，促进人口快速增长。

　　清王朝虽由满洲人建立，但是定都北京之后，在象征国家文化的都城营建方面，完全继承了明朝的规制，使明清都城一脉相承，延续至今。清王朝统一中国之后，满人的葬俗上至达官贵人，下到一般百姓，还像过去一样，流行火葬，与中原地区的土葬完全不同。但是，清王朝的帝王陵寝却完全延续明朝陵寝制度进行营建。

　　清朝建立后，满洲统治者强制推行保守的经济、政治、文化政策，明末时期兴起的资本主义因素在清初被全面打压下去，巩固传统小农经济、压抑商品生产、全面闭关锁国的儒家传统理论成为明确的国家指导思想。与明朝末期那种突破传统的解放潮流相反，清朝盛极一时的是全面的复古主义、禁欲主义、伪古典主义。①

　　清朝经历了一个由盛到衰的转折过程，这一过程以康乾盛世为转折点。据英国著名经济史学家和经济统计学家安格斯·麦迪森的研究，1820年，中国

---

① 李泽厚：《美的历程》，生活·读书·新知三联书店，2009年，第205页。

的GDP占全世界的32.9%，这一优势直到1895年被美国全面超越。^①据记载，乾隆六年（1741），全国人口为1.5亿左右，而到了乾隆五十五年（1790），便增加到了3亿，50年间翻了一番。道光三十年（1850），官方统计的全国人口数量更是达到4.3亿。人口规模的增长，一方面与清朝国土疆域扩大有关，另一方面也反映出当时经济社会的快速发展^②，农业种植技术提高，社会生活条件改善，民众也因为清朝实行"摊丁入亩"政策，而不再逃避赋役、隐匿人口。这一时期，南方人口比重大概已经占到72%，北方只占28%。

随着民族资产阶级成为中国国内新兴的社会经济力量，加上清末时期慈禧太后眼看经过辛丑事变的清王朝处于风雨飘摇之中，各方力量博弈使得中国政局进入1901—1911年的"新政和预备立宪时期"，1905年废除了延续一千多年历史的科举制度，向国外派遣大量留学生，加强训练新军，积极推进君主立宪。但是，由于满汉之间的民族矛盾，加上资产阶级与封建统治的不可调和，清朝的君主立宪行动最终失败。

1911年，孙中山领导的辛亥革命爆发，中国政治制度出现根本转变。中华民国宣告成立，不仅宣告了统治中国260多年的清王朝的结束，而且宣告了在中国已经延续两千多年的封建君主专制制度的根本倾覆。宪法、国会、民国这些近现代政治制度文明的产物第一次出现在中华大地上，标志着中华文明历经蒙昧形态、古典形态转向近代形态，发生了脱胎换骨的更替。

客观而言，清朝在巩固和发展多民族国家方面，作出了许多努力和贡献。康乾盛世时期，开始了大规模的迁徙拓边行动^③，先后平定三藩、收复台湾、尼布楚抗击沙俄、平定准噶尔、平定回疆、经营西藏青海等，极大地提升了中央政权对边境地区的直接管控力度。^④18世纪50年代，清朝疆域东起库页岛

---

① 吴国盛：《什么是科学》，广东人民出版社，2016年，第5页。
② 袁行霈、严文明、张传玺、楼宇烈主编：《中华文明史》第4卷，北京大学出版社，2006年，第2页。
③ 威廉·H.麦克尼尔著，田瑞雪译：《5000年文明启示录》，湖北教育出版社，2020年，第406页。
④ 1683年，收复台湾。1762年，将西藏、新疆、蒙古等地纳入统治版图。1875—1878年，攻打中亚穆斯林和土耳其人，将中国边境恢复到原有水平。

和台湾，北达漠北和外兴安岭，西起巴尔喀什湖和葱岭，南至南海诸岛，基本奠定了我国现有的国家疆域版图。

与此同时，清政府推行了一系列维护民族关系的政策，使我国统一的多民族国家体制得到巩固。清朝采取"修其教不易其俗，齐其政不易其宜"的方略，实施"恩威并用"的策略，允许各民族保持自己的社会习俗、宗教信仰，尤其重视笼络其上层分子，实行政教分离，大事集权，小事放权，设立理藩院，进行民族立法，开展民族联姻，取得了很好的效果。乾隆时期，在沙俄控制下的土尔扈特蒙古部落不堪沙俄的欺凌，率领部众17万人克服种种艰难险阻，冲破沙俄军队的围追堵截，终于回归中国，这也充分说明了当时清朝政府民族政策的强大影响力。

由于历史原因，清朝长期以来一直实行满蒙结盟策略。由于藏传佛教在蒙古族部落影响深远，因而清朝对藏传佛教采取十分尊崇的态度。1652年，达赖五世受邀进京，并被册封为藏蒙佛教总首领。1713年，又册封班禅五世为"班禅额尔德尼"，与达赖共同管理藏蒙佛教。随着格鲁派势力的日益壮大，清政府将西藏的行政大权交给达赖，由此整个西藏建立了以达赖为最高领袖的政教合一的社会制度。1645年开始兴建的布达拉宫依山而起，藏汉合璧，高大雄伟，光彩夺目，是世界建筑史上最伟大的作品之一，是青藏高原上的一颗明珠、藏族艺术的一座宝库。[①]

清朝学者在吸收前人研究成果的基础上，通过训诂笺释、版本考订、文字校勘、辨伪辑佚等方法，对历史文献典籍进行了大规模的整理和总结，从一定程度上说，这是对以经学为中心的儒家传统思想的重构。[②]尤其是在康熙、雍正、乾隆年间，中国在封建帝王体制下的经济社会发展达到极致，史称"康乾盛世"，这一时期延续了130多年，经济总量居当时世界首位，对外贸易长期顺

---

① 袁行霈、严文明、张传玺、楼宇烈主编：《中华文明史》第4卷，北京大学出版社，2006年，第245—246页。

② 袁行霈、严文明、张传玺、楼宇烈主编：《中华文明史》第4卷，北京大学出版社，2006年，第188页。

差，学术文化呈现集大成的态势，编纂了各种大型的类书、总集、丛书。

康熙时期编纂的《古今图书集成》，全书共1万卷，其中目录40卷，共分6编32典6117部，约1.6亿字，是现存规模最大、资料最丰富的类书。《四库全书》是在乾隆帝主持下编成的巨型丛书，收录书籍3500多种7.9万卷，约9.9亿字，基本囊括了清中叶以前传世的所有重要文献典籍，在古籍整理方法和辑佚、校勘、目录学等方面，对后来的学术界都产生巨大影响，至今还是举世公认的世界上最大的一部百科全书式的丛书。需要注意的是，清朝统治者借编纂《四库全书》之机，向全国征集图书，贯彻"寓禁于征"的政策，对不利于清朝统治的书籍，分别采取全毁、抽毁和删改的办法，销毁、篡改了大批有价值的文献，其中明令禁焚的书籍就达到3000多种。[①]

通俗文学在清代得到了充分的发展，这得益于商品经济的发展和世俗文化的繁荣，全面渗透到文人的创作之中。通俗文学通过对市井社会的"世情"进行揭示，抒发文人学士的"性情"，达到雅俗共赏的目的，出现了很多流传千古的佳作。蒲松龄的《聊斋志异》、吴敬梓的《儒林外史》、曹雪芹的《红楼梦》[②]等，让人读完不禁掩卷叹息。小说从一向备受压制的卑微文体，由边缘跃入中心，成为全社会关注的焦点，充当起社会改良的工具。

在小说蓬勃发展的同时，戏曲发展也进入了快车道。1790年，乾隆皇帝八十寿辰，三庆班、四喜班、和春班和春台班"四大徽班"进京，为后来被称为国剧的京剧诞生奠定了基础。朝野并存、五方杂处的京师文化，使京剧融汇了宫廷趣味与民间精神、南方风情与北方神韵，成为古代戏曲艺术发展演进的光辉顶点，在展示传承历史文化、促进中华文明基本价值观念和道德标准传播方面发挥了举足轻重的作用。

但是，事物的发展总是符合客观规律的。鼎盛之后，必定盛极而衰。清朝统治者对自己的发展成就盲目自信，在西方科学技术突飞猛进、工业革命带

---

① 陈来:《中华文明的核心价值》，生活·读书·新知三联书店，2015年，第107页。

② 何新认为，《红楼梦》的作者存疑，目前以曹雪芹为作者主要是胡适基于袁枚的笔记杜撰而成，积非成是，并不可信。

动经济快速发展的时候，依然故步自封，不思进取，坚定不移地采取闭关锁国的政策，丧失了发展的良好机遇，使中华文明逐渐被排斥到世界文明发展的主流之外，甚至沦落到任人宰割的地步。

这一时期，天主教在中国的传教活动可谓一波三折。

明末清初时，天主教在利玛窦、汤若望等传教士和徐光启、李之藻、李光地等皈依信教的士大夫努力下，推动了中国信教人群的扩大和西方科学在中国的传播。到1664年明朝灭亡时，全国天主教徒达到15万人，耶稣会教堂有20多所，耶稣会士有25～30人。他们在中国共刻印天主教的宗教书籍131种，历算类书籍100种，学术、物理、伦理类著作55种，卓有成效地推进了"西学东渐"。与此同时，欧洲传教士也把中国一些经典文献传入西方。1682年，柏应理回罗马觐见天主教皇，献上400余卷传教士编纂的中国文献，这批书籍也成为梵蒂冈图书馆最早的汉字典籍藏本。[1]

清朝建立之后，大部分欧洲传教士都被接纳，当时在明朝宫廷里任职的汤若望等人，继续留任执掌钦天监。康熙帝亲政后，对传教士也颇有好感，亲自听他们讲解欧洲的各种最新科学知识。康熙时期，在经历长期历法之争之后，1665年宣布禁止天主教。1669年，来自比利时的天主教传教士南怀仁在历法之争中告捷[2]，推动清朝恢复使用西洋历法，但康熙基于多方面原因仍然禁教，并于1669年发布禁教令。1692年，康熙颁布"宽容天主教赦令"，宣布天主教只要不作乱、不害人、不犯罪，就允许天主教堂保留，信教者可以自由进出教堂，根据天主教规矩进行宗教仪式。17世纪末，中国天主教会的人数已经接近30万人。但是，此后由于罗马教皇于1704年颁布教廷赦令，明确禁止中国教徒参与祭孔礼节，不得在祖宗牌位或先人坟前上供，不得使用

---

① 丁一凡：《跌宕起伏的中欧关系——从文明对话到战略伙伴》，中国社会科学出版社，2020年，第174页。

② 一些儒家学者担心，欧洲基督教在国内影响不断扩大，影响儒家地位，撰写散布许多反天主教的文章。1664年，杨光先上《请诛邪教状》，说汤若望等传教士潜谋造反、邪说惑众、历法荒谬，导致在北京的传教士被关押审讯。后来事实证明，南怀仁等传教士使用的历法确实更为准确，后于1670年复行。

"天"或"上帝"二词称呼天主教的神，只可用"天主"一词，引发所谓"礼仪之争"，使得中国天主教会再次受到严重冲击，导致康熙皇帝于1720年下令，禁止西洋人在中国行教[①]，只有发誓永不回西洋的传教士才可以在华传教。康熙之后的雍正、乾隆对西方科学不感兴趣，禁教的力度更为严厉。1724年，雍正帝下令大规模禁教，全国约300所教堂被改为学校、祠堂、庙宇、粮仓或被完全拆毁。1738年，乾隆帝也进行了一次大规模禁教，后来答应不禁天主教，而是禁止满人信仰天主教。加上1773年罗马天主教会的耶稣会解散等原因，"西学东渐"陷入低迷时期。[②]嘉庆帝即位后，严惩禁教不力的官员。道光帝初年，在京的欧洲传教士仅存4人，而且官府严密监视其行动，不准其外出传教。1838年，钦天监再无欧洲人服务，天主教公开活动也不复见于京城。[③]

早期反天主教传教的思想主要停留在清朝政府统治高层，带有浓厚的政治色彩。但是由于后来国内经济社会受到国外商品、思潮的猛烈冲击，以反天主教活动为主要代表的抗外运动，发展成为一个既包括上层社会又包括底层民众的行动方式。尽管在鸦片战争之后的1860年，在帝国主义势力的干预之下，清政府被迫打开国门，天主教传教士首次得到条约保护，被允许在中国内地居住并传教。但从这一年开始到1900年，反天主教的活动在中国极为普遍。有数百个重要教案，不得不通过最高层的外交途径斡旋才得以解决，而由地方解决的教案则数以千计。其中，影响范围最大的是1899—1900年发生的义和团运动。

欧洲一些启蒙运动哲学家也对传教士到中国传教持怀疑态度。比如，法国思想家孟德斯鸠就表示，耶稣会的传教士到中国去传播一个从地中海的麦子和葡萄酒文明中诞生的宗教，这对一个有着悠久稻米、茶和季风的文明来说，

① 张星烺：《欧化东渐史》，时代文艺出版社，2019年，第20—21页。

② 袁行霈、严文明、张传玺、楼宇烈主编：《中华文明史》第4卷，北京大学出版社，2006年，第213—218页。

③ 丁一凡：《跌宕起伏的中欧关系——从文明对话到战略伙伴》，中国社会科学出版社，2020年，第13—16页。

也许并不合适。

总体来看，中国文人对欧洲传教士带来的科学知识很感兴趣，但真正被传教士说服而信奉天主教的寥寥无几。欧洲传教士到中国传教的首要目的没有达到，却阴差阳错地成为中国与欧洲两种文明之间交流的桥梁，把中国的传统文化传到了欧洲，也把欧洲的科学知识传到了中国。比如，比利时传教士金尼阁就跟随利玛窦的脚步，把《诗经》《尚书》《礼记》《周易》《春秋》等"五经"翻译成了拉丁文。1711年，比利时传教士卫方济用拉丁文完整翻译的"四书"在布拉格大学刊印了全译本。

清朝时期，中国采取闭关锁国的政策，使自己丧失了主动拥抱海洋文明的机遇。

过去，中国遭受的入侵，几乎都是从北方草原过来，是由游牧民族发起的，在冷兵器时代进行的战争，地处中原地区汉民族通过修筑长城进行防御。到了清代，由于来自北方的满蒙部族处于统治阶层，北方草原的冲击自然消除，中国长期遭受的入侵由北方的草原转向东南的沿海，加上西方工业革命使人类进入热兵器时代，使得秉承农耕文明的中华文明面临来自西方世界海洋文明的强大冲击。

1662年，为了防范郑成功旧部从台湾发起的威胁，清王朝下令实施海禁，强迫浙江、福建、广东、广西等地沿海居民向内陆地区迁徙，导致数百万人流离失所，中国海洋贸易因此停滞了20年。直到1683年攻占台湾岛之后，清政府才真正解除海外贸易禁令。

由于清朝自视为中央帝国，对待远在千里之外的西方各国采取闭关自守政策，尽可能控制贸易，隔绝交往。①1757年，中国将对外通商口岸由4个缩减

---

① 这是一种典型的鸵鸟思维。表面上看，似乎具备自卫作用，实质上根本无法消除来自西方的威胁，反而由于无法正常开展对话交流，加深了彼此之间的隔阂和矛盾。马克思曾一针见血地评论："一个人口几乎占人类三分之一的幅员广大的帝国，不顾时势，仍然安于现状，由于被强力排斥于世界联系的体系之外而孤立无援，因此竭力以天朝尽善尽美的幻想来欺骗自己，这样一个帝国终于要在这样一场殊死的决斗中死去。"

到1个，仅开放广州港，供外国商船停靠。英国东印度公司是中国主要的对欧贸易伙伴，享有英中贸易法定垄断权。当时，中国的茶叶、生丝、土布、瓷器等商品在欧洲市场和世界各地都很紧俏抢手，而欧洲商品始终难以打开中国市场，导致贸易逆差巨大。由于中国当时通行的货币是白银，而国内无法提供经济运转所需的白银，如果没有大量白银流入，中国经济必将陷入通货紧缩的流动性困境。与此同时，欧洲人的大航海开始后，在秘鲁、墨西哥等美洲大陆发现大量银矿，因此西欧人将大量白银用于购买中国的商品。据统计，1660—1720年，金银等贵金属占东印度公司出口总额的87%。[①]

欧洲对中国贸易存在巨额逆差，也是后来欧洲人推动鸦片贸易以平衡中欧贸易逆差的一个重要原因。早在17世纪中叶，葡萄牙水手就把吸食鸦片的恶习传入中国沿海地区。但是，英国人抵达中国之后，看到葡萄牙人教导中国人吸食鸦片，从18世纪开始就从印度向中国输入大量鸦片。尽管清朝政府1729年就颁布法令，禁止鸦片进口，1796年再度重申禁令，但是三令五申的结果却是每年输入的鸦片数量有增无减，到1795年鸦片进口数量达到4000箱。

早在明朝时，葡萄牙、西班牙、荷兰等传统欧洲航海大国就已经开始探索打开与中国的贸易大门，葡萄牙人进入澳门，西班牙人和荷兰人先后占领台湾，但是贸易成效并不明显。进入清朝之后，这些传统航海大国在东方的势力已经开始衰落，英国逐渐掌握了全球海上霸权。英国人于1637年开始进入广州，借助大炮威胁，成功卸下他们的货物，开始成为清朝外交交涉的新对手。

1793年，英国外交官马戛尔尼带领使团抵达中国访问，希望与清朝建立稳定的贸易关系。这是东西方两大文明直接交锋的一个标志性事件，从此开启了东西方两个伟大文明的彼此试探，并逐渐进入猛烈的"冲撞"阶段。

双方都认为，自身的文明更加优越。乾隆皇帝声称自己拥有全面统治的合

---

① 丁一凡：《跌宕起伏的中欧关系——从文明对话到战略伙伴》，中国社会科学出版社，2020年，第209—211页。

法正统性，因为他是天命的唯一承载者，绝无理由向一个来自蛮夷之邦的使者马戛尔尼低头，因此马戛尔尼作为来自西方的"野蛮人"，毫无疑问，应该主动向天子叩头。[①]对于中国皇帝来说，各国平等的观念是无法想象的。如果他承认自己只是诸多君主中的一个，与海外许多不知名的国王同属一列，那么他统治的权力根基就会动摇。

对于马戛尔尼来说，虽然他承认中国这个东道主的强大、富庶，也仰慕它的繁华，但他并未打算承认它的地位高于英国。马戛尔尼并非不愿意向中国皇帝叩头，但前提是与他同级别的中国官员应该也要按照外交对等原则，向英王叩头；如若不然，马戛尔尼则只会向中国皇帝行单膝跪地礼，就像他面对英王时所行的礼节一样。这一象征性的礼节姿势事关双方的文明价值观。对于英国大使马戛尔尼来说，如果他接受中国人看待事物的观点，就是在文明层面让步，承认西方成就输人一等，而事实上却是西方文明马上就要超越中华文明。[②]双方为此不欢而散。

1816年，英国又派阿美士德率团来华。嘉庆帝要求使者必须对中方要求的礼节娴熟之后方能觐见，但阿美士德不肯就范，又一次导致觐见流产。

英国访华使团的两次"礼仪之争"，充分体现出中西双方在政治、文化观念方面存在的巨大鸿沟，预示着在即将日趋频繁的接触当中，需要经历一个长期而艰苦的彼此适应过程。同时，这也反映出清朝统治者对世界局势的懵懂无知和妄自尊大。1838年，林则徐虎门销烟，最终导致影响东西方文明进程的鸦片战争于1840年爆发。

鸦片战争的爆发，使东西方文明在中国大地上产生了猛烈撞击。中国遭受到前所未有的屈辱。自1842年中国被迫与英国签署了《南京条约》之后，又相继签署了《天津条约》《北京条约》《马关条约》等大量不平等条约。到新中国成立完全废除不平等条约的100多年里，中国与世界各国陆续签订了1100

① 布鲁斯·马兹利什著，汪辉译：《文明及其内涵》，商务印书馆，2020年，序言第15页。

② 布鲁斯·马兹利什著，汪辉译：《文明及其内涵》，商务印书馆，2020年，第51—52页。

多个条约，其中大部分是不平等条约。[①]大量不平等条约的签署，不仅使得中国政府被迫支付高额战争赔款，为此不得不向西方国家举债，最终将这些沉重负担转嫁给中国普通民众，而且不得不开放贸易口岸，使得外国人在中国获得"治外法权"。曾被视为"蛮夷之族"的外国人在中国领土上趾高气扬，不可一世。与之相随，基督教传教士重新获准在中华大地上传教。

1851—1864年爆发的太平天国运动以及西部地区的穆斯林起义，使得清王朝元气大伤，再难恢复。1851年，洪秀全、杨秀清以"拜上帝会"的名义，利用西方基督教"四海之内皆兄弟，人类平等相爱，男女平等，废除私有财产"等思想，在中国发起农民起义，即太平天国运动，给清政府以严重打击。太平天国运动打着基督教的旗号，吸引了许多生活极度困苦的民众参与，表现了农民阶级在政治、经济、文化各方面对地主阶级进行空前的思想反抗和暴力冲击，但其平均主义、禁欲主义、宗教迷信等意识形态占据了重要地位。[②]由于基督教本身是一种具有强烈排他性的文化体系，因此洪秀全定都南京之后，禁儒、毁佛、灭道，实行严厉的思想管控政策。太平天国运动持续期间，长江中下游地区一片苍凉，丧生者高达2000万～4000万人。这是19世纪全球最具影响力的事件之一。当时的欧洲在《威斯特伐利亚和约》的约束之下，各国之间的矛盾主要通过协商解决，进入相对和平的时期。太平天国运动远比同时期的巴拉圭、阿根廷、巴西和乌拉圭之间的三国同盟战争（1864—1870）或美国内战（1861—1865）更具破坏性，后两者分别是19世纪第二大和第三大冲突。[③]

1860年，英法联军火烧圆明园，中华民族的文化自信进入了前所未有的低谷。中国传统的旧体制已经破败不堪，不可修复，全国上下弥漫着困惑、迷茫的情绪。中国人这时才开始意识到，自己所在的天朝再也不是世界的中

---

① 其中，清政府时期500多个，北洋军阀时期300多个，国民政府时期200多个。

② 李泽厚：《中国近代思想史论》，人民文学出版社，2020年，第1页。

③ 尼尔·弗格森著，周逵、颜冰璇译：《广场与高塔——网络、阶层与全球权力竞争》，中信出版集团，2020年，第183页。

心，为此内心深感震惊，情感深受打击。英国的埃尔金勋爵承认，"我们不请自来，用着并不和平的手段。我们打破了这个古老国家试图向世界隐瞒的障碍，而这些障碍后面没有神秘的东西，或许还有它日渐衰落的文明的破败和腐朽"①。

早在清朝初期，中国一些仁人志士就开始探索中国未来之路如何走。

1662年，黄宗羲完成《明夷待访录》②，开始了中国近代民主思想的启蒙进程，被后人誉为"中国思想启蒙之父"。他通过对历史的深刻反思，探求君主制的兴衰演变、利弊得失，质疑君主制的合理性与合法性，认为君主不是天下的主人，而是天下万民请来的客卿，是为公众办事的，即"君须为民服务"，进而提出君臣共治天下的治权平等思想。他提出，应设立类似近代议会的"学校"，设置类似内阁总理的宰相，以相权制约君权，改变君权过重、皇帝胡作非为的局面，使天子不能大权独揽、专制独裁。他还反对空谈、提倡实学，由此引发了对科学技术和经学考证的注重。他提出"工商皆本"的主张，超越了儒家的"重农抑商"的传统观念。③他呼吁提倡普通士人的参政议政，尊重人的自然权利等，猛烈抨击专制君权，乃至提出要"以天下为主，君为客"，立"天下之法"，废"一家之言"等主张，体现出初步的政治民主观念，反映出新兴资产阶级要求的政治经济权利，因此在近代民主革命时期被许多人称为17世纪中国的"民权宣言"。④梁启超甚至把《明夷待访录》比作法国启蒙思想家卢梭的《社会契约论》。但是，明清之交的启蒙思想，只能囿于知识精英的象牙塔中，无法演变成一种普遍性的社会大趋势，所处的社会背景也基本上还是一种封闭的社会环境，主要表现还是中国思想史内部的

---

① 尼尔·弗格森著，周逵、颜冰璇译：《广场与高塔——网络、阶层与全球权力竞争》，中信出版集团，2020年，第184页。

② "明夷"是《周易》的卦名，表示光明受到伤害，时代处于黑暗之中，但不能放弃，仍需在艰难中坚守正道。

③ 解玺璋：《抉择：鼎革之际的历史与人》，天地出版社，2020年，第96—106页。

④ 袁行霈、严文明、张传玺、楼宇烈主编：《中华文明史》第4卷，北京大学出版社，2006年，第6页。

古今时代性差异之争，而不是中西民族性差异之争。

鸦片战争之后，东西方的文明交流越来越频繁，但是交流的方式越来越不平等，冲突与对抗也越来越激烈。在中国实行了数千年的传统古典文明遭到空前的挑战。此前，中华文明虽然也有变迁，但主要还是中华文明自身内部的整合，即便是受到来自北方草原文明的冲击，也相对集中在东方，许多外来入侵者也主动接受中华文明的基本内涵，影响的广度和深度都相对有限，影响的力度也相对和缓。

面对强势的西方文明的全面冲击，中华文明的传统力量显得过于温文尔雅、软弱无力，有识之士都认识到，这已经不再单纯是不同文明类型之间的差异，而是两种文明的时代性差异，不仅体现在表象的器物层面，更涉及深层次的制度层面，使已经延续五千年的中华文明面临生死存亡的关键抉择。①开始的时候，许多人士还强调"中学为体，西学为用"，到后来，尤其是中日甲午战争失败之后，人们认识到仅仅"西学为用"，引进西方的器物文明，解决不了中国的根本问题，开始怀疑"中学为体"的"体"是否有价值，从而全盘否定中华文明，主张对中国的政治社会体制进行全方位的改造，包括国家的政治制度、社会经济关系、家庭伦理、个人生活观念等方面。

在此背景下，"西学东渐"进程全面开启。一些基督教传教士在传教的同时，进行许多西方学术文化的介绍，客观上对中国文人进行世界知识的启蒙。比如，美国教士丁韪良翻译的美国学者惠顿原著的《万国公法》，英国传教士医生合信翻译的医学著作《全体新论》《西医略论》《妇婴新说》《博物新编》，英国教士伟烈亚力与中国人李善兰共同翻译的天文学著作《谈天》，等等。②1850年，英国新教在上海设立了一家伦敦传道会出版社——墨海书馆，主要向中国人介绍最新的西方科学知识，其中最大的贡献是把牛顿、莱布尼茨、笛卡儿等人的微积分方法介绍到中国。尽管这一进程十分缓慢，但是影

---

① 袁行霈、严文明、张传玺、楼宇烈主编：《中华文明史》第4卷，北京大学出版社，2006年，第11页。

② 增田涉著，由其民、周启乾译：《西学东渐与中国事情》，江苏人民出版社，2011年，第3页。

响十分深刻，在士人学子中的传播经历了由浅入深、由点到面的过程。首先从通商口岸开始渗透，逐渐波及沿海地区，再进入到内地的大城镇。

曾国藩[1]、李鸿章等许多士大夫开始抨击只注重修身养性的理学和注重整理古代典籍的经学，提倡"经世致用""励精图治"，主张了解世界，主动学习西方的科学技术知识。清朝一些思想启蒙家也清醒地看到东西方文明之间的巨大差距，希望通过引入西方的先进文明，试图推动古老中国实现变革发展。龚自珍朦胧地触及君主专制制度的痛处，广泛揭发社会黑暗现实。魏源完成《海国图志》，提出"以夷制夷"，开启了反抗外侮的爱国主义新方向。[2]19世纪60年代，冯桂芬在《校邠庐抗议》中提出"采西学""制洋器"以后，突破传统的"夏夷之防"观念束缚，在不断引进西学的同时，人们就中学与西学的关系发生了激烈的争论，促进了从器物层面到制度层面，再到思想文化层面积极向近代西方的全方位学习。

这些思想催生出中国历史上第一次近代化运动——洋务运动，试图通过"官督商办"，在中华文明原有体系中注入西方的物质文明，开启中国工业和军事方面的现代化进程。洋务运动在客观上对中国资本主义的产生和发展起到了重要的刺激促进作用，对打破封建小生产方式、改变整个社会氛围产生了巨大影响。[3]

在当时清政府的大力支持推动下，洋务运动首先从关系国家生死存亡的军事领域开始起步，陆续出现了中国最早装备西式武器、采用西式教法的陆军——湘军、淮军，出现了中国最早的近代海军——北洋水师、南洋水师，

---

[1] 曾国藩是清朝大名鼎鼎的人物，是中国历史上最有影响力的人物之一。他的思想和智慧，深深影响了几代中国人。青年毛泽东曾说："愚于近人，独服曾文正。"蒋介石评价："曾公乃国人精神典范。"他是立德立言立功兼具，甚至被目为"今古完人"。他打败太平天国，挽大清帝国于既倒；他深谙盈虚祸福的哲理，明哲保身；他谦恭谨行，立德树人。最终总结"功名两个字，用破一生心"。具体见王充闾：《文脉：我们的心灵史》，北京大学出版社，2020年，第500—503页。

[2] 李泽厚：《中国近代思想史论》，人民文学出版社，2020年，第28—29页。

[3] 李泽厚：《中国近代思想史论》，人民文学出版社，2020年，第36页。

出现了中国最早的近代兵工厂——安庆军械所、天津机器局、山东机器局，出现了中国最早的近代舰船制造厂——福州船政局、江南制造局，出现了中国最早的近代军校——求是堂艺局、天津武备学堂，出现了中国最早的侧重用于军事的近代通信设施——津沪电报线、天津电报总局。①

之后，洋务运动逐渐由军事领域扩展到工业、金融、采矿、运输等领域，开采矿山，修筑铁路，兴建工厂，设立新式学堂，建设公共市政设施，加速了中国近代化的进程，构建起中国近代大机器工业，从中也诞生出中国的民族资本主义工业，培育出强大的中国产业工人阶级。与此同时，价廉物美的洋货开始以不可阻挡的势头，侵吞中国传统的商品市场，造成传统产业的快速衰落。与工业化相伴随的，是城市化的快速发展。中国由传统的单一、封闭、慢节奏的农业社会形态，开始向多元、开放、快节奏的工业社会形态转化，促使中国人的生活方式和价值观念的根本转变。上海的人口规模由1843年开埠前的50万发展到1862年市区人口超过300万，一跃成为当时中国乃至全世界的特大都市。

洋务运动的兴起，表明清政府也希望在不改变现行政治体制的前提下，采取"中体西用"的方式，学习西方成功经验，主动进行一些改革，以求推动国家发展，延续自己的统治。1861年，成立专门处理外交关系的总理衙门。1862年，在北京开设同文馆，开始翻译西方书籍，在自然科学、社会科学方面引入大量西方论著。1863年，聘请英国人赫德组建中国海关，征收关税。1872—1875年先后分4期派遣120名中国幼童赴美留学，1877—1897年先后派遣了4批福建船政学堂的学生赴欧留学，开启了近代中国留学运动的先河。这批留学生回国后，成为中国近代工业、技术和人文学术领域的第一批专家。留学制度也成为中华文明学习借鉴西方文明的一项重要举措，对中华文明的重新崛起创造了重要条件。1896年，在全国范围内建立邮政系统。

---

① 袁行霈、严文明、张传玺、楼宇烈主编：《中华文明史》第4卷，北京大学出版社，2006年，第406—407页。

1895年，中国在甲午战争中的失败，宣告了洋务运动的终结，揭示了"中体西用"战略的失败，让更多中国人认识到中国与明治维新之后的日本之间的巨大差距，极大地激发了改良派变法维新思想的发展。中国在甲午战争中的巨大失败，空前迅速地把中国进一步推向半封建半殖民地的深重灾难中。1897年，德国从清政府租借山东半岛，引发其他列强企图瓜分中国的疯狂行动。西方列强采取公开的军事掠夺手段，卷起了夺取租借地和划分势力范围的浪潮，"瓜分中国"的号叫甚嚣尘上，中国处于空前的民族危机之中。如果说鸦片战争还只是西方资本主义国家侵略中国的开始，那么甲午战争就是全球帝国主义奴役中国的开始。

　　在这种内忧外患的巨大压力之下，变法维新运动迅速发展。在救亡图存的爱国热潮中，变法思想突破了以前"中体西用"微改革的狭小藩篱，在中上层社会官吏和士大夫中得到了广泛的传播。[1]康有为、梁启超等人认为，中国要自立自强，必须从国家政治制度改革入手，实行更加开放的政策。应该主动学习日本明治维新的成功经验，更大程度地吸纳西学，不仅在"用"的层面上学习西方，还要在"体"的层面效法西方，从而引起西方政治思想与中国传统文化的第一次大融合——戊戌维新。[2]

　　1898年，光绪帝颁布《定国是诏》，开启了一场自上而下的维新变法。康有为是最直接的推手，也是戊戌维新运动的核心和灵魂，是中国近代空想社会主义思想发展史上的代表人物。[3]这是一场别开风气的思想解放运动，从

①　李泽厚：《中国近代思想史论》，人民文学出版社，2020年，第56—57页。
②　从整个思想体系看，从冯桂芬开始，到薛福成、郑观应，再到康有为、严复，所有这些改良派思想家都完全一脉相承地继承着龚自珍、魏源等开明地主阶级的思想路线，一致坚持着反对农民革命的坚决态度，在土地问题上维护着地主阶级的利益。详见李泽厚：《中国近代思想史论》，人民文学出版社，2020年，第71页。
③　中国近代先后出现过三种空想社会主义思想，分别是太平天国的农业社会主义空想、康有为资产阶级自由派改良主义的"大同"空想和孙中山的小资产阶级革命派的"民生主义"空想。详见李泽厚：《中国近代思想史论》，人民文学出版社，2020年，第104页。

1895年开始的"公车上书"一直到1898年的维新变法。^①思想的闸门一旦打开，就如江河横溢，无法阻挡，影响不可估量。康有为明确表达了兴民权、抑君权的意愿和要求，体现出要学习西方议会制民主。尤其是他所著的《新学伪经考》《孔子改制考》强调，历史由"据乱世"而"升平世"而"太平世"，由"君主"而"君民共主"而"民主"，由"专制"而"立宪"而"共和"，渐次向前发展，破除了中国历史上一贯厚古薄今、古胜于今的观念，取消了古人对于今人的典范作用，祖宗家法不再具有天然的合理性与合法性，试图实现"大同"理想。^②

与康有为、梁启超等改良派有着本质的不同，谭嗣同是中国近代激进派和激进思想的最早代表，他是辛亥革命和五四运动的真正先驱。他的思想是中国近代由自由主义到激进主义、由改良到革命的意识形态的转折点。^③正是在他的深刻影响下，他的挚友唐才常发动了自立军运动，走上武装斗争的新路。

在西方文明的强大冲击下，清政府为了实现国家的自立，1905年正式下令废除科举，成立向西方学习的新式学堂，用新的学科取代传承千年的儒家经书；引入西方学习制度，进一步选送大量优秀学生到日本、欧洲、美国等地学习，希望找到西方国家强大的秘密。因为不如此，就不足以打破旧的罗网，不足以立新学。但也正因如此，伴随着戊戌变法，中国人对过去、对古代的认识，必然地走向彻底解体，中华文明发展进程由此发生了重大的转向。^④

戊戌运动是中国历史上第一次大规模的资产阶级思想启蒙运动，是中国近代史上第一次思想解放运动。维新派以物竞天择的进化论来论说变法的必要性和紧迫性，以自由平等、天赋人权的启蒙学说来阐释君民关系的新理念，以救亡必须变法、变法必须学习西方新思维来论述全面引入西学的重要性，

---

① 清王朝对读书人的管控十分严格，不能随意谈论政治，更不许随意上书。康有为以一介布衣，打破士人不许问政的禁令，上书皇帝，要求政治改革，冒着杀头乃至灭九族的风险。

② 解玺璋：《抉择：鼎革之际的历史与人》，天地出版社，2020年，第145—154页。

③ 李泽厚：《中国近代思想史论》，人民文学出版社，2020年，第203页。

④ 李学勤：《中华古代文明的起源》，生活·读书·新知三联书店，2019年，第4页。

在中华大地上掀起一股文化新思潮。挽救国家的危亡，必须从唤醒国人的觉悟开始，思想启蒙和救亡图存成为一代戊戌人的双重历史使命。

最为典型的是在教育领域。国人开始自办大量新式学堂，向国外派遣留学生，全面学习西方的哲学、社会学、史学、物理学、数学、化学、生物学、医学、农学、地理学等方面的科学知识。

近代留学最早且在政治上有影响的，首推广东人容闳。他1828年出生，1847年随美国在中国设立的教会学校校长去美国，1850年进入耶鲁大学就读，1854年毕业后回国。1865年在上海置办江南制造局，并在工厂旁边设立学校，教授机器原理，培养机械人才，产生了重大影响。

鸦片战争后，清朝政府不得已开始让外国人进入中国办教育。19世纪60年代以后，教会学校明显增多。到19世纪末期，教会学校总数为2000所左右，学生达到4万名以上，中学比例提高到10%，并开始出现大学的雏形。著名的燕京大学就是一所由4家美国及英国基督教教会联合在北京开办的教会学校，创办于1919年，是近代中国规模最大、教学质量最好、环境最优美的大学之一。

甲午海战之前，中国的新式学堂数量少，旧式学堂多，数量约有4500所，就读秀才90万、童生200万，向国外派遣的留学生总数不超过200人，留日学生仅有13人。甲午战争之后，中国往海外派送留学生的力度不断加大，既有官方公费，也有许多自费。到海外留学的国家中，去日本的最多，美国次之，到欧洲法国、德国、英国的也为数不少。[1]到1909年，新式学堂达到5.9万所，就学学生超过160万人，留日学生到1905年就超过8000人。尤其是国人开始自办女校——经正女学堂，向女性打开了接受近代教育的大门；创办了中国第一所近代国立大学——京师大学堂，从此构建起中国的近代高等教育。[2]

在新式教育快速发展的同时，报业新闻事业、出版机构等也快速发展，涌

---

① 张星烺：《欧化东渐史》，时代文艺出版社，2019年，第31—35页。

② 袁行霈、严文明、张传玺、楼宇烈主编：《中华文明史》第4卷，北京大学出版社，2006年，第424—425页。

现出报人、翻译家、作家、记者等全新职业，尤其是严复在1898年节译赫胥黎《进化与伦理》的基础上出版了《天演论》①，提示中国如再不自强，必将亡国灭种，强调要"以自由为体，以民主为用"，推动国人的目光从传统和古代转向当下和现代，促进社会意识观念发生根本性变化，推动各种新思想、新观点快速传播，为新文化运动的发起奠定了坚实的社会基础。

随着来华外国人的增加，西医悄然兴起。1835年，美国传教士、医学博士伯驾在广州开办眼科医局，到鸦片战争爆发时，经伯驾诊治的病人有近万人次。

中医和西医在中国本土的会面、碰撞与融通，是近代中国医学史无法回避的主题，更是中西文化交流史上的重大事件。晚清时期，中西医的碰撞主要在解剖与生理学上的争端，到民国之后，则转到细菌学和病理学上。有很长一段时期，中医也面临"全盘西化"的尴尬境地，1929年民国政府甚至有人提出了彻底废除中医的提案。②

1907年，斯坦因在甘肃敦煌发现千佛洞所藏文献，整个洞就是一个藏有1.5万册书卷的图书室，加上在其他区域发现的，最终整理出多达4万余册书籍。这些藏于宋朝时期的书稿，保存得完美如初，说明中国在宋朝时木版印刷技术就很先进。其中一本印刷于868年的《金刚经》被认为是世界上最早的印刷书籍。此外，他还发现了用于传播宗教教义的祈祷卡片，证明中国早在969年甚至更早时间就已出现这种印刷卡片，这种技术在14世纪末期由中国传入欧洲。③

---

① 1949年，毛泽东提出，严复是与洪秀全、康有为、孙中山并列的代表人物，而不仅仅是与林纾一样的著名翻译家而已。严复通过《天演论》《原富》《法意》《穆勒名学》这4部重要著作的翻译，把西方的进化论、经验论的认识论、西方古典经济学和政治理论系统地引入中国，创造性地给予了当时中国人一种新鲜的世界观，从思想根基上突破了传统的意识形态。详见李泽厚：《中国近代思想史论》，人民文学出版社，2020年，第208、216页。

② 皮国立：《近代中西医的博弈——中医抗菌史》，中华书局，2019年，第3页。

③ 威尔·杜兰特：《世界文明史·东方的遗产》，华夏出版社，2010年，第536页。

清朝时期，虽然出现过"康乾盛世"，中国的国土疆域达到顶峰，但是在西方列强的压迫下，经历过鸦片战争、甲午海战的彻底失败，不得不屈辱地打开国门。尽管在内外矛盾的冲击之下，部分有识之士主动采取了洋务运动、戊戌变法等自救行为，主动学习借鉴西方经验，但最终还是在内忧外患中失败了。

这一时期，科学技术大发展，引发英国主导的工业革命，极大地解放了人类生产力，使其构建起"日不落帝国"，在全球推行"欧洲文明观"。法国兴起思想启蒙运动，触发了法国大革命，在此基础上推动人类更加关注社会运行中的民主、自由、平等、博爱。西欧现代民族国家快速发展，政治体制从君主专制向君主立宪或民主共和转化。德国统一之后国力快速提升，主要发生在德国的哲学思想革命，推动人类思想大解放，人类从世界观、方法论等角度全方位思考自己的未来。美国经过独立战争、南北战争之后，快速崛起为世界强国。南美地区的西班牙殖民地开始大范围的独立运动。日本、俄罗斯经过内部的改革发展，都成为国富军强的大国。与此同时，伊斯兰世界快速衰落。非洲、澳洲也在欧洲殖国主义的影响下，得到相应发展。

这些都对世界文明进程产生了巨大影响，人类从此进入了一个全新的发展阶段。

在交通、通信等技术快速发展的背景下，世界区域化的历史时代已经终结，全球化的新时代全面开启，要想再度回到文明相互隔绝的时代几无可能。这一时期，欧洲结束了撕裂自身内部的宗教战争躁动，内部加大整合，外部加紧扩张，以欧洲文明为代表的西方文明成为世界文明发展的主导力量。在对美洲既有扩张的基础上，列强加大对印度、欧亚大陆其他地区的广泛扩张，形成了遍及世界各地的殖民地。基于欧洲地域上的欧洲文明，呈现多元多样的特征，打破地域界限，扩张成为产生世界影响力的西方文明。

欧洲人发挥着自己在廉价商品和强大军事上的绝对优势，依托着自由贸易、基督教文明、英雄主义这三件道德武器，在世界其他文明的传统疆界内横冲直撞、为所欲为。1850—1865年，中华文明、印度文明和伊斯兰文明等亚洲三大文明几乎同时遭遇灾难性解体，传统农业、手工业和小商品制造业遭到彻底破坏，城市成为新的文明中心。

这一时期，由于西方现代文明所呈现的生产力和战斗力过于强大，许多传统文明，比如中华文明、伊斯兰文明逐渐丧失其固有的独立性，无力守护过去传统的生产生活方式，开始自发采取主动切断与西方文明沟通联系的方式，以求在封闭状态下，固守自己的传统行为模式，慢慢调整适应，实现自身文明的延续发展。[1]与西方相隔较远的国家和民族能够有效隔绝来自欧洲的影响，但是与欧洲相距较近、势力较弱的国家和民族就不太可能做到这一点。而且随着时间的推移，即便是相距较远、势力较强、文明较发达的中华文明，也不得不受到强势的西方文明的有力冲击。

从世界范围来看，为了避免欧洲工业文明的侵袭，采取避而不见的做法，不利于人类文明的交融，实现共同进步。由于害怕面对西方强势文明的冲击，中华文明固守窠臼、裹足不前，使得东西方文明的差距迅速拉大，最终事与愿违，到1840年的时候被迫打乱传统行为方式，迎接直接的冲击。这一时期，亚洲大陆多个拥有传统文明的君主制国家在西方工业文明的强大冲击下，先后都经历了革命，如1905—1911年的伊朗革命、1908—1909年的土耳其革命、1911—1912年的中国辛亥革命。伊朗的卡扎尔王朝、奥斯曼帝国的苏丹统治都以不同程度的君主立宪形式保存下来，只有中国的辛亥革命结束了长达2000多年的君主专政制度，成为中国历史的一个重大转折点。[2]

英国发动工业革命之前，欧洲受文艺复兴思潮的影响，现代科学发展获得

---

① 从这个角度来看，现在的美国和欧洲，面对中国的快速发展，也存在许多不适应的地方。特朗普政府选择从国际组织“退群”，降低与中国的经济、贸易、人才、科技往来的“脱钩”，就是划地而治、闭关锁国的传统思维的自发举措，与当年清政府面对西方文明的冲击而采取的行动，何其相似。

② 马克垚主编：《世界文明史》，北京大学出版社，2016年，第941页。

巨大能量。17—18世纪，欧洲思想在一系列网络驱动下快速创新，其中以科技革命最为突出。

英国数学家、天文学家艾萨克·牛顿在世时就被视为科学巨擘，他在英国剑桥大学以数学为工具，揭示了宇宙运行的力学规律。由此，世界开始变得可以预测，只要人类能够正确地理解这些自然定律，大家便可安心不疑。他发明了微积分理论，用棱镜发现太阳光既可以分解为多色彩虹，又能合成白色光。他还发明了发射式望远镜，阐述重力理论和万有引力理论，彻底改变了人类的世界观。[1]因为成就伟大，牛顿去世后被葬在英格兰历代国王的葬所——西敏寺。德国人哲学家戈特弗里德·莱布尼茨（1646—1716）也被认为独立发明了微积分，并创建了二进制算术，推行一种以数学为基础的综合知识的观念。望远镜和显微镜的发明，将神奇的大千世界展现在人们眼前，同时也给予了人类去发现自然规律的信心。

早在1688年，英格兰率先建立了完善的议会制政府，议会迫使新君主接受限制王权的《权利宣言》。此后，英格兰国王处于当其政而无统治权的状态。[2]1707年，英国开始雄霸海上。1756—1763年，英国和法国开始"七年战争"，最终以英国在美洲和印度两个战场得胜告终。之后，乔治三世建立议会、内阁政府的规定和传统。从此，英国权力和财富快速增长，海外贸易总量世界最大，大英帝国取代法国的欧洲霸主地位，成为世界第一大国[3]，并在海外开拓大量殖民地。由于疆域的不断扩大，英国逐渐发展成为"日不落

---

[1] 1687年，牛顿发表名作《自然哲学的数学原理》，用数学公式阐释天体运动法则，把宗教中的天堂与现实中的人世连成一体，引发人们对上帝是否存在等宗教时代的世界观产生怀疑。然而，由于有太多自然现象无法得到科学解释，牛顿晚年又回到宗教中去，竭力想去证明《圣经》预言的真实不虚。

[2] 王权和议会权之争，是欧洲在教权和王权之争尘埃落定之后又一重要权力争夺。英国议会于1600年组建，议员代表有产阶层的利益，有利于推动经济发展。但是，英国君王羡慕法国那样的高效政权，与议会交恶，导致查理一世于1649年被议会决定处以极刑。

[3] 威廉·H.麦克尼尔著，田瑞雪译：《5000年文明启示录》，湖北教育出版社，2020年，第438页。

帝国"。在王权与议会权（民权）之争开展的同时，教会内部的矛盾冲突也依然存在，一些受到迫害的清教徒开始远走北美，成为推动美国独立的主要力量。[1]英国人口在16世纪增长较快，17世纪陷于停顿，18世纪上半叶恢复并超过16世纪，18世纪下半叶工业革命开始后加快[2]，到19世纪初达到高峰。[3]

英国工业革命始于18世纪60年代，以棉纺织业的技术革新为始，以瓦特蒸汽机的改良和广泛使用为枢纽，以19世纪30—40年代机器制造业机械化的实现为基本完成的标志。为了遏制英国在欧洲大陆的经济影响力，拿破仑试图采取封锁战略，阻止英国工业革命的先进产品进入欧洲大陆，但是西班牙、葡萄牙的走私行为以及俄罗斯恢复与英国的贸易，使得这一战略全面失败。拿破仑一怒之下，讨伐俄罗斯，最终失败。在这段时间里，法国一步步走向全面崩溃，不仅丧失了在美洲、亚洲的大量殖民地，也最终使自己丧失了欧洲的霸主地位；英国却日益欣欣向荣，晋升为全球第一帝国。英国的君主立宪制度日益成熟，成为第一个真正意义上的全球霸主之后，开始着力将英式自由主义、资本主义向全球推广。[4]

英国发起工业革命，发现新方法利用机械力量，生产出越来越多的廉价商品，拉动消费增长和经济增长。交通和通信领域发生革命性变化，工业化国家能够从全世界各地获取食物和原材料，供应本国人口和工厂，又可以将自己生产的工业产品，远销到世界其他地方，西欧国家实现了富裕和强大。经济技术的发展，使得资产阶级希望获得更多政治权利，由此引发政治变革；农民大规模离开土地，进入工业社会；工会开始发挥更大作用，政府管理模

---

①　1773年，发生波士顿倾茶事件。1776年，美国发表《独立宣言》。1783年，英美两国签署《巴黎和约》，英国正式承认美国独立。

②　"工业革命"一词于1880年左右流行，英国历史学家阿诺尔德·汤因比用来指代乔治三世统治时期（1760—1820）。这一时期虽然战火连绵，政治动荡不安，但是在1712年英格兰人汤玛斯·纽科门发明蒸汽机、詹姆斯·瓦特改良蒸汽机、1797年亨利·莫兹利发明车床之后，在英国曼彻斯特发生了影响深远的大事——工厂主开始利用机械力进行不间断的工业生产。

③　马克垚主编：《世界文明史》，北京大学出版社，2016年，第617页。

④　梁鹤年：《西方文明的文化基因》，生活·读书·新知三联书店，2014年，第272—273页。

式发生重大调整；原有社会网络大面积瓦解，人们的生产生活方式发生重大变化；商品市场开始打破地域界限，铁路运输网络大范围覆盖，千里之外的城市不再遥远，全球市场逐渐形成；新型工业化城市快速崛起，人类文明进入了一个全新的发展阶段。到1815年拿破仑战争结束之时，英国以经济效率领先世界。为了开拓大批量生产的产品市场，英国大力促进国际贸易发展，交替采用外交斡旋和武力征服手段，1839年迫使奥斯曼帝国打开产品自由进入的大门，1842年迫使中国开放口岸。

在工业革命的强大刺激之下，人类科学技术快速发展，取得前所未有的伟大成就，使人类进入现代化的新阶段。此时，发明已经不再是过去误打误撞的偶然成就，而是深思熟虑后的自然结果，备受社会各界的广泛关注。商人进行投资和竞争，发明家进行实验，政府则收取战略利益。1789年詹姆斯·瓦特攻克了制约蒸汽发动机效率的难题，使人类不用再依赖人力和畜力，而是进入蒸汽和动力驱动的机械时代。焦炭制作法发明之后，钢铁产量快速增长。自行车（1790）、缝纫机（1790）、轮转印刷机（1814）、后膛装填式手枪（1836）、船用螺旋桨（1836）、电报（1837）、照相机（1839）等各类发明快速涌现，越来越影响到人的日常生活。1851年，第一届世界博览会在伦敦举办，后来发展成为展示新产品的重要交易平台。

从人类文明发展的角度看，交通运输网络的形成，对人类文明发展的影响巨大，缩短了地域空间的距离感，大大加强了人与人之间的信息交流和物质沟通，使得人类互动的区域界限被彻底打破，文明影响的范围迅速扩大，世界加速缩小为所谓"地球村"。当然，与我们现在的世界相比，1850年的地球仍然相对广阔，要把人员、商品和新闻信息从地球一端移动到另一端，仍然需要好几个月的时间。那时，人类社会像一个松散组织，物质和信息交往缓慢，影响空间有限。中国发生的事情，不会立刻对欧洲、美洲或非洲产生影响。这些反应时间的滞后和沟通缺陷，也为当地人留下了回旋余地。但是，工业革命发生之后，随着铁路、公路以及电报、电话、报纸的普及，使得全球即时通信变成现实，各种思想、信息和物质以不可阻挡的态势迅速传到世界各地，引发民主革命，极大地改变了世界格局和人类文明进程。[1]1869年苏伊士运河和1914年巴拿马运河的开通，改变了国际贸易的战略格局，预示着欧洲主导优势的衰落。苏伊士运河让中东重新成为世界交通中心，巴拿马运河则强化了美国在世界上的地位。

正是在这种背景下，科学研究的全球化进程日益加快。科学家们自封为"知识共和国"的公民，组成超越国界、宗教信仰和语言壁垒的知识社群。知识共享符合社会利益，在这个没有国界的"知识共和国"里，理性而非君主主宰一切。[2]科学革命时期的通信，已经变成一种集体行为，而不再仅局限于双方交流。随着跨大西洋贸易和移民所建立的网络，知识传播在世界范围内呈现指数级增长。[3]许多科学家发起创立各种专业学会，其中以伦敦皇家学会最负盛名。由此，全球形成了一个彼此沟通学习的网络体系，港口城市不仅成为全球商业网络的枢纽，也成为思想文化交流传播的枢纽，涵盖从伦敦、巴黎到圣彼得堡，从佛罗伦萨、马德里到斯德哥尔摩的广阔地域，促进了思想、文化和技术的持续流动，让科学真正成为打破国界的国际性事业。[4]创新思想在学者的网络中快速传递，使自然科学和哲学获得了突飞猛进的发展。医学技术和农业技术的发展，使欧洲生活条件明显改善，交通运输条件改善，人口快速增长，金融产品快速创新，商品贸易规模剧增，先进科学技术不断涌现。

17—18世纪，玉米、土豆两种美洲粮食作物传遍欧洲，农业技术快速发展，食物供给大幅增加。瑞典植物学家卡尔·林奈（1707—1778）发明植物属种分类法，沿用至今。安托万·拉瓦锡（1743—1794）准确测量出化学反应

① 威廉·H.麦克尼尔著，田瑞雪译：《5000文明启示录》，湖北教育出版社，2020年，第476页。

② 安德烈娅·武尔夫著，边和译：《创造自然——亚历山大·冯·洪堡的科学发现之旅》，浙江人民出版社，2018年，第7页。

③ 尼尔·弗格森著，周逵、颜冰璇译：《广场与高塔——网络、阶层与全球权力竞争》，中信出版集团，2020年，第100—102页。

④ 威廉·H.麦克尼尔著，田瑞雪译：《5000文明启示录》，湖北教育出版社，2020年，第445—447页。

前后的物质重量，引领化学登上精确新高度，还界定了元素和化合物之间的区别，很多由他命名的化学元素名称一直沿用至今。1796年，英国医生爱德华·詹纳成功研发出天花疫苗，使疫苗接种法成为全球通用做法。

人们还提高了对地球自身的认识。德国科学家洪堡在系统考察了南美洲、北美洲、欧洲等地自然环境之后，总结出从欧洲到南美洲相隔如此遥远的地区，同样海拔高度的气候条件和物种分布都惊人地相似，绘制出著名的"自然之图"①。他认为，地球像一个巨大的生命体，一切都相互关联，提出了今天仍然对我们产生重要影响的生态系统概念。1800年，他第一次提出，人类对森林的破坏活动引发恶性气候变化，正在粗暴地扰动气候，这将为子孙后代带去不可预见的影响。他的研究成果直接影响了达尔文。②

一些学者将注意力放到经济学研究上面，希望找到主宰市场交换领域人类行为的自然法则。亚当·斯密（1723—1790）于1776年发表专著《国富论》，认为个人对自我利益的计算是一种普遍存在的力量，如同自然界的重力保持行星不偏离运转轨道一样。只要允许个人按照自我偏好决定经济事务，就能创造出最佳的生产和交换模式，保持经济机器高效运转。

法国大革命不仅对欧洲国家政治产生重大影响，还对科学研究领域带来巨大机遇。法国大革命之后，天主教会的影响力被大大削弱。此时的巴黎拥有50万人口，是仅次于伦敦的欧洲第二大城市，思考和研究被准予最大的自由，这是欧洲其他城市难以企及的。科学家不再受到宗教教规和正统教义的束缚，实验和猜想不再受到偏见的左右，可以对一切事物提出疑问，推动最前沿科学思想的发展。③

---

① 在"自然之图"中，洪堡描绘了委内瑞拉钦博拉索峰的纵剖面，以一张维系万物的大网将自然呈现出来，标示着不同海拔高度的植物分布，包括深埋地底的菌类，以及雪线之下的地衣等物种。

② 安德烈娅·武尔夫著，边和译：《创造自然——亚历山大·冯·洪堡的科学发现之旅》，浙江人民出版社，2018年，前言第13—19页。

③ 安德烈娅·武尔夫著，边和译：《创造自然——亚历山大·冯·洪堡的科学发现之旅》，浙江人民出版社，2018年，第108—109页。

理性继续主导大时代的思潮，科学也成了政治的中心议题。"知识就是力量"，科学从未处于如此核心的政治地位。法国大革命以来，很多科学家都担任大臣级别的政治职位。[1]1798年，拿破仑出征埃及，其中有一个近200名科学家的团队随行。

1830年，关于"物种是固定不变的，还是可能发生演变的"辩论，在巴黎科学院升级为公开的激烈争论。达尔文在吸收前人研究成果的基础上，于1831年12月登上"小猎犬号"帆船，开始了为期5年的环游世界科学考察之旅，最终提出了基于自然选择机制的"物种起源"学说。[2]1859年，达尔文发表专著《物种起源》，提出生物进化论，引发生物学革命和人们对《圣经》教义创世纪的质疑。俄罗斯化学家门捷列夫（1834—1907）首次将化学元素排列到周期表中，并显示出未知元素缺口。1879年，美国人托马斯·爱迪生（1847—1931）发明白炽电灯，留声机、电话等其他电气发明相继问世。

18世纪法国启蒙运动兴起，有其深厚的经济社会基础。从经济角度看，法国经过"百年战争"之后，在1453年终于战胜了英国，从此工商业日渐发展，统治阶级的地位日益巩固。路易十三时代，在黎塞留的领导下，建成当时欧洲最强大的中央集权的君主专制国家，鼓励工商业发展，进行殖民扩张。路易十四经过多年的努力，开疆拓土，主宰历史舞台，自称"太阳王"，建设了气势恢宏的凡尔赛宫。1715年，法国在强军强政方面走在欧洲前列，资产阶级力量已经十分强大。

从社会思想角度看，由于基督教宗教教义与文艺复兴运动之后科学兴起对现实世界的解释不同，欧洲民众在思想上出现了极大的分裂。现实世界到底是什么？宗教对上帝和信仰的解释，为什么与科学的发现如此不同？人类是否能够通过自己的理性，去科学认识感知客观世界？随着文艺复兴运动开始

---

[1] 安德烈娅·武尔夫著，边和译：《创造自然——亚历山大·冯·洪堡的科学发现之旅》，浙江人民出版社，2018年，第135页。

[2] 安德烈娅·武尔夫著，边和译：《创造自然——亚历山大·冯·洪堡的科学发现之旅》，浙江人民出版社，2018年，第213—233页。

衰颓，西方文化中心的领导地位开始由意大利转移到法国。在当时的法国首都巴黎，有许多由贵妇人主持的文艺沙龙，推动文学艺术交流发展。频繁出入18世纪法国沙龙的人，不只是一群时髦的寻欢作乐的人，他们当中的许多人是当时优秀的哲学家和科学家。[1]后来在此基础上，成立法兰西学院，精选全国最杰出的40名各界代表，成立法国官方认定的最高学术团体。[2]

正是在这种经济社会背景下，法国启蒙运动应运而生。法国启蒙运动朝前看，是文艺复兴运动的继续；朝后看，是法国资产阶级革命的思想准备。文艺复兴是西方新兴资产阶级对封建制度和教会势力的第一次大进攻。随着工商业的发展，自然科学和近代技术勃兴，古典文化再生，人类精神得到了空前的解放，从而动摇了植根于宗教神权的封建统治，建立了理性主义和人道主义的思想基础。但是，法国资产阶级上层与封建专制君主进行了妥协，使文艺复兴运动在法国产生了消极后果，催生出基本上仍然为封建统治服务的新古典主义运动，使对权威的信仰和传统教条的统治得到进一步的巩固。法国中央集权的君主专制阻碍着生产力的发展，宫廷的豪奢生活加重了人民的负担和痛苦，社会阶级矛盾日益深化。与此同时，英国的资产阶级革命和产业革命，催生了代议制，对法国启蒙运动起到了很大的激发作用。法国启蒙运动的总目标从思想战线上接着文艺复兴，进一步打垮法国封建统治及其精神支柱——天主教会，为法国资产阶级革命做了思想准备。

科学理论的发展，使得人们产生对上帝和宇宙控制论的怀疑，继而延伸到政治领域："君权神授"的合法性在哪里？托马斯·霍布斯提出契约论，认为公民因为缺乏安全感，因此需要签订契约，在自己将绝对权力让渡给统治者的同时，也需要获得统治者提供的相应保护。约翰·洛克提出，子民之所以服从统治者权威，是因为要统治者保护自己的自然权利，如果统治者没有做到这一点，即被视为违反契约，子民可以将其推翻。孟德斯鸠认为，要想达成

---

① 肯尼斯·克拉克著，易英译：《文明》，中国美术学院出版社，2019年，第310页。
② 朱光潜：《西方美学史》，人民文学出版社，1979年，第175页。

善政，必须实现立法权、行政权和司法权三权分立，深刻影响到美国宪法的起草。[1]

此后，法国启蒙运动提出"自由、平等、博爱"三大口号，涌现出伏尔泰（1694—1778）、让-雅克·卢梭（1712—1778）、丹尼斯·狄德罗（1713—1784）这三大启蒙运动的领袖，他们用知识的钥匙打开人们思想中的枷锁，照亮人们前行的道路，宣扬改良社会制度，破除宗教迷信和天主教会等黑暗势力的统治，传播理性主义和近代自然科学技术。[2]

伏尔泰最负盛名，他抨击宗教迷信，相信自然神论，提倡开明君主制，认为传播科学真理能够帮助人类，理想之光能让自由闪耀，人能以理性和理智指引自己的行为处事，启蒙任务无比艰巨。卢梭认为，统治者要受社会契约束缚，遵守人民的"普遍意志"，否则人民有权利也有义务将其推翻。卢梭认为，相信自然的人是善良的，人要回到自然，文艺伤风败俗。欧洲科学家对现实世界进行更精确的观察和对知识的更广泛编目分类，许多新的现象领域似乎是可知的，可以运用理性加以发现和分类。狄德罗是一个坚决的唯物主义者、无神论者，也是启蒙运动最活跃的组织者和宣传者，他领衔于1751—1772年编辑了28卷的《百科全书》，包括75000个条目，共18000页，收集了众多学科的伟大思想家的各种发现和观察，汇编了他们的探索和推论，并将由此产生的事实和原则联系起来。[3]为了传播科学知识，类似的作品很快在英国和德国发行，为人们准确快速查阅资料、掌握知识提供了便利。在欧洲各国，公立教育日益普及，有阅读能力的人越来越多。从1850年起，西欧各大国相继设立公共图书馆。

法国启蒙运动通过将科学理性从宗教信仰的传统中分离出来，使得武装

---

① 威廉·H.麦克尼尔著，田瑞雪译：《5000年文明启示录》，湖北教育出版社，2020年，第448—449页。

② 朱光潜：《西方美学史》，人民文学出版社，1979年，第246—247页。

③ 亨利·基辛格、埃里克·施密特、丹尼尔·胡滕洛赫尔著，胡利平、风君译：《人工智能时代与人类未来》，中信出版集团，2023年，第51页。

的理性与大众的激情相融合，诱发了法国大革命。1789年7月14日，巴黎人民攻陷巴士底狱，法国大革命开始。①法国大革命通过现代科学方法所带来的创新，增强了武器的破坏力，并以关于历史前进方向的"科学"结论的名义，摧毁了现有社会结构，最终迎来了以社会层面的动员和工业层面的破坏为特征的全面战争时代。自那以后，建立一个理性的、经谈判达成的、受规则约束的国际体系的远景，便一直在召唤哲学家、政治家为之奉献终身。②

法国大革命的理论口号虽然是"自由、平等、博爱"，但是革命的具体实现手段却是暴力。社会现实的复杂程度，远远超越了人类理性的控制能力，最终使民众的自由浪漫人性走上了血腥杀戮的极端。此后的几十年间，法国不断革命，一次又一次把自由之名套在一个又一个中央集权的政治体制之上。③

此后，在拿破仑的领导下，法国将影响力和革命原则远播到欧洲和美洲④，把平等、自由、博爱等法国大革命的主要思想成果传播到法国境外，冲击了意大利、普鲁士等欧洲各国的封建专制制度，对这些国家后来的发展产生了深远的影响。1815年法国推行民主革命，在政治上独领风骚。以商人和专业人士为代表的中产阶级组成政府，取代了此前专属于贵族的角色，与民众建立更加紧密的积极合作关系，更多人为实现共同目标而团结一致，政府能自由支配权力、财富和能量。政府不再是"国王"的政府，而是"民众"的政府。在西欧各地，大众舆论受到前所未有的重视，政权更迭取决于民意。

---

① 法国的商界领袖和专业人士感觉自己声音微弱，不能左右王室决策，因此在看到英国同行能够参政议政并在国会中扮演重要角色时，羡慕不已。

② 亨利·基辛格、埃里克·施密特、丹尼尔·胡滕洛赫尔著，胡利平、风君译：《人工智能时代与人类未来》，中信出版集团，2023年，第52—53页。

③ 梁鹤年：《西方文明的文化基因》，生活·读书·新知三联书店，2014年，第253页。

④ 在法国大革命的影响下，一股追求自由平等思想的独立浪潮猛然掀起。1821年墨西哥宣布独立，1822年巴西宣布脱离葡萄牙独立。1825年，西班牙所属的南美殖民地全部宣告独立。1830年，希腊在国际社会支持下获得独立。加勒比地区的古巴和波多黎各直到1898年才获得独立。

公众主要通过报纸发出声音，政府由此发现问题、讨论问题，进而解决问题。1889年，为庆祝法国大革命胜利，建成了高达300米的巴黎埃菲尔铁塔。

早期工业化时期，西欧不仅在物质生产生活方面取得长足进步，生产力和社会经济呈现加速发展态势，在驾驭自然和改造自然方面，逐渐由被动变为主动、从劣势变为优势，在文化生活和精神生活方面，也取得辉煌成就，文化领域空前繁荣，哲学、文学和艺术等方面都结出丰硕成果。

文学领域中，浪漫主义逐渐取代古典主义，占据主导地位。欧洲各国文化竞相发展，在争议冲突中交流提升。其中，法国艺术和文学领先欧洲，许多国家上层社会深受法国文化影响。[1]这一期间，法国、英国、德国、俄罗斯等国家还诞生了弥尔顿（1608—1674）、莫里哀（1622—1673）、歌德（1749—1832）、席勒（1759—1805）、拜伦（1788—1824）、雪莱（1792—1822）、福楼拜（1821—1880）等一大批文坛巨匠。他们从人民群众的日常语言和社会生活中寻找创作灵感，认为个人情感和自我表达是打开伟大艺术之门的钥匙，用通俗易懂、简洁明了的语言，推行强调自觉意识的"浪漫主义"，以推翻旧时代。[2]浪漫主义在19世纪初期席卷整个欧洲。这无疑是对18世纪飞扬跋扈的理性独断论的一种抗议和矫正，它一方面宣泄了强烈的"理性恨"和"现实恨"的情绪，尤其是对法国启蒙运动的无神论思想和法国大革命的平民恐怖主义的深刻仇恨；另一方面也表现出对田园湖畔的自然风光、异国他乡的神奇际遇以及"中世纪月光朦胧的魔夜"的无限眷恋。这种回归自然、追求美感和缅怀传统的思想倾向，必然会导致基督教信仰的复兴。[3]

19世纪浪漫主义思想贯通整个世纪，但总体看来，上半叶浪漫主义艺术蓬勃发展，下半叶现实主义占据主流。浪漫主义在西欧逐渐走向衰落，批判现实主义在英法等先进的资本主义国家产生并迅速发展成为风靡欧洲的文学

---

① 从16世纪开始，欧洲文学分裂为几个语言板块。19世纪，法语丧失通用语言地位。

② 威廉·H.麦克尼尔著，田瑞雪译：《5000年文明启示录》，湖北教育出版社，2020年，第450页。

③ 赵林：《中西文化的精神分野：传统与更新》，九州出版社，2023年，第255页。

潮流，一直延续到20世纪初。起因在于资产阶级政权确立和巩固后，社会矛盾日益激化，人们对现存社会秩序的幻想破灭，不得不重新研究现实，以图改造社会。[1]法国的司汤达（1783—1842）、巴尔扎克（1799—1850）、雨果（1802—1885），英国的狄更斯（1812—1870），德国的海涅（1797—1856），俄罗斯的屠格涅夫（1818—1883）、托尔斯泰（1828—1910）等创作了大量批判现实社会的文学作品。

这一时期，欧洲艺术快速演变。18世纪末，古典简洁和几何规整风格重新流行，首先从法国开始兴起，随后迅速传播到欧洲大部分地区。欧洲音乐家开始谋求脱离贵族和教会的资助，依托自己公开的演出而谋生，而到了1789年，面向公众、销售演出门票的专业音乐厅已经成为常态。歌剧、交响乐等世俗音乐快速发展，涌现出巴赫（1685—1750）、莫扎特（1756—1791）、贝多芬（1770—1827）等一个又一个蜚声国际的伟大作曲家，其作品的精致典雅比肩甚至超过教堂的宗教音乐。19世纪后半期，印象主义绘画开始兴起。由于新材料的发现，莫奈（1840—1926）、塞尚（1839—1906）、高更（1848—1903）、凡·高（1853—1890）等画家斩断旧规则、旧限制的羁绊，探索二维空间作画的种种可能性。毕加索（1881—1973）更是主动抛弃熟悉的形态，以俏皮新颖的方式呈现视觉上的新体验。

这一时期，体育赛事快速发展。19世纪70年代，英格兰成立足球协会，制定足球比赛规则，此后，足球逐渐风靡全球。同时，英格兰发明网球。1896年，现代奥林匹克运动会复苏。

这一时期，德国在哲学思想领域的突破，给欧洲文明带来重大影响。

德国从中世纪以来，民间文学传统一直就很光辉灿烂。一些古老的大学，如海德堡大学、莱比锡大学的学术研究风气也很活跃，逐渐养成了民族思想和爱国思想，有力地推动了德意志民族的统一。

18世纪末19世纪初是西欧社会的大变革时期，也是德国哲学思想充分进

---

① 马克垚主编：《世界文明史》，北京大学出版社，2016年，第695页。

发的时期。工业化进程已经开始加速，法国大革命动摇了欧洲封建势力的统治基础，德国哲学家开始用哲学革命的方式表达自己的思想和愿望。①

德国的哲学革命从康德（1724—1804）开始，经过费希特（1762—1814）和谢林（1775—1854）的发展，最后由黑格尔（1770—1831）完成。他们以"理性"为旗帜，把矛头直指宗教神学和封建制度，以"批判"为武器，推翻了统治欧洲哲学思想领域几百年之久的形而上学，在唯心主义的基础上，把辩证法确立为普遍的真理。

康德处在近代西方哲学发展中的关键转折点。在这之前，西方哲学思想主要分为两大派：一派承认物质的独立存在，主张一切知识都从感性经验开始，以英国的洛克和休谟为代表；另一派是以先天的理性为客观世界和人类知识的基础，以德国的莱布尼茨和伍尔夫为代表。这两派的对立非常鲜明、尖锐。争斗主要表现为唯物主义与唯心主义的斗争。争执的基本问题，在于经验派只承认感性世界，理性派主张的是超感性的理性世界。表现在认识论方面，经验派认为一切知识都以感性经验为基础，理性派却认为没有先验的理性基础，知识就不可能产生；表现在方法论方面，经验派只用因果律来解释世界，而因果只是在经验中所发现的先后承继的一致性，而理性派则把原因概念列在先天的理性范畴，在解释世界中加上另一个理性概念，即目的论，世界以及其中一切事物都是经过天意安排的，研究它们的时候不但要追问它们的原因，还要追问它们的目的。

康德是德国古典哲学的创立者，提出完整的先验唯心主义、二元论和不可知论的哲学观点，构成了他的"批判哲学"体系。法国启蒙运动开始后，贝克莱主教、莱布尼茨、斯宾诺莎等哲学家进行了开拓性的哲学探索，但真正弥合理性、信仰与现实之间关系缺口的是康德。康德试图调和理性主义和经验主义之间的矛盾，把人的心理功能分为知、情、意三个方面，分别写了三部著作。1781年，康德出版了他的《纯粹理性批判》。在《纯粹理性批判》

---

① 马克垚主编：《世界文明史》，北京大学出版社，2016年，第672页。

中，他从认识论的角度专门研究"知"的功能，推求人类知识在什么条件之下才是可能的。他对人类理性采取"批判"的态度，对作为认识能力的纯粹理性进行了限制，指出人类理性有能力深入了解现实，但由于"自在之物"本质上超出我们的直接知识，独立于经验或人类概念的过滤而存在。而由于人的心智依赖于概念思维和生活经验，人类永远无法达到认识事物内在本质所需的纯粹思维程度。[1]因此，人类能够认识的只是现象，而不是自在之物，从而将自在之物由认识领域划归到信仰和实践领域。他既肯定认识现象世界具有普遍性和必然性的科学知识是完全可能的，在现象世界里进行科学认识是完全可能的，但又在科学知识达不到的"物自体"的世界中给一些不可知的东西以及上帝、宗教留下了空间，不危及人们的宗教信仰。[2]

在《实践理性批判》中，康德从伦理学的角度专门研究"意"的功能，研究人凭什么最高原则去指导道德行为；在《判断力批判》中，专门研究"情"的功能，以"美"来调和"真"与"善"的关系，前半部关系美学，后半部寻求人心在什么条件之下才能感觉到事物的美和完善。[3]

费希特将德国古典哲学推向以"自我"为中心的主观唯心主义，认为物质与精神是两个独立的本原。谢林将德国古典哲学导向客观唯心主义，包含许多辩证思想。

黑格尔是德国唯心主义古典哲学的集大成者。他的哲学体系包括逻辑哲学、自然哲学和精神哲学三大部分。逻辑哲学又分为存在论、本质论和概念论三个部分，研究万事万物的本质、核心和灵魂，提出"质""量""度"；自然哲学分为机械性、物理性和有机性三个部分，研究绝对精神的表现形式，提出空间和时间、物质和运动等概念；精神哲学分为主观精神、客观精神和

① 亨利·基辛格、埃里克·施密特、丹尼尔·胡滕洛赫尔著，胡利平、风君译：《人工智能时代与人类未来》，中信出版集团，2023年，第45—50页。
② 周清毅：《美的常识》，人民美术出版社，2021年，第148—149页。
③ 朱光潜：《西方美学史》，人民文学出版社，1979年，第344—345页。

绝对精神三个阶段。①黑格尔把唯心主义辩证法发展到登峰造极的地步，认为事物发展的原因在于其内部矛盾，提出质量互变、事物内在联系和矛盾发展、否定之否定等三个辩证法规律，集中阐述了本质与现象、内容与形式、可能与现实、必然与偶然、原因与结果、必然与自由等范畴的对立统一关系。

黑格尔肯定理性世界与感性世界的统一，认为凡是现实的都是理性的，凡是理性的都是现实的；强调主观精神与客观精神不断运动、发展和变化，由对立而统一。他认为理念就是绝对精神，艺术、宗教和哲学都是表现绝对精神的，三者的不同只在于表现的形式。艺术表现的形式是直接的，用的是感性事物的具体形象；哲学表现的形式是间接的，从感性事物上升到普遍概念，用的是抽象思维；宗教介乎二者之间，表现的是一种象征性的图像思维，既有个别形象，又有普遍概念。②黑格尔从来不把文艺中的人物当作孤立的个人看待，而是把他们看作社会历史环境的产物。个人性格与一般社会力量的具体统一，人物性格的发展起于矛盾冲突，以及在这种发展中内因与外因的辩证关系。人是自然的主宰，而不是受制于自然。人与自然的关系是调和统一的。

19世纪40年代后，费尔巴哈（1804—1872）从德国资产阶级激进派要求政治变革的立场出发，对黑格尔的唯心主义展开批判，结束了唯心主义在德国的独占地位，创立了人本唯物主义哲学。

此后，随着工业革命为资本主义生产方式注入巨大动力，周期性的经济危机不断发生，加剧了无产阶级和资产阶级之间的矛盾，产生了两个最重要的思想家——马克思（1818—1883）和恩格斯（1820—1895）。他们站在无产阶级

---

① 黑格尔从绝对精神出发，探讨人的精神生活。在艺术、宗教和哲学三个阶段里面，他认为哲学至上，哲学是时代精神的精华。绝对精神就是上帝。要接近上帝，就要先从艺术开始，然后信仰宗教，再研究哲学。在这三个阶段里面，艺术以感性的方式把握绝对精神，宗教以象征的方式把握绝对精神，哲学以概念的方式把握绝对精神。在古希腊，艺术占统治地位，达到顶峰；在中世纪，宗教达到顶峰；之后艺术衰落，再也达不到古典高峰，人类开始走向宗教神秘主义，再伴随科学的发展，进入哲学的理性主义。

② 朱光潜：《西方美学史》，人民文学出版社，1979年，第467—468页。

的立场上，将黑格尔唯心主义哲学中辩证法的"合理内核"与费尔巴哈人本主义哲学的唯物主义"基本内核"结合起来，创立了马克思主义哲学，奠定了科学社会主义的理论基础，引发人类对社会进程的深思。他们合作于1848年欧洲革命爆发前夕，发表了激情洋溢的《共产党宣言》，阐明有文字记载的人类历史都是阶级斗争史，预测人类社会最终会进入共产主义社会。到那时，国家消亡，友爱、自由、和平等大行天下。1864年，共产主义第一国际组建，大力传播共产主义思想。德国俾斯麦政府一直将社会主义运动列为违法运动。1889年，第二国际成立。

与此同时，欧洲大陆19世纪30年代还开始掀起实证主义哲学思潮。法国哲学家孔德（1798—1857）是实证主义哲学的创始人，认为科学讨论的只是主观经验范围以内的东西，研究主观经验所认识的世界"是什么"，而不应该去研究世界的"为什么"。人们的思想具有实证的特征，一切知识、科学都以"实证"的事实为依据，人们不再求助于神，也不再用抽象的概念解释一切。约翰·密尔（1806—1873）将实证主义哲学传播到英国，与英国的经验主义传统相结合，创立了经验归纳四法。斯宾塞（1820—1903）将达尔文的自然生物生存竞争理论应用到社会历史领域，形成了"社会达尔文主义"，把人类分为劣等民族和优等民族，认为人类历史也是一场适者生存、优胜劣汰的较量，为英国殖民主义、种族主义政策辩护，直到第二次世界大战爆发，希特勒大肆屠杀犹太人，人们才真正认识到其巨大的社会危害性。[①]

19世纪中期，欧洲大陆流行唯意志主义哲学，把人的主观意志和感情夸大为宇宙本原和世界本质的唯心主义、非理性主义，第一次把人的意志和理性完全对立起来。首创者是德国哲学家叔本华（1788—1860），主要代表人物是尼采（1844—1900）。叔本华是一个极端的悲观主义者，把人的欲望、人的意志作为本体论、认识论和人生哲学的基础和核心，认为理性只是生存意志

---

① 马克垚主编：《世界文明史》，北京大学出版社，2016年，第682—686页。

的奴仆和工具。人是利己的，人的欲望又是无穷的，因而人生充满痛苦。他的哲学思想直到1848年德国革命失败后，迎合了德国资产阶级的失望情绪，才得到欢迎和追捧。尼采相信"人性本恶"，把叔本华的生存意志发展成权力意志，认为理性只是权力意志为了达到目的而使用的工具，由此得出"有用就是真理""强权就是真理"，宣扬种族之间、性别之间的不平等，颂扬暴力、鼓吹侵略战争，成为20世纪法西斯主义理论的一个重要思想来源。①

与此同时，其他一些科学家还从不同的角度探索人性的本原。鲍姆嘉通（1714—1762）第一次把美学和逻辑学区分开来，推动美学作为一门新的独立学科，被称为"美学之父"。帕累托（1848—1923）强调社会行为非理性，提出了"帕累托最优"的概念，影响到墨索里尼和意大利法西斯主义的发展。弗洛伊德（1856—1939）探索人类思维的潜意识层次，认为人类行为很大程度上由阴暗不明的原始性冲动控制，意识控制的范围非常有限，对民主政治理论带来直接挑战。②

德国是欧洲地区最后一个实现统一的大国。③17—18世纪，德国在欧洲几个主要国家之中还是最落后的。德国在经济上长期保留农奴制，农业生产落后，租税负担沉重，农民过着穷困潦倒的生活。政治上，长期处于分散状态，在日耳曼这个不太大的地方，有着300多个独立小国。在宗教上，这些小国分裂为两个阵营，即北部的"新教联盟"和南部的"天主教联盟"，双方斗争激烈。加上英、法、荷兰等外国势力的推动，普鲁士地区1618—1648年进行了

① 马克垚主编：《世界文明史》，北京大学出版社，2016年，第686—688页。

② 威廉·H.麦克尼尔著，田瑞雪译：《5000年文明启示录》，湖北教育出版社，2020年，第545页。

③ 911年，法兰克公爵康拉德一世被选为国王，成为第一位德意志国王，标志着法兰克王国向德意志王国转变的开始。962年，德意志国王奥托一世由教皇加冕称帝，德意志王国成为"德意志民族神圣罗马帝国"（第一帝国）。1871年，普鲁士王国统一全部德意志民族，建立德意志帝国（第二帝国），即现代德国的前身。1918年，第一次世界大战后，德国皇帝威廉二世退位，德意志帝国及普鲁士王国灭亡。

一场破坏性极大的三十年战争[1]，造成德国人口减少了3/4[2]。三十年战争之后，布兰登堡公国日渐强大起来，到18世纪初发展成为普鲁士王国。普鲁士是欧洲集权程度最高、管理最为严明的政权。从腓特烈·威廉时代起，普鲁士王国就将强军列为首要任务，国力大为提升，先后从奥地利手中夺走西里西亚，后又与奥地利、俄罗斯瓜分波兰，使普鲁士国力更加雄厚。在"铁血宰相"俾斯麦的领导下，1871年1月18日，一个统一的德意志帝国在法国凡尔赛宫宣告成立。对于欧洲来说，这是一场地缘政治版图的革命，原本破碎的心脏地带被整合为一个强大的国家，使其由一个承受四方压力、列强争衡的场所，变为向四周扩展影响的重要权力中心。[3]在自由主义和君权思想之间、统一国家与各邦分立之间实现妥协平衡的基础上，建立起强大威权的德意志帝国，到1890年建成世界上最高效的工业体系。凭借聘用专业技术人才、卡塔尔组织和政府积极作为的优势，到1900年，德国几乎在所有生产分支领域都超过了英国。

随着德国力量的增长，它的邻国的恐惧也在增长，导致崛起大国与守成大国之间的剧烈冲突。德国首相俾斯麦深谙大国崛起必遭疑惧的规律，最初实施协调与平衡的大战略目标，在外交中采取一种低姿态，在国内驯服利益集团和公众舆论，支撑德国的崛起。虽然当时德国的外部和内部压力都很大，但是俾斯麦对战略和外交技能的结合，使他能够压制那些反对力量，不使其失去平衡。然而，俾斯麦的继任者却未能应对他遗留给他们的那些挑战。作为19世纪90年代中期最强大的陆地大国，德国后来追求海权的努力，直接挑战了英国的海上霸主地位，不断强化国际上"战争在望"的预期，使它陷入了一场可以预料、不可避免但并无必要的与英国的冲突，最终在第一次世界大战中吞下战败的苦果。

---

[1] 1648年，《威斯特伐利亚和约》签订，结束了德国三十年战争，奠定了欧洲新型国际关系规则，推动国家之间的矛盾冲突以和平外交的方式进行磋商解决。

[2] 朱光潜：《西方美学史》，人民文学出版社，1979年，第279页。

[3] 徐弃郁：《脆弱的崛起：大战略与德意志帝国的命运》，商务印书馆，2021年，第1页。

意大利在1870年实现统一后，将罗马定为首都，但是遭到天主教皇的拒绝。世俗权力与罗马教皇的斗争一直没有结束，争议一直持续到1929年，双方签订和约规定，教皇对其罗马居住区（梵蒂冈宫及周边地区）享有完整主权，但应让出罗马其他地区和意大利中部的教皇国主权。

这一时期，俄罗斯帝国成型。处于欧洲边缘的俄罗斯，通过强化贵族效忠，快速扩张领土。1667年，吞并乌克兰，征服西伯利亚和阿穆尔河流域远东地区。1698年，彼得大帝启动新一轮改革，实行沙皇专制，充分接触西欧世界，推动俄罗斯与传统决裂，借鉴西方技艺，引进西方工匠，壮大军力，后将瑞典人赶出波罗的海沿岸。1713年建都于号称"西方之窗"的圣彼得堡，为俄国打开了通往西欧的窗口，为俄罗斯接受欧洲文明创造了条件，也为它的现代化开辟了新的途径。1762年，叶卡捷琳娜二世将俄罗斯建设成为欧洲强国，修建圣彼得堡冬宫，把瑞典变成俄罗斯的附庸，几乎征服了土耳其，与奥地利和普鲁士瓜分波兰，到1795年俄罗斯边境已经与普鲁士、奥地利东部交叉重合，中间没有任何缓冲地带。与此同时，俄罗斯向南挺进。1723年，彼得大帝的威权扩展到里海南岸。1774年，俄罗斯控制黑海，获得黑海海峡的自由通行权。1800年，俄罗斯吞并格鲁吉亚。1850年，俄罗斯边境延伸到与中国接壤的中亚地区。

东正教是俄罗斯人的主要宗教信仰。1858年，全国72.6%的人口信仰东正教。彼得大帝开始控制东正教会的组织和财产，使它成为支持沙皇专制统治的工具，由此培育出扎根于俄罗斯农民信众的"沙皇迷信"。1721年，彼得大帝宣布自己为东正教会的"最高牧首"，使俄罗斯正教会丧失了独立性，成为沙皇国家机构的一部分。从此，东正教会与俄罗斯国家政教合一、皇权控制教权、教会支持沙皇的状况一直延续到1917年。[①]

在沙皇的强力控制下，俄罗斯文明的消极落后特征日益突出，社会矛盾不断累积。俄罗斯一些利益集团对社会现状有所认识，希望加强改革，各种改

① 马克垚主编：《世界文明史》，北京大学出版社，2016年，第732页。

革主张不断涌现。1861年，俄罗斯废除农奴制。1890年起，开始大规模发展现代工业。1895年，列宁在彼得堡成立工人阶级斗争协会，这是工人阶级政党的萌芽。1898年，俄国社会民主工党成立，宣告俄国无产阶级政党的诞生。从举行经济性质的罢工开始，到建立工人阶级政党，并且为实现社会主义而奋斗，俄国工人在提出社会要求方面有了质的飞跃。1917年，统治俄国300多年的罗曼诺夫王朝轰然崩塌，苏维埃政府成立，标志着世界上第一个社会主义国家的诞生。苏联不仅在国内站稳了脚跟，也开始向外支援推进世界革命，使得西方资本主义国家感到严重威胁，成为后来资本主义文明与社会主义文明长期冲突的一个重要原因。

这一时期，伊斯兰世界在西方工业文明的冲击下，呈现全面的衰败态势。

奥斯曼帝国受到西方工业文明越来越强烈的冲击，没能抓住法国大革命所提供的向工业文明过渡的历史机遇，仅对欧洲文明中的军事实力感兴趣，尽管按照欧洲模式组建了新军，但由于在许多领域丧失治外法权，对17—18世纪风行于西欧的重商主义学说和商业扩张政策懵懂无知，使民族工商业难以发展，在国际上处于节节败退之势，帝国的威望江河日下，逐渐丧失了对埃及、希腊和塞尔维亚等地的实际控制。1918年，奥斯曼帝国在第一次世界大战之后分崩离析。

这一时期，西方基督教文明与东方伊斯兰文明的碰撞，从性质上看是工业文明与农耕文明、游牧文明的冲突，先进生产方式与落后生产方式之间的抗衡，但由于资本主义生产方式具有强烈的扩张性，并在一定阶段需要依赖外部资源以维持自己的生存发展，所以它在经济上必然要掠夺、剥削落后的国家和地区，在政治上必然要损害落后国家和地区的主权和利益。所以，吸收西欧工业文明，既在一定程度上促进了奥斯曼帝国的进步，又给它打上了从属和奴化的烙印；既有农业文明、游牧文明的保守性对工业文明先进性的对抗，也有反对殖民侵略、维护国家主权的斗争。这一时期，也出现一些不顾奥斯曼帝国的历史传统，一味效仿西方文明的做法，引起当地穆斯林的强烈反对，给改革增添了阻力。①

埃及自从1517年被奥斯曼帝国占领以后，200多年的时间里几乎没有什么变化，直到1798年拿破仑占领埃及，开启了北非的现代化运动。拿破仑远征埃及时，除了军队，还以"法兰西科学院院士"的名义，带上了庞大的科学考察团。法国占领期间，埃及考古发掘取得惊人发现，埃及人对自己祖先曾创造的光辉灿烂的文化，产生极大的自豪感，由此萌发了民族的觉醒。②在穆罕默德·阿里的带领下，埃及推动东西方文明交流，大量吸收西方工业文明。③但是，1840年在英国主导的四国武装干涉下，埃及沦落为半殖民地，被强加许多苛刻条件，最终沦为英国的商品市场和原料基地。1869年，苏伊士运河正式通航，大大缩短了从欧洲到印度洋和西太平洋以及亚洲到北大西洋的航程，成为沟通亚非拉三大洲最重要的国际航道。

奥地利受哈布斯堡王朝统治，世代承袭"神圣罗马帝国"称号，权力中心位于奥地利和波西米亚。1683年奥地利打赢土耳其，随后继续向东、南两个方向扩张。1699年获得匈牙利大部分土地。1714年，从西班牙手中夺走意大利，实力大增。

印度的莫卧儿帝国也开始走向衰败。尤其是1707年奥朗则布去世之后，暴乱四起，帝国风雨飘摇，国力再未恢复。16世纪初，葡萄牙人迅速攫取对印度洋的海权控制。半个世纪之后的1763年，英国东印度公司仅用10多个职员就建立起英国在印度的殖民霸权，"直接统治"和"间接统治"政策并用，沿海地区和肥沃的内陆平原都掌握在英国人手中，莫卧儿皇帝成为傀儡，穆

---

① 马克垚主编：《世界文明史》，北京大学出版社，2016年，第810页。

② 1799年，拿破仑的军队在罗塞塔镇挖掘要塞时，发现一块黑色玄武石，上面刻有埃及和希腊两种语言、三种文字体系——象形文字、通俗文字（埃及象形文字的草写体）和希腊文字，为人类破译已失传近2000年的埃及象形文字提供了线索，逐渐揭开了古埃及文明的朦胧面纱。

③ 马克垚主编：《世界文明史》，北京大学出版社，2016年，第815页。

斯林再也无力统治印度。[①]从印度劫掠来的财富被源源不断地运往英伦三岛，转化为宗主国的资本。1757—1815年，从印度流入英国的财富约有10亿英镑，大大促进了英国工业革命的历史进程。在英国失去北美十三州殖民地后，印度作为大英帝国聚宝盆的地位进一步强化。英国工业革命形成的价廉物美的棉纺织品，冲击了印度次大陆的城市手工业，使印度成为英国最大的商品倾销市场和原料产地，给印度超稳定的村社制度和传统农业文明带来极大影响。[②]英国官方曾想在印度推行基督教，但是遭到本土的伊斯兰教和印度教的强烈反对而未果。随着印度国内民族主义的苏醒，一些有识之士开始推动宪政改革和实业救国，促进印度文明与西方文明有机融合，加快印度的现代化进程。1885年，印度国民联盟创立大会（后来正式更名为印度国民大会，简称国大党）召开，标志着英国将西方资产阶级的"政党文明"引进印度的初步完成。在甘地、尼赫鲁等人的坚持努力下，英国宣布1948年6月撤离印度，印度正式独立。英国在此过程中，人为地将孟加拉、巴基斯坦从印度分离出来，导致了持续至今的印巴冲突。

这一时期，美国取得的巨大成功，与俄罗斯、中国、印度和伊斯兰世界所遇的困境形成鲜明对比。1620年，英国清教徒的一艘船——"五月花号"搭载着102人从普利茅斯起航，前往北美大陆。他们将自己从英国带来的独立自主、自我奋斗、重视平等、敢于冒险的价值观念结合在美国新的实践，形成了具有"美国特性"的价值观。他们为追求自由而来，却直接面临着巨大的生存压力，最初连温饱、安全等最基本的需要都无法保障。据加里纳什研究，1607年一支商队在弗吉尼亚的詹姆斯敦建立了英国在北美的第一个永久殖民地，到1609年共有900多名男性到达，但最终只有60人存活下来。1610—1622年，又有9000多名英国人抵达，最终只有2000多人幸存，几乎没有人见

---

① 威廉·H.麦克尼尔著，田瑞雪译：《5000年文明启示录》，湖北教育出版社，2020年，第457页。

② 马克垚主编：《世界文明史》，北京大学出版社，2016年，第850—852页。

过自己的祖父母。[1]1629年，创建波士顿。从英国内战（1642—1646）结束到第一次移民浪潮开始之前，共有2.3万人抵达新英格兰。1763年，法国撤出北美，美洲大陆开始发生变革。1776年，英属北美殖民地独立，发表《独立宣言》，结合英国传统价值、美国具体实践、欧洲启蒙运动思想，正式阐明政府权力来自被管理者，美国正式建立。在法国的支持下，1783年英王乔治承认北美殖民地独立。1789年，共和制的新政府体制正式启动实施。至此，在法国人客厅里被热议了几十年的人权和公民权理论，最终在美国变成现实，理性公民不再需要听从国王、贵族和牧师的吩咐，也能够实现自我管理。[2]1846年，美国占领之前由西班牙控制的加利福尼亚。1848年，加利福尼亚发现黄金，"淘金热"引发西部大开发浪潮。1861—1865年，美国爆发南北战争。直到1870年，美国宪法修正案赋予黑奴完整的公民权利。但在社会实际运行中，对黑人的歧视仍然广泛存在，成为美国社会政治生活的显著特征。随着英国工业革命的推进，美国也快速推进经济发展，成为世界工业潮流新的引领者。与此同时，美国也开始向海外扩张，将菲律宾群岛、波多黎各、巴拿马、尼加拉瓜、海地等国纳入自己的势力范围。

美国18世纪90年代出台的相关专利法律制度促进了专利申请的快速增长。1790—1811年平均每年有发明专利77件，1850年有1000件，1860年超过4000件。专利申请的增长和经济增长有密切的关系。专利增长最快的时期，也是美国经济增长最快的时期。

与此同时，西班牙在南美的殖民地开始瓦解，南美的独立运动举世瞩目。18世纪末19世纪初，欧洲启蒙思想广泛传播，推动拉丁美洲的民族意识日益强化，终于爆发了一场声势浩大的争取独立的革命运动，遍及拉美各地，前后持续近40年，波及的人口约2000万。大部分拉美地区结束了殖民统治，建立了18个新的民族独立国家，相继废除了黑人奴隶制，推进政教分离。1804

① 何怀宏：《文明的两端》，广西师范大学出版社，2022年，第292—293页。

② 威廉·H.麦克尼尔著，田瑞雪译：《5000年文明启示录》，湖北教育出版社，2020年，第481—483页。

年，海地独立。1813年，墨西哥独立。1818年，智利独立。1821年，中美洲地区宣布独立，1838年分别成立危地马拉、萨尔瓦多、尼加拉瓜、洪都拉斯和哥斯达黎加等5个国家。1822年，建立了包括今天委内瑞拉、哥伦比亚、厄瓜多尔和巴拿马的大哥伦比亚共和国。[①]葡萄牙统治的巴西也于1822年宣布独立，成为当时拉美独立运动中唯一建立君主制的国家。[②]但是，美国并不希望西班牙在南美洲的殖民地联合起来成为一个国家，而是期盼它们分为多个小国，以免成为美国可怕的强邻。

这一时期，日本走出了一条与中国完全不同的道路。17世纪初，江户幕府成立后，日本形成"天下太平"的秩序。但是随着西方势力的到来，这种岁月静好的日子也走到了终点。从此，日本开始接受西方世界工业文明风浪的洗礼。[③]日本国内面临天皇、幕府及其他贵族之间的矛盾，经过激烈斗争，日本国内形成了向天皇表达忠诚的"神道教"，力图光复天皇权力，强调向天皇效忠，同时开始酝酿经济社会改革，突破儒学思想的禁锢。

面对来自西方文明的冲击，目睹中国在第一次鸦片战争中被英国打败，被迫签署屈辱的不平等条约，日本国内暗潮涌动。在美国佩里准将率领舰队1853年抵达日本之后，1857年10月美国使节哈里斯为了修订佩里缔结的日美通关条约细节，在江户时代幕府最高官员堀田正睦的府邸中，对聚集于此的幕府首脑们做了6个小时的威胁性演说——《美利坚使节声明书》，说他从香港英国总督那里听到，英国将乘鸦片战争制服清帝国的余威，把鸦片运到日本。如果遭到拒绝，停泊在香港的英国军舰会派来日本。[④]正是在这种重压之下，日本的攘夷派大为震动，幕府终于决定踏上开国之路。

日本1868年发生的明治维新，结束了封建的幕藩体制，废除了幕府自

---

① 安德烈娅·武尔夫著，边和译：《创造自然——亚历山大·冯·洪堡的科学发现之旅》，浙江人民出版社，2018年，第152、155页。

② 马克垚主编：《世界文明史》，北京大学出版社，2016年，第1146—1147页。

③ 李永晶：《分身：新日本论》，北京联合出版公司，2020年，第180页。

④ 增田涉著，由其民、周启乾译：《西学东渐与中国事情》，江苏人民出版社，2011年，第34页。

1638年开始实施的闭关自守政策①，主动打开国门，在200多年"兰学"发展的基础之上，先后与美国、荷兰、俄罗斯、英国、法国签署通商条约，积极效仿借鉴西方，开启了"面向西方"的新时代。日本通过向欧美资本主义国家学习，实现了科技、军事和政治的现代化，加速了从封建社会向近代资本主义社会的转变。在日本吸收和接受西方资本主义文化的过程中，中日之间的文化交流发挥了重要作用，许多西方学术正是通过中国而传入日本。许多汉译西方名著和中国有识之士所著的"睁眼看世界"的作品传入日本，如魏源《海国图志》等作品被广泛阅读传播②，成为当时日本幕府末期了解世界大势的精神食粮，为明治维新做了思想上的准备。③

明治政府成立后，表现出十分强烈的学习西方文明的愿望，其改革的规模之大、程度之深、影响之广在世界文明史上均属罕见。它超过了18世纪的俄国彼得大帝改革，也超过19世纪初的埃及穆罕默德·阿里改革。④自明治维新以来，日本的政治精英制定了国家建设的内外战略，主动选择融入西方文明进程，为自身发展提供持续精神动力。但是，日本在接受西方文明的同时，也充满了矛盾的实践：一方面，按照西方文明标准形式，脱亚入欧，把自己视为西方国家；另一方面，又想发挥自身民族文明特性和东方文明的优势，抵抗西方文明。在向西方学习工业文明成果的同时，日本经过盲目欧化风气的阶段后，回归到注重保存传统社会结构，捍卫自身原有的价值观。

但是，日本在实现自身快速发展的同时，其固有的弱势文明基因逐渐难以驾驭学习西方工业文明带来的突如其来的巨大能量，军国主义思想急剧膨胀，最终成为巨大的破坏力量。⑤日本自1873年开始实施普遍兵役制，1895年对曾

---

① 1683年，德川家光出台一系列海禁法令，以限制基督教的传播，不准日本人出航海外，并禁止在国外生活超过5年的人回国。

② 从某种意义上讲，魏源《海国图志》在日本的流行程度和作用发挥远远超过在中国本土，日本的翻译版本多达20余种。

③ 增田涉著，由其民、周启乾译：《西学东渐与中国事情》，江苏人民出版社，2011年，第2页。

④ 马克垚主编：《世界文明史》，北京大学出版社，2016年，第955页。

⑤ 马克垚主编：《世界文明史》，北京大学出版社，2016年，第943页。

为自身文明来源国的中国发起甲午战争，成为东亚地区的实力大国。

文明成果的吸收，也需要注意其最终走向，关注因此对社会发展带来的影响。例如，日本在20世纪初期从欧洲引入马克思主义，但是在不同的解读中，形成了不同的文明成果。比如，北一辉、大川周明等日本理论家在吸收解读过程中，发展成为"国家社会主义"，也就是德文说法的"纳粹主义"，最终把日本引入军国主义的万劫不复之地。同时，由日本文艺评论家保田与重郎、龟井胜一郎等知识分子进行的解读，倡导回归日本国粹和日本传统，唯美、诗意、远方，创造出一种超越世俗生活的精神氛围，成为日本民族主义思潮的重要精神来源。

这一时期，东南亚地区也受到欧洲文明的强大冲击。英国1886年征服缅甸，法国1883年占领越南、老挝和柬埔寨。到1900年，整个南亚和东南亚地区，除了泰国保持名义上的独立外，其余所有地区均已沦为西方国家的殖民地。其中，最大的殖民帝国是英国，实际控制整个南亚次大陆，面积约520万平方公里。荷兰占领印度尼西亚群岛，面积共190万平方公里。法国占有越南、老挝和柬埔寨，面积达74万平方公里。美国1898年从西班牙手中夺得菲律宾群岛，面积30万平方公里。泰国虽然保持独立，但更像是英法两国势力范围的缓冲区。

这一时期，非洲地区依然还在上演奴隶贸易的悲剧。[1]从18世纪初到18世纪80年代，奴隶贸易规模和重要程度不断上升，越来越多的非洲人被俘为奴，运往大洋彼岸。历史学家认为，跨越大西洋的非洲奴隶数量共有1130万左右。其中约750万是1700—1810年运到美洲的。1807年，英国立法禁止奴隶贸易。1810年后，尽管英法两国呼吁禁止奴隶贸易，并派遣皇家海军沿非洲海岸拦截奴隶船，但是仍然有190万非洲人被迫离开家园。1880年左右，奴隶贸易才

---

① 奴隶贸易并不只是在非洲存在，在欧洲也曾普遍存在。早在748年，威尼斯商人就将从罗马购买的奴隶出口到非洲，卖给穆斯林为奴，尽管当时教皇试图结束这种非法交易，但是威尼斯商人无视教皇敕令，继续从事奴隶贸易长达几个世纪之久。

完全停止。①1910年，南非联邦建立，布尔人、英国人和"开普有色人种"获得投票权，班图语族非洲人则被排斥在外。

奴隶制的废除，是人类文明史上的一大进步。如果一个人，连自己的人身自由都无法得到保障，那人类文明又从何谈起呢？②

在奴隶贸易被禁止之后，一些非洲国家，如加纳，通过发展奴隶贸易之外的橄榄油及其他农产品产业，迅速崛起为非洲强国。与此同时，欧洲人发明了奎宁提取技术，可有效预防疟疾，开始进行尼罗河源头以及尼日河、刚果河河道的探险活动，系统性地开发非洲内陆。与此同时，各国的商业活动、传教活动和军事行动也迅速跟进，使得非洲各政权和民族进入无序化状态，争斗不断。③

非洲很长一段时间都是欧洲的殖民地。随着民族国家独立的意识强化，1884年，欧美15个国家在德国召开了柏林会议，签订了《关于非洲的总议定书》，确立了列强瓜分非洲的总原则，掀起了瓜分非洲的狂潮。非洲3000万平方公里的面积，被欧洲列强用圆规和直尺在地图上画好规则的直线，作为国境线。统计表明，44%的非洲国家的边界是按经线或纬线直接划定的，30%的国界是用直线或曲线的几何方法划定的，仅有26%的国界是由河流、山脉构成的自然边界线。由于非洲大量的国家是部落国家，整个非洲的生产方式和生活方式还处于落后的游牧和渔猎阶段。这种简单粗暴的划分边界的方法，有的将一个部落"切成两半"，分属不同国家；有的将许多不相干的部落切分成同一个国家，留下严重的后遗症，导致非洲地区至今部落冲突不断，许多

---

① 威廉·H.麦克尼尔著，田瑞雪译：《5000年文明启示录》，湖北教育出版社，2020年，第471页。

② 英国1807年立法禁止奴隶贸易，但是直到1832年才废除奴隶制；法国1815年禁止奴隶制，但是后来又死灰复燃，1848年才完全被禁止；美国奴隶制一直维持到1863年；古巴维持到1886年；巴西维持到1889年。

③ 威廉·H.麦克尼尔著，田瑞雪译：《5000年文明启示录》，湖北教育出版社，2020年，第473页。

民众流离失所。①当初种下的敌对种子，直到今天仍在持续发酵。

这一时期，太平洋地区也不太平。1728年，俄罗斯海军舰长维他斯·白令发现并命名了白令海峡。1768—1779年，英国詹姆斯·库克船长三次环游太平洋，绘制出第一张精度高、实用性强的太平洋地图。1788年1月，第一批来自欧洲的殖民者搭乘11艘船组成的舰队，从英国出发，到达澳大利亚。原因是当时英国面临囚犯过多、无处安置的难题，只好将其中一部分人流放到这里。第一舰队载有730名罪犯、看守人员、长官、杂役和一名被任命为总督的英国海军军官。随后，英国派遣了更多的舰队和船只，陆续将更多的罪犯运到悉尼，后来还拓展了另外4个定居点。到1820年，澳大利亚的欧洲裔人口中，罪犯和曾有犯罪记录的人所占的比重仍然高达84%。一直到1868年，英国才停止向澳大利亚输送罪犯。英国殖民者进入澳大利亚后，与原住民爆发大规模的冲突，原住民几乎被杀戮殆尽。澳大利亚地域广阔，先后形成6块不同的殖民地：新南威尔士、塔斯马尼亚、维多利亚、南澳大利亚、西澳大利亚和昆士兰。直到1901年，这6块联系松散的殖民地才组成澳大利亚这个统一的国家整体，这时候距离英国第一舰队登陆已经过去113年。②此后，澳大利亚始终以英国为自己的宗主国，澳大利亚人的身份认同也始终紧紧围绕"英国子民"这一关键词。③1840年，英国殖民新西兰，1856年成立自治政府。英国在太平洋地区的殖民拓展，不仅使得英联邦领土大为扩张，而且也破坏了当地的自然平衡。比如，殖民者带入的欧洲兔子在澳洲没有天敌，泛滥

---

① 刘哲昕：《精英与平民》，法律出版社，2014年，第37—41页。

② 贾雷德·戴蒙德著，曾楚媛译：《剧变：人类社会与国家危机的转折点》，中信出版集团，2020年，第212—220页。

③ 第一次世界大战，澳大利亚派出了40万志愿兵，占国内可服兵役男性的一半以上，当时澳大利亚总人口不到500万。这些志愿兵跨越半个地球，到达法国和中东地区，为维护英国的利益而战。第二次世界大战中，英国背弃澳大利亚，在日军挺进新加坡时，英军从新加坡撤离。从此，澳大利亚与英国之间的关系日渐淡化。澳大利亚开始鼓励移民流入，转变国民的自我身份认同。到1991年，亚洲移民在澳大利亚的移民群体中所占的比重已经超过50%。

成灾。

从这个角度看，到1850年的时候，地球上凡是有人居住的地方，都受到西方文明的强烈冲击，过去那些只有简单社会存在的隔离封闭区域，正在以前所未有的速度快速缩小。只有在遥远偏僻的亚马孙丛林和冰天雪地的北极圈，当地生活才没有受到西方文明思想和技艺的影响而发生重大改变。[①]1840—1843年，詹姆斯·克拉克·罗斯首次接近南极。1909年，探险队步行抵达北极。1911年，南极也留下了人类足迹。

这一时期，还有一个重大发展，就是世界范围内的人口规模大幅度增长。由于大规模流行病得到有效遏制、美洲高产粮食作物快速普及、地方暴力受到中央政权的强有力约束、粮食商业存储体系发展顺利，中国、欧洲、印度以及伊斯兰世界的人口规模都在急剧增长。1700—1850年，中国人口从1.5亿迅速增长到4.3亿。欧洲大陆尽管有6000万人迁往美洲和世界各地，但是人口规模依然从1800年的1.87亿增长到1900年的4.01亿。

---

① 威廉·H.麦克尼尔著，田瑞雪译：《5000年文明启示录》，湖北教育出版社，2020年，第475页。

第五阶段　东西方文明再次交流交融交锋
——世界重心重新转向东方

辛亥革命后，中国仍然长期处于军阀割据状态，民众生活处于水深火热之中。

1921年中国共产党成立后，经过艰苦卓绝的斗争，先后经历抗日战争、解放战争，终于推翻了封建主义、官僚资本主义、帝国主义"三座大山"，于1949年建立新中国。经过近30年的社会主义建设，中国从一个一穷二白、积贫积弱的半封建半殖民地国家建设成为一个具有完整工业生产体系和国民经济体系的社会主义国家。1978年，中国开始实施改革开放，极大地激发了全国人民的生产热情。经过40多年的高速发展，中国已经成为世界第二大经济体、第一大工业生产国、第一大贸易国，取得了全面脱贫攻坚的伟大胜利。2022年，中共二十大成功召开，提出了建设中国式现代化的理论设想，着眼于到2050年建成社会主义现代化强国，为人类文明发展进步提供中国方案。

与此同时，世界先后经历过两次世界大战，美国取代英国成为世界超级大国，苏联在与美国的战略竞争过程中解体，日本在战后重新崛起，西欧各国联合组建欧盟，许多民族国家相继独立，世界政治经济格局发生重大变化。

这一时期，世界变得越来越小，国与国之间的利益关系越来越紧密。互联网、人工智能、生物医药等领域的科学技术开拓创新步伐日益加快，为人类文明发展打开了新局面。在数字技术的加持下，空天文明、网络文明等新形态快速发展。

总体来看，由于东方在中国的带领下，经济发展取得长足进步，"东升西降"的世界格局日益强化。因此，世界的关注点再次聚焦东方，希望从中国的发展实践中找到可以借鉴的经验，推动人类文明迈上新的高度。

第十八章　民国时期以及新中国成立后的中国与世界

1911年，辛亥革命爆发，清王朝终结，中华民国建立。

孙中山是中国革命的先行者，他的三民主义学说概括了整个时代的要求和历史的动向。国家独立的民族主义（自由）、建立共和的民权主义（平等）、平均地权的民生主义（博爱）的"三民主义"，是孙中山主张的资产阶级民主主义的内容和理想，是当时中国最先进、最完整的政治思想体系。孙中山强调"五族共和"，应该把中国的所有民族融合形成一个中华民族，追求民族主义；提出著名的立法、行政、司法、考试、监察"五权宪法"原则，追求民权主义；提出著名的《实业计划》，强调要以建设富强祖国为己任，"节制资本""平均地权"，追求民生主义。[①]

中华民国建立后，封建军阀反对彻底革命，中国陷入长期内乱的军阀割据状态，中国政治统一和独立自主的局面摇摇欲坠。与此同时，西方列强加剧了对华的外交干涉和商业利益争夺，中国仍然深陷苦难深渊。尽管并没有多少真实的进步，但历史毕竟翻开了新页。曾经号称"天子"的皇帝没有了，文人学士"学而优则仕"的传统路径没有了，政局一日三变。意识形态控制相对宽松，学者们获得了空前的思想自由，社会思潮此起彼伏、异常混乱，中华文明进入了一个东西方文明深度交融的过程。正是在这万马齐喑的黑暗时期，陈独秀、胡适、李大钊等人率先提出"科学"与"民主"的主张，催生了五四运动，希望以此唤起民众的觉醒。

---

① 李泽厚：《中国近代思想史论》，人民文学出版社，2020年，第263—300页。

五四运动其实包含两个性质不太相同的运动：一个是新文化运动，一个是学生反帝爱国运动。[1]新文化运动是指1915年以来，陈独秀、胡适、李大钊等人在中国主张思想觉醒解放，倡导科学与民主，推行白话文的运动。学生反帝爱国运动主要是指第一次世界大战之后，1919年的巴黎和会将原来由战败国德国占领的青岛转给日本，而不是归还中国，因此引发的大规模学生罢课运动。[2]

　　陈独秀是革命家、政治家，他的主要兴趣在"挽救祖国，唤起人民"。他提出要坚决批孔，着重指出建立在宗法封建社会基础上的孔学儒家在中国走向现代化进程中存在的巨大阻碍作用。陈独秀在《新青年》杂志发刊词《敬告青年》中，以中西文化对比的方式，抨击各种传统思想观念，主张科学与人权并重，这就是后来的"赛先生"（科学）与"德先生"（民主）的先声。新文化运动提出科学与民主，正是补旧民主主义革命的思想课，又是开新民主主义革命的启蒙篇。[3]陈独秀、李大钊等人看到，中国社会现实远不是资本主义社会，西方资产阶级民主无法适用于中国国情，从而开始主张走马克思主义道路，推动中国共产党建立，开展革命运动。

　　胡适1916年在《新青年》发表《文学改良刍议》，首倡白话文学，以此推动文学革命。他希望中国像欧洲文艺复兴时期那样，以各国的民族语言文

---

① 尽管新文化运动的自我意识是文化而非政治，但它的目的是国民性的改造，是旧传统的摧毁，是民主的启蒙，深层次暗藏着政治的因素，是为了国家和民族的发展，体现出反抗外侮、追求富强的主张。启蒙性的新文化运动开展不久，就与救亡性的反帝政治运动合而为一了。反帝救亡运动将文化启蒙带到全国各地，文化启蒙运动又为政治救亡运动提供了思想武器和人才队伍。

② 如果说洋务运动的主要学习对象是以先进的近代工业体系独领风骚的英国，主旨是学习西洋的先进器物文明以富国强兵；戊戌变法的主要学习对象是通过明治维新建立君主立宪的日本以及整体相似的英国、德国，主旨是学习宪政体制以改良政治；那么新文化运动所提倡的民主、自由、平等和人道精神主要来自以启蒙运动和大革命著称的法国以及最集中体现这些精神的美国，主旨是全盘引进西方的精神文明以实现国民性的彻底改造。具体见赵林：《中西文化的精神分野：传统与更新》，九州出版社，2023年，第294—295页。

③ 李泽厚：《中国近代思想史论》，人民文学出版社，2020年，第262页。

字代替拉丁文字，通过语言文字的大解放，实现民众思想的大解放。白话文把人们从少数文人学士垄断的文言文中解放出来，成为能够迅速反映和代表广大人民说理抒情的有力工具。白话文极大地加速了新文化运动的启蒙影响，也极大地促进了学生反帝爱国运动与民众的大联合。可以说，没有五四运动，白话文不会如此迅速地取得决定性胜利，而没有白话文运动，五四运动也不会有那样的规模、声势和影响，它们相辅相成地拉开了中国现代史的序幕。[1]

在此之后，《新青年》发表了一系列文章和白话诗文，第一次全面地、猛烈地抨击孔子和传统儒家道德规范，第一次大规模地、公开地、激烈地反对传统文艺，强调必须以白话文来进行创作，开始中国数千年文化史上全盘追求西化的文化运动。[2]新文化兴起以后，得到外国支持的西化派和激进革命派鼓吹打倒"孔家店"，过去被尊称为"万人师表"的孔子，现在被塑造成一种彻底的保守反动派形象，是使中国长期落后挨打的文化因素。

正是在新文化运动的极力推进下，中国的文人学士开始主动打开思想的闸门，尽力吸收世界上其他民族创造的优秀文明成果，积极融入世界文明的潮流之中。以胡适等为代表的留学归国人员，甚至主张全盘否定传统国学，全面吸收西方文化。20世纪初，以胡适为代表的疑古派尊奉美国杜威的哲学实用主义，主要目的是以否定的虚无主义态度，去否认中华文明在商代以前的可信性，认为中国的文明史根本就没有传说中的那么久远。[3]

这个阶段最为重要的是，在疑古思潮的推动下，李济、傅斯年等一大批在

---

① 李泽厚：《中国现代思想史论》，生活·读书·新知三联书店，2008年，第93页。

② 李泽厚：《中国现代思想史论》，生活·读书·新知三联书店，2008年，第1—2页。

③ 20世纪20年代，还爆发了"科学与玄学"的论战。科学派认为，要用科学的方法建立"科学的人生观"，指导人们去参与改造社会；玄学派认为，科学不能解决人生观问题。30年代，开展中国社会性质论战。有人主张中国社会已经是资本主义社会，主张反对帝国主义，保护民族资本主义；有人主张中国广大的农村仍然是封建的土地制度，还处于封建社会，主张把反帝与反封建结合起来。40年代，开展文艺民族形式论战。胡风等人认为，内容决定形式，文艺形式应该是现代的、国际的，不能简单强调传统的、民间的形式。毛泽东《在延安文艺座谈会上的讲话》中强调，文艺要走出知识分子的圈子，自觉地、直接地为广大农民、士兵服务。

海外接受过西方现代教育的学者，建立起了中国自己的现代考古学。王国维提出"二重证据法"，强调以地上之文献与地下之文献相互印证，奠定了有中国鲜明特色的现代考古学的理论基础。①这些努力推动了甲骨文的发现和研究、殷墟的发掘和研究，改变了国人对古代特别是商代的看法，使东周以上无史论的观点不攻自破。②近年来，我国在二里头、良渚、三星堆等地的考古发现越来越证明，中华文明的起源和传承实际上要比《尚书》记述的还要久远。③

　　经过长期争辩，越来越多的人主张不要全盘否定中华文明，而应该推动东西方文化的融合，因而开始发起"整理国故"运动，催生了颇具声势的现代新儒家思潮。他们一方面受新文化运动的影响，赞同由西方传入的科学、民主精神，另一方面也极力维护中华优秀传统文化的砥柱地位，主张以自我更新的儒家文化为根基，嫁接西方文明的优秀成果。正是在这样的历史背景下，北京大学1922年成立国学研究所，清华大学1925年成立国学研究院。④梁启超的《欧游心影录》、梁漱溟的《东西文化及其哲学》更是深刻反思第一次世界大战后西方欧洲面临的社会现象，以及偏重于物质文明的现实，认为执着于精神和道德的中华文明，终将在人类发展的未来进程中彰显出独特的价值。⑤

　　当时，马克思主义也只是"西学东渐"思想中的一个，其重要性远没有今天那么凸显。但从时至今日的发展实践来看，没有哪一种哲学理论如马克思主义这样，能够对当代中国产生如此深刻的影响。其实，即便是从世界范围来看，在现代世界史上，也没有哪一种哲学理论，能够留下如马克思主义

---

① 中国之所以能够形成考古研究和历史研究相结合的中国特色的现代考古学，基础就在于中国有自汉代司马迁开始形成的庞大的、系统的、基本可信的历史文献资料。

② 李学勤：《中华古代文明的起源》，生活·读书·新知三联书店，2019年，第8—9页。

③ 何新：《诸子的真相》，现代出版社，2019年，第318页。

④ 改革开放之后，面对西方世界取得的巨大物质财富，许多人又开始新一轮的崇洋媚外，将自己的本土文化贬得一文不值，主张全盘西化。进入21世纪后，由于中国改革开放取得巨大的进步，中国人再次重拾文化自信，许多大学又开始陆续设立国学研究院，主张传承发展中华优秀传统文化。

⑤ 赵林：《中西文化的精神分野：传统与更新》，九州出版社，2023年，第316页。

这样深远的影响。它从苏联落地实践开始，逐步向东欧、中国、越南、古巴、朝鲜等地延展，组建起具有全球影响力的社会主义阵营，从根本上影响、决定和支配了十几亿人和数代人的命运，从而影响到整个人类的文明发展进程。

在中文出版物中，最早出现马克思和恩格斯的名字的，是1898年由胡贻卜翻译、上海广学会出版的《泰西民法志》。20世纪初，梁启超、马君武等资产阶级思想家著书立说，都曾介绍过马克思、恩格斯的生平和主张。马克思主义进入中国主要通过两个国家：一个是日本，大量中国留学生去日本寻求救国药方，在日本了解马克思主义，并不断把日文版的马克思主义文献翻译介绍到中国[1]；另一个是法国，大量勤工俭学的留法青年学生了解马克思主义，并建立起中国共产党的第一个海外支部。[2]

十月革命一声炮响，中国许多仁人志士开始迅速接受马克思列宁主义。[3]马克思主义以科学的唯物史观取代"社会进化论"，更为具体且有说服力地解释了人类历史，不是简单的弱肉强食，而是以经济发展为基础的阶级斗争的结果。马克思主义的实践特性，非常符合中国人民救国的需要，重行动而富于历史意识，无宗教信仰却饱含治平思想，既清醒理智又充满人间热情。因此，马克思主义一进入中国，就得到许多有识之士的广泛认同，并通过推动马克思主义中国化，最终取得了建立新中国、建设新中国的伟大成就。

1919年5月李大钊发表的《我的马克思主义观》，是第一篇真正介绍马克思主义学说的长文，也标志着中国最早一批进步知识分子对马克思主义的接受和理解。陈独秀、李大钊等开始要求以马克思主义为指导，组建一支有铁的纪律、全党服从中央、以职业革命家为核心的政党，发动群众进行革命的政治斗争，以推翻旧制度，建设新社会。

---

[1] 日本在明治维新时期，从中国引入大量汉文翻译的西方著作；到马克思主义进入中国的时候，中国则主要是通过日本学者翻译的西方著作而引入的。

[2] 丁一凡：《跌宕起伏的中欧关系——从文明对话到战略伙伴》，中国社会科学出版社，2020年，第81—82页。

[3] 当时，在很多人思想中，还流行过无政府主义，主张通过社会革命，实现个人的绝对自由。尽管这种想法看起来很诱人，但事实上无法实现，一些实验性的"工读互助团"纷纷破产。

在中国遭遇西方殖民主义的严重冲击下，日本认为这是它实施自己国家扩张战略的最好时机。它先是向袁世凯政府提出使中国沦为日本殖民地的"二十一条"，之后又相继于1931年发起九一八事变占领东北三省，于1937年发动卢沟桥事变，妄图全面占领中国。

　　在中华民族的团结统一下，中国经过顽强的旷日持久的抗日战争，终于在1945年取得了抗日战争的胜利。

　　在以毛泽东为首的中国共产党带领下，中国人民经过4年的解放战争，最终于1949年建立起一个新兴而有活力的国家——中华人民共和国。中华民族经历了即将灭绝的重大危机，从此苏醒了；经历过艰苦卓绝的伟大斗争，从此站立起来了。中国革命成功后，对包括日本在内的西方帝国主义进行了持续抵抗。日本学者竹内好认为，中国革命可以视为对欧洲文明的挑战，通过抵抗欧洲文明实现了自身的近代化发展。[①]新中国的建立，给中华文明发展注入了极大活力，许多沿袭千百年的陈规陋习被涤除，男女在经济、政治、观念上空前平等。

　　1950年，朝鲜战争爆发。中国为了保家卫国，开始抗美援朝，于1953年迫使美国签署休战协议，打破了美军不可战胜的神话，极大地提升了中华民族的自信心。

　　1974年，毛泽东超越社会制度和意识形态等传统观念，打破原来西方人划分世界的根据，提出了关于"三个世界"划分的理论。他将美苏两个超级大国归入第一世界，日本、欧洲、加拿大等发达国家归入第二世界，中国与亚非拉等地的发展中国家归入第三世界，号召第三世界与第二世界联合起来，

---

① 在以蒸汽动力为代表的近代工业文明冲击下，中国担心沦为帝国主义的殖民地，开始吸收引进外来文化，直至以马克思主义为指导，建立新中国，开启了中华文明的新征程。在此进程中，我们既吸收西方先进的文明营养，也对近代西方文明虚伪性和殖民性进行揭露和控诉，如批判奴隶贸易、屠杀印第安人、鸦片贸易、炮舰外交、殖民战争等。具体见李永晶：《分身：新日本论》，北京联合出版公司，2020年，第229页。

共同反对霸权主义，引起世界各国的广泛关注。①美国出于与苏联抗衡的战略考虑，逐步调整对华政策，中美两国开始从对抗走向对话。

中华民族之所以伟大，就是因为它不管面临什么挫折，都有智慧进行成功的扭转，从而不会被历史的烟尘淹没，体现出中华民族再生与复兴的伟大心愿。在生存生计已经成为最迫切问题的历史关头，中华民族停止了无休止的论争，从纷杂的社会大折腾中摆脱出来，全身心地投入到了改革开放的努力之中，成功地挽救了民族，挽救了国家。②

1978年，中国共产党通过开展"实践是检验真理的唯一标准"大讨论，对"文化大革命"做了彻底否定，不进行"姓社还是姓资"的争论，坚持实事求是、解放思想，以经济建设为中心，对内改革，对外开放，推动全民打破谨小慎微、安土重迁的传统思维，鼓励人们敢于流动以寻找各种经济发展机会。时任国务院副总理谷牧带队到法国、联邦德国、瑞士、丹麦、比利时进行为期一个多月的考察，回国后建议吸引西欧的资本和技术进入中国，放权搞活，推进改革开放。在此带动下，中国向西方国家学习了许多推进经济发展的做法：如何控制通货膨胀，如何处理政府与国企的关系，将国营企业改为国有企业，加入世界贸易组织，用外部约束来倒逼内部改革……

以真理标准大讨论为开端、以人道主义和异化理论为高潮的思想解放运动，很快就在民间引发了一场轰轰烈烈的文化启蒙运动。重新睁开眼睛看世界的中国人，在看到中国与西方发达国家的差距之后，对西方文明开始狂热崇拜和盲目模仿。进入90年代之后，西化主张骤然降温，西方文化被视为滋生自由化的根源。随着亨廷顿"文明的冲突"论调在西方各国的兴起，中国与西方国家的矛盾日益激化，维护国家尊严的爱国主义精神与效法西方思想之间的矛盾越来越尖锐。进入21世纪后，网络信息时代的加速来临，更是强化了民族主义立场，在许多时候表现出强烈的反西方情绪。与此同时，"国学

---

① 丁一凡：《跌宕起伏的中欧关系——从文明对话到战略伙伴》，中国社会科学出版社，2020年，第122页。

② 孙皓晖：《中国原生文明启示录》，中信出版集团，2020年，序言。

热"成为一股引人注目的文化热潮。①

总体来看，新中国成立70多年尤其是改革开放40多年的发展，我国经济、科技、军事等各方面都取得了令世人瞩目的辉煌成就：经济总量稳居全球第二，国内生产总值超过100万亿元，常住人口城镇化率超过60%，中等收入群体超过4亿人；科技突飞猛进，众多"卡脖子"技术被不断突破，一些领域技术领跑全球；国防和军事力量得到重塑；等等。特别是建成了世界上规模最大的社会保障体系，历史性地解决了困扰中华民族几千年的绝对贫困问题。这些都为实现中华民族伟大复兴提供了坚实物质基础。

进入新时代，中华民族的文化自信逐渐恢复，文化认同随之增强，增强了民族生命力，振奋了民族精神，有力地推动中华民族伟大复兴。正是在这样的历史背景下，习近平在毛泽东推进马克思主义与中国具体实践相结合的"第一个结合"基础上，提出了"第二个结合"——推动马克思主义与中华优秀传统文化相结合，这是中华文明这一古老文明形态在全球化浪潮中的一种自主性的应战态势。

马克思主义在中国的兴起，是与中国传统文化相匹配的。一是中国儒家文化秉持无神论，与马克思主义的意识形态立场完全相同，二者在世界观方面完全契合；二是儒家文化讲求中庸、阴阳调和，所谓"一阴一阳之谓道"，与马克思主义哲学的辩证法如出一辙，二者在方法论方面相同；三是儒家文化强调团结、集体力量，与马克思主义的集体本位思想也是高度一致。②正是由于二者的高度契合，马克思主义才能在中华大地上落地生根，与中国具体实践相结合、与中华优秀传统文化相结合，进行时代化、中国化的创新发展，推动中华民族实现伟大复兴。

来自西方世界的马克思主义，之所以能在世界东方的中国开花结果，引领中国迈上繁荣富强的发展道路，根本上在于马克思主义提倡的"为人民服务"

---

① 值得警惕的是，各种民间宗教乃至神仙方术也纷纷打着"国学"的名义死灰复燃，甚至诞生出像法轮功这样的邪教组织。

② 刘哲昕：《文明与法治》，法律出版社，2014年，第85—86页。

理念与中华文明"以人为本"的思维观念高度吻合，通过与中国具体实践相结合，与中华优秀传统文化相结合，从而迸发出巨大的动能，并结合形成一种新的具有普遍指导意义的文明形态——人类命运共同体。

近年来，随着中国改革开放取得巨大成就，不少美国人开始担心，从长期看，中国的崛起将给美国带来重大战略威胁。目前，中国已经成为仅次于美国的世界第二大经济体，中国的人口总量比美国的4倍还要多。连续多年来，中国的经济增长速度不仅超过了美国，也超过了其他主要国家。在某些先进技术领域，比如新能源、高速铁路运输、超高压输电、高超音速导弹等方面，中国已经超越美国。美国政府的效率往往受两党制和分权制衡的限制而较为低下，与之相比，中国政府的办事效率要高得多。美国人整体上正变得越来越极端化，在政治上越来越不愿意妥协。各党派内部正日益走向同质化，在意识形态上越来越极端，两党中温和派的身影逐渐消失。2014—2016年，美国国会通过法案的数量是近期美国历史上最少的，致使预算的通过也落后于原定的计划，这为政府停摆埋下了隐患，或者说实际上加速了政府的停摆。在很多美国人看来，中国在经济上和军事上超越美国，只不过是时间早晚的问题。[①]世界格局已经呈现百年未有之大变局，"东升西降"已经成为不可逆转的趋势，21世纪即将成为"亚洲世纪"。

> 这一时期，在中国共产党的领导下，中国人民取得了新民主主义革命、社会主义革命和建设的伟大胜利，特别是改革开放后，经济飞速发展，目前已成为世界第二大经济体，使得世界重心开始再次向东方转移。
>
> 世界格局发生重大调整。在两次世界大战的影响下，英国快速衰退，美国取代英国成为世界第一强国。

---

① 贾雷德·戴蒙德著，曾楚媛译：《剧变：人类社会与国家危机的转折点》，中信出版集团，2020年，第279—299页。

与此同时，在苏联带领下，社会主义阵营形成，与以美国为首的资本主义阵营形成"冷战"态势。亚非拉地区民族国家纷纷独立。苏联解体后，美国成为唯一的超级大国，但时间并没有维持多久，当前世界已加速进入多极化局面。

尽管二次世界大战之后，各国磋商组建联合国、国际货币基金组织、世界贸易组织等国际组织，但彼此之间的战争冲突依然持续不断。

这一时期，科学技术快速发展，互联网、人工智能、空间技术、生物技术突飞猛进，开启了人类向数字虚拟空间、地外空间迈进的步伐，人类文明形态需要加快创新发展。

这一时期，爆发了两次世界大战。

20世纪初期，由于欧洲形成两大势力体系——英法俄和德奥意，不论世界哪个地区发生争执，这两大对立阵营都持不同意见。1914年，第一次世界大战爆发。德国国内民意的泛滥与国际上德国威胁论的强化，促成了英法俄"三国协约"的联盟包围圈，最终摧毁了德国"脆弱的崛起"。[①]1918年，第一次世界大战结束，欧洲大陆已是满目疮痍，由欧洲国家主导的西方文明开始瓦解。

作为第一次世界大战后世界新秩序的象征，国际联盟是一个世界和平的管理体系。比如，除了1933年宣布日本侵吞中国东北领土为非法之外，意大利1935年10月对埃塞俄比亚的侵略、苏联1939年11月对芬兰的侵略，国际联盟都持严厉批评的立场，苏联更是遭到了开除的处分。但是，由于国际联盟在制度设计上的各种缺陷，这些举措未能挽回和平，只能是从道义的角度代表国际社会民主化的进程，意味着世界文明进步的方向。[②]

德国由于在第一次世界大战中失败，需要进行大量战争赔款，导致民众生

---

① 徐弃郁：《脆弱的崛起：大战略与德意志帝国的命运》，商务印书馆，2021年，序言。
② 李永晶：《分身：新日本论》，北京联合出版公司，2020年，第358—359页。

活十分困窘。1933年，希特勒夺取政权。德国采用国家动员法，开始重整军备，应对经济大萧条危机，有效降低了失业率。希特勒充分利用德国在第一次世界大战之后民意的复仇心理，公开谴责《凡尔赛和约》，倡导一种新的政治宗教，在德国掀起一股政治热潮，纳粹党党员从1928年的9.7万名迅速增加到1939年的530万名，1945年5月达到800多万。[1]

希特勒宣称雅利安民族至高无上，对犹太人采取激进政策。早在1933年以前，关于犹太人是低下的、邪恶的种族的论调就在大西洋两岸盛行。从19世纪30年代到20世纪30年代，犹太人在德国经济中扮演了主导角色。第一次世界大战前，犹太人在德国人口中占比不足1%，但是占当地百万富翁的比例却高达20%以上。1914年，大约16%的德国上市公司董事会成员是犹太人。在德国学术界和文化界，犹太人的表现也非常突出。但是在政治方面，犹太人却只能发挥微乎其微的作用。1938年11月，纳粹德国开始对犹太人进行大屠杀，肆意没收犹太商人的财产，禁止所有犹太商业活动，大量犹太人被迫开始逃离德国。由于移民美国有严格的配额限制，只有那些有亲属愿意为他们提供经济担保的德国犹太人才有机会移民到美国。战争爆发后，仍然居住在德国的21.4万名犹太人，最终只有不到1/10幸存下来。[2]

1936年，希特勒与意大利墨索里尼结盟，并共同支持佛朗哥在西班牙建立法西斯政府。1938年，纳粹德国吞并奥地利，瓜分捷克斯洛伐克。1939年，法军进攻波兰，引发第二次世界大战。[3]1945年5月，德国宣布投降，标志着第二次世界大战在欧洲战场落下帷幕。截至此时，约有700万德国人失去生命，德国城市中有1/4～1/2的房屋被摧毁，德国领土的1/4被划给波兰和苏联。在二战中取得胜利的4个同盟国将德国分区占领：美国占领了德国南部，

---

[1] 尼尔·弗格森著，周逵、颜冰璇译：《广场与高塔——网络、阶层与全球权力竞争》，中信出版集团，2020年，第235—236页。

[2] 尼尔·弗格森著，周逵、颜冰璇译：《广场与高塔——网络、阶层与全球权力竞争》，中信出版集团，2020年，第239—246页。

[3] 威廉·H.麦克尼尔著，田瑞雪译：《5000年文明启示录》，湖北教育出版社，2020年，第586页。

法国占领了西南部，英国占领了西北部，苏联则占领了东部。1949年，美国、英国和法国将其在德国的占领区合并，成立了德意志联邦共和国，简称联邦德国。苏联占领区成了一个独立的整体，成立了德意志民主共和国，简称民主德国。1948年，美国开始将对欧洲进行经济援助的马歇尔计划延伸到联邦德国。联邦德国将改良后的自由市场政策制度化，取得了被称为"经济奇迹"的复苏成就。①

第二次世界大战后，欧洲为了防止再次爆发大规模的战争冲突，开始谋求建立国家联合体，逐渐走向联盟（从1951年的欧洲煤钢共同体到1967年的欧洲共同体，再到1993年的欧洲联盟），其主要目的是希望通过经济上的联合发展、政治上的协同合作，摆脱美国的强大约束，最终实现真正的独立自主。

两场世界大战都从欧洲肇始，都是德国与盟国交战，最终都以德国战败而告终。德国政府对二战期间所犯下的罪行进行了深刻的反思，德国总理勃兰特1970年访问波兰时，在华沙犹太区纪念碑下跪，树立了一国领导人为本国给他国人民造成的巨大痛苦而真心实意道歉的范例。

尽管第二次世界大战后，人类经过深入反思，创设了联合国、世界贸易组织等国际组织，表明了人类共有的理想与热情，形成了新的世界秩序，但不可否认的是，此前殖民帝国时代的一些传统观念，比如种族歧视、种族屠杀、资本掠夺、国家强权等，依然在世界许多地方不断显现。

两次世界大战使西方文明遭到严重冲击，欧洲人的文化自信大幅降低，逐渐意识到自己的做事方法只不过是众多方法中的一种，不总是也不尽然是最佳选择。自由放任的经济，不再具备绝对的优势，法西斯主义更是臭名远扬。

这一时期，尽管工业经济快速发展，但是到1914年时，很多欧洲人还是

---

① 贾雷德·戴蒙德著，曾楚媛译：《剧变：人类社会与国家危机的转折点》，中信出版集团，2020年，第175—180页。

主要以务农为生。欧洲列强中，只有英国有半数以上的人口进入城市化阶段，生活在远离土地的市镇上。人类历史上西欧城市的规模第一次超过了东亚。到第一次世界大战前夕，英国这个拥有4560万人口、陆地面积刚刚超过12万平方英里（31万平方公里）的王国，统治了世界上超过3.75亿人口和1100万平方英里（约2849万平方公里）的土地。[①]同时，由于英国坚持自由贸易政策，而美洲粮食价格远远低于欧洲的生产成本，导致英国国内的农业几乎被完全摧毁，其他欧洲国家的政府只能依靠征收粮食特别关税来保护农民利益。但是，此举抬高了城市食品价格，使城镇工人阶层利益受损。随着民众投票权的持续扩大，工人阶层在国家政治上的影响力不断提升，欧洲多数国家组建了马克思主义政党和工会组织。到1914年，社会主义政党在欧洲各国议会中都赢得了实质性的代表权。1929年，爆发了一场世界性的经济危机，世界经济由繁荣转为萧条，大量工厂倒闭，工人失业。马克思主义关于资本主义危机的预言似乎即将实现。经过经济大萧条，人们对市场经济的认识，不再像过去那样觉得完美，而是认为计划经济的效率要优于传统的市场经济，一些资本主义国家也承认政府干预经济带来的益处，于是开始采用凯恩斯主义，出台各种管理新规。

　　如果说，近代西方是一个发现自我、发现人、发现人性的时代，那么现代西方则是这个自我、人和人性日益走向分裂的时代。现代资本主义生产使人成了机器的一个部分，成了计算机程序中的一个代码。劳动异化带来了人性的异化、理性和感性互相冲突，导致现代悲剧意识向绝望意识蜕变。19世纪的巴尔扎克曾自豪地说："我粉碎了每一个障碍。"20世纪的卡夫卡却说："每个障碍都粉碎了我。"加缪则把古代的西西弗斯神话演绎为一个永远受罚且甘心受罚的形象。[②]

　　两次世界大战带来的直接结果就是，16世纪以来，西欧国家开始执掌世

---

① 尼尔·弗格森著，周逵、颜冰璇译：《广场与高塔——网络、阶层与全球权力竞争》，中信出版集团，2020年，第162—163页。

② 邓晓芒：《西方美学史纲》，商务印书馆，2018年，第181—182页。

界文明进程时代的结束，欧洲的世界权力终结。与此同时，世界格局的变化，使新的超级大国——美国崛起，取代英国成为引领西方文明的代表，努力将民主政府与自由市场融为一体。1941年，美国国会通过《租借法案》，大发战争财。1941年12月，美国珍珠港海军基地遭到日本袭击之后，美国对日宣战。到1945年，美国国力明显超过世界上其他所有国家，不仅傲视欧洲，而且称雄全球。20世纪50年代，美国开展民权运动，推动种族平等。1964年，在马丁·路德·金的呼吁下，美国国会通过《公民权利法案》，禁止种族隔离。1973年，美国从越南撤军。20世纪80年代开始，里根政府启动"星球大战"，希望借此终结美苏两个超级大国之间的核武器恐怖平衡。这种残酷的军备竞赛也最终拖垮了苏联，使其于1991年正式解体。

美国在经济社会取得快速发展的同时①，也正在经历一场渐进式危机，其中既包括社会层面和政治层面的内部问题，也包括国际关系等外部问题。在国内问题上，最为典型的表现在美国经济的不平等程度不断加剧。例如，美国最富裕的1%群体的收入占未调整国民总收入的比例从20世纪70年代的不到10%上升到今天的25%以上。即使在美国富人阶层的内部，不平等的情况也在加剧。最富裕的1%群体的收入增加比例要远远大于最富裕的5%群体；最富裕的0.1%群体的收入增加比例又大于最富裕的1%群体。2019年，最富裕的三个美国人——杰夫·贝佐斯、比尔·盖茨和沃伦·巴菲特，他们的净资产加起来等于1.3亿最贫穷的美国人的净资产总值。②

进入21世纪后，席卷全球的世界金融危机使各国几乎都遭到重大冲击。2008年9月15日，雷曼兄弟公司宣告破产。在主要的破产程序中，约有6.6万宗针对雷曼兄弟公司进行索赔，金额超过8730亿美元。这是美国有史以来规模最大、最复杂、涉及面最广、影响最为深远的破产案，引发了史上最严重

---

① 1890年之后，在卡内基、洛克菲勒、福特等工业巨头的捐助下，美国各大城市的大学、图书馆、交响乐团、歌剧院等组织如雨后春笋般涌现。

② 贾雷德·戴蒙德著，曾楚媛译：《剧变：人类社会与国家危机的转折点》，中信出版集团，2020年，第317页。

的金融危机。①这也从某个角度标志着资本主义制度存在重大缺陷，很难长期维持下去。

第二次世界大战后，在美国崛起的同时，社会主义国家苏联获得了与美国相同的世界统治权力。1917年11月7日，列宁领导发起十月革命，推翻了临时政府，建立了布尔什维克党领导下的苏维埃政权。1921年，列宁宣布实施"新经济政策"，允许私人开展市场交易。但是，从1928年起，在斯大林领导下，苏联再次实行强化了计划经济，加快工业化进程。

十月革命使得马克思主义在东方国家的威望空前增长，导致捷克、匈牙利、南斯拉夫等东欧国家以及中国、印度、印度尼西亚、马来西亚、菲律宾、越南等亚洲国家先后建立起共产主义小组和共产党组织，并相继在一些国家执掌政权，组建起地域广阔、影响深远的社会主义阵营。

为了协调国家之间的利益关系，各国在国际联盟的基础上重新设计，1945年组建联合国，职责是维护长久和平，解决其他国际问题。许多民族国家在殖民地基础之上独立形成，出现大量第三世界国家，在联合国大会拥有不少投票权。但是，由于以美国为首的资本主义阵营与以苏联为首的社会主义阵营存在政治意识形态方面的根本差异，为了瓜分利益、抵御对方的影响，1947年两大阵营之间拉下"铁幕"。1949年，美国主导成立针对苏联等国军事对抗、旨在建立集体防御联盟的北大西洋公约组织（简称"北约"）。1955年，苏联针对美、英、法决定吸收联邦德国加入北约一事，组织社会主义阵营国家在波兰华沙签订了《友好互助合作条约》，正式成立了军事政治同盟——华沙条约组织（简称"华约"）。至此，美苏势力范围分界线日益清晰，双方将竞争焦点放在恢复各自控制土地的经济上。美国凭借超强的经济实力，实施"马歇尔计划"，帮助西欧盟国经济重建。东欧地区在苏联计划经济的推动下，也取得显著成效。由于美苏两国都拥有强大的、足以毁灭整个地球的核武器

---

① 尼尔·弗格森著，周逵、颜冰璇译：《广场与高塔——网络、阶层与全球权力竞争》，中信出版集团，2020年，第355—356页。

力量，形成所谓恐怖平衡。在与美国进行的军备竞赛中，苏联长期以来重工业优先于轻工业，导致经济结构失衡，国民经济逐步被拖垮。1991年，戈尔巴乔夫主导的自由主义改革宣告失败，苏联最终解体，两大阵营之间彼此对抗的"冷战"阶段正式宣告结束，世界格局再次发生急剧变化。①

进入21世纪后，全球范围内的大规模军事冲突基本上得到有效控制。但是，恐怖主义等非传统军事安全冲突甚嚣尘上。自2001年美国发生"9·11"事件以后，世界人民发现全球陷入宗教恐怖主义的"流行病"之中。2014年是恐怖主义极为猖獗的一年，有93个国家遭受袭击，近3.3万人丧生。2015年，也有超过2.9万人死亡，其中3/4都是由4个激进的宗教团体——伊斯兰国、博科圣地、塔利班和基地组织发动的。皮尤研究中心预计，到2030年，英国至少会有8%的人口是宗教激进分子。法国当局估计，国内有1.14万名激进的伊斯兰主义者，远远超出政府能够监控的范围。②

第二次世界大战中的太平洋战场，由明治维新后的日本挑起。日本在1894年之前，就曾考虑进攻中国和朝鲜。1895年日本取得中日甲午海战胜利后，吞并中国台湾。1904年，日本取得日俄战争的胜利，对外扩张的野心急剧膨胀。随着日本海外军事战争取得持续胜利，国内军国主义日益高涨。1910年，日本吞并朝鲜，剑指中国。与此同时，日本政府大力发展现代工业，着力壮大国力。到1914年时，日本一些产品开始在远东出口市场上与欧美产品抗衡。1931年，日本悍然发起侵华战争。1937年，卢沟桥事变发生，日本对中国发动全面战争。1941年，日本对美国、英国及荷兰发动突袭。1945年，日本本土遭遇美军原子弹轰炸。日本政府于8月15日无条件投降后，落入美国势力范围。

---

① 1991年，还发生了一件十分重要的国际事件，那就是欧洲经济共同体签署《马斯特里赫特条约》，正式升级为欧盟，发行统一货币——欧元，成为迄今为止国家主权在经济领域作出让步、进行跨国协调发展的典范。

② 尼尔·弗格森著，周逵、颜冰璇译：《广场与高塔——网络、阶层与全球权力竞争》，中信出版集团，2020年，第390—393页。

第二次世界大战之后，日本在美国政府的支持下，从战败的废墟上重新崛起。日本借助冷战机遇，加速提高国民的识字率和受教育水平，制定"科技立国"发展战略，提出要从"模仿和追随的文明开化时代"转向"首创和领先的文明开拓时代"，开始为技术创新驱动而在研发领域投入大量资金，从以引进和改造外国现有研究成果为主的科技发展道路转到以独创开发自主技术为主的道路，通过采取吸收战略，大量引进欧美先进技术，并加以综合、改造、提升，创造出适合日本发展和国际市场需要的新技术，其中电子、能源、生命科学、新材料、交通、宇宙开发、海洋利用以及防灾减灾技术为重点研究开发领域。在科学技术突破的强有力推动下，1978年日本国民生产总值已经跃居世界第三位，仅次于美苏[1]，苏联解体后一度成为世界第二大经济体。

近年来，受出生率大幅下降、人口寿命增长等多重因素影响，日本国内人口规模开始下降，老龄化问题日益凸显。目前，日本有23%的人口超过65岁，有6%的人口超过80岁。日本国民的预期寿命是全球各国最长的，达到84岁。预计到2050年，日本65岁以上人口和80岁以上人口在总人口中的占比将分别达到40%和16%。在传统文化中，日本不欢迎移民。从移民和移民后代占一国总人口的比重来看，澳大利亚是28%，加拿大是21%，瑞典是16%，美国是14%，而日本只有1.9%。在美国和德国，外籍劳工占全体劳动力的比重分别为15%和9%，而日本仅为1.3%。[2]

20世纪到来的时候，除了东亚的中国外，只有中东的奥斯曼帝国还是一座欧洲人尚未攻破的堡垒。[3]在世界上其他地方，欧洲人的占领总会导致当地政治结构的毁灭，取而代之的是欧洲人主导设计的新的政治结构。美洲、印度、澳大利亚、新西兰和非洲都结束了部落并立的状态，像欧洲一样涌现出

---

[1] 马克垚主编：《世界文明史》，北京大学出版社，2016年，第1007—1008页。

[2] 贾雷德·戴蒙德著，曾楚媛译：《剧变：人类社会与国家危机的转折点》，中信出版集团，2020年，第263—265页。

[3] 第一次世界大战期间的奥斯曼帝国，是一个由皈依了伊斯兰教、讲着突厥语的游牧民族建立的帝国。据估算，奥斯曼帝国统治超过20个民族的大约3000万～5000万人口，是一个多民族、多语言的帝国，伊斯兰教在某种程度上起到黏合剂的作用。

许多现代民族国家。全球大部分地区的政府都按照欧洲的模式，以欧洲人的文明准则和概念体系构建起来。①

19世纪后期，几乎整个中东都沦为了欧洲强国的殖民地或势力范围。西方商品倾销到中东地区后，严重冲击了那里本不发达的农业和手工业，造成了人民生活的极度贫困。与此同时，西方文化和资本主义意识形态也渗透到伊斯兰世界，腐蚀冲击着那里传统的伦理道德和生活方式。②到1914年，伊斯兰世界绝大部分地区已受欧洲控制。法国占领了阿尔及尔、突尼斯、摩洛哥，还越过撒哈拉沙漠，向非洲南部扩张。非洲其他过去受穆斯林统治的地区，如埃及、苏丹等地，则被英国控制。欧亚大陆上，过去被奥斯曼帝国控制的地区，如保加利亚、阿尔巴尼亚、塞尔维亚、希腊等于19世纪上半叶纷纷独立。20世纪20年代开始，土耳其、埃及、伊朗等国相继独立，走上世俗化、现代化的改革道路，取得令世人瞩目的成绩。1982年，以色列与埃及讲和，打破了阿拉伯国家30年不与以色列打交道的禁忌。

与此同时，伊斯兰国家之间的发展极为不平衡，世俗与宗教的斗争仍在激烈进行。1979年，霍梅尼发动伊朗革命，震动整个伊斯兰世界。1980年，伊拉克在美国怂恿下，与伊朗开启了长达8年的两伊战争。霍梅尼在伊朗推行伊斯兰复兴运动，设立"革命法院"，成立"革命卫队"，主张政教合一，实行伊斯兰神权统治。

第一次世界大战发生后，为了保护通往印度的道路，英国与法国、俄国之间进行"大博弈"，推进帝国主义扩张，在中东地区引入了一种人为创造的国家体系，从根本上改变了亚洲伊斯兰世界的政治形态。在大部分地区，英国作为名义上独立的阿拉伯君主的保护者，实现了间接统治。③它们对奥斯曼帝国进行瓜分，阿拉伯领土变成英法两国托管地，叙利亚和黎巴嫩被法国托管，巴勒斯坦和伊拉克被英国托管。欧洲列强企图实现重塑中东的国家版图，但

---

① 戴维·弗罗姆金著，栾力夫译：《终结所有和平的和平》，中信出版集团，2020年，第727页。

② 马克垚主编：《世界文明史》，北京大学出版社，2016年，第1277页。

③ 戴维·弗罗姆金著，栾力夫译：《终结所有和平的和平》，中信出版集团，2020年，前言。

英法两国自身却没有实力保证它们在这里创造出来的王朝、国家和政治体系能够长久地存续下去。它们不可逆地摧毁了这一地区的旧秩序,彻底终结了土耳其人对中东阿拉伯世界的统治①,最终却使中东地区走上了一条战乱不已的道路。

英国政府1917年发表《贝尔福宣言》,助推犹太复国主义者于1948年建立以色列。以色列人和巴勒斯坦人在同一小片领土上长期斗争。在以色列人的描述中,他们经历几个世纪的反犹迫害后对自由和自决的追求,终于从不断的流散中,回归到上帝的"应许之地"②,在故土建立起一个主权独立的犹太国家。巴勒斯坦人则形容自己是这片土地数百年来的原住民,他们作为占多数的穆斯林,与占少数的基督徒和犹太人一起和平地生活。③现在以色列的独立成为巴勒斯坦人的劫难。犹太复国主义者眼中的公正和胜利,对巴勒斯坦人来说,则是不公、失败、流亡和羞辱,是以牺牲巴勒斯坦人的利益为代价的。时至今日,巴以冲突仍然是全球和平的重要关切,是动荡、痛苦、仇恨和暴力的一个根源。由于冲突不断,加上"定居点"等隔离政策的实施,巴勒斯坦人和犹太人在空间上、社会上和心理上都更加疏远了。和平共处的希望极其渺茫,双方陷入袭击—报复—反报复的恶性循环中,点燃了遍布整个中东地区的战火。④在中东地区,以色列与阿拉伯国家之间的战争不断,第二次世界大战之后先后经历过多次巴以冲突,恐怖主义活动此起彼伏。

1993年9月13日,在美国政府的协调下,巴以双方签署《奥斯陆协议》。阿拉法特领导的巴解组织承认"以色列国有权和平安定地存在",并承诺"通

---

① 戴维·弗罗姆金著,栾力夫译:《终结所有和平的和平》,中信出版集团,2020年,第731页。

② 以色列人历来认为,迦南(今巴勒斯坦)是上帝在《圣经》中许给他们的土地,即所谓"应许之地"。后来西方人用"应许之地"泛指自由、幸福的乐土。

③ 据英国军方统计,1918年,这里的人口包括穆斯林51.2万人,犹太人6.6万人,基督徒6.1万人。各群体尽管在地位和税收方面存在不平等,但在混居区内彼此宽容。1931—1939年,巴勒斯坦的犹太人数量翻了一倍多,从17.5万人增加到44.5万人,占总人口的1/3。到1944年,犹太人占了耶路撒冷15.7万人中的9.7万,穆斯林和基督徒各有约3万人。

④ 伊恩·布莱克著,王利莘译:《邻居与敌人》,中信出版集团,2019年,前言1—2。

过谈判解决所有悬而未决的问题"，宣布放弃使用"恐怖主义和其他暴力手段"。拉宾代表以色列决定承认巴解组织为巴勒斯坦人民的代表，并着手在中东和平进程内与巴解组织进行谈判。但是，双方内部都存在对此持异议的强大政治力量，彼此之间的和平难以企及。暴力的阴影近在咫尺，冲突的结束遥遥无期。2023年底，以色列与巴勒斯坦之间又爆发了新一轮的剧烈冲突，导致数万人死亡。

两次世界大战之后，欧洲在亚非拉地区的殖民帝国土崩瓦解，一个新时代降临，产生了许多新的独立的民族国家。1945年，越南民主共和国成立。1946年，菲律宾独立。[①]1947年，印度、巴基斯坦独立。1948年，锡兰、缅甸独立，以色列国家主权建立。1949年，印度尼西亚联邦共和国成立。

印度在国大党领袖甘地的带领下，主张印度独立，实现民族自决。1947年，英国撤出印度，英国末代印度总督蒙巴顿提出印巴分治方案，将印度次大陆分为主要信仰印度教的印度和主要信仰伊斯兰教的巴基斯坦。由于两国边界线是由一个从来没有去过印度的伦敦律师西里尔·雷德克里夫在地图上直接画出来的，导致两国冲突不断，至今依然剑拔弩张。[②]

印度尼西亚是一个拥有2.6亿人口的国家，人口数量仅次于印度、中国和美国，在世界上排名第四。从1510年开始，印度先后成为葡萄牙、荷兰和英国的殖民地。从语言方面看，印度尼西亚是世界上最多元的国家，拥有超过700种不同的语言。印度尼西亚人的宗教信仰也十分多元，大部分人信仰伊斯兰教，但也有很多人信仰基督教和印度教，另外还有人信仰佛教、儒教以及当地传统宗教。[③]

非洲是一个有着巨大发展潜力却又饱经动荡岁月的大陆。几乎所有非洲

---

① 菲律宾自称是亚洲唯一的基督教国家，是美国民主在远东的橱窗，是一个位于亚洲但在文化、政治制度、语言、社会道德和宗教方面却没有多少亚洲特征的国家。

② 刘哲昕：《精英与平民》，法律出版社，2014年，第80页。

③ 贾雷德·戴蒙德著，曾楚媛译：《剧变：人类社会与国家危机的转折点》，中信出版集团，2020年，第141—144页。

国家都是欧洲列强在19世纪末叶瓜分非洲期间人为制造出来的。欧洲人为这些新生国家划定了边界，但他们在划界过程中，基本上甚至根本就没有考虑那里形形色色的君主国、酋长国及其他社会形态。数以百计的部族，虽然各不相同，互不相干，彼此也不存在共同的历史、文化、语言或宗教信仰纽带，甚至相互间还往往潜藏着敌意，却被匆匆拼凑在了一起，许多国家的边界线就是地图上的一条直线，从而埋下了民族宗教冲突的风险。总计下来，约有1万多个非洲部落政治实体就这样被简单合并成了40个欧洲殖民地或保护国，新的疆界线割裂了大约190个文化形态群。比如，尼日利亚一个国家就包括多达250个民族语言群体。

1945年，非洲已有4个独立国家：埃及、埃塞俄比亚、利比里亚、南非联邦。1960年，第15届联合国大会通过《非殖民化宣言》，认为外来统治是对基本人权的践踏，违反了《联合国宪章》的基本原则；宗主国应采取步骤，无条件地将所有的权力移交给托管地和非自治领土的人民，使之能享有完全的独立和自由，根据自己的意愿建立民族国家。非洲因此掀起了独立建国的风暴。1960年，有17个国家宣告独立，这一年也因此被称为"非洲独立年"。1961—1970年，又有16个国家独立。1970—1990年，也有12个国家相继独立。1994年，南非成功举行多种族和平民主大选，第一次举行黑白种族平等投票的总统选举，非洲人国民大会党领袖纳尔逊·曼德拉当选，标志着殖民主义对非洲的政治统治基本结束，非洲政治独立的任务基本完成。[①]

但是，广大发展中国家独立后，在与原宗主国脱钩的过程中，由于人口数量快速增长，被动处于全球化的世界贸易体系中，大多数并没有能够实现经济发展和生活水平的提升，加上军事专政广泛存在，非洲地区的部落、种族和宗教团体林立，内战、族际冲突、军事政变时有爆发，许多新生国家相继沦为内乱动荡、贪污腐败、管理混乱、战争冲突、独裁统治的牺牲品。[②]

---

① 马克垚主编：《世界文明史》，北京大学出版社，2016年，第1339页。

② 马丁·梅雷迪思著，亚明译：《非洲国——五十年独立史》，世界知识出版社，2011年，第1页。

这一时期，也是科技大发展的时期。

犹太裔瑞士人阿尔伯特·爱因斯坦（1879—1955）在1905年提出相对论，11年后又提出广义相对论，认为物质和能量可以相互转化。1929年，人类发现青霉素，挽救了无数人的性命。1942年，费米等物理学家实现了核能的控制释放，提供了制造原子弹的技术路径。1957年，第一枚火箭载着人造卫星从哈萨克斯坦发射升空。1969年，美国人第一次登上月球。1953年，弗兰西斯·克里克和詹姆斯·杜威·沃森破解脱氧核糖核酸（DNA）的螺旋结构，深化了人类对生物发展进程的理解认知。

经济的快速发展，也推动一代又一代经济理论学家将越来越多的数学模型引入经济学体系，以求更加客观公正地去解释经济发展规律。19世纪80年代，英国经济学家阿尔弗雷德·马歇尔（1842—1924）提出边际效用理论，使之成为分析价格、利率、工资和租金的万能钥匙。凯恩斯（1883—1946）1936年提出凯恩斯理论，强调政府进行反周期支出，以熨平经济繁荣萧条的节奏，对美国经济走出大萧条起到了重要作用。

在世界卫生组织的积极推动下，各国公共卫生条件显著改善，广泛推行疫苗接种，使用各种新型抗生素，人均寿命快速增长。1977年，传染病的一大杀手——天花被彻底消灭。世界人口规模开始呈现爆炸式增长，从1930年的20亿发展到1960年的30亿、1974年的40亿、1990年的50亿、2022年的80亿。人口的快速增长，也带来自然资源的过快开发，造成环境不可持续发展。工业革命引发的污染物排放问题，也在持续给自然环境带来巨大压力，甚至对人类自身的生存和发展构成了严重威胁。尤其需要注意的是，1960年之后，西方国家都再次经历低生育率。这些国家如果没有外来移民，都无法满足本国人力资源的需求。但移民数量的上升，又会不断改变人口的种族结构，引发新的社会融合问题。[①]

---

① 威廉·H.麦克尼尔著，田瑞雪译：《5000年文明启示录》，湖北教育出版社，2020年，第613页。

与此同时，考古学家于20世纪20—30年代相继发现了苏美尔文明、中华文明和印度文明的发源证据。50年代，非洲考古揭示了史前人类和人类进化的许多新细节。

这一时期，新型传播方式快速涌现。电影在一战前诞生，到20世纪20年代时自成一体，成为大众娱乐的新形式。30年代，欧洲和美国的广播网络吸引了一大批听众。40年代，电视节目诞生。70年代起，录音带为信息沟通增加了新形式。90年代，互联网的诞生使人类信息生产和传播进入了一个全新的时代。这些信息传播技术的演进，不仅对文化发展产生重大影响，对政治的影响也不言而喻。美国由于在这方面的强力推进，为其在全球形成了强大的文化霸权。

这一时期，最为伟大的科学发明无疑是计算机，以及基于计算机基础之上发展的互联网和人工智能。

1943年，研究人员研制出第一台具有电子化、数字化和可编程化特征的现代计算机。1964年，兰德公司的研究员保罗·巴兰提出开发网络技术，推动人类进入互联网时代。网络革命给人类带来的影响空前扩大，比德国活字印刷机引发的革命浪潮来得更快，影响的地理范围更广。让世界的大部分人上网，比让世界上84%的成年人识字所需要的时间要短得多。尤其是随着数字技术的快速发展，从文本到图像和视频的转换，从键盘到麦克风的转换，语言的读写能力已经不再是人与人之间联系的主要障碍。[1]

1971年，在斯坦福大学一批批创业者的积极推动下，圣克拉拉谷首次被称为"硅谷"，诞生出许多影响深远的科学技术。

全球超级网络的快速发展，使世界变得更加"扁平"，给人类文明和世界格局带来重大变化。一方面，导致美国社会进一步"分裂"。根据经济学家伊曼纽尔·塞斯和托马斯·皮凯蒂的计算，自1980年以来，美国财富水平排名

---

[1] 尼尔·弗格森著，周逵、颜冰璇译：《广场与高塔——网络、阶层与全球权力竞争》，中信出版集团，2020年，第415—419页。

前 0.01% 的人群的实际收入累积增长了 542%，而同一时期排名后 90% 的美国人实际收入却略有下降。以 2015 年美元水平计算，1999 年美国家庭收入中位数为 57909 美元，到 2015 年下降到 56516 美元。另一方面，网络数字技术推动中国快速崛起，从 2000 年到 2015 年，中国中产阶级增长了 3800 万人。

互联网的快速应用，还催生了网络社会。美国政府声称为了国家安全，置公民权利于不顾，从 2007 年开始，由美国国家安全局实施 "棱镜" 计划，要求包括脸书、推特、苹果、谷歌等公司提供在线数据，对公民进行数据监控。斯诺登泄密事件发生后，美国屈服于国际压力，结束了美国商务部对互联网名称与数字地址分配机构（ICANN）的监管，将其交于 "全球多方利益攸关方团体" 的监管之下。[①]

从某种意义上说，印刷机最早扰乱的是西方基督教世界的宗教生活。在活字印刷术的帮助下，马丁·路德的宗教书籍广泛发行撕裂了基督教。相比之下，如今的互联网是从扰乱商业开始的，后来开始扰乱政治，社交媒体在政治动员中发挥越来越重要的作用。2016 年，多米尼克·卡明斯组成数据科学团队，成功地推动 "英国脱欧公投"。同年，特朗普通过社交网络，击败希拉里，成为美国总统。大约一半的美国人使用脸书和其他社交媒体网站来获取竞选新闻，其中 50 岁以下的选民占比最高。特朗普在推特上的粉丝比希拉里多 32%，在脸书上多 87%。选举的前几天，特朗普在脸书上总共获得 1200 万个 "赞"，比希拉里多 400 多万个。2016 年 5 月 11—31 日，特朗普在推特上发的帖子平均被转发近 6000 次，而希拉里只被转发了 1500 次。与此同时，在选举前三个月出现的已知虚假新闻报道中，反特朗普的报道在脸书上被分享了800 万次，而反希拉里的报道则被转发了 3000 万次，极大地丑化了希拉里的形象。可以说，如果没有通过在线平台驾驭社交网络，特朗普就不可能成为美

---

①　尼尔·弗格森著，周逵、颜冰璇译：《广场与高塔——网络、阶层与全球权力竞争》，中信出版集团，2020 年，第 382—387 页。

国总统。[①]

1950年，数学家和逻辑学家艾伦·图灵提出"模仿游戏"，由此诞生出对机器智能的图灵测试。1956年，计算机科学家约翰·麦卡锡进一步将人工智能定义为能够执行具有人类智能特征的任务的机器。但是，计算机是基于精确定义的代码运行，刻板僵化，缺乏灵动，而人工智能是不精确的、动态的、新颖的、能自主学习的，因此面临精确与模糊之间的直接冲突。[②]于是，20世纪80—90年代，人工智能进入发展的寒冬期。21世纪初，路德维希·维特根斯坦（1889—1951）关于"精确性"与"模糊性"的见解重新被人们所认识，为人工智能和机器深度学习的相关理论提供了新的开发思路。[③]这些理论认为，人工智能的潜力在一定程度上可归于它能够扫描大量数据来学习类型和模式，通过相似点和相似物的网络来理解现实。通过与现实模式的匹配积累，人工智能有可能接近人类感知和理性的表现，有时甚至能够超越人类。[④]

20世纪末期，冷战结束，资本主义与社会主义两大政治阵营对立消解，中国综合国力和经济实力快速增长，"泛西方化"浪潮开始在全球范围内落入低谷。西方文明曾经在长达500年的全球化历程中扮演领导者角色，但是进入21世纪后，尽管它在国际舞台上发挥着具有举足轻重的作用，但已经逐渐从世界领袖的位置上退下。非西方世界的国家依靠已经获得的政治独立和经济成就，开始意识到"现代化不等同于西方化"，试图消除过去深刻的"泛西方化"烙印，自觉摆脱西方文明的精神牵引，回归到自己的文化传统中，去发

---

① 尼尔·弗格森著，周逵、颜冰璇译：《广场与高塔——网络、阶层与全球权力竞争》，中信出版集团，2020年，第396—402页。

② 亨利·基辛格、埃里克·施密特、丹尼尔·胡滕洛赫尔著，胡利平、风君译：《人工智能时代与人类未来》，中信出版集团，2023年，第64—66页。

③ 在世界大战的残酷冲击下，20世纪的哲学界开始规划新的路径，与启蒙时代的传统理性相背离，转而拥抱感知的模糊性和相对性。奥地利哲学家路德维希·维特根斯坦摒弃了理性可以识别事物的单一本质的概念，建议从对现象的"家族相似性"的概括中找到知识，认为概念的界限是"模糊的"或"不明确的"，为人工智能技术的发展奠定了逻辑基础。

④ 亨利·基辛格、埃里克·施密特、丹尼尔·胡滕洛赫尔著，胡利平、风君译：《人工智能时代与人类未来》，中信出版集团，2023年，第56—57页。

掘重铸社会转型的精神根基，对自己优秀传统文化进行创造性转化、创新性发展，探索适合自身国情的现代化道路。

这种深层次的变化，意味着全球化时代的一个新阶段的来临。在全球文化保守主义的潮流中，伊斯兰文明、印度教文明、儒家文明等东方文明形态，都试图在借鉴西方物质层面和制度层面的优秀成果的同时，在精神层面否定过去"全盘西化"的路径，显现出与西方文明迥然各异甚至分道扬镳的文化特色。[①]

---

① 赵林：《中西文化的精神分野：传统与更新》，九州出版社，2023年，第213—215页。

第三部分　中华文明的内核及影响

从人类文明的发展历程来看，中华文明是一个十分独特的存在，尽管在发展进程中也曾多次遭遇危机，但五千年来从未断裂。这充分说明了中华文明拥有强大的内核基因，值得我们深刻思考。

伴随着中国自身发展的起起伏伏，中国人自己以及外部世界在不同时期对中华文明有着不同的认识：有时高度自信，有时全面否定；有时极度推崇，有时嗤之以鼻。

第十九章　中华文明的内核

任何一种伟大文明，都有着其所固有的普遍而坚不可摧的内核。[1]从目前考古发现来看，中国到商朝时期，就已经形成了相当稳定的文明基因图谱。作为世界上唯一五千年不断裂的文明，中华文明的文化内核的力量十分强大，在全球有着巨大而深远的影响。中华文明之所以能够绵延传承至今，既源于其深深根植于中国大地黄河流域、长江流域的深厚底蕴，也因其与不同外来文明交流互鉴而不断发展。中华文明地域的广阔和整体规模的巨大，与其他古老文明很不相同。尽管中华文明在发展历程中，也曾经历过跌宕起伏、分裂整合，但基本保持了多元一体的整体格局。[2]

一、对待自然界：强调天人合一，自觉做到"敬"与"顺"

在文明萌芽的原始阶段，人类遇到的第一大调整，就是如何在恶劣的自然环境条件下，处理好人与自然的关系。中国人基于本土的自然条件，逐渐形成了独具特色的自然观，主张要敬畏自然，顺应天道。

"天"的概念早在周朝时期就已经提出来，开始取代商朝时期的"帝"的概念。郭沫若在《先秦天道观之进展》中认为，"天"字虽然在殷商时期早已

---

① 李永晶：《分身：新日本论》，北京联合出版公司，2020年，第177页。

② 陈来认为，轴心时代中华文明形成的基本价值，成为主导中华文明后来发展的核心价值。经过两千多年的发展，成为中华文明与西方近代文明不同的四大价值偏好：责任先于自由，义务先于权利，社群高于个人，和谐高于冲突。具体见陈来：《中华文明的核心价值》，生活·读书·新知三联书店，2015年，第3页。

有之，但卜辞称上帝为"帝"或"上帝"，却绝不称之为"天"。陈梦家认为，西周时期开始有了"天"的概念，代替了殷人的上帝，但上帝与帝在西周金文和周书、周诗中仍然时不时出现。

西周时期，"天"就已经成为人的至上观念，是调控世界的"理性存在"。虽然中华文明不强调"神性"，但并不意味着它从一开始就已经摆脱了原始、蒙昧的状态和巫术的影响。周人信仰的最高代表是"天"，表现出宇宙秩序和宇宙命运的色彩。天命无常，是周朝时期人们的典型观念。周人将"天"视为历史和民族命运的主宰，统治者天授神权，自称"天子"，替天行道。民间也把"天"对人世的影响与个人的道德努力联系起来，"天作孽，犹可违；自作孽，不可逭"。

中国哲学中一直强调"天道"。天道维持宇宙的自然秩序，确保人间诸事顺遂。天与地互补，二者神圣而平等，是一个统一的整体。君王只是在人间替天帝执掌一切，要顺应"天道"，不能为所欲为，否则统治权力就可能会被天帝收回，重新授予其他人。中国的天帝具有人类的特征，从来不像西方宗教里的神灵那样，获得一个清晰的人格或性别。它虚化为空，却又无处不在，通过它的代理人——君主（天子），对人们发号施令，实行统治。公元前9世纪的周朝时，中国人就开始举行祭天仪式，以祈求天帝保佑。[1]

天地在中华文明中有着特殊的意义。中国古代先民把天地视同父母，体现了最朴素的唯物主义思想。对天地的祭祀，成为上至国君、下至庶民的重要精神寄托。历代王朝的统治者都十分重视对天地的祭祀，以国家的名义在都城修建祭祀天地的坛庙。如今在北京城保存完好的天坛、地坛就是一个最好的例证。[2]

正是由于对"天"的敬畏，中华文明很早就开始重视修订历法。中国古代天文学以对多种天象的最早观测记录闻名于世，其连续性、完备性、准确

---

① 凯伦·阿姆斯特朗著，孙艳燕、白彦兵译：《轴心时代：人类伟大思想传统的开端》，上海三联书店，2019年，第98—99页。

② 刘庆柱：《不断裂的文明史》，四川人民出版社，2020年，第379页。

性世所罕见。中国有世界一流的历法，有在设计制造水平上遥遥领先的天文仪器，有许多最先进的天体测量成果。[1]目前我国保留最早的典籍就是《夏小正》，相传这是夏代的历书，是中国现存最古老的历法文献，在当时已经达到很精密的水准。[2]孔子时代的天文学就已经能精确地推算出日食、月食，确定一日分12时辰，一年分12个月，以新月为每月的开始，每年有一次闰月，以符合季节和太阳的旋转周期。中国人的生活规律与天象变化有着极为密切的关系，许多传统节日、时令节气都是根据太阳和月亮的运行规律制定。[3]

中华文明十分强调人的行为需要顺应天道。从道的角度看，天道是人道的根源。只有顺应天道，才能做到天人合一、天人相通。张载主张"万物一体"，天地交合生成世界，万物和人类一样，也是天地所生。人与人、人与万物、人与自然，应该成为和谐共生的整体。楚帛书《四时》篇强调，宇宙通过历日的运转而变化，这种规律性是固定的，不容违反的，一旦遭到破坏，就会发生自然灾害甚至人事的异变。[4]

其他文明认为，天代表神灵，是世界的创世者，是超越人类的。中华文明与其他文明不太一样，中华文明是唯一没有创世神话的文明。中国人认为，世界和人类不是出自造物主之手，而是自生自化的。美国汉学家牟复礼认为："这在所有民族中，不论是古代的还是现代的，原始的还是开化的，中国人是唯一的。"

天人合一的思想，本质上就是强调人与自然的和谐，认为宇宙、万物和人类都是共通的，是统一的而不是分裂的，不主张天与人的对立，而是主张天与人的协调。人在地球上的生存和发展，要依托自然、顺应自然，而不是单纯地强调去征服自然、改造自然。根据这种思想，人要顺从于天，顺从于自然；应当在顺从自然规律的前提下，发挥人的主观能动性，实现人的行为与

---

① 武斌:《文明的力量：中华文明的世界影响力》，广东人民出版社，2019年，序言第3页。
② 陈来:《中华文明的核心价值》，生活·读书·新知三联书店，2015年，第79页。
③ 威尔·杜兰特:《世界文明史·东方的遗产》，华夏出版社，2010年，第569—570页。
④ 李学勤:《中华古代文明的起源》，生活·读书·新知三联书店，2019年，第383页。

自然发展相协调。这种思想一方面注重人是自然的一部分，注重人在自己身上体现自然的本性，致力于人与自然的统一，并与自然融为一体；另一方面也主张人主动配合天地的生生变化，在与自然相协调的同时，协助并促进宇宙的和谐与发展。①

中华文明十分重视人与自然之间的和谐，强调要敬畏自然，适应自然，道法自然，并对人的活动提出了明确的要求。自然即自然活动，是天地万物的无声周行，犹如春夏秋冬的轮转、日月星辰的运行，是公正的、非人的及理性的万物法则。如果人要过上幸福和平的生活，其行为必须顺从自然之道。②

顺其自然在道家文化中表现得最为彻底。老子倡导因物性、顺自然，不肆意妄为，不为一己之私欲而大肆掠夺自然财富，破坏合理的生存状态，使人与自然处于高度紧张关系，应该对"反自然"的行为和后果进行反省，知足知止，回归本原。庄子认为，"道"存在于万物之中。物虽然是千姿百态，形状各异，但运行规律都体现"道"，所谓"道通为一"③。道，无所不在，无时不在。

当然，中华民族并不是守旧不变，而是在遵循自然规律的同时，始终以自觉的求变精神不断推动社会的发展。求变精神的实质，是自觉摒弃保守的生存状态，以巨大的创造冲动意识，提升人类不畏天地、面对险恶的自我生存能力。令人遗憾的是，由于中华文明是典型的农耕文明，重视安土重迁、血缘宗族，在儒家文化的影响下，更多关注的是礼学、伦理学而不是科学，强调恰到好处地做人，这也导致尽管中国基于实践基础的古代技术非常发达，但是基于纯粹理论、逻辑推理的，真正意义上的现代科学并未能在中国发展起来。

与之相对应，英国工业革命以来，西方世界依托现代科学技术，实行大规模的工业化生产，确实创造出前所未有的物质财富，但也产生了难以弥补

---

① 陈来：《中华文明的核心价值》，生活·读书·新知三联书店，2015年，第72页。
② 威尔·杜兰特：《世界文明史·东方的遗产》，华夏出版社，2010年，第488页。
③ 雷仲康译注：《庄子》，辽宁民族出版社，1996年，第17页。

的生态创伤。中华民族则一贯遵循天人合一、道法自然的理念，寻求永续发展之路。尽管中国自改革开放之后，一度也曾沿袭西方现代化发展的理念，过度开发自然资源，致使生态环境遭受到极大破坏，但是中国人很快就认识到其中的危害，及时调整形成绿色发展战略，大力推行碳达峰、碳中和行动，以最严格的制度来保护人类赖以生存的自然生态环境，并取得了显著的成效。

二、对待宗教与鬼神：强调人的自主性，对鬼神敬而远之

时至今日，由于人们的已知知识依然无法彻底地解释一些神秘的自然现象，所以各种鬼神信仰仍将长期存在。中华文明十分强调现实的世俗性和人性化，提倡对鬼神敬而远之。儒家学说的世俗性，并不是站在无神论立场上反对所有的鬼神信仰，而是以一种宽容态度对其"敬而远之"，既不排斥内部不同地区、不同人群的民间信仰，也不排斥源自其他文明体系的外来宗教流派。[1]孔子不谈鬼神，主张"未能事人，焉能事鬼"，"未知生，焉知死"[2]，"子不语：怪、力、乱、神"，"敬鬼神而远之"，认为世人应"畏天命"，对天道、祖先要有诚敬之心。孔子讲"敬鬼神而远之"，并不是说鬼神一定没有，而是说对"鬼神"这些离我们太远的事物，不用太关注，要把注意力集中在我们自己身上、人的身上。因此，以儒家为代表的诸子百家学说，都没有对人死后的"天堂""地狱""最后审判日"进行探讨、分析和描述。《道德经》六十章，"以道莅天下，其鬼不神。非其鬼不神，其神不伤人。非其神不伤人，圣人亦不伤人"，强调君主如果按照大道来治理天下，鬼神就无法显示自己的神灵。[3]

这种以儒家文化为主导的哲学宇宙观理论经过多年的丰富发展，落实到中

---

[1] 马戎：《中华文明基本特质与不同文明的平等共处》，讲座内容，人民论坛网，2019-08-07。

[2] 傅佩荣：《论语之美》，北京联合出版公司，2020年，第209页。

[3] 张景、张松辉译注：《道德经》，中华书局，2021年，第247—248页。

国人的现实社会生活中，就形成了构筑人间尘世的社会秩序和三纲五常、忠孝仁义礼智信等人际伦理，而不是西方世界对超越凡世的"造物者"的盲目崇拜和对"末日审判"的无限恐惧。除了个别例外，中原王朝的皇帝从来不把中华文明体系与任何具体宗教对立起来，也不把自身的宗教倾向强加给各族臣民。儒家学说把宗教鬼神信仰看作皇帝和臣民的个人私事，只要信仰者的行为不违反"天道"，不触犯国家法律，不影响社会经济活动的正常运行，就不主张强制干预，体现出"政教分离"的世俗化特质。加上中国社会一直是小农经济占主导的社会，中国人有自己的信仰、自己的鬼神，按照自己的理解和精神需要去主张自己的信仰，从不强行要求别人与自己有相同的宗教信仰，大多数人也不太相信以原罪为基础的、让人对现世心灰意冷的基督教教义。因此，在中国历史上，从未发生过真正意义上的宗教战争，中华大地上也从未出现过真正的"政教合一"的政权。这在人类文明史上是绝无仅有的。[1]

这一点，与欧洲历史形成强烈反差。相比之下，宗教战争几乎贯穿基督教诞生后两千多年的欧洲和中东历史。这是中华文明与西方文明的重大差别之一。虽然欧洲国家在宗教改革后推行"政教分离"，但是直至今日，西方国家的文化基调和道德基石仍是基督教。对于大多数西方人而言，没有宗教的道德是不可想象的。[2]

有意思的是，虽然中华文明提倡不事神鬼，但是十分重视祖先崇拜，强调"死生一体"，对墓葬文化十分重视。古人认为，人死后将进入另外一个世界，他们还像活着的人一样生活，供奉、祭祀活动的初衷由此而来。中华民族的先民把生老病死视为人生历史的全过程，生与死是其中最为重要的节点。死是人生的终点，生是人生的起点。人的生与死，是人在不同阶段所处的两个不同时空，是阴与阳的二元世界的隔离。阴间世界是阳间世界的一面镜子。

① 房龙著，周亚群译：《人类的艺术》，中国友谊出版公司，2013年，第258页。
② 马戎：《中华文明基本特质与不同文明的平等共处》，讲座内容，人民论坛网，2019—08—07。

人死后，肉体从现实世界中消失，但灵魂依然存在。因此，中华文明十分强调"事死如事生""陵墓若都邑"。可以说，中国的殡葬史在某种程度上就是一部社会历史的缩影，浓缩着中华民族重要的历史文化信息，是礼仪之邦的一种礼制物化载体，蕴含着中华民族五千年历史文化的核心基因。

道家与儒家在生死观上有极大的不同。《庄子·大宗师》强调："死生，命也；其有夜旦之常，天也。"[①]人生就像一年四季循环往复一样，一切都是自然所赋予的，既然不可改变，无法主宰，又无法抗拒，唯一可行的就是顺其自然，听其自然，"生死无变乎己"[②]。因此道家对生死看得很淡，一切顺应自然变化，不因活着而快乐，也不因死亡而悲伤。比如，秦失是老聃的朋友，老聃死了，秦失前去吊唁，只"号"了三声便出来了。这种吊唁方式十分独特，貌似不近人情，有悖于常理，但这恰恰是道家思想中真正领悟了生与死的真谛，是顺应自然的表现。[③]

中华文明盛行"落叶归根"的理念，人死后要回归故里，葬于故地，在家族祠堂中设立家谱，按照家庭成员的辈分进行排列，这就是所谓"昭穆"制度。帝王陵墓的陵区分布也遵从这一原则。这种昭穆制度，强化了宗族血缘关系的凝聚力。墓地一般都选择在居高临下、背山面水的地方，作为死者的阴宅，仿照阳宅进行规划、营建。早在新石器时代中期开始，墓葬就已经在一些聚落附近的房屋之外选址，之后逐渐形成部落专用的家族或氏族墓地，这一传统一直延续至今。近年来，火葬盛行，许多地方已经不允许进行土葬。或许在不久的将来，这种文化传统将不复存在，长期在人们血缘亲族关系维系中发挥重要作用的清明祭祖的礼仪将会进一步弱化。

在中华文明中，"坟"与"墓"是两个不同的概念。坟是墓之上的标志性设施，墓是地面之下安葬死者的所在。墓在旧石器时代中期就已经出现，但坟的出现是比较晚的事情。上古时代墓上没有封土。《周易·系辞》曰："古

---

① 雷仲康译注：《庄子》，辽宁民族出版社，1996年，第64页。
② 王景琳、徐匋：《庄子的世界》，中华书局，2019年，第211页。
③ 王景琳、徐匋：《庄子的世界》，中华书局，2019年，第280页。

之葬者，厚衣之以薪，葬之中野，不封不树。"由于没有丘垄，甚至西汉时代的人们也不知道殷汤葬在什么地方。周文王、周武王、周公等历史知名人物，只在史料中大致知道其葬地，却始终无法找到其墓冢。《礼记·檀弓》记载："国子高曰，葬也者，藏也。藏也者，欲人之弗得见也。"①这大概就是当时不起坟的主要原因。目前考古发现，墓葬封土大概在商代就已经出现，在殷墟发现的妇好墓就有明显的夯土台基等遗迹。到了春秋战国时期，孔子还为社会上兴起的修坟现象发出"墓而不坟"的感慨，责难古风不存。后来，坟上封土的高低，往往会成为反映墓主地位的标志。从这个意义上讲，坟的出现，标志着中国殡葬文化的政治性功能不断得到强化，发展成为社会阶层等级的政治符号和标志。②

早在夏商时期，墓地就有了祭祀性建筑。如安阳殷墟妇好墓，墓室上部有用于祭祀墓主人的建筑物。春秋战国时期的陵墓上建筑遗迹发现得更多，如陕西凤翔的秦公墓、河南辉县的魏王陵等。从秦始皇陵开始，寝殿成为帝陵的主要祭祀性建筑。魏晋南北朝时期，因连年战乱，为避免盗掘，帝王陵寝流行薄葬，不封不树，不立寝殿，不造园邑。唐朝帝陵一般都有寝殿，用于举行祭祀典礼。元朝帝陵沿用蒙古族传统的"潜埋"方式，陵墓附近没有礼制建筑，这也导致成吉思汗墓至今未能发现。明朝帝陵则经过堪舆先生的严格筛选和设计，扩大了祭殿建筑，形成了现在的世界文化遗产——十三陵。

在中国古代帝陵中，除了地面上有高大的封土和一些陵寝建筑外，最引人注目的莫过于源远流长、数量众多、造型精美的陵前石刻。据古代文献可知，坟墓前列置石刻的做法早已有之。传说尧母庆都陵和尧陵之前都有石陀，周公墓前竖有石人，周宣王墓前列置有石鼓、石人、石猊、石虎、石羊、石马

---

① 张文修编：《礼记》，北京燕山出版社，1995年，第63页。

② 刘庆柱：《不断裂的文明史》，四川人民出版社，2020年，第232—233页。

等。有的文献还记载秦始皇陵前有一对石麒麟。[①]可惜这些史料记载，至今未能得到考古验证。

就目前掌握的考古资料看，秦汉帝陵前未发现列置石刻，但从西汉中期开始，少数达官贵族的坟墓前列有石刻，最具代表性的是霍去病墓前石刻、张骞墓前石刻。帝陵之前列置石刻，从目前材料看不早于东汉。《水经注》记载，光武帝刘秀陵前列置了石人、石马。唐朝帝陵石刻群包括华表、天马、鸵鸟、石马、石人、石狮[②]等，形成了一套完整制度，对以后历代帝陵石刻产生深远影响。宋明清的历代帝陵石刻群，种类虽有所增加，但总体来看没有太大变化。[③]

三、对待人自身：强调以人为本，身心和洽

人，是文明之本。人，既是文明的创造者，也是文明成果的享受者。任何一个优秀的文明形态，最终的关注点都会回归到"人"本身，而不是随着时间流逝终将消失的"物"。唯其如此，方能持久。

中华文明从起源时，就突出以人为中心，以人为主体。[④]人的重要性，远比神的重要性更为凸显。[⑤]以人为本，是突出体现人的自然属性，是与以神灵为本相对应的。中国虽然有宗教，也有神学，但宗教和神学从来都没有像欧

---

① 麒麟是一种神话中的动物，有鹿的身躯、马的四足、牛的尾巴，头长一角。中华文明认为"麟凤龟龙"是"四灵"，属于"仁兽"。麒麟作为帝陵石刻较早出现，六朝帝陵石刻中均有麒麟，唐陵之中的唐睿宗桥陵以麒麟替代了天马，北宋和明清帝陵石刻中也普遍使用麒麟。

② 狮子产于非洲和西亚，东汉时作为贡品进入中国。时人视狮子为神兽，尤其是伴随佛教文化的传入，人们赋予狮子以神佛的"外衣"。唐朝以来，历代帝陵均以石狮为门兽。即便到了近现代，许多官府门前依然立着石狮子。

③ 刘庆柱：《不断裂的文明史》，四川人民出版社，2020年，第242—246页。

④ 中国是一个人口大国。据统计，公元前280年的时候，中国人口就达到1400万；200年，增加一倍，达到2800万；726年，达到4150万；1644年，达到8900万；1743年，达到1.5亿；1919年，达到3.3亿；2020年，达到14亿。

⑤ 袁行霈、严文明、张传玺、楼宇烈主编：《中华文明史》第1卷，北京大学出版社，2006年，第8页。

洲国家那样占据至高无上的地位。中国历朝历代更没有国教，没有教皇，没有宗教裁判所。

相比而言，西方文明比较强调以神为本。公元前11世纪，犹太教建立时，就强调以神为本，从而把多神教发展成为一神教。基督教创立后，继续强化以神为本的思想。直到18世纪启蒙运动兴起，才开始从以神为本向以人为本转变。

中华文明在初创时期，也是以神为本的，但是在公元前10世纪周朝时，在周公的大力倡导之下，就开始转向以人为本了。就关注人本身而言，中华文明比西方文明显得更为早熟。①

"以人为本"这四个字其实不是儒家最早提出的，而是见于《管子》，自西周以来不断发展成为中国独具特色的人文主义。

"人文"一词起源很早，《易·贲卦·彖辞》曰："刚柔交错，天文也；文明以止，人文也。观乎天文，以察时变；观乎人文，以化成天下。"将人文与天文放到同等对待的地位，可以看出中华传统文化对人文的重视程度。天文，体现对宇宙自然的尊重；人文，体现对人自身地位的尊崇。天地是万物之母，人是万物之灵。《老子》说："故道大，天大，地大，人亦大。域中有四大，而人居其一焉。人法地，地法天，天法道，道法自然。"将人与道、天、地并列，为"四大"之一。《礼记·礼运》曰："故人者，其天地之德，阴阳之交，鬼神之会，五行之秀气也。"②从天地、阴阳、鬼神、五行等角度，肯定了人的崇高地位。③

在中华文明中，人不是被神创造出来的，不存在西方文明所谓造人的"上帝"。因此，从中华文明的起源端开始，人就是有主体意识的。从这个角度看，人不是附属于神的，而是自生自发、自我主宰的。中华文明在发展进

---

① 陈来：《中华文明的核心价值》，生活·读书·新知三联书店，2015年，第212—213页。

② 张文修编：《礼记》，北京燕山出版社，1995年，第164页。

③ 袁行霈、严文明、张传玺、楼宇烈主编：《中华文明史》第1卷，北京大学出版社，2006年，第7页。

程中，始终十分强调"人"的主观能动性，强调要以人为本。《荀子·王制》曰："人最为天下贵。"人是与天、地并列的"三才"之一。"天人感应""与天地参"等思想，都反映出中华文明中对人这一本体的格外尊重和关注。正是在这个意义上，李约瑟称中国人的世界观"没有主宰却和谐有序"。其实，并不是没有主宰，只是这一主宰不是"神"，而是"人"自身。因此，在中国，主导社会的主流思想，始终不是宗教思想，而是人文主义思想。

中华文明自西周时就开始兴起人文主义思潮，春秋时期已经明确提出以人为本的观念。近代西方在文艺复兴之后也倡导以人为本，但与中华文明的以人为本在理念上有着本质差异。中华文明倡导的以人为本，着眼于人作为一个群体，强调群体利益高于个人；西方近代文明强调的以人为本，是以个人为本，强调群体利益让位于个人利益。[1]对中国人而言，整个社会是一个有机的整体，每个人都是这个有机体的一部分，不能独自存在，只有在整个有机体中才能发挥自己恰当的作用。"自己"不是一个源初的、基本的东西，而是派生的。强调个人概念上的"自己"往往是有害的，对社会和个人都是如此。[2]因此，在中华文明的价值体系中，人在世界上的生存，不是个体的独立生存，而是在群体之中的生存。社会远比个人重要，个人价值不能高于社群价值，为此需要重视家庭、家族、民族、国家的利益，强调个人对群体的责任和义务，小群体利益让位于更大群体利益，因此总结出"天下为公""天下兴亡，匹夫有责"的理念。[3]

人是否生而平等，对此道家与儒家有着完全不同的认识。道家文化更强调人的自然属性，认为人是平等的。庄子在《齐物论》中说："天地与我并生，而万物与我为一。"[4]在"万物"之中，人同样为一"物"。世间万物原本是平等的，没有等级之分，因此主张"齐物"，呼吁还原人的自然本性。而儒家文化

---

① 陈来：《中华文明的核心价值》，生活·读书·新知三联书店，2015年，第54页。

② 吴国盛：《什么是科学》，广东人民出版社，2016年，第46页。

③ 陈来：《中华文明的核心价值》，生活·读书·新知三联书店，2015年，第55页。

④ 雷仲康译注：《庄子》，辽宁民族出版社，1996年，第18页。

更强调人的社会属性，使物有了是非之分，人有了高低贵贱之别，强调要用礼制伦理去构建一个君子小人有别、高下尊卑有序的道德社会。①

中华文明对于个人自身，十分强调要身体健康、心理调适，最终达到"身心和洽"的境界。养生，不仅要养身，更要养心，实现身体健康和心理健康的有机统一。

中医是中华文明的重要组成部分，与中华传统文化思想一脉相通，是中国先民在同疾病反复做斗争的实践基础上总结出来的成功经验和理论知识，是与现代西方医学截然不同的知识体系。中医、中药在中国古老大地上运用了数千年，用事实证明其行之有效，不仅重在治已病，更重在养生和治未病。

中国先民从传说时期的神农尝百草到春秋战国时期中医药学开始从"医巫不分"的状态下独立出来，形成独具特色的理论体系。它用阴阳五行学说来说明人体生理现象和病理变化，阐明其间的关系，并将生理、病理、诊断、用药、治疗、预防等问题结合到一起，形成一套整体观念和独特理论。这套理论体系，大体在战国时期就已经产生，到汉代完全奠定，魏晋南北朝期间又进一步地充实和发展。②中医学者总结出"望闻问切"的"四诊法"，形成砭石、针刺、汤药、艾灸等中国特色的治疗方法。

最晚到周朝，中国就已经建立起完备的国家医疗制度，每年举行医生资格考试。据《周礼·天官》记载，冢宰属官有医师（卫生部长兼导师）、食医（掌调饮食）、疾医（掌养万民之疾苦）、疡医（外科），还有兽医，是人类历史上记载官医的最早分类。正史记载的第一位医生是战国时期的扁鹊，总结出"望闻问切"的全面诊断技术。《史记》中也记录下扁鹊的"六不治"：信巫不信医；骄恣不论于理；轻身重财；形羸不能服；阴阳并；藏气不定。这些都有很明确的科学与逻辑精神。③南北朝时期，医者和药者开始有明确分工，设

---

① 王景琳、徐匋：《庄子的世界》，中华书局，2019年，第63页。

② 袁行霈、严文明、张传玺、楼宇烈主编：《中华文明史》第2卷，北京大学出版社，2006年，第338页。

③ 王济武：《素问新论：中医的逻辑》，清华大学出版社，2020年，第2—3页。

立太医丞和药藏丞。

中国医学经典著作《黄帝内经》标志着中医学理论形成完整的体系。《黄帝内经》成书于秦汉时期，至今仍然有效地指导着中医实践。它可能并非一人一时的著作，而是中医群体对古代早期医学理论与实践进行的总结，其中有不少战国时期的内容，基本定型应该是在西汉。该书因假托黄帝与其臣子岐伯、雷公等问答之语因而得名，其哲学思想可以追溯到神话传说中的伏羲。伏羲创八卦，神农尝百草，伊尹药食同源，奠定了中国中医的理论逻辑。《黄帝内经》对中医学的发展产生了极为重要的影响，是中国医学经典之首，被翻译为日、英、德、法等多国文字，传播到世界许多国家和地区。

《黄帝内经》不仅成为中华医学千年文明之根，也是中华民族安身立命之本。中国的先民正是以这套生命哲学来认识人体所发生的一切病理变化。《黄帝内经》包括《素问》《灵枢》两部分，各81篇。《素问》侧重于讲藏象生命哲学以及天、地、人的三螺旋关系，并细分阴阳五行、五运六气、五脏六腑、五谷五味、气血精神等，论述病因、病理以及平衡调养，强调"道"、系统论、整体论。《灵枢》则侧重于讲经络、针灸，更像专业中医技法，认为人体通过经络传递病邪、反映病变，因此非常重视针灸手段，对连接经络的肤表穴位施行针灸，以达到治愈病情的目的。《黄帝内经》认为，人的病因主要包括"外感六淫""内伤七情""饮食劳伤"，不仅关注外部自然环境和卫生保健方面的因素，还非常关注精神因素在疾病发作过程中的作用，对医学心理学进行了初步探索。

从近年来"西学东渐"的融合发展来看，中国古代科学的各个分支，绝大多数已经与西方传入的近代科学融合，只有中医中药学是个例外。它作为一个学科体系，其生命力和持久价值已经在中国及东亚、东南亚地区得到两千多年的实践检验，直到今天仍然保持着浓厚的中国传统色彩，是中国古代科技文明中的一个奇迹。中医和西医在理论逻辑、实践路径上都有很大的不同，很难融合调适。人类的疾病，除了外伤与菌类感染，几乎都是系统性的。中医把外伤归类为"疾"，把内伤归类为"病"。早期中医更强调系统平衡调节，强化对"病"的调理，保持人的活力，不太强调用"药"，直到李时珍的《本草纲目》成书①，中药的作用在中国中医药体系中的地位才有所提高。而西医的逻辑，更强调与生命对抗，最突出的成就在"疾"而不在"病"，强调利用抗生素和外科手术在临床的应用。尤其是近年来，随着西方医学带来的对抗生素的大量使用，不仅培养出具备耐药性的"超级细菌"，还带来了药物过敏以及其他更多系统性、长期性的后遗症，一些药物的严重毒副作用已经引起医学界的广泛关注。②在此背景下，中医因其系统性、彻底性、有效性，重新进入许多医学工作者的视野，受到世界各国的普遍关注，一些中药品种也已经进入美国等西方国家的药品体系当中，针灸、拔罐等中医疗法更是得到许多国家民众的信任。

中华文明不仅强调个人的身体健康，还特别强调心理上的调适。

儒家文化特别强调，人要刚健有为，积极进取。《牧誓》认为，人世的祸福，不是由上天直接决定和由天神执行，而是通过一定的人来"替天行道"，行使其决定。③周公的《康诰》提出，上天的意志不是喜怒无常的情绪，而是具有一定原则的道德意志。人不能把世事的一切都归于天命的必然性，历史不是完全由天决定的，人的行为的主动性实际参与着历史过程，人应从自己的行为中找到历史演进的因果关系。

因此，孔子特别鼓励学生"学而优则仕"，完成"修身齐家治国平天下"的历史使命。宋明理学更是认为，立身处世，不仅要为自己个人着想，更要

---

① 过去，西方国家一直不认可中医。直到2007年，美国食品药品监督管理局（FDA）和美国补充和替代医学中心（NCCAM）首次发布指导性文件，认为中医药与印度草药医学体系是有完整理论和实践体系，与西方主流医学传统的对抗疗法独立或平行发展而来，有着独特的文化传统背景，对中医药"非对抗性"以及"合理性"进行认可。2019年，世界卫生组织（WHO）首次将中医纳入全球医学纲要。具体见王济武：《素问新论：中医的逻辑》，清华大学出版社，2020年，第28页。

② 目前，世界各国住院患者药物不良反应发生率为10%～20%，其中5%的患者出现致残、致畸、致死等严重后果，住院死亡人数中有3.6%～25%是药源性致死。

③ 陈来：《古代宗教与伦理：儒家思想的根源》，生活·读书·新知三联书店，2017年，第163页。

以国家和民族的发展为己任。宋朝张载提出："为天地立心，为生民立命，为往圣继绝学，为万世开太平。"

儒家文化对文人学士的道德修为提出了很高的要求，在处理利害关系的时候，强调个人利益要服从群体利益。中华文明强调个人对他人、对社群甚至对自然都负有责任，体现出强烈的责任意识，与西方文明提出的利他主义有一定的共通性。要超越个体自我的生命欲望和生存需要，面对他人或更高的社会层次提出的对自我的要求。社会是个人的集合体。个人与他人构成关系时，不是以自我为中心，而是以自我为出发点，以对方为重，个体的利益要服从责任的要求，达到忘我、利他的境界。同时，由于个人在社会关系中，与不同的对象结成不同的关系，因此个人的责任是多维度的，而不是单一的，个人有多少社会角色，就要承担多少种社会责任。因此，《礼记·礼运》说"大道之行也，天下为公"①，孟子说"君子自认以天下为重"，汉代提出"以天下为己任"，强调对天下国家的责任，而不是突出个人的自由。

以国家社稷为重的知识分子，往往具备忧国忧民的博大情怀，积极参与社会建设。范仲淹提出"居庙堂之高则忧其民，处江湖之远则忧其君，是进亦忧，退亦忧。……先天下之忧而忧，后天下之乐而乐"，明朝东林士人提出"风声雨声读书声声声入耳，家事国事天下事事事关心"，明清之际顾炎武提出"天下兴亡，匹夫有责"，清朝林则徐提出"苟利国家生死以"。这些知识分子都是以自身强烈的社会责任感为社会所熟知，成为社会的良心、时代的眼睛，通过求学入仕的方式，实现自己的政治理想和抱负，实现对国家和社会的贡献。

中华文明的一个重要特点，就是强调人在追求自我实现的过程中，需要不断加强自身修养，完善"德"的修养，做到自律自警自省，追求完美人格。早在西周时期，就已经形成"德"的基因。在周礼的规范下，人的道德水准在社会正常运转中起着十分重要的作用。"其身正，不令而行，其身不正，虽

---

① 张文修编：《礼记》，北京燕山出版社，1995年，第159页。

令不行。"《大学》说："自天子以至于庶人，一是皆以修身为本。"因此，在儒家学者看来，道德和节操比生命还重要，孔子主张"杀身以成仁"，孟子提出"舍生而取义"。

怎样才能成为一个有道德的人？

儒家认为，圣贤不是天生的，只要认真加强修养，"人皆可以为尧舜"。人，首先要成其为人，就要加强自己的知识素养和道德修养，对自己负责任。其次，要承担起在家庭中的义务，对父母的孝敬，对兄弟姐妹的关爱，对子女的抚养教育。最后，到社区，到宗族，到郡县、国家、天下、宇宙。

修身需要付出艰苦的努力，经过痛苦和逆境的磨炼。孟子说："天将降大任于是人也，必先苦其心志，劳其筋骨，饿其体肤，空乏其身，行拂乱其所为。"

修身要不断加强自我反省。因为事物的发展往往不以人的主观意志为转移，即使人的初衷是善的，但由于人心中各种诱惑欲望的存在，加上各种契机的触发，很可能导致许多事情突破人的预期设想，随时随地走向反面，甚至走到无法收拾的地步。因此，人要谨言慎行，三思而后行。孔子说："戒之，慎之，正女身也哉。""见贤思齐焉，见不贤而内自省也。"曾子说："吾日三省吾身。"

儒家思想认为，在道德修养中，最需要重视的是"仁"，要对他人关怀爱护，或对他人施以恩惠。仁爱，不仅只对亲人，还包括普遍的、公正无私的博爱。儒家始终把"仁"放在道德体系和价值体系的首位，不主张单方面主观地表达自己的感受，还强调要尊重对方，要善于换位思考，站在对方的立场考虑。孔子说："其恕乎！己所不欲，勿施于人。""己欲立而立人，己欲达而达人。"曾子说："夫子之道，忠恕而已矣。"这是一个人与人相处的黄金准则。任何事情把自己的观点强加于人，就会产生冲突，很难形成和谐局面。

对于拥有官职的士大夫来说，个人修养中还需要特别处理好公与私的关系，要有官德，公私分明，甚至要"以公灭私"。对普通民众而言，肯定是有私心私利的，但不能为了自己的私利，而去伤害他人的利益。孔子说"尧舜不能去民之私欲"，而是要"因民之所利而利之"①。

正因为儒家文化对文人学士架上了许多道德的责任，使得人在社会运转中受到很大的压力。为了缓释这种压力，儒家文化也特别强调个人在社会上的行为要看具体情形而定，以此调适人的心理，实现身心和洽。对于文人学士来讲，个人命运往往与国家兴衰、社会治乱息息相关。处于盛世，当积极入世，一展才华；处于乱世，则需调整身心，保全自己。在一个"无药可救"的社会中，"人心"被严重腐蚀异化，君子的唯一出路在于回归内心的修养与磨炼。能不为虎作伥就很不错，忠实于自己的内心价值更可贵。孔子曾在《论语》中多次谈道，"天下有道则见，无道则隐"，"用之则行，舍之则藏"，"邦有道则仕，邦无道则可卷而怀之"，"邦有道，危言危行；邦无道，危行言孙"。孟子概括为"穷则独善其身，达则兼济天下"。

与儒家、墨家、法家重视社会伦理秩序、强调社会参与治理截然不同，道家更为重视人的个体生命与个体价值，追求人的心灵自由，在中华民族发展成长过程中，对人的心理调适发挥了至关重要的作用。

道家对"德"的理解，与儒家不完全站在一个角度，尽管二者在有些理念方面似乎相同。庄子认为，"道与之貌，天与之形，无以好恶内伤其身"②。德的最高修养，是内心的平静和谐。德不彰显流露于外，万物自然会与之相符合而不离弃。庄子所说的修德或充德，不是一个顿悟的过程。"德"并非天生而来的，而是需要长期修炼才可以得到。德可以充，可以由少而多、由低而高逐渐积累。充德的过程，是一个渐进、长期的修养过程。修德之路并不那么简单轻松，不可能一夜之间就实现"需而往，实而归"，需要不断纠正世俗的偏见与谬误，不断摆脱世俗之"德"的执念，逐渐领悟，才能在"道"的层面上实现"德"的完满。③对于处于现实社会中的人来说，要摆脱等级身份的界限，摒除各种各样的积习与偏见，并非轻而易举的事情。

---

①　陈来：《中华文明的核心价值》，生活·读书·新知三联书店，2015年，第177页。

②　雷仲康译注：《庄子》，辽宁民族出版社，1996年，第56页。

③　王景琳、徐匋：《庄子的世界》，中华书局，2019年，第419页。

《庄子·德充符》中的三则故事的主角都是充德修德的形残者，他们都因受刑而导致形残，却能够平静地接受命运的安排，不顾忌"形骸之外"的一切，也不为"形骸之外"所扰，专注于"形骸之内"，"游心于德之和"，保持了内心的独立与自由。这说明，形体只是精神生命的寄托之所。在精神生命面前，形体微不足道，因此得道的最高境界是"忘形"。当然，形体本身也是有价值的，一旦无"形"，精神生命也就失去了寄托之所，内在的"德"也就无从体现。①

道家对个人利益、人的生死也看得十分淡漠。每个个体生命都会经历由生而死、由盛而衰的过程，要顺其自然，不要勉强而为。要做到"吾丧我"，从"有我"到"忘我"最后到"无我"，排除一切"我"的干扰，做到"天地万物与我为一""独与天地精神往来"，才能获得真正属于自己的生机与活力。人间的路，有许多条。有时候，人可以选择，有时候却由不得人去选。人在不得已的时候，踏上哪条路其实并不重要，重要的是，人在这条路上怎么走。②

庄子"人生如梦"的警言，在于化解人在世俗社会中对生的执着，对死的恐惧。他告诫人们：活，就要自由自在地活；死，也要轻松坦然地死。人的生命从"无"到"有"再到"无"，或者说是从"死"到"生"再到"死"，生死存亡只不过是一个循环的变化，生或死都只是生命循环往复中的一个"点"而已。要努力摆脱世俗伦理的约束，寻求心灵的自由，把自己置于宇宙天地之中，让心灵自由地翱翔。因此，道家更强调自己个人的体验。庄子与惠子曾经有过著名的"濠梁观鱼"讨论，惠子提出："子非鱼，安知鱼之乐？"庄子反问："子非我，安知我不知鱼之乐？"③

庄子认为，一个人要做到"无待"，摆脱"有待"，才能真正达到"逍遥游"的理想状态。所谓"有待"，就是有所依赖，执着于种种欲望，受外物的

---

① 王景琳、徐匋：《庄子的世界》，中华书局，2019年，第445—447页。
② 王景琳、徐匋：《庄子的世界》，中华书局，2019年，第372页。
③ 雷仲康译注：《庄子》，辽宁民族出版社，1996年，第170页。

拘束与限制，因而得不到精神上的绝对自由；所谓"无待"，就是无所依赖，精神上完全无拘无束，不受任何外在事物的局限，而获得一种绝对的精神自由。所以庄子说："至人无己，神人无功，圣人无名。"①所谓功名利禄，只不过是束缚人的身外之物而已，只有不受其羁縻，才能真正得到内心的自由。②

因此，世世代代的中国人都十分重视加强自身修养，顺境时入世为"儒"，逆境时出世为"道"。③庄子十分强调，要顺应自然，"乘天地之正，而御六气之辩"，不强求外在力量，顺应自我本性以生存。顺势而为，才能"大鹏一日同风起，扶摇直上九万里"④。如果逆势而动，很可能会爬得越高，摔得越重，最终结局难料，甚至粉身碎骨。所以，学鸠虽小，但是随遇而安、自得其所、自得其乐，凡事不强求，其生存的机遇恐怕比靠"海运徙于南冥"的鲲鹏要大得多。人生在世，只有安于天性，才不会受外界所累，不会被外物所伤。实现"无用之用"，才能最终保全自己。可悲的是，人世间很多人，皆知有用之用，不懂无用之用。对庄子来说，那些未能看透暴君本色，看透现实社会残酷，仍然抱着"文死谏"的信念与使命，至死不悟地去赢得所谓忠臣之"名"，希望能以一己之力力挽狂澜，以求"名垂青史"的文人实在是可悲可怜。⑤

对美的追求，有利于人舒缓精神压力，实现心理健康。中华文明要求人不能只满足于对智慧的追求，还需要保持对美的追求。威尔·杜兰特认为，对智慧的追求和对美的热爱，是中国人心灵上的两大支柱。中国人对美的热爱，

---

① 雷仲康译注：《庄子》，辽宁民族出版社，1996年，第2页。

② 王景琳、徐匋：《庄子的世界》，中华书局，2019年，第24页。

③ 许多学者将"儒""道"视为中华文明中虽然互补但却相互对立的两大门派。其实，任何思想体系的成熟与定型都有一个过程，加上儒家文化形成相对较晚，在定型过程中吸收了许多道家文化的营养成分。孔子曾问道于老子，所以他虽然率弟子奔走于列国，一直以言传身教鼓励弟子积极入世。但在不同时期、不同情景下，孔子也不时流露出与庄子相近的心态与感慨。

④ 王景琳、徐匋：《庄子的世界》，中华书局，2019年，第6页。

⑤ 王景琳、徐匋：《庄子的世界》，中华书局，2019年，第304—310页。

并不是那种神秘的唯美主义，也不是那种毫无意义的虚构的与人生毫不相干的艺术形式，而是对智慧的追求；不是那种虚幻的形而上的哲学，而是一种积极追求个人的发展和社会秩序的完善的哲学。中国人热爱的美，是一种世俗的美和实用的美的结合，是一种最实际的对日常生活的东西的钟爱之情。中国人制造出比任何国家都富有艺术味的、种类繁多的、精美的日常生活用品。懂得享受的中国人，要求每一件东西都要有美的形式和出众的外表，包括象征高度文明的丝织品。

李泽厚认为，与中国哲学思想相一致，中国美学的着眼点更多的不是对象、实体，而是功能、关系、韵律。它们作为矛盾结构，强调更多的是对立面之间的渗透与协调，而不是对立面的排斥与冲突。作为反映，强调更多的是内在生命意兴的表达，而不是简单的忠实的模拟、可信的再现。作为效果，强调更多的是情理结合、情感中潜藏着智慧，以得到现实人生的和谐和满足，而不是非理性的、迷狂或超世间的信念。作为形象，强调更多的是情感性的优美和壮美，而不是宿命的恐惧或悲剧性的崇高。[1]

这种对美的追求，到了宋朝，达到最高境界。丝织品和金属手工艺品达到前所未有的完美程度。在玉石雕刻方面，中国独步世界。玉石在中华文明中具有十分独特的价值，在能工巧匠耐心的雕琢下，被做成各式各样的艺术品。中国现存的玉器要比其他任何艺术品都多。在家具设计方面，中国巧夺天工，无奇不有。中国的人物雕刻拒绝把人体纳入，雕像大多是佛教造像，尤其是在洛阳龙门、大同云冈山上雕塑的佛教造像更为完美。[2]

中国人对美的热爱，还表现在瓷器上。瓷器在国人的眼中，不仅仅是一件生活器具，更是一件工艺品。早在石器时代，中国就已经开始制造陶器。到了9世纪，产生了世人熟知的瓷器。历史记载显示，1171年，萨拉丁将41件中国瓷器作为珍贵的礼物送给伊斯兰世界的叙利亚国王。1470年前，欧

---

① 李泽厚：《美的历程》，生活·读书·新知三联书店，2009年，第55页。
② 威尔·杜兰特：《世界文明史·东方的遗产》，华夏出版社，2010年，第540页。

洲人还不会制造瓷器，他们认识瓷器，还是在威尼斯人发起十字军东征时，从阿拉伯人那里学来的。也正因为瓷器从中国传入，因此欧洲人称中国为"China"。[①]

四、对待人与人之间的关系：强调社会责任，家国一体

人，不仅仅体现为单一的个体，更体现为社会的成员——社会人。人与物之间最显著的区别，在于人生而有情，而物无情。有情，则会近此而疏彼，好此而恶彼。人因为有情，就会有喜怒哀乐，就会带来种种是非。孔子就十分讲究人性，与人为善，体贴人情，"温而厉，威而不猛，恭而安"。但是，如果人执着于情，为"情"所控，就会偏情，放不下人间的是是非非，很可能从一个极端走向另一个极端。

陈来强调，中华文明一大特点是"义务先于权利"。他认为，西方社会自近代以来，非常强调个人权利的优先性，体现为个人本位，自己为主。但在中华文明中，特别是在儒家思想中，则十分强调义务的优先性，体现为伦理本位，尊重对方。互相承担义务，是中国社会伦理的一个根本特色。这种伦理上的义务是开放的，可以从家庭放大到宗族、社区，再到郡县、国家、天下、宇宙。从自己本位出发，则权利观念多；从尊重对方的意识出发，则义务观念多。[②]

虽然现在西方文明和中华文明都回到"以人为本"的思想上，但是还是存在很大的差异。西方文明的"以人为本"更多的是以个人为本，强调所谓个人的自由；中华文明的"以人为本"，则以群体为先，群体高于个人。当然，这个群体有大有小，可大可小，比如家庭、社区、宗族、县市、国家、天下。所以《论语》讲"四海之内皆兄弟"，《礼记》讲"以天下为一家"，主张树立大的天下情怀。从这个角度来看，中华文明正是围绕着人的生存发展，

---

① 威尔·杜兰特：《世界文明史·东方的遗产》，华夏出版社，2010年，第553页。

② 陈来：《中华文明的核心价值》，生活·读书·新知三联书店，2015年，第53—54页。

衍生出人与自然、人与自身、人与社会、人与国家等各种关系，形成了独特的世界观和人生观；在处理这些人际关系的过程中，又总结出许多行之有效的方式方法，形成了独特的方法论。

1. 对待家庭：温情孝顺

中国的家庭制度，十分有特色。[①]从某种意义上讲，中国的家庭制度发挥着类似印度的种姓制度和希腊的城邦制度一样的作用，维系着社会的良性运转。虽然每一个国家、每一个民族、每一个社会都有家庭组织，否则便无法养育子女、赡养老人，但是其他任何一种文明形态都不如中国人这样重视发挥家庭的作用。

家庭是中国社会的基本细胞，是社会运行的基本单元，是中华文明传承发展的有力保障，是中国社会发展的重要基础。孟子讲："天下之本在国，国之本在家。"家是最小国，国是最大家。家庭运转的好坏，是社会运转好坏的缩影。在家庭里，除了亲情，还有习惯和规则（家法）。中国的家庭组织非比寻常，自远古时代开始就对家庭成员产生重大影响。

俗话说："家和万事兴。"中国家庭有严格的礼仪家规，长幼有序，尊卑高下，人人皆明。在中国，家庭承担的职责非常宽泛，远远大于那些把宗教、政治事务放在家庭生活框架之外进行处理的国家，在塑造个人行为方面发挥着十分重要的作用。

"百善孝为先。""孝"是仁德的基础，是各种美德的起点，是家庭凝聚力的特殊体现，而不只是一般的伦理原则。早在商代时，中国人就已开始非常重视孝行。春秋战国时期，孔子强调，孝顺不只是简单的衣食供养，更要从心里发自内心地热爱父母，体贴入微，时刻做到和颜悦色，不可"色难"。《吕氏春秋》写道："商书曰'刑三百，罪莫重于不孝'。"汉代时，更是要求各地官员从孝子贤孙中选择优秀人才上报朝廷，择优任用。

---

① 家庭是社会的基础。在世界上大多数古老文明中，家庭都被视为神圣的机构，人们在家庭里学会尊重他人的道德准则。而在古希腊，家庭是一个毁灭性的战场，最为基本的亲属关系能激起凶恶而残酷的情感，家人之间互相残杀。

孝不仅表现在对活着的父母的孝顺，还体现在对先祖祭祀的"享孝"。对祖先的祭享，不仅是一种对神灵的尊崇，更是一种对祖先的报本的孝行。一个中国家庭可能很庞大，不仅包括父母子女，还包括延续很多代际在一起共同生活，且延伸到祖先之灵。中国人不仅信奉山川河流、风雨雷电等与自然事物相关的神灵，也敬奉祖先之灵，希望逝去的先人能够保护自己的子嗣不受灾难之苦。这种对祖先魂灵的重视，反映了家庭在中国人生活中的关键作用。

我国在新石器时代就已经有了灵魂和灵魂世界的观念。在"绝地天通"之后，祖先的神灵可以视为上帝和世人之间的交流媒介。祖先去世之后，其灵魂可以成为神灵。由于世人不能直接和天神沟通，必须通过祭祀，祈求祖先。祖先神灵接受人间祭祀祈求之后，向上帝转达，继而护佑子孙。[1]在中国的祖先祭拜中，死去的人仍然是家庭的一个成员，他与家庭的关系仍然保持，这与印度教完全不同，显示出中国古代文化的精神气质在人际关系间表现为强烈的相互亲和与相互依赖的倾向。因此，早在殷周时期，中国就有着对死去亲属的隆重葬礼、祭祀礼，这与古印度文明对葬祭轻视的态度形成鲜明对比。[2]相比而言，古印度文明着重谋求与"神"建立积极关系。时至今日，在中华大地上清明节依然是仅次于春节的重要传统节日，世界各地的华人纷纷选择回到故土，对祖先献上自己的哀思。

2. 对待宗族：凝心聚力

宗族是指具有相同血缘关系的人，依据一定的原则集合而成。宗族的强大凝聚力，是中华文明一个十分特殊的现象。宗族起源于部落氏族社会，但是即便到了现代化的当今社会，中国人依然十分重视宗族关系。许多漂泊异乡的游子不管离开故里多少年，依然会寻根问祖，根据家谱寻找自己的根系，甚至最终选择叶落归根。

---

① 陈来：《古代宗教与伦理：儒家思想的根源》，生活·读书·新知三联书店，2017年，第108—109页。

② 陈来：《中华文明的核心价值》，生活·读书·新知三联书店，2015年，第38—39页。

中华民族是最重视伦理道德作用的民族，而血缘宗法关系、伦理道德关系是维持政治经济关系的主要纽带。中国古代由氏族社会进入奴隶社会之后，人与人的关系变成了统治与被统治、剥削与被剥削的关系，但这种关系依然同基于氏族血缘的宗法关系联系紧密，一直到封建社会依然如此。

儒家认为，社群比个人重要。在农耕文明的人类社会组织发展历史进程中，人类从不断迁徙中逐渐安顿定居下来，越来越重视地域性的宗族血缘关系。宗族内部尽管有等级高下，但彼此相互关心帮助，同姓宗族通过开展共同的宗教、经济、政治活动，受共同的宗法关系的制约。[①]

在宗法社会中，一切社会关系都家族化了，宗法关系即政治关系。因此，在宗族内部，一切社会关系，都依照宗法的亲属关系来规范和调节。这种社会组织内部的伦理特点是：有等差，有秩序，同时又有情义，有情分；主导的原则不是法律，而是情义，重义务而不重权利。[②]春秋时期之后，作为政治领域的宗法关系已经解体，国家采取中央集权制，但是在社会层面，尤其是在地域广大、人口众多的农村地区，宗法关系依然以其独特的文明气质和文化精神传承至今。

宗法制度通过完善的族谱、族规，有助于防止族人过度贫富分化，维护宗族内部的尊卑贵贱，规范宗族内部的伦理秩序，加强宗族的血缘凝聚力，达到稳定统治秩序的目的，是民间社会生活的重要组织调节机制。宗法家族制度渗透到社会的细枝末节，成为组织民间社会生活的重要因素，影响到几乎每一个社会成员。

宗祠是宗族的标志，是供奉祖先神主、进行祭祀活动的重要场所。宗祠虽然规模大小不一，但无一不是倾尽自身财力而建成的。宗祠祭祖是宗族最重要的活动，仪式隆重，名目繁多，在官方礼制和私家宗谱中都有具体规范。宗祠是宗族活动的中心，除了作为祭祀场所之外，还是处理宗族事务、执行

---

① 陈来：《古代宗教与伦理：儒家思想的根源》，生活·读书·新知三联书店，2017年，第300页。
② 陈来：《中华文明的核心价值》，生活·读书·新知三联书店，2015年，第37—38页。

族规家法、教育宗族子弟的场所。①家族中的族长承担很多责任，如书写、祭祀、交涉、惩治等，很有威望，受人尊重。

中国的宗族社会在运行过程中，强烈表现出对宗族成员的亲和情感，对人间生活和人际关系的热爱，对家庭家族的义务和依赖，在很大程度上提高了家族的向心力和凝聚力，体现出中国人对自己和所处世界的一种价值态度；十分强调宗族内部人与人之间要相互依赖、相互关照，做到"相濡以沫"。在处理宗族内部人际关系时，十分重视对老弱孤幼的保护。周公《康诰》中就提出，"克明德慎罚，不敢侮鳏寡"。有的宗族同胞进入其他地区甚至海外国家，抱团取暖、相互支持的现象更为普遍。

从周代礼乐文化中，中国人就表现出对宗族成员的亲和感情，对人间生活和人际关系的热爱，倾向于积极的、社会性的、热忱而人道的价值取向，着力于谋求建立积极的人际关系及其内在需要。②正因如此，人与人之间就存在"剪不断，理还乱"的"情"，放不下情感的执念，无法过上"相忘于江湖"的自由自在的生活。如《红楼梦》中的荣宁二府，以贾宝玉、林黛玉为核心，充分表现出对人间情感的迷恋。

因此，费孝通认为，中国人的关系是一种"差序格局"，每个人都是一个中心，周边围绕着各种关系，表现出以血缘为核心的远近亲疏。而西方人就像捆在一起的火柴棍，所有人都是平等的，都是个体与个体的关系，人与人之间没有那么复杂的联系。③

即便是到了现代化、城市化高度发达的今天，中国南方地区的许多村落依然会想方设法筹集巨资，新建、修缮宗祠，作为祭祀祖先、举办婚丧嫁娶等重大活动的场所，定期为新出生的男丁上家谱，以此凝聚宗族情感。相反，在中华文明起源的北方黄河流域，这种行为反而极为少见。主要原因是北方

① 袁行霈、严文明、张传玺、楼宇烈主编：《中华文明史》第4卷，北京大学出版社，2006年，第301—306页。
② 陈来：《古代宗教与伦理：儒家思想的根源》，生活·读书·新知三联书店，2017年，第7页。
③ 周清毅：《美的常识》，人民美术出版社，2021年，第226页。

平原地区经历过魏晋南北朝、元朝等时期北方少数民族入侵的长期战乱，导致许多北方士族不得不举族南迁，而北方地区后来形成的村落集聚基本上都是散乱的人群，没有宗族的血缘关系，使得原本起源于北方的宗族习俗，反而最终在江西、湖南、浙江、福建、广东等南方地区得到了比较完整的保留。

3. 对待国家：家国一体

国家认同，是民族国家得以存在和发展的基础。中国作为文明古国，自尧舜以来，在国家认同方面有着更为悠久的历史传统。可以说，中华文明基因之所以有着生生不息的旺盛生命力，与其植根于不同地区、不同人群、不同时代的所有国民心灵之中的家国情怀有着极为密切的关系。从这个角度看，"家国情怀""家国一体"的理念，是中华民族国家文化"不断裂"的思想精神基础。[①]

儒家始终把家、国、天下看作一个有机结构，家庭的原则适用于国家，国家的原则适用于天下。国是"最大家"，家是"最小国"。在这种政治思想里，不把家看成私的领域，不把国看成公的领域，而是视为同构性的东西。[②]因此，中国的帝国结构与家庭结构十分类似，所谓"家国一体"，皇帝是最大的家长，集祭司、父亲、首领、长官等职责于一身，每个子民在国家结构中都有合适位置，各司其职，各尽其责。[③]

受中华传统文化的影响，功名就像磁石一样，牢牢吸引着历代有志之士。能否为国建立不朽功业，成了文人士大夫价值观的核心。屈原在《离骚》中写道"老冉冉其将至兮，恐修名之不立"，《史记·管晏列传》写道"知我不羞小节而耻功名不显于天下也"[④]。

孟子讲"君子"，要以天下为重，以天下为己任，家事国事天下事，事事

---

① 刘庆柱：《不断裂的文明史》，四川人民出版社，2020年，第4页。

② 陈来：《中华文明的核心价值》，生活·读书·新知三联书店，2015年，第173页。

③ 威廉·H.麦克尼尔著，田瑞雪译：《5000年文明启示录》，湖北教育出版社，2020年，第154—156页。

④ 王景琳、徐匋：《庄子的世界》，中华书局，2019年，第37页。

关心。这种责任，从个人出发，放大到家庭、家族，再放大到整个国家、整个天下、整个人类社会。"天下兴亡，匹夫有责"，使得中国士大夫素来关怀国计民生。

早期部落的形成，主要基于血缘关系，存在的政治形态也是血缘政治。这一时期，宗庙作为祭祀祖先的地方，是统治者获得国家权力合法性的重要场所，天下是所谓"家天下"。在中华古代文明中，"神"从来就没有一席之地，"家国"才是文明的根基。这是与西方古代文明思想基础的本质差异。

随着国家权力的日益重要，血缘政治开始退居二线，地缘政治进入一线，宫殿取代了宗庙的位置，"国家"取代了"家国"。这是中华文明的巨大进步，强化了国家认同、国家凝聚的至高无上，使国家大一统思想成为中华民族的核心价值观。

此后，不管中国经历过多少个王朝，经历过多少次游牧民族入侵，如何恢复国家本体、实现国家统一这一核心价值理念从未改变，而且越来越得到强化。[1]在游牧民族入侵甚至是入主中原之后，中华儿女从来都没有停止过国家统一理念下的实际行动。中华民族有强烈自觉的统一精神，数千年来秉持反对国家分裂的理念。春秋战国时期，齐国就开始倡导"攘夷"思想，尽管内部各诸侯国之间的纷争不断，但只要面对夷狄入侵，各大诸侯国几乎都能做到一致对外，维护中华文明的统一。秦统一六国之后，更是南征蛮夷，平定"三南"地区，北伐匈奴，修筑长城，确保国家统一。在整个人类文明史上，没有任何一个民族能像中华民族这样，历经如此多的分裂内乱，而每次都能重新整合，回归国家的统一。[2]

在国家治理时，中华文明十分强调以民为本。[3]

以民为本，是对政权统治者讲的，体现出治国理政的政治思维。在西方文

---

① 刘庆柱：《不断裂的文明史》，四川人民出版社，2020年，第274页。

② 孙皓晖：《中国原生文明启示录》，中信出版集团，2020年，第855页。

③ 以民为本与以人为本不同，二者站在不同的角度。以民为本，对立面是统治者与被统治者；以人为本，对立面是人与神。

明中，"天授神权""政教合一"的理念使得宗教统治西方国家数百年，经历了长达千年的中世纪"黑暗时代"。直到启蒙运动兴起之后，人意识到自己才是社会的主体，开始有自觉意识，追求属于人的民主自由。

而在中华文明中，尽管历朝历代的统治者为了标榜自己统治的合法性和正当性，往往以"天子"自居，宣称自己是替天行道，为天下苍生谋福利，但是在很早以前，就十分强调民本思想。国君是民望所在，他的行为好坏决定着民心向背，而民心决定着国家的存亡。所以若想国家强盛，国君必须在人民身上下功夫，在治理上下功夫，必须寻找有能力的贤人辅佐。即便是"天子"，也要自觉做到为民做主，听从民众意见，顺从人民意愿，才能保证自己的统治。否则，朝代更迭是社会发展的必然规律，李家王朝不听从民意，自然会有刘家、朱家王朝取代它，更不可能出现西方世界那种政教合一的现象。

民本思想在中国的起源很古老。这一点在早期神话传说中就有反映。与古希腊神话不同，先秦神话的一个鲜明特色，就是没有绝对无限权威的神灵。"神"越来越成为形式上的合法性基础，而"人"越来越成为实质性的合法性基础。华夏先民所推崇的英雄，主要是那些德被日月、功盖天地的圣人，而不是那些高高在上、拥有无限超自然力量的神灵。

民本思想的基本理念在周朝就基本形成。天意决定于民情，民情决定于君王是否敬德。君权虽然是上天授予，但君主要顺民意，才能保天命。要道民以德，不要道民以刑。由周公到孔子形成的儒学具有世界主义精神，着眼于芸芸众生，有着现实的普遍主义色彩，为人类社会所共有。周公虽然对"天"的宗教信仰没有消失，但是忧虑周朝的国运能否长久，在许多诰文中警告统治者要谨慎于人事，否则天命就会有转移的危险。《尚书·泰誓》是武王伐商大会诸侯时的誓词，突出保民思想，认为天地是万物的父母，人是万物之灵，聪明者做君主，而君主要承担做百姓父母的责任。[①]"民之所欲，天必从之"，

---

① 陈来：《古代宗教与伦理：儒家思想的根源》，生活·读书·新知三联书店，2017年，第168—175页。

还说"民惟邦本"。《管子·心术下》："圣人一言之解，上察于天，下察于地。"《鹖冠子·能天》："圣人者，后天地而生而知天地之始，先天地而亡而知天地之终。"《墨子·尚贤中》："圣人之德，盖总乎天地者也。"圣人是天人合一的中枢，是社会和历史的主宰，是理性、理想、智慧和真、善、美的人格化。在中国传统思想文化中，最为重要的观念之一是对"道"的崇尚，而圣人之所以为圣人，正在于"得道"。

这些圣人的价值取向就是无私爱民，以百姓的意志为自己的意志。周公在《康诰》中提出"明德慎罚，不敢侮鳏寡"，把德政归结为用康保民，使人民安定康宁，主张君主要真正做"父母官"，像保护孩子一样保护自己的臣民，统治才能安定巩固。统治者应当以民为镜。①《老子》第四十九章："圣人无常心，以百姓心为心。"②圣王是受天命而代行天职者，其获得上天眷顾的条件不是勇力和血统，而是仁德。有仁德者，才能受天之命。

儒家继承了早期中华文明中的民本思想，强调要以为人师表的高风亮德来教化万民。正如孔子在《论语》中所诠释的那样："仁者，爱人。""人而不仁，如礼何？人而不仁，如乐何？""不仁者不可以久处约，不可以长处乐。""唯仁者能好人，能恶人。""志士仁人，无求生以害仁，有杀身以成仁。"③孟子说："民为贵，社稷次之，君为轻。"统治阶级只有得到民心，才是政治的最高境界。《荀子·君道》明确指出，"君者何也？曰：能群也。能群也者，何也？……善生养人者也亲之，善班治人者也安之，善显设人者也乐之，善藩饰人者也荣之，四统者俱而天下归之。夫是之谓能群"。

中华文明终极的政治观，就是要以民为本。社会的运转虽然需要君王进行统领，但是君王在统治过程中，必须爱民利民，想民之所想，解民之所忧。从民众的角度看，"仓廪实而知礼节"。离开物质基础，空谈文明，没有任何

① 陈来：《古代宗教与伦理：儒家思想的根源》，生活·读书·新知三联书店，2017年，第164—165页。
② 张景、张松辉译注：《道德经》，中华书局，2021年，第203页。
③ 傅佩荣：《论语之美》，北京联合出版公司，2020年，第69、90—91页。

实际价值。孟子提出，贫穷是罪恶和混乱的根源，"民之为道也，有恒产者有恒心，无恒产者无恒心；苟无恒心，放辟邪侈，无不为己，及陷乎罪，然后从而刑之，是罔民也"。作为统治者，需要大力发展经济，为民众的福利着想，使他们衣食无忧，上足以侍奉父母，下足以蓄养妻儿。[①]

在国家治理过程中，强调以"礼"实行德治。

德治与法治是社会正常有序运转的两个方面。实现德治，必须强调发挥"礼"的作用；实现法治，必须强调发挥"法"的作用。

不管是"礼"还是"法"，都有明显的政治功能，对社会运行产生直接的他律作用，对社会成员的行为，从道德和法律两个角度产生明显的约束作用。从人的动物性角度看，人的欲望是无穷尽的，因此既需要通过加强自身道德修养进行自我约束，也需要通过"礼""法"的他律作用进行外部约束，以实现社会的良性运转。《礼运》甚至把"礼"视为"君之大柄"——一种治理尘世国家和人间社会的根本工具，提出用一整套以等级性为内容、以形式性为特征的制度文化体系，去组织一个严密有序的文明社会。

早在周代，中华文明就已经基本形成"礼"的制度。中华文明的"礼"，是以"敬让他人"为精神，以"温良恭俭让"为态度，对人的行为举止进行全面的礼仪修饰和约束。这不仅对个人的修身有意义，对提升社会文明程度也有移风易俗的重要作用，对处理国家之间关系也有很大的借鉴意义。只要做到"有礼"，四海之内皆兄弟，就可以达到人际关系、国家关系的和谐。

"礼"字的繁体字作"禮"，最早是指以器皿中盛两串珠玉献祭神灵，后来兼指以酒献祭神灵，再后来以礼指一切祭祀神灵之事。到周公制礼作乐时，"礼"已经发展成为一整套制度文化，形成一个无所不包的文化体系，包括《仪礼》《周礼》《礼记》。《仪礼》出现最早，为周公所作，属于"士"以上贵族社会的生活礼仪，规定贵族日常生活与交往关系的形式，具有极为发达、鲜明的形式表现和形式仪节。《仪礼》所载述的贵族生活节庆仪式规定，远远

---

① 威尔·杜兰特：《世界文明史·东方的遗产》，华夏出版社，2010年，第505页。

超过了"奉神人之事"的古礼范围，可以说包括整个人生旅程与人际交往的所有具体仪式和礼文。①

"礼"包含社会生活中的方方面面，有祭祀礼仪意义的礼、生活行为规范意义的礼、习俗庆典意义的礼，还有制度意义的礼。"礼"开始主要体现为国家仪节，后来逐步成为影响到社会民众日常生活的仪节。"礼"作为社会共同遵守的信条，涉及国家间的交往、君王对天地日月众神的祭祀祈祷，涉及人民的生老病死、婚丧嫁娶、人际往来，不能随便改易，否则社会容易陷入进退失据、无所适从的危险。从《礼记》所述可以看出，殷礼以宗教礼仪为主，周礼中宗教礼仪所占比重开始减少，人际礼仪的内容大量增加。②

周礼作为完整的社会规范体系，在整体上对人们生活方式进行理性、系统的规范。儒家十分注重吸收周礼的核心价值理念，希望人们在道德上超越野蛮状态，控制情感，保持仪节风度，做到举止合宜。孔子在《论语·为政》中充分反映了其对理想政治的诉求，"为政以德，譬如北辰，居其所而众星拱之"③。"仁义"是儒家最基本的伦理道德观念，也是儒家衡量人的行为的道德准则。以仁义为标准衡量万物，就成为社会价值标准。孔子希望能建立一个理想的德治社会，提倡"克己复礼为仁""非礼勿视，非礼勿听，非礼勿言，非礼勿动"。当看到有些国家"礼崩乐坏"时，他十分不开心，想回归周礼。

在发展演进过程中，儒家礼教开始倡导"五伦"，讲究君仁臣忠、父慈子孝、兄友弟恭、夫义妇顺、朋友有信，以维护封建秩序。其中君臣关系被尊为"人之大伦"，起着统率作用，"学成文武艺，货与帝王家"。但君臣关系也是冲突最激烈、斗争最尖锐的，君王经常是"鸟尽弓藏""兔死狗烹"，开国功臣从来没有多少能够得到善终的。《史记·五帝本纪》中帝尧的形象是"能

① 陈来：《古代宗教与伦理：儒家思想的根源》，生活·读书·新知三联书店，2017年，第214—215、228页。

② 陈来：《古代宗教与伦理：儒家思想的根源》，生活·读书·新知三联书店，2017年，第235—236页。

③ 傅佩荣：《论语之美》，北京联合出版公司，2020年，第34页。

明驯德，以亲九族。九族即睦，便章百姓。百姓昭明，和合万国"，可谓修身齐家治国平天下的德治规范。

中国的礼制高度重视君王祭祀。《左传》"国之大事，在祀与戎"，说明祭祀是国家大事，是中华文明的重要组成部分。君王是天下唯一拥有祭祀众神权力的人，诸侯以下只能按照等级祭祀某些神灵，通过国家公共祭祀活动，对天地日月、四时寒暑、四方诸神进行祭拜，以体现自身统治的合法性和正当性。按照周礼，对不同的祭祀对象，祭献的方法也不同，所谓"天神为祀，地祇为祭，人鬼为享"[①]。君王不仅要祭天，说明自己是"天帝"的儿子，是顺应天命，统佑国民，而且要祭祀先祖，祈求庇护。[②]汉代匡衡、张谭说："帝王之事，莫大乎承天之序；承天之序，莫重于郊祀。"南郊祭天为"天坛"，北郊祭地为"地坛"，这也是明朝修建北京城时尊崇的规划原则。

"礼"是相互尊重的表达，是人与人交往过程中的共同行为模式，起源于贵族阶层生活，后来逐渐影响覆盖到全社会所有人。中国在"礼"的教导中，十分重视各得其所。庖人治厨，尸祝祭祀，各司其职，各得其所，各安其分，相互尊重，互不干涉。冠礼作为成年礼，意味着成年之后需要承担起"代父为主"的家庭责任。婚礼对家族的意义十分明显，"将合二姓之好，上以事宗庙，而下以继后世也"。丧礼的功能也很明显，根据与死者亲属关系的不同，丧服的颜色、重量不同，丧服的穿着时间长短也不同，这一方面以区分亲属关系的远近，明确宗族内部关系的级差，另一方面以加强宗族内部的联系，强化宗族意识。[③]"礼"除了作为一种社会习俗，由全体国民自觉遵守以外，还

---

①　陈来：《古代宗教与伦理：儒家思想的根源》，生活·读书·新知三联书店，2017年，第115页。

②　刘庆柱：《不断裂的文明史》，四川人民出版社，2020年，第13页。

③　陈来：《古代宗教与伦理：儒家思想的根源》，生活·读书·新知三联书店，2017年，第248—249页。

存在青铜鼎、玉圭等许多礼器，承载着教化人们礼节的文明。①

孔子时期就强调为政以德，对民众应该"道之以政，齐之以刑，民免而无耻。道之以德，齐之以礼，有耻且格"。儒家认为，道德比法律更重要。一个好的社会治理模式，不仅要有政策法令和刑法律令来使这个社会有序，更要通过道德教化使这个社会的人们有羞耻心。这是一种以诉诸非法律手段、以礼俗和道德教化为主要途径的社会管理方式，代表着儒家的理想追求。

在中华文明中，礼乐经常同时提及。事实上，对古人而言，分而言之，有"礼"有"乐"；合而言之，则"礼"中有"乐"，以"礼"为主，以"乐"为辅。礼主异，促进相敬；乐主同，增益相亲。有了礼，就有了贵贱区别的等级，有了秩序，但也使人与人之间有了距离，难以亲近，难以和谐；有了乐，就有了和谐，可以使上下相亲和睦。礼是外在的规范体系，具有强制性；乐所要达到的作用是培养化育人的内在情感，使人不仅因外在规范的约束而不争，更且由于内在感情的作用而无怨，从而使得社会在根本上不会产生暴乱和争斗。所以社会运转中，不仅需要有"礼"，还需要有"乐"，二者有机结合，实现良性互补，才可以达到"四海之内合敬同爱"的理想状态。②

"仁"在春秋末期的孔子思想中，已经成为最重要的价值观和道德约束。"义"在春秋时期已经受到重视，但地位还不突出。到了战国时代，孟子思想中，义和仁已经并列称为"仁义"。至此，"仁义"成为儒家首倡的道德价值观。汉代发展成为"仁义礼智信"的"五常"，在中华文明发展史上占据重要地位，对中国社会影响至深至远。③它突破了传统的血缘宗族关系和特定社会伦理关系，打破了宗法制度的约束，着眼于建立一套更普遍、更一般的社会

---

① 刘庆柱认为，长期以来，世界考古学界认为，人类在从蒙昧、野蛮走向文明的历史进程中，城市、金属器和文字的发明，是人类进入文明的三大标志。中国学者认为应该再加上"礼器"，构成中华文明的"四要素"。因为礼器对于中华文明的延续起着至关重要的作用。具体见刘庆柱：《不断裂的文明史》，四川人民出版社，2020年，第388页。

② 陈来：《古代宗教与伦理：儒家思想的根源》，生活·读书·新知三联书店，2017年，第265—268页。

③ 陈来：《中华文明的核心价值》，生活·读书·新知三联书店，2015年，第46页。

道德和人际关系准则。面对当今更为广大的世界，"仁"可以扩展为"四海之内皆兄弟""天下大同"，成为全世界普遍的社会最高理想。

当然，儒家不仅单纯强调礼的重要性，也吸收了法家的许多思想，强调社会的运转，需要有一系列的法律制度来约束人，达到以良法治国的目的，形成后来的"德主刑辅""外儒内法"的治理模式。当然，再好的法度，也要由君子执行，才能发挥好的作用。因此，中国比较盛行"人治"。

在国家治理过程中，中华文明十分强调教育的作用。

中华文明历史上对教育就十分重视，所谓"万般皆下品，惟有读书高"。中国古代很早就设有专门的学校。《礼记·学记》记载："古之教者，家有塾、党有庠、术有序、国有学。"①中国的教育制度，在夏商时代就已经出现，西周时期初具规模，有了从王室到诸侯列国大体连贯的学校教育网络，形成了以礼乐为核心的教育内容，最终形成了比较完整的"六艺"教育课程体系以及百工技艺的专门教育。②

西周时期，学校分为国学和乡学两种。国学指在王朝国都及诸侯邦国都城所设的学校，国学又分为大学与小学两个阶段。西周的大学在周王畿的称辟雍，在诸侯邦国的称泮宫，是王侯卿大夫的子弟的学校。乡学主要在农村地区。《周礼》记载，由师长教授三德三行，使人知道自己的品性要求。"三德"：至德，以为道本；敏德，以为行本；孝德，以知逆恶。"三行"：孝行，以亲父母；友行，以尊贤良；顺行，以事师长。教授六艺六仪，使人知道参加各种礼仪所应持的举止容貌。"六艺"即五礼、六乐、五射、五驭、六书、九数；"六仪"即祭祀之容、宾客之容、朝廷之容、丧纪之容、军旅之容、车马之容。③春秋时期孔子有"学徒三千，弟子七十二"之说。

汉武帝时期，著名儒家大师董仲舒建议兴修太学。太学是国家的最高学

---

① 张文修编：《礼记》，北京燕山出版社，1995年，第249页。
② 武斌：《文明的力量：中华文明的世界影响力》，广东人民出版社，2019年，第245页。
③ 陈来：《古代宗教与伦理：儒家思想的根源》，生活·读书·新知三联书店，2017年，第334—335页。

府、专门的教育机构。太学制度的建立，是孔子私学以来，中国官方教育史上的一个里程碑事件。太学的50名弟子，成为中国历史上最早的一批太学生。西汉时期形成了我国封建官学制度基本格局：分中央官学与地方官学两类，有初等教育、中等教育、高等教育（太学）三级，以儒学为主体，官立学校为主干，兼有其他专业教育和职官教育。[1]王莽时期，太学生增加到1.08万人。[2]东汉时期，太学始建于光武帝建武五年（29）的东都洛阳，学生多为官宦子弟，备受社会重视，人数最多时达3000多人。熹平四年（175），著名学者蔡邕亲自审校以"五经"为主的儒家经典，并将其以隶书镌刻在石头之上，立于太学门外，这就是著名的"熹平石经"。东汉末年董卓之乱中，太学遭到毁坏。魏文帝黄初五年（224），在东汉旧址上重修太学，正始年间（240—249）刻立用大篆、小篆和隶书三种字体书写的"正始石经"。[3]到东汉后期，太学诸生数量达到3万多人，占到当时5600万总人口的0.53%。如果再加上郡学和私学的师生，东汉文化人口的比例相当之高。

　　唐朝设立国子监。唐高祖于武德七年（624）颁布《兴学敕》，宣称"自古为政，莫不以学为先。学则仁、义、礼、智、信五者具备，故能为利深博"。唐太宗采纳"偃武修文"的方略，"解戎衣而开学校，饰贲帛而礼儒生"[4]。国子监是唐朝的最高学府，唐太宗经常到国子监视察，曾经一次就为国子监增设1200间校舍。国子监开设国子学、太学、四门学、律学、书学和算学等六门专业，《石台孝经》《开成石经》等闻名中外的儒家经典教材如今完好地保存在西安碑林之中。[5]儒家经典石刻为保存弘扬中华优秀传统文化发挥了重要作用。唐朝不仅从中央到地方设立了各级各类的官学，还鼓励私学发展。官学与私学教材相对一致，且经过考试都予以承认，使得书院开始出现。

---

① 武斌：《文明的力量：中华文明的世界影响力》，广东人民出版社，2019年，第246页。
② 袁行霈、严文明、张传玺、楼宇烈主编：《中华文明史》第2卷，北京大学出版社，2006年，第151页。
③ 刘庆柱：《不断裂的文明史》，四川人民出版社，2020年，第110—111页。
④ 武斌：《文明的力量：中华文明的世界影响力》，广东人民出版社，2019年，第247页。
⑤ 刘庆柱：《不断裂的文明史》，四川人民出版社，2020年，第97页。

时至今日，中国对教育的重视程度依然极高。各地区投入大量资金建设学校，确定每年的9月10日为教师节，教师的社会地位也得到很大提高，受到社会的广泛尊敬。但不可否认的是，中国的初等教育和中等教育或多或少地延续了中国传统的教育思路，以传授知识为主，大学的制度架构却完全是向西方学习的结果。所以，很多中国学生都有很深的感受，从高中到大学之后，无论是学习方式还是生活方式都是一个很大的跳跃，要求带着问题学习，提高解决问题的能力，似乎高中和大学是性质完全不同的教育机构。而且，许多时候我们只看到大学功能性的一面，比如培养人才、生产和传播科学知识、推动技术进步，而没有看到作为自由学术的制度保障这一根本的一面。[1]

五、对待国家之间的关系：强调以和为贵，开放包容，共同发展

历史一再证明，没有相互尊重，人类就难以和平共处；没有文明共存，就不可能有人类文明的共同发展进步。

人类文明发展史里充满了冲突、斗争、流血，东方如此，西方亦如此。但是，相比而言，西方文明更强调以自我为中心，用自己的强势力量，克服非我、宰制他者、占有别人，因此西方历史上宗教战争非常残酷，两次世界大战的爆发也都是根源于此。

中华文明历来崇尚"以和邦国""以和为贵"，更强调人间和谐，注重追求多样性的和谐，形成"和而不同"的思想。"和"所具有的和谐含义，在中华文明早期就已开始发展。《尚书·舜典》记载，舜命令乐官要通过诗歌音乐，达到"八音和谐，无相夺伦，神人以和"。这说明中国古人已经将音乐的和谐，作为处理人与人、人与社会、族群与族群、人与天地等关系的模型，而对"和"的追求也成为中华文明的普遍理想，塑造了中国人的思维方式、价

---

① 吴国盛：《什么是科学》，广东人民出版社，2016年，第115页。

值取向。①《中庸》曰："和也者，天下之达道也。"因此，几千年来，和平因子深深地融入了中华民族的血脉中，刻进了中国人民的基因里。②

正是在这种思想根基之下，中华文明认为，和谐是自发的世界秩序的根本原则。中华文明"以和为贵"的思想根深蒂固，早在西周时代就树立起"宣德化以柔远人"的对外交往观念，如《周礼·春官宗伯》："以和邦国，以谐万民，以安宾客，以说远人。"从某种意义上讲，中华文明中核心的儒家文化不是排他的。以儒家文化为主，持续吸收道家、墨家、法家包括后来由印度传入中国的佛家等诸多文化流派，最终形成指导中国两千多年发展的主流文明体系。儒家思想指导的对外政策，一般都不主张扩土拓边，而是以安边为本，以睦邻为贵。这与近代西方帝国主义以武力占领土地、掠夺财富存在本质的差异。富而不骄，强而好礼，富不胁弱，强不犯弱，以王道而不是以霸道行天下。"国家"不是最高的概念，"天下"才是中国人的世界意识。《礼记·礼运》说"以天下为一家，以中国为一人"③，天下大同的世界是互助友爱、安居乐业、社会平等、国际和平的世界。

中华文明十分重视与世界和平共处，在与世界其他先进文明的交流过程中，也始终保持平和的态势。在对外关系上，中华文明主要表现为"以和为贵"，追求和平目标，实现和平共处。比如，佛教从印度东传，使得中华文化接触到印度文明，认识到世界上还存在其他高级文明，这些文明在某些方面甚至超越中华文明，进而采取主动吸收的态度。虽然佛教在中国实现大范围的传播和发展，但在中华大地上并没有出现与佛教的大规模剧烈冲突，反而提倡"三教合一"，推动儒道释相互融合，成为中华文明"和而不同"思想的生动实践。④数百年前，即使是中国强盛到国内生产总值占世界30%的时候，也从未对外侵略扩张。虽然有朝贡体系，但是中国从来不主张以武力对外扩

---

① 陈来：《中华文明的核心价值》，生活·读书·新知三联书店，2015年，第56—57页。

② 习近平，《共同构建人类命运共同体》，《求是》，2021年，第1期。

③ 张文修编：《礼记》，北京燕山出版社，1995年，第164页。

④ 陈来：《中华文明的核心价值》，生活·读书·新知三联书店，2015年，第73页。

张。在中国发展史上，更多的是防御，而不是进攻。长城的建设就是一个显著例证。

中华文明本质上是一种和平的文明。中华文明从来不崇尚武力，但也从来不屈从于武力；从来不主张发起战争，但也不回避、不害怕战争。春秋战国时期形成的《孙子兵法》，就是中国对"战"认识的高度综合。《孙子兵法》讲："兵者，国之大事，死生之地，存亡之道，不可不察也。"在处理邦国大事时，一定要慎战，甚至不战。

中华文明价值观对战争进行了合理的区分。一方面，中华文明有着明显的慎战倾向，不愿意主动去挑起战争，而且极力反对暴力战争。《道德经》："夫唯兵者，不详之器，物或恶之，故有道者不处。"①《韩非子·存韩》："兵者，凶器也。"《韩非子·亡征》云："主多怒而好用甲兵，简本教而轻攻战者，可亡也。"在处理与周边国家关系时，往往不是寻求武力解决，而是通过和亲、贸易等和平方式。王昭君出嫁匈奴呼韩邪单于、文成公主出嫁吐蕃松赞干布，都是中华文明史上为人称颂的佳话。②尽管火药是中国人发明的，但中国人用火药不是为了战争，而是为了治病救人。"火药"一词之所以有"药"字，原因就在于此。中国人对硫黄特性的认识，也是从药物学的角度开始的，硫黄被列为中药的第三位，被称为能化金银铜铁的奇物。《史记·扁鹊仓公列传》详细记载了淳于氏用硝石给人治病的情况，大约成书于西汉末东汉初的《神农本草经》同时记载了硝石和朴硝的功用。1240年，阿拉伯药物学家伊本·贝塔尔所著的《医方汇编》中也提到中国火药知识，最初也是用来治病救人的。③

另一方面，肯定战争的必要性和作用，特殊情况之下应该吊民伐罪，拯民于水火，为仁政的实行开辟道路。如《商君书·画策》："国之所兴者，农战

---

① 张景、张松辉译注：《道德经》，中华书局，2021年，第127页。
② 刘庆柱：《不断裂的文明史》，四川人民出版社，2020年，第22页。
③ 武斌：《文明的力量：中华文明的世界影响力》，广东人民出版社，2019年，第119—120、132页。

也。"《韩非子》:"上古竞于道德,中古竞于智谋,当今争于气力。"尤其是当自己的国家面临外敌入侵时,要调动一切可以动员的力量,进行毫不犹豫的反击。

中国人从来就不惧怕战争,并始终为此作出艰辛的努力。加强国防建设[①],只是为了在遭遇外来威胁的情况下,具备保护自己的能力,而不是去谋划威胁甚至是主动攻击别人。面对外部欺凌侵略,坚持富国先于强兵,坚持以战止战,通过强大的国力军力和防御作战战略,维护自己的合法权益。即便是在防御过程中取得巨大的军事成功,中华民族也不会肆意扩张,而是达到有效维护自身安全的程度即可。中国在战国时期,就已经具备大规模战争的组织能力,有丰富的军事理论,有把握战争进程的战略掌控能力。这一点,在中国的抗日战争、抗美援朝战争、对印度自卫反击战中都得到充分的体现。即便经历过19世纪鸦片战争,遭到所谓"文明的"西方强国的欺压,中华民族也没有在自身站起来、富起来、强起来之后,对曾经侵略过中国的国家进行报复。[②]孔子说:"己所不欲,勿施于人。"中国人民深信,只有和平安宁,才能繁荣发展。中国国力发展起来,只会增加维护世界和平的力量,为世界的和平稳定贡献积极力量。

中华民族始终在文明冲突中自觉保持强大的消解融合精神。

"海纳百川,有容乃大。"[③]面对外来的文明冲突,准许其自由发展,实行不歧视政策,实现与异质文明的和谐共生。中华文明从初创时期开始,就具

---

① 这点从帝王陵寝陪葬品中也可一见端倪。古人视马为"甲兵之本,国之大用"。远在商周时期,就以真的车马作为死者随葬,后来开始以车马俑替代。秦始皇陵兵马俑的数量、规模、力量、神态至今令人叹为观止。

② 布鲁斯·马兹利什著,汪辉译:《文明及其内涵》,商务印书馆,2020年,序言第15页。

③ 在西方国家,各种宗教往往盛气凌人、互相争竞,而在中国,人们经常说,一个人可以白天学儒家,晚上学道家。中国人在帝国扩张时期需要法家思想,以至于正统的儒家学者经常指责统治者为"儒表内法"。人们达成广泛共识,每一种信仰都有其适用范围。具体见凯伦·阿姆斯特朗著,孙艳燕、白彦兵译:《轴心时代:人类伟大思想传统的开端》,上海三联书店,2019年,第456页。

有开放包容的品格，在自身成长的同时，不断与其他民族文化接触、交流和融合。纵观中华文明五千年发展史，开放性是它的主流的、本质性的特征。中华文明的开放性是全方位的，不仅在内部对各地域、各民族开放，而且在外部对凡是交通所及的国家和民族开放。今天中国的版图，就是在开放包容中逐渐形成的。中华文明伴随着中国版图的变化，在保持中华文明基因的基础上不断吸收发展。从早期1700多个诸侯国到后来逐渐合并成为55个，再合并形成战国七雄，由秦吞并六国，建立统一帝国。①西汉时期是中华文明第一个鼎盛时期，处处体现出宏阔包容的气度。自此以后，中华文明与外部世界展开了多方位、多层次的广泛交流，融合发展，使中华文明成为全人类文明的宝贵财富和共享成果，直接参与并影响世界文明历史进程。②正是由于中华文明的开放性，在大规模文化输出的同时，也大规模地吸收、接受、融合域外文化，使自身不断地丰富起来，获得强大的鲜活的生命力，为人类文明的共同进步作出巨大贡献，形成具有世界意义的文明形态。③尽管经历过近代西方文明的大规模、全方位的巨大冲击，如今的中国人重新找回文化自信，未来还将继续保持文明的开放性，持续为人类文明的发展进步作出新的贡献。

中国人坚信"天下大同"的人类理想与"天道秩序"的终极力量，认为人应"畏天命"。在"有教无类"宗旨指导下的"教化"过程，是"天下"各群体感悟并接受"天道"的过程，坚信所有人群迟早会接受这一"天道"。中华文明可以包容外来的宗教，但其自身的土壤却无法产生类似西方一神教性质的宗教。在中华文化传统中，与其他文明的交流不存在"零和博弈"的排他性逻辑，"和而不同"是中国人与其他文明打交道时的基本宗旨。

比如，在对待宗教方面，佛教从印度引入之后，虽然引发过一些思想上的冲击，一些帝王在某些阶段也曾反对甚至打击过佛教，但是总体而言，佛教进入中国之后，与儒家文化、道家文化进行了很好的融合，对中国的绘画、

---

① 威尔·杜兰特：《世界文明史·东方的遗产》，华夏出版社，2010年，第481—482页。
② 武斌：《文明的力量：中华文明的世界影响力》，广东人民出版社，2019年，序言第4页。
③ 武斌：《文明的力量：中华文明的世界影响力》，广东人民出版社，2019年，第295页。

雕刻、建筑、文学的发展贡献良多，给中国人的心灵注入了文明的谦逊之道。各种宗教在中国兼容并存，不相互排斥，而是和平共处。绝大多数中国人心中有好几种信仰，不同阶段、不同心情状态下信仰不同的宗教。时至今日，中国依然有为数众多的宗教信徒，且他们的宗教信仰自由得到法律的保护和尊重。

正因为中华文明的基本特征是非无神论的世俗性，既没有一神教文明那种强烈的"零和博弈"的排他性，没有严格无神论的反宗教性，也没有基于体制差异的西方种族主义观念，对于人们在相貌、语言、服饰、习俗等方面的差异也表现出不同于西方文明的宽容心态，甚至所谓"华夷之辨"也仅仅是文化观念的差异，而不是本质性的种群区隔。所以，中华文明对于内部文化多样性和各种外部文明都表现出罕见的开放包容态度。也恰恰是这种宽松的开放包容态度，客观上降低了周边群体的心理距离感，增强了周边群体潜在的情感向心力和凝聚力，在朝贡体系基础上形成了影响深远的"中华文明圈"。

比如，早在汉代，汉宣帝就在平乐观举行大型文艺活动，接待匈奴使者及其他外国君长，进行和平交往。在历代帝王陵寝石刻中，出现了石狮、石犀牛、石鸵鸟等海外进贡动物的雕像，反映了古代中央政权的友好交往，表明了历代圣君的"怀远之德"。唐太宗李世民的昭陵周边，有许多陪葬墓。大部分是为唐朝的统一和巩固立下汗马功劳的功臣，其中不乏少数民族将领。比如阿史那社尔墓，象征葱山，就是为了纪念他平定龟兹的功劳。此外，还有李思摩、阿史那忠、契苾何力、执失思力等一大批少数民族功臣。

在与来自"中华文明圈"之外的文明形态的交流过程中，中华文明先后容纳了外部传入的佛教、伊斯兰教、萨满教、基督教等宗教及教派，吸收了外来宗教的许多文化元素，包括哲学思想、话语体系、制度形式和文学艺术。在文化和思想交流中，孔子主张"中庸之道"，不偏狭不极端。中华文明的另一个代表人物老子则说："上善若水，水善利万物而不争。"正是这种主张"和而不同"和"己所不欲，勿施于人"的思想使中华文化对于内部多样化和外来异质文化具有举世罕见的文化包容度和融合力。

在这样一个文化氛围中，我们可以看到外来宗教进入中原地区后出现不同程度的"中国化"现象。例如，源自印度的佛教由此转化成为本土化的中华宗教，包括流传于中原地区的禅宗等流派和流传于蒙藏地区的藏传佛教各流派，发展成为中华文明的重要组成部分。[①]佛教在东汉时期自印度跨越喜马拉雅山和青藏高原，传入中土，中原学者高僧用《老子》《庄子》《论语》语义来解读印度佛学义理，出现"格义佛学"。葛兆光先生认为："人们借助老庄对佛教进行解释，佛教也是在不断翻译和解释之中，加入了这一思想系统，并使之开始彰显它的系统性，在这个意义上，中国也征服了佛教。""唐朝佛教中国化，即佛教玄学化，这是化的第一步。……佛教儒学化，是化的第二步。""佛教……到了中国之后，出家僧众的生活来源发生了变化，由托钵化缘式改变为坐拥土地及寺产的安居受供式。……中国式的祖师清规就出现了，……这在印度佛陀时代是未曾有的事。"这就是佛教教仪和教制的中国化。在唐朝的文学、绘画以及雕塑等方面，有许多佛教方面的题材。同时，佛教传入西藏后，在与当地苯教交融中形成今天的藏传佛教。

从历史中，我们可以感受到中华文化对外来宗教与文化的强大包容力，感受到中华文明"海纳百川"、积极吸收和容纳外来文明的文化心态。"汉族以文化根柢之深，……兼容并包，同仁一视，所吸收之民族愈众，斯国家之疆域愈恢。"

概而言之，中华文明的这些特质与西方以一神论为主流的宗教特质以及僵化地看待政治体制—语言差异的民族主义之间，具有本质性的区别。这是我们今天在加强中华民族凝聚力、构建中华民族"多元一体"文明体系时需要关注与继承的宝贵历史遗产，也为不同宗教与文明集团、不同政治实体之间的彼此尊重、平等交往、和平共处乃至合作共赢提供了范例。

---

① 马戎：《中华文明基本特质与不同文明的平等共处》，讲座内容，人民论坛网，2019—08—07。

世界，并非都是西方文明的世界。世界各国尽管发展水平不同，但应该是平等的。相比较而言，近现代西方文明，更多的是立足于物质文明基础上的文明，更加强化武力的作用，强调弱肉强食的丛林法则，强调种族主义，强调彼此的差异和冲突。中华文明则强调世界大同，各民族之间没有优劣之分。

晚清时期，中国人看到自身发展中面临的困境，开始主动谋求融入近代文明与世界秩序，吸收融合西方工业文明先进成果，逐渐形成自己的发展理念。五四运动以后，更是主动吸收马克思主义的思想精华，进而改造自己的文化。马克思主义最开始从西方传入日本。日本学者在19世纪末20世纪初期开展了大量社会主义介绍、研究和组织的活动，形成风靡一时的思想潮流。这也对在日本求学、希望借鉴日本经验、改造发展中国的中国留学生产生了深刻影响。早在戊戌变法失败后，流亡日本的梁启超在第一时间就接触到了社会主义和马克思主义的一些基本思想和原理，在《南海康先生传》中就提到了"泰西社会主义""共产之论"的说法，随后对社会主义思想进行了持续的关注和介绍。1903年，同样游学日本的马君武开始用中文介绍、宣传马克思主义思想。1904年留学日本的朱执信在1906年翻译并发表了《共产党宣言》和《资本论》的片段。①

在马克思主义与中国具体实践相结合的过程中，建立起新中国。当1949年毛泽东主席宣布"中国人民从此站起来了"时，这不仅意味着近代民族国家运动的深入开展，也表征着传统殖民帝国秩序在中华大地上的最终没落。这是一个由传统的帝国与文明体转化而成的现代民族国家，它所继承的普遍主义文明的历史性格，必然对现实的世界秩序构成巨大影响。②新中国成立后，在中华文明基因中提炼出"和平共处五项原则"，并将之作为国家外交的基本原则。毛泽东于20世纪70年代提出了著名的"三个世界"划分理论，引发国际社会广泛思考。新中国后来开启了与世界的交往，获得了来自当时的主要

---

① 郭刚：《中国早期马克思主义的传播：梁启超与西学东渐》，人民出版社，2010年，第116—124、191—203页。

② 李永晶：《分身：新日本论》，北京联合出版公司，2020年，第470页。

大国，尤其是英国的一系列正向激励，可以说走上了健康的发展道路。①

　　由于近代以来欧美帝国主义在对外关系中践行"以强凌弱""优胜劣汰""零和博弈"的丛林法则，地缘政治中的"霸权"理念至今仍然主导着某些国家的外交思路，特别是"文明冲突论"目前似乎正在主导着某些国家的外交政策。在今天的国际交往中，中华文明与外部文明和政治实体交往中遵循的"己所不欲，勿施于人"和"求同存异"的基本思路构成了中国外交活动的文化底色，使其具有不同于欧美国家外交的文化风格，赢得许多发展中国家的真诚友谊，也为21世纪的国际关系大格局注入新的元素。②

---

①　费正清、刘广京编：《剑桥中国晚清史（1800—1911年）》（下卷），中国社会科学出版社，2007年，第154—169页。

②　马戎：《中华文明基本特质与不同文明的平等共处》，讲座内容，人民论坛网，2019—08—07。

第二十章 中华文明的方法论

中华文明除了对自然界、对人类自身、对社会发展有着富有中国特色的世界观外，在思维方式等方面还有许多独到的方法论。

一、系统思维

中华文明很强调系统观点，综合地看待万事万物。中华文明的哲学基础是宇宙观，强调连续、动态、关联、关系、整体；从有机整体出发，宇宙的一切都是相互依存、相互联系的，每一事物都是在与他者的关系中，显现自己的存在和价值。因此，人与自然、人与人、文化与文化之间应当建立和谐共生的关系。相比而言，西方文明更倾向于机械论，强调静止、孤立、实体、主客二分，以自我为中心。[①]

中华文明的系统思维，表现在万事万物都处于不断的变化当中，生生不息。《易经》："穷则变，变则通，通则久。"世界不断变化、转化，永不静止，人们必须不断随变化而变化，适应发展，"天行健，君子以自强不息"。孔子发出感慨："逝者如斯夫，不舍昼夜！"

相对而言，西方哲学更强调分析，不断把事物分割成尽可能小，以图更加准确地加以把握。这种方法对科学的发展起到很好的促进作用，但是客观上也造成划分过细，以致互相割裂，只见树木，不见森林，难以系统、全面地把握事物发展的普遍规律。近年来，边缘学科、交叉学科越来越受到重视，

---

① 陈来：《中华文明的核心价值》，生活·读书·新知三联书店，2015年，第1页。

系统整体思维的方法越来越引人注目。中国古代科学技术的发展就与这种思维方式有密不可分的关系。英国学者李约瑟就十分推崇中国古代哲学提出的"通体相关的思维方法"。他认为，中国思想存在对"网"状关系的偏好、对过程的偏好，而西方文明则受牛顿的影响，偏好个别和因果"链"。从现代科学发展的趋势看，需要将中国的系统整体思维方法和西方的分析解构思维方法结合起来，贯通融合，这必将推动科学进入一个全新的发展阶段。[①]

作为中华文明的重要组成部分，中医不仅仅是医疗技术，更是中国人的生命观和价值哲学。[②]中医及其理论历经数千年而不衰，经过了漫长历史实践检验而至今有效，是世界文明史上的一大奇迹。西医的方法是从具体到抽象，中医则相反，是从抽象到具体。[③]与西医"头痛医头，脚痛医脚"有着本质的差异，中医强调要把人的身体看作一个有机统一的整体，病症虽然表现在局部，但治疗往往要着眼于全身。老子说："不知知，病；知而不病。"

中医认为，疾病的发生，多与违背自然规律有关系，强调人与自然也是一个有机统一的整体，需要秉持"天人合一"的思想，扶助"冲气以为和"的正气，才能祛除邪气。这不仅关系到中医的发展，也深刻影响着中国人的处事方式和价值取向。基于阴阳八卦的哲学，人与自然相统一的整体观与系统论，中医将人体视为一个有机的整体，人体同时又是自然界整体的一部分，因此不能"头痛医头，脚痛医脚"，而是要从人身整体乃至外部自然环境的变化角度出发，把握疾病的成因和本质，针对不同情况辨证施治。它又用阴阳对立转化以及五行相生相克的道理来解释人的生理、病理问题，提出以平衡阴阳、协调五行为目的的相应治疗法则。这都是中医学最基本的理论基础。

中国的艺术创作也十分注重对整体的把握，所谓"格调""神韵"，都是强调整体感受、系统观念，而非局部精准。比如，东方舞蹈一般不强调描摹

---

① 袁行霈、严文明、张传玺、楼宇烈主编：《中华文明史》第1卷，北京大学出版社，2006年，第11页。

② 武斌：《文明的力量：中华文明的世界影响力》，广东人民出版社，2019年，第150—152页。

③ 李泽厚：《中国古代思想史论》，人民文学出版社，2021年，第139页。

各种具体的情绪和表情，也不执着于对生理肢体的展示，更多的是表现一种节奏和精神向往。有时就是几个素朴的动作，也成了精神吞吐的载体，构建起一种禅宗式诱发顿悟的精神磁场。①

从这个角度看，东方美学从根子上是精神性的，不像西方美学那样融入太多客观尘世的制约和喧闹。东方美学擅长整体把握，重视"气韵生动"。这里的"气"指的是宇宙生命，是一种流荡广远而又包含广远的整体性存在，容不得分割和阻断。这种"气"化解着主客体的界限，也模糊了人与自然的鸿沟，是"天人合一"哲学的派生概念。无论是人类与自然的关系，还是人与人之间的互相关系，都是从混沌整体出发，经过分解、冲突、个别化，然后又进入整体。东方美学的至高境界是人和自然的默契。人不是对抗自然、榨取自然、凌驾于自然之上，而是虔诚地把自然作为最高法则，结果自然也就人情化、人格化。

对中国人来说，绘画是书法的分支或是一种漂亮的书法。至少中国最早期的绘画形式是这样：用来写字的毛笔，也同样用来作画；画作大部分是水彩画，有许多杰作只是用毛笔和水墨勾画而成，缺少欧洲油画中那种强烈、热情的色彩。画面从来不重器物写实，而是着重于精神暗示，把"真实"留给科学去处理，绘画只是追求对"美"的抽象的感性的表现。中国人基于对大自然的热爱，创造了山水画，影响遍及世界各地，成为人类最杰出的文化艺术门类之一。②

比如，中国绘画在对客观物象的准确描摹和科学把握上大多比不上西方绘画，但它的立足点在于用笔墨安安静静地表现着人们的主观意态，经过与审美主体交互感应后，蜕变为一种精神态度的物化方式。因此中国绘画不讲焦点透视，而讲散点透视；不讲三度空间，而讲二度空间；不讲块面刻画，而讲轮廓勾勒；不讲物理重心，而讲感受结果。更为引人注目的是，中国绘画

---

① 余秋雨著、江学恭编：《大美可追：余秋雨的文化美学》，北京联合出版公司，2020年，第28—30页。

② 威尔·杜兰特：《世界文明史·东方的遗产》，华夏出版社，2010年，第546页。

大多以线条为魂魄，使描绘对象挣脱物理形象的约束，而获得更高层次的精神提炼。东方式的线条，是精神的轨迹、生命的经纬、情感的缆索，在创作过程中，又是主体力量盈缩收纵的网络，即便是寄予物态形体之中，也发挥着远超物态形体的精神效应。

比如，欧洲的印象主义和中国宋朝时期山水画印象主义有很大的区别。欧洲的印象派是精心试作的草稿，细微反复的润色和经营构图组成，是在美感上刻意求工的结果；宋朝的水墨画虽然线条可能因为烟云而模糊不清，有可能很快消失不见，只能让观众发挥自己的想象，但笔触的运用是连绵不断的，烟雾纷扰不仅丝毫没有削弱这种效果，反而使这种效果显得更为有力、更为意蕴深远。当西方的印象主义已经变成纯分析式和个人式的时候，宋朝的印象主义却始终是综合的、概括的。从这个角度看，宋朝的山水画是唐朝诗歌思想形式发展的必然结果，是唐诗精神在绘画领域的具体体现，是以专业的画工来描绘若隐若现的人物景色，呈现唐朝诗人精心吟得的山水田园写景珍品。①

中华文明的系统思维还表现在帝王祭祀这件大事上。由于中华文明的源远流长和博大精深，历代皇帝祭祀时，不仅会祭祀自己的祖先，还会祭祀历代帝王，以表示自己对中华文明的传承与延续，显示自身统治的合法性和正当性。历史文献记载，对传说时代"帝王"的祭祀，先秦时代就已经开始。如秦灵公对黄帝、炎帝的祭祀，秦始皇对虞舜的祭祀，等等。汉唐与中古时代以后的历代王朝及其地方政权的少数民族统治者，都认同自己为黄帝后裔，如十六国时代的不少少数民族建立的王朝，都自认源于黄帝。北魏太和十六年（492），孝文帝在多地祭祀尧、舜、禹。元朝每年派侍臣对尧舜禹进行祭祀，还对周王朝的政治人物进行祭祀，体现其对华夏历史文化的认同，泰定帝还专门颁布保护黄帝陵庙的诏令。明朝开始在都城修建历代帝王庙，不仅对传说中的尧舜等圣君进行祭祀，还包括对夏商周汉唐宋元等朝代的开国君

---

① 勒内·格鲁塞著，常任侠、袁音译：《东方的文明》，商务印书馆，2017年，第579—580页。

主进行祭祀。这反映了中华文明跨越长久历史时空的国家观。朱元璋还增加历代名臣从祀于历代帝王庙，不仅包括汉族，还有少数民族，使帝王庙成为真正政治意义上的国家宗庙。清朝对黄帝的祭祀有增无减，除京城历代帝王庙的祭祀外，还派专人到黄帝陵致祭。康熙、雍正、乾隆、嘉庆、道光等皇帝先后近30次祭祀黄帝陵。[1]清朝乾隆四十九年（1784），依据国家观念、正统理念，最终确立历代帝王庙享祀的帝王数量达到188位，包括了中国古代历史上几乎所有王朝的绝大多数帝王，使历代帝王庙成为中国多民族统一国家完整历史的缩影。

二、辩证思维

中国很早就有辩证法。这点从《诗经》《周易》《道德经》等经典文献中反复提及的阴阳观念就可以得到佐证。古代思想家看到一切事物都有正反两方面，相互对立，相互统一。

《易经》把阴阳作为整个世界中的两种基本势力或事物之中对立的两个重要方面，所谓"一阴一阳谓之道"，指阴阳的对立分别与交互作用，是宇宙存在变化的普遍法则。阴阳的辩证关系，是中华文明一切辩证关系的起源和基础，影响到中华文明的哲学、医学、兵法等各个方面。阴阳二分是对于宇宙间万事万物的概括，阴阳调和是对宇宙秩序的认识和追求。如果阴阳调和，就可以达到人与自然的和谐，可以治理好国家，可以调理好自己的身心。阴阳的交替变化，有序而调和就是治，无序而不调和就是乱。[2]

《道德经》："道生一，一生二，二生三，三生万物。万物负阴而抱阳，冲气以为和。""故有无相生，难易相成，长短相较，高下相倾，音声相和，前后相随。"[3]没有一个对立面，就没有另一个对立面。荀子认为："天地和而万物

---

[1] 刘庆柱：《不断裂的文明史》，四川人民出版社，2020年，第14—15页。

[2] 袁行霈、严文明、张传玺、楼宇烈主编：《中华文明史》第1卷，北京大学出版社，2006年，第6—7页。

[3] 张景、张松辉译注：《道德经》，中华书局，2021年，第10页。

生，阴阳接而变化起。"阴阳作为宇宙最基本的构成性要素，不仅相互对立，而且相互作用、相互感应。阴阳二者的相互配合，使万物得以生成，使变化成为可能。阴阳的对立互补是世界存在与变化的根源。汉代董仲舒说："天地之气，合而为一；分为阴阳，判为四时，列为五行。"除了阴阳之间的相互作用和相互补充之外，五行之间也被理解为相生相克、相互促进又相互制约。明朝朱熹说："阳中有阴，阴中有阳；阳极生阴，阴极生阳，所以神化无穷。"无论阴阳的"接"，还是阴阳的"交"，哲学上都是指阴阳的相互作用。这种作用不是冲突对立，而是感合、相互吸引和配合。[①]英国阿诺德·汤因比在《历史研究》一书中说："在不同社会、不同的观察者用来表示静止状态或活动状态这一宇宙韵律的各种符号当中，阴阳是最贴切的，因为它们不是通过心理学、机械学或数学的某些暗喻方式，而是直接表现出了交替的韵律。"

中华文明在阴阳辩证关系的基础上，创造了许多对立统一的概念，以此来辨析世间的万事万物。同一事物中，往往两方面相互对立又相互依存，是不可分割的统一体。不把事物的彼与此完全对立、分割，才是"道枢"。比如，

"天"与"地"

"昼"与"夜"

"君"与"臣"

"夫"与"妇"

"男"与"女"

"大"与"小"

"多"与"少"

"美"与"丑"

"善"与"恶"

"刚"与"柔"

"优"与"劣"

---

① 陈来：《中华文明的核心价值》，生活·读书·新知三联书店，2015年，第15—17页。

"高"与"下"

"名"与"实"

"是"与"非"

"有"与"无"

"胜"与"负"

"生"与"死"

…………

在辩证的关系之中，世界万事万物无时无刻不处于发展变化之中，因此我们要用发展的眼光看待问题，认识到事物之间存在彼此对立、相互依存并且不断向反面转化的两个方面。比如，"祸兮，福之所倚；福兮，祸之所伏"。老子、庄子在万物发生发展的问题上，十分强调"反者，道之动。弱者，道之用。天下万物生于有，有生于无""将欲弱之，必固强之；将欲废之，必固兴之；将欲夺之，必固与之。是谓微明，柔弱胜刚强"①。

在庄子看来，"大"与"小"都是相对而言的，世上无所谓"大"，也无所谓"小"。《齐物论》所谓"天下莫大于秋毫之末，而太山为小"②。所以庄子笔下的鲲与鹏，虽然形体不同、行为有异，却并没有优劣高下之别。

在庄子看来，"名"是人生之"大累"，一个人只要受"名"羁绊，就不可能达到"逍遥游"的境界。由此，还引出"名实"之论。什么是"名"，什么是"实"？"名"是外在的，"实"才是内在的。"实"在前，"名"在后。如果没有"实"，也就没有"名"。从这个角度看，"名"依附于"实"。"名"只是人生的枷锁，而不是生命的本质。在现实生活中，人应该弃"名"而求"实"。但是，许多人过于着眼对"名"的追求，而忽略了生命的本质，将"实"抛弃在脑后，使自己成为"名"的奴隶。③所以只有圣人，才能不被"名"所累，虽然肩负着治理天下的君主之责，被世人视为"日月""时雨"，

---

① 张景、张松辉译注：《道德经》，中华书局，2021年，第146页。

② 雷仲康译注：《庄子》，辽宁民族出版社，1996年，第18页。

③ 王景琳、徐匋：《庄子的世界》，中华书局，2019年，第31—33页。

但不受"名"的羁绊,做到"圣人无名"。

所谓"是非",都是不同的人站在不同的角度去看待同一事物,因此得出的观点和结论必然不同。又以"我"的"一家之偏见"去衡量是非,自然就成了是非之根源。凡以"我"看来为"是"者才为"是",以"我"看来为"非"者皆为"非"。这其实都是出于"我"的"成心",出于一己之偏见。此以为是,彼以为非;此以为非,彼以为是。各执一端,无可辨析。常常挂在某些人口头的所谓"公心",只不过是自我标榜而已。①人所处的位置、所居的立场,决定人看待万事万物、认知世界的角度。如果人们换位思考,改变立场和角度,得出的结论可能就会完全不同。就像一支笔,竖起来看是一条线,放平了直视,可能就是一个点。就人的本性而言,自以为"是"容易,承认他人为"是"难;对他人说"不"容易,对自己说"不"难;明知自己"不能"而又甘心在"不能"前止步,比承认自己"不能"更难。②

三、中庸思维

中庸的"中",在中华文明中随处可见,影响广泛而深远。"中"的本意是中间、中央,引申有正、均、恰当等意义。中国先民对"中"的信仰与追求,可以上溯到遥远的新石器时代晚期和五帝时代。"黄帝"的名字,就昭示着"中"的核心思想。"黄"对应五色"青赤黄白黑"中的"黄"。《荀子·大略》云:"欲近四旁,莫如中央,故王者必居于天下之中。"《中庸》云:"中也者,天下之大本也。"《吕氏春秋》记载:"古之王者,择天下之中而立国,择国之中而立宫,择宫之中而立庙。"因此,我们的文明叫"中华文明",我们的文明发祥地叫"中原",我们的国家叫"中国",我们的都城在国家的"中部",我们的皇宫要建在都城的"正中间",都城当中要有"中轴线",甚至在中国普通百姓的民居中也有"中堂"。似乎离开了"中",我们就会觉得

---

① 王景琳、徐匋:《庄子的世界》,中华书局,2019年,第119—120页。

② 王景琳、徐匋:《庄子的世界》,中华书局,2019年,第182页。

力量不平衡，难以持久。

中庸的"中"，不仅体现在地理空间上，而且体现在政治思想、待人接物上。《论语·尧曰》记载："舜其大知也与！执其两端，用其'中'于民。""择中建都"，就是"中"的理念在政治上的实践，是国家政治思维的缩影。时至如今，我们的最高领导机关称"中央"，体现向心力和凝聚力。

所谓中庸思维，就是凡事走正道，凡事不偏不倚，不追求片面，而要在平实、正大、宽容中实现自己的人生追求。执中就是把握住平衡点，不走极端，平正通达，无往而不利。[①]但这种正道与不偏不倚，并不是非黑即白、非此即彼。

凡事皆有"度"。古人讲的"不逾矩"，就是要把握好尺度，才能进退有据。"度"是有上下临界点的。处于临界点内，一切状态是稳定的、有序的；超过临界点，就会打破现有秩序，形成一种新秩序。在分析评价事物时，不能过度。过度了，就可能会从量变到质变，陷入名家所谓"白马非马"的诡辩当中。《易经》中时时保持清醒的忧患意识，提出"否极泰来""盛极而衰""物极必反"的思想，突出表现为防微杜渐、小中见大、因中见果，把握量变到质变的辩证规律。老子认为，"虚而不屈，动而愈出，多言数穷，不如守中"[②]，"知足不辱，知止不殆，可以长久"，为人做事要讲究度，要不偏不倚，不要过度发展。比如，庄子注重"养生"，但也明确提出，"生"需要养，但不可过之，过犹不及，养过头了，反而会伤生。比如说，"美"与"丑"是有一定的社会标准的。但是，如果过度，就容易视美为丑，视丑为美，陷入美丑不分、黑白颠倒的极端境地。处在人世间，最重要的是懂得什么是荣辱，只有把握好其间的度，才能"游刃有余"。

中庸思维中隐含渐进的思想。所有的改革，都是在循序渐进地开展。"悟道"不可能一蹴而就，需要经过长时间的渐进的体验、积累、感悟与实践，

---

① 袁行霈、严文明、张传玺、楼宇烈主编：《中华文明史》第1卷，北京大学出版社，2006年，第9页。

② 张景、张松辉译注：《道德经》，中华书局，2021年，第24页。

才能真正"悟道"。正如庖丁解牛，是长时间的实践积累，才能最终实现"以无厚入有间"，达到人、刀、牛游转自如、完美合一的"化境"。

在具体事情处理上，中国人的传统思维中，更多重视直观、感性、模糊，"差不多就行"。老子认为，"持而盈之，不如其已；揣而锐之，不可常保。金玉满堂，莫之能守。富贵而骄，自遗其咎。功遂身退，天之道"[1]。相比而言，西方更加重视严密的逻辑推理分析，强调科学、精确。二者各有利弊。从社会的稳定性和延续性来讲，中庸确实有非常大的价值。但是对社会进步所需要的科技创新而言，中庸所带来的缺点也一览无余。科技创新需要突破边界，需要走极端，而这是中庸思维所不可能提供的。中国儒家思想甚至认为，科技创新是雕虫小技，不足为之。这使得中国这样一个在古代曾经产生过许多精巧发明的伟大国家，逐渐沦为顽固的保守帝国，抵抗甚至是敌视科技创新。这也是李约瑟等人提出中国为什么科技创新人才如此之少的原因所在。

但是，我们也要看到，时代的发展变化对思维方式的要求不同。中庸思维在科学技术不发达的古代时期有很大价值；在科学理性大发展的时期，精确有利于分析，有利于准确把握事物的本来面貌，这时中庸思维的价值似乎不太凸显了。需要注意的是，随着网络数字技术的发展，人类开始迈入人工智能发展阶段，由于社会的运行发展中确实有许多事情是不那么精确的，因而人工智能不是在强调"精确性"上发展起来的，相反是在强调"模糊性"的基础上得到发展的，这个时候中华文明传统中主张的"中庸思维"可能又有了用武之地。

四、实用理性思维

中华文明是一种早熟型、成熟型的文明。不管是儒家、道家，还是法家、墨家，几乎在春秋战国时期为中华文明奠定基因的诸子百家，都毫不例外地主张用清醒的理性态度去对待自然、对待人与社会，吸取一切对自己现

---

[1] 张景、张松辉译注：《道德经》，中华书局，2021年，第39页。

实生存和生活有利有用的事物或因素，而舍弃一切已经在实践中被证明无用的和过时的东西，较少受到情感因素的纠缠干预。这是因为实用理性不是宗教，它没有非理性的信仰因素和情感因素来阻碍自己去接受外来的异己的事物，去扔掉自身具有的不合时宜、不符合发展需要的东西。比如，在对待宗教问题上，尽管官方和皇帝要定期举行祭天、拜祖、封禅、祭孔等活动，但都不是为了信仰，而是为了教化百姓的实际需要，用鬼神作为幌子来吓唬老百姓。[①]

儒家文化把人的情感、观念、仪式引入以亲子血缘关系为基础的现实世俗生活，重视情理结合、以理节情的平衡，是社会性、伦理性的心理感受和满足，不容易聚焦到具体的偶像符号，这是中国实用理性思维的最大特征，也是中国始终将无神论或泛神论的思想作为文明根基的重要原因。与中国相比，柏拉图强调神秘性的情感迷狂，亚里士多德强调心灵净化，最终都将人引向外在的崇拜对象或神秘境界，催生出席卷欧洲的"一神教"。

中华文明自起源时就主张排除宗教因素，不盲目接受宗教信仰的束缚，积极追求改善自己，一切以实用理性的考虑作为标准。不管是传统的还是外来的，一切都要由人们通过自己的理智来进行裁定、判决、选择、使用。这种实用理性是中国人数千年来适应自然环境、实现生存发展的基本精神。它最早成熟于先秦诸子百家的社会政治哲学中，在孔子儒学中表现得最为充分。[②]这种实用理性思维，更多的是为了适应现实发展需要，体现在实用价值上。

比如，进入近现代，中国人在见识到西方"坚船利炮"的巨大威力之后，开始向西方学习现代科学技术。从洋务运动时期的"师夷长技以制夷""中学为体，西学为用"，再到后来的"科学技术是第一生产力"，科学甚至上升到替代性的意识形态高度，把"科学"视为正面价值判断的重要标准。但是，由于中国与西方传统文化在价值体系评判方面的差异，学习西方的科学理论，

---

① 赵林：《中西文化的精神分野：传统与更新》，九州出版社，2023年，第11页。
② 李泽厚：《中国现代思想史论》，生活·读书·新知三联书店，2008年，第7页。

必须建立在西方的科学方法和思维方式之上，这势必挑战中国传统的思维方式和文化传统。中国人倾向于从实用、应用的角度理解"科学"，甚至把"科学"混同于"科技"，"科技"混同于"技术"。[1]这与中华文明中的实用理性思维有着十分重要的关系。

与希腊文明形成鲜明对比的是，中华文明有强大的"学以致用"的传统，强调学术、知识本身并无内在价值，只有工具价值。"学成文武艺，货于帝王家。"读书本身不是目的，而是"书中自有颜如玉，书中自有黄金屋"。学问是敲门砖，是进身之阶，"学而优则仕"。因此，中华文明积累的丰富知识，都是事关国计民生的经验知识，而不是希腊文明中的内在纯粹的、推理的演绎科学。[2]比如，中国汉代成书的数学主要经典《九章算术》、南宋秦九韶的《数书九章》都不是按照算术的内在逻辑理论展开，而是按照现实生活中的实际应用类别进行分类，都是为政府经济管理部门的工作服务，是实用性很强的书。

中华文明这种兼容并蓄的实用理性思维，是维护自身生存发展的一种有效方法，使得这个古老的文明传统保持自身的发展活力，能够绵延数千年而至于今日。这种实用理性，不仅使中国善于接受、吸收外来事物，而且也乐于、易于改换、变异、同化它们，让一切外来的事物、思想逐渐成为自己的一部分，把它们安放在自己原有体系的特定部位上，模糊和销蚀掉那些与本系统绝对不能相容的部分、成分、因素，甚至会使之丧失原意。通过消化吸收之后，再加上一番合理化的改造，使之与本系统相协调。正因如此，中华文明在某种意义上，最能迅速地接受、吸收外来文明的先进成果，以丰富、充实和改造自己。例如，在唐朝诗文中，就可以随处看到长安是一个遍布"胡帽""胡酒""胡姬""胡舞"的大都市。

---

① 吴国盛：《什么是科学》，广东人民出版社，2016年，第17页。

② 吴国盛：《什么是科学》，广东人民出版社，2016年，第52页。

第二十一章　国人对中华文明的自我审视

从中华文明史发展的角度看，国人对中华文明的认同感是与实践发展成就同步的，经历过自信—迷失—重拾自信的循环往复过程。中国人曾长期对自己的文明高度自信，但在鸦片战争之后遭到西方现代工业文明的强有力冲击，许多中国人丧失了这种自信，甚至全盘否定中华文明的合理价值。随着近年来改革开放取得的伟大成就，中国人的文化自信才开始真正回归，对中国优秀传统文化的认同感不断增强。

长期以来，国人对中华文明的高度自信并不是盲目的，而是有实践结果为基础的。在五千年不断裂的中华文明史上，中国人通过自己的聪明才智创造出许多有深远意义的发明成果，推动中国农耕文明取得巨大成绩。早在3300多年前，中国就出现甲骨文，有了准确的文字记载；出现高水平的青铜器，有了先进的金属冶炼技术；出现都城王陵，有了部落聚集。目前的历史文献记载和考古发现，可以证明中华文明在五千年前就在中华大地的许多地方多点开花。

从世界历史范围看，具有五千年文明史的国家或地区不在少数，甚至有些地区还有比中华文明更为久远的文明历史，如西亚的两河流域文明、北非的古埃及文明、南亚次大陆的古印度文明，但是有着"五千年不断裂文明"的国家或地区，只有中国——中华民族的人类遗传基因与国家文化基因两个方面的历史一直延续不断、世代传承。[1]

---

[1]　刘庆柱：《不断裂的文明史》，四川人民出版社，2020年，第10页。

中华文明汇聚了黄河、长江两大流域自发衍生的文明，承载集聚了规模庞大的人口，使中华文明具有巨大的稳定、吸纳和整合的力量。长期以来，中华文明就是在多民族融合的多元一体格局中形成发展的，是由汉族和各少数民族共同创造的，五千年来生生不息，不曾中断。[1]因此，有西方学者认为，"中国"这两个字，代表的不只是一个国家，更是一种文明。[2]

1656年，清朝的顺治皇帝对中华文明就十分自信，他对前来寻求建立贸易关系的荷兰人说："身在远方的你们知道且渴望目睹我们的伟业和文明，你们敬重且仰慕我们，我们是你们的主上和父亲。"1793年，马戛尔尼带领英国使团觐见的时候，乾隆皇帝依然是用一种居高临下的口气下旨："奉天承运，我国皇帝特叮嘱英格兰国王留意我们的指示。英王，虽然你们深处远洋，却心念我邦文明，特意差使前来呈送国书，尔国大使远渡重洋来我朝叩头，恭祝朕生辰，并奉上地方物产，以示尔之诚志。"[3]

可以说，清朝康乾盛世之前，中国在大部分时间里都是世界上最发达的国家，虽然在这个过程中也出现过许多波折，有一些历史阶段还处于长期的战争动荡、地方割据之中。但是，中国总是能够在中华文明基因的影响之下，合久必分，分久必合，在循环往复中实现更高水平的发展。

1840年鸦片战争爆发之后，中华文明遭遇了前所未有的巨大历史冲击。中国国力快速走向衰落，被迫打开封闭的国门，不得不面对来自西方世界的文明拷问。一个曾经取得伟大成就的伟大文明，为什么近现代以来会沦落为穷弱之邦？这引起了国人的深刻思考。

面对西方工业文明的野蛮冲击，国内一些人士到西方和日本学习之后，认为中国只有全面接受西方文明，才有可能保持自身的独立，并在历史中取得自己的立足之地。也有一些人认为，虽然西方的科学技术可能比较先进，但是东方的伦理纲常更为优秀，主张要"洋为中用"，既坚持自己的文明本体，

① 陈来：《中华文明的核心价值》，生活·读书·新知三联书店，2015年，第75页。
② 房龙著，周亚群译：《人类的艺术》，中国友谊出版公司，2013年，第257页。
③ 布鲁斯·马兹利什著，汪辉译：《文明及其内涵》，商务印书馆，2020年，第51页。

又主动吸收西方的先进科技。当然，也有一些保守派人士认为，西方文明是可怕的野蛮民族，中国应该紧闭国门，无论是科学技术上还是精神文化上，都不应该跟他们来往，老死不相往来。

为了推动戊戌变法，使中国走上一条图强的道路，康有为在《新学伪经考》《孔子改制考》中宣称，清朝经书中的很大一部分并不是真正的孔子学说，而是新莽时期刘歆伪造出来的，是王莽的"新学"。这是对传统中国人的"古代观"的否定，开启了国内疑古思潮的大门。疑古思潮一方面给国人带来许多先进的东西，比如，胡适及其弟子顾颉刚创立了古史辨派，1923年提出"层累地造成的中国古史观"，导致史学界围绕古代史料真伪问题展开了一场大论战。"古史辨"运动让传统史学彻底摆脱了儒家"经学"框架的沉重束缚，对几乎所有的古代文献进行了重新审查，打破了"古代就是黄金时代"的传统观点，动摇了历代相传的"三皇五帝"体系和尊古崇古的传统思维，在客观上引起人们对用现代科学的眼光重新考察中华文明起源和进程的兴趣，推动了中国早期历史的研究。[1]幸运的是，中国在此基础之上，以国内学者而非西方学者作为研究主力，建立起中国的现代考古学。但是另一方面，这种思潮也带来许多副作用，对一些本来不应怀疑、不该否定的内容，也加以怀疑甚至是全盘否定，如胡适就曾说"东周以上无史"，认为中国古代就没什么历史，没什么传统文化，《诗经》《书经》《周易》《周礼》都不可靠，《左传》所讲的许多是假的。这样一来，东周以上就没什么可信的古史了。[2]

这些依靠庚子赔款到日本、英国、德国、美国等西方国家学习的公费留学生和数以千计的私费留学生，由于都是少年负笈，本身就对中华文明缺乏深刻了解，羡慕西方的富强和教育方式，醉心于西方的科学、历史和思想，迷恋西方人舒适而有活力的生活、个人自由的享受和人民权利的享受，他们研究学习西方的科学文化知识，而完全失去了对中华文明的信心。在这种环境

---

① 许宏：《最早的中国：二里头文明的崛起》，生活·读书·新知三联书店，2021年，第41页。
② 李学勤：《中华古代文明的起源》，生活·读书·新知三联书店，2019年，第5—7页。

条件支配下，崇尚激进的思想，坚决反对本国的旧文化，种下了怀疑和革命的种子。①

应该看到的是，许多爱国心很强的中国人，正是因为对"中央帝国"光荣一去不复返的失落，也是豪强之国遭受蹂躏、满腔悲愤的感觉，因而对自己的数千年来的传统文化爱之越深，恨之越切。林毓生在一本讨论五四时期激进知识分子的著作中曾经指出，像胡适、陈独秀和鲁迅等人，特别重视文化与思想变化，认为它们比社会、政治与经济变化更加重要，同时他们在攻击儒教时都采取了全盘否定的态度。②

幸好文明发展进程中，总会在一些特殊时期，遇到一些无法解释的偶然的神秘力量。就像轴心时代，在不同地区同时诞生出多种璀璨的古老文明一样，在中华民族行将灭亡的时候，也出现了一种神秘的力量，让中华民族重新捡拾起自己的文化自信。一是1899年古文字学家王懿荣从中药的"龙骨"上发现了甲骨文，告诉我们四千多年前，中国曾经有过一个伟大的商代。1917年王国维先生在《殷卜辞中所见先公先王考》及《续考》中考证了卜辞中的先公先王之名，证明了"有商一代先公先王之名不见于卜辞者殆鲜"，进而得出"《世本》《史记》之为实录"的结论。③二是在敦煌发现了藏经洞，告诉人们中国唐朝的文化有多么辉煌④，证实了中国古代历史文献的科学性，是中国乃至世界历史学科研究的宝贵科学资料。近年来现代考古学从地下发掘出大量战国秦汉的简帛书籍，使人们见到未经后世改动的古书原貌，进一步印证中国史书的正确性，证实了中华文明的灿烂辉煌。⑤按照李学勤先生的说法，中国的古史研究，现在已经走出疑古时代，从信古、疑古走向释古，借助现代的考古科学，重新评估、解释古代的经典文献，从而为重建古史提供可靠的

① 威尔·杜兰特：《世界文明史·东方的遗产》，华夏出版社，2010年，第586页。
② 柯文著，林同奇译：《在中国发现历史》，社会科学文献出版社，2017年，第196页。
③ 刘庆柱：《不断裂的文明史》，四川人民出版社，2020年，第6页。
④ 唐加文：《梳理中华文明的基本脉络》，《科学大观园》，2012年第21期，第70—72页。
⑤ 中国历史上也曾有两次发现大量古籍：一次是西汉时期的孔壁中经，修订成古文《尚书》；另一次是西晋时期的汲冢竹书，修订成今本《竹书纪年》。

依据。①

　　从1840年开始，几经亡国灭种的劫难，中华民族的历史意识终于开始了艰难的觉醒。在衰落时受侵略，在受侵略中反思，在反思中前进。民族何以孱弱？国家何以贫穷？如何振兴图强？老路何以不能再走？新路究竟指向何方？凡此种种关乎民族兴亡的根本性思索，都在救亡图存这一严酷背景下蓬蓬勃勃地出现了。随着前进路上取得的成功，排解过去落后时的自卑，再度找回自己的文化自信，促进中华民族重新崛起。这个过程，其实就是一个以中华文明为本体，学习借鉴其他不同文明的先进成果，互相渗透、互相作用、互相吸收，并不断取得发展的过程。

　　于是，有了戊戌变法对中国现实出路寻求突破的尝试。

　　于是，有了辛亥革命对中国未来命运的政治设计。

　　于是，有了五四运动对中国历史传统的反思，有了打倒"孔家店"的宣战。

　　于是，有了马克思主义传入中国后的新文化运动。②

　　于是，有了新中国的建立和改革开放的推进，马克思主义与中国具体实际和中华优秀传统文化的"两个结合"，开启了中国式现代化的伟大征程。

　　早在第一次鸦片战争结束后不久的1844年，扬州秀才黄钧宰就提出，西方人的到来，对于中国而言，是一大"变局"，偏安东方的中华帝国开始被动卷入世界政治。中国再也不是处于"地球之中"的中国，中国与其他国家的关系再也不是朝贡册封体制下的"中华—东夷西狄南蛮北戎"的关系了。中华民族如何面对世界，如何处理好与其他国家的关系，已经成为一个无法回避的命题。

　　鸦片战争之后兴起的洋务运动，正是基于儒家文明"自强"的思想自觉开展的具体行动。目的就是希望通过吸收西方工业文明，实现中华民族的强

① 徐达斯：《世界文明孤独史》，作家出版社，2019年，第63页。
② 孙皓晖：《中国原生文明启示录》，中信出版集团，2020年，序言。

身健体，不要沦为"东亚病夫"。李鸿章、张之洞等清末政治家对西方世界秩序的基本原理有了初步的认识，希望在"保和"的基础之上，按照国际条约精神，推动自身的发展。在当时西方流行的"文明"秩序中，被划归为"半文明"的中国，正以开放的姿态谋求进入世界新秩序。中国与世界进入相对有序的互动时期，按照近代国际法律体系向国外派遣外交使节，按照国际商业惯例开展对外经济交流合作，似乎找到了传统中华文明与近代西方文明结合的方法。

1895年爆发的中日甲午战争，把这一和平发展的梦想完全打碎。日本明治维新之后，对外扩张的首要对象就是中国。甲午海战惨败之后，中华民族进入了历史最低谷，国内的士大夫们才注意到明治维新在日本爆发出的巨大能量。《马关条约》的签署，标志着洋务运动的彻底失败，引发了帝国主义瓜分中国的狂潮，成为中国近代史的分水岭。它远非割地、赔款等事实所能概括，更为严重的是对中国政治精英和国民带来的巨大心理冲击，改变了中国对日本的轻视、漠视。曾经"臣服朝贡"的"蕞尔小邦"日本，不再是旧秩序下的"明之倭寇"，而是在出色地模仿西欧近代世界政治文明的基础上实现变法图强，在短时间内发展成了一个无法轻视的东方帝国。

正是在此基础之上的反思，才有了1898年的戊戌变法。无论是戊戌变法的制度设计、人才培育、观念塑造，还是革命家从事具体活动的场所的角度，日本都在实质上充当了中国现代化的策源地。从这个角度讲，戊戌变法是日本明治维新思想在中华大地上的延续，是东西方文明碰撞之后的必然产物。虽然这一变法最终以失败而告终，但是不可否认，"戊戌六君子"挥洒的热血，从此不知激励起多少中华儿女为国奋争的激情。

明治日本被认为是西方近代文明与东方古老文明融合的典范，促使战败的中国试图向日本学习，引进来自西方的工业文明，这是中国为进行自我革新而迈出的重要一步。

康有为认为，中日"同文""同俗""同种"，"日本地势近我，政俗同我，成效最速，条理尤详，取而用之，尤易得手"，力主向日本学习，推动"开制度局而定宪法"，中国对外关系史上出现了"日本转向"的现象。^①中国开启了艰难而缓慢的由传统封建帝国向现代民族国家的转型。

1923年，梁启超在《五十年中国进化概论》中指出，五十年来中国政治诚然并无进化，但国民的自觉政治意识即民族建国精神和民主精神日益鲜明且不断扩大，而旧势力不过是旧时代的游魂。他还提出，拿西洋的文明来扩充我的文明，又拿我的文明去补助西洋的文明，叫它化合起来成一种新文明。他的这些对中华文明未来趋势的预期、对中国乃至东亚地区发展趋势的判断，大部分在后来得到了验证。^②

1919年1月召开的巴黎和会将战败国德国占领的青岛转交给日本，导致中国爆发五四运动，这是中国朝野上下对日本的强权以及欧美绥靖政策不满的结果。第一次世界大战之后，中国的民族精神已然觉醒。与此同时，俄国"十月革命"给中国送来了马克思主义，中国的发展掀开了新的篇章。马克思主义以科学法则的形式，为世界提供了一套关于人类历史的普遍主义观念。马克思在1853年就已经预言，当时主宰世界秩序的殖民贸易体系，必须接受更高的文明意识与手段的约束和管理。马克思主义虽然起源于近代西欧，却因为对近代资本主义以及西欧殖民帝国的批判，成功隐去了自身的"西方"特质，成为近代普遍主义精神的一种代表。

在经历过长期的争辩之后，中国开始引入西方文明。康有为、孙中山等人希望引入君主立宪制、民主共和制，但都归于失败。后来在陈独秀、李大钊等人的积极推进之下，开始引进马克思主义。他们将自身变为马克思主义者，走上一条融会贯通之路。^③

毫无疑问，中国当今实现的巨大成就，是在马克思主义的指导下取得的。

---

① 李永晶：《分身：新日本论》，北京联合出版公司，2020年，第460—461页。

② 马克垚主编：《世界文明史》，北京大学出版社，2016年，第1244—1245页。

③ 梁漱溟认为，儒教不仅与中国现代化并行不悖，而且是现代化唯一可能的基础。这一思想与现在提出的马克思主义与中华优秀传统文化相结合有异曲同工之妙，诞生出"中国式现代化"理论。

马克思主义来自西方哲学。如何使这一来自西方世界的哲学思想与中国的发展实际相结合，实现马克思主义的中国化，是中国革命需要考虑的问题。

中国共产党人创造性地将马克思主义的基本原理与中国具体实际相结合，形成了毛泽东思想，开启了新民主主义和新中国建设的新征程。应该说，在毛泽东等历代领导人的努力下，中国共产党克服了早期的教条主义，在政治建设、革命斗争方面摸索出一条符合中国国情、行之有效的马克思主义中国化道路。

今天，在改革开放取得的巨大成就基础之上，我们应当进一步推进马克思主义与中华优秀传统文化进行"第二次结合"，指导中国踏上中国式现代化的伟大征程，着力建设社会主义现代化强国，实现中华民族的伟大复兴。1978年，中国开始确立改革开放的基本国策。邓小平说："现在任何国家要发达起来，闭关自守都不可能。我们吃过这个苦头，我们的老祖宗吃过这个苦头。恐怕明朝明成祖时候，郑和下西洋还算是开放的。明成祖死后，明朝逐渐衰落。以后清朝康乾时代，不能说是开放。如果从明朝中叶算起直到鸦片战争，有三百多年的闭关自守，如果从康熙算起，也有近二百年。长期闭关自守，把中国搞得贫穷落后，愚昧无知。中华人民共和国建立以后，第一个五年计划时期是对外开放的，不过那时只能是对苏联东欧开放。以后关起门来，成就也有一些，总地说来没有多大发展。当然这有内外许多因素，包括我们的错误。历史经验教训说明，不开放不行。"[1]从思想内核的角度看，中国优秀传统文化与马克思主义的要求在本质上有很多相同之处，孟子说："民为贵，社稷次之，君为轻。"君王如果不顾百姓的死活，丧失了民心，就等于丧失了天意，人们就有权利推翻、废除他的统治，甚至可以杀掉他。孟子的这种革命思想已经被中国的君主和百姓所承认，在中国正统的哲学史上，孟子一直是一位英雄，其影响力和地位仅次于孔子。尽管明太祖曾经因为看到孟子与

---

① 邓小平：《在中央顾问委员会第三次全体会议上的讲话》，《邓小平文选》第3卷，2001年，第90页。

齐宣王的谈话之后，下令把孟子的牌位从孔庙中清除，不过时隔不久，又得到恢复。[1]早在1926年，郭沫若就曾经写过一篇《马克思进文庙》的文章，将马克思与孔子戏剧化地安排在文庙里，进行思想的交流。从中可以看出，马克思主义与孔子的儒家文化在价值观上有很多的共同点：一是奋斗目标相同，都是为了实现人的自由和发展；二是路径相同，都可以接受革命的方式；三是关注世界的方法相同，都有着强烈的现实世界的关怀。

时至今日，中国在共产党的领导下，取得了经济长期高速发展和社会长期稳定的伟大成就。我们在持续吸收西方先进文化的同时，不断自我激励，着力继承创新中华优秀传统文化，力图在追赶、超越，形成更高水准的文明。当前，中华文明在持续五千年的基础上，又进入新的辉煌发展阶段，中华优秀传统文化得到许多年轻人的青睐，"国潮"产品的市场销售快速增长，国人的文化自信重新回归。[2]

---

[1]　威尔·杜兰特：《世界文明史·东方的遗产》，华夏出版社，2010年，第506页。

[2]　其实，改革开放初期，许多人开始接触西方发达国家，认为其发展水平远远高于中国，从而认为应该实行资产阶级自由化，全盘否定中华文明。事实证明，这种认识是非常浅薄的。

第二十二章　国外对中华文明的审视

　　五千年来，中华文明长期处于世界先进地位。日本等近邻与位于欧洲的远邦都长期对中华文明持仰视态度，长期呈现"东学西渐"的态势。只是到了近现代，我们没有跟上工业文明的步伐，在现实经济社会发展过程中处于落后，其他国家对中华文明的态度由仰视转向蔑视，文明交流上呈现显著的"西学东渐"态势。近年来，随着我国经济社会取得举世瞩目的伟大成就，世界各国对中华文明开始有了新的审视和认识。

　　毫无疑问，从人类文明史的发展角度看，中华文明占据着十分重要的位置，发挥着十分重要的作用，是中国将欧亚各大文明紧密联系在一起（尽管当时中国对美洲还一无所知），在国际贸易网络发展中扮演了关键角色。①

　　由于韩国和日本地处东亚，受中华文明的影响最为深远。

　　朝鲜大约于公元前300年左右建立独立王国。两百多年后，汉武帝征服了朝鲜半岛大部分地区。之后经过隋唐时期多次战争博弈，668年朝鲜最终向中国臣服，一直保持到明清时期。朝鲜在发展过程中，虽然创设了自己的语言文字，但总体来看，受中华文明的影响十分明显。

　　高丽朝廷模仿唐宋制度，设立御前经筵，定期讲述儒家经典，实行以儒学为主要内容的教育制度和科举制度。朝鲜三国时，模仿中国制度，正式设立儒学的最高学府"太学"，用于培养贵族子弟成为国家官吏。与此同时，在城

---

① 威廉·H.麦克尼尔著，田瑞雪译：《5000年文明启示录》，湖北教育出版社，2020年，前言第2页。

镇设立闾堂，用于教育平民子弟。不管是在太学还是闾堂，都是以教授儒学经典为主。新罗统一时代，广泛采用中国的教育制度，推广以儒家经典为主要内容的教育；仿照唐朝建制，在中央"立国学，置卿一人"，并配备博士、助教各若干人和大舍二人，成为实际上的国立大学。788年，新罗朝廷仿照唐朝科举考试制度，制定了儒学经典和汉学作为选拔人才的主要考试科目的"读书三品出身法"，以法律形式固定下来，提高了国学的地位，为大规模吸收和推广盛唐文化开辟了道路。992年，建立国子监，在其中特别建立文庙，祭祀孔子，称孔子为"百王之师"。李朝时代是儒学在朝鲜的鼎盛时期，以三纲五常为治世根本，强化中央集权，奉明朝为"天朝上国"，竭力维护儒家道统。李氏朝鲜的500多年时间里，朱子学处于独尊地位，在思想上巩固了李氏政权的统治。

一千多年间，科举制度在朝鲜半岛沿袭下来，直到20世纪初朝鲜沦为日本殖民地之后才告中断。[1]除官办儒学教育之外，10世纪末期朝鲜还出现了私人办学。16世纪以后，朝鲜仿照中国宋朝，发展书院100多家，并逐渐取代官学成为主要教育机构。

高丽成宗（981—997在位）于989年派遣韩彦恭出使宋朝，向宋太宗表示想在高丽刻印佛教藏经，请求赠送宋朝刊印的一套藏经作为底本，后来又派遣高僧如可来华，再次表达了这个愿望。宋太宗遂于989年和991年将两套《开宝藏》印本赠送给高丽。[2]

由于受中国影响，春节、清明节、端午节和中秋节等中华传统节日，也一直是朝鲜的传统节日。婚姻风俗中的纳采、问名、纳吉、纳征、请期、亲迎"六礼"和丧葬风俗中的"五服"制度，一直传承至今。

日本相传于公元前660年时，由神武天皇创设。尽管地理上与韩国相比，离中国更远，中间有海洋相隔，但是总体来看，受中华文明的影响更为深远。

---

① 武斌：《文明的力量：中华文明的世界影响力》，广东人民出版社，2019年，第257页。
② 武斌：《文明的力量：中华文明的世界影响力》，广东人民出版社，2019年，第100页。

日本长期以来深受中国儒家思想的影响。285年，儒家思想开始经朝鲜传入日本，有力地推动日本从奴隶制向更高级的社会形态转变。到6世纪末的推古天皇时代，从中央到地方的教育机构以及民间教育，都以儒学典籍为主要学习内容，扩大了儒学文化在日本的传播和影响范围。日本在大化改新时期，移植了唐朝的教育制度，建立了以大学寮为主体、以学习儒家经典为主要内容的教育体制。另外，日本民间也出现一些由著名学者开办的私塾，开始掀起民间办学的风潮。

宋朝形成的朱熹理学被确立为江户时代日本的主流意识形态。清初中国学者渡海赴日的很多，朱舜水1659年赴日，在日本讲授儒学，培养了一代日本儒学学者。哲学家井上哲次郎（1855—1944）说："凡精神诸要旨熔铸陶冶日本民族之性格者，以儒教之势力为最大。"①近代日本最著名的启蒙思想家福泽谕吉在其自传中提到，他从少年时代就广泛阅读《论语》《孟子》《诗经》《尚书》《左传》《老子》《庄子》等古典著作，尤其以阅读儒学经典《左传》有心得，前后大约读了11遍。②

近代日本著名思想家、教育家新渡户稻造（1862—1933）有一个说法："严格意义上的道德教义，孔子的教诲就是武士道最丰富的渊源。"日本武士在王阳明"知行合一"的观念上找到了与其武士品性达成最高匹配的思想形态。③中国少林武师陈元赟赴日传授武术，从者云集，他的三个弟子（如福野七郎右卫门）至今仍被视为日本柔道的祖师。④当代日本学者斋藤希史提出，幕府末期的志士如果没有学习当时广泛流行的"汉文"，就无从形成自己作为士人的历史意识与自我意识。许多幕府时期的青年志士就是受《孟子》中的"志士不忘在沟壑，勇士不忘丧其元"的激励，迸发出无畏的热情、勇气与

① 井上哲次郎：《儒教》，载大隈重信编《日本开国五十年史》下册，上海社会科学院出版社，2007年，第698页。

② 福泽谕吉：《福泽谕吉自传》，杨永亮译，文汇出版社，2012年，第6—7页。

③ 李永晶：《分身：新日本论》，北京联合出版公司，2020年，第436页。

④ 马克垚主编：《世界文明史》，北京大学出版社，2016年，第945—946页。

智慧。

在面对西方读者时，新渡户稻造甚至将阳明学比作基督教的《新约》，特别强调它在塑造日本年轻人信仰上所扮演的角色："西方的读者会很容易发现王阳明的著作与《新约圣经》有许多类似之处。只要允许特殊用词上的差别的话，那么像'你们先要去寻求上帝的王国和上帝的正义，如果那样的话，所有一切东西都会归于你们'的说法，就是可以在王阳明的几乎每一页书上都可以看到的思想。"①

被誉为明治政府理论导师、主导创设"松下村塾"的吉田松阴，就深受王阳明追求学问与事功的巨大影响。在短暂的生涯里，他留下了《孙子评注》《史记前后汉书明伦抄》《左氏兵战抄》《拟明史列传抄》《东坡策评》等十余种著作，《讲孟札记》更是他的得意之作。他写道："余之在狱，囚徒胥居……时乃把《孟子》讲之，非精其训诂，非喜其文字，唯其一忧一乐一喜一怒，尽寓诸《孟子》焉耳。"据统计，前后有多达37位出身松下村塾者得到明治政府的授勋加爵。伊藤博文对此曾赞道："如今廊庙栋梁器，多是松门受教人。"②

552年，佛教首次传入日本，日本与中华文明的联系更加紧密。自607年开始到838年结束，日本先后派出十二批使团前往中国学习。每个使团由十几个人组成，一次在中国待上数月甚至数年之久，对中华文明的内涵进行系统性学习。尤其是710—784年的"奈良时代"，对从中国唐朝引入的文学、艺术和宫廷礼仪全盘接收。③明朝时进入中国的日本禅僧至少有110人，对日本当时的汉文学产生了很大影响。

中国文学对日本影响很大。唐朝时，日本遣唐使和留学生、学问僧等从中国带回大量文学艺术作品，把唐朝文学移植到日本并获得蓬勃的发展。日本

---

① 新渡户稻造：《武士道》，张俊彦译，商务印书馆，2006年，第21页。

② 李永晶：《分身：新日本论》，北京联合出版公司，2020年，第437—438页。

③ 威廉·H.麦克尼尔著，田瑞雪译：《5000年文明启示录》，湖北教育出版社，2020年，第248页。

学者村上哲见在《日本人与汉诗》中写道："大唐的诗，如同最美丽的长天，让人只能仰见。"南朝梁代昭明太子萧统编撰的《文选》，在隋朝时传入日本，几乎成为当时日本知识分子的必修课本。日本是中国本土以外，保存汉字文献典籍最多的国家。日本历史学家木宫泰彦指出，中国书籍的输入，对于日本文化影响很大。经过书籍输入、翻刻的中国书籍，流传到日本的学者、文人手中，对于日本文化的发展，当然起了颇大作用。①

日本大宝年间以后，更加全面地模仿唐朝文化，中国的医事制度也为日本所效法。701年，日本文武天皇颁布"大宝令"，其中明确要求医事制度、医学教育、医官设置等完全采用唐制，这也是日本最早的医事制度。②

日本708年兴建的都城奈良，整体规划设计完全仿照唐朝长安，全城以朱雀大路为中轴线，划分为左京和右京，都城内的条坊制与长安城的里坊相同，甚至坊内的十字街道区划也如出一辙。太极殿、朱雀大路和朱雀门等，直接采用了唐长安的名字。

1392年，日本结束了南北朝局面，再次恢复统一。1401年，又开始遣使远赴明朝中国，继续吸收中华文明。中国的传统商品，如丝绸、书籍、字画、文具、瓷器、中药、茶叶等源源不断地输入日本，对日本人的生活方式产生了很大影响。由于中华文明比较先进，有许多发明应用都相继传入日本。日本精英阶层对中华文明也极为崇拜和景仰，有力地推动中华文明在东亚地区的普及和传播。

令人遗憾的是，虽然明治维新之后，日本将从中国引进的儒家文明与从西方引进的资本主义文明相结合，产生了巨大的物质生产能力，但是近代日本在经济取得巨大成就的同时，其民族内心的文明底蕴无法驾驭这种物质力量带来的巨大魔力，萌发出惊人的欲望，产生了"君临天下"的野心。正是这种物质文明与精神文明不相匹配的野心，使得日本走向了文明进程的反面，

---

① 武斌：《文明的力量：中华文明的世界影响力》，广东人民出版社，2019年，第241页。
② 武斌：《文明的力量：中华文明的世界影响力》，广东人民出版社，2019年，第160页。

不仅最终在第二次世界大战中埋葬了自己，也给广大东亚人民带来了巨大的苦难。①

欧洲对中华文明的仰视，早在汉唐时期就已出现。意大利人马可·波罗发表的在中国元朝时期的游记经历，更是点燃了西方人对中华文明的巨大热情，那时呈现更多的是"东学西渐"。明朝时期，随着天主教士进入中国传教，法国启蒙运动的兴起，东西方文明更是呈现双向交流互动的良好局面。

正如布罗代尔所说，根据贝罗克的统计，"长寿的"中国古老文明在1800年以前，在世界制造业的产量中，占有1/3的份额。中国的伟大发明，也通过贸易、战争等渠道不断地向西方输送，呈现"东学西渐"的格局。②

对于中国的唐朝，许多西方人士对其取得的成就给予了高度的肯定。默多克说，无疑中国的文化是世界最进步的，当时它是世界上最强大、最开明、最进步、统治最好的一个帝国，它是人类有史以来最光辉灿烂的一个时代。③

1295年，马可·波罗回到故乡，他在中国居住了20年，在忽必烈手下做过官。他以简洁而平铺直叙的方式口述形成《马可·波罗游记》，向欧洲人讲述东方有这样一个伟大的帝国——中国，其领土之广、人口之众、君王之富、为欧洲闻所未闻。他把去过的杭州描述得比欧洲的任何一个城市都要进步繁荣：房屋和桥梁建筑优美，公立医院众多，别墅优雅，娱乐场所繁多，政府命令高效，人民仪态文雅。他讲述忽必烈汗重建北京作为国都，其雄伟以及人口之众，其建筑艺术之辉煌，远超任何一个朝代。他看到长江上的交通运输胜景之后，十分叹服："覆盖这条伟大河流的船只如此之多，对于读到和听闻这种描述的任何人来说都不会相信。经由此河南北运送的货物如此之多，这是任何人都不敢想象的。事实上，其交通之繁荣，以至于看来这根本就不

---

① 从这个角度看，中国改革开放初期出现的许多"暴发户"何尝不是如此。他们用自己的勇气和胆识，获得与精神力量不相匹配的巨大经济收益，但是自身的思想境界又无法驾驭物质财富的野蛮冲动，以致有许多人走向万劫不复的境地。

② 马克垚主编：《世界文明史》，北京大学出版社，2016年，第893页。

③ 威尔·杜兰特：《世界文明史·东方的遗产》，华夏出版社，2010年，第516页。

像河，而是大海。"最后，他还说："我所说的还不及我所看的一半。"①这些动人心魄的描述使得欧洲世界为之震撼，在欧洲千里之外的东方，有这样一个发达的文明国家，令欧洲人十分向往，促使欧洲开始了狂热的航海探险运动，希望进入东方寻求财富。②

由于印刷术的发明，中国成为世界上最早使用纸币的国家。早在北宋初年就已经出现最早的纸币"交子"。元朝是纸币最盛行的时期，市场上除了银元宝以外，几乎都是纸币。蒙古帝国横跨欧亚大陆，重新打通了东西方的陆路丝绸之路通道，使得许多西方国家向中国派来使节、商人和传教士。许多来华的西方人士都对纸币产生很大兴趣。比如，法国来华的传教士鲁布鲁克回到法国后，于1255年在报道中提到中国人用纸币进行商业贸易，这引起英国科学家和哲学家罗吉尔·培根的注意，并写入1266年的《大著作》之中。马可·波罗对纸币的作用做了更详细和直接的观察，他介绍了桑树皮制纸的情况，以及造纸币的过程、流通系统、交易使用和破旧纸币更换等具体情况。马可·波罗在1292年离开中国时，把包括纸牌在内的许多中国物品带回欧洲，其中的纸牌后来逐步被改造成了扑克牌。③

意大利来华的传教士利玛窦是第一位认真而又深入研究中国古典学术思想并且有深刻见解的西方学者，首先向欧洲较为详细地介绍了中国的儒家思想学说。他接触了中国文化后，为中国的科学、政治、思想、文化所震撼。他在给友人的信中由衷地赞扬中国文化说："中国人的智慧，由他们的聪明发明就可以得知。"他列举了中国人在文学、医药、物理学、数学、天文学、艺术和机械等方面的成就，指出中国人全由自己的经验得出如此的成就，和欧洲人与全世界交往才得出的成就不相上下。他认为，中国政府的能力超过其他所有国家。希腊哲学家柏拉图在政治理论方面的想象都不如中国的实践，许

① 尼尔·弗格森著，曾贤明、唐颖华译：《文明》，中信出版社，2012年，第5页。
② 威尔·杜兰特：《世界文明史·东方的遗产》，华夏出版社，2010年，第559页。
③ 武斌：《文明的力量：中华文明的世界影响力》，广东人民出版社，2019年，第100—107页。

多西方哲学家都无法与孔子相提并论。^①他认识到孔子的重要地位，将孔子看作中国与基督教相结合的关键。他认为，儒家阐述的箴言，完全符合良心的光明和基督教的真理，认为儒家学说在维持社会稳定与和谐方面起了很大作用。

16世纪末期，耶稣会传教士开始在中国收集文献典籍，并分批运回欧洲。耶稣会最早到中国的传教士罗明坚1588年将儒家经典《大学》的一部分翻译成拉丁文。1687年，传教士柏应理翻译《中国哲学家孔子》，在欧洲产生很大影响。柏应理1682年、康和之1734年返回欧洲时，都带回许多中国经典著作，其中有近400册捐赠给教皇，成为梵蒂冈图书馆中国部分中最古老的收藏。1697年，法国传教士白晋返回法国时，带回康熙皇帝赠给法国路易十四的312册珍贵书籍，让路易十四感到非常欢喜和惊奇。在此之前，法国只有23册汉文书籍。^②1711年，比利时耶稣会传教士卫方济以拉丁文翻译"四书"。1783—1786年，卫方济的这部书又被翻译为法文。据统计，19世纪之前，在华耶稣会传教士的译著在欧洲出版的有19部，另有2部在亚洲出版。

由于耶稣会士们的翻译和介绍，儒家哲学思想进入西方哲学家的视野之中，孔子的名字也跻身于能够和希腊著名哲学家并驾齐驱的行列。杜赫德认为，孔子的声誉随时间之流逝而愈发显赫，达到了人类智慧所能企及的顶峰。他认为，孔子超越了与他同时期的古希腊哲学家泰勒斯、毕达哥拉斯和苏格拉底，因为孔子不仅像他们那样试图解释自然的奥秘，而且致力于人类道德经验的宣传。^③

自从欧洲传教士把中国的文明传播到欧洲之后，欧洲就掀起一场文化上的"中国热"，直接影响到现代欧洲的思想大潮——启蒙运动。孔子及其儒家思想成为启蒙运动的一种重要思想之源，成为启蒙思想家们用来批判基督教会

① 丁一凡：《跌宕起伏的中欧关系——从文明对话到战略伙伴》，中国社会科学出版社，2020年，第19页。
② 武斌：《文明的力量：中华文明的世界影响力》，广东人民出版社，2019年，第242—243页。
③ 武斌：《文明的力量：中华文明的世界影响力》，广东人民出版社，2019年，第271—279页。

的天启神学、欧洲的封建专制制度以及设计社会改革方案的理想模式的重要思想武器。法国思想家培尔、伏尔泰、孟德斯鸠等人都从柏应理翻译的儒家著作中获知中国存在唯物主义思想与无神论。

发生在18世纪以法国为中心并波及几乎整个西欧的启蒙运动，是一场波澜壮阔的思想解放运动。启蒙运动的主题是以理性主义为旗帜，对基督教神学世界观以及整个封建专制主义意识形态进行无情的、摧毁性的批判，为行将到来的法国大革命作出思想上和理论上的准备。启蒙运动几乎延续了一个世纪，涌现出一大批启蒙思想家，创造了法国历史上一个光辉灿烂的时代——启蒙时代。

启蒙运动推动欧洲思想科学文化领域的普遍变革，其根源在于欧洲内部的经济、社会、政治、文化等多种因素矛盾运动的综合作用，是基于近代自然科学发展和文艺复兴运动的继承发扬，但也受到欧洲文化传统之外的文化输入的影响。17—18世纪传入欧洲的外来文明，主要是东方文明，包括阿拉伯文明和中华文明。以儒家思想学说为主的中华文明经典，经欧洲传教士们翻译传入欧洲，受到启蒙思想家们的高度重视，被用来批判和否定教会和神学的权威，为创造新的文明提供了思想上的准备。

18世纪的时候，欧洲国家主要是通过传教士、商人和旅行家们对中国的报道来了解中国。在这些报道中，中国繁荣富庶，安定和平，人民安居乐业，讲究道德，彬彬有礼，充满智慧、文明、和谐的气氛。他们特别赞美中国的制度，认为它是中国稳定与经久不衰的保证。在传教士的著作中，中国的最高统治者康熙皇帝也被描绘成一位睿智、大度和开明的伟大君主。他们的政府不像欧洲那样掌握在封建贵族手中，而是由一些有高度教养的官员来管理，国家通过科举考试，把有能力的普通人提拔到相应的行政职位上。因此，中国特别重视教育。国家运行的基础是民族精神，而不是宗教。这使得中国几乎成为一个"天堂般的地方"，与破败凋零、危机四伏的欧洲形成了鲜明对照。

17—18世纪，许多西方人认为，中华文明是一个优于欧洲的高级文明。

从马可·波罗的游历到基督教耶稣会士访华，欧洲人自始至终都认为，中国是世界上一个极为富庶、强大和先进的国家。它是当时人口最多的国家，18世纪时就有4000万左右的人口。它自视为世界的中心，自称"中国"（the Middle Kingdom）。儒家学说为君主专制的建立提供了合法依据，皇帝顺应天命，独掌大权，同时儒家学说又建立了一套道德和意识形态方面的衡量尺度，用以防止专制权力的过度使用。中国这个"文明中有各种风俗、宗教、行为方式、服饰风格、礼节礼仪、艺术、丰富的自然资源、看似无穷的手工艺品以及卷帙浩瀚的历史记录"[①]。

因此，许多欧洲启蒙思想家将遥远的中国视为他们的"理想王国""希望之乡"。李约瑟说："在18世纪时，欧洲人对于中国文明虽然了解得很不全面，但却常常把它当作典范。"英国学者雷蒙·道森指出："对18世纪的许多欧洲人来说，中国是他们梦想中的国度……中国不是一个现实，而是一种模式，或者说是一种乌托邦。在受压迫和贫穷的欧洲人的想象中，她是一个神的国度。"[②]

中国模式对欧洲启蒙思想家的吸引力，不仅表现在儒家的价值观念方面，还表现在思维方式的"理性"方面。中华文明在欧洲的广泛传播，使启蒙思想家们认识到欧洲的基督教文明并非是世界上唯一的、最早的文明，各民族文明在世界范围内普遍存在，都具有独特性和价值，基督教会不能垄断全部的"德行"和"真理"。中华文明的传播，提高了启蒙思想家们对文明普遍性和相对性的认识，使他们增强了反对教会权威、摆脱神学的思想束缚的信心，为他们提供了斗争的现实依据和理论武器。当时的欧洲，经过长达1000年的基督教会的"黑暗统治"，任何不符合基督教规矩的社会个体都会被教会严格体罚，甚至被剥夺生命。走出中世纪后，欧洲经历了文艺复兴，进入启蒙运动时代，教会的权威不再。与此同时，欧洲社会动荡、战争频繁、人心凋敝、

---

① 布鲁斯·马兹利什著，汪辉译：《文明及其内涵》，商务印书馆，2020年，第50—51页。

② 武斌：《文明的力量：中华文明的世界影响力》，广东人民出版社，2019年，第290—292页。

风俗败坏，社会靠什么来维持道德？在中华文明的启迪下，启蒙思想家们看到中华文明中"理性"的重大意义。依托理性，可以摆脱神学训导和神权统治的传统道德体系桎梏。

理性主义是启蒙思想家们的一面旗帜。区分"理性"与"信仰"，并用理性主义批评蒙昧主义和信仰主义，是18世纪启蒙思想家的主要特征。理性成为他们的基本思想原则，成为他们检验和衡量一切真理的标准和价值尺度。许多研究认为，启蒙运动崇尚理性的精神，至少部分来源于中国，历史学家方豪甚至认为"此运动之来源，中国实多于希腊"[①]。伏尔泰在其名著《风俗论》中就提到，中国的法律不谈死后的惩罚与褒赏，人们更害怕的是现世的法典，而不是未来属于地狱的律令。

中国传统社会是以家族为本位的宗法社会，血缘人伦关系是宗法社会中最基本的人际关系。在宗法社会中，道德的威力始终被看得比法律更有效。儒家学派对中国宗法制度下的人际关系进行了理论上的概括总结，形成一套完整的非宗教性的以人为本位的伦理道德观念和理论体系，构成中华文明意识形态系统的核心。在这套理论体系中，始终强调现实生活中人的积极性和主观能动性。中华文明传入欧洲后，他们发现伦理道德权威可以不是来自"上帝"的启示，而是来自人自身的"良知"，不是神本主义，而是人本主义，这使启蒙思想家看到了批评基督教神学的理性之光，找到了摧毁基督教神学权威的思想武器。

启蒙思想家们从中华文明中吸收理性主义的成分，开始把目光从基督教神学的天国转向人间，转向现实社会生活，努力建立一个新的"理性世界"，使得启蒙运动高扬的理性主义旗帜上，带有明显的中国儒家文化印记。美国学者莱克韦恩指出："对启蒙思想家而言，孔夫子是18世纪启蒙运动的守护神，他的教导是整个启蒙运动朴实无华的福音，把东方时尚带到西方。"历史提供

[①] 中国传统思想文化中的理性精神注入法国启蒙运动，其作用类似于中国在新文化运动时期从西方引入科学、民主等精神。

了这样一个难得的机遇，使中华文明走进西方文明转型的关键时刻，为西方文明的创造发展发挥了重要影响和作用。①

18世纪欧洲的思想启蒙运动，采纳了许多中国哲学的思想内涵。

法国启蒙运动的先驱之一培尔（1647—1706）在其影响巨大的《历史批判辞典》中认为，中国人的无神论最为彻底，借助中国的实践发展，阐述一个健全的社会不一定需要宗教的维系，大力倡导宗教宽容，借助中国的理性精神来批判天主教。

1697年，提倡宇宙论的德国哲学家、数学家莱布尼茨接触了中国的古代哲学之后，认为中国人以理为神，呼吁要把东方的哲学渗入西方的哲学内。他在著作《中国近事》中写道："谁过去曾经想到，地球上还存在着这样一个民族，它比我们这个自以为在所有方面都优越的民族更加具有道德修养。……如果说我们在手工艺技能上与之相比不分上下，而在思辨科学方面要略胜一筹的话，那么在实践哲学方面，即在生活与人类实际方面的伦理以及治国学说方面，我们实在是相形见绌了。"②"应派中国宣传者来这里，给我们教授自然神学的目的和实践，就如同我们派出传教士教他们天主教一样。"③"我们的事务这样地没有条理，道德的堕落有增无减，我想我们需要中国派一些学者来教我们国教的目的和应用……因为我相信，假如要一位聪明的人来判定哪个国家人民最为善良，那么他无疑会选中国人。""中华文明的凝聚力和包容性，也许对西方强调个人权利与自由的自我中心主义是一服最好的解毒剂。"④他对当时的康熙皇帝极其赞赏，认为他有雄才大略，使得欧洲的科学技术能顺利地输入中国，把欧洲的文化与中国文化有机结合在一起。他甚至要求请他讲学的俄罗斯彼得大帝开一条大道通往中国，提议俄国、德

① 武斌：《文明的力量：中华文明的世界影响力》，广东人民出版社，2019年，第279—283页。
② 袁行霈、严文明、张传玺、楼宇烈主编：《中华文明史》第4卷，北京大学出版社，2006年，第231页。
③ 尼尔·弗格森著，曾贤明、唐颖华译：《文明》，中信出版社，2012年，第28—29页。
④ 刘哲昕：《文明与法治》，法律出版社，2014年，第116页。

国与中国交往，促进中国文化和欧洲文化交流。①

当时的重农主义者也受到老子和庄子的影响，卢梭也经常谈到老子和庄子的"道"。歌德1770年决心研究中国的古代哲学，即便是在拿破仑战火纷飞的时期，这个大文豪依然沉浸在中国的文学里。②

18世纪，法国是欧洲启蒙运动的中心。在启蒙思想家阵营中，伏尔泰始终是居于核心位置的最有影响力的领袖人物。他的一生，几乎经历了法国启蒙运动历史发展的全过程。与那个时代的许多知识分子一样，伏尔泰一直关注来自中国的文化信息，对处于东方的中国抱有极大的热情，研读过《中华帝国全志》《中国哲学家孔子》等中国儒家典籍。在他的私人藏书中，几乎包括了那个时代出版的所有关于中国儒学的书籍。

在伏尔泰的一生中，有近80部作品、200余封书信论及中国。伏尔泰在中国这个"新世界"中发现了新的精神、新的文明，成为他致力于改造法国社会的政治理想时极力赞赏和追捧的文化榜样。在他看来，中华民族是开化最早的民族，古老而优秀的中华文明与妄自尊大的欧洲基督教文明形成最有力的对比。他称赞中国古代文化取得的优秀成果，说中国是世界上最优美、最古老、最广大、人口最多和治理最好的国家。他说："帝王的体制持续4000多年，而在法律、习惯、语言甚至服装式样等方面……一切都无任何显著的变化；在世界上的确难见这种至佳的制度。"伏尔泰还极为欣赏清朝乾隆皇帝写的一首诗《茶》，还表示要向"这位令人激赏的中国帝王"致意。

伏尔泰十分注重儒家的礼治秩序，对孔子推崇备至，认为孔子具有最纯朴的道德思想，站在真理一边，是天下唯一的师表，是一个绝不宣扬宗教的布道者。伏尔泰说："我曾好好地读过孔子的'四书五经'，我从那里撷取到不少的东西，我发现'四书五经'是最纯洁的道德，丝毫没有半点的虚伪在内。"伏尔泰认为，儒家哲学是一整套完整的伦理学说，教人以德，用普遍的

---

① 威尔·杜兰特：《世界文明史·东方的遗产》，华夏出版社，2010年，第510页。

② 威尔·杜兰特：《世界文明史·东方的遗产》，华夏出版社，2010年，第510、561、574页。

理性抑制人们利己的欲望，规范指导人们修身齐家治国平天下，从而建立起和平、幸福的社会。伏尔泰从孔子的思想中吸取了许多营养成分，以至于作家雷蒙·纳弗在《伏尔泰其人其文》中把孔子列入伏尔泰的"精神教父"之中，与拉辛、蒙田、洛克、牛顿等人并列，称孔子以其特有的魅力引起了伏尔泰的关注，以其仁慈、善良和正义感激励伏尔泰心甘情愿地从他那儿接收了启蒙宣传的主要内容。[①]

伏尔泰还非常推崇中国的道德法律制度。在他看来，中国在伦理道德和治国理政方面，堪称首屈一指。中国人的道德源于中国文化的理性原则，西方民族的任何格言和教理都无法与儒家的纯粹道德相比拟。伏尔泰说："中国人最了解的、教养最到家的，达到最完美地步的，是道德。"1764年伏尔泰还说："即便不痴迷于中国人的伦理，但你也能认识到……他们的帝国确实是迄今全球最好的。"[②]伏尔泰认为，中国文化是《圣经》以前的文化，更是《圣经》以外的文化。它不讲灵魂不朽，不谈来世生活。"世界上曾有过的最幸福、最可敬的时代，就是奉行孔子的律法的时代。"如果人类都能实施"己所不欲，勿施于人"的道德观，世界上就不会有残酷的相互攻伐了。他十分赞赏中国人的道德与人心、人生相结合的主张，认为儿女孝敬父母是国家的基础，因为一个国家就是一个大家庭，人们讲究礼节使整个民族树立克制和正直的品性，使民风既庄重又文雅。伏尔泰认为中国儒学的"性本善"思想与基督教的"性本恶"思想有着本质的区别。正是由于人类的"性本善"，才使他们在"爱神"之外，能够"以深厚的感情，去爱其祖国及其父母妻子"。他还援引传教士李明的话说："中国遵循最纯洁的道德教训时，欧洲正陷于谬误和腐化堕落之中。"伏尔泰认为，中国道德与政治、法律的结合，即为中国式的德治主义，成了公正与仁爱的典范，主张法国和欧洲应该引进中国的优良法律和道德。[③]

---

① 武斌：《文明的力量：中华文明的世界影响力》，广东人民出版社，2019年，第283—285页。
② 尼尔·弗格森著，曾贤明、唐颖华译：《文明》，中信出版社，2012年，第29页。
③ 武斌：《文明的力量：中华文明的世界影响力》，广东人民出版社，2019年，第285页。

伏尔泰认为，人类文明、科学技术的发展史都是从中国开始的，而且长期遥遥领先。他多次在著作中系统阐述中国的历史、法律、宗教、道德、科学、哲学和风俗等内容，指出中国的造纸术、印刷术、火药、陶瓷、玻璃等科学技术发明都有很悠久的历史，并给予很高的评价。他还提到中国的天文学和算学，甚至提到中国古代算书《周髀算经》，肯定这部书早在毕达哥拉斯之前就提出了勾股定理。他认为，中国古代科技文明向世界证明，中国人不是像欧洲人那样装饰着艺术的殿堂，他们是在建筑这一辉煌的艺术殿堂。他们"几乎拥有我们所有的一切，以及我们所缺少的一切"，中国是"一切可能世界中最美好的世界"[1]。

伏尔泰还大力主张中国与欧洲的文化交流，两大文明应该互相学习，取长补短。"我们不需要深入研究，也不需要花太大力气承认，中国人以及印度人对所有实用技术的掌握，早就走在欧洲的前面"，因此，"我们应当尊敬我们的老师"。

在启蒙思想的大力推进下，中华文明受到西方世界的广泛关注。法国大哲学家狄德罗在描写中国人时曾说："这些人民在文物、艺术、聪明、才智、政策以及他们对哲学的品味等方面，优于其他任何亚洲人民。不仅如此，有些作家甚至判断，就上述各方面来说，他们胜过最开化的欧洲人。"德国大哲学家凯泽林伯爵推崇道："古代的中国，经过人们的苦心经营，完成最完美的社会形态，犹如一个典型的模范社会……中国创造了为今日人们已知的、最高级的世界文明。这些国家的伟人们，代表更高一层的文化水平，代表一种非常高尚社会的典型，他们超群、优越的风范使我印象特别深刻。中国人高雅的风采，在任何环境里都表露无遗。可以说，中国人是所有民族中最有深度的。"[2]

中国制度中最吸引欧洲人注意的是，中国有一个仁慈的君主，不是那么专

① 武斌：《文明的力量：中华文明的世界影响力》，广东人民出版社，2019年，第286页。
② 威尔·杜兰特：《世界文明史·东方的遗产》，华夏出版社，2010年，第477—478页。

制，自觉按照律法和习俗行事，由大臣们来执掌日常公务。中国的法律有防止皇帝滥用权力的机制，要求他从公共利益和维持个人名誉出发而慎用权力。18世纪欧洲的启蒙思想家们一开始也不是想要推翻欧洲的封建制度，而是希望找到"开明君主"的模式。他们从中国看到了希望，并号召欧洲的君主们向中国学习。①

16世纪以来，到中国的欧洲人士相继介绍中国的科举制度。利玛窦在《利玛窦中国札记》中对中国科举考试制度做了非常详细的介绍，对中国科举考试制度及考试内容颇为赞赏。最令欧洲传教士吃惊的是，中国官员的官衔、官职都不是世袭的，不能合法地从上一代传到下一代，这与欧洲盛行的贵族爵位世袭制形成了鲜明的反差。传教士们对中国科举考试制度的介绍和研究，引起英法等欧洲各国的高度重视，许多启蒙思想家纷纷表示赞扬这种考试制度，对于以后欧洲各国建立文官考试制度有直接的影响。1596年，英国女王伊丽莎白还曾写了一封信给万历皇帝，表示对中国科举制度饶有兴趣。1791年，法国率先实行文官考试，接着英国于1853年推广文官考试，使政府公职得以向所有才能之士开放。美国汉学家费正清评论道，唐朝的官僚制度标志着文官功勋制度的一个真正的开端，它是中国文明最伟大的成就之一。②美国汉学家卜德认为，在西方推行的文官体制，是在精神文明领域里，中国对西方最宝贵的贡献之一。

波兰耶稣会传教士卜弥格（1612—1659）是西方国家最早研究中医的人。1643年他来到中国后，就开始注意研究中国医学，认为中国有许多欧洲不知道的能治病的植物、药品和治病的方法。他著作的《医学的钥匙》一书，从最基本的哲学概念开始，介绍阴阳等中医基本概念。他还著有《中医处方大全》一书，第一次系统地将中草药介绍到欧洲，对欧洲产生了很大影响。欧洲最早发明脉搏计数器的英国医生弗洛伊尔说，中医脉学的论述，对他的发

① 丁一凡：《跌宕起伏的中欧关系——从文明对话到战略伙伴》，中国社会科学出版社，2020年，第23页。
② 武斌：《文明的力量：中华文明的世界影响力》，广东人民出版社，2019年，第258—263页。

明起到启发作用，并尽力在欧洲推广中医药学。来华的杜德美（1668—1720）神父在一封信中详细地描述了人参的形态、药性、生长环境、分布区域以及功效，1711年这封信被收入《耶稣会士通信集》，1713年被英国皇家学会《哲学汇刊》转载，引起欧洲科学家的极大关注。杜德美还推断，中国可能并非人参的唯一产地，与长白山地理纬度相近、环境相似的加拿大魁北克一带也可能出产人参。这一推断被西洋参的发现者拉菲托看到后，受其启发，果然在魁北克发现了西洋参。[①]

中国人发明的人痘接种术受到西方世界的广泛关注。天花是一种古老而极为凶险的传染病，17世纪仅在欧洲就有4000万人被天花病毒夺去生命，1719年仅巴黎一次流行，就死亡14000人。明清之际，中国人发明了人痘接种术，开创了人类预防天花的新纪元。1717年，当时英国驻土耳其的大使夫人蒙塔古给自己儿子接种人痘，并在回国后大力提倡种痘，引起欧洲人的高度重视。伏尔泰在《哲学通信》中专门有一封《谈种痘》的信："我听说一百年来中国人一直就有这个习惯，这是全世界最聪明、最讲礼貌的一个民族的伟大先例和榜样。……倘若我们在法国曾经实行种痘，或许会挽救千千万万人的生命。"[②]

早在1667年，欧洲就开始有了学习中国艺术的风气。法国国王路易十四在举办宫廷舞会之时，常常兴高采烈地化装成中国人。当时几乎所有欧洲大陆的小君王，纷纷仿效路易十四这种行为。在凡尔赛宫，处处可以看到中国的瓷器。[③]欧洲人对中国瓷器到了顶礼膜拜的程度，甚至将中国称为"China"。威尔·杜兰特说道："如今我们对中国的瓷器只能怀着无限的回忆，它们就像中世纪的彩色玻璃一样，将永远不可能再回来；欧洲的陶工虽然全力以赴，但所制造的瓷器仍然赶不上中国瓷器那份精细的形式。收藏家们年年都以不同的价格收购现存的中国名瓷，虽然价格比欧洲名画要高昂得多。但是，任

① 武斌：《文明的力量：中华文明的世界影响力》，广东人民出版社，2019年，第165—169页。
② 武斌：《文明的力量：中华文明的世界影响力》，广东人民出版社，2019年，第171—172页。
③ 房龙著，周亚群译：《人类的艺术》，中国友谊出版公司，2013年，第254页。

何人只要看到、摸过和用心灵去感受那可爱的中国瓷器，他将会对这些价钱不屑一顾，而认为此实为亵渎之举；它不是世界上任何美丽的东西和任何高价的金钱可以比拟的，即使它被高价买了去，仍无损其美丽和高贵的地位。我们可以这样说，中国的瓷器是中华文明的高峰和象征，中国的瓷器是人类所能做的最高贵的东西之一。"①

随着17—18世纪欧洲传教士和商人频繁往来于欧洲和中国，中国的瓷器、漆器、家具、绘画、壁纸等陆续传入欧洲，丰富了欧洲人的生活内容。尤其是中国园林建筑"师法自然"的独特风格为欧洲上层社会所赞赏并纷纷加以模仿。中国装饰艺术风格和园林风范，在欧洲掀起强劲的"中国风"，冲击了17世纪末在欧洲趋向衰落的巴洛克建筑风格，催生出洛可可风格，影响了欧洲18世纪的艺术风格。②

中国的乐舞艺术经传教士带回到欧洲。葡萄牙传教士克路士（1520—1570）是有文献记载的鉴赏中国音乐的第一个欧洲人，他在其游记作品《中国志》中提到了在中国欣赏音乐的事情，还对中国的乐器做了介绍。稍晚来华的钱德明神父对中国音乐的研究和介绍十分突出，他本身是一位艺术造诣很高的音乐家，翻译了李光地所撰写的《古乐经传》，1776年完成了研究中国音乐的专门著作《中国古今音乐篇》，于1779年在法国巴黎出版。他对中国音乐作出了积极的评价："中国人是世界上最早通晓和声学的民族，他们最广泛地吸取了这门科学的精华。"他还反复强调中国音乐体系的独创性及其在世界音乐发展史上的重要地位，认为在古老的中国，乐官已经创造出令人叹为观止、精彩无比的音乐。③

中国的文学艺术同样得到西方国家的高度关注。比如，18世纪《赵氏孤儿》翻译成英文后，英国评论家理查德·赫德对其优点加以肯定，他认为《赵氏孤儿》是模仿自然的、成功的作品，是中国人民的智慧的产物，是可以与

① 威尔·杜兰特：《世界文明史·东方的遗产》，华夏出版社，2010年，第555页。
② 马克垚主编：《世界文明史》，北京大学出版社，2016年，第899页。
③ 武斌：《文明的力量：中华文明的世界影响力》，广东人民出版社，2019年，第184—186页。

古希腊的悲剧相媲美的。18世纪40—80年代，还出现了四五种改编的《赵氏孤儿》剧本。伏尔泰读到《赵氏孤儿》后，给予了较高的评价。他指出，《赵氏孤儿》是中国14世纪的作品，若与法国或其他欧洲国家14世纪的戏剧相比，不知高明了多少倍，简直可以算是杰作了。13—14世纪的中国是蒙古族统治的时期，居然还有这样的作品，这说明征服者不但没有改变被征服者的风土习俗，而是正相反，保护了中国原有的艺术文化，采用了中国原有的法制。这也就证明了，"理性与智慧，与盲目的蛮力相比，是有天然的优越性的"。伏尔泰还以《赵氏孤儿》为摹本，创作了《中国孤儿》，于1755年在巴黎法兰西剧院公演，轰动了整个巴黎。1759年英国演员和剧作家墨菲依据伏尔泰的改编本再做改编，在伦敦德如瑞兰剧院上演，获得巨大成功。[1]

直到1776年，亚当·斯密仍然将中国称为"全球最富裕、最有文化、最勤劳和人口最稠密的国家之一……比欧洲任何地区都富多了"。

1793年，马戛尔尼带领英国使团访问中国时，对中国取得的经济发展依然感到十分震撼。他既看到了中国人的功绩，也打算赞扬他们。谈到中国人对他的招待时，他说："他们那种冷静、高贵，那种亚洲式的庄严恢宏，欧洲礼仪还无法达到。"他欣赏中国农业的精耕细作，认为中国人"当之无愧是世界上最好的农民"。他看到中国手工艺品"尤其是蚕丝制品以及某些棉织品"卓越超凡，也看到了中国陶瓷生产技艺举世无双。他还认识到中国人的科学和技术也十分先进。他为中国皇帝精心准备了地球仪、钟表、天文仪作为礼物，然而他亲眼看到他的东道主已经有了地球仪、天象仪、钟表和"自动乐器，它们工艺极其精妙，在这样富庶物博的国家，我们的礼物相形见绌"[2]。在当时的马戛尔尼笔下，中华文明还是一个足以与西方比肩的文明，令人神往。

法国汉学家谢和耐指出，18世纪中叶前，中国出版的书籍超过世界上其余地方出版的总和，可见中华文明对世界文明的贡献。[3]

① 武斌：《文明的力量：中华文明的世界影响力》，广东人民出版社，2019年，第226—227页。
② 布鲁斯·马兹利什著，汪辉译：《文明及其内涵》，商务印书馆，2020年，第52页。
③ 陈来：《中华文明的核心价值》，生活·读书·新知三联书店，2015年，第107页。

1804年拿破仑第一次评价中国，他指着地图上的大清帝国说："这里躺着一个沉睡的巨人，让他睡下去吧，一旦他醒来，将会震撼世界。"

　　法国思想家托克维尔生活在19世纪，那时候欧洲已经进入"欧洲文明中心论"的时代，中国早已不是欧洲人崇拜的对象。但是托克维尔在他著名的《旧体制与大革命》一书中依然表达了对中国体制的欣赏。他说："在中国，专制君主不持偏见，一年一度举行亲耕仪式，以奖掖有用之术；一切官职均经科举获得；只把哲学作为宗教，把文人奉为贵族。"①

　　进入近代，随着中华文明在强大的西方工业文明攻击下低下高傲的头颅，一些欧洲人开始觉得"异教徒中国佬"行为怪异，不足可取。②一些日本人更是自以为是，认为自己作为学生所取得的成就早就远远超过了昔日的老师——中国。

　　在法国大革命之前，中国经济繁荣，社会长期稳定，拥有许多被欧洲人士视为值得西方仰慕学习的明显优点。但是从18世纪后期开始，工业革命快速扩大了欧洲与中国之间的物质财富差距，同时欧洲人开始把"文明"等同于高度的物质文明，因此中国这个曾经技术昌盛、物产丰富、为西方所艳羡的国家，一下子就被视为落后、野蛮了。在这一现象的背后，是由于伴随工业革命，欧洲正在发生一场重要的思想变革：经济领域倡导自由贸易，政治领域反对专制统治，社会领域主张自由进步。当他们看到过去被自己视为发展典范的中国仍然在限制贸易、坚持君主专制、顽固抵制任何变化和新生事物后，觉得中国就是个过时的社会，注定要在一潭死水的野蛮状态中衰弱下去，直到一个生机勃勃的西方给它注入新的活力，才能使它脱胎换骨。③

　　亚当·斯密在看到中国取得的成就的同时也认为，由于体制方面的原因，

---

① 丁一凡：《跌宕起伏的中欧关系——从文明对话到战略伙伴》，中国社会科学出版社，2020年，第24—25页。

② 威廉·H.麦克尼尔著，田瑞雪译：《5000年文明启示录》，湖北教育出版社，2020年，第511页。

③ 柯文著，林同奇译：《在中国发现历史》，社会科学文献出版社，2017年，第170—171页。

中国没有鼓励对外商业活动，失去了比较优势和国际劳动分工带来的优势，因而长期处于静止状态或者说停滞不前，其财富也许在许久以前已完全达到该国法律制度所允许有的限度，但若变为其他体制，那么该国土壤、气候和位置所允许的限度，可能比上述限度大得多。"……更广大的国外贸易，必能大大增加中国制造品，大大改进其制造业的生产力。"①

19世纪刚刚开始，法国数学家兼哲学家孔多塞写道："在这些土地辽阔的帝国中，人类的思维能力……陷入停滞不前的可耻状态，这些帝国亘古未断的存在，一直使亚洲长期蒙受羞辱。"几乎同时，赫尔德宣称，只有在欧洲，人类生活才真正具有历史，中国、印度和美洲的土著都没有真正的历史进步，有的只是停滞不变的文化。黑格尔老调重弹："展现在我们面前的是最古老的国家，但它却没有过去……这个国家今天的情况和我们所知道的古代情况是一样的。从这个意义上说，中国没有历史。"美国的爱默生1824年在他的笔记中说："中华帝国所享有的声誉，正是木乃伊的声誉，它把世界上最丑恶的形貌一丝不变地保存了三四千年。"②

从18世纪后期开始，欧洲迅速向世界各地大肆扩张殖民地。为了给自己的殖民主义做辩护，欧洲无视自己在发展过程当中向东方学习了很多东西，而是声称西方的崛起过程纯属自创，完全是欧洲人的成就，形成了所谓"欧洲文明中心论"，认为西欧自古以来就是优秀的、民主的，文艺复兴直接承继了古希腊文明，而东方自古以来就是专制的、落后的、野蛮的、暴虐的、奴隶般的，并在此基础上发展形成社会达尔文主义，宣称西方人种族优越，东方民族没有能力实现自我发展，必须由西方人通过殖民主义进行统治，必须向东方传输西方先进文明。③

随着"欧洲文明中心论"在西方各个学科的发展，欧洲思想家对中国的

---

① 尼尔·弗格森著，曾贤明、唐颖华译：《文明》，中信出版社，2012年，第3页。

② 柯文著，林同奇译：《在中国发现历史》，社会科学文献出版社，2017年，第169—170页。

③ 丁一凡：《跌宕起伏的中欧关系——从文明对话到战略伙伴》，中国社会科学出版社，2020年，第36页。

态度产生了根本性的逆转，对中华文明赞叹不已的思想家让位于对中华文明嗤之以鼻的思想家，开始把中国形容成一个停滞不前的僵化帝国，而且最终给中国扣上了一顶"东方专制主义"的大帽子。

孟德斯鸠在他的《论法的精神》中得出一个结论：中国的政体是以棍棒来维持的政体，是一个以恐惧为原则的专制国家。黑格尔说："中华帝国是一个神权政治专制国家。家长制政体是其基础；为首的是父亲，他也控制着个人的思想。这个暴君通过许多等级领导着一个组织成系统的政府。"

欧洲思想家这种认识上的转变，是与东西方经济、科技等方面的发展水平直接相关联的。16世纪末17世纪初，西方传教士们到达中国时，还是明朝末年。他们看到的是一个比欧洲发达得多，组织得井井有条的社会。而到18世纪后期，尤其是欧洲人把清朝打败后，他们看到的是一个充满民族矛盾、停滞不前的中国，这更加强了他们对"欧洲文明中心论"的认同。

德国学者韦伯（1864—1920）提出了一个尖锐的问题：为什么在宋朝中国早已孕育了资本主义萌芽，而工业革命却没有首先在中国发生？在韦伯看来，中国不能独自发展资本主义，是和儒教道德观中缺乏"道德理想与人类缺点之间的任何紧张状态"有直接联系的，它使与外在世界的紧张态度减少"到最低点"[1]。李约瑟将"韦伯疑问"具体归结为两个问题：其一，为什么历史上的中国科学技术一直遥遥领先于其他文明？其二，为什么到了现代，中国科学技术不再领先于其他文明？这就是为中国学术界十分熟悉的"李约瑟难题"。

1793年马戛尔尼访问中国时，认为尽管中国人在科学技术方面有较高的才智，但是他们几乎没能有效地利用他们的知识，也无意在这方面继续前进。到了19世纪，中国已经被排除在世界先进行列之外。这使得西方国家在工业革命之后，在科学技术方面领先于中国，体现在用于炸开中国口岸的坚船利炮上。马戛尔尼后来在他的出使日记中说："中国自从被满洲人征服以来，至少在过去150年里，没有改善，没有前进，或者更确切地说，反而倒退了；当

---

① 柯文著，林同奇译：《在中国发现历史》，社会科学文献出版社，2017年，第199页。

我们每天都在艺术和科学领域前进时，他们实际上正在变成半野蛮人。"

尽管中国人精于发明，但并不善于利用发明出来的东西。火药在唐朝时就发明出来，但当时主要是作为一种"药"，进行治病救人；同时，严禁使用火药放烟火，直到1161年的宋朝，火药才做成开花弹，正式用于战争。阿拉伯人与中国通商，把制造火药的方法带回去，后来把火药用于军事上。之后火药技术传入欧洲，反过来被欧洲人制造的枪炮侵略了中国。指南针据说是周公在成王时期发明，用来指引周边各邦国朝贡的使节顺利回到自己的领地。但是指南针技术约1190年传入西方国家，被用于航海，最后也被用到侵略中国的行为当中。①

威尔·杜兰特认为，中国人是天生的生意人，但是中国的哲学思想和官场都轻视商贾，重农轻商是大多数中国朝代采取的政策。这阻碍了中国科学发展和工业革命。直到1912年，中国仍满足于古代自给自足的经济方式，嘲笑那种可以增加效率、节省人力的政策。虽然中国是世界上第一个使用煤炭作为燃料的民族，早在公元前122年就有少量的煤矿开采，但是没有充分利用这些发现。

当欧洲文明与种族主义结合起来②，与自己无限的经济欲望结合起来后，他们将满清帝国划归为"半文明政府"之列，开始对这个代表东方文明的庞然大物进行毫无顾忌的全面打击。1850年，英国的帕默斯顿勋爵说："时之将至，我们要再给中国一击。"③

① 威尔·杜兰特：《世界文明史·东方的遗产》，华夏出版社，2010年，第568—569页。
② "欧洲文明中心论"的核心是种族观念，欧洲自视优越的基石也是种族观念。帕默斯顿勋爵认为，文明正在赋予他一项与"血统"有关的责任，让他去统治其他所有民族。1853—1855年之间出版的戈比诺《论人类种族的不平等》，使种族主义似乎有了科学支柱，也为希特勒提供了理论支撑。他认为，种族劣根性根植于其生物学基础之上，任何事物都无法改变它；所有文明都源于白种人，并直接提出了雅利安人种优越论；有些人生来就是统治者，有些人则是臣服者。种族成了文明中的决定因素。科学已成为意识形态，文明观念也同样成为了意识形态。详细见布鲁斯·马兹利什著，汪辉译：《文明及其内涵》，商务印书馆，2020年，第55、68页。
③ 布鲁斯·马兹利什著，汪辉译：《文明及其内涵》，商务印书馆，2020年，第52—54页。

布鲁斯·马兹利什认为，19世纪末期，中国看到欧洲西方文明的强大，看到日本吸收西方文明之后取得的成功，对自身中华文明及其优越感日益"衰退"，或者说崩溃了。中国人感到屈辱，开始看到自己的劣根性，意识到接受、效仿西方文明是必由之路。但是，比起日本人来说，中国人接纳适应西方文明的路更为漫长，时间也更晚。因为数百年以来，中国一直高高在上，俯视日本，在文化上是日本的老师。现在转而要向日本学习如何吸收西方文明，从日本引入许多西方著作，借鉴许多翻译过来的术语，开始慢悠悠地改造体制，调整观念，适应西方文明的冲击。中日甲午战争时期，中国的失败，成为中华文明的低谷。[①]

战后美国对中国近代史研究的主流受费正清与列文森、史华慈等人影响，认为中国社会长期以来基本上处于停滞状态，循环往复，缺乏内部动力突破传统框架，只有经过19世纪中叶来自西方世界的外部冲击之后，才发生剧变，向近代社会演进。[②]他们从19世纪继承下来一整套假设，认为中国是野蛮的，西方是文明的；中国是静态的，西方是动态的；中国无力自己产生变化，需要"外力"冲击，促使它产生剧变，而且只有西方才能给中国带来这种外力；最后他们认为，随着西方的入侵，"传统"中国社会必然会让位于一个新的"现代"中国，一个按照西方形象塑造的中国。[③]因此，对这些西方学者而言，西方赠给了中国一把"金钥匙"，使中国既可以摆脱道德与心理的困境，又可以逃出经济与技术的圈套。西方扮演着一个"善良"的角色，所有中国人应该对西方的恩情永世不忘。

19世纪中后期以后，在世界文明与秩序格局巨变的影响下，传统的东亚秩序逐渐解体，从而开启了东亚世界史的百年动荡。

日本在明治维新过程中，逐步放弃了对中华文明的认同，转而全盘吸收西方文明，实现了经济的快速发展。日本希望在此基础上成为一个与西方国

① 布鲁斯·马兹利什著，汪辉译：《文明及其内涵》，商务印书馆，2020年，第112—113页。
② 柯文著，林同奇译：《在中国发现历史》，社会科学文献出版社，2017年，第14页。
③ 柯文著，林同奇译：《在中国发现历史》，社会科学文献出版社，2017年，第192页。

家地位平等的"文明国家"，并开始轻视亚洲地区其他民族。中日甲午海战期间，日本人把自己看成是"文明的"，嘲讽中国人是"野蛮的"。①

在甲午战争时期，许多日本思想家都认为，中国是野蛮文明的代表，是文明之敌，需要通过战争，铲除野蛮主义的保护者。比如，明治时期日本最著名的启蒙思想家福泽谕吉早期接受过许多儒教经典读物的熏陶，但是面对现实发展，他后来对儒学提出了极其严厉的批判。他在1884年2月和7月发表在《时事新报》的两篇文章中，充分表达出日本人对中国人异常的"厌恶"和"污蔑"。他这样写道："支那人对身体的苦痛、衣食的不清洁，他们根本就不关心。从旁观的角度来看，我甚至怀疑支那人不懂人生的苦乐。无论是怎样的贱业苦役，只要有钱他们就干……本来支那人种就不求文明进步，蒙昧于日新月异的学术艺术的进步，为世界的人们所嗤笑。虽然为世人嗤笑，但却无关自己的痛痒，每个人都只满足于追求自己的金钱。"②福泽谕吉还率先宣布"日清战争是文明对野蛮的战争"，日本的目的仅仅是为世界文明的发展扫除障碍。

日本政客陆奥宗光更是骄傲地说，日本取得中日海战的胜利，不仅宣扬了日本军队的赫赫武功，同时也表现了日本如何采用欧洲文明并加以有效运用。日本作家桥本海关在甲午战争刚结束时撰写的战记这样写道："清国近五十年来内外交迫，百难丛生，上下乖离，民心灭裂，纪纲废弛，风俗坏乱，千疮百孔，莫可防补。其中腐败日甚一日，遂至于此。而内部政府威信扫地，政权不一……既有内忧外患，视之漠然，安望其上下中兴此帝国哉！"③内藤湖

---

① 日本著名学者福泽谕吉说："现在我们的任务是推动文明发展，树立一个明确的目标，清楚地区分我国与他国的异同之处，如此我们或许能保持我国的独立性，而保持我们独立性的唯一方式是吸收西方文明。"在日本经济取得快速发展之后，日本人对附着于欧洲文明之上的种族主义意识形态十分敏感，付出巨大努力摆脱日本民族低人一等的观点。与此同时，他们又认为自己进入"文明国家"行列，转而又认为其他国家是"野蛮的"。具体见布鲁斯·马兹利什著，汪辉译：《文明及其内涵》，商务印书馆，2020年，第110页。

② 李永晶：《分身：新日本论》，北京联合出版公司，2020年，第121页。

③ 桥本海关著，吉辰校注：《清日战争实记》，山东画报出版社，2017年，第11页。

南提出著名的"宋朝近世说"（又称"唐宋变革论"），他认为，宋朝以降的中国已然在经济文化上出现了平民主义与平等主义这些近代社会特有的现象，但是中国缺乏政治上的权利扩张与相应的制度安排。①

甲午海战之后，日本人认为自己的文明发展水平超过了自己文化的主要来源地中国，甚至认为日本可以引领亚洲各国形成对抗甚至超越欧洲文明的世界文明，因而极力主张形成日本主导的"大东亚共荣圈"，企图以领头羊的身份，打着"善邻友好""共同防御""经济提携"等幌子，带领亚洲地区以东方文明对抗西方文明。这种无视中国、蔑视中国的态度，是近代以来"日本国家理性"的一种显著特征。这种对华认知态度，最终导致1937年卢沟桥事件爆发。当时的日本主政者认为，中华民族是"野蛮"民族，毫无文明可言，中国不堪一击。但由于其采取的军事侵略方式，无法得到各国的认同，从而在第二次世界大战中灰飞烟灭，给亚洲人民带来深重灾难。

当然，进入近代之后，对中华文明的评价，也有一些例外情况。即便是在中国还处于积贫积弱的情况下，欧美等国也有一些西方学者就从大历史的角度，基于中华文明五千年的成功经验，前瞻性地预测到中华文明必将重新崛起。

20世纪20年代，中国还在各路军阀的一片内战中挣扎时，英国哲学家罗素到中国巡回演讲。在对比东西方文明之后，他讲道："如果在这个世界上有哪个国家'骄傲得不屑一顾'，那这个国家肯定是中国。中国人天生就具有宽容友爱、以礼待人、礼尚往来的态度。如果中国人愿意的话，他们会成为世界上最强大的国家。但是中国人只是追求自由，而无意于'支配'。如果其他国家强迫中国为自由而战，那么它们可能会尝到帝国的滋味而失去自己的美德。"②

英国科学史专家李约瑟以他的巨著《中国科学和文明》证明了中国古典

<hr />

① 李永晶：《分身：新日本论》，北京联合出版公司，2020年，第211页。

② 丁一凡：《跌宕起伏的中欧关系——从文明对话到战略伙伴》，中国社会科学出版社，2020年，第2页。

文明在全世界的领先地位。从公元前3世纪到15世纪，在长达1800年左右的时间里，中华文明一直毫无争议地耸立在人类科技发展的最巅峰。他说："可以毫不费力地证明，中国（古代）的这些发明和发现远远超过同时代的欧洲，特别是15世纪之前更是如此。"根据李约瑟的考证，现代世界所赖以建立的300项基础性发明和发现中，居然有175项来自中国，超过总数的一半！更为重要的是，这些发现和发明，几乎没有一项曾在西方被独立发明或发现过。从这个角度看，西方现代文明是站在中华文明完成农业革命的历史积累的巨人肩膀上，拉开了现代工业革命的序幕。[1]

世界著名心理学家荣格（1875—1961）非常关注《易经》，他说："想要进入《易经》蕴含的遥远且神秘的心境，其门径绝对不容易找到。欣赏孔子、老子思想的特质，就不能忽略他们伟大的心灵，当然更不能忽视《易经》是他们的灵感。""《易经》的精神，对某些人明亮如白昼。"[2]

印度著名诗人泰戈尔曾说："世界上还有什么事情比中国文化的美丽精神更值得宝贵的？中国文化使人民喜爱现实世界，爱护备至，却又不致陷于现实的不近情理！他们已本能地找到了事物的旋律的秘密。不是科学权力的秘密，而是表达方法的秘密。这是极其伟大的一种天赋。因为只有上帝知道这种秘密。我们妒忌他们有此天赋，并愿我们的同胞亦能共享此秘密。"[3]

全面抗战爆发后，许多日本人叫嚣三个月拿下全中国。然而，他们的侵略行为遇到了前所未有的阻力。面对中国持续有效的抵抗，以及表现出来的举国一致的抗战意志，日本政界与知识界开始重新认识中国。比如，日本昭和研究会的尾崎秀实在1939年发表的文章中反思，"考虑到支那低水平的经济能力，不完全的政治体制以及劣质虚弱的军队，它竟然顽强坚持到现在，其谜底正是在于民族问题"[4]。中华民族是一个伟大的民族，在面对国家、民族生死

① 刘哲昕：《文明与法治》，法律出版社，2014年，第5页。

② 王济武：《素问新论：中医的逻辑》，清华大学出版社，2020年，第213—214页。

③ 周清毅：《美的常识》，人民美术出版社，2021年，第245页。

④ 李永晶：《分身：新日本论》，北京联合出版公司，2020年，第262页。

存亡的关键时刻，获得了一种全新的历史意识和政治意识，实现了全民族的觉醒，促成了中国近代民族主义的形成，迸发出令世人瞩目的巨大能量。

1949年末，美国势力退出中国后深感痛心。在全面检讨"究竟是谁失去了中国"的思潮中，美国国务院发表了长长的《对华关系白皮书——美国与中国的关系》，对美国与中国的历史关系进行了系统的回顾与总结，企图找出问题的核心所在。美国国务卿艾奇逊，在就该白皮书给杜鲁门总统的信中，有这样一段话：

三千余年以来，中国人发展了他们自己高度的文化与文明，多半未受外来影响。甚至受武力征服之后，中国人还往往能在最后镇压并同化侵入者。因此，他们自然会自视为世界中心以及文明人的最高表现。

在19世纪中叶，这座中国的、孤立的、到那时为止一直不能通过的墙，被西方突破了。这些外来者带来一种进取性、独一无二的西方技术发展和一种以前的外国入侵者未曾带入中国的高度文化……西方人不但没有被中国人同化，反而为中国人介绍了新观念。这些新观念，在刺激骚乱与不安方面起了重要作用。

……

中国国内已经达到了一种定局，纵令这是未尽职责的结果，但仍然已成定局……我们仍旧相信，中国的局面在最近的将来无论如何悲惨，无论伟大的中国人民的一大部分可能怎样残酷地处于为外国帝国主义利益而效力的一个政党的剥削之下，中国的悠久文明和民主的个人主义终将再度胜利，中国终将推翻外来制度。[①]

英国著名历史学家汤因比说："就中国人来说，几千年来，比世界上任何民族都成功地把几亿民众，从政治、文化上团结起来。他们显示出这种在政

---

① 孙皓晖：《中国原生文明启示录》，中信出版集团，2020年，序言。

治、文化上统一的本领，具有无与伦比的成功经验。"①

汤因比1929年底从日本到达中国沈阳的火车站时就发出感慨："这与我们前些天在朝鲜的火车站月台上看到的景象有多么的显著的不同呀！温顺的朝鲜人被一道栅栏隔开，小心翼翼地躲在自家月台的后面。而在满洲，勇敢的中国青年先锋就在日本人控制的要塞中心挑战他们的对手！"而且在九一八事变发生前夕的紧张时刻，这位来自英国的历史学家以他大历史观的角度，认为中日冲突最终的胜利者一定是中国。"在我亲自踏上满洲土地的那一刻之前，我便坚信，日本绝无可能在此获取长久稳固的地位……""我觉察到这场关于满洲的殊死搏斗中，站在中国一方的不仅是气候环境，更重要的是人类的历史。"②而当时，在中国还有不少所谓精英人士认为，中国是战胜不了日本的，与日本的对抗，无疑是以卵击石。

汤因比还在《历史研究》中写道："最近五百年来，世界的西方化乃是西方分立而竞争的地区性国家的产物。他们之间的竞争乃是西方扩张的主要动力。政治上的分裂乃是西方化进程给全球政治地图造成的主要特点之一。西方文明在全世界扩张时，就把西方这份分裂和混乱遗产传遍地球的每一个角落。……我们从大一统国家历史中所获得的最大教益之一，就是相互竞争的文化如何和平共处并相互促进、相得益彰。"

1972年5月和1973年5月，汤因比与日本的池田大作在伦敦分两次进行了历时十几天的对话。当谈到世界的未来时，汤因比认为，未来的世界统一可能会在中国模式的主导之下进行。他说："我所预见的和平统一，一定是以地理和文化主轴为中心，不断结晶扩大起来的。我预感到这个主轴不在美国、欧洲和苏联，而是在东亚。世界统一是避免人类集体自杀之路。在这点上，现在各民族中具有最充分准备的，是两千年来培育了独特思维方法的中

---

① 陈来：《中华文明的核心价值》，生活·读书·新知三联书店，2015年，第76页。
② 阿诺德·汤因比著，司佳译：《中国纪行：从旧世界到新世界》，上海人民出版社，2019年，第181—184页。

华民族。"①

保罗·肯尼迪在《大国的兴衰》中论述西方世界兴起时，从人口、文化、水利及运河系统、官僚体系与统一行政管理下的社会整合与灵活性等方面，对比了明朝以前的中国与欧洲，他以赞许的口吻总结道："在前现代的所有文明中，没有一个比中国的文明更发达、更先进。诚然，中国文明曾经遭受蒙古等民族的入侵，但她总能改变征服者，而不是被征服者所改变。"②

史华慈指出，过分重视早期文明时代往往受到批评，因为轴心时代以后到近代中国之间，中国历史发展中各领域都一直发生着重大变化，然而他强调，中国历史的那些变化，确实需要置于一种文明框架来看待，因为中华文明的框架并没有出现过西方式的全盘的质的决裂。③

中国从商朝开始就有文字记载，留下了许多汉字书写的典籍，成为当今人们研究历史的重要文献。西方许多著名学者对这个方面羡慕不已。如美国汉学家牟复礼说："早期文明中，再无像中国这样，有如此广泛而繁多的文献从公元前500年以前流传下来，也没有比中国更重视书写和研究文献的。"④

西方学者对中华文明五千年的持续发展表达出十分惊讶而又十分钦佩的情感。威尔·杜兰特说："中华文明有着悠久的历史，当希腊还被野蛮民族占据之时，这一社会就已经开化。她目睹巴比伦和亚述、波斯和犹太、雅典和罗马、威尼斯和西班牙的兴衰，甚至在巴尔干人称欧罗巴回复到黑暗和野蛮的时代，中国依然存在着。"⑤

威尔·杜兰特认为，由于儒学的熏陶，中国发展出一种和谐的社会生活，追求知识、崇尚智慧的狂热以及稳健的文化，这使得中国虽屡遭侵略，但其文化不但能屹立不倒，而且还能同化异族的文化。但是他也认为，儒教对于

---

① 刘哲昕：《文明与法治》，法律出版社，2014年，第149页。
② 马克垚主编：《世界文明史》，北京大学出版社，2016年，第1236页。
③ 陈来：《中华文明的核心价值》，生活·读书·新知三联书店，2015年，第3页。
④ 陈来：《中华文明的核心价值》，生活·读书·新知三联书店，2015年，第79—80页。
⑤ 威尔·杜兰特：《世界文明史·东方的遗产》，华夏出版社，2010年，第478页。

抑制混乱和衰弱很有效，但在求变求新的国际竞争压迫下，对于一个国家的发展，它是个桎梏，那些维系个人和社会秩序的礼教，几乎使得人无法动弹，而造成一套永不改变的模式。孔子的教条彻底地束缚了人类自然而充沛的冲动，显得过分严肃，缺乏豪放和冒险，因为一味保守，而阻碍了进步。他还认为，中国作为一个国家在社会和政治上，由经过科举选拔出来的有哲学和人文科学涵养的人来治理，实在是令人羡慕的。当这个制度以及由这个制度带起的整个文化，被无情的进化和历史破坏推翻时，这实在是一个最大的不幸。①威尔·杜兰特甚至在他著名的《世界文明史·东方的遗产》中说，之所以对于中国古代哲学进行浮光掠影的介绍，主要是希望能抛砖引玉，引领读者去研究中国的哲学家，像歌德、伏尔泰和托尔斯泰这些人一样去研究。

威尔·杜兰特在看到近年来中国取得的巨大进步后，认为：

世界上没有一个民族能像中国人那样地精力充沛，那样地聪慧，那样地能适应环境，那样地能抵抗疾病，那样地能忍受灾难和痛苦，那样地在历史的重压下能沉静忍耐和等待复原。这个拥有如此物质、劳力和精神的资源的国家，加上现代工业的设备，我们很难想出它可能产生的文明是什么样的文明。很可能将会比美国更富有，很可能将会与古代的中国一样，在繁华和艺术的生活方面，居于领导世界的地位。

外来武力的胜利或外国经济的专制，将无法长久地压迫这个资源和活力如此丰盛的国家。在这只雄狮尚未耗尽其元气以前，侵略者将会先行耗尽其金钱和耐力。在一个世纪之间，中国将会吸收并同化它的征服者，将会学会所有现代工业的技术；道路和交通将使全国统一，经济和节俭将会带给它富裕，一个强有力的政府将带给它秩序与和平。每一个混乱，只是一种暂时的现象。最后，混乱消失，它用独裁求得平衡；旧有的障碍都将被一扫而空，继之而来的是欣欣向荣的自由。革命像是死亡和流行病的化身，它清除垃圾，割除

①　威尔·杜兰特：《世界文明史·东方的遗产》，华夏出版社，2010年，第500、582页。

毒瘤，当有许多事注定要死亡时，它才会来。中国在以前死过好多次，好多次它都又复兴起来。[①]

美国史学界经过越南战争、水门事件之后，部分学者对美国与西方文明的精神价值发生根本动摇，倡导以中国为出发点，深入精密地探索中国社会内部的变化动力与形态结构，力求摆脱"殖民地史"的框架和种族中心主义的偏见，反对把非西方社会的历史视为西方历史的延续，力主进行多科性的协作研究。[②]

詹姆斯·佩克1969年10月在《关心亚洲学者通讯》上发表《花言巧语的根源：中国动态观测者之职业性意识形态》一文，认为美国对自己帝国主义的这种现实表现采取沾沾自喜、拒不认账的态度，以花言巧语行意识形态的"反共"之实，为美国担任世界宪兵以及建设其他国家的首领寻找借口。这种取向不仅掩盖了美国帝国主义当今的罪行，也对它在中国过去150年的历史中所起的作用未能认真对待。它们没能看到东亚近代的发展既有从西方引进的现代化，也基于当地的文化传统。[③]它们把中国描绘成停滞不前的"传统"社会，有待精力充沛的"现代"西方赋予生命，把它从永恒的沉睡中唤醒。对于中国这头"巨兽"来说，西方就是"美人"，经她一吻，千百年的沉睡终被打破，通过魔术般的力量把本来将永被锁闭的"发展"潜力释放出来。据此，西方帝国主义成为东方中国的救世主。比如，赖肖尔就主张一度沦为殖民地半殖民地的亚洲国家所经历的"经济悲剧"，"与其说是由于它们吃了'经济帝国主义'的苦头，不如说它们那里以大量西方投资形式出现的'经济帝国主义'实在太少了"。

美国前总统理查德·尼克松很早就觉察到中国的巨大潜能。他在推动与中国建立外交关系之后说："假如任何一个体制健全的政府能够控制中国大陆，

① 威尔·杜兰特：《世界文明史·东方的遗产》，华夏出版社，2010年，第594页。
② 柯文著，林同奇译：《在中国发现历史》，社会科学文献出版社，2017年，第14页。
③ 柯文著，林同奇译：《在中国发现历史》，社会科学文献出版社，2017年，第222页。

天啊，那世上就没有一个国家能与之匹敌。我的意思是，如果8亿中国人在一个健全的体系下有效组织起来……那他们将主导世界。"[1]

尤其是柯文提出"中国中心观"，主张从中国而不是从西方着手来研究中国历史，超越欧洲中心论或西方中心论的假设，避免源自西方历史的期待，尽量采取中国内部的资料而不是西方准绳来决定中国历史事件的重要性。他研究后认为，尽管西方入侵的外来影响不断加强，给中国的发展制造了一个新的情境，但是中国社会演变的动力依然来自中国内部。[2]中国不仅幅员辽阔、人口众多，而且具有独特的政治文化和经济思想，这也导致帝国主义无法在中国取得像在印度那样的殖民效果，尽管陷入多个帝国主义国家的野蛮入侵导致的半殖民地状态，但始终保持着自己的主权独立性。

近年来，中国始终坚持推进现代考古研究的发展，着力推动中华文明脉络的梳理，取得了举世瞩目的成就，在世界上产生了巨大影响。1981年英国剑桥大学格林·丹尼尔的《考古学简史》出版，封面图就是中国的秦俑坑，而且他最后展望说，今后几十年考古学的希望就在中国。[3]随着越来越多考古成果的发现，不仅是中国人，还将包括西方人，一定会越来越对中华文明的长久生命力以及蓬勃发展的韧性有着更为全面深入而准确的了解。

新中国成立后，随着中国经济实现高速增长，社会实现长期稳定，许多国家都对中国的发展充满了羡慕和期待。尤其是近年来中国提出走"中国式现代化"的发展模式，对外宣示现代化不等同于"西方化"，为国际社会贡献了中国智慧。亚非拉地区的许多国家的领导人纷纷表示，希望借鉴学习中国快速发展的成功经验，推动本国经济社会健康发展。

---

① 尼尔·弗格森著，曾贤明、唐颖华译：《文明》，中信出版社，2012年，前言第13页。

② 许多美国人都有一种思想上的偏见，认为凡是现代的就是西方的，而西方的就是重要的。现代化的中国，就等同于西方化的中国。他们站在种族中心主义的立场，以褒扬的口气描述西方帝国主义的扩张，以贬低的口气描述中国对西方的抵抗和自身的努力。

③ 李学勤：《中华古代文明的起源》，生活·读书·新知三联书店，2019年，第9页。

第四部分　人类文明的未来形态

人类发展至今，种族之间、民族之间、国家之间已经没有太多的秘密可言。对人类而言，曾经浩瀚无边的地球，现在已经成为一个小小的"地球村"。在人类交通、通信技术的快速发展背景下，世界已经变得如此之小，尽管相隔在大洋两岸，似乎也能伸手可攀。

随着经济全球化的快速推进，人类面临着许多前所未有的问题。一方面，不同文明形态之间仍然存在许多无法克服的矛盾，无法跨越的障碍，彼此间的冲突似乎无法避免，危机似乎难以永久消除；另一方面，一些无法回避的难题又要求我们必须去打破分歧，求同存异，共同去面对，开拓人类文明发展的新空间。

基辛格认为，当下全球力量之间冲突的火花极易被点燃。首先，鉴于"国际经济体系已经全球化"，世界的政治结构却仍然以民族国家为基础。其次，核武器被默许扩散的范围已经远远超出冷战"俱乐部"的国家，从而"增加了核对抗的可能性"。最后，在新的网络空间领域状态下，互联网作为一种不对称性和先天的世界性紊乱被纳入权力体系。[①]

我们应该怎样去看待当今时代的人类文明？什么样的文明形态，才真正符

---

① 尼尔·弗格森著，周逵、颜冰璇译：《广场与高塔——网络、阶层与全球权力竞争》，中信出版集团，2020年，第412页。

合并将最终引领人类未来发展的需要？什么样的价值观，能够提炼形成全体人类可以共同遵守的普世价值观？

长期以来，中国一直处于人类文明的发展高峰，将自己视为"世界中心"。进入近现代，西方文明凭借在工业革命之后带来的巨大生产力，从基督教文明出发，认为西方文明高人一等，西方的价值观理所当然应该成为全人类共同遵守的普世价值观，大力鼓吹所谓"欧洲文明中心论"。然而，近一百年来的发展和交流，西方文明也充分暴露出其暴力、野蛮的一面，表现出过于强调物质利益等方面的严重缺陷。

从这个角度来看，我们享受了近现代科技文明发展带给人类极大的物质财富，却没有传承发展轴心时代思想革命带给人类极大的精神财富，以至于我们现在拥有相对充裕的物质财富时，却没有充足的精神力量对此进行有效的驾驭。

正如墨子在战国时期注视中华大地陷入长时期战乱的现状之时，认为人类如果不进行有效的自我约束，就必然会走向毁灭。当今时代，如果人类不能抑制过度的贪婪与自私，控制暴力和恐怖，人类将会彼此摧残。这时，人类生存的唯一途径，就是培养一种广博的同情心，在理性而实际的认知基础之上尽可能形成客观认同——即便是敌人，也有着和他们自己相同的需求、愿望和恐惧①，在需要共同面对的困难和挑战面前，都有可能抛弃分歧和差异，求同存异，成为共同发展的朋友。

20世纪初期，面对西方世界传入的大量思想潮流，梁漱溟在其《东西文化及其哲学》中提出，我们现在全盘承受西方文化，是现实的选择，但是未来是中国文化的复兴，再未来是印度文化的复兴。时至今日，中国在吸收西方文明优秀成果之后，充分发挥中华文明的内在力量，通过改革开放的具体实践，在经济社会发展方面已经取得伟大成就。那么，中华文明是否就能代

---

① 凯伦·阿姆斯特朗著，孙艳燕、白彦兵译：《轴心时代：人类伟大思想传统的开端》，上海三联书店，2019年，第339页。

表世界未来的发展方向？是否就是人类在苦苦追寻的普世价值呢？[1]

应该说，不同的文明形态当中，都在某些方面有着一定意义上的普世价值理念。关键是在经济全球化深入开展的时代，如何推进文明的交流而不是对抗，在交流过程中促进交融，提炼、构建真正符合当今世界发展意义的普世价值体系，实现"各美其美，美人之美，美美与共，天下大同"，最终实现全人类的可持续健康发展。

或许，我们不应该再固守国家、民族的狭隘、排他的视角，而是要更加包容、开放、仁慈、博爱，推动人类文明进入新的境界。这既是人类面临当前共同危机的必然选择，也是人类文明发展进步的合理安排。

① 陈来：《中华文明的核心价值》，生活·读书·新知三联书店，2015年，第195页。

第二十三章　当今时代的主要特征

　　人类文明发展有着十分显著的时代特征。每一个时代，都会构建起符合这一时代需求的文明形态。现在，我们唯有拨开物质利益带来的面纱，让人类回归到人性本身，站在经济全球化发展的视角，在回溯人类文明发展历程的基础上，清楚地认识并把握当今时代的发展特征，才有可能准确地展望并引领人类文明未来的前进方向。

一、物质短缺将成往事

　　在人类几千年的文明史中，物质短缺是常态。在绝大多数时间里，世界上的绝大多数人都处于极端贫困的状态，解决温饱问题是第一诉求。

　　随着工业革命的发展，人类在科学技术方面取得巨大进步，人们已经从总量上基本解决了温饱方面物质短缺的问题。如果刨去分配体制不公导致的结构性短缺，人类在物质供应层面，已经极度丰富。

　　尽管在亚非拉等一些不发达地区依然有众多的人口无法解决温饱问题，但这并不是生产技术和生产能力方面的原因，而主要是政治制度缺陷导致的供需错配方面的问题，本质上是私有制的问题。这正是人类文明在下一阶段政治领域制度设计方面需要去解决的问题。

　　随着物质短缺成为历史，人类对自身的精神需求给予了更多的关注。这也是中国提出中国式现代化的一个重要组成部分——推动物质文明与精神文明相统一。尤其是互联网时代的技术进步，使标准化生产与人的审美需求得以充分结合起来，更好地满足人类的自身需求，"以需定产"的柔性化生产方式成为最理想的选择。过去，人们经常说，法国人关注的是人的精神需求，重品位，强调艺术和审美内涵，产品成本高，只能为中上层服务；而美国人更多考虑人的物质需求，强调实用价值，通过大规模的工业化生产降低产品价格，满足大众消费需求。现在，随着互联网技术的快速发展，使小规模、高品质的定制化生产成为可能，可以更好地满足人们的个性化需求。

从现实发展情况看，关乎人类物质文明的全球货物贸易比重将会持续下降，而关乎人类精神文明的服务贸易比重将会快速上升。当前的全球自由市场还没有完全覆盖到医疗、教育、文化等服务领域。随着网络数字技术的发展，服务业的"鲍莫尔成本病"约束已被打破，服务提供者和接受者可以不同时出现在同一个地点，更多服务门类变得"可贸易化"。现在，每过5年，全球服务贸易就会翻一番，许多商业活动都可以在互联网络上完成，而不必依靠远洋货船运输实现。[①]

二、语言不再是人类沟通的主要障碍

语言文字是人类文明进步的重要标志，代表着人类与其他动物的本质差异。通过语言文字，人类得以记录文明进程中取得的丰硕成果，为人类累积知识、从未知走向已知创造了至为关键的技术条件。

但是，由于不同地区、不同种群之间语言的差异，千百年来人类一直无法完全跨越文化和语言的鸿沟[②]，进行清晰、无障碍的沟通交流，从而极大地制约人类文明的跨地区交流和发展。甚至由于存在语言之间的理解误差，导致无法用一种语言向另一种语言的使用者有效传达信息，人类彼此之间很容易产生误解，阻碍人类的共同发展，严重时甚至会引发冲突和不必要的战争。

[①] 帕拉格·康纳著，崔传刚、周大昕译：《超级版图：全球供应链、超级城市与新商业文明的崛起》，中信出版集团，2016年，第137页。

[②] 不同国家由于语言和文化的不同，在沟通上存在很明显的"文化折扣"，这给不同国家、不同民族之间的沟通交流和相互协作带来了极大阻力。

现在，随着机器翻译水平的突飞猛进[①]，人工智能的快速发展，已经涌现出科大讯飞、谷歌翻译等商业平台，可以随时随地为广大受众提供强大的多语种、实时性、高准确率的翻译功能，让不同地区、不同语种的人可以很便捷地彼此沟通。[②]自动化语言翻译的巨大进步，有望使外交、商业、科研、教育、媒体、学术界和其他诸多领域都为之一变，因为人们可以比以往任何时候都更容易、更快捷、更廉价地接触到非母语国家的知识，从而可以让更大范围的人群以更为便捷的交流、更为广泛的合作参与到新文明的探索创新当中。

三、全球化趋势不可逆转

全球化的步伐其实从公元前3000年就开始迈出了。巴比伦王朝的城邦开始管理内部贸易，以及与埃及和波斯之间的贸易。公元前500年前后，波斯国王居鲁士将帝国势力范围从欧洲扩张到中国边境，古希腊和古罗马的商队沿着欧亚丝绸之路留下了许多连接点。中世纪后期的十字军东征和海洋探险行动以及由此引发的商业革命使得海洋贸易得到长足发展，由此将欧洲引入延续数百年的殖民时代。

总体来看，从1500年左右开始，西方国家通过工业革命取得了巨大的经济社会发展成就，主宰了世界文明进程超过500年。工业革命给人类带来通信技术和交通工具的重大突破，使人与人、国与国之间的交往越来越频繁。经过数百年的整合发展，各国相互联系、相互依存，全球命运与共、休戚相关。

第一次世界大战前的和平时期，确实是全球化的黄金年代。在重商主义的帝国经济秩序下，西方列强以极低成本甚至零成本，从拉美、非洲和亚洲攫

---

① 由于实时自动翻译技术的出现，长期制约人类文明前进的语言沟通障碍在很大程度上得到消减，语言不再是壁垒，人们不需要像过去那样花那么多的时间去学习多种语言，就可以很便利地和世界上的任何人自由对话、共同协作。

② 亨利·基辛格、埃里克·施密特、丹尼尔·胡滕洛赫尔著，胡利平、风君译：《人工智能时代与人类未来》，中信出版集团，2023年，第82—83页。

取了大量的资源运往欧洲，来自非洲的奴隶和亚洲的苦力被转卖到巴西、秘鲁、古巴等美洲国家以及南太平洋岛国的种植园和煤矿进行劳作，各种生产要素得以在全球范围内进行配置，各种商品得以在全球范围内进行销售。第一次世界大战之后，贸易壁垒、移民限制、金融危机和政治上极端民族主义兴起，深刻改变了全球化的地缘格局，引发了第二次世界大战。[①]

第二次世界大战之后，在美国的主导下，构建起联合国、世界贸易组织、国际货币基金组织、世界银行等国际组织，重塑了世界经济政治格局，削弱了许多"以邻为壑"的贸易壁垒，促进了人口、资本、商品、技术等生产要素的跨境贸易，极大地推动经济全球化的发展进程。世界各国包括日本、新加坡、中国都看到了西方工业文明带来的巨大能量，希望从中借鉴学习，力求推动自身发展。这从某种角度上也说明了全球化是一个不可阻挡的发展趋势。

20世纪80年代后期，"全球化"一词开始大范围流行，全球化趋势快速发展。进入21世纪后，随着2001年爆发"9·11"事件、2008年爆发国际金融危机，全球贸易投资急剧下降，各国贸易摩擦案件数量激增，国际信贷规模大幅收缩，以美国为首的国家甚至以邻为壑，先后采取许多"逆全球化"的举措，从联合国教科文组织、气候变化国际公约等国际组织中退出，鼓噪美国企业投资回流，推动中美之间所谓"科技脱钩""教育脱钩""产业链脱钩""资本脱钩"，挥动"长臂管辖"的大棒，引发国际媒体发出"全球化终结"的声音。与此同时，英国也主动从欧盟退出，给欧洲一体化发展带来极大阴影。

总体来看，尽管当前阶段全球化进程受阻，出现美国"退群"、英国脱欧等重大事件[②]，但国家与国家之间的交往已经十分紧密。任何一个国家想要倒

---

① 帕拉格·康纳著，崔传刚、周大昕译：《超级版图：全球供应链、超级城市与新商业文明的崛起》，中信出版集团，2016年，第31—32页。

② 时至今日，西方国家经过2008年金融危机和2010年欧洲主权债务危机，暴露出资本主义制度的脆弱性，至今未能完全从泥潭中走出。相比之下，中国仍然保持强劲发展态势。尽管"西强东弱"的局面没有根本转变，但"东升西降"的态势十分明显。中美之间，表面上看是经济之间的竞争，实质上更是制度层面、文化层面、文明形态等方面的竞争与较量。

退到闭关锁国、"老死不相往来"的传统阶段，几乎没有可能。

需要清醒认识到的是，美国依然是当今世界唯一的超级大国，还在地球上到处充当世界警察的角色。但是，美国现在的做法没有出路。美国人完全没有意识到亚洲崛起已是既成事实，并且这一趋势还将长期发展。美国遥遥领先世界各国的时代已经一去不复返了，尽管美国人在情感上对此难以接受，也十分抵触，并不断试图采取逆全球化的动作，想尽力扭转这一不利局面。但是，中国和印度的人口数量加在一起将近30亿，大约是美国人口的10倍，约占世界总人口的40%，而且这两个国家的教育水平和网络数字技术都在加速发展，世界东部未来的影响力注定要超过以美国为首的西方世界。①

当前，从短期来看，区域化将在一定时期内成为主流。在全球化倒退的同时，一些国家为了继续推动高水平的合作发展，优先选择区域化的合作，这是一种理性选择。在区域化发展到一定阶段的时候，全球化将进一步深入推进。

近年来，全球开始出现新一轮的聚合，超越国家之间的政治分隔。如今欧洲40多个主权国家聚合形成一个超国家组织——欧盟，不仅有自己的议会，而且已经初步形成统一的欧洲货币体系——欧元，交通网络、能源电网以及制造业供应链都处于高度融合状态，目前尽管也面临着这样那样的问题，但进一步加深整合的趋势并没有改变。与此同时，东盟、非盟、阿盟的出现，也进一步强化了一些特定区域内部国家之间的联合互通。

长期来看，人类将越来越多地面临共同的难题，比如全球性气候变化、全球性传染病、恐怖主义等非传统安全问题，要求大家共同努力，协调合作面对。

随着全球交通、通信和能源基础设施的发展，高速公路、铁路、机场、油气管道、电网和光缆等正在重塑未来——互联互通决定发展命运。全球基础

---

① 凯文·凯利著，大野合基编，潘小多译：《5000天后的世界》，中信出版集团股份有限公司，2023年，第114页。

设施的发展正使得世界从割裂走向互联，从民族分隔走向民族融合。基础设施就像是将地球上一切组织联系在一起的神经系统，资本和代码就是流经神经系统的血细胞。互联互通程度的加深，弱化了民族国家的概念，形成了整体大于部分之和的全球化社会。从这个意义上讲，互联互通也是实现人类整体救赎之路，不仅仅是社会发展的手段，也是人类自身生存发展的内在需求。相比传统国界线的利益冲突，人类在互联互通方面的竞争暴力程度要轻微许多，由此人类可避免重蹈过去大国争斗的覆辙。[1]

正如世界曾从垂直整合的帝国体系走向扁平的独立民族国家体系，现在世界正慢慢步入新的全球网络文明体系。在这样的世界体系中，贸易网络的重要性要远远超过传统地图上的国界线。现在每个大洲都出现了内部充分整合的超级区域，如北美、南美、欧洲、非洲、阿拉伯世界、南亚以及东亚，区域内自由贸易不断发展，各个城市之间连通程度也在不断加深。在即将到来的时代，城市的重要性将超过国家，连接供应链的能力比军事力量更重要，而军队的主要任务会转变成守卫供应链，而非传统国界线。[2]

从技术发展趋势的角度来看，人类即将进入万物互联的时代，没有哪个国家、哪个民族能够置身事外。互联网的快速发展，使一切信息都得以数字化、网络化，人们的生产生活方式发生了根本转变。如今，面对面的交流和社交活动依然重要，但是许多过去必须面对面的方式已经被互联网络所替代，一些过去文明行为的载体正在日渐消失，一些新的载体不断涌现。长期被人们殷殷期盼的家书再也不见，取而代之的是随时可以进行的视频通话——人们似乎连写个问候语都已经不会了，更不用谈写诗了。过去必须召开的现场会

---

[1] 帕拉格·康纳著，崔传刚、周大昕译：《超级版图：全球供应链、超级城市与新商业文明的崛起》，中信出版集团，2016年，第5—6页。

[2] 目前全球所有国境线共计仅有25万公里，但是却有6400万公里的高速公路、200万公里的油气管道、120万公里的铁路、75万公里的海底电缆。世界不再是国与国的地理拼图，而是由基础设施连成的线路图。许多边境线只有政治意义，不能反映边境地区的人口经济活动，许多边境地区都有"消除边界"的发展倾向。国界线表示按地理政治角度，谁和谁应该分开；基础设施从功能地理的角度，谁和谁应该连在一起。国家有兴衰，但通道长存。

议慢慢减少，取而代之的是越来越多的视频会议。过去传统的体育运动会必须到体育场馆举办，现在许多已经是在互联网上进行的电子竞技了。曾经到任何一个城市都要去看的博物馆，现在通过网络随时就可以参观虚拟博物馆，而且获得的信息比实地参观还要丰富得多。一切似乎变得越来越便利，越来越科幻……

在网络技术条件下，传统经济中的所谓"垄断"将会彻底改观。从竞争的角度来看，垄断会造成产品价格上涨，并由此给消费者带来损失；而网络数字经济下，垄断因为网络带来的巨大规模效应，不仅不会直接损害消费者利益，甚至可以极大消除中间环节而给消费者带来巨大实惠。[①] 而且，科技巨头具有强大的平台效应，形成"赢者通吃"的现象。互联网平台很有可能发展成为一个既不同于公司又有别于政府的事物，甚至会替代政府完成一部分过去只能由政府进行的公共事务，最终形成一种新型的组织形态，对人们的生产生活带来巨大影响。

在网络数字技术条件下，城市也会加速转型。每个城市都将以鲜明的特色出现，出现许多类似深圳这样的大量聚集特定产业的城市。围绕这些特定产业，汇聚更多人才、资本、技术资源，形成上下游协同的特有产业生态。未来，城市的影响力甚至会超过拥有主权地位的国家，掌握更大的发展主导权。城市人口规模不断增加，城市人口占全世界人口规模的比重将由50%增加到75%，还会出现各种超级城市。

需要注意的是，技术使得全球人类交通交流越来越便利的同时，似乎正在把人变得越来越傻。人，到底要追求什么？这是我们这个时代不得不认真拷问自己内心的事情。我们是已经得到了我们想得到的东西，还是越来越迷失了自我？

---

① 凯文·凯利著，大野合基编，潘小多译：《5000天后的世界》，中信出版集团股份有限公司，2023年，第57页。

四、民族国家有可能最终消亡

民族国家往哪里去？民族这一概念的诞生，是资本主义的产物，本身就是冲突和矛盾的根源，不符合人类追求和平发展的愿望。以民族国家为节点的世界秩序下，国家内部如果存在良好的治理体系，比较容易从形式上消灭国内的权力斗争。但是，应该注意的是，由于过度强调民族国家主权和国家利益，反而容易加剧国家与国家之间、民族与民族之间的矛盾冲突。从某种意义上讲，由于资本主义文明的兴起，各国过于强调所谓民族国家的利益，使得许多国家的执政者有意将民族主义的力量发挥到极致，形成极端民粹主义，甚至诱发世界大战，给人类造成巨大的灾难。当今世界，民族主义依然左右着人们的思想观念，但它无法有效解释过去的历史，也无法有效引领人类的未来发展。

时至今日，美国依然在秉持塞缪尔·亨廷顿提出的"文明冲突论"，其根源就在于欧美等国还是在以西方文明为中心，从自己利益的角度出发，认为其他文明不如自己，其他国家必须服从自己。塞缪尔·亨廷顿认为，西方文明会与中华文明、中东的伊斯兰文明，或许还有苏联地区的东正教文明形成对垒，使"文明的冲突"成为当今时代的标志。他强调，国际间的政治冲突将主要在异质文明的国家或集团之间展开，文明的冲突将主宰全球政治。不同文明之间的断层线将成为未来的战线。尤其是随着世界重心由西方向东方转移，可能引发冲突甚至战争。

如果按照亨廷顿的逻辑，一定会推导出这样一个结果。就像第一次世界大战前夕，英国、法国、德国的许多媒体反复强调，彼此之间必须通过一场战争才能解决冲突。果不其然，这种心理暗示最终推动不同国家的政治家作出了战争的决定。如果中国人秉持中华文明中心论，仅从自己的角度出发，维护自己的利益，伊斯兰国家秉持伊斯兰文明中心论，仅从自己民族国家的角度出发，维护自己的利益，那世界真的就会陷入亨廷顿所坚持的不同文明之间的冲突不可避免，不可能进入合作发展的新局面。

但是，需要注意的是，"前事不忘，后事之师"。最近100多年，人类经历了许多残酷的战争，特别是两次世界大战更是给人留下相当惨烈的记忆，至今中东、非洲等一些热点地区仍在持续进行武装冲突，越来越多的人对和平寄予厚望，希望在和平中实现发展。李永晶认为，人们倾向于认为"文明冲突"是一种消极的状态，但事实并非如此。对"冲突"的克服，正是文明得以传播和升级的一种自然路径。人类文明的进步，正表现于在"冲突"的进程中展开文明教化以及对野蛮进行规训的意图和实践之上。[①]

从人类发展的整体利益来看，求同存异、和平发展是人心所向、大势所趋。彼此之间的差异没有什么是不可弥合的，关键是要调整自己的立场。同一个事情，站在不同的角度，可能得出完全不同的结论。比如，一个家庭内部，如果兄弟之间只是着眼于家产，就容易产生矛盾和冲突，引发兄弟不和；但是，当家庭面临共同的外来威胁时，往往能使兄弟间摒弃矛盾分歧、一致对外，共同维护家庭利益。例如，抗日战争期间，国共两党毫无疑问是生死之敌，蒋介石甚至提出"攘外必先安内"，但是当卢沟桥事变爆发后，"覆巢之下无完卵"，最终国共两党摒弃前嫌，组成抗日统一战线，一致对外，维护中华民族整体利益。

第二次世界大战之后，人类开启了新的基于平等、自由和法律的世界秩序的重构。这是人类文明史上的巨大进步，也是新文明秩序的诞生。但是，应该看到，目前联合国协调机制日益弱化，美国单边主义倾向日趋严重，对世界和平稳定带来巨大挑战。当前的世界秩序仍然很不完美，人的自由和尊严在世界的许多地方仍然十分脆弱，人类随时有可能受到野蛮力量的摧残，进入文明倒退的时空。

时至今日，世界经济增长依然乏力，发展鸿沟日益突出，兵戎相见时有发生，冷战思维和强权政治阴魂不散，恐怖主义、难民危机、重大传染性疾病、气候变化等非传统安全威胁持续蔓延。在民族独立思潮的推动下，大国

---

① 李永晶：《分身：新日本论》，北京联合出版公司，2020年，第203—204页。

不断分化，涌现越来越多的国家，但是分化不利于资源沟通整合。无论如何，这个世界已经紧紧地连接到了一起。当国家与国家的关系越来越紧密的时候，契约的边际效应迅速递减，边际成本急剧上升。

因此，我们更应该清醒地认识到，宇宙只有一个宇宙，人类只有一个共同家园，需要我们维护和平发展。[①]当今的世界，已经不是某一个国家、某一个民族的世界，而是人类共同的世界；今天的地球，也已经不是归属于某一个国家、某一个民族的地球，而是全人类的地球。我们必须跳出过去的思维窠臼和利益束缚，形成人类命运共同体，去寻找属于我们共同的未来文明。各国需要寻求一种和谐的人类命运共同体的关系，这种关系构建于利益基础之上，却又超越利益，最终通过完善国际治理体制机制，更好地化解纷争和矛盾、消弭战乱和冲突，实现世界长期和平发展。

如果说科学时代的理性为人类思想探索打破了宗教的枷锁，那么网络数字时代可能会使民族国家这一政治组织形式消亡。巨型网络平台由于汇聚了大量数据，从而在很多领域将会取代政府的行政力量进行社会治理。有关研究表明，互联网完全不是一个所有声音都能被听到的、平等的网络系统。与此相反，绝大多数网站实际上被淹没在其他网站之间的链接中，无人能看到，而只有少数网站，比如谷歌、微信、微博、抖音、亚马逊和脸书，才成为核心网站，因优先连接而吸引了亿万链接，并不断扩张。搜索引擎的算法倾向于通过网站和网站之间的链接数，对网站进行排序。一个网站连接进来的链接越多，就越容易通过网页浏览和搜索引擎的排名找到它。[②]与此同时，城市由于人口规模越来越大，在网络数字时代处于链接的枢纽位置，其重要性将会比国家更为凸显。这些都使得民族国家的行政疆域边界日益模糊，越来越没有存在价值。为此，我们必须思考民族国家这一重要政治体消亡的可能性，以及随之而来的人类社会的新的组织形态。不同种族、不同民族的人口将在

---

① 习近平：《共同构建人类命运共同体》，《求是》，2021年，第1期。

② 艾伯特－拉斯洛·巴拉巴西著，贾韬、周涛、陈思雨译：《巴拉巴西成功定律》，天津科学技术出版社，2019年，第100页。

一个新的全球架构的政治体系下进行和平共处，调和彼此之间的矛盾冲突，解决需要共同面对的困难问题，实现共同发展。

五、人工智能可能成为人类的共同挑战

长期以来，人类始终将自己置于整个世界的叙事中心。尽管大多数社会都承认人类并不完美，但它们同样视人类的能力和经验为世间众生可以实现的最高成就。如今，我们迈入了一个全新的时代。作为人类的创造物，人工智能正日益被赋予以前只能由人类心智才能完成或尝试的任务。随着人工智能不断执行这些任务，产生接近乃至超越人类智能所能完成的结果，这就直接挑战了"人何以为人"的决定性属性。[1]

迈克斯·泰格马克在《生命3.0：人工智能时代生而为人的意义》一书中，把人的生命分为三个阶段：第一阶段，指在宇宙中自然进化的生命，它能保持自身生物基因的复杂性，并能进行自我复制；第二阶段，是人的文化构造与人的进化交织在一起的进程，文化基因强化对人性的塑造，学习和教育显得尤为重要；第三阶段，人工智能阶段，意味着人工智能、基因编辑以及人工合成生命等技术极大地改变生命演化的自然进程，甚至最终完全脱离生物进化的约束。需要给予高度重视的是，在人工智能为人类进行新的文明形态退缩过程中提供巨大能量的同时，也有可能会带来很大风险甚至威胁。[2]从这个角度看，人工智能技术赋予人类一种新的发展潜能，它可能实现前所未有的繁荣，但也有可能让人类自我毁灭。

过去，人类依赖信仰和理性两种认识世界的方式。基于理性的选择一直是人类的特权，也一直是人类的决定性属性。长期以来，人类始终在探索文明的进程中，通过理性探索，取得了重大的科学发现，改变了我们的社会生活、

---

① 亨利·基辛格、埃里克·施密特、丹尼尔·胡滕洛赫尔著，胡利平、风君译：《人工智能时代与人类未来》，中信出版集团，2023年，第220—221页。

② 迈克斯·泰格马克著，汪婕舒译：《生命3.0：人工智能时代生而为人的意义》，浙江教育出版社，2018年，第31—37页。

艺术和信仰，也推动人们瓦解专制的封建制度，建立起民主的政治制度。尽管通过科学、理性的进步取得一定的进展，但人类仅凭理性难以解决所有困惑。对于理性解决不了的，人们把它交给信仰，通过宗教的方式找到释放的渠道和寄托的空间。正是在这种背景下，宗教随之而来，随之而兴。

但是，随着人工智能的崛起，人类增加了第三种认识世界的方式。由于人工智能的引入，机器将不再只是人类生产生活的附属物，而是将启迪人类，以我们不曾预期或始料未及的方式，扩展我们的现实世界疆域，甚至创造全新的虚拟世界。这标志着人类在对未知世界的探索中，将创造出一个强大的新参与者。在某些领域，人工智能会增强人类的理性；在其他领域，则会完全替代人类，从而让人类产生一种置身事外的感觉。对习惯了独断专行、以自我为中心并垄断了复杂智力活动的人类而言，人工智能将直接挑战其自我身份认知。

如今，这个全新的时代已经来临。人工智能技术将像几百年前活字印刷机发明带来的影响一样，再次改变人类知识、发现、交流和思考的方方面面。由此带来的转变，可能比自印刷机问世之后发生的任何转变都要更加重大。人类不得不决定，生活的哪些方面应该留给人类自己，哪些方面应该交给人工智能，或由人类与人工智能合作完成。[1]人工智能并非人类，它没有希望，不会渴求，也没有感觉；它没有意识，也不能反思；它是人类的创造物，体现人类的设计过程。然而，在某些情况下，它所产生的结果正以惊人的规模和速度接近那些迄今为止只能通过人类理性达到的成就，甚至远远超过人类对它们的期待。人工智能与人类智能的合作，可能会在科学、医学、军事、政治和社会方面取得令以往任何时代都黯然失色的傲人成就。[2]

人工智能不仅在处理数据的速度方面超过了人类，更为重要的是，它还

① 亨利·基辛格、埃里克·施密特、丹尼尔·胡滕洛赫尔著，胡利平、风君译：《人工智能时代与人类未来》，中信出版集团，2023年，第222—225页。
② 亨利·基辛格、埃里克·施密特、丹尼尔·胡滕洛赫尔著，胡利平、风君译：《人工智能时代与人类未来》，中信出版集团，2023年，第256—257页。

有自己的逻辑，能够察觉到人类尚未察觉或可能根本无法察觉的部分现实。国际象棋特级大师、世界冠军加里·卡斯帕罗夫在观察分析Alpha Zero的棋局后称："Alpha Zero彻底动摇了国际象棋的根基。"2020年，麻省理工学院通过人工智能，以更加高效、经济的方式发现了一种人类在此之前没有发现过的新抗生素——Halicin。[1]

随着网络数字技术的快速发展，人工智能越来越产业化，对此我们没有选择的余地。信息不再单纯以文字、图形的形式简单呈现，而是在机器翻译、AR/VR等技术支持下，突破时间、空间上的障碍[2]，在多语种、语音、图形、视频等多种形式之间进行自由转换，以更为丰富、立体、形象的方式，进行更人性化的表现。在这样的情形下，各种信息都将以数据的形式存在。数据可以被确权、进行交易和生产，成为一种新型的生产要素和重要资产。当然，在这个过程当中，也很容易发生个人隐私数据被泄露滥用、监控探头到处设置、数据跨界流动带来的安全等方面的问题。

未来的50年，人工智能可以成为与自动化和产业革命相提并论，甚至是影响更为深远的趋势。[3]人工智能已经不是一个行业，更不是一个单一的产品，甚至不是一个"领域"，它是科学研究、教育、制造、物流运输、国防、执法、政治、广告、艺术、文化等众多行业及人类生产生活各个方面的赋能者，很快将会影响到目前人类已经涉足的几乎每一个领域。这种影响甚至是颠覆性的，将引发社会、经济、政治、思想和外交政策策略的划时代变革。[4]

---

[1] 亨利·基辛格、埃里克·施密特、丹尼尔·胡滕洛赫尔著，胡利平、风君译：《人工智能时代与人类未来》，中信出版集团，2023年，第3—7页。

[2] 从理论上讲，互联网可以完全突破时空界限，将信息即时送到世界各地，包括远在太空的卫星、飞行器和登陆器。当然在实践当中，还需要进行大量的网络基础设施建设，也需要克服不同群体之间存在的"数字鸿沟"，提高老年人、偏远地区人们应用数字技术的能力。

[3] 凯文·凯利著，大野和基编，潘小多译：《5000天后的世界》，中信出版集团股份有限公司，2023年，第4—5页。

[4] 亨利·基辛格、埃里克·施密特、丹尼尔·胡滕洛赫尔著，胡利平、风君译：《人工智能时代与人类未来》，中信出版集团，2023年，前言第3页。

由于人工智能技术的发展，人们的选择越来越多，越容易找到自己真正感兴趣、擅长的工作，也就越容易获得幸福。一些重复性较多、比较死板且只讲求效率的工作，会很快被人工智能技术所取代。在技术的创新推动下，自由职业者会显著增加，人类的创造力将得到前所未有的激发，越来越多的组织通过新的形式创造社会财富。人们可以通过最新的网络技术，与分布在世界各地的团队成员共享信息，实现真正意义上的协作生产。比如，美国指挥家埃里克·惠特克曾经组建了"虚拟合唱团"，通过线上远程的形式，来自全世界的2000位歌唱家同时演唱一首歌曲，取得很好效果。①

需要高度重视的是，科技是一把双刃剑，既有好的一面，也会有坏的一面。无论哪种科技，能够解决多少问题，就有可能引发多少新问题。而且，科技引发的问题，经常是全新的、未知的、令人不安的。②因此，在看到人工智能技术带来好处的同时，也必须看到它们带来的巨大挑战。比如，算法推荐有利于帮助人们快速找到自己需要的信息，但也确实容易让人陷入"信息茧房"。比如，最近的俄乌冲突、巴以冲突中，就已经广泛使用无人机、机器人等人工智能技术，使战争冲突上升到一个新高度。这种武器越智能，杀死每个人所需要的材料、火力和成本就越低。再比如，随着大量探头、传感器在各类场所的分布，越来越多的人担心自己的个人隐私无法得到有效保护，目前世界上一些知名的政治家、艺术家已经遭遇到人工智能深度模仿音视频带来的舆论问题。尤其是通用人工智能模型，它能完成任何目标，不仅是记忆、储存、计算，还包括深度学习，进而创造出新的信息，产生意识，最终获得超越人类智能的创新力。③

尽管霍金、比尔·盖茨、马斯克等许多知名学者、企业家对人工智能的

---

① 凯文·凯利著，大野合基编，潘小多译：《5000天后的世界》，中信出版集团股份有限公司，2023年，第27—30页。

② 凯文·凯利著，大野合基编，潘小多译：《5000天后的世界》，中信出版集团股份有限公司，2023年，第137页。

③ 迈克斯·泰格马克著，汪婕舒译：《生命3.0：人工智能时代生而为人的意义》，浙江教育出版社，2018年，第68页。

快速发展表达了自己的担忧，但依然有大量科学家认为，只要将人工智能设定在一个安全可控的范围内（既不让人工智能自己突破人类的控制，也不能让恐怖分子、黑客等恶意攻击改变人工智能的作用方向），人类可以趋利避害，充分发挥人工智能的作用，从而激发人类的终极潜力，推动社会更好地进步。比如，通过区块链技术的开发应用，就可以有效保护网络交易支付的安全性，降低因信息不对称带来的交易成本。

在人工智能技术快速演变的时代，人类必须始终保持终生学习的良好习惯，加强对新生技术、新生事物的理解。从这个角度看，传统以知识点为主的学习方式已经落后，学习的内容并不那么重要，重要的是要拥有强大的适应能力和持续的学习能力。[1]同时，要明智、警醒地对人工智能技术的具体应用加以监控。

<hr />

[1] 凯文·凯利著，大野合基编，潘小多译：《5000天后的世界》，中信出版集团股份有限公司，2023年，第135页。

第二十四章　人类文明的未来形态

一、从人与自然的角度看，要敬畏自然、尊重自然，在探索创新中实现和谐发展

大自然是包括人在内的一切生物的摇篮，是人类赖以生存发展的基本条件。人类依托自然界才能生存，在同自然的互动中生产、生活、发展。大自然孕育、抚养了人类，人类也应该自觉地以自然为根，尊重自然、顺应自然、保护自然，要像保护眼睛一样，保护自然和生态环境，推动形成人与自然和谐共生的新格局。

人类善待自然，自然也会馈赠人类；人类"虐待"自然，自然也会报复人类。不尊重自然，违背自然规律，甚至肆意对自然进行系统性破坏，必然会导致人类生存发展成为无源之水、无本之木。随着西方工业文明扩张，人类把自然看成无生命的客观对象，是人类予取予求的资源库，并且鼓励人类以一种挑衅的方式介入自然过程，从中谋取额外的利益，诱发人类产生对自然万物的"无情之心"。这一切在给人类创造巨大物质财富的同时，也加速了对自然资源无节制的攫取，打破了地球生态系统原有的循环和平衡。近现代数百年的发展实践已经充分证明，这种单纯征服型的、力量型的科学具有极大的局限性，引发了一系列现代性危机，是今日各种环境问题、生态问题的深层次根源。[1]

---

[1]　吴国盛：《什么是科学》，广东人民出版社，2016年，第261页。

应该注意的是，对于科技带来的问题，永远不能靠减少科技来解决，而是应该发明更好的科技。[①]我们没有必要因为科技带来的负面效应而因噎废食、裹足不前，而应该以一种更加积极的心态，采取更为理性的行动，毫不动摇地向未知领域迈进，加大科技研发投入力度，以科技创新为驱动，致力于开发更好的科技。

人类只有一个地球，地球是人类的共同家园。世界各国需要齐心协力，充分考虑各国人民对美好生活的向往、对优良环境的期待、对子孙后代的责任，深刻反思和扬弃西方传统工业化道路，彻底转变损害甚至破坏生态环境的发展模式，坚决摒弃以牺牲环境换取一时发展的短视做法。要顺应当代科技革命和产业变革大方向，抓住绿色转型带来的巨大发展机遇，大力推进经济、能源、产业结构转型升级，形成节约资源和保护环境的空间格局、产业结构、生产方式、生活方式，统筹污染治理、生态保护、应对气候变化，探索保护环境和发展经济、创造就业、消除贫困的协同增效，全面加强生态环境保护工作，积极参与全球生态文明建设合作，以实际行动推动碳达峰碳中和，促进生态环境持续改善，努力建设人与自然和谐共生的现代化，共建人与自然和谐共生的关系，在绿色转型过程中努力实现社会公平正义，让良好生态环境成为全球经济社会可持续发展的基础支撑，给子孙后代留下天蓝、地绿、山清、水净的美好家园，增加各国人民的获得感、幸福感、安全感。

二、从人自身的角度看，要以人为本、身心调和，在中庸均衡中实现健康发展

人类创造文明，是为了使人类族群在自然竞争中获得更大的生存优势，进而延续人类发展进程。毫无疑问，西方工业文明的发展给人类创造了巨大的物质财富，然而与此同时，也给人类带来了严重的"异化"现象。时至今日，

---

① 凯文·凯利著，大野合基编，潘小多译：《5000天后的世界》，中信出版集团股份有限公司，2023年，第180页。

我们必须对以下四个方面的异化问题给予高度重视。

一是物质异化。人类从诞生以来，由于生产力水平不发达，在很长时间里一直致力于解决温饱等物质层面的生存问题。英国工业革命之后，机械化生产、全球化贸易极大地丰富了人类的物质供给水平。但是，在物质主义的推动下，人类的物质欲望开始极度膨胀，完全超越了自身的基本需求，扭曲了社会的道德观念，促使人为了占有更多物质上的利益，作出许多匪夷所思的行为。人类社会过度强调物质层面的享受，使得人这个物种处于物质与精神高度分裂的状态，给文明的进一步发展带来巨大的负面影响。

诱发物质异化最常见的三个因素，包括权力、金钱和美色。总括起来，可以统称为欲望。由于对欲望的追求有着明显偏重个人私利的特点，导致个人目标方向的迷失。古今中外无数事实证明，当人成为了权力、金钱、美色的奴隶，就会被异化为不再是自己躯体的主人①，进而使得生活变得缺乏稳定的幸福感。现在社会上出现的诸多浮躁现象，其实就是经济高速发展以后，人们习惯以地位、金钱衡量一切而带来的显著副作用。

尤其是进入现代社会之后，人类的科学技术蓬勃发展，物质文明高度发达，人的控物能力飞速提升，技术成为笼罩性的支配力量，使得人们更多地转向关心物质世界的奥秘，甚至希望能彻底地征服自然、改造自然。与此同时，随着现代民主政治的深入推进，人们在政治生活中持续地追求平等。这种平等有效解放了人类社会身份的束缚，但也彻底地打开了对物质追求的无限欲望，而物欲的解放反过来又极大地推动了科技和经济的发展，使得控物能力和物欲逐渐演变成为近代社会最高的价值追求。近代科技飞速发展的强大内驱力的演变，大致就是一个从单纯的好奇心走向急切的利用心，先是从原先的精神信仰走向对物质科学的探求，又进一步走向技术和商业的世界观和价值观的过程。不仅科学，最后连技术也越来越紧密地同商业和实业结合

---

① 这也是近年来许多人在追求权力、金钱、美色方面过度痴迷，导致思想迷失，甚至当自己反省时，自己都不认识自己的原因所在。

在一起，成为孜孜以求的牟利工具。现在，高科技的发展已经不只是单纯的技术追求，它需要大量资金投入，更像是商业和实业的经济利益搏杀。现在社会上令人肃然起敬的耀眼明星和风流人物已经不再是科技专家和发明家，而是懂一些技术，或者是洞悉技术发展趋势及其与商机的关系，能够筹集大量资金，发现和雇用从技术到管理的各种人才的商业巨头。[1]

这给人类文明带来了一个巨大挑战：物质文明本来只是人类生存的基础，应该也必须优先满足、不可或缺，但现在物质基础却演变成上层建筑，变成人类追求的最高价值目标，似乎所有的成就都需要通过物质收益来进行衡量，所有的聪明才智都需要投入到促进物质文明的事业中。如果真是人类的价值观转变到了这种程度，那么"人何以为人"？"文明何以为文明"[2]？

为此，在衣食温饱等基本物质供应有了一定保障的社会背景下，更要高度重视引领人加强自身内心道德修养，强化社会法制的外部约束，跨越物质功利主义的羁绊，使人的理性回归到"人"的精神本身，实现物质文明与精神文明的协调统一，促进人的身心和洽，使越来越多的人以精神生活的满意度而不是物质利益的获取来衡量自身生活的质量。

二是时间异化。[3]时间独立于人类的生活之外，客观而永恒地流逝。西方工业革命推广之后，越来越强化时间的意义以及守时的重要性，甚至明示"时间就是金钱，效率就是生命"。从此，时间逻辑被隐蔽而又深刻地印入现代人的心灵之中，越来越拥有对人类生活的支配权。[4]

在当今社会生活中，由于过度强调所谓个人发展和价值实现，许多人都身不由己地加快了日常的工作生活节奏，导致人在社会行为中表现出越来越多

---

① 何怀宏：《文明的两端》，广西师范大学出版社，2022年，第221页。

② 何怀宏：《文明的两端》，广西师范大学出版社，2022年，第192页。

③ 关于时间的认识，不同文明形态有着很大的差异。比如，中国很早就有时间概念，以便按照节气进行农耕生产，也有很长久的编年史流传；印度则因为受季风影响进行农耕活动，其文明基因对时间的敏感性不强，几乎没有什么历史著作流传。近现代西方受基督教文明的影响，大力发展现代科技和产业革命，对时间的准确性要求越来越高。

④ 吴国盛：《什么是科学》，广东人民出版社，2016年，第203页。

的不由自主。我们会感觉时间越来越不够用，工作越做越多，节奏越来越快，情不自禁地发出"时间都去哪儿了"的疑问。几乎每个人都能切身感受到整个社会的发展速度加快，以至于在这种高速运转中，再也无法放慢脚步去体验生活的真谛。因此，不少理论家认为"社会加速"已经成为现代社会发展的典型特征。

在这样的背景下，全社会都需要共同努力，从哲学层面开展深层次的思想反思，从艺术层面加强内心的价值追求，倡导大家自觉地放慢自己的工作生活节奏，在自然山水的美景中去找回迷失的自我，开启属于自己的美好生活。

三是网络异化。近年来，随着网络数字技术的快速发展，许多人越来越强调甚至依赖网络精神生活，认为在现实空间中受到的约束太多，而在网络空间中可以任意放飞自我，甚至有人终日沉迷于以数字人、虚拟人、电子账号等形式构建的虚拟网络社会，希望从中找到肯定自己的存在价值。与此同时，却在现实社会生活中，表现得很"宅"，事不关己，高高挂起，完全没有意识到自己是个"社会人"，需要承担相应的社会责任。甚至有的人在网络空间中为所欲为，任意实施网络暴力，给他人造成极大伤害。尤其是随着人工智能技术的快速发展，在许多领域已经超越人类智能，甚至最终对人类智能的生存带来挑战。一些人通过人工智能技术进行深度模仿，对社会有序运行带来极大危害。

为此，我们要正面网络数字技术对社会运行带来的现实挑战，从哲学的高度思考人工智能对人类身份认同带来的严重冲击，准确定位"碳基人"与"硅基人"、"现实社会"与"虚拟社会"之间的关系，推动人们在充分运用网络技术为人类谋福利的同时，走出网络沉迷，建立约束网络暴力的有效机制，构建起适合人类发展的网络文明形态。

四是个人利益异化。总体来看，中国人更看重集体，强调个人加强修身养性，个人服从整体。但是也需要看到，要求所有个人都达到圣贤的道德标准，在普通人群中难以实现。而西方人更多强调个体的权利和人格尊严，通过法律的要求明确公民的最低道德标准，可行性更强一些。

战争时期，一切都需要有钢铁的纪律、统一的意志和集体的力量。任何个人的权利、个性的自由、个体的独立尊严，都显得十分渺小而不切实际。[1]在战争年代，古今中外的许多人，为了国家和民族，能够毫不犹豫地献出自己的宝贵生命，表现出对集体主义、对自我牺牲精神的忠诚。在这种时候，个人利益以至个人本身的独立自主、自由平等都显得微不足道，所有人都是先公后私、一心为公、舍己从公。

和平时期，个体存在的巨大意义和价值，将随着时代的发展而越发突出和重要。任何个体的自我价值实现，都是在主动地创造历史。为此，需要更加强调作为个体的存在价值，更多地强化民主，保障民众的自由，避免把人民当家作主、为人民服务变为"为民做主"，才不至于重蹈被道德主义异化的"集体主义""历史必然性"的谬误。重视个体的合法权益和利益诉求，重视个性的自由、独立、平等，重视发挥个体的主动性、创造性，使之不再只是某种驯服的工具和被动的螺钉，并进而彻底消解传统文化的强大惰性。

当然，自由、民主都不是无限制的随心所欲，本质上是要对自己的权限进行明确的法律规范限定。民主、自由的特点，正在于防止最坏的情境发生，如军事独裁、法西斯主义、无政府主义等，其中的关键是要有良法，并保障法律严格执行。[2]同时，还要加强社会道德教化，德治与法治并举，二者并行不悖地共同推进社会的有序运转。

三、从国家与国家的关系角度看，要相互尊重，在求同存异中实现包容发展

到目前为止，国家作为人类聚集的主要形式，尽管因为强化维护所谓民族国家利益而导致冲突与战争不断，但是依然以其强大的组织力，呈现出顽强的生命力。或许，随着人类文明的前行，国家与国家之间的衔接融合会不断

---

① 李泽厚：《中国现代思想史论》，生活·读书·新知三联书店，2008年，第30页。
② 李泽厚：《中国现代思想史论》，生活·读书·新知三联书店，2008年，第43页。

加强，最终导致民族国家这一强权组织形式彻底瓦解，但至少在目前阶段的社会现实中还看不到任何实质性的迹象。

人类文明的冲突，从浅层表现来看，是生存的冲突，是对物质财富的争夺；从深层实质来看，则是民族、宗教等价值观上的冲突。人类历史上曾经有过无数的冲突。我们不能说，人类的冲突总是基于文明的差异而发生的。但是，我们可以确定地说，人类每次大冲突的背后，都隐藏着文明差异的本原，有的成为直接的诱发因素，有的则是间接的促进因素。

古典时代，文明差异直接引起冲突的现象尤其普遍。中国春秋时期，周边游牧族群不断入侵华夏腹心地带，爆发了大规模的基于文明冲突的长期战争。战国与秦汉时代，北方匈奴与诸胡严重地侵犯华夏，再次爆发长期的文明大冲突。此后的魏晋南北朝时期、宋元明清时期，这种不同民族的文明冲突，在中国及其周边大地上，一直没有终止。

在中国之外的世界环境中，马其顿民族对古希腊的征服，罗马帝国对埃及的远征，古印度佛国的突然灭亡，十字军东征的宗教战争，等等，也无不因为各民族文明形态的巨大差异而生发出来。

这些冲突的弥合，是有途径的。尽管塞缪尔·亨廷顿等西方学者对这种弥合持极其悲观的态度，认为文明的冲突不可避免。从人类社会的发展历程来看，尽管冲突从来未曾消停，但作为人类，种族、宗教之间的差异是很小的，很多现在视为敌对的宗教之间在起源时存在很大的相似性。只要人类本着求同存异的态度，不去过分强化自己的独特差异，本着求同存异的原则，就一定能寻找到和平共存的途径。比如，第一次世界大战结束时，美国总统威尔逊在参加巴黎和会时，自觉摒弃美国一贯的"门罗主义"，提出"十四点倡议"，主张约束暴力，各国不能仅仅考虑本国利益，更要基于世界的发展基础之上，维护世界和平和全人类利益，主张打破民族国家的界限，共同组建国际联盟。只是十分遗憾的是，尽管组建国际联盟被写入最终的《凡尔赛和约》，但是在美国却没能在参议院投票通过，美国最终无法参加并主导国际联

盟的组建与运行，极大地限制了国际联盟的影响力，最终只能无疾而终。^①

当前，尽管全世界范围内的冷战冲突已经结束，但是"9·11"事件的发生，使得塞缪尔·亨廷顿的"文明冲突论"得到全世界的广泛关注。中东、非洲等一些热点地区依然武装冲突不断，一些国家继续加大大规模杀伤性武器研发，全球核武器足以将地球彻底毁灭。"9·11"事件发生以后，当时的美国总统乔治·布什出于本能反应，冒失地宣称要以西方文明为名，发动一场"十字军战争"，把对恐怖分子的斗争与中世纪基督教世界夺回伊斯兰教所占圣地的一系列重大军事远征联系起来。一位加沙的哈马斯战士宣称："我们不仅是在为土地而战，也为文明而战。"以此表明伊斯兰世界对美国总统声明的回应。^②在这种背景下，文明甚至已经成为一种战争口号，成为一种政治的动员令。

人类如何面对未来，命运掌握在自己手里。不可否认的是，人类总是在不断朝着文明的方向改善前进，尽管前进的路途中会有所反复，但从总体来看，文明的程度在加深，远离野蛮的距离在扩大。我们只有从文明的底层出发，积极开展文明对话，形成广泛共识，设定有约束力的制度，逐步消除暴力冲突，才能实现地球的可持续健康，人类才能得以长期和平地生存发展。

1. 要开放，不要封闭

当今全球化阶段，矛盾和冲突是客观存在的。任何不承认国家之间矛盾和冲突的观点，都是苍白无力的。但是面对这种矛盾和冲突，不能放任不管。历史逻辑告诉我们，越是处于闭塞状态，不同文明之间的冲突便越是激烈^③；而越是加强沟通交流，矛盾和冲突才越能得到有效管控。

在人类历史上，地球曾经是如此之大，不同民族、不同部落在不同的大

---

① 关于威尔逊的这段历史，详见史蒂芬·茨威格著，舒昌善译：《人类的群星闪耀时》，生活·读书·新知三联书店，2021年，第357—375页。

② 布鲁斯·马兹利什著，汪辉译：《文明及其内涵》，商务印书馆，2020年，第121页。

③ 孙皓晖：《中国原生文明启示录》，中信出版集团，2020年，序言。

陆板块上各自发展。①各大洲绝不是简单的地理空间，都有着强烈的文明色彩。由于海洋、高原等自然条件导致的地域分割，使不同文明在各自的区域范围内自我生长，形成古埃及文明、古印度文明、中华文明、古希腊罗马文明等多种不同文明形态。尽管由于贸易、战争等因素，在毗邻地带也有一定程度的交流交融，但总体来看，大范围内是彼此分隔的。整体而言，还是相互独立，各自都在努力追赶、超越，克服自我的落后状态，希望达到更高的文明水准。②

在文明的交流交融交锋过程中，如果一个文明过于自视优越③，那它几乎不可能有意愿与那些看似和自身地位平等的社会展开对话，因为它会自觉不自觉地认为，后者与自己不能相提并论。18世纪之前的中国、中世纪的伊斯兰世界以及19—20世纪的欧洲和美国因为自身发展水平很高，无不是持这样的态度。他们关注的焦点，只是自身的文明，并且认为自己的文明无与伦比，没有理由与其他文明以平等姿态展开对话。莫扎法里曾说："麦地那因其永恒的价值观念而堪称完美之城，它体现了人类卓越的组织才能，为人类提供了一个独特且合乎逻辑的典范。"在这样的认知下，其他文明都是相对野蛮的。④

随着交通、通信等基础设施发展，自然人、信息、技术等可达性越来越高，地球显得越来越小。在此背景下，大范围内的文明交流成为可能，大规模的战争冲突也成为现实。1500年之后，西方工业文明带来的强大生产力和武器破坏力，使得工业文明传遍美洲大陆、非洲大陆和亚洲大陆。工业革命后，西方世界凭借坚船利炮方面的军事优势，通过在全球范围内建立殖民地，输出本

---

① 其实，按照目前科学研究成果，世界上各民族同出一源，目前分布在各大洲的人们，都是陆续从非洲土地上迁徙而来的，基因基本相同。只是在后来数万年的发展中呈现出文明的差异。但即便承认这种文明上的差异，也不应该成为各种族和平共处的障碍。

② 李永晶：《分身：新日本论》，北京联合出版公司，2020年，第183页。

③ 从某种意义上讲，这种优越感有它一定的合理性，它来自文明自身带来的科技进步、物质富庶、文明礼仪等多个方面取得的优异成就。但据此而排斥其他文明，认为自身文明高于其他文明的观点，则显得十分浅薄。

④ 布鲁斯·马兹利什著，汪辉译：《文明及其内涵》，商务印书馆，2020年，第118—124页。

国文化，使西方文明在全球范围内不断蔓延拓展。过去是以英国为首的欧洲文明，后来过渡到以美国为首的美国文明。以号称"日不落帝国"的英国为例，至今依然在远隔千里之外的印度、澳大利亚、新西兰等地有着很大影响。近代以来，欧美帝国主义在对外关系中践行的是"以强凌弱""零和博弈"的丛林法则，地缘政治中的"霸权"理念至今仍然主导着某些国家的外交思路，特别是"文明冲突论"依然主导着某些国家的外交政策。对于地处东方的中国人而言，"西风东渐"的态势十分明显，有的人甚至主张全盘西化。随着近年来中国经济的快速发展和社会的长期稳定，世界格局出现显著的东升西降的态势，西方记者甚至开玩笑说："现代化现在是'东风西渐'[①]。"

从人类整体利益来看，文明差异不应该成为世界冲突的根源，而应该成为人类文明进步的动力。文明没有高下、优劣之分，只有特色、地域之别。[②]每种文明都有其独特魅力和深厚底蕴，都是人类的精神瑰宝。"和羹之美，在于合异。"人类文明多样性是世界的基本特征，也是人类进步的不竭源泉。目前，世界上有200多个国家和地区、2500多个民族、多种宗教。不同历史和国情，不同民族和习俗，孕育了不同文明，使世界更加丰富多彩。不同文明要取长补短、共同进步，让文明交流互鉴成为推动人类社会进步的动力、维护世界和平的纽带。[③]

开放包容是我们应该坚守的发展战略，要推进国际关系民主化，不搞"一国独霸"。世界的命运应该由各国共同掌握，国际规则应该由各国共同书

---

① 帕拉格·康纳著，崔传刚、周大昕译：《超级版图：全球供应链、超级城市与新商业文明的崛起》，中信出版集团，2016年，前言。

② 在近现代世界文明发展史上，不管哪个拥有先进文明的国家，都很自觉地将自己的文明准绳用来比对、评价其他国家文明，更有甚者，替他国民众做主，通过武力的手段，将自己国家的文明标准强加给其他国家的民众，从而引发起许多的冲突。如果世界各个国家、各个民族都秉持自己的文明优越感，互相排斥对方，那就很容易陷入塞缪尔·亨廷顿所提出的文明冲突论旋涡，最终世界只能是纷争不断，动荡不安。

③ 习近平：《共同构建人类命运共同体》，《求是》，2021年，第1期。

写，全球事务应该由各国共同治理，发展成果应该由各国共同分享。[1]如果都像美国那样搞"科技脱钩""供应链脱钩""国际组织退群"，世界各国的协调发展势必面临举步维艰的不利局面。

从长期看，开放的时代大潮不可阻挡，资源要素的全球流动符合人类发展的客观需要。只有通过全方位的开放流动，才可以将原材料、技术知识和人才资源等各种生产要素有效地在世界各地进行配置。一个国家也只有勇于开放，才能避免败亡的命运。

诚然，开放也会带来风险。越来越大规模的人员跨境流动，肯定会放大某些风险。比如，恐怖活动、流行性疾病、国际金融危机等。但是，凡事皆有度。各国不能因此而关闭国门，因噎废食。只要加以适当的管控，在重大利益关切上协调行动，在对话沟通中加深理解，争取不通过武力等破坏手段，而采取和平的方式方法进行解决。比如，2019年暴发的全球性新冠疫情，各国政府将边境管控措施视为交通信号灯，用来有效管理出入国家的人流物流情况，通过医学检查、检疫以及对传染源管治等"摩擦"措施，尽可能控制疫情蔓延，以在有效控制风险的前提下获得最大收益。[2]

2. 要和平，不要战争

地球是人类唯一赖以生存的家园，珍爱和呵护地球是人类的唯一选择。与人类和其他物种之间的差异、人类文明与可能存在的外星物种之间的差异相比，不同种族的不同文明形态之间的差异显得是如此微不足道。让和平的薪火代代相传，让文明的光芒熠熠生辉，是各国人民共同的期待。

但是，当今世界依然充满了很大的不确定性。人们对未来充满期待又感到困惑。时至今日，人们都在担心中美两个大国之间是否会因为冲突引发战

---

① 习近平：《共同构建人类命运共同体》，《求是》，2021年，第1期。

② 帕拉格·康纳著，崔传刚、周大昕译：《超级版图：全球供应链、超级城市与新商业文明的崛起》，中信出版集团，2016年，第27—28页。

争。①这并非没有可能。正如亨利·基辛格提醒的那样，100年前，正是德国的崛起，在经济和地缘政治上对英国构成威胁，引发了战争。现在中国的崛起可能导致世界格局再次出现两极分化，加上久拖未决的中国台湾和朝鲜问题，可能引发新的冷战甚至是热战。②

因此，中美两个大国之间更应该采取相互协作而不是相互对抗的方式，共同建设一个新的世界秩序。沟通协商是化解分歧的有效之策，政治谈判是解决矛盾冲突的根本之道。只要彼此之间怀有真诚愿望，秉持足够善意，展现政治智慧，再大的冲突都能化解。任何国家都不能随意发动战争，破坏国际法治，打开战争的潘多拉盒子。核武器是悬在人类头顶的"达摩克利斯之剑"，应该全面禁止并最终彻底销毁，实现无核世界。各国有责任维护国际法治权威，依法行使权利，善意履行义务，确保国际法平等统一适用，不能搞双重标准，不能"合则用，不合则弃"。要秉持和平、主权、普惠、共治原则，把深海、极地、外空、互联网等领域打造成各方合作的新疆域，而不是相互博弈的竞技场。③

国家之间要构建对话不对抗、结伴不结盟的伙伴关系，大国要尊重彼此核心利益和重大关切，管控矛盾分歧，努力构建不冲突不对抗、相互尊重、合作共赢的新型关系。通过真诚沟通，避免掉入"修昔底德陷阱"。大国对小国要平等相待，不搞唯我独尊、强买强卖的霸权。国家不分大小、强弱、贫富，主权和尊严必须得到尊重，内政不容干涉，都有权自主选择适合自己的社会制度和发展道路。

要善于检视自我，认真做自我批评。不要去激化矛盾、激起怨恨，不要去实施暴力，采取危险行动，而要以无畏的精神，找寻我们曾经迷失的心灵，富有同情心，建设性地去创造一个和平的世界。"爱"与"关注"将会比自我

① 从某种角度上讲，如果我们还是停留在极度追求物质利益、国家富强这个单一维度上，由于价值目标趋同、产权关系的排外，势必加剧彼此之间的冲突，甚至危及人类发展前景。

② 尼尔·弗格森著，曾贤明、唐颖华译：《文明》，中信出版社，2012年，前言第13页。

③ 习近平：《共同构建人类命运共同体》，《求是》，2021年，第1期。

本位或目光短浅的政策更能使每个人受益。当然，彼此的接纳需要时间，但在此之前，必须改变以自我为中心的价值取向。①

在当今这个互联互通的时代，世界各国国力的强弱，不仅取决于军事力量和人口规模等国内因素，也取决于其国际互联程度。随着互联互通对地缘政治的重新塑造，传统的国家间战争，也慢慢被相互博弈所取代。在即将到来的时代，城市的重要性将超过国家，连接供应链的能力比军事力量更重要，而军队的主要任务会转变成守卫供应链，而非传统国界线。由此，人类完全可以避免重蹈过去大国军事争斗的覆辙②，真正走出"零和博弈"的丛林法则羁绊。

3. 要合作，不要对抗

宗教之间，甚至宗教与科学之间，确实有许多直接对抗、不可调和的地方。比如，11世纪末期，一个影响力极大的伊斯兰教士就提出，学习希腊哲学与《古兰经》的教义是格格不入的。按照西方上帝造人的学说，认为人类或许可以洞悉上帝的运行机制，这简直就是亵渎神灵，因为上帝可以在任何情况下随心所欲地改变其运行模式。

哈佛大学教授塞缪尔·亨廷顿在《文明的冲突与世界秩序重建》一书中过于强调文明带来的冲突。其实，伊斯兰教义本不是如此。③正如历史学家菲利普·曼赛尔所说，在奥斯曼帝国统治的300年时间里，它都是文明冲突的调停者、多元文化的协调者，奥斯曼帝国也成为伊斯兰教、犹太教和基督教的

---

① 凯伦·阿姆斯特朗著，孙艳燕、白彦兵译：《轴心时代：人类伟大思想传统的开端》，上海三联书店，2019年，第486页。

② 帕拉格·康纳著，崔传刚、周大昕译：《超级版图：全球供应链、超级城市与新商业文明的崛起》，中信出版集团，2016年中文版序，第5页。

③ 从人类历史发展来看，现代宗教的起源，都是在人类经历过史无前例的暴力战争之后，宗教领袖从中总结出来的逻辑，基本上都是反战的。现代许多国家和种族的一些人，从《古兰经》《圣经》等经典中断章取义地用来认可不道德的暴力和残酷行为，有人诉诸受到所谓宗教启示的恐怖主义，有时被恐惧、欲望和挫折所驱使，有时被仇恨和狂怒所驱使。人们经常以自我为中心，"我的信仰比你的更好！"幻想上帝站在自己一边，因此引发许多的争执和暴力冲突。这是典型的民族利己主义，不是一种成熟的宗教观念，违背了宗教创立的初衷。

共同领地。从埃及的亚历山大港到土耳其的士麦那再到贝鲁特，对话取代了冲突，贸易超越了信仰。①这也缔造了中东伊斯兰世界的辉煌。曾经，穆斯林科学家启迪了欧洲学者的思想，激发了他们的灵感。只是十分遗憾的是，如今他们却故步自封，远离引领人类文明前进的科学技术。②

近年来，伊斯兰世界的内部斗争远比其对外杀伐来得血腥。尤其是"伊斯兰国"等极端组织往往是借助宗教之名，行暴力之实。实际上，中东地区的教派分歧，更多是政治性的，而不是宗教性的，通常都是用难以理解的细微教条差别，去掩盖赤裸裸的政治和领土目标。其实，世界上大部分穆斯林并不生活在中东，而是生活在巴基斯坦和印尼等亚太南部地区，但这些地区并没有像中东地区那样爆发如此惨烈的宗教冲突。

更何况文明的内涵，不仅仅只是宗教。1863年成立的红十字国际委员会提供了很好的范例。面对频发的国际人道主义危机，各国应秉承中立、公正、独立的基本原则，弘扬人道、博爱、奉献的精神，为深陷困境的无辜百姓送去关爱，送去希望。

文明确实有冲突，但更多的是融合。近年来，中国加大在非洲的基础设施投资，希望能够更好地利用非洲的资源，而不是在搞西方人口中所谓新殖民主义。中国既不希望占领无用的领土，也不希望增加嗷嗷待哺的人口，只希望获得供应链，仅仅是供应链。21世纪的中国与17世纪的荷兰颇为相似，荷兰当年也是强调供应链，而不是殖民地；强调资源，而不是领土。中国并不是在征服非洲，相反，中国使非洲变得更加繁荣，从而增加对全球投资者的吸引力。③

葛瑞汉指出，正如人们早已知道的那样，中国人倾向于把对立的双方看成

---

① 帕拉格·康纳著，崔传刚、周大昕译：《超级版图：全球供应链、超级城市与新商业文明的崛起》，中信出版集团，2016年，第89—90页。

② 尼尔·弗格森著，曾贤明、唐颖华译：《文明》，中信出版社，2012年，第51页。

③ 帕拉格·康纳著，崔传刚、周大昕译：《超级版图：全球供应链、超级城市与新商业文明的崛起》，中信出版集团，2016年，第85—87页。

是互补的，而西方人则倾向于强调二者的冲突。因为中华文明提倡阴阳和谐，阴阳彼此为对方提供存在条件，阴阳的相互结合构成了世界及其运动。人类世界的一切问题都根源于如何处理各种对立面的关系，中华文明的古老阴阳平衡思维不仅是古代中国的基本思维方式，在现代仍有其普遍的意义。善于将对立冲突甚至是斗争，化解为和谐，在对立中求统一，才能使整个世界不断焕发蓬勃生机[①]，而不是走向争斗的深渊。

人类文明发展的进程，是一个不断突破空间边界限制的过程。人类发展到今天，从部落到城市，再到国家，文明从一个小区域逐渐拓展，迈向一个越来越大的区域，最终进入一个全球化的时代。[②]21世纪，是一个全球化的世纪。全球化的时代，需要全球化的文明。今天的全球化，已经不仅是经济的全球化，更是文明的全球化。

在传统时代，文明主要在自己区域内发展传播，形成民族特色的文明体系。不同文明形态之间虽然也有交往交流交融，但是总体而言，各种文明依然是以我为主，是一种地方区域性的文明。在全球化时代，相互之间的交流交往会快速增加，交融交锋进程会明显加快，不像传统时代还存在一些可以缓冲的空间，因此而带来的冲突矛盾也会日益凸显，是真正意义上的全球文明。此时，关注的出发点应该更多放在世界范围、全体人类身上，而非放在某一国家、某一民族身上。在此进程中，如何管理好彼此的矛盾冲突，推进全人类和谐共处，已成为世界文明交融发展中十分重要的课题。

随着网络数字技术的快速发展[③]，人类对虚拟空间、外太空领域的认知不断深化，全世界各国人民的利益诉求会越来越趋同，这些都会加速世界文明形成的进程。过去，大家可能会以某个国家、某个城市为文明的中心，未来

---

① 陈来：《中华文明的核心价值》，生活·读书·新知三联书店，2015年，第18—19页。

② 以中国为例，早期的文明遗迹只是在一个个小区域，比如良渚、二里头等，后来形成各大诸侯国，再后来秦国统一六国，文明在此进程中不断渗透、交融，最终演变为今天人们熟知的中华文明。

③ 其实，网络社会的发展，就是一个去中心化的过程；未来区块链技术的发展，还会进一步加速去中心化的进程。

这些中心都将不复存在，人类将会以地球为唯一的中心。奥克塔维奥·帕斯曾高瞻远瞩地提出："一种单一的文明和一个共同的未来，将取代文化的多样性……每一种文明都要担当其世界历史的重任。"①

从某种意义上讲，全球化的未来，必然会催生全球化的文明。人类作为一个物种，从超越种族、肤色的层面来看，必将形成一个共同的文明、一个普世的文明。只有这样，各国、各民族才能有效克服文明的冲突，彼此之间不再是排他的、相斥的，而是包容的、相吸的。在这样一个普遍文明的基础上，全世界各国的人民才可以和平共处，求同存异。

当然，这样一个普遍文明并不是要求大家都是一个模样。在这一共同文明形态框架基础之下，可能会有若干存在一定差异的文化形态，但不是多种形式的文明。②各国、各地区、各民族在一些局部、一些范畴之内存在一定的差异性、多样性，从而达到普遍性与特殊性的有机统一，也使世界文明出现共同繁荣的景象。

发展到这一阶段形成的世界文明，一定是一个摆脱意识形态、政治观念、民族理念、种族优越、文明中心的文明形态，是全世界不分民族、不分种族、不分国家而能够共建共享的价值理念。或许，在文明处于民族国家的阶段，由于民族之间的竞争和冲突，许多人群并不认同自己或他人的国家身份，但是当文明进入世界文明的时候，任何一个人、任何一个群体，都无法置身事外，也无法再以地域的差别挑起事端。这种情况反而有利于增进人们在世界文明形成过程中的归属感。

应该相信，人类可以走出彼此争战的时代，融合形成一个新的统一整体。

---

① 布鲁斯·马兹利什著，汪辉译：《文明及其内涵》，商务印书馆，2020年，第135页。
② 比如，过去许多国家在不同的文明体系下，对天地宇宙的运行规律有着不同的认识，有着不同的历法，比如，伊斯兰教历、日本历法、中国农历至今依然还保留着，但是随着不同文明之间的沟通交流，一套以日、周、年以及时区的公元历法体系已经在世界范围内被广泛接受，发挥出十分重要的作用。再比如，过去在不同文明体系下使用的不同度量衡体系，以及产品标准体系，也在文明交流过程中形成出一套新的在全球通行的体系。这些都是十分可喜的现象，也是未来发展的方向。

人类在文明的旗帜下聚集在一起，这种聚集是非领土层面的，而是精神层面的；是更倾向于利他的，而非强调利己的；更多强调人类的共同利益，而非国家、民族利益；更多强调人类的思想共识，而非某些群体的政治意蕴和价值偏见。①

需要看到的是，普适性的世界文明这一结果不可能自然出现，文明的融合交汇也绝对不会一蹴而就、一帆风顺，需要经过非常漫长的艰苦努力。不同的群体、不同的国家站在不同的角度，会有许多不同的认知，采取许多不同的行动。其间，既需要精英的引领，更需要社会大众的广泛参与。在此过程中，各国的政治家、科学家、艺术家、思想家，需要通过共同的研究和努力，形成有效共识，进而引领产生社会认同。关键是要加强国际交流合作，构建具有约束力的国际政治经济治理机制。各国政治家们要管控好分歧，避免冲突上升为战争暴力；思想家们要引领潮流，达成共识。在这方面，科技、艺术、音乐、舞蹈、饮食等人类共享的交流渠道可以优先发挥出其应有的价值，在目前不同文明的群体之间搭建起沟通交流的桥梁，也只有这样，人类才能构建一个和谐的世界，而非充满冲突的世界。

四、中华文明要积极借鉴学习其他国家优秀文明成果，在世界新型文明融合发展过程中贡献自己的积极力量

前车之覆，后车之鉴。中华民族在五千年发展史上，有光辉灿烂的时刻，也有受尽屈辱的时刻，但中华民族从来不放弃，从来不妥协，始终坚持吸取教训，在不屈中走向下一个辉煌。中华文明的重新崛起，已经引起了国内外民众的广泛关注。这其中我们可以看到先辈们为之奋斗不息的身影。1900年，梁启超先生在戊戌变法失败后，写下了脍炙人口的名篇《少年中国说》，催发着中华民族向上、进取、奋斗的激情与意志，推动"少年中国"冲破封建罗网，开展"老大帝国"的改造更新进程。100多年来，中华民族克服千难万

---

① 布鲁斯·马兹利什著，汪辉译：《文明及其内涵》，商务印书馆，2020年，第145页。

险，重新屹立在世界的东方，焕发出古老文明的新生力量。北京、上海已经成为国际一线城市，发挥愈来愈大的国际影响力，中华文明也必将产生越来越大的国际影响力。在此进程中，我们能够看到中华民族身上坚韧不拔的意志与热情，始终向着文明、进步的方向努力迈进，彰显出中华文明在世界文明史上的显著地位。

从唯物主义的角度看，文明作为上层建筑，是以物质为基础的。随着世界经济发展中心的转换，世界文明中心也会随之转换，这也是有学者提出的"文明中心转移论"。世界超级大国在创造先进发达的物质文明的同时，一定会创造出令世人瞩目而向往的精神文明，从而使本国成为世界文明的中心，成为引领世界文明进步风尚的中心。

从世界范围来看，大多数国家和民族都对自己的文明感到骄傲。[1]比如，法国政治家基佐认为，欧洲是世界上最先进的文明，法国是其中最文明的国家。托克维尔认为，西方的民主是"上帝的旨意"，能以一种不可抵挡之势席卷美国和其他地区。在看到自身文明具有的优势的时候，我们不要以此为藩篱，与其他文明形态进行隔离，甚至居高临下地歧视其他文明，反而要秉持平等互利的原则，充分加强交流合作，主动推介自己的独特智慧和优秀文明成果，为世界新型文明的建设贡献积极力量。

习近平总书记在2019年亚洲文明对话大会上提出，"文明只有姹紫嫣红之别，但绝无高低优劣之分"。我们要坚定文化自信，强调以人为本，打破民族国家的藩篱，改革发展教育方式，重视网络文化建设，形成具有中华文明特色的对世界具有普遍意义的价值理念，推动形成人类文明共同体。

当今世界，各国基本上都是多民族国家，各民族之间存在很大的文化差异性。人类文明的历史发展不是单一的，世界上有多少个国家，有多少个民族，

---

[1] 早期，西方很多人认为，宗教是文明的基石。这其实就关闭了文明的开放性，因为宗教是有排他性的，基督教是欧美最本质的特质，伊斯兰教是中东地区最本质的特征。之后，戈比诺等人不再将欧洲文明与基督教等同起来，而与种族问题联系起来。这依然是一个排他的选择，无法包容。

便有多少种不同的文明。它们千姿百态，色彩纷呈，各具特色，独树一帜。这些不同的文明、不同的文明体系，构成了人类生命史的灿烂华章。一个国家、一个民族，在它由涓涓细流汇成澎湃江河的历史中，必然有一段沉淀、凝聚、锤炼、升华、成熟并稳定化的枢纽时期。这个枢纽时期所形成的生存形态、生存法则以及思维方式、价值理念、精神特质等，都具有极大的稳定性和极强的传承性。这些稳定的传承要素及其综合形态一旦形成，便如同生命基因对一个人的决定性影响一样，将永远地以各种各样的方式，影响或决定着一个民族、一个国家生命历史的发展轨迹。这种在早期国家时代生成的独具特色的稳定的生存方式，是一个族群永恒的文明徽记，将之与其他一切族群的生存方式显著地区别开来，就形成了世界民族之林中无数的"这一个"。这种难以改变的基本特质，在不同的文明体系中，表现为方方面面的差别：各不相同的文字，各不相同的价值观，各不相同的生活方式，各不相同的思维方式，各不相同的政治体制与权力运行方式，等等。所有这些差别，所有这些特殊性，形成了一个国家自立于世界民族之林的基本风貌。即或在人类交流融合充分发展的今天，各民族基于原生文明而形成的种种差别，依然是非常鲜明的。[①]

不可否认，在各个文明形态当中，存在许多共同的、普遍的价值观，比如尊敬老人、爱护孩子。各个民族国家基于各自的地域文化传统，结合成文化价值观念一致的区域共同体。在此基础之上，不同文化共同体加强交流交融，形成一个完整的世界。庞卓恒先生曾这样说："东西方的历史进程实际上是一个殊途同归的历史进程……它们的进程确实不同，但又是沿着同一个规律朝着从低级向高级的方向发展……既不可能是东方的西方化，也不可能是西方的东方化，只能是互相取长补短的汇合。"

经济全球化深入发展的今天，随着交通、通信等技术的突飞猛进，地域限制的影响已经微乎其微，世界任何一个地方的信息都很容易对其他地区产生影响。人类需要重新审视文化的重要性，重新审视本民族文明在世界范围的

---

① 孙皓晖：《中国原生文明启示录》，中信出版集团，2020年，序言。

影响力。

在中国迅速成长为一个具有全球竞争力的大国的同时，我们也要高度关注国际社会对中华文明未来走向的关心。中国兼具文明古国、最大的发展中国家、潜在的超级大国等多种特质，无疑将影响人类文明进程。世界上其他国家面对中国的崛起，也在深刻思考这一问题。中国与他们传统文化不同，国家的意识形态与他们有本质差别，中国的复兴，对世界的未来而言，都是一个十分重要的课题。

这个问题绝非杞人忧天。如果不妥善处理这种关切，必将会加剧国家与国家之间、民族与民族之间的误解，甚至会带来巨大的战争冲突，对全人类的发展产生深远的影响。

中华文明由于传统文化中的"己所不欲，勿施于人"和"求同存异"的基本思路，强调要建立人类命运共同体，赢得许多发展中国家的真诚友谊，也为21世纪的国际关系大格局注入新的元素。中国不会像西方国家那样，谋求霸权地位，推行殖民政策，为了所谓国家利益，肆意掠夺其他国家的资源和财富，而是秉承合作发展的原则，努力实现共同发展、共同繁荣。①

为此，我们要积极主动融入国际社会，善于用世界的眼光审视自身，不盲目排斥西方世界的文明成果，在中华文明核心价值理念的引导下，积极地拥抱其他先进文明成果，加强与其他文明的交流，吸收世界上其他文明形态中的有效营养成分，秉持和平发展的理念，朝着构建人类命运共同体的目标，加强沟通对话，推动形成新的全球共识，与世界各国共同创造出一个更高维度的普遍主义的文明形态，引领人类的未来发展。

---

① 尽管西方国家当年的殖民政策客观上对殖民地的发展进步产生了一定的积极影响，这也为西方的殖民政策打上了"文明进步"的幌子，但不可否认的是，殖民主义最终是为了本国的利益，而不是真正为了殖民地民众的利益。其许多具体的野蛮暴力行为，揭示了他们所宣称的文明的虚伪，因而在第二次世界大战之后遇到了强烈的抵抗，引发了遍及世界各地的民族独立浪潮。

参考书目

［1］C.赖特·米尔斯著，李子雯译：《权力精英》，北京时代华文书局，2019年版。

［2］阿诺德·汤因比著，司佳译：《中国纪行：从旧世界到新世界》，上海人民出版社，2019年版。

［3］艾伯特–拉斯洛·巴拉巴西著，贾韬、周涛、陈思雨译：《巴拉巴西成功定律》，天津科学技术出版社，2019年版。

［4］安德烈娅·武尔夫著，边和译：《创造自然——亚历山大·冯·洪堡的科学发现之旅》，浙江人民出版社，2018年版。

［5］奥斯瓦尔德·斯宾格勒著，齐世荣、田农、林传鼎等译：《西方的没落》，群言出版社，2017年版。

［6］彼得·弗兰科潘：《丝绸之路：一部全新的世界史》，浙江大学出版社，2016年版。

［7］布鲁斯·马兹利什著，汪辉译：《文明及其内涵》，商务印书馆，2020年版。

［8］陈来：《有无之境：王阳明哲学的精神》，北京大学出版社，2006年版。

［9］陈来：《古代宗教与伦理：儒家思想的根源》，生活·读书·新知三联书店，2017年版。

［10］陈来：《中华文明的核心价值》，生活·读书·新知三联书店，2015年版。

［11］戴维·弗罗姆金著，栾力夫译：《终结所有和平的和平》，中信出版集团，2020年版。

［12］邓晓芒：《西方美学史纲》，商务印书馆，2018年版。

［13］丁一凡：《跌宕起伏的中欧关系——从文明对话到战略伙伴》，中国社会科学出版社，2020年版。

［14］房龙著，周亚群译：《人类的艺术》，中国友谊出版公司，2013年版。

［15］费正清、刘广京：《剑桥中国晚清史》（下卷），中国社会科学出版社，2007年版。

［16］福泽谕吉著，杨永亮译：《福泽谕吉自传》，文汇出版社，2012年版。

［17］傅佩荣：《论语之美》，北京联合出版公司，2020年版。

［18］古斯塔夫·勒庞著，佟德志、刘训练译：《革命心理学》，山西人民出版社，2020年版。

［19］郭刚：《中国早期马克思主义的传播：梁启超与西学东渐》，人民出版社，2010年版。

［20］何怀宏：《文明的两端》，广西师范大学出版社，2022年版。

［21］何新：《何新论美》，华东师范大学出版社，2020年版。

［22］何新：《何新世界史新论》，现代出版社，2020年版。

［23］何新：《哲学沉思录》，现代出版社，2019年版。

［24］何新：《诸神的起源》，民主与建设出版社，2018年版。

［25］何新：《诸子的真相》，现代出版社，2019年版。

［26］赫尔曼·库尔克、迪特玛尔·罗特蒙特著，王立新、周红江译：《印度史》，中国青年出版社，2008年版。

［27］亨利·基辛格、埃里克·施密特、丹尼尔·胡滕洛赫尔著，胡利平、风君译：《人工智能时代与人类未来》，中信出版集团，2023年版。

［28］胡其瑜著，周琳译：《何以为家——全球化时期华人的流散与播

迁》，浙江大学出版社，2015年版。

［29］贾雷德·戴蒙德著，曾楚媛译：《剧变：人类社会与国家危机的转折点》，中信出版集团，2020年版。

［30］贾雷德·戴蒙德著，谢延光译：《枪炮、病菌与钢铁——人类社会的命运》，上海译文出版社，2016年版。

［31］解玺璋：《抉择：鼎革之际的历史与人》，天地出版社，2020年版。

［32］井上哲次郎：《儒教》，载大隈重信编：《日本开国五十年史》下册，上海社会科学院出版社，2007年版。

［33］凯伦·阿姆斯特朗著，孙艳燕、白彦兵译：《轴心时代：人类伟大思想传统的开端》，上海三联书店，2019年版。

［34］凯文·凯利著，大野合基编，潘小多译：《5000天后的世界》，中信出版集团股份有限公司，2023年版。

［35］柯文著，林同奇译：《在中国发现历史》，社会科学文献出版社，2017年版。

［36］肯尼斯·克拉克著，易英译：《文明》，中国美术学院出版社，2019年版。

［37］勒内·格鲁塞著，常任侠、袁音译：《东方的文明》，商务印书馆，2019年版。

［38］雷仲康译注：《庄子》，辽宁民族出版社，1996年版。

［39］李建臣：《古希腊文字与文明》，中国人民大学讲座发言，2020年5月19日版。

［40］李硕：《翦商——殷周之变与华夏新生》，广西师范大学出版社，2022年版。

［41］李学勤：《中华古代文明的起源》，生活·读书·新知三联书店，2019年版。

［42］李永晶：《分身：新日本论》，北京联合出版公司，2020年版。

［43］李约瑟原著，柯林·罗南改编，江晓原主持，上海交通大学科学史

系译:《中华科学文明史》,上海人民出版社,2014年版。

[44]李约瑟著,张卜天译:《文明的滴定》,商务印书馆,2016年版。

[45]李泽厚:《美的历程》,生活·读书·新知三联书店,2009年版。

[46]李泽厚:《中国古代思想史论》,人民文学出版社,2021年版。

[47]李泽厚:《中国近代思想史论》,人民文学出版社,2020年版。

[48]李泽厚:《中国现代思想史论》,生活·读书·新知三联书店,2008年版。

[49]梁鹤年:《西方文明的文化基因》,生活·读书·新知三联书店,2014年版。

[50]林肯·佩恩著,陈建军、罗燚英译:《海洋与文明》,天津人民出版社,2017年版。

[51]刘庆柱:《不断裂的文明史》,四川人民出版社,2020年版。

[52]刘哲昕:《精英与平民》,法律出版社,2014年版。

[53]刘哲昕:《文明与法治》,法律出版社,2014年版。

[54]马丁·梅雷迪思著,亚明译:《非洲国——五十年独立史》,世界知识出版社,2011年版。

[55]马基雅维利著,刘训练译注,拿破仑批注,杨小雪译,李筱希校:《君主论》,中央编译出版社,2017年版。

[56]马克垚主编:《世界文明史》(第二版),北京大学出版社,2016年版。

[57]托马斯·阿奎那著,马清槐译:《阿奎那政治著作选》,商务印书馆,1963年版。

[58]马戎:《中华文明基本特质与不同文明的平等共处》,讲座内容,人民论坛网,2019年8月7日版。

[59]迈克斯·泰格马克著,汪婕舒译:《生命3.0:人工智能时代生而为人的意义》,浙江教育出版社,2018年版。

[60]苗东升:《浑沌学纵横论》,中国书籍出版社,2020年版。

［61］尼尔·弗格森著，曾贤明、唐颖华译：《文明》，中信出版社，2012年版。

［62］尼尔·弗格森著，周逵、颜冰璇译：《广场与高塔——网络、阶层与全球权力竞争》，中信出版集团，2020年版。

［63］帕拉格·康纳著，崔传刚、周大昕译：《超级版图：全球供应链、超级城市与新商业文明的崛起》，中信出版集团，2016年版。

［64］皮国立：《近代中西医的博弈——中医抗菌史》，中华书局，2019年版。

［65］乔治·帕克著，刘冉译：《下沉年代》，文汇出版社，2021年版。

［66］桥本海关著，吉辰校注：《清日战争实记》，山东画报出版社，2017年版。

［67］杉山正明著，周俊宇译：《忽必烈的挑战》，社会科学文献出版社，2017年版。

［68］史蒂芬·茨威格著，舒昌善译：《人类的群星闪耀时》，生活·读书·新知三联书店，2021年版。

［69］史蒂芬·科特勒、杰米·威尔著，张慧玉、徐开、陈英祁译：《盗火》，中信出版集团，2018年版。

［70］孙皓晖：《中国原生文明启示录》，中信出版集团，2020年版。

［71］唐加文：《梳理中华文明的基本脉络》，《科学大观园》，2012年第21期，第70—72页。

［72］王充闾：《文脉：我们的心灵史》，北京大学出版社，2020年版。

［73］王济武：《素问新论：中医的逻辑》，清华大学出版社，2020年版。

［74］王景琳、徐匐：《庄子的世界》，中华书局，2019年版。

［75］威尔·杜兰特，台湾幼狮文化译：《世界文明史·东方的遗产》，华夏出版社，2010年版。

［76］威廉·H.麦克尼尔著，田瑞雪译：《5000年文明启示录》，湖北教育出版社，2020年版。

［77］魏泓著，王姝婧、莫嘉靖译：《丝绸之路：十二种唐朝人生》，四川人民出版社，2020年版。

［78］文扬：《文明的逻辑：中西文明的博弈与未来》，商务印书馆，2021年版。

［79］沃尔特·李普曼著，常江、肖寒译：《舆论》，北京大学出版社，2018年版。

［80］吴国盛：《什么是科学》，广东人民出版社，2016年版。

［81］武斌：《文明的力量：中华文明的世界影响力》，广东人民出版社，2019年版。

［82］习近平：《共同构建人类命运共同体》，《求是》，2021年第1期版。

［83］新渡户稻造著，张俊彦译：《武士道》，商务印书馆，2006年版。

［84］徐达斯：《世界文明孤独史》，作家出版社，2019年版。

［85］徐弃郁：《脆弱的崛起：大战略与德意志帝国的命运》，商务印书馆，2021年版。

［86］许宏：《最早的中国：二里头文明的崛起》，生活·读书·新知三联书店，2021年版。

［87］伊恩·布莱克著，王利莘译：《敌人与邻居》，中信出版集团，2019年版。

［88］于夯、吴京译注：《诗经》，武汉出版社，1997年版。

［89］余秋雨著，江学恭编：《大美可追：余秋雨的文化美学》，北京联合出版公司，2020年版。

［90］袁行霈、严文明、张传玺、楼宇烈主编：《中华文明史》第1卷，北京大学出版社，2006年版。

［91］袁行霈、严文明、张传玺、楼宇烈主编：《中华文明史》第2卷，北京大学出版社，2006年版。

［92］袁行霈、严文明、张传玺、楼宇烈主编：《中华文明史》第3卷，北京大学出版社，2006年版。

［93］袁行霈、严文明、张传玺、楼宇烈主编：《中华文明史》第4卷，北京大学出版社，2006年版。

［94］约翰·朱利叶斯·诺里奇编著，孙力译：《伟大的城市：70座闪耀世界文明史的光辉之城》，中国致公出版社，2022年版。

［95］约瑟夫·坎贝尔著，黄珏苹译：《千面英雄》，浙江人民出版社，2016年版。

［96］增田涉著，由其民、周启乾译：《西学东渐与中国事情》，江苏人民出版社，2011年版。

［97］张景、张松辉译注：《道德经》，中华书局，2021年版。

［98］张文修编著：《礼记》，北京燕山出版社，1995年版。

［99］张星烺：《欧化东渐史》，时代文艺出版社，2019年版。

［100］赵林：《中西文化的精神分野：传统与更新》，九州出版社，2023年版。

［101］周清毅：《美的常识》，人民美术出版社，2021年版。

［102］朱光潜：《西方美学史》，人民文学出版社，1979年版。

后 记

地球因有生命而不凡，人类因有文明而精彩。

人类从诞生那天开始，就不断思索自己从哪里来。生物进化论认为，人类是在历史长河中由类人猿进化而来的，那么为什么自人类产生之后，就不再有新的类人猿进化成人？为什么地球上不同的大陆板块会出现不同的人种？这些人种之间的差异到底有多大？人类文明是否真的如学者们认为的那样只有8000多年历史？人类社会存在史前文明吗？如果有，那么史前文明是什么状态？如果没有，那金字塔等宏伟建筑又是如何修建起来的？要知道，即便是以现在的工程技术，加上现代先进的施工设备，要想建造出如此宏伟壮观的金字塔，也是一件十分困难的事情。

人类从诞生那天开始，也在不断思索：我们究竟生存在一个什么样的空间？宇宙是如何诞生的，并将如何发展？宇宙在大爆炸中产生且在不断膨胀，那么宇宙有边界吗？太阳是地球生命的能源提供者，目前仍然在持续燃烧，那么太阳的能量会有最终枯竭的那一天吗？如果太阳熄灭了，那人类将何去何从？为什么人类会在地球诞生，其他地外星球是否像地球一样存在生命？

人类从诞生那天起，还在不断思索：人类将要到哪里去？人类最终能够完全发现并掌握自然规律，掌握自己的生老病死吗？不同国家、不同种族、不同宗教之间的价值观分歧能够弥合吗？在21世纪的时间节点上，地球上不同国家、不同地区在通信、交通等技术纽带下，已经成为一个紧密联系的人类命运共同体，并开始努力向地外空间、网络虚拟空间探索拓展。在这样的情况下，人类究竟会创造出一个什么样的文明新形态？人类从蒙昧时代进化到科学时代，再进入现在的网络数字时代，未来会出现真正的数字智能人吗？人工智能最终是否会超越人，甚至消灭进而取代人吗？

史蒂芬·科特勒、杰米·威尔所著的《盗火》一书认为，过去人们通过冥想，追求无为，从而让人全身心地投入一项活动，突破人类认知的边界，推动文明向前迈进。然而，近年来一些国家和地区的艺术家、音乐家、科研工作人员通过食用致幻剂等药物或者不断参加一些极限运动，使自己进入一个超越现实生活中的自我状态，从而获得新的灵感突破。不少人因此而上瘾，甚至失去生命。这对于人类文明进步而言，究竟是利还是弊？

正是带着这些终极问题，人类一直在不断进行大胆探索，努力推动自己从未知世界向已知世界迈进。毫无疑问，经过理性时期的发展，人类在科学领域取得了重大成就，以致有的人自满地觉得，人类已经足够强大，似乎掌握了宇宙、自然和人类自身的发展规律。但是实际上，近年来全球性流行病肆虐、气候变暖态势不断恶化、恐怖袭击甚至传统战争时常发生，这些人类面临的共同问题需要各国各民族共同去面对，也使我们认识到人类的已知领域还是如此有限，而未知领域却是如此无限，让我们有拔剑四顾心茫然的感觉。所以，人类依然要以一种谦卑的姿态，前赴后继地努力探索，为自己创造一片文明的新天地。

在本书写作过程中，战争与病毒依然在世界肆虐，对人类文明产生着巨大的影响。尽管经历过两次世界大战的惨痛教训，人类依然在少数政治家的控制下，不得不迈入残酷的战场。如今，俄乌冲突、巴以冲突仍在持续[1]，2020年暴发的新冠疫情至今仍然让人心有余悸。

未来，依然充满了太多的未知数。尽管我们努力探索，所取得的成果也只

---

[1] 有人会认为，巴以冲突是西方文明与穆斯林文明之间的冲突，但是俄乌冲突呢？二者都是东正教文明，乌克兰却在美国的挑唆之下，爆发了与俄罗斯之间的代理人战争。

不过是沧海一粟。但即便这样，我们也不能放弃，依然要大胆地去突破。正因为这一点，人类才不愧为区别于其他生命体的智人。

在此，需要感谢我的启蒙老师罗国栋、王耀邦，是他们引领我迈进知识的海洋；感谢我的博士生导师江小涓教授，是她启迪我产生终身学习研究的念头，并始终鼓励我、支持我；感谢中国人民大学刘后滨教授、北京市广播电视局孔建华先生、北京第二外国语大学客座教授孙博女士，他们对本书初稿提出了很多中肯的修改建议。

感谢北京出版集团董事长张爱军先生、北京人民出版社副总编辑王晐灵女士、责任编辑张晨光先生，没有他们的关心支持和辛苦付出，本书不会如此高效率、高质量地出版。

最后，感谢我的爱人史艳、岳母顾霞云、岳父史家宽，是他们的无私付出，让我能够有业余时间全身心地投入到自己喜好的研究工作当中；感谢我的大儿子刘睿哲，此时他已经进入大学，去寻找属于自己的未来；感谢我的小儿子刘思哲，是在他的陪伴中获得的欢笑，让我在研究时的苦闷得到有效释放。

由于学识有限，书中难免存在错误和疏漏之处，还请各方人士不吝赐教。